气象部门会计核算指南

2019 年版

中国气象局计划财务司　编

中国财经出版传媒集团
中国财政经济出版社

图书在版编目（CIP）数据

气象部门会计核算指南：2019 年版 / 中国气象局计划财务司编 . —北京：中国财政经济出版社，2019. 1

ISBN 978 - 7 - 5095 - 8803 - 1

Ⅰ. ①气…　Ⅱ. ①中…　Ⅲ. ①气象局 - 财务会计 - 指南　Ⅳ. ①F810. 6 - 62

中国版本图书馆 CIP 数据核字（2019）第 020565 号

责任编辑：尉　敏　　　　封面设计：孙俪铭

中国财政经济出版社 出版

URL：http：//www. cfeph. cn

E - mail：cfeph @ cfemg. cn

社址：北京市海淀区阜成路甲 28 号　邮政编码：100142

营销中心电话：010 - 88191537

北京时捷印刷有限公司印刷　各地新华书店经销

787 × 1092 毫米　16 开　55. 75 印张　1 235 000 字

2019 年 2 月第 1 版　2019 年 2 月北京第 1 次印刷

定价：188. 00 元

ISBN 978 - 7 - 5095 - 8803 - 1

（图书出现印装问题，本社负责调换）

本社质量投诉电话：010 - 88190744

打击盗版举报热线：010 - 88191661　QQ：2242791300

编委会

序

岁月不居，时光荏苒，在气象部门全体计财工作者默默耕耘中，我们迎来了《气象部门会计核算指南》第四次修订改版，这是一次凤凰涅槃的修订——全新的章节、全新的内容、全新的核算理念和核算方式，凝聚了新时代气象计财工作者的智慧、汗水和心血……

十八届三中全会确立了财政在国家治理中的基础和重要支柱地位。党的十九大提出，加快建立现代财政制度，建立全面规范透明、标准科学、约束有力的预算制度，全面实施绩效管理。为了积极贯彻落实财税体制改革的各项决策部署，财政部部署要求，从2019年起施行政府会计制度。这是全面深化财税体制改革的重要举措，对于构建统一、科学、规范的政府会计准则体系具有重要的基础性作用，在我国政府会计改革进程中具有重要的里程碑意义。

气象部门高度重视政府会计制度改革，积极宣传相关政策，认真研究探索推动落实的方法。经过一年的努力，取得显著成效，重新构建了气象部门会计核算体系，全面完成了《政府会计制度》实施准备工作，为制度落实奠定了坚实基础。其中，由计财司组织专家编写的政府会计制度培训讲义以及重新修订的《气象部门会计核算指南》，为各级预算单位特别是基层预算单位会计人员工作提供了理论依据和实务操作指导，既是集体智慧的结晶，也是落实政府会计制度改革的阶段性工作成果。

《气象部门会计核算指南》是理论与实际紧密结合的工具书。该书紧紧围绕国家政府会计制度改革，结合气象部门实际对新准则制度中的会计政策、计量属性、核算原则、核算方法做了本地化处理，将经济事项常规要求以及气象部门日常会计核算业务、年终结账、报表编制等内容有机地融为一体，详细介绍了气象事务运行与维持以及基本建设、科研、培训等活动的会计处理规则和方法，对规范会计核算、加强财务管理有很强的指导作用。

希望气象部门广大财务会计工作者以习近平新时代中国特色社会主义思想为指引，适应现代财政制度改革发展要求，按照中国气象局党组提出的新时期计财工作“强规划、稳保障、促协调、重管理”的工作思路，进一步加强财政法规和财务会计专业知识的学习，不断提高职业素质和业务能力，充分发挥计划财务工作在气象现代化建设中的基础、引领和支撑保障作用，为气象事业创新、协调、绿色、开放、共享发展做出新的贡献！

矫梅燕

2019年1月

前　言

改革开放四十年来，中国经济发展取得了举世瞩目的辉煌成就，经济总量跃居世界第二，经济结构不断优化升级，经济体制改革不断深化。党的十八届三中全会颁布的《中共中央关于全面深化改革若干重大问题的决定》中提出："建立跨年度的预算平衡机制，逐渐推行政府综合财务报告制度的建设，以实现财税体制改革。"为加快推进政府综合财务报告制度改革，财政部发布了《关于贯彻实施政府会计准则制度的通知》（财会［2018］21号），要求自2019年1月1日起，政府会计准则制度在全国各级各类行政事业单位全面施行。为了适应权责发生制政府综合财务报告制度改革需要，规范气象部门会计核算，提高会计信息质量，根据《中华人民共和国会计法》、《中华人民共和国预算法》、《政府会计制度》、《企业会计准则》等法律、行政法规和规章，中国气象局组织部门内财务专家编写了培训讲义，开展气象部门业务培训，并在此基础上出版了《气象部门会计核算指南》。

中国气象局是国务院直属事业单位，实施双重计划管理体制，垂直管理至四级预算单位，气象部门会计核算的主要特点表现在：

一是实行集中核算制。中国气象局下属省级、市级气象部门均设有"财务核算中心"，分级实行财务集中核算管理。

二是自上而下统一财务管理。各级气象部门均部署了统一的财务核算系统，由计划财务司统一制定核算政策、会计科目和结账方案并进行业务指导。

三是自下而上逐级数据汇总。气象部门财务数据实行逐级汇总，最终由计划财务司进行统计管理。

四是涉及多种会计制度。《政府会计制度》实施以前，气象部门涉及行政单位会计制度、事业单位会计制度、科研事业单位会计制度、民间非营利组织会计制度和小企业会计制度等；改革以后，涉及政府会计制度、小企业会计准则等。

五是资金来源渠道多、项目核算数量大、账务处理难度较高。气象部门资金来源涵盖中央财政拨款收入、地方财政拨款收入、科研课题收入和自筹资金收入，项目核算包括中央财政拨款安排的项目、地方财政拨款安排的项目、科研课题项目、自筹资金项目，为实现会计核算的清晰性、准确性目标，经济业务的账务处理实行资金来源、项目核算、功能分类、部门核算的辅助分类核算。

本书的主要架构分为行政事业单位会计、小企业会计两个部分。

第一部分行政事业单位会计，主要介绍了行政事业单位实施政府会计制度的主要政策规定、核算方法和报表编制等内容。包括权责发生制政府综合财务报告制度，《政府会计准则》与《事业单位会计准则》的对比分析，政府会计基本准则、存货准则、投资准则、固定资产准则、无形资产准则以及政府会计制度的主要内容，财政部和气象部门会计政策和会计估计的规定，气象部门政府会计科目体系的主要内容；资产、在建工程、负债、收入及预算收入、费用及预算支出、净资产、预算结余的概念、管理要求、核算要求、主要账务处理以及大量业务案例；年终清理结算和转账的具体规则；政府综合财务报表的编制要求、准备工作和编报内容，以及合并财务报表及附注的编制方法。有助于财务人员全面理解政府会计制度框架，掌握具体核算方法。

第二部分小企业会计，主要介绍了小企业会计核算的主要政策规定、核算方法和报表编制等内容，包括小企业资产、负债、所有者权益、收入、成本和费用、利润及利润分配、外币业务的概念内容、主要账务处理以及大量业务案例；财务报表的编制要求、内容和方法等。有助于财务人员掌握小企业的会计核算方法，提升账务处理水平。

本书的主要特色主要体现为：

一是站位高。针对气象部门政府会计和小企业会计核算要求、内容、方法进行全面地介绍。

二是框架全。围绕气象部门会计人员所需要掌握的政策理论和操作方法进行系统介绍。

三是内容新。根据当前政府会计和小企业会计改革后的政策规定和制度要求，介绍最新核算理论和账务处理思路。

本书适合作为气象部门财务人员快速掌握和运用制度的实务性操作指南，也可作为事业单位、小企业会计核算的培训资料。

气象部门财务工作覆盖面广，政府会计制度推出不久，编写人员力求通过本书的编写构建出气象系统内经济业务核算的全景图，但由于水平有限、时间仓促，书中难免会有缺点甚至错误，恳请读者给予批评指正。让我们一起为会计核算工作能力的提升而共同努力！

2019年1月

目　录

上篇　气象部门行政事业单位会计

下篇 气象部门小企业会计

上篇

气象部门行政事业单位会计

第一章

概　　述

第一节　权责发生制政府综合财务报告制度

一、背景

多年来，我国在政府会计领域实行的是以收付实现制为核算基础的预算会计标准体系，主要包括财政总预算会计制度、行政单位会计制度和事业单位会计准则制度等。这一体系是适应财政预算管理的要求建立和逐步发展起来的，为财政资金的运行管理和宏观经济决策发挥了重要的基础性作用。然而，随着经济社会的发展，仅实行决算报告制度，无法科学、全面、准确地反映政府资产负债和成本费用，不利于强化政府资产管理、降低行政成本、提升运行效率、有效防范财政风险，难以满足建立现代财政制度、促进财政长期可持续发展和推进国家治理现代化的要求。预算会计标准体系难以适应新形势、新情况的需要，主要表现为：一是不能如实反映政府"家底"，不利于政府加强资产负债管理；二是不能客观反映政府运行成本，不利于科学评价政府的运营绩效；三是缺乏统一、规范的政府会计标准体系，不能提供信息准确完整的政府财务报告。近年来，全国人大代表、有关专家等纷纷呼吁，要求加快推进政府会计改革，建立能够真实反映政府"家底"、绩效及预算执行情况的政府会计体系，审计署也提出了相关建议。与此同时，国际上一些发达国家都不同程度地进行了权责发生制政府会计改革，取得了较好的效果。因此，推进政府会计改革，建立全面反映政府资产负债、收入费用、运行成本、现金流量等财务信息的权责发生制政府综合财务报告制度已势在必行。

为贯彻落实党的十八大和十八届三中全会精神，按照新修订的《中华人民共和国预算法》（以下简称新《预算法》），改进预算管理，实施全面规范、公开透明的预算制度，国务院下发了《关于深化预算管理制度改革的决定》（国发〔2014〕45号），提出了"建立权责发生制的政府综合财务报告制度"的重要战略部署，明确了"研究制定政府综合财务报告制度改革方案、制度规范和操作指南，建立政府综合财务报告和政府会计标准体系，研究修订总预算会计制度”的战略目标。2014年修订的《中华人民共和国预算法》也对各级政府财政部门按年度编制以权责发生制为基础的政府综合财务报告提出了明确要求。2014年12月，国务院批转了财政部制定的《权责发生制政府综合财务报告制度改革方案》（国发〔2014〕63号，以下简称《改革方案》），确立了政府会计改革的指导思想、总体目标、基本原则、主要任务、具体内容、配套措施、实施步骤和组织保障。为政府会计制度改革指明了方向。

二、总体目标和基本原则

（一）总体目标

权责发生制政府综合财务报告制度改革是基于政府会计规则的重大改革，总体目标是通过构建统一、科学、规范的政府会计准则体系，建立健全政府财务报告编制办法，适度分离政府财务会计与预算会计、政府财务报告与决算报告功能，全面、清晰地反映政府财务信息和预算执行信息，为开展政府信用评级、加强资产负债管理、改进政府绩效监督考核、防范财政风险等提供支持，促进政府财务管理水平提高和财政经济可持续发展。

第一，规范政府会计核算，提高政府会计信息质量。继承我国行政事业单位和财政总预算会计改革的有益经验，吸收当代政府会计理论研究的最新成果，反映当前政府会计改革发展的内在需要，体现国际公共部门会计概念框架的发展动态，从不同角度明确政府会计标准体系中需要解决的基本问题、基本原则和方法，构建统一、科学、规范的政府会计概念体系，整合现行政府预算会计制度体系，建立国家统一的政府会计标准体系。规范各级政府、各部门、各单位的会计核算，提高政府会计信息的可靠性、全面性、相关性、可比性、及时性和可理解性。

第二，夯实财政管理基础，建立现代财政制度。在完善现行政府预算会计功能的同时，强化政府财务会计功能，在政府会计核算中引入权责发生制原则，对资产、负债等会计要素的概念、信息质量特征做出新的界定、提出新的要求，从而保证政府资产、负债等信息得以如实记录、完整反映，从而全面反映政府财务状况，进一步加强政府的资产管理和控制债务风险，健全预算管理基础。建立全面规范、公开透明的现代预算制度，促进财政可持续发展。

第三，准确反映政府运行成本，科学评价政府绩效。按照权责发生制原则规范收入和费用要素，在政府财务报告中引入成本、绩效等先进理念，合理归集、反映政府的运行费用和履职成本，科学评价政府、部门、单位等耗费公共资源、成本边际等情况，建立并有效实施预算绩效评价制度，为科学开展考评政府绩效提供扎实有效的信息基础。

第四，提升政府工作透明度，促进国家治理能力的现代化。确立政府预算会计和财务会计适度分离又相互衔接的政府会计体系，要求政府会计主体同时提供决算报告和财务报告，能够全面、清晰地反映政府预算执行信息和财务状况，显著提升财政透明度，满足权力机关、社会公众等对政府财政财务信息全面性、准确性和及时性的需求，进一步规范政府行为和提高政府决策能力，促进国家治理能力的现代化。

（二）基本原则

1. 立足中国国情，借鉴国际经验。

在充分考虑我国政府财政财务管理特点的基础上，积极借鉴我国企业会计改革的成功做法，吸收国际公共部门会计准则、有关国家政府财务报告制度改革的有益经验，构建具有中国特色的政府综合财务报告制度。

2. 坚持继承发展，注重改革创新。

积极吸收近年来完善现行政府会计制度、行政事业单位会计改革以及政府综合财务报告试编中取得的经验，注重制度创新，强化信息技术支撑，准确反映政府资产负债状况和运行成本，促进政府规范管理和有效监督。

3. 坚持公开透明，便于社会监督。

按照政府信息公开要求，规范公开内容和程序，促进公开常态化、规范化和法制化，满足各有关方面对政府财务状况信息的需求，进一步增强政府透明度。

4. 做好总体规划，稳妥有序推进。

科学合理设计改革总体框架和目标，指导改革有序推进。充分考虑改革的复杂性和艰巨性，先行试点，由易到难，分步实施，积极稳妥地推进改革。

三、主要任务

1. 建立健全政府会计核算体系。

推进财务会计与预算会计适度分离并相互衔接，在完善预算会计功能基础上，增强政府财务会计功能，夯实政府财务报告核算基础，为中长期财政发展、宏观调控和政府信用评级服务。

2. 建立健全政府财务报告体系。

政府财务报告主要包括政府部门财务报告和政府综合财务报告。政府部门编制部门财务报告，反映本部门的财务状况和运行情况；财政部门编制政府综合财务报告，反映政府整体的财务状况、运行情况和财政中长期可持续性。

3. 建立健全政府财务报告审计和公开机制。

政府综合财务报告和部门财务报告按规定接受审计。审计后的政府综合财务报告与审计报告依法报本级人民代表大会常务委员会备案，并按规定向社会公开。

4. 建立健全政府财务报告分析应用体系。

以政府财务报告反映的信息为基础，采用科学方法，系统分析政府的财务状况、运行成本和财政中长期可持续发展水平。充分利用政府财务报告反映的信息，识别和管理财政风险，更好地加强政府预算、资产和绩效管理，并将政府财务状况作为评价政府受托责任履行情况的重要指标。

四、具体内容

（一）建立政府会计准则体系和政府财务报告制度框架体系

1. 制定政府会计基本准则、具体准则及应用指南。

基本准则用于规范政府会计目标、政府会计主体、政府会计信息质量要求、政府会计核算基础，以及政府会计要素定义、确认和计量原则、列报要求等原则事项。基本准则指导具体准则的制定，并为政府会计实务问题提供处理原则。具体准则依据基本准则制定，用于规范政府发生的经济业务或事项的会计处理，详细规定经济业务或事项引起的会计要素变动的确认、计量、记录和报告。应用指南是对具体准则的实际应用作出的操作性规定。

2. 健全完善政府会计制度。

政府会计科目设置要实现预算会计和财务会计双重功能。预算会计科目应准确完整地反映政府预算收入、预算支出和预算结余等预算执行信息，财务会计科目应全面准确地反映政府的资产、负债、净资产、收入、费用等财务信息。条件成熟时，推行政府成本会计，规定政府运行成本的归集和分摊方法等，反映政府向社会提供公共服务支出和机关运行成本等财务信息。

3. 制定政府财务报告编制办法和操作指南。

政府财务报告编制办法应当对政府财务报告的主要内容、编制要求、报送流程、数据质量审查、职责分工等做出规定。政府财务报告编制操作指南应当对政府财务报告编制和财务信息分析的具体方法等作出规定。

4. 建立健全政府财务报告审计和公开制度。

政府财务报告审计制度应当对审计的主体、对象、内容、权限、程序、法律责任等作出规定。政府财务报告公开制度应当对政府财务报告公开的主体、对象、内容、形式、程序、时间要求、法律责任等作出规定。

（二）编报政府部门财务报告

1. 清查核实资产负债。

各部门、各单位要按照统一要求有计划、有步骤地清查核实固定资产、无形资产以及代表政府管理的储备物资、公共基础设施、企业国有资产、应收税款等资产，按规定界定产权归属、开展价值评估；分类清查核实部门负债情况。清查核实后的资产负债统一按规定进行核算和反映。

2. 编制政府部门财务报告。

各单位应在政府会计准则体系和政府财务报告制度框架体系内，按时编制以资产负债表、收入费用表等财务报表为主要内容的财务报告。各部门应合并本部门所属单位的财务报表，编制部门财务报告。

3. 开展政府部门财务报告审计。

部门财务报告应保证报告信息的真实性、完整性及合规性，接受审计。

4. 报送并公开政府部门财务报告。

部门财务报告及其审计报告应报送本级政府财政部门，并按规定向社会公开。

5. 加强部门财务分析。

各部门应充分利用财务报告反映的信息，加强对资产状况、债务风险、成本费用、预算执行情况的分析，促进预算管理、资产负债管理和绩效管理有机衔接。

（三）编报政府综合财务报告

1. 清查核实财政直接管理的资产负债。

财政部门要清查核实代表政府持有的相关国际组织和企业的出资人权益；代表政府发行的国债、地方政府债券，举借的国际金融组织和外国政府贷款、其他政府债务以及或有债务。清查核实后的资产负债统一按规定进行核算和反映。

2. 编制政府综合财务报告。

各级政府财政部门应合并各部门和其他纳入合并范围主体的财务报表，编制以资产负债表、收入费用表等财务报表为主要内容的本级政府综合财务报告。县级以上政府财政部门要合并汇总本级政府综合财务报告和下级政府综合财务报告，编制本行政区政府综合财务报告。

3. 开展政府综合财务报告审计。

政府综合财务报告应保证报告信息的真实性、完整性及合规性，接受审计。

4. 报送并公开政府综合财务报告。

政府综合财务报告及其审计报告，应依法报送本级人民代表大会常务委员会备案，并按规定向社会公开。

5. 应用政府综合财务报告信息。

政府综合财务报告中的相关信息可作为考核地方政府绩效、分析政府财务状况、开展地方政府信用评级、编制全国和地方资产负债表以及制定财政中长期规划和其他相关规划的重要依据。

五、配套措施

1. 推动修订相关法律法规。

推动修订《中华人民共和国会计法》《中华人民共和国预算法实施条例》等，为推进改革提供法律保障。

2. 修订完善相关财务制度。

根据需要，进一步完善相关行政事业单位财务制度和《行政单位国有资产管理暂行办法》《事业单位国有资产管理暂行办法》等，保证改革顺利实施。

3. 进一步完善决算报告制度。

进一步完善决算报表体系，侧重反映预算收支执行情况，与政府财务报告有机衔接。

4. 优化政府财政管理信息系统。

构建覆盖政府财政管理业务全流程的一体化信息系统，不断提高政府财政管理的效率和有效性。

5. 加强政府财务报告编报内部控制。

按规定建立和实施行政事业单位内部控制机制，设置充足的财务会计管理岗位，加强政府财务报告编报内部控制，保证政府财务报告真实、完整、合规。

六、实施步骤

建立权责发生制的政府综合财务报告制度涉及面广，技术性、政策性、敏感性较强，宜逐步推进。政府会计规则尚未全面建立之前，在现行政府会计制度的基础上，暂按照权责发生制原则和相关报告标准，编制出反映一级政府整体财务状况的财务报告，为加强地方政府性债务管理、开展政府信用评级等提供信息支撑。与此同时，加快推进政府会计改革，建立审计、公开机制和分析应用体系，落实相关配套措施，力争在2020年前建立具有中国特色的政府会计准则体系和权责发生制政府综合财务报告制度。

（一）2014～2015年工作

（1）组建政府会计准则委员会。

（2）修订发布财政总预算会计制度。

（3）制定发布政府会计基本准则。

（4）研究起草政府会计相关具体准则及应用指南。

（5）制定发布政府财务报告编制办法和操作指南。

（6）开展政府资产负债清查核实工作。

（7）完善行政事业单位国有资产管理办法等。

（8）开展财政管理信息系统一体化建设。

（二）2016～2017年工作

（1）制定发布政府会计相关具体准则及应用指南。

（2）开展政府财务报告编制试点。

（3）研究建立政府综合财务报告分析指标体系。

（三）2018～2020年工作

（1）制定发布政府会计相关具体准则及应用指南，基本建成具有中国特色的政府会计准则体系。

（2）完善行政事业单位财务制度和会计制度、财政总预算会计制度等。

（3）对政府财务报告编制试点情况进行评估，适时修订政府财务报告编制办法和操作指南。

(4) 全面开展政府财务报告编制工作。

(5) 研究推行政府成本会计。

(6) 建立健全政府财务报告分析应用体系。

(7) 制定发布政府财务报告审计制度、公开制度。

第二节 《政府会计准则》与《事业单位会计准则》

一、《政府会计准则》概述

根据《改革方案》，我国的政府会计标准体系由《政府会计准则——基本准则》、具体准则及其应用指南和政府会计制度组成。基本准则主要对政府会计目标、会计主体、会计信息质量要求、会计核算基础，以及会计要素定义、确认和计量原则、列报要求等做出规定。具体准则主要规定政府发生的经济业务或事项的会计处理原则，具体规定经济业务或事项引起的会计要素变动的确认、计量和报告。应用指南主要对具体准则的实际应用作出操作性规定。政府会计制度主要规定政府会计科目及其使用说明、会计报表格式及其编制说明等，便于会计人员进行日常核算。

《基本准则》作为政府会计的"概念框架"，统驭政府会计具体准则和政府会计制度的制定，并为政府会计实务问题提供处理原则，为编制政府财务报告提供基础标准。

（一）《基本准则》的理论创新

《基本准则》是多年来我国政府会计理论研究和改革成果的重要体现，其重大制度理论创新主要有以下几点：

一是构建了政府预算会计和财务会计适度分离并相互衔接的政府会计核算体系。相对于实行多年的预算会计核算体系，《基本准则》强化了政府财务会计核算，即政府会计由预算会计和财务会计构成，前者一般实行收付实现制，后者实行权责发生制。通过预算会计核算形成决算报告，通过财务会计核算形成财务报告，全面、清晰地反映政府预算执行信息和财务信息。

二是确立了"3+5要素"的会计核算模式。《基本准则》规定预算收入、预算支出和预算结余3个预算会计要素和资产、负债、净资产、收入和费用5个财务会计要素。其中，首次提出收入、费用两个要素，有别于现行预算会计中的收入和支出要素，主要是为了准确反映政府会计主体的运行成本，科学评价政府资源管理能力和绩效。同时，按照政府会计改革最新理论成果对资产、负债要素进行了重新定义。

三是科学界定了会计要素的定义和确认标准。《基本准则》针对每个会计要素，规范了其定义和确认标准，为在政府会计具体准则和政府会计制度层面规范政府发生的经济业务或事项的会计处理提供了基本原则，保证了政府会计标准体系的内在一致性。而且，《基本准则》对政府资产和负债进行界定时，充分考虑了当前财政管理的需要，比如，在界定政府资产时，特别强调了“服务潜力”，除了自用的固定资产等以外，将公共基础设施、政府储备资产、文化文物资产、保障性住房和自然资源资产等纳入政府会计核算范围；对政府负债进行界定时，强调了“现时义务”，将政府因承担担保责任而产生的预计负债也纳入会计核算范围。

四是明确了资产和负债的计量属性及其应用原则。《基本准则》提出，资产的计量属性主要包括历史成本、重置成本、现值、公允价值和名义金额，负债的计量属性主要包括历史成本、现值和公允价值。同时，《基本准则》强调了历史成本计量原则，即政府会计主体对资产和负债进行计量时，一般应当采用历史成本。采用其他计量属性的，应当保证所确定的金额能够持续、可靠计量。这样规定，既体现了资产负债计量的前瞻性，也充分考虑了政府会计实务的现状。

五是构建了政府财务报告体系。《基本准则》要求政府会计主体除按财政部要求编制决算报表外，至少还应编制资产负债表、收入费用表和现金流量表，并按规定编制合并财务报表。同时强调，政府财务报告包括政府综合财务报告和政府部门财务报告，构建了满足现代财政制度需要的政府财务报告体系。

（二）《基本准则》带来的显著变化

《基本准则》是政府会计领域的一次重大制度变革，实施《基本准则》对于行政事业单位（以下称“单位”）财务和会计管理将带来以下显著变化：

一是将进一步规范单位会计行为，提高会计信息质量。《基本准则》要求按收付实现制对预算收入、预算支出和预算结余进行会计核算，按权责发生制对资产、负债、净资产和收入、费用进行会计核算，同时对各个会计要素的确认、计量和列示等提出了原则性要求，对会计信息质量提出了明确的标准，有助于行政事业单位对各项经济业务或事项进行全面、规范地会计处理，不断提升单位会计信息质量。

二是将夯实单位财务管理基础，提升财务管理水平。实施《基本准则》，有助于单位贯彻落实国家各项预算管理要求，规范收支行为，夯实预算管理的基础，建立健全预算管理制度；有助于单位严格落实有关国有资产管理的规定，全面、真实地反映增量和存量资产的状况，夯实单位资产管理的基础，完善控制国有资产流失的管理制度，提高单位国有资产管理的绩效；有助于单位严格落实有关财务管理规定，增强公共管理意识，实现资金、资产和资源的科学合理配置，防范和化解财务风险，促进单位持续健康发展。

三是将准确反映单位运行成本，科学评价单位绩效。《基本准则》要求单位按照权责发生制原则核算各项耗费，如计提固定资产折旧费用、无形资产摊销费用等，并要求编制收入费用表，合理归集、反映单位的运行费用和履职成本，从而有助于科学评价单位耗费公共资源、成本边际等情况，建立并有效实施预算绩效评价制度，提升单位绩效评价的科学性。

四是将全面反映单位预算执行信息和财务信息，提高单位财务透明度。《基本准则》

要求单位在编制决算报告的同时，还要编制包括资产负债表、收入费用表和现金流量表在内的财务报告，全面反映单位的预算执行情况和财务状况、运行情况和现金流量等。各部门还要按规定合并所属单位的财务报表，编制部门合并财务报告，全面反映部门整体财务状况，并按照规定进行审计和公开。《基本准则》的实施，将显著提升单位财务透明度。

二、《政府会计准则》与《事业单位会计准则》的区别

（一）制定依据不同

《政府会计准则》主要依据《中华人民共和国会计法》、《中华人民共和国预算法》和其他有关法律、行政法规制定。

《事业单位会计准则》主要依据《中华人民共和国会计法》和其他有关法律、行政法规制定。

（二）适用范围不同

《政府会计准则》适用于各级政府、各部门、各单位（统称为政府会计主体），其中各部门、各单位是指与本级政府财政部门直接或者间接发生预算拨款关系的国家机关、军队、政党组织、社会团体、事业单位和其他单位。军队、已纳入企业财务管理体系的单位和执行《民间非营利组织会计制度》的社会团体，不适用本准则。

《事业单位会计准则》则适用于各级各类事业单位。

（三）核算原则不同

根据《政府会计准则》，预算会计实行收付实现制，国务院另有规定的，依照其规定；财务会计实行权责发生制。

根据《事业单位会计准则》，事业单位会计核算一般采用收付实现制；部分经济业务或者事项采用权责发生制核算的，由财政部在会计制度中具体规定。

（四）目标不同

《政府会计准则》：包括决算报告目标和财务报告目标。其中，决算报告的目标是向决算报告使用者提供与政府预算执行情况有关的信息，综合反映政府会计主体预算收支的年度执行结果，有助于决算报告使用者进行监督和管理，并为编制后续年度预算提供参考和依据；财务报告的目标是向财务报告使用者提供与政府的财务状况、运行情况（含运行成本，下同）和现金流量等有关的信息，反映政府会计主体公共受托责任的履行情况，有助于财务报告使用者作出决策或者进行监督和管理。

《事业单位会计准则》：会计核算的目标——向会计信息使用者提供与事业单位财务状况、事业成果、预算执行等有关的会计信息，反映事业单位受托责任的履行情况，有

助于会计信息使用者进行社会管理、作出经济决策。

（五）信息使用者不同

《政府会计准则》：政府决算报告使用者包括各级人民代表大会及其常务委员会、各级政府及其有关部门、政府会计主体自身、社会公众和其他利益相关者；政府财务报告使用者包括各级人民代表大会常务委员会、债权人、各级政府及其有关部门、政府会计主体自身和其他利益相关者。

《事业单位会计准则》：会计信息使用者包括政府及其有关部门、举办（上级）单位、债权人、事业单位自身和其他利益相关者。

（六）核算前提不同

《政府会计准则》：政府会计核算应当以政府会计主体持续运行为前提。

《事业单位会计准则》：事业单位会计核算应当以事业单位各项业务活动持续正常的进行为前提。

（七）会计要素不同

《政府会计准则》：政府预算会计要素包括预算收入、预算支出与预算结余；政府财务会计要素包括资产、负债、净资产、收入和费用。

《事业单位会计准则》：事业单位会计要素包括资产、负债、净资产、收入、支出或者费用。

（八）会计信息反映内容不同

《政府会计准则》：全面反映政府会计主体预算执行情况和财务状况、运行情况、现金流量等。

《事业单位会计准则》：全面反映事业单位的财务状况、事业成果、预算执行等情况。

（九）会计信息的相关性要求不同

《政府会计准则》：应当与反映政府会计主体公共受托责任的履行情况以及报告使用者决策或者监督、管理的需要相关，有助于报告使用者对政府会计主体过去、现在或者未来的情况作出评价或者预测。

《事业单位会计准则》：应当与事业单位受托责任履行情况的反映、会计信息使用者的管理、决策需要相关，有助于会计信息使用者对事业单位过去、现在或者未来的情况作出评价或者预测。

（十）会计核算实质性原则不同

《政府会计准则》：应当按照经济业务或者事项的经济实质进行会计核算，不限于以经济业务或者事项的法律形式为依据。

《事业单位会计准则》：无。

（十一）会计分类不同

《政府会计准则》：分为财务会计和预算会计。

预算会计，是指以收付实现制为基础对政府会计主体预算执行过程中发生的全部收入和全部支出进行会计核算，主要反映和监督预算收支执行情况的会计。

财务会计，是指以权责发生制为基础对政府会计主体发生的各项经济业务或者事项进行会计核算，主要反映和监督政府会计主体财务状况、运行情况和现金流量等的会计。

《事业单位会计准则》：无。

（十二）各会计要素定义不同

详见后续讲解。

（十三）会计要素计量方法不同

详见后续讲解。

三、《政府会计准则》与《事业单位会计准则》的相同点

（一）核算对象相同

对其自身发生的经济业务或者事项进行会计核算。

（二）核算内容相同

准则所称会计核算，包括会计确认、计量、记录和报告各个环节，涵盖填制会计凭证、登记会计账簿、编制报告全过程。

（三）核算依据相同

应当以实际发生的经济业务或者事项为依据进行会计核算，如实反映各项会计要素的情况和结果，保证会计信息真实可靠。

（四）会计分期相同

划分会计期间，分期结算账目，按规定编制决算报告和财务报告。会计期间至少分为年度和月度。会计年度、月度等会计期间的起讫日期采用公历日期。

（五）记账方法相同

采用借贷记账法记账。

（六）记账本位币要求相同

以人民币作为记账本位币。发生外币业务时，应当将有关外币金额折算为人民币金额计量，同时登记外币金额。

（七）核算及时性要求相同

对已经发生的经济业务或者事项，应当及时进行会计核算，不得提前或者延后。

（八）会计信息可比性要求相同

同一政府会计主体（事业单位）不同时期发生的相同或者相似的经济业务或者事项，应当采用一致的会计政策，不得随意变更。确需变更的，应当将变更的内容、理由及其影响在附注中予以说明。

不同政府会计主体（同类事业单位中不同单位）发生的相同或者相似的经济业务或者事项，应当采用一致（统一）的会计政策，确保政府（同类单位）会计信息口径一致，相互可比。

（九）会计信息提供要求相同

会计信息应当清晰明了，便于报告使用者（会计信息使用者）理解和使用。

第三节　政府会计基本准则

一、权责发生制与收付实现制

权责发生制，是指以取得收取款项的权利或支付款项的义务为标志来确定本期收入和费用的会计核算基础。凡是当期已经实现的收入和已经发生的或应当负担的费用，不论款项是否收付，都应当作为当期的收入和费用；凡是不属于当期的收入和费用，即使款项已在当期收付，也不应当作为当期的收入和费用。财务会计，是指以权责发生制为基础对政府会计主体发生的各项经济业务或者事项进行会计核算，主要反映和监督政府会计主体的财务状况、运行情况和现金流量。

收付实现制，是指以现金的实际收付为标志来确定本期收入和支出的会计核算基础。凡在当期实际收到的现金收入和支出，均应作为当期的收入和支出；凡是不属于当期的现金收入和支出，均不应当作为当期的收入和支出。预算会计，是指以收付实现制为基础对政府会计主体预算执行过程中发生的全部收入和全部支出进行会计核算，主要反映和监督预算收支执行情况。

二、政府预算会计要素

（一）预算收入

预算收入是指政府会计主体在预算年度内依法取得的并纳入预算管理的现金流入。预算收入一般在实际收到时予以确认，以实际收到的金额计量。

（二）预算支出

预算支出是指政府会计主体在预算年度内依法发生并纳入预算管理的现金流出。预算支出一般在实际支付时予以确认，以实际支付的金额计量。

（三）预算结余

预算结余是指政府会计主体预算年度内预算收入扣除预算支出后的资金余额，以及历年滚存的资金余额。预算结余包括结余资金和结转资金。

结余资金是指年度预算执行终了，预算收入实际完成数扣除预算支出和结转资金后剩余的资金。

结转资金是指预算安排项目的支出年终尚未执行完毕或者因故未执行，且下年需要按原用途继续使用的资金。

（四）需要说明的事项

第一，对“纳入预算管理”的理解，政府会计准则和政府会计制度均强调对纳入预算管理的现金收支业务采取平行记账，也就是说未纳入预算管理的收支不在预算会计体系中反映。对于气象部门来说，从 2012 年新的《预算法》实施以来，开始编制全口径预算，各项收支均纳入部门预算，因此，从收支口径来讲不存在未纳入预算管理的收支业务。

第二，对“现金流入”和“现金流出”的理解，预算会计实行收付实现制，只有涉及现金流入流出的业务才确认为收支，尚未收到和尚未支付的款项，即使已开出或收到相关结算票据，也不能在预算会计体系中反映，已经收到或已经支付的款项，即使未开出或收到相关结算票据，也要在预算会计体系中确认收支。

第三，对“预算结余”的理解，在预算会计体系中，由于预算结余是自平衡要素，因此，预算收入 - 预算支出 ≠ 预算结余。即年末结转后，预算收入和预算支出要素各明细科目余额均为零，而预算结余要素下部分明细科目余额不为零，但借方余额等于贷方余额。

三、政府财务会计要素

（一）资产

1. 资产的定义。

资产是指政府会计主体过去的经济业务或者事项形成的，由政府会计主体控制的，预期能够产生服务潜力或者带来经济利益流入的经济资源。

服务潜力是指政府会计主体利用资产提供公共产品和服务以履行政府职能的潜在能力。

经济利益流入表现为现金及现金等价物的流入，或者现金及现金等价物流出的减少。

2. 资产的分类。

政府会计主体的资产按照流动性，分为流动资产和非流动资产。

流动资产是指预计在 1 年内（含 1 年）耗用或者可以变现的资产，包括货币资金、短期投资、应收及预付款项、存货等。

非流动资产是指流动资产以外的资产，包括固定资产、在建工程、无形资产、长期投资、公共基础设施、政府储备资产、文物文化资产、保障性住房和自然资源资产等。

3. 资产的确认。

符合资产定义的经济资源，在同时满足以下条件时，确认为资产：

（1）与该经济资源相关的服务潜力很可能实现或者经济利益很可能流入政府会计主体；

（2）该经济资源的成本或者价值能够可靠地计量。

4. 资产的计量。

资产的计量属性主要包括历史成本、重置成本、现值、公允价值和名义金额。

在历史成本计量下，资产按照取得时支付的现金金额或者支付对价的公允价值计量。

在重置成本计量下，资产按照现在购买相同或者相似资产所需支付的现金金额计量。

在现值计量下，资产按照预计从其持续使用和最终处置中所产生的未来净现金流入量的折现金额计量。

在公允价值计量下，资产按照市场参与者在计量日发生的有序交易中，出售资产所能收到的价格计量。

无法采用上述计量属性的，采用名义金额（即人民币 1 元）计量。

5. 气象部门的各项资产计量采用历史成本。

（1）自行购置建造的资产：按实际应支付的价款入账，包括各项费用和质保金以及为建造资产借入的专门借款在建设期间发生的利息；已交付使用但尚未办理竣工决算手续的资产，按估计价值入账，待办理竣工决算后再按照实际成本调整原来的暂估价值。

（2）融资租赁取得的资产：按租赁协议或者合同确定的租赁价款、相关税费以及资产交付前所发生的可归属于该项资产的运输费、途中保险费、安装调试费等。

（3）按规定跨年度分期付款购入的资产：参照融资租入资产入账。

（4）无偿调入的资产：按调出方账面价值（资产净值）加上相关税费、运输费等确定。

（5）接受捐赠的资产：按照有关凭据注明的金额加上相关税费、运输费等确定；没有相关凭据可供取得，但按规定经过资产评估的，其成本按照评估价值加上相关税费、运输费等确定；没有相关凭据可供取得、也未经资产评估的，其成本比照同类或类似资产的市场价格加上有关税费、运输费等确定；没有相关凭据且未经资产评估、同类或类似资产的市场价格也无法可靠取得的，经批准按照名义金额入账。

（6）置换取得的资产：其成本按照换出资产的评估价值，加上支付的补价或减去收到的补价，加上为换入资产发生的其他相关支出确定。

（7）盘盈的资产：其成本按照有关凭据注明的金额确定；没有相关凭据，但按照规定经过资产评估的，按照评估价值确定；没有相关凭据、也未经过评估的，按照重置成本确定；如无法采用上述方法确定盘盈资产成本，经批准按照名义金额入账。

（8）以前年度未及时入账的资产：如果可以准确获取资产初始购置或建造成本及相关费用的，按初始购置或建造成本及相关费用计量，如果无法准确获取资产初始购置或建造成本及相关费用的，按公允价值计量；如果无法采用上述计量属性的，采用名义金额（即人民币1元）计量。

（二）负债

1. 负债的定义。

负债是指政府会计主体过去的经济业务或者事项形成的，预期会导致经济资源流出政府会计主体的现时义务。

现时义务是指政府会计主体在现行条件下已承担的义务。未来发生的经济业务或者事项形成的义务不属于现时义务，不应当确认为负债。

2. 负债的分类。

政府会计主体的负债按照流动性，分为流动负债和非流动负债。

流动负债是指预计在1年内（含1年）偿还的负债，包括应付及预收款项、应付职工薪酬、应缴款项等。

非流动负债是指流动负债以外的负债，包括长期应付款、应付政府债券和政府依法担保形成的债务等。

3. 负债的确认。

符合本负债定义的义务，在同时满足以下条件时，确认为负债：

（1）履行该义务很可能导致含有服务潜力或者经济利益的经济资源流出政府会计主体；

（2）该义务的金额能够可靠地计量。

4. 负债的计量。

负债的计量属性主要包括历史成本、现值和公允价值。

在历史成本计量下，负债按照因承担现时义务而实际收到的款项或者资产的金额，或者承担现时义务的合同金额，或者按照为偿还负债预期需要支付的现金计量。

在现值计量下，负债按照预计期限内需要偿还的未来净现金流出量的折现金额计量。

在公允价值计量下，负债按照市场参与者在计量日发生的有序交易中，转移负债所需支付的价格计量。

（三）净资产

净资产是指政府会计主体资产扣除负债后的净额，即资产－负债＝净资产。

（四）收入

1. 收入的定义。

收入是指报告期内导致政府会计主体净资产增加的、含有服务潜力或者经济利益的经济资源的流入。

2. 收入的确认。

收入的确认应当同时满足以下条件：

（1）与收入相关的含有服务潜力或者经济利益的经济资源很可能流入政府会计主体；

（2）含有服务潜力或者经济利益的经济资源流入会导致政府会计主体资产增加或者负债减少；

（3）流入金额能够可靠地计量。

3. 气象部门收入确认时点。

收入合同或者协议生效后，以开出相应结算票据的时点确认收入，此时未收到合同约定款项金额记入应收账款，开出结算票据前收到合同约定的款项金额记入预收账款。

（五）费用

1. 费用的定义。

费用是指报告期内导致政府会计主体净资产减少的、含有服务潜力或者经济利益的经济资源的流出。

2. 费用的确认。

费用的确认应当同时满足以下条件：

（1）与费用相关的含有服务潜力或者经济利益的经济资源很可能流出政府会计主体；

（2）含有服务潜力或者经济利益的经济资源流出会导致政府会计主体资产减少或者负债增加；

（3）流出金额能够可靠地计量。

3. 气象部门费用确认时点。

以取得相关结算票据的时点确认费用，此时未支付的款项金额记入应付账款，此前已支付的款项金额记入预付账款。

（六）政府决算报告

政府决算报告是综合反映政府会计主体年度预算收支执行结果的文件。政府决算报告应当包括决算报表和其他应当在决算报告中反映的相关信息和资料。政府决算报告的编制主要以收付实现制为基础，以预算会计核算生成的数据为准。政府决算报告的具体内容及编制要求等，由财政部另行规定。

（七）政府财务报告

政府财务报告是反映政府会计主体某一特定日期的财务状况以及某一会计期间的运行情况和现金流量等信息的文件。政府财务报告的编制主要以权责发生制为基础，以财务会计核算生成的数据为准。

政府财务报告应当包括财务报表和其他应当在财务报告中披露的相关信息和资料。

1. 政府综合财务报告。

政府综合财务报告是指由政府财政部门编制的，反映各级政府整体财务状况、运行情况和财政中长期可持续性的报告。

2. 政府部门财务报告。

政府部门财务报告是指政府各部门、各单位按规定编制的财务报告。

（八）财务报表

财务报表是对政府会计主体财务状况、运行情况和现金流量等信息的结构性表述。财务报表包括会计报表和附注。会计报表至少应当包括资产负债表、收入费用表和现金流量表。政府会计主体应当根据相关规定编制合并财务报表。

资产负债表是反映政府会计主体在某一特定日期的财务状况的报表。收入费用表是反映政府会计主体在一定会计期间运行情况的报表；现金流量表是反映政府会计主体在一定会计期间现金及现金等价物流入和流出情况的报表（此报表为选编报表，气象部门暂时可不编制此表）；附注是对在资产负债表、收入费用表、现金流量表等报表中列示项目所作的进一步说明，以及对未能在这些报表中列示项目的说明。

第四节 政府会计准则第 1 号——存货

一、存货的定义

存货是指政府会计主体在开展业务活动及其他活动中为耗用或出售而储存的资产，如材料、产品、包装物和低值易耗品等，以及未达到固定资产标准的用具、装具、动植物等。气象部门的存货仅指材料、产品以及未达到固定资产标准的用具、装具。

二、存货的确认

存货同时满足下列条件的，应当予以确认：

（1）与该存货相关的服务潜力很可能实现或者经济利益很可能流入政府会计主体；

（2）该存货的成本或者价值能够可靠地计量。

三、存货的计量

存货在取得时应当按照成本进行初始计量。

（一）初始计量

政府会计主体购入的存货，其成本包括购买价款、相关税费、运输费、装卸费、保险费以及使得存货达到目前场所和状态所发生的归属于存货成本的其他支出。

政府会计主体自行加工的存货，其成本包括耗用的直接材料费用、发生的直接人工费用和按照一定方法分配的与存货加工有关的间接费用。

政府会计主体委托加工的存货，其成本包括委托加工前的存货成本、委托加工的成本（如委托加工费以及按规定应计入委托加工存货成本的相关税费等）以及使存货达到目前场所和状态所发生的归属于存货成本的其他支出。

政府会计主体接受捐赠、转换、无偿调入以及盘盈的存货成本参见本章第三节相关内容。

下列各项应当在发生时确认为当期费用，不计入存货成本：

（1）非正常消耗的直接材料、直接人工和间接费用。

（2）仓储费用（不包括在加工过程中为达到下一个加工阶段所必需的费用）。

（3）不能归属于使存货达到目前场所和状态所发生的其他支出。

（二）后续计量

政府会计主体应当根据实际情况采用先进先出法、加权平均法或者个别计价法确定发出存货的实际成本。计价方法一经确定，不得随意变更。气象部门采取先进先出法确定发出存货的实际成本。

对于已发出的存货，应当将其成本结转为当期费用或者计入相关资产成本。

按规定报经批准对外捐赠、无偿调出的存货，应当将其账面余额予以转销，对外捐赠、无偿调出中发生的归属于捐出方、调出方的相关费用应当计入当期费用。

对于发生的存货毁损，应当将存货账面余额转销计入当期费用，并将毁损存货处置收入扣除相关处置税费后的差额按规定作应缴款项处理（差额为净收益时）或计入当期费用（差额为净损失时）。

存货盘亏造成的损失，按规定报经批准后应当计入当期费用。

四、存货的披露

政府会计主体应当在附注中披露与存货有关的下列信息：

（1）各类存货的期初和期末账面余额。

（2）确定发出存货成本所采用的方法。
（3）以名义金额计量的存货名称、数量，以及以名义金额计量的理由。
（4）其他有关存货变动的重要信息。

第五节 政府会计准则第2号——投资

一、投资的定义

投资是指政府会计主体按规定以货币资金、实物资产、无形资产等方式形成的债权或股权投资。

二、投资的分类

投资分为短期投资和长期投资。短期投资，是指政府会计主体取得的持有时间不超过1年（含1年）的投资；长期投资，是指政府会计主体取得的除短期投资以外的债权和股权性质的投资。

三、短期投资

（一）短期投资的计量

短期投资在取得时，应当按照实际成本（包括购买价款和相关税费）作为初始投资成本。实际支付的价款中包含的已到付息期但尚未领取的利息，应当于收到时冲减短期投资成本。

（二）投资损益

短期投资持有期间的利息，应当于实际收到时确认为投资收益。

（三）短期投资的处置

政府会计主体按规定出售或到期收回短期投资，应当将收到的价款扣除短期投资账面余额和相关税费后的差额计入投资损益。

四、长期债权投资

（一）初始投资成本

长期债券投资在取得时，应当按照实际成本作为初始投资成本。实际支付的价款中包含的已到付息期但尚未领取的债券利息，应当单独确认为应收利息，不计入长期债券投资初始投资成本。

（二）投资收益

长期债券投资持有期间，应当按期以票面金额与票面利率计算确认利息收入。

（1）投资收益记入应收利息：对于分期付息、一次还本的长期债券投资，应当按计算确定的应收未收利息借记应收利息，贷记投资收益。

（2）投资收益记入长期债券投资：对于一次还本付息的长期债券投资，应当按计算确定的应收未收利息借记长期债券投资，贷记计投资收益。

（三）长期债权投资的处置

政府会计主体按规定出售或到期收回长期债券投资，应当将实际收到的价款扣除长期债券投资账面余额和相关税费后的差额计入投资损益。

五、长期股权投资

（一）初始投资成本

长期股权投资在取得时，应当按照实际成本作为初始投资成本。

（1）以支付现金取得的长期股权投资，按照实际支付的全部价款（包括购买价款和相关税费）作为实际成本。

实际支付的价款中包含的已宣告但尚未发放的现金股利，应当单独确认为应收股利，不计入长期股权投资初始投资成本。

（2）以现金以外的其他资产置换取得的长期股权投资，其成本按照换出资产的评估价值加上支付的补价或减去收到的补价，加上换入长期股权投资发生的其他相关支出确定。

（3）接受捐赠的长期股权投资，其成本按照有关凭据注明的金额加上相关税费确定；没有相关凭据可供取得，但按规定经过资产评估的，其成本按照评估价值加上相关税费确定；没有相关凭据可供取得、也未经资产评估的，其成本比照同类或类似资产的市场价格加上相关税费确定。

（4）无偿调入的长期股权投资，其成本按照调出方账面价值加上相关税费确定。

（二）长期股权投资的核算方法

1. 成本法。

政府会计主体无权决定被投资单位的财务和经营政策或无权参与被投资单位的财务和经营政策决策的，应当采用成本法进行核算。

成本法，是指投资按照投资成本计量的方法。

在成本法下，长期股权投资的账面余额通常保持不变，但追加或收回投资时，应当相应调整其账面余额。

长期股权投资持有期间，被投资单位宣告分派的现金股利或利润，政府会计主体应当按照宣告分派的现金股利或利润中属于政府会计主体应享有的份额确认为投资收益。

政府会计主体因处置部分长期股权投资等原因无权再决定被投资单位的财务和经营政策或者参与被投资单位的财务和经营政策决策的，应当对处置后的剩余股权投资改按成本法核算，并以该剩余股权投资在权益法下的账面余额作为按照成本法核算的初始投资成本。其后，被投资单位宣告分派现金股利或利润时，属于已计入投资账面余额的部分，作为成本法下长期股权投资成本的收回，冲减长期股权投资的账面余额。

2. 权益法。

权益法，是指投资最初以投资成本计量，以后根据政府会计主体在被投资单位所享有的所有者权益份额的变动对投资的账面余额进行调整的方法。

政府会计主体因追加投资等原因对长期股权投资的核算从成本法改为权益法的，应当自有权决定被投资单位的财务和经营政策或者参与被投资单位的财务和经营政策决策时，按成本法下长期股权投资的账面余额加上追加投资的成本作为按照权益法核算的初始投资成本。

（三）权益法的核算原则

政府会计主体取得长期股权投资后，对于被投资单位所有者权益的变动，应当按照下列规定进行处理：

（1）按照应享有或应分担的被投资单位实现的净损益的份额，确认为投资损益，同时调整长期股权投资的账面余额。

（2）按照被投资单位宣告分派的现金股利或利润计算应享有的份额，确认为应收股利，同时减少长期股权投资的账面余额。

（3）按照被投资单位除净损益和利润分配以外的所有者权益变动的份额，确认为净资产，同时调整长期股权投资的账面余额。

政府会计主体确认被投资单位发生的净亏损，应当以长期股权投资的账面余额减记至零为限，政府会计主体负有承担额外损失义务的除外。

被投资单位发生净亏损，但以后年度又实现净利润的，政府会计主体应当在其收益分享额弥补未确认的亏损分担额等后，恢复确认投资收益。

（四）长期股权投资的处置

政府会计主体按规定报经批准处置长期股权投资，应当冲减长期股权投资的账面余额，并按规定将处置价款扣除相关税费后的余额作应缴款项处理，或者按规定将处置价款扣除相关税费后的余额与长期股权投资账面余额的差额计入当期投资损益。

采用权益法核算的长期股权投资，因被投资单位除净损益和利润分配以外的所有者权益变动而将应享有的份额计入净资产的，处置该项投资时，还应当将原计入净资产的相应部分转入当期投资损益。

六、投资的披露

政府会计主体应当在附注中披露与投资有关的下列信息：

（1）短期投资的增减变动及期初、期末账面余额。

（2）各类长期债权投资和长期股权投资的增减变动及期初、期末账面余额。

（3）长期股权投资的投资对象及核算方法。

（4）当期发生的投资净损益，其中，重大的投资净损益项目应当单独披露。

第六节　政府会计准则第 3 号——固定资产

一、固定资产定义

固定资产，是指政府会计主体为满足自身开展业务活动或其他活动需要而控制的，使用年限超过 1 年（不含 1 年）、单位价值在规定标准以上，并在使用过程中基本保持原有物质形态的资产，一般包括房屋及构筑物、专用设备、通用设备等。

单位价值虽未达到规定标准，但是使用年限超过 1 年（不含 1 年）的大批同类物资，如图书、家具、用具、装具等，应当确认为固定资产。

公共基础设施、政府储备物资、保障性住房、自然资源资产等，适用其他相关政府会计准则。

二、固定资产确认

（一）固定资产的确认条件

（1）与该固定资产相关的服务潜力很可能实现或者经济利益很可能流入政府会计主体；

（2）该固定资产的成本或者价值能够可靠地计量。

（二）固定资产的确认时点

通常情况下，购入、换入、接受捐赠、无偿调入不需安装的固定资产，在固定资产验收合格时确认；购入、换入、接受捐赠、无偿调入需要安装的固定资产，在固定资产安装完成交付使用时确认；自行建造、改建、扩建的固定资产，在建造完成交付使用时确认。

（三）特殊情况下固定资产的确认原则

（1）固定资产的各组成部分具有不同使用年限或者以不同方式为政府会计主体实现服务潜力或提供经济利益，适用不同折旧率或折旧方法且可以分别确定各自原价的，应当分别将各组成部分确认为单项固定资产。

（2）应用软件构成相关硬件不可缺少的组成部分的，应当将该软件的价值包括在所属的硬件价值中，一并确认为固定资产；不构成相关硬件不可缺少的组成部分的，应当将该软件确认为无形资产。

（3）购建房屋及构筑物时，不能分清购建成本中的房屋及构筑物部分与土地使用权部分的，应当全部确认为固定资产；能够分清购建成本中的房屋及构筑物部分与土地使用权部分的，应当将其中的房屋及构筑物部分确认为固定资产，将其中的土地使用权部分确认为无形资产。

（4）固定资产在使用过程中发生的后续支出，符合本准则第四条规定的确认条件的，应当计入固定资产成本；不符合本准则第四条规定的确认条件的，应当在发生时计入当期费用或者相关资产成本。将发生的固定资产后续支出计入固定资产成本的，应当同时从固定资产账面价值中扣除被替换部分的账面价值。

三、固定资产的计量

（一）固定资产的初始计量

固定资产在取得时应当按照成本进行初始计量。

政府会计主体外购的固定资产，其成本包括购买价款、相关税费以及固定资产交付使用前所发生的可归属于该项资产的运输费、装卸费、安装费和专业人员服务费等。

以一笔款项购入多项没有单独标价的固定资产，应当按照各项固定资产同类或类似资产市场价格的比例对总成本进行分配，分别确定各项固定资产的成本。

政府会计主体自行建造的固定资产，其成本包括该项资产至交付使用前所发生的全部必要支出。

在原有固定资产基础上进行改建、扩建、修缮后的固定资产，其成本按照原固定资产账面价值加上改建、扩建、修缮发生的支出，再扣除固定资产被替换部分的账面价值后的金额确定。

为建造固定资产借入的专门借款的利息，属于建设期间发生的，计入在建工程成本；不属于建设期间发生的，计入当期费用。已交付使用但尚未办理竣工决算手续的固定资产，应当按照估计价值入账，待办理竣工决算后再按实际成本调整原来的暂估价值。

政府会计主体通过置换、接受捐赠、无偿调入、融资租赁和盘盈取得的固定资产成本参见本章第三节相关内容。

（二）固定资产的后续计量

1. 固定资产折旧。

折旧，是指在固定资产的预计使用年限内，按照确定的方法对应计的折旧额进行系统分摊。

固定资产应计的折旧额为其成本，计提固定资产折旧时不考虑预计净残值。

政府会计主体应当对暂估入账的固定资产计提折旧，实际成本确定后不需调整原已计提的折旧额。

2. 不计提折旧的固定资产。

（1）文物和陈列品；

（2）动植物；

（3）图书、档案；

（4）单独计价入账的土地；

（5）以名义金额计量的固定资产。

3. 固定资产的折旧年限。

政府会计主体应当根据相关规定以及固定资产的性质和使用情况，合理确定固定资产的使用年限。

固定资产的使用年限一经确定，不得随意变更。政府会计主体确定固定资产使用年限时，应当考虑下列因素：

（1）预计实现服务潜力或提供经济利益的期限；

（2）预计有形损耗和无形损耗；

（3）法律或者类似规定对资产使用的限制。

4. 固定资产的折旧计提方法。

政府会计主体一般应当采用年限平均法或者工作量法计提固定资产折旧。

在确定固定资产的折旧方法时，应当考虑与固定资产相关的服务潜力或经济利益的预期实现方式。

固定资产折旧方法一经确定，不得随意变更。

固定资产应当按月计提折旧，并根据用途计入当期费用或者相关资产成本。

固定资产提足折旧后，无论能否继续使用，均不再计提折旧；提前报废的固定资产，也不再补提折旧。已提足折旧的固定资产，可以继续使用的，应当继续使用，规范实物管理。

固定资产因改建、扩建或修缮等原因而延长其使用年限的，应当按照重新确定的固定资产的成本以及重新确定的折旧年限计算折旧额。

四、固定资产的处置

政府会计主体按照规定报经批准出售、转让固定资产或固定资产报废、毁损的，应当将固定资产账面价值转销计入当期费用，并将处置收入扣除相关处置税费后的差额按规定作应缴款项处理（差额为净收益时）或计入当期费用（差额为净损失时）。

政府会计主体按规定报经批准对外捐赠、无偿调出固定资产的，应当将固定资产的账面价值予以转销，对外捐赠、无偿调出中发生的归属于捐出方、调出方的相关费用应当计入当期费用。

政府会计主体按规定报经批准以固定资产对外投资的，应当将该固定资产的账面价值予以转销，并将固定资产在对外投资时的评估价值与其账面价值的差额计入当期收入或费用。

固定资产盘亏造成的损失，按规定报经批准后应当计入当期费用。

五、固定资产的披露

政府会计主体应当在附注中披露与固定资产有关的下列信息：

（1）固定资产的分类和折旧方法。

（2）各类固定资产的使用年限、折旧率。

（3）各类固定资产的账面余额、累计折旧额、账面价值的期初、期末数及其本期变动情况。

（4）以名义金额计量的固定资产名称、数量，以及以名义金额计量的理由。

（5）已提足折旧的固定资产名称、数量等情况。

（6）接受捐赠、无偿调入的固定资产名称、数量等情况。

（7）出租、出借固定资产以及以固定资产投资的情况。

（8）固定资产对外捐赠、无偿调出、毁损等重要资产处置的情况。

（9）暂估入账的固定资产账面价值变动情况。

第七节 政府会计准则第4号——无形资产

一、无形资产的定义

无形资产，是指政府会计主体控制的没有实物形态的可辨认非货币性资产，如专利权、商标权、著作权、土地使用权、非专利技术等。

资产满足下列条件之一的，符合无形资产定义中的可辨认性标准：

（1）能够从政府会计主体中分离或者划分出来，并能单独或者与相关合同、资产或负债一起，用于出售、转移、授予许可、租赁或者交换。

（2）源自合同性权利或其他法定权利，无论这些权利是否可以从政府会计主体或其他权利和义务中转移或者分离。

二、无形资产的确认

无形资产同时满足下列条件的，应当予以确认：

（1）与该无形资产相关的服务潜力很可能实现或者经济利益很可能流入政府会计主体；

（2）该无形资产的成本或者价值能够可靠地计量。

政府会计主体在判断无形资产的服务潜力或经济利益是否很可能实现或流入时，应当对无形资产在预计使用年限内可能存在的各种社会、经济、科技因素做出合理估计，并且应当有确凿的证据支持。

政府会计主体购入的不构成相关硬件不可缺少组成部分的软件，应当确认为无形资产。

政府会计主体自行研究开发项目的支出，应当区分研究阶段支出与开发阶段支出。

政府会计主体自创商誉及内部产生的品牌、报刊名等，不应确认为无形资产。

三、无形资产的计量

（一）无形资产的初始计量

政府会计主体外购的无形资产，其成本包括购买价款、相关税费以及可归属于该项资产达到预定用途前所发生的其他支出。

政府会计主体委托软件公司开发的软件，视同外购无形资产确定其成本。

政府会计主体自行开发的无形资产，其成本包括自该项目进入开发阶段后至达到预定用途前所发生的支出总额。

政府会计主体通过置换、接受捐赠、无偿调入、融资租赁和盘盈取得的无形资产成本参见本章第三节相关内容。

（二）无形资产的后续计量

1. 无形资产的摊销。

无形资产的使用年限为有限的，应当估计该使用年限。无法预见无形资产为政府会计主体提供服务潜力或者带来经济利益期限的，应当视为使用年限不确定的无形资产。

政府会计主体应当对使用年限有限的无形资产进行摊销，但已摊销完毕仍继续使用的无形资产和以名义金额计量的无形资产除外。

摊销是指在无形资产使用年限内，按照确定的方法对应摊销金额进行系统分摊。

2. 无形资产的摊销年限。

对于使用年限有限的无形资产，政府会计主体应当按照以下原则确定无形资产的摊销年限：

（1）法律规定了有效年限的，按照法律规定的有效年限作为摊销年限；

（2）法律没有规定有效年限的，按照相关合同或单位申请书中的受益年限作为摊销年限；

（3）法律没有规定有效年限、相关合同或单位申请书也没有规定受益年限的，应当根据无形资产为政府会计主体带来服务潜力或经济利益的实际情况，预计其使用年限；

（4）非大批量购入、单价小于1 000元的无形资产，可以于购买的当期将其成本一次性全部转销。

3. 无形资产的摊销方法。

政府会计主体应当按月对使用年限有限的无形资产进行摊销，并根据用途计入当期费用或者相关资产成本。

政府会计主体应当采用年限平均法或者工作量法对无形资产进行摊销，应摊销金额为其成本，不考虑预计残值。

因发生后续支出而增加无形资产成本的，对于使用年限有限的无形资产，应当按照重新确定的无形资产成本以及重新确定的摊销年限计算摊销额。

使用年限不确定的无形资产不应摊销。

四、无形资产的处置

政府会计主体按规定报经批准出售无形资产，应当将无形资产账面价值转销计入当期费用，并将处置收入大于相关处置税费后的差额按规定计入当期收入或者做应缴款项处理，将处置收入小于相关处置税费后的差额计入当期费用。

政府会计主体按规定报经批准对外捐赠、无偿调出无形资产的，应当将无形资产的账面价值予以转销，对外捐赠、无偿调出中发生的归属于捐出方、调出方的相关费用应当计入当期费用。

政府会计主体按规定报经批准以无形资产对外投资的，应当将该无形资产的账面价值予以转销，并将无形资产在对外投资时的评估价值与其账面价值的差额计入当期收入或费用。

无形资产预期不能为政府会计主体带来服务潜力或者经济利益的，应当在报经批准后将该无形资产的账面价值予以转销。

五、无形资产的披露

政府会计主体应当按照无形资产的类别在附注中披露与无形资产有关的下列信息：

第一，无形资产账面余额、累计摊销额、账面价值的期初、期末数及其本期变动情况。

第二，自行开发无形资产的名称、数量，以及账面余额和累计摊销额的变动情况。

第三，以名义金额计量的无形资产名称、数量，以及以名义金额计量的理由。

第四，接受捐赠、无偿调入无形资产的名称、数量等情况。

第五，使用年限有限的无形资产，其使用年限的估计情况；使用年限不确定的无形资产，其使用年限不确定的确定依据。

第六，无形资产出售、对外投资等重要资产处置的情况。

第八节　政府会计制度

一、依据

为了规范行政事业单位的会计核算，保证会计信息质量，根据《中华人民共和国会计法》《中华人民共和国预算法》《政府会计准则——基本准则》等法律、行政法规和规章，制定政府会计制度。

二、适用范围

政府会计制度适用于各级各类行政单位和事业单位。纳入企业财务管理体系执行企业会计准则或小企业会计准则的单位，不执行本制度。

政府会计制度尚未规范的有关行业事业单位的特殊经济业务或事项的会计处理，由财政部另行规定。

三、会计核算要求

各单位应当根据《政府会计准则》（包括基本准则和具体准则）规定的原则和本制度的要求，对其发生的各项经济业务或事项进行会计核算。具体要求如下：

第一，单位对基本建设投资应当按照政府会计制度规定统一进行会计核算，不再单独建账，但是应当按项目单独核算，并保证项目资料完整。对于气象部门承建基本建设项目比较多、资金量比较大的独立核算单位，有条件的可以单独建账，但要按照气象部门平行记账规则同时记入单位大账。

第二，单位会计核算应当具备财务会计与预算会计双重功能，实现财务会计与预算会计适度分离并相互衔接，全面、清晰反映单位财务信息和预算执行信息。

第三，单位财务会计核算实行权责发生制；单位预算会计核算实行收付实现制，国务院另有规定的，依照其规定。

第四，单位对于纳入部门预算管理的现金收支业务，在采用财务会计核算的同时应当进行预算会计核算；对于其他业务，仅需进行财务会计核算。

第五，单位会计要素包括财务会计要素和预算会计要素。财务会计要素包括资产、负债、净资产、收入和费用。预算会计要素包括预算收入、预算支出和预算结余。

四、会计科目运用

第一，各单位应当按照政府会计制度的规定以及气象部门年度会计科目设置和使用会计科目。在不影响会计处理和编制报表的前提下，各单位不得对下发的气象部门系统级科目增加或减少同级科目，但可以根据实际情况自行增设或减少气象部门系统级科目以下的会计科目。

第二，各单位应当执行政府会计制度统一规定的会计科目编号，以便于填制会计凭证、登记账簿、查阅账目，实行会计信息化管理。

第三，各单位在填制会计凭证、登记会计账簿时，应当填列会计科目的名称，或者同时填列会计科目的名称和编号，不得只填列会计科目编号、不填列会计科目名称。

第四，各单位设置明细科目或进行明细核算，除遵循本制度规定外，还应当满足权责发生制政府部门财务报告和政府综合财务报告编制的其他需要。

五、会计报表

各单位应当按照下列规定编制财务报表和预算会计报表：

（1）财务报表的编制主要以权责发生制为基础，以单位财务会计核算生成的数据为准；预算会计报表的编制主要以收付实现制为基础，以单位预算会计核算生成的数据为准。

（2）财务报表由会计报表及其附注构成。会计报表一般包括资产负债表、收入费用表和净资产变动表。单位可根据实际情况自行选择编制现金流量表。

（3）预算会计报表至少包括预算收入支出表、预算结转结余变动表和财政拨款预算收入支出表。

（4）各单位应当至少按照年度编制财务报表和预算会计报表。

（5）各单位应当根据本制度规定编制真实、完整的财务报表和预算会计报表，不得违反本制度规定随意改变财务报表和预算会计报表的编制基础、编制依据、编制原则和方法，不得随意改变本制度规定的财务报表和预算会计报表有关数据的会计口径。

（6）财务报表和预算会计报表应当根据登记完整、核对无误的账簿记录和其他有关资料编制，做到数字真实、计算准确、内容完整、编报及时。

（7）财务报表和预算会计报表应当由单位负责人和主管会计工作的负责人、会计机构负责人（会计主管人员）签名并盖章。

六、会计信息应用

各单位应当重视并不断推进会计信息化的应用。

各单位开展会计信息化工作，应当符合财政部制定的相关会计信息化工作规范和标准，确保利用现代信息技术手段开展会计核算及生成的会计信息符合政府会计准则和本制度的规定。

第九节 会计政策和会计估计

一、会计政策

1. 定义。

会计政策是指政府会计主体在会计核算时所遵循的具体原则以及所采纳的具体会计处理方法。

具体原则，是指政府会计主体按照国家统一的会计制度所制定的、适合于本会计主体的会计原则。

具体会计处理方法，是指政府会计主体从国家统一的会计制度规定的诸多可选择的会计处理方法中所选择的、适合于本会计主体的会计处理方法，如长期股权投资的权益法和成本法等。

2. 会计政策的特点。

（1）选择性：是指具体会计处理方法可以选择。

（2）强制性：是指会计政策一经确定不得随意变更。

（3）层次性：是指会计政策分为会计原则、计量基础和会计处理方法，以适用的会计准则制度为基础，指导具体会计处理。

3. 常见的会计政策。

（1）发出存货成本的计量：是指政府会计主体确定发出存货成本所采用的会计处理。例如，发出存货成本的计量是采用先进先出法，还是采用其他方法。

（2）长期股权投资的后续计量：是指政府会计主体取得长期股权投资后的会计处理。例如，政府会计主体对被投资单位的长期股权投资是采用成本法，还是采用权益法核算。

（3）投资性房地产的后续计量：是指政府会计主体在资产负债表日对投资性房地产进行后续计量所采用的会计处理。例如，政府会计主体对投资性房地产的后续计量是采用成本模式，还是采用公允价值模式。

（4）固定资产的初始计量：是指政府会计主体取得的固定资产初始成本的计量。例如，企业取得的固定资产初始成本是以购买价款，还是以购买价款的现值为基础进行计量。

（5）无形资产的确认：是指政府会计主体对研究开发项目的支出是否确认为无形资产。例如，政府会计主体内部研究开发项目开发阶段的支出确认为无形资产，研究阶段的的支出计入当期费用。

（6）非货币性资产交换的计量：是指政府会计主体非货币性资产交换事项中对换入资产的计量。例如，非货币性资产交换是以换出资产的公允价值作为确定换入资产成本的基础，还是以换出资产的账面价值作为确定换入资产成本的基础。

（7）收入的确认：是指政府会计主体收入确认所采用的会计原则。例如，政府会计主体确认收入时要同时满足以下三个条件：①与收入相关的含有服务潜力或者经济利益的经济资源很可能流入政府会计主体；②含有服务潜力或者经济利益的经济资源流入会导致政府会计主体资产增加或者负债减少；③流入的金额能够可靠地计量等条件。

（8）借款费用的处理：是指政府会计主体借款费用的会计处理方法，即采用资本化，还是采用费用化。

（9）合并政策：是指政府会计主体编制合并会计报表所采纳的原则。例如，合并范围的确定原则等。

二、会计估计

1. 定义。

会计估计是指政府会计主体对其结果不确定的经济业务或事项以最近可利用的信息为基础所作的判断，如固定资产、无形资产的预计使用年限等。

2. 会计估计的特点。

第一，会计估计的存在是由于经济活动中内在的不确定性因素的影响。

第二，进行会计估计时，往往以最近可利用的信息或资料为基础。

第三，进行会计估计并不会削弱会计确认和计量的可靠性。

3. 常见的需要进行会计估计的事项。

（1）坏账是否会发生以及坏账的数额确认；

（2）存货的毁损和过时损失；

（3）固定资产的使用年限和净残值大小；

（4）无形资产的受益期；

（5）长期待摊费用的摊销期；

（6）收入能否实现以及实现的金额；

（7）或有损失和或有收益的发生以及发生的数额。

4. 会计估计原则。

（1）权责发生制原则：按照权责发生制原则及时、准确地估算资产、负债、收入和费用等会计要素的金额。

（2）适度稳健原则：为确保政府会计主体运营环境的不确定性和风险能够得到充分的考虑，对低度不确定性经济业务的金额应作谨慎的估计。

（3）科学性原则：科学性原则是指在低度不确定性经济业务有关金额的估计时，首先，必须根据财务会计的目标和会计原则，选择适用的标准和科学的方法来进行估算；其次，科学性原则还要求会计估计的程序应科学合理；第三，科学性原则要求在会计估计时，要利用最新的信息和资料，作出最佳估计，并利用以后的真实资料，不断地修改和完善估计方法。

（4）客观性原则：客观性原则是指会计估计的结果应有充分的事实依据，应注意同质性。即估计的结果应与低度不确定性经济业务的“质”（真实情况）的情况保持一致。如固定资产折旧额的大小应尽量与固定资产的实际损耗的程度（包括有形损耗和无形损耗）不产生明显矛盾。

（5）一致性原则：在对低度不确定性经济业务进行估计时，对同一类型的业务所采用的方法，前后应当保持一致，不能随意更改。

（三）会计政策变更

1. 可以变更的会计政策。

政府会计主体采用的会计政策，在每一会计期间和前后各期应当保持一致。但是，满足下列条件之一的，可以变更会计政策：

（1）法律、行政法规或者国家统一的会计制度等要求变更。

（2）会计政策变更能够提供有关政府会计主体财务状况、运行情况等更可靠、更相关的会计信息。

2. 不属于会计政策变更的事项。

（1）本期发生的经济业务或者事项与以前相比具有本质差别而采用新的会计政策。

（2）对初次发生的或不重要的经济业务或者事项采用新的会计政策。

3. 会计政策变更的处理方法。

（1）追溯调整法。追溯调整法是指对某项经济业务或事项变更会计政策时，如同该项经济业务或事项初次发生时即采用变更后的会计政策，并以此对财务报表相关项目进行调整的方法。

会计政策变更能够提供更可靠、更相关的会计信息的，政府会计主体应当采用追溯调整法进行处理。

采用追溯调整法时，政府会计主体应当将会计政策变更的累积影响数调整当期期初累计盈余，其他相关项目的期初数也应一并调整。

会计政策变更累积影响数，是指按照变更后的会计政策对以前各期追溯计算的变更年度期初累计盈余应有金额与现有金额之间的差额。

（2）未来适用法。未来适用法是指对某项经济业务或事项变更会计政策时，将变更后的会计政策应用于变更日及以后发生的经济业务或者事项的方法。会计政策变更累积影响数不能合理确定的，政府会计主体应当采用未来适用法对会计政策变更进行处理。

采用未来适用法时，政府会计主体不需要计算会计政策变更产生的累积影响数，也无需调整财务报表相关项目的期初数和比较财务报表相关项目。

（四）会计估计变更

政府会计主体据以进行估计的基础发生了变化，或者由于取得新信息、积累更多经验以及后来的发展变化，可能需要对会计估计进行修订。会计估计变更应当基于确凿的证据。

会计估计变更时，政府会计主体不需要计算变更产生的累积影响数，但应当对变更当期和未来期间发生的经济业务或事项采用新的会计估计进行处理。

会计估计变更仅影响变更当期的，其影响数应当在变更当期予以确认；既影响变更当期又影响未来期间的，其影响数应当在变更当期和未来期间予以确认。

政府会计主体难以对某项变更区分为会计政策变更或会计估计变更的，应当按照会计估计变更的处理方法进行处理。

（五）划分会计政策变更与会计估计变更

政府会计主体应当以变更事项的会计确认、计量基础和列报项目是否发生变更作为判断变更是会计政策变更还是会计估计变更的划分基础。

（1）以会计确认是否发生变更作为判断基础。《政府会计准则——基本准则》规定了资产、负债、净资产、收入、费用 5 项会计要素的确认标准，是会计处理的首要环节。一般地，对会计确认的指定或选择是会计政策，其相应的变更是会计政策变更。例如，会计主体在前期将某项内部研究开发项目开发阶段的支出计入当期损益，而当期按照《政府会计准则第 4 号——无形资产》的规定，该项支出符合无形资产的确认条件，应当确认为无形资产。该项会计确认发生变更，即前期将研发费用确认为一项费用，而当期将其确认为一项资产。该事项中会计确认发生变化，所以该变更是会计政策变更。

（2）以计量基础是否发生变更作为判断基础。《政府会计准则——基本准则》规定了历史成本、重置成本、现值、公允价值和名义金额等 5 项会计计量属性，是会计处理的计量基础。一般地，对计量基础的指定或选择是会计政策，其相应的变更是会计政策变更。例如，会计主体在前期对购入的价款超过正常信用条件延期支付的固定资产初始计量采用历史成本，而当期按照《政府会计准则第 3 号——固定资产》的规定，该类固定资产初始成本应以购买价款的现值为基础确定。该事项中计量基础发生变化，所以该变更是会计政策变更。

（3）以列报项目是否发生变更作为判断基础。《政府会计制度》规定了财务报表项目应采用的列报原则。一般地，对列报项目的指定或选择是会计政策，其相应的变更是会计政策变更。例如，会计主体在前期将物品采购费用列入当期损益，当期根据《政府会计准则第 1 号——存货》的规定，将采购费用列入存货成本。因为列报项目发生变化，所以该变更是会计政策变更。

（4）根据会计确认、计量基础和列报项目所选择的，为取得与资产负债表项目有关的金额或数值（如预计使用寿命、净残值等）所采用的处理方法，不是会计政策变更，而是会计估计变更。

例如，会计主体需要对某项资产采用公允价值进行计量，而公允价值的确定需要根据市场情况选择不同的处理方法。在资产不存在销售协议和活跃市场的情况下，需要根据同行业类似资产的最近交易价格对该项资产进行估计；在资产不存在销售协议但存在活跃市场的情况下，其公允价值应当按照该资产的市场价格为基础进行估计。因为会计主体所确定的公允价值是与该项资产有关的金额，所以为确定公允价值所采用的处理方法是会计估计，不是会计政策，相应地，当会计主体面对市场情况发生变化时，其采用的确定公允价值的方法变更，不是会计政策变更。

（六）会计差错更正

会计差错是指政府会计主体在会计核算时，在确认、计量、记录、报告等方面出现的错误。会计差错通常包括计算或记录错误、应用会计政策错误、疏忽或曲解事实产生的错误、财务舞弊产生的影响等。政府会计主体在本报告期（以下简称“本期”）发现的会计差错，应当按照以下原则处理：

（1）本期发现的与本期相关的会计差错，应当按照《会计基础工作规范》要求更正相关凭证和账簿记录，并调整本期相关报表（包括财务报表和预算会计报表，下同）项目。

（2）本期发现的与前期相关的非重大会计差错，如影响收入、费用或预算收支，应当直接计入本期收入、费用或预算收支，并调整其他相关项目的本期数；如不影响收入、费用或预算收支，应当调整相关项目的本期数。

重大会计差错，是指政府会计主体发现的使当期编制的报表不再具有可靠性的会计差错。重大会计差错一般是指金额比较大或性质比较严重，通常某项经济业务或事项对报表的影响金额占该类经济业务或事项对报表影响金额的10%及以上，则认为金额比较大。

政府会计主体滥用会计政策、会计估计及其变更，应当作为重大会计差错予以更正。

（3）本期发现的与前期相关的重大会计差错，如影响收入、费用或预算收支的，应当将其对收入、费用或预算收支的影响数调整发现当期的期初累计盈余或预算结转结余，并调整报表其他相关项目的期初数；如不影响收入、费用或预算收支，应当调整报表相关项目的期初数。

报告日至报告批准报出日之间发现的报告期间的会计差错及以前期间的非重大会计差错，应当按照报告日后事项中的调整事项进行处理。

（七）报告日后事项

报告日后事项是指自报告日（年度报告日通常为12月31日）至报告（包括财务报告和决算报告，下同）批准报出日之间发生的需要调整或说明的事项，包括调整事项和非调整事项两类。

报告日以后获得新的或进一步的证据，有助于对报告日存在状况的有关金额作出重新估计，应当作为调整事项，据此对报告日的报表进行调整。调整事项包括已证实资产发生了减损、已确定获得或支付的赔偿、报表舞弊或差错等。

报告日以后发生的调整事项，应当如同报告所属期间发生的事项一样，作出相关会计处理，并对报告日已编制的报表作相应的调整。

报告日以后才发生或存在的事项，不影响报告日的存在状况，但如不加以说明，将会影响报告使用者作出正确估计和决策，这类事项应当作为非调整事项，在财务报表附注中予以披露，如自然灾害导致的资产损失、外汇汇率发生较大变动等。

（八）披露

政府会计主体应当在财务报表附注中披露的主要事项：

第一，会计政策变更的内容和理由、会计政策变更的影响数，以及累积影响数不能合理确定的理由。

第二，会计估计变更的内容和理由、会计估计变更的影响数，以及会计估计变更的影响数不能确定的理由。

第三，重大会计差错的内容和重大会计差错的更正金额。

第四，与报告日后事项有关的下列信息：

1. 财务报告的批准报出者和批准报出日；

2. 每项重要的报告日后非调整事项的性质、内容，及其对财务状况、运行情况的影响；无法作出估计的，应当说明其原因。

政府会计主体在以后的会计期间，不需要重复披露在以前期间的财务报表附注中已披露的会计政策变更、会计估计变更和会计差错更正的信息。

第十节　气象部门的会计政策和会计估计

一、气象部门的会计政策

1. 预算收入确认原则采取收付实现制，在实际收到时予以确认，以实际收到的金额计量。此金额是指实际收到的含税金额，包括增值税。国务院另有规定的，依照其规定，如年底未支用的直接支付用款额度，按预算下达数与实际支用数的差额确认为本年财政拨款预算收入。政府会计主体借入的债务确认为预算收入。

2. 预算支出确认原则采取收付实现制，一般在实际支付时予以确认，以实际支付的金额计量。单位缴纳的增值税记入相关支出科目。政府会计主体对外投资及债务还本支出确认为预算支出。

3. 资产按历史成本计量，即按照资产取得时支付的现金金额或者支付对价的公允价值计量。如果单位存在以前年度资产未及时入账的情况，可分以下情况计量：可以准确获取资产初始购置或建造成本及相关费用的，按初始购置或建造成本及相关费用计量，无法准确获取资产初始购置或建造成本及相关费用的，按公允价值计量，即资产按照市场参与者在计量日发生的有序交易中，出售资产所能收到的价格计量。如果无法采用上述计量属性的，经批准采用名义金额（即人民币1元）计量。

4. 产权不归属本单位的代管资产，或者尚未确权的资产（不包含土地），不确认为本单位固定资产或无形资产，只作为受托代理资产。

5. 土地及土地使用权的确认原则。固定资产下的土地，用于核算气象部门未确权土地，主要指政府划拨使用且未发放土地使用权证的土地，财务会计采用名义金额计量。无形资产下的土地使用权用于核算气象部门已确权土地，包括政府划拨使用且发放土地使用权证的土地，和支付土地出让金获取的土地，政府划拨土地，财务会计采用名义金额计量，支付土地出让金获取的土地，按支付的价款和相关费用计量。

6. 收入确认原则采取权责发生制，在报告期内导致政府会计主体净资产增加、含有服务潜力或者经济利益的经济资源流入并能可靠计量的，确认为当期收入。

7. 费用确认原则采取权责发生制，在报告期内导致政府会计主体净资产减少、含有服务潜力或者经济利益的经济资源流出并能够可靠计量的，确认为当期费用。

8. 存货发出成本采用的方法。对于2019年1月1日前已经确认支出尚未领用的存货，不再追溯，存货管理部门需在2018年12月31日前盘点存货，单独确认区分已做支出尚未发出的存货。对于2019年1月1日前未确认支出的存货以及2019年1月1日以后确认的存货，在发出时按先进先出法计量当期费用。单位购买的办公用品，在购进时财务会计直接列支费用，不通过存货类科目核算。

9. 长期股权投资核算方法。长期股权投资在持有期间，通常采用权益法进行核算。单位无权决定被投资单位的财务和经营政策或无权参与被投资单位的财务和经营政策决策的，应当采用成本法核算。采取权益法核算的长期股权投资，对“长期股权投资—损益调整”科目的会计处理，应于年度被投资企业决算完成之后。

10. 固定资产折旧方法，气象部门固定资产除文物、陈列品、动植物、图书、档案、单独计价入账的土地和以名义金额计量的固定资产外均按平均年限法计提折旧，不考虑预计残值。当月增加的固定资产当月开始计提折旧，当月减少的固定资产当月不再计提折旧。

11. 无形资产摊销办法。气象部门无形资产均采用平均年限法摊销，不考虑预计残值。当月增加的无形资产当月开始摊销，当月减少的无形资产当月不再摊销。

12. 坏账准备的计提方法。气象部门采取个别认定法计提坏账准备。单位应于每年年末，对收回后不需上缴财政的应收账款和其他应收款进行全面检查，分析其可收回性，对预计可能产生的坏账损失计提坏账准备。

13. 坏账损失的处理原则。气象部门根据相关规定清查出的各项坏账，应当分析原因，对有合法证据证明确实不能收回的应收款项，按照以下方式处理：

（1）因债务人被宣告破产、撤销注销工商登记或者被政府责令关闭等导致无法收回的应收款项，应当根据法院的破产公告、破产清算文件、工商部门的撤销注销证明、政府部门有关文件等进行认定。已经清算的，应当对扣除清偿部分后不能收回的款项认定为损失。

（2）债务人死亡或者依法被宣告失踪、死亡，其财产或者遗产不足清偿且没有继承人的应收款项，应当在取得相关法律文件后认定为损失。

（3）因不可抗力因素（自然灾害、意外事故）无法收回的应收款项，由单位做出专项说明，可以根据社会中介机构出具的经济鉴证证明认定损失。

（4）涉诉的应收款项，已生效的人民法院判决书、裁定书判定、裁定其败诉的，或者虽然胜诉但因无法执行被裁定终止执行的，认定为损失。

（5）逾期3年的应收款项，具有依法催收磋商记录，并且能够确认3年内没有任何业务往来的，应当根据社会中介机构出具的经济鉴证证明，在扣除应付该债务人的各种款项和有关责任人员的赔偿后的余额，认定为损失。

（6）逾期3年的应收款项，债务人在国外及我国香港、澳门、台湾地区的，经依法催收仍未收回，且在3年内没有任何业务往来的，在取得境外社会中介机构出具的终止收款意见书，或者取得我国驻外使（领）馆商务机构出具的债务人逃亡、破产证明后，认定为损失。

（7）逾期3年以上、单笔数额较小、不足以弥补清收成本的，由单位作出专项说明，根据社会中介机构出具的经济鉴证证明认定损失。

14. 研发支出研究和开发阶段认定原则。研发支出“开发阶段”的支出资本化，“研究阶段”的支出费用化。各单位如果能区分研究阶段和开发阶段就按照支出的费用分别归集，如不能区分可先列支在开发支出中，年底评估开发项目能否达到预定用途，如预计不能达到预定用途，将已发生的开发支出全部转入当期费用。

15. 单位管理费用认定原则。中国气象局本级及省、自治区、直辖市、计划单列市气象局本级、各级气象部门独立核算的后勤管理单位、中国气象局在京直属事业单位（不含机关服务中心）办公室、计财处、人事处、法规处、党办、纪检部门开展管理活动发生的各项费用（不包括经营费用、资产处置费用、上缴上级费用、对附属单位补助费用、所得税费用和其他费用），以及除上述单位外的其他事业单位发生的由单位统一负担的离退休人员经费、工会经费、诉讼费、中介费等认定为单位管理费用。

16. 业务活动费用认定原则。气象部门行政单位、各省、自治区、直辖市、计划单列市气象局直属事业单位、各地（市、盟）县（旗）气象局以及中国气象局在京直属事业单位（不含机关服务中心）除办公室、计财处、人事处、法规处、党办、纪检部门之外其他部门依法履职或开展专业业务活动及其辅助活动发生的扣除由单位统一负担的离退休人员经费、工会经费、诉讼费、中介费等之后的各项费用（不包括经营费用、资产处置费用、上缴上级费用、对附属单位补助费用、所得税费用和其他费用），认定为业务活动费用。另外各级气象部门独立核算的后勤管理单位开展的非管理活动发生的各项费用也认定为业务活动费，如机关服务中心开展的业务、办公基础设施建设发生的各项费用。

17. 横向课题管理费提取原则。各单位取得的横向课题（单位从其他单位取得的开具增值税发票的科研课题经费），可以按规定或合同约定提取管理费。预算会计对于提取的管理费直接确认为非财政拨款结余，由各单位统筹使用，财务会计按预提费用管理。

18. 财政科研项目或纵向课题间接费用使用原则。各单位直接从各级财政取得的科研项目或从其他单位取得的纵向课题，不计提间接费用，可以采取预算控制的方法在规定的间接费用额度内按间接费用支出范围统筹使用。

二、气象部门会计估计

1. 固定资产折旧年限。对于气象部门 2018 年 12 月 31 日之前购置的固定资产，以简便办法确定折旧年限，具体见表 1－1：

表 1－1

序号	类　　别	预计净残值	折旧年限
1	业务及管理用房	0	50
2	简易房、房屋附属设施、构筑物	0	10
3	通用设备	0	10
4	专用设备	0	10
	其中：飞机、卫星	0	20
5	家具、用具及装具	0	15

气象部门 2019 年 1 月 1 日起购置的固定资产：房屋及构筑物、通用设备、专用设备中的飞机卫星、家具用具及装具按照《政府会计准则第 3 号——固定资产》应用指南的折旧年限执行，专用设备暂按 10 年折旧，待气象部门确定了具体专用设备的折旧年限，新购置的设备再按新的折旧年限执行。

2. 无形资产摊销年限。法律规定了有效年限的，按法律规定的有效年限作为摊销年限；法律没有规定的，按相关合同约定或单位申请书中的受益年限作为摊销年限；前两者都没有的，按不少于 10 年摊销。

3. 计提坏账准备的认定原则。对于债务人被宣告破产、撤销注销工商登记或者被政府责令关闭等导致无法收回的应收款项，以及债务人死亡或者依法被宣告失踪、死亡，其财产或者遗产不足清偿且没有继承人的应收款项，尚未取得相关认定材料的、涉诉的应收款项，法院尚未判决或裁定的、逾期 3 年的应收款项，各单位可依据实际情况按应收款项全额计提坏账准备。

第十一节　气象部门政府会计科目体系

气象部门科目编码规则为 4－2－2－2－2－2－2－2，各单位必须当按照每年下发的气象部门 A＋＋财务软件系统会计科目修订、调整本单位系统级科目。在具体设置时应注意以下原则：

1. 不得自行设置平级科目，但可以增设下级科目；
2. 有辅助核算项的就不再设置明细科目；
3. 按规定横向课题收入应调整为事业收入；
4. 不得设置非标准科目体系类型；
5. 小企业科目设置应严格符合标准。

只有在会计科目规范设置的前提下，才能实现自动结转、自动取数和部门决算自动生成等功能。所以，各单位财务人员在每年年初建账时，应根据新下发的会计科目及时更新系统内科目，做好科目规范设置。

财务会计科目（详见附表1）

预算会计科目（详见附表2）

企业会计科目（详见附表3）

一、会计科目核算内容

财务会计科目核算内容（详见附表4）

预算会计科目核算内容（详见附表5）

二、核算单位编码设置规则

在A++财务管理平台上核算的单位分为三类：中央预算单位、地方编制单位和企业。树形结构为：一级预算单位的单位代码为141，二级预算单位的单位代码为141×××，三级预算单位的单位代码为141××××××，四级预算单位的单位代码为141×××××××××。各单位应注意，在给所属单位设置自编码时不能重码，非末级单位要设本级。

（一）中央预算单位

中央预算单位编码、数量和名称应与部门预算单位预算代码、数量和名称保持一致，非末级单位都应留有汇总节点，地区级单位可以增设一个调账单位以099为末位编码。对于同一事业单位挂多个名称的情况，如所挂单位是有文件批复、有法人登记而没有预算代码的单位，可在同一单位下增设账套（006事业（挂牌）），如没有文件批复、不是法人单位只能在同一单位同一账套下分部门核算。

例如：

北京市气象局属二级预算单位，其单位代码为141003；其下属单位北京市气象台单位代码为141003002，北京市海淀区气象局单位代码为141003010，其下属单位代码如表1-2所示：

表 1－2

单位代码	单位名称
141003010	北京市海淀区气象局
141003010001	北京市海淀区气象局本级
141003010601	北京市海淀区防雷装置安全检测站
141003010801	北京乐庆文化发展有限公司

江苏省气象局属二级预算单位，其单位代码为 141012，其下属单位江苏连云港市气象局为三级预算单位，其单位代码及其下属单位代码如表 1－3 所示：

表 1－3

单位代码	单位名称
141012003	连云港市气象局
141012003001	连云港市气象局本级
141012003002	赣榆县气象局
141012003002001	赣榆县气象局本级
141012003002601	赣榆县防雷中心
141012003002801	赣榆县祥云气象科技服务有限公司
141012003003	东海县气象局
141012003003001	东海县气象局本级
141012003003601	东海县防雷安全管理中心
141012003003801	东海县天顺气象科技服务有限责任公司
141012003004	灌云县气象局
141012003004001	灌云县气象局本级
141012003004601	灌云县防雷管理中心
141012003004801	灌云县华云气象科技服务中心
141012003005	灌南县气象局
141012003005001	灌南县气象局本级
141012003005601	灌南县防雷管理中心
141012003005801	灌南县天顺气象科技服务中心
141012003005802	连云港天安防雷工程有限公司
141012003099	连云港调账
141012003601	连云港市防雷安全管理中心
141012003602	连云港市气象局工会
141012003603	连云港市气象学会
141012003801	连云港市万千气象科技发展有限责任公司
141012003802	连云港市长虹防雷工程中心

（二）无中央预算代码的地方编制单位

地方预算编制单位沿用其上级主管单位的中央预算代码，并在其下一级以601开始顺序增设，例如：北京市气象局下一级地方编制单位，无中央预算代码，则按照601开始顺序增设自编码，其自编码为141003601，依次类推。

假设：贵州省遵义县气象局，四级预算单位其下属某单位（属地方编制单位）无预算代码，则该单位按照601开始顺序增设自编码，其自编码为141024004002601。

（三）企业

企业沿用其上级主管单位的中央预算代码，并以801开始顺序增设。例如：北京市气象局下一级企业，无中央预算代码，则按照801开始顺序增设自编码，其自编码为141003801，依次类推。

需要注意的是：地县气象局下属无中央预算代码的独立法人单位不能作为独立单位核算，只能并入上级单位分部门核算。

三、核算账套代码设置规则

原则上，每个单位同一性质的账套只有1个，如地方政府有特别要求单独核算地方财政经费，可以区别经费来源、分项目、单独设置凭证类型核算。账套代码分3个字节，以001开始，依次递增。001－009代表事业账套，021－029代表工会、党费账套，031－039代表企业账套。具体编码规则为：001事业（含单位各项经费含中央和地方）、005事业（学会）、006事业（挂牌1，括号内注明挂牌单位名称）、007事业（挂牌2）；021工会；031企业1；032企业2等。

（一）“单位属性”字段设置规则

账套所属的“单位编制属性”分为：中央预算管理单位账套（以字母Z表示）、地方预算管理单位账套（以字母D表示）。企业类型单位根据上级主管单位（或主要投资单位）所属预算管理类型选填其账套的“单位编制属性”。

（二）“执行的会计制度类型”字段设置规则

“执行的会计制度类型”字段根据账套执行的会计制度类型分为：行政类会计制度类型（以字母X表示）、事业会计制度类型（以字母S表示），基建会计制度类型（以字母J表示），工会会计制度类型（以字母G表示），非营利组织类会计制度类型（如学会）（以字母F表示），企业类会计制度类型（以字母Q表示），其他类会计制度类型（以字母T表示）。

（三）工会会费和党费设置独立账套的规定

根据《工会法》《工会会计制度》《党费收缴使用管理规定》以及《政府会计制度》

核算要求，为简化工会会费和党费核算，无论工会会费和党费是否开设独立的银行账户，均可以设置单独的账套进行核算，账套代码区间统一为 021 – 029；设置单独账套核算的工会会费和党费，不需要在事业账套中重复核算。

（四）食堂账套设置规定

食堂如果不是一个独立的法人单位，即使独立核算，也不能单设账套核算，不能并入工会账套核算，而应该放入单位账套进行分部门核算。

四、辅助核算项设置规则

气象部门辅助核算项共分为功能分类、资金来源、项目核算、部门核算、科研支撑和行业专项支出以及往来核算等 6 类。

（一）功能分类设置规则

气象部门功能分类辅助核算是按年度《政府收支分类科目》中规定的气象部门使用的功能分类进行设置，包括中央预算下达使用的功能分类和地方预算下达使用的功能分类，编码规则为 3 – 2 – 2，以 2018 年为例，具体如表 1 – 4 所示：

表 1 – 4

类	款	项	科目名称
220			**国土海洋气象等事务**
220	05		气象事务
220	05	01	行政运行
220	05	02	一般行政管理事务
220	05	03	机关服务
220	05	04	气象事业机构
220	05	06	气象探测
220	05	07	气象信息传输及管理
220	05	08	气象预报预测
220	05	09	气象服务
220	05	10	气象装备保障维护
220	05	11	气象基础设施建设与维修
220	05	12	气象卫星
220	05	13	气象法规与标准
220	05	14	气象资金审计稽查
220	05	99	其他气象事务支出

续表

类	款	项	科目名称
220	99		其他国土海洋气象等支出
220	99	01	其他国土海洋气象等支出
202			**外交**
202	04		国际组织
202	04	01	国际组织会费
202	04	02	国际组织捐赠
202	05		对外合作与交流
202	05	03	在华国际会议
205			**教育**
205	03		职业教育
205	03	02	中专教育
205	03	04	职业高中教育
205	08		进修及培训
205	08	03	培训支出
206			**科学技术**
206	02		基础研究
206	02	04	重点实验室及相关设施
206	03		应用研究
206	03	01	机构运行
206	03	02	社会公益研究
206	03	03	高技术研究
206	03	99	其他应用研究支出
206	04		技术研究与开发
206	04	02	应用技术研究与开发
206	05		科技条件与服务
206	05	03	科技条件专项
206	09		科技重大专项
206	09	01	科技重大专项
206	09	02	重点研发计划
206	99		其他科学技术支出
206	99	99	其他科学技术支出
207			**文化体育与传媒**
207	99		其他文化体育与传媒支出

续表

类	款	项	科目名称
207	99	99	其他文化体育与传媒支出
208			**社会保障和就业**
208	04		补充全国社会保障基金
208	04	02	用一般公共预算补充基金
208	05		行政事业单位离退休
208	05	01	归口管理的行政单位离退休
208	05	02	事业单位离退休
208	05	03	离退休人员管理机构
208	08		抚恤
208	08	01	死亡抚恤
210			**医疗卫生与计划生育支出**
210	11		行政事业单位医疗
210	11	01	行政单位医疗
210	11	02	事业单位医疗
210	11	03	公务员医疗补助
210	11	99	其他行政事业单位医疗支出
211			**节能环保支出**
211	12		可再生能源
211	12	01	可再生能源
213			**农林水支出**
213	01		农业
213	01	06	科技转化与推广服务
221			**住房保障支出**
221	02		住房改革支出
221	02	01	住房公积金
221	02	02	提租补贴
221	02	03	购房补贴

（二）资金来源辅助核算设置规则

气象部门资金来源主要分为中央财政拨款、地方财政拨款、科研课题收入以及其他资金4类，辅助核算设置编码规则为3－3－3，如表1－5所示。

表 1-5

编码	资金来源	备 注
001	**中央财政拨款**	
001001	当年预算	
001002	上年结转	
002	**地方财政拨款**	
002001	当年预算	
002001001	地方财政拨款（省级）	此三级来源分类不严格要求，各省可根据情况选择加或不加
002001002	地方财政拨款（市级）	
002001003	地方财政拨款（县级）	
002002	上年结转	
002002001	地方财政拨款（省级）	此三级来源分类不严格要求，各省可根据情况选择加或不加
002002002	地方财政拨款（市级）	
002002003	地方财政拨款（县级）	
003	**科研课题收入**	
003001	横向课题收入	签订合同取得的需要缴税的课题收入
003002	纵向课题收入	预算内下达的属于协作单位取得的收入，不需要缴税
004	**其他资金**	

（三）项目辅助核算设置规则

气象部门项目辅助核算编码规则为：2-2-2-2-2-2-2，分为项目起始年份、资金来源、项目属性、项目类型和项目明细分类 5 个字段。二级预算单位应在系统级项目编码基础上对本单位当年所有项目统一确定编码下发，同一个项目在全国范围内只能有一个编码。具体来说：

1. 项目建设起始年份字段，第 1-2 位，采用项目建设初始投资公历年末两位数字。

2. 项目资金来源字段，第 3-4 位，资金来源分为六类：

10——基本支出

20——中央财政拨款安排的项目

30——地方财政拨款安排的项目

40——横向课题项目

50——自筹资金项目

90——其他

其中，拼盘项目只要有中央资金就算中央财政安排项目，没有中央资金如无特别要求哪个来源投资比例高算哪类项目。

3. 项目属性字段，第 5-6 位，项目属性分为八类：

10——基本支出安排项目

20——行政事业类项目
30——基本建设类项目
40——科研项目
50——对口支援项目
60——省级统筹安排项目
70——扶贫开发项目
90——其他

4. 项目类型字段，第 7－8 位。

（1）行政事业类项目下设：

01——类别 1：气象探测费
02——类别 2：气象装备保障经费
03——类别 3：气象信息处理费
04——类别 4：预报预测经费
05——类别 5：气象灾害防御和服务经费
06——类别 6：“三农”服务专项资金
07——类别 7：省以下气象单位基础设施维修费
08——类别 8：气象卫星专项
09——类别 09：法制建设及行业标准规范经费
10——类别 10：资金检查及项目评审经费
11——类别 11：气象政务和财务信息系统运行维持费
12——类别 12：气象局外事经费
13——类别 13：现代气象人才支撑计划专项资金
14——类别 14：区域气象保障经费
15——类别 15：气象科普宣传经费
16——类别 16：机动经费
17——类别 17：其他项目资金
18——类别 18：教学环境综合改造
19——类别 19：职业教育及培训
20——类别 20：世界气象组织会费
21——类别 21：对国际组织捐赠
22——类别 22：基本科研业务费
23——类别 23：社会公益类科研机构改革专项（其他项目）
24——类别 24：重点实验室
25——类别 25：修缮购置专项经费
26——类别 26：关键技术集成及应用经费
27——类别 27：科技业务管理费
28——类别 28：国家科技计划（专项）延续拨款

29——类别 29：研究生培养经费

30——类别 30：人工影响天气业务经费

31——类别 31：其他行政事业类项目

（2）基本建设类项目下设：

01——业务项目

02——园区配套基础设施项目

03——台站受灾恢复重建项目

04——省气象局基础设施建设

05——重点工程项目

（3）科研项目下设：

01——科技支撑计划项目

02——国家高技术研究发展计划（863 计划）专项

03——公益性行业科研专项

04——国家重点基础研究发展计划（973 计划）专项

99——其他

（4）对口支援项目下设：

01——东西部对口支援项目

02——援疆项目

03——援藏项目

99——其他

（5）省级统筹安排项目下设：

01——省级直属单位项目

02——地区级项目

03——县级项目

99——其他

5. 项目明细分类字段，第 9 - 10 位按预算和投资计划确定。

系统级编码的下级编码由单位自行编制，行政事业类项目按照各单位对项目分解的子项目自行编制，基本建设类项目按附件 3 的打捆项目分解表自行编码，雷达项目分类各省应以每部雷达为 1 个核算项目，分解下达的计划应在每部雷达下再设子目，资金来源为中央投资注意跨年度项目编码要一致，不能同一项目不同年度有不同编码，如表 1 - 6 所示。

举例：安徽省气象局安庆雷达项目编码应为 10　20 - 30 - 05 - 01 - 01，项目初始投资年份是 2010 年，项目资金来源为中央财政，项目属性为基本建设类项目，重点工程项目下的雷达项目，安庆雷达单位自编码为 01（假设单位自编码为 01），如果安庆雷达项目省里进行了分解，到地区或县级单位，各单位以分解预算继续向下编。

表 1－6　　2018 年项目辅助核算项目设置明细码

年份	资金来源	项目属性	项目类别	项目明细分类		项目名称	备注
××						年份（项目初始投资下达年份末两位数字）	年份仅作为项目属性
	10					基本支出	
	20					中央财政拨款安排的项目	此类项目指中央拨款和拼盘项目
		10				基本支出安排的项目	
		20				行政事业类项目	
			01			类别 1：气象探测费	
				01		雷达观测	
				02		高空观测	
				03		地面观测	
				04		海洋气象观测	
				05		环境气象观测	
				06		空间气象观测	
			02			类别 2：气象装备保障经费	
				01		观测系统运行监控经费	
				02		探测物资保障及仓储经费	
			03			类别 3：气象信息处理费	
				01		高性能计算机运行费	
				02		线路租赁费	
				03		信息网络维护费	
				04		数据共享平台运行经费	
				05		卫星资料接收处理费	
			04			类别 4：预报预测经费	
				01		预报预测业务费	
				02		数值模式发展专项	
				03		气象资料业务	
				04		天气、气候业务平台改进经费	
				05		省所、部门实验室运行费	
				06		核心业务发展专项	
			05			类别 5：气象灾害防御和服务经费	
				01		气候变化经费	
				02		气象灾害防御经费	
				03		公共气象服务经费	

续表

年份	资金来源	项目属性	项目类别	项目明细分类		项目名称	备　注
				04		专业气象服务经费	
				05		农业气象服务经费	
				06		人影业务经费	
				07		气象灾害应急管理经费	
			06			类别 6：“三农”服务专项资金	
			07			类别 7：省以下气象单位基础设施维修费	
			08			类别 8：气象卫星专项	
				01		风云二号 03 批气象卫星工程	
				02		风云三号 02 批气象卫星工程	
				03		风云四号地面应用系统	
				04		风云三号 03 批气象卫星工程	
				05		风云四号 02 批地面应用系统	
			09			类别 09：法制建设及行业标准规范经费	
			10			类别 10：资金检查及项目评审经费	
			11			类别 11：气象政务和财务信息系统运行维持费	
				01		综合信息管理系统运行费	
				02		计财业务系统运行费	
				03		气象网站运行费	
			12			类别 12：气象局外事经费	
			13			类别 13：现代气象人才支撑计划专项资金	万人计划项目放于此
			14			类别 14：区域气象保障经费	
			15			类别 15：气象科普宣传经费	
			16			类别 16：机动经费	
			17			类别 17：其他项目资金	
				01		保密要害部位建设项目	仅内蒙古、云南、吉林三省有

续表

年份	资金来源	项目属性	项目类别	项目明细分类		项目名称	备注
				02		气象教育培训教学管理与培训评估专项	仅中国气象局干部管理学院
				03		学员食堂升级改造	仅中国气象局干部管理学院湖南分院
				04		湖南分院气象教育培训管理系统（一期）	仅中国气象局干部管理学院湖南分院
				05		辽宁分院农业气象实训环境建设	仅中国气象局干部管理学院辽宁分院
			18			类别18：教学环境综合改造	
			19			类别19：职业教育及培训	
			20			类别20：世界气象组织会费	
			21			类别21：对国际组织捐赠	
				01		世界气象组织捐赠	
				02		世界台风委员会捐赠	
			22			类别22：基本科研业务费	
			23			类别23：社会公益类科研机构改革专项（其他项目）	
			24			类别24：重点实验室	
			25			类别25：修缮购置专项经费	
			26			类别26：关键技术集成及应用经费	
			27			类别27：科技业务管理费	
			28			类别28：国家科技计划（专项）延续拨款	
				01		公益性行业专项	
				02		科技条件专项	
				03		科技重大专项	
			29			类别29：研究生培养经费	
			30			类别30：人工影响天气业务经费	
			31			类别31：其他行政事业类项目	
				01		以前年度未含在上述分类中的项目	
				02		其他	
				03		机动经费	

续表

年份	资金来源	项目属性	项目类别	项目明细分类		项目名称	备 注
		30				基本建设类项目	此类项目下的 01 - 04 类项目分类具体见附件 1，目前是按 2012 年发改委打捆项目分的，2013 年以后打捆项目确定后如有变化再增补
			01			业务项目	
				01		灾害天气短时临近预报预警业务系统升级项目	
				02		决策气象服务系统知级项目	
				03		电解制氢设备维修更新及 L 波段雷达大修项目	
				04		特色农业气象保障服务系统建设项目	
				05		气象科研院所能力建设项目	
				06		天气预报会商系统改造项目	
				07		神威高性能计算机能力扩充项目	
				08		办公综合管理信息系统开发建设项目	
				09		气象远程教育及资源共享建设项目	
				10		重大工程及规划编制前期工作费项目	含 2012 年度气象重大工程前期工作费
				11		省级公共气象服务业务系统建设	
				12		华中区域电力气象全网服务基础能力建设	
				13		灾害性天气预报业务系统的改进与升级	
				14		极端天气气候事件监测预测业务平台建设	
				15		气象业务网络安全防护系统建设	
				16		南海海洋气象观测系统建设	
				17		L 波段测风雷达大修周转雷达购置	
				18		中国气象局综合业务管理系统工程	
				19		中国气象局及部分省级应急平台建设	
				20		省级科研所计算能力和信息处理平台建设	
				21		专业人员实习实训环境建设	
				22		气象科普与宣传能力建设	

续表

年份	资金来源	项目属性	项目类别	项目明细分类	项目名称	备注
				23	西部省区特色气象监测服务建设	
				24	区域高速公路交通气象灾害监测预警服务系统建设	
				25	大气成分标校能力建设	
				26	地面气象观测自动化试点建设	
				27	京津冀、长三角及珠三角环境气象预报预警服务系统建设	
				28	农业气象试验站建设	
				29	中国气象局人工影响天气业务指挥平台建设	
				30	全国集合预报应用业务建设	
				31	全国海洋气象精细化预报业务系统建设	
				32	省级客观化气候预测业务建设	
				33	辐射校正场建设	
				34	能见度计量检定实验室建设	
				35	在监测空白区完善国家雷电监测网布局	
				36	大气成分观测系统建设	
				37	防雷产品测试及系统建设	
				38	全国保密基础设施建设	
				39	环境气象服务	
				40	预报预测业务建设	
				41	计量检定标准化建设	
				98	以前年度未含在上述分类中的项目	从 2011 年起不得增加
				99	其他	
			02		园区配套基础设施项目	
				01	中国气象局值班宿舍楼建设项目	
				02	局大院基础设施建设项目	
				03	直属各单位水暖电路房等应急性建设项目	
				04	中国气象局培训中心 3 号楼改建项目	
				98	以前年度未含在上述分类中的项目	
				99	其他	
			03		台站受灾恢复重建项目	
				01		此级各省可加同级项目

续表

年份	资金来源	项目属性	项目类别	项目明细分类		项目名称	备　注
				02			
				98		以前年度未含在上述分类中的项目	
				99		其他	
			04			省气象局基础设施建设项目	
				01		省局机关及直属单位基础设施项目	
				02		地区级气象局基础设施项目	
				03		县级气象局基础设施项目	
				04		新疆生产建设兵团气象配套设施建设	
				05		黑龙江农垦总局气象基础设施建设	
				98		以前年度未含在上述分类中的项目	
				99		其他	
			05			重点工程项目	
				01		雷达项目	各省应以单部雷达加下级明细，如安庆雷达
					01	远程通讯设备	此三项为中国气象局直属单位使用
					02	应用软件	
					03	其他费用（含雷达站选址费、雷达运输保险测试验收费、技术人员培训费和工程管理费	
					04	雷达建设	各单位具体雷达项目可在此项目下增加下级明细
					05	雷达技术升级改造	
					06	雷达维修维护测试平台、升级改造和培训体系建设	
					07	雷达配套基础设施	
				02		卫星项目	
					01	风云一号卫星 02 批	
					02	风云二号卫星 02 批	
					03	风云二号卫星 03 批地面应用系统	
					04	风云三号气象卫星地面应用系统一期	
					05	风云三号气象卫星地面应用系统二期	
					06	风云三号 02 批气象卫星工程	
					07	风云四号科研试验卫星地面应用系统	

续表

年份	资金来源	项目属性	项目类别	项目明细分类		项目名称	备注
					98	以前年度未含在上述分类中的项目	
08				03		气象监测与灾害预警项目	此类项目下级项目设置由各省按照下达各单位投资计划中的子项设置，同一子项分解到不同单位编码要相同，如 2011 年下达湖南的预警项目－宽带网地市级路由设定备购置项目，编码应为 08（假设初始投资为 98 年）－20－30－05－03－01（01 为单位自编码）。山洪地质灾害项目，要按年度、按计划下达批次对应批复的可行性研究报告设定下级项目
				04		国家突发公共事件预警信息发布系统项目	
11				05		山洪地质灾害防治气象保障项目	
				06		气候变化应对决策支撑系统工程	
				07		东北区域人工影响天气能力建设	
				08		新一代天气雷达信息共享平台项目	
				09		全国千亿斤粮食气象保障工程项目	
				10		海洋项目	
					01	南海海洋气象浮标站网建设	
					02	南海东海海基自动气象观测系统建设	
					03	南海东海海域气象监测预报预警服务系统建设	
					04	南沙海洋气象信息发布站建设	
					05	海洋气象综合保障一期工程	
				11		温室气体项目	
				12		京津冀交通一体化安全气象保畅服务工程	
				13		西北区域人工影响天气能力建设工程	
				14		长江黄金水道及近海航运交通气象服务系统建设项目	
				15		丝绸之路经济带西北五省区公路交通和风能太阳能气象保障服务工程	
				16		东北区域四省（区）人工影响天气装备弹药物联网能力建设	
				98		以前年度未含在上述分类中的项目	
				99		其他项目	
			06			新疆、西藏和四省藏区专项	
?	30					地方财政拨款安排的项目	此类项目指全部资金为地方财政拨款项目，年份各省根据实际设定
		10				基本支出安排的项目	
		20				行政事业类项目	
		30				基本建设类项目	
	40					横向课题项目	

续表

年份	资金来源	项目属性	项目类别	项目明细分类		项目名称	备注
		40				科研项目	
			01			科技支撑计划项目	
			02			国家高技术研究发展计划（863 计划）专项	
			03			公益性行业科研专项	
			04			国家重点基础研究发展计划（973 计划）专项	
			05			国家自然基金	
			98			以前年度未含在上述分类中的项目	
			99			其他项目	
	50					自筹资金项目	此类项目指全部资金为自筹拨款项目
		30				基本建设类项目	
		40				科研项目	
		50				对口支援项目	
			01			东西部对口支援项目	
			02			援疆项目	
			03			援藏项目	
			99			其他项目	
		60				省级统筹安排项目	
			01			省级直属单位项目	
			02			地区级项目	
			03			县级项目	
			99			其他项目	
		70				扶贫开发项目	
		90				其他项目	
	90					其他资金项目	
		20				行政事业类项目	
		30				基本建设类项目	
		40				科研项目	
		90				其他项目	

（四）部门辅助核算设置规则

对于大部分气象部门所属单位可按单位内部划分的职能部门及业务部门来归集各自

的支出事项，对于部分含有非独立核算单位或一套人马两块牌子的单位以及成立下属单位的县气象局采取分部门核算的方式区别核算事项。具体设置如表 1－7 所示：

表 1－7　　编码规则：2－2－2－2

编码	单　位
01	下级单位
02	职能部门

（五）科研支撑和行业专项支出辅助核算设置规则

对于 206（科学技术）科目下的科技支撑、行业专项项目、纵向课题项目以及有需要的横向课题项目按项目申请预算科目设置辅助核算项，用以满足项目财务验收归集支出科目的需要。各单位可根据实际支出情况，按《公益性行业科研专项经费管理试行办法》（财教〔2006〕219 号）、《国家科技支撑计划专项经费管理办法》（财教〔2006〕160 号）、《国家重点基础研究发展计划专项经费管理办法》（财教〔2006〕159 号）、《国家技术研究发展计划（863）计划专项经费管理办法》（财教〔2006〕163 号）、《财政部　科技部关于调整国家科技计划和公益性行业科研专项经费管理办法若干规定的通知》（财教〔2011〕434 号）文件规定的科目开支范围和开支内容设立下级科目。具体设置如表 1－8 所示：

表 1－8　　编码规则 3－3－3

编　码	预算科目名称
001	设备费
001001	购置设备费
001002	试制设备费
001003	设备改造与租赁费
002	材料费
003	测试化验加工费
004	燃料动力费
005	差旅费
006	会议费
007	国际合作与交流费
008	出版/文献/信息传播/知识产权事务费
009	劳务费
010	专家咨询费
011	其他（直接费用）
012	管理费
013	绩效

（六）往来辅助核算设置规则

为满足部门合并财务报表需求，对相应收入科目、应收、应付、预收、预付等往来科目、短期借款、长期借款科目、商品和服务费用科目，上缴上级费用科目、对附属单位补助费用科目设置往来辅助核算。具体如表1－9所示：

表1－9 编码规则：2－3－3－3

编码	单位名称
01	部门内部单位
01002	中国气象局（本级）
01003	北京市气象局
01004	天津市气象局
01005	河北省气象局
01006	山西省气象局
01007	内蒙古自治区气象局
01008	辽宁省气象局
01009	吉林省气象局
01010	黑龙江省气象局
01011	上海市气象局
01012	江苏省气象局
01013	浙江省气象局
01014	安徽省气象局
01015	福建省气象局
01016	江西省气象局
01017	山东省气象局
01018	河南省气象局
01019	湖北省气象局
01020	湖南省气象局
01021	广东省气象局
01022	广西壮族自治区气象局
01023	四川省气象局
01024	贵州省气象局
01025	云南省气象局
01026	西藏自治区气象局
01027	陕西省气象局
01028	甘肃省气象局
01029	青海省气象局

续表

编码	单位名称
01030	宁夏回族自治区气象局
01031	新疆维吾尔自治区气象局
01032	重庆市气象局
01033	大连市气象局
01034	青岛市气象局
01035	宁波市气象局
01036	厦门市气象局
01038	中国气象局上海物资管理处
01040	国家气象中心
01041	国家卫星气象中心
01042	国家气候中心
01043	中国气象局资产管理事务中心
01044	中国气象局机关服务中心
01045	中国气象科学研究院
01049	中国气象报社
01052	中国气象局气象干部培训学院
01053	中国气象局离退休干部办公室
01054	中国气象学会
01055	国家气象信息中心
01056	海南省气象局
01057	中国气象局人才交流中心
01059	中国气象局外事服务中心
01060	中国气象局气象探测中心
01061	中国气象局公共气象服务中心
01062	中国气象局气象宣传与科普中心
02	部门以外的同级政府单位
02001	单位 1
02002	单位 2
02999	其他
03	部门以外的非同级政府单位
03001	单位 1
03002	单位 2
03999	其他
04	同级财政
05	其他单位

部门内部单位，具体是核算气象部门内部所有行政事业单位间往来事项，二级明细科目按照中国气象局二级预算单位设置，顺序参照部门预算填报顺序。例如，江苏省气象局下属某单位应收安徽省气象局下属某市气象局款项，江苏省气象局下属该单位则在“应收账款”科目核算时选择“往来核算”辅助核算项中的“01014 安徽省气象局”。

部门以外的同级政府单位（不含同级财政）。中国气象局系国务院直属垂直管理事业单位，垂管至四级，所以中国气象局下属所有行政事业单位的部门以外的同级政府单位都是国务院各部委或直属机构（同级财政单列）。

部门以外的非同级政府单位。中国气象局系国务院直属垂直管理事业单位，垂管至四级，所以省级、市级、县级气象局和直属单位所在地的政府部门都是非同级政府单位。如山东省济宁市气象局虽是市级气象单位，但是其同级财政部门对应的是财政部，济宁市财政局则作为其非同级财政部门。具体明细科目各单位可以根据实际需要自行设置。

同级财政。因中国气象局系国务院直属垂直管理事业单位，垂管至四级，所以中国气象局下属所有行政事业单位的同级财政部门只有一个，即财政部，而非当地财政厅或财政局。

其他单位。包括企业（包括中国气象局内部企业）、学校、民间非营利组织等其他所有形式的单位。具体明细科目，各单位根据实际情况自行设置。往来款项较多、应收应付科目使用频繁的单位，各单位应以提升财务管理水平为原则设置符合管理需求的往来款项备查账。

（七）人员类别辅助核算设置规则

为了准确获取气象部门各类人员工资薪酬数据，对应付职工薪酬科目设置人员类别辅助核算项目。具体如表 1 - 10 所示：

表 1 - 10　　　　**编码规则：2 - 2 - 2 - 2**

编码	人员类别
01	中央编制在职人员
0101	参公人员
0102	事业人员
02	地方编制在职人员
0201	参公人员
0202	事业人员
01	中央编制在职人员
03	长期聘用人员
04	离休人员
05	中央编制退休（退职）人员
06	地方编制退休（退职）人员

第二章

资　　产

第一节　资产概述

一、资产的概念

资产是指政府会计主体过去的经济业务或者事项形成的，由政府会计主体控制的，预期能够产生服务潜力或者带来经济利益流入的经济资源。

服务潜力是指政府会计主体利用资产提供公共产品和服务以履行政府职能的潜在能力。经济利益流入表现为现金及现金等价物的流入，或者现金及现金等价物流出的减少。

符合以上资产定义的经济资源，在同时满足以下条件时，确认为资产：

（1）与该经济资源相关的服务潜力很可能实现或者经济利益很可能流入政府会计主体；

（2）该经济资源的成本或者价值能够可靠地计量。

二、资产的分类

政府会计主体的资产按照流动性，分为流动资产和非流动资产。流动资产是指预计在1年内（含1年）耗用或者可以变现的资产。非流动资产是指流动资产以外的资产。

（一）流动资产

流动资产包括货币资金、短期投资、应收及预付款项、存货等。

1. 货币资金包括库存现金、银行存款、零余额账户用款额度等。

2. 短期投资是指政府会计主体按照规定取得的，持有时间不超过1年（含1年）的投资。

3. 应收及预付款项是指政府会计主体在开展业务活动中形成的各项债权，包括财政应返还额度、应收票据、应收账款、其他应收款等应收款项和预付款项。

4. 存货是指政府会计主体在开展业务活动及其他活动中为耗用或出售而储存的资产，如材料、产品、包装物和低值易耗品等，以及未达到固定资产标准的用具、装具、动植物等。

（二）非流动资产

非流动资产包括固定资产、在建工程、无形资产、长期投资、公共基础设施、政府储备资产、文物文化资产、保障性住房和自然资源资产等。

1. 固定资产是指政府会计主体为满足自身开展业务活动或其他活动需要而控制的，使用年限超过 1 年（不含 1 年）、单位价值在规定标准以上，并在使用过程中基本保持原有物质形态的资产，一般包括房屋及构筑物、专用设备、通用设备等。

2. 在建工程是指政府会计主体新建、改建、扩建，或技术改造、设备更新和大修理工程等尚未完工的工程支出。

3. 无形资产是指政府会计主体控制的没有实物形态的可辨认非货币性资产，如专利权、商标权、著作权、土地使用权、非专利技术等。

4. 长期投资是指政府会计主体取得的除短期投资以外的债权和股权性质的投资。

公共基础设施、政府储备资产、保障性住房和自然资源资产，气象部门目前不涉及。

三、资产的管理要求

国有资产使用实行分级管理。按照规定权限对国有资产配置、对外投资和出租、出借等事项进行审批（审核）或备案。各单位国有资产自用管理应本着实物量和价值量并重的原则，定期清查实物资产，完善资产管理账表及有关资料，做到账账、账卡、账实相符，并对资产丢失、毁损等情况实行责任追究制度。对账实不符的情况及时进行处理，按照规定程序处置资产。

国有资产的使用应遵循以下原则：

（一）权属清晰

各单位对外投资和出租、出借的国有资产的权属应当清晰。权属关系不明确或存在权属纠纷的资产不得用于对外投资和出租、出借。

（二）安全完整

各单位要定期对自用和出租、出借的实物资产、对外投资、借出资金进行清查，确保国有资产的安全完整。

（三）风险控制

各单位应对本单位对外投资和出租、出借资产实行专项管理，并在单位财务会计报告中对相关信息进行披露。

（四）注重绩效

各单位对外投资取得的投资收益和出租、出借取得的租金、利息等要全部纳入预算，统一核算，统一管理。鼓励实行国有资产共享共用，提高国有资产的使用效益。

四、资产的计量

资产的计量属性主要包括历史成本、重置成本、现值、公允价值和名义金额。在历史成本计量下，资产按照取得时支付的现金金额或者支付对价的公允价值计量。在重置成本计量下，资产按照现在购买相同或者相似资产所需支付的现金金额计量。在现值计量下，资产按照预计从其持续使用和最终处置中所产生的未来净现金流入量的折现金额计量。在公允价值计量下，资产按照市场参与者在计量日发生的有序交易中，出售资产所能收到的价格计量。无法采用上述计量属性的，采用名义金额（即人民币 1 元）计量。政府会计主体在对资产进行计量时，一般应当采用历史成本。采用重置成本、现值、公允价值计量的，应当保证所确定的资产金额能够持续、可靠地计量。

表 2－1　　财务会计科目——资产类

	资产类科目（35 个）			资产类科目（35 个）			资产类科目（35 个）	
序号	科目编号	科目名称	序号	科目编号	科目名称	序号	科目编号	科目名称
1	1001	库存现金	13	1219	坏账准备	25	1702	无形资产累计摊销
2	1002	银行存款	14	1301	在途物品	26	1703	研发支出
3	1011	零余额账户用款额度	15	1302	库存物品	27	1801	公共基础设施
4	1021	其他货币资金	16	1303	加工物品	28	1802	公共基础设施累计折旧摊销
5	1101	短期投资	17	1401	待摊费用	29	1811	政府储备物资
6	1201	财政应返还额度	18	1501	长期股权投资	30	1821	文物文化资产
7	1211	应收票据	19	1502	长期债券投资	31	1831	保障性住房
8	1212	应收账款	20	1601	固定资产	32	1832	保障性住房累计折旧
9	1214	预付账款	21	1602	固定资产累计折旧	33	1891	受托代理资产
10	1215	应收股利	22	1611	工程物资	34	1901	长期待摊费用
11	1216	应收利息	23	1613	在建工程	35	1902	待处理财产损溢
12	1218	其他应收款	24	1701	无形资产			

根据气象部门实际，资产的计量方法统一规定如下：资产按历史成本计量，即按照资产取得时支付的现金金额或者支付对价时的公允价值计量。如果单位存在以前年度资产未及时入账的情况，可分以下情况计量：可以准确获取资产初始购置或建造成本及相关费用的，按初始购置或建造成本及相关费用计量；无法准确获取资产初始购置或建造成本及相关费用的，按公允价值计量，即资产按照市场参与者在计量日发生的有序交易中，出售资产所能收到的价格计量。如果无法采用上述计量属性的，经批准采用名义金额（即人民币1元）计量。

第二节　货币资金的核算

货币资金包括库存现金、银行存款、零余额账户用款额度等。

一、库存现金

库存现金是指存于单位内部用于日常零星开支的货币资金，包括库存的人民币和外币现金。

（一）管理要求

在所有资产中，库存现金是流动性最强的一种资产。因此，加强现金的管理对保护其安全完整，防止意外或损失有着极其重要的意义。单位应当加强现金的核查控制，指定不办理现金业务的会计人员，定期和不定期抽查盘点库存现金，核对是否账实相符。

（二）核算要求

单位应当严格按照国家有关现金管理的规定收支现金，并按照规定核算现金的各项收支业务。

（三）主要账务处理及举例

1. 从银行等金融机构提取现金。

（1）财务会计：按照实际提取的金额，借记“库存现金”科目，贷记“银行存款”“零余额账户用款额度”科目。

（2）预算会计：按照实际提取的金额，借记“资金结存——货币资金——库存现金”，贷记“资金结存——零余额账户用款额度——基本支出用款额度（项目支出用款额度）”、贷记“资金结存——货币资金——银行存款”。

【例2－1】某气象局2019年5月3日签发现金支票一张，从银行（零余额账户）提取基本支出现金 3 000 元备用金。具体会计分录如表 2－2 所示：

表 2－2

财务会计	预算会计
借：库存现金——零余额现金——基本支出 3 000 贷：零余额账户用款额度——基本支出用款额度 3 000	借：资金结存——货币资金——库存现金 3 000 贷：资金结存——零余额账户用款额度——基本支出用款额度 3 000

2. 将现金存入银行等金融机构。

（1）财务会计：按照实际存入金额，借记“银行存款”“零余额账户用款额度”科目，贷记“库存现金”科目。

（2）预算会计：按照实际存入金额，借记“资金结存——零余额账户用款额度”“资金结存——货币资金——银行存款”，贷记“资金结存——货币资金——库存现金”。

【例 2－2】 某气象局 2019 年 5 月 3 日将基本户库存现金 800 元存入银行。具体会计分录如表 2－3 所示：

表 2－3

财务会计	预算会计
借：银行存款——基本账户存款 800 贷：库存现金——非零余额现金 800	借：资金结存——货币资金——银行存款 800 贷：资金结存——货币资金——库存现金 800

3. 实际报销相关费用。

（1）财务会计：按照实际报销的金额，借记“业务活动费用”“单位管理费用”等科目，贷记“库存现金”科目。

（2）预算会计：借记“事业支出”等科目，贷记“资金结存”科目。

【例 2－3】 某气象局业务部门 2019 年 5 月报销办公用品 150 元，资金从单位自有资金列支。具体会计分录如表 2－4 所示：

表 2－4

财务会计	预算会计
借：业务活动费用——商品和服务费用 150 贷：库存现金——非零余额现金 150	借：事业支出——基本支出——商品和服务支出——办公费 150 贷：资金结存——货币资金——库存现金 150

【例 2－4】 某气象局（业务单位）职工 2019 年 5 月因公出差，由于无法使用公务卡结算，故预借现金 2 000 元，此次出差预计使用中央财政——基本支出资金列支。具体

会计分录如表 2 – 5 所示：

表 2 – 5

财务会计	预算会计
借：其他应收款——差旅费 2 000 　　贷：库存现金——零余额现金——基本支出 2 000	预借现金时能明确相关支出项目和经济分类 借：事业支出——基本支出——商品和服务支出——差旅费 2 000 　　贷：资金结存——货币资金——库存现金 2 000

【例 2 – 5】 接【例 2 – 4】，该单位职工出差后报销差旅费，实际支出 1 500 元，退回现金 500 元。具体会计分录如表 2 – 6 所示：

表 2 – 6

财务会计	预算会计
借：业务活动费用——商品和服务费用 1 500 　　库存现金——零余额现金——基本支出 500 　　贷：其他应收款——差旅费 2 000	借：资金结存——货币资金——库存现金 500 借：事业支出——基本支出——商品和服务支出——差旅费 –500

4. 收到受托代理、代管的现金。

（1）财务会计：按照实际收到的金额，借记“库存现金——受托代理现金”科目，贷记“受托代理负债”科目；支付受托代理、代管的现金，按照实际支付的金额，借记“受托代理负债”科目，贷记“库存现金——受托代理现金”科目。

（2）预算会计借记“资金结存——货币资金”，贷记“资金结存——非预算内资金”科目。

【例 2 – 6】 某气象局 2019 年 6 月收到外单位代管的现金 5 000 元，具体会计分录如表 2 – 7 所示：

表 2 – 7

财务会计	预算会计
借：库存现金——受托代理现金 5 000 　　贷：受托代理负债 5 000	借：资金结存——货币资金——库存现金 5 000 　　贷：资金结存——非预算内资金 5 000

5. 单位应当设置“库存现金日记账”，由出纳人员根据收付款凭证，按照业务发生顺序逐笔登记。每日终了，应当计算当日的现金收入合计数、现金支出合计数和结余数，并将结余数与实际库存数相核对，做到账款相符。每日账款核对中发现有待查明原因的现金短缺或溢余的，财务会计应当通过“待处理财产损溢”科目核算。

（1）属于现金溢余。

①财务会计：应当按照实际溢余的金额，借记“库存现金”科目，贷记“待处理财产损溢”科目，应支付给有关人员或单位的，借记“待处理财产损溢”科目，贷记“其他应付款”科目；属于无法查明原因的，报经批准后，借记“待处理财产损溢”科目，贷记“其他收入”科目。

②预算会计：借记“资金结存”，贷记“其他预算收入”。

（2）属于现金短缺。

①财务会计：应当按照实际短缺的金额，借记“待处理财产损溢”科目，贷记“库存现金”科目。应由责任人赔偿或向有关人员追回的，借记“其他应收款”科目，贷记“待处理财产损溢”科目；属于无法查明原因的，报经批准核销时，借记“资产处置费用”科目，贷记“待处理财产损溢”科目。

②预算会计：借记“其他支出”，贷记“资金结存”。

【例2－7】某气象局在2019年5月5日核对现金账与库存数时，发现现金短缺500元，经核查其中100元应由单位某科室人员负责赔偿，另外400元无法查明原因，经批准后处置。具体会计分录如表2－8至表2－11：

（1）按照短缺金额转入待处理财产损溢。

表2－8

财务会计	预算会计
借：待处理财产损溢——待处理财产价值 500 贷：库存现金——非零余额现金 500	借：其他支出——现金盘亏损失 500 贷：资金结存——货币资金——库存现金 500

（2）属于责任人赔偿的100元。

表2－9

财务会计	预算会计
借：其他应收款——其他 100 贷：待处理财产损溢——待处理财产价值 100	—

（3）收到责任人赔偿的100元。

表2－10

财务会计	预算会计
借：库存现金——非零余额现金 100 贷：其他应收款——其他 100	借：资金结存——货币资金——库存现金 100 贷：其他支出——现金盘亏损失 100

（4）无法查明原因的400元，报经批准处理。

表2-11

财务会计	预算会计
借：资产处置费用 400 贷：待处理财产损溢——待处理财产价值 400	—

二、银行存款

银行存款是指存入银行或者其他金融机构的各种存款。

（一）管理要求

单位应当加强对银行账户的管理，严格按照银行账户管理规定的审批权限和程序开立、变更和撤销银行账户。银行存款账户只供本单位使用，不准出租、出借或转让给其他单位或个人使用。银行存款账户必须有足额的资金保证支付，加强支票管理，不准签发空头支票和其他远期支付凭证。要重视和银行对账的工作，认真及时与银行对账单进行核对，保证账账相符、账款相符。

（二）核算要求

本科目核算单位存入银行或其他金融机构的各种存款。应当设置“受托代理银行存款”明细科目，核算单位受托代理、代管的银行存款。

（三）主要账务处理及举例

1. 工作人员报销相关费用。

（1）财务会计：按照实际报销的金额，借记“业务活动费用”“单位管理费用”等科目，贷记“银行存款”科目。

（2）预算会计：按照实际支出的金额，借记“事业支出”等支出科目，贷记“资金结存”科目。

【例2-8】2019年5月某气象局机关服务中心根据供电局通知书，支付上季度电费2 000元，从单位基本账户列支。具体会计分录如表2-12所示：

表2-12

财务会计	预算会计
借：单位管理费用——商品和服务费用 2 000 贷：银行存款——基本账户存款 2 000	借：事业支出——基本支出——商品服务支出——电费 2 000 贷：资金结存——货币资金——银行存款 2 000

2. 收到受托代理、代管的银行存款。

（1）财务会计：按照实际收到的金额，借记“银行存款——受托代理银行存款”科目，贷记“受托代理负债”科目；支付受托代理、代管的银行存款，按照实际支付的金额，借记“受托代理负债”科目，贷记“银行存款——受托代理银行存款”科目。

（2）预算会计：按照实际收到的金额，借记“资金结存——货币资金”，贷记“资金结存——非预算内资金”科目。支付受托代理、代管的银行存款，按照实际支付的金额，借记“资金结存——非预算内资金”，贷记“资金结存——货币资金”科目。

【例2-9】2019年6月某气象局收到外单位代管的银行存款100 000元，具体会计分录如表2-13所示：

表2-13

财务会计	预算会计
借：银行存款——受托代理银行存款　100 000 　贷：受托代理负债　100 000	借：资金结存——货币资金——银行存款　100 000 　贷：资金结存——非预算内资金　100 000

3. 单位发生外币业务的，应当按照业务发生当日的即期汇率，将外币金额折算为人民币金额记账，并登记外币金额和汇率。期末，各种外币账户的期末余额，应当按照期末的即期汇率折算为人民币，作为外币账户期末人民币余额。调整后的各种外币账户人民币余额与原账面余额的差额，作为汇兑损益计入当期费用。

（1）以外币购买物资、设备等，按照购入当日的即期汇率将支付的外币或应支付的外币折算为人民币金额。

①财务会计：借记“库存物品”等科目，贷记“银行存款”“应付账款”等科目的外币账户。

②预算会计：借记“事业支出”等支出科目，贷记“资金结存”科目。

（2）销售物品、提供服务以外币收取相关款项等，按照收入确认当日的即期汇率将收取的外币或应收取的外币折算为人民币金额。

①财务会计：借记“银行存款”科目、“应收账款”等科目的外币账户，贷记“事业收入”等相关科目。

②预算会计：按照实际收到金额，借记“资金结存”科目，贷记“事业预算收入”科目。

（3）期末，根据各外币银行存款账户按照期末汇率调整后的人民币余额与原账面人民币余额的差额，作为汇兑损益。

①财务会计：借记或贷记“银行存款”科目，贷记或借记“业务活动费用”“单位管理费用”等科目。

②预算会计：借记或贷记“资金结存”，贷记或借记“事业支出”等支出科目。

三、零余额账户用款额度

零余额账户用款额度是指实行国库集中支付的行政事业单位根据财政部门批复的用款计划收到和支用的零余额账户额度。

（一）管理要求

先由代理银行根据财政预算批复拨款指令，通过单位零余额账户将资金支付到供货商账户，支付的资金由代理银行在每天规定的时间内与人民银行通过国库账户进行清算，将当天支付的所有资金从人民银行国库划到代理银行账户，当天轧账后，账户余额为零。

（二）核算要求

本科目核算实行国库集中支付的单位根据财政部门批复的用款计划收到和支用的零余额账户用款额度。本科目期末借方余额，反映单位尚未支用的零余额账户用款额度。年末注销单位零余额账户用款额度后，本科目应无余额。

（三）主要账务处理及举例

1. 收到额度。

（1）财务会计：单位收到“财政授权支付到账通知书”时，根据通知书所列金额，借记“零余额账户用款额度”科目，贷记“财政拨款收入”科目。

（2）预算会计：借记“资金结存”，贷记“财政拨款预算收入”。

【例2－10】某气象局收到银行“财政授权支付到账通知书”，6月份基本支出人员经费额度30 000元，具体会计分录如表2－14所示：

表2－14

财务会计	预算会计
借：零余额账户用款额度——基本支出用款额度　30 000 　贷：财政拨款收入　30 000	借：资金结存——零余额账户用款额度——基本支出用款额度　30 000 　贷：财政拨款预算收入——基本支出——人员经费　30 000

2. 支付日常活动费用。

（1）财务会计：按照支付的金额，借记“业务活动费用”“单位管理费用”等科目，贷记“零余额账户用款额度”科目。

（2）预算会计：借记“事业支出”等支出科目，贷记“资金结存”。

3. 购买库存物品或购建固定资产。

（1）财务会计：按照实际发生的成本，借记“库存物品”“固定资产”“在建工程”

等科目，按照实际支付或应付的金额，贷记“零余额账户用款额度”科目。

（2）预算会计：按照实际支付的金额借记“事业支出”等支出科目，贷记“资金结存”科目。

【例 2－11】 某气象局 2019 年 6 月使用当年项目额度购买服务器一台，金额 50 000 元，具体业务分录如表 2－15 所示：

表 2－15

财务会计	预算会计
借：固定资产——通用设备 50 000 贷：零余额账户用款额度——项目支出用款额度 50 000 借：累计盈余——中央财政拨款结转 50 000 贷：累计盈余——非流动资产基金——固定资产 50 000	借：事业支出——项目支出——资本性支出——信息网络及软件购置更新 50 000 贷：资金结存——零余额账户用款额度——项目支出用款额度 50 000

【例 2－12】 某气象局（业务单位）2019 年 6 月公务卡持卡人以公务卡刷卡凭据及发票报销办公用品 3 000 元，从零余额基本支出中列支，报销后财务部门在公务卡还款日前办理公务卡还款手续。具体会计分录如表 2－16 所示：

表 2－16

财务会计	预算会计
（1）报销时： 借：业务活动费用——商品和服务费用 3 000 贷：其他应付款——待清算报销额度——待清算公务卡报销额度 3 000 （2）还款时： 借：其他应付款——待清算报销额度——待清算公务卡报销额度 3 000 贷：零余额账户用款额度——基本支出用款额度 3 000	（1）报销时： 借：事业支出——基本支出——商品和服务支出——办公费 3 000 贷：资金结存——待处理银行卡 3 000 （2）还款时： 借：资金结存——待处理银行卡 3 000 贷：资金结存——零余额账户用款额度——基本支出用款额度 3 000

4. 因购货退回等发生财政授权支付额度退回。

（1）财务会计：按照退回的金额，借记“零余额账户用款额度”科目，贷记“库存物品”“固定资产”等科目，如果是以前年度列支费用的，贷记“以前年度盈余调整”科目。

（2）预算会计：按照退回的金额，借记“资金结存”科目，如果是当年的支出退回，负数冲回有关的支出科目；如果是往年的支出退回，贷记有关结转或结余科目。

【例 2－13】 某气象局 2019 年 6 月收到退回的上年项目经费购买的办公用品 20 000 元。具体业务分录如表 2－17 所示：

表 2－17

财务会计	预算会计
借：零余额账户用款额度——项目支出用款额度 20 000 贷：以前年度盈余调整 20 000	借：资金结存——零余额账户用款额度——项目支出用款额度 20 000 贷：财政拨款结转（财政拨款结余）——年初余额调整 20 000

5. 年末，注销额度的相关账务处理。

（1）财务会计：根据代理银行提供的对账单作注销额度，借记“财政应返还额度——财政授权支付”科目，贷记“零余额账户用款额度”科目。单位本年度财政授权支付预算指标数大于零余额账户用款额度下达数的，根据未下达的用款额度，借记“财政应返还额度——财政授权支付”科目，贷记“财政拨款收入”科目。

（2）预算会计：根据代理银行提供的对账单作注销额度，借记“资金结存——财政应返还额度”，贷记“资金结存——零余额账户用款额度”。单位本年度财政授权支付预算指标数大于零余额账户用款额度下达数的，根据未下达的用款额度，借记“资金结存——财政应返还额度”，贷记“财政拨款预算收入”。

【例 2－14】 某气象局 2019 年底收到代理银行提供的对账单，有基本支出人员经费 20 000 元注销，未下达的行政事业类项目额度经费 30 000 元。具体业务分录如表 2－18 所示：

表 2－18

财务会计	预算会计
借：财政应返还额度——财政授权支付——基本支出额度 20 000 贷：零余额账户用款额度——基本支出用款额度 20 000 借：财政应返还额度——财政授权支付——项目支出额度 30 000 贷：财政拨款收入 30 000	借：资金结存——财政应返还额度——财政授权支付——基本支出额度 20 000 贷：资金结存——零余额账户用款额度——基本支出用款额度 20 000 借：资金结存——财政应返还额度——财政授权支付——项目支出额度 30 000 贷：财政拨款预算收入——项目支出——行政事业项目 30 000

6. 年初恢复额度。

（1）财务会计：单位根据代理银行提供的上年度注销额度恢复到账通知书作恢复额度的相关账务处理，借记“零余额账户用款额度”科目，贷记“财政应返还额度——财政授权支付”科目。单位收到财政部门批复的上年未下达零余额账户用款额度，借记“零余额账户用款额度”科目，贷记“财政应返还额度——财政授权支付”科目。

（2）预算会计：单位根据代理银行提供的上年度注销额度恢复到账通知书作恢复额度，借记“资金结存——零余额账户用款额度”，贷记“资金结存——财政应返还额度”。收到财政部门批复的上年末下达零余额账户用款额度，借记“资金结存——零余额账户用款额度”，贷记“资金结存——财政应返还额度”。

四、其他货币资金

（一）核算要求

本科目核算外埠存款、银行本票存款、银行汇票存款、信用卡存款等各种其他货币资金。本科目应当设置“外埠存款”“银行本票存款”“银行汇票存款”“信用卡存款”等明细科目，进行明细核算。

（二）主要账务处理及举例

1. 形成其他货币资金。

（1）财务会计：将款项汇往异地开立的本单位账户或交存银行取得银行本票、银行汇票、信用卡，按照取得的支出的金额，借记“其他货币资金”科目，贷记“银行存款”科目。

（2）预算会计：取得银行本票、银行汇票、信用卡，按照取得的支出的金额，借记“资金结存——货币资金——其他货币资金”，贷记“资金结存——货币资金——银行存款”。

2. 使用其他货币资金支付。

（1）财务会计：使用异地存款账户资金、银行本票、银行汇票、信用卡购买库存物品等资产时，按照实际支付金额，借记“库存物品”等科目，贷记“其他货币资金”科目。

（2）预算会计：按照实际支付金额，借记“事业支出”等支出科目，贷记“资金结存——货币资金——其他货币资金”。

3. 余款退回。

（1）财务会计：如有余款或因本票、汇票超过付款期等原因而退回款项，按照退款金额，借记“银行存款”科目，贷记“其他货币资金”科目。

（2）预算会计：按照退款金额，借记“资金结存——货币资金——银行存款”，贷记“资金结存——货币资金——其他货币资金”。

【例 2－15】2019 年 6 月某气象局将基本户存款 30 000 元交存并取得银行汇票一张，使用银行汇票购置专用材料一批。具体业务分录如表 2－19、表 2－20 所示：

（1）取得银行汇票。

表 2－19

财务会计	预算会计
借：其他货币资金——银行汇票存款　30 000 　贷：银行存款——基本账户存款　30 000	借：资金结存——货币资金——其他货币资金　30 000 　贷：资金结存——货币资金——银行存款　30 000

（2）使用银行汇票购置材料。

表 2-20

财务会计	预算会计
借：库存物品——材料 30 000 贷：其他货币资金——银行汇票存款 30 000	借：事业支出——项目支出——商品和服务支出——专用材料费 30 000 贷：资金结存——货币资金——其他货币资金 30 000

第三节 短期投资的核算

事业单位按照规定取得的，持有时间不超过1年（含1年）的投资。

一、管理要求

单位应当根据国家有关规定加强对外投资的管理。合理设置岗位，明确相关岗位的职责权限，确保对外投资的可行性研究与评估、对外投资决策与执行、对外投资处置的审批与执行等不相容岗位相互分离。单位对外投资，应当由单位领导班子集体研究决定。加强对投资项目的追踪管理，及时、全面、准确地记录对外投资的价值变动和投资收益情况。

二、核算要求

短期投资在取得时，应当按照实际成本（包括购买价款和相关税费，下同）作为初始投资成本。实际支付价款中包含的已到付息期但尚未领取的利息，应当于收到时冲减短期投资成本。短期投资持有期间的利息，应当于实际收到时确认为投资收益。期末，短期投资应当按照账面余额计量。政府会计主体按规定出售或到期收回短期投资，应当将收到的价款扣除短期投资账面余额和相关税费后的差额计入投资损益。

三、主要账务处理及举例

1. 取得短期投资。

（1）财务会计：按照确定的投资成本，借记“短期投资”科目，贷记“银行存款”等科目。

（2）预算会计：按照确定的投资成本，借记“投资支出”科目，贷记“资金结存”

科目。

2. 持有期间。

（1）财务会计：收到取得投资时实际支付的价款中包含的已到付息期但尚未领取的利息，按照实际收到的金额，借记“银行存款”科目，贷记“短期投资”科目。收到短期投资持有期间的利息，按照实际收到的金额，借记“银行存款”科目，贷记“投资收益”科目。

（2）预算会计：收到取得投资时实际支付的价款中包含的已到付息期但尚未领取的利息，按照实际收到的金额，借记“资金结存”，贷记“投资支出”。收到短期投资持有期间的利息，按照实际收到的金额，借记“资金结存”科目，贷记“投资预算收益”科目。

3. 出售、收回短期投资。

（1）财务会计：按照实际收到的金额，借记“银行存款”科目，按照出售或收回短期投资的账面余额，贷记“短期投资”科目，按照其差额，借记或贷记“投资收益”科目。

（2）预算会计：按照实际收到的金额，借记“资金结存”科目，按照出售或收回短期投资的账面余额，贷记“投资支出”（当年投资）或“其他结余”（以前年度投资）科目，按照其差额，借记或贷记“投资预算收益”科目。

【例2-16】2019年6月1日某气象局使用基本户资金购入9个月国债105 000元（其中，面值100 000元），3个月付息一次，随后收到购买价款中包含的已到付息期但尚未领取的利息5 000元。具体业务分录如表2-21所示：

表2-21

财务会计	预算会计
取得投资时： 借：短期投资——短期债券投资　105 000 　贷：银行存款——基本账户存款　105 000 收到利息时： 借：银行存款——基本账户存款　5 000 　贷：短期投资——短期债券投资　5 000	取得投资时： 借：投资支出　105 000 　贷：资金结存——货币资金——银行存款　105 000 收到利息时： 借：资金结存——货币资金——银行存款　5 000 　贷：投资支出　5 000

【例2-17】接【例2-16】，三月后（2019年9月1日）取得第二次利息5 000元，具体业务分录如表2-22所示：

表2-22

财务会计	预算会计
借：银行存款——基本账户存款　5 000 　贷：投资收益　5 000	借：资金结存——货币资金——银行存款　5 000 　贷：投资预算收益　5 000

【例2-18】接【例2-17】，2019年12月1日国债到期后，收回资金105 000元，具体业务分录如表2-23所示：

表2-23

财务会计	预算会计
借：银行存款——基本账户存款 105 000 贷：短期投资——短期债券投资 100 000 投资收益 5 000	借：资金结存——货币资金——银行存款 105 000 贷：投资支出 100 000 投资预算收益 5 000

第四节 应收及预付款的核算

应收及预付款包括财政应返还额度、应收票据、应收账款、预付账款、其他应收款。

一、财政应返还额度

财政应返还额度是指实行国库集中支付的单位应收财政返还的资金额度。

（一）核算要求

财政应返还额度包括可以使用的以前年度财政直接支付资金额度和财政应返还的财政授权支付资金额度。本科目应当设置"财政直接支付""财政授权支付"两个明细科目进行明细核算。本科目期末借方余额，反映单位应收财政返还的资金额度。

（二）主要的账务处理及举例

1. 财政直接支付。

（1）财务会计：年末，单位根据本年度财政直接支付预算指标数大于当年财政直接支付实际发生数的差额，借记"财政应返还额度——财政直接支付"科目，贷记"财政拨款收入"科目；单位使用以前年度财政直接支付额度支付款项时，借记"业务活动费用""单位管理费用"等科目，贷记"财政应返还额度——财政直接支付"科目。

（2）预算会计：年末，单位根据本年度财政直接支付预算指标数大于当年财政直接支付实际发生数的差额，借记"资金结存"，贷记"财政拨款预算收入"。使用以前年度财政直接支付额度支付款项时，借记"事业支出"等支出科目，贷记"资金结存"科目。

【例2－19】某气象局2019年末直接支付行政事业类项目经费预算指标数与当年财政直接支付实际支出数差100 000元，下年初支付项目气象专用设备资金50 000元。具体会计分录如表2－24、表2－25所示：

（1）年底将差额计入收入。

表2－24

财务会计	预算会计
借：财政应返还额度——财政直接支付——项目支出额度　100 000 　贷：财政拨款收入　100 000	借：资金结存——财政应返还额度——财政直接支付——项目支出额度　100 000 　贷：财政拨款预算收入——项目支出——行政事业类项目　100 000

（2）下年初支付。

表2－25

财务会计	预算会计
借：固定资产——专用设备　50 000 　贷：财政应返还额度——财政直接支付——项目支出额度　50 000 借：累计盈余——中央财政拨款结转　50 000 　贷：累计盈余——非流动资产基金——固定资产　50 000	借：事业支出——项目支出——资本性支出——专业设备购置　50 000 　贷：资金结存——财政应返还额度——财政直接支付——项目支出额度　50 000

2. 财政授权支付。

（1）财务会计：年末，根据代理银行提供的对账单作注销额度的相关账务处理，借记“财政应返还额度——财政授权支付”科目，贷记“零余额账户用款额度”科目。年末，单位本年度财政授权支付预算指标数大于零余额账户用款额度下达数的，根据未下达的用款额度，借记“财政应返还额度——财政授权支付”科目，贷记“财政拨款收入”科目。下年初，单位根据代理银行提供的上年度注销额度恢复到账通知书作恢复额度的相关账务处理，借记“零余额账户用款额度”科目，贷记“财政应返还额度——财政授权支付”科目。单位收到财政部门批复的上年未下达零余额账户用款额度，借记“零余额账户用款额度”科目，贷记“财政应返还额度——财政授权支付”科目。

（2）预算会计：年末，根据代理银行提供的对账单作额度注销，借记“资金结存——财政应返还额度”，贷记“资金结存——零余额账户用款额度”。本年度财政授权支付预算指标数大于零余额账户用款额度下达数的，根据未下达的用款额度，借记“资金结存——财政应返还额度”，贷记“财政拨款预算收入”。下年初，单位根据代理银行提供的上年度注销额度恢复到账通知书作恢复额度的相关账务处理，借记“资金结存——零余额账户用款额度”，贷记“资金结存——财政应返还额度”。单位收到财政部门批复的上年末下达零余额账户用款额度，借记“资金结存——零余额账户用款额度”，贷记“资金结存——财政应返还额度”。

【例 2－20】 某气象局 2019 年末收到代理银行对账单，行政事业项目经费 20 000 元注销，未下达的行政事业项目用款额度 30 000 元，下年初代理银行到账通知单恢复项目经费 20 000 元以及上年末下达项目额度 30 000 元。具体会计分录如表 2－26、表 2－27 所示：

（1）财政收回结余资金。

表 2－26

财务会计	预算会计
借：财政应返还额度——财政授权支付——项目支出额度 20 000 　贷：零余额账户用款额度——项目支出用款额度 20 000 借：财政应返还额度——财政授权支付——项目支出额度 30 000 　贷：财政拨款收入 30 000	借：资金结存——财政应返还额度——财政授权支付——项目支出额度 20 000 　贷：资金结存——零余额账户用款额度——项目支出用款额度 20 000 借：资金结存——财政应返还额度——财政授权支付——项目支出额度 30 000 　贷：财政拨款预算收入——项目支出——行政事业类项目 30 000

（2）下年初额度恢复。

表 2－27

财务会计	预算会计
借：零余额账户用款额度——项目支出用款额度 50 000 　贷：财政应返还额度——财政授权支付——项目支出额度 50 000	借：资金结存——零余额账户用款额度——项目支出用款额度 50 000 　贷：资金结存——财政应返还额度——财政授权支付——项目支出额度 50 000

二、应收票据

应收票据是指事业单位因开展经营活动销售产品、提供有偿服务等而收到的商业汇票，包括银行承兑汇票和商业承兑汇票。

（一）管理要求

事业单位应当设置“应收票据备查簿”，逐笔登记每一应收票据的种类、号数、出票日期、到期日、票面金额、交易合同号和付款人、承兑人、背书人姓名或单位名称、背书转让日、贴现日期、贴现率和贴现净额、收款日期、收回金额和退票情况等。应收票据到期结清票款或退票后，应当在备查簿内逐笔注销。

（二）核算要求

本科目应当按照开出、承兑商业汇票的单位等进行明细核算。本科目期末借方余额，反映事业单位持有的商业汇票票面金额。在财务会计核算中要注意在将未到期的商业汇票向银行贴现时，要区分该汇票是否有追索权，有追索权的汇票要转入短期借款核算。

（三）主要的账务处理及举例

1. 因销售产品、提供服务等收到商业汇票。

（1）财务会计：按照商业汇票的票面金额，借记“应收票据”科目，按照确认的收入金额，贷记“事业收入”“经营收入”等科目。涉及增值税业务的，相关账务处理参见“应交增值税”科目。

（2）预算会计未收到资金不做账务处理。

【例 2－21】 2019 年 6 月某气象局提供气象服务，收到商业汇票一张，面值 50 000 元，具体会计分录如表 2－28 所示：

表 2－28

财务会计	预算会计
借：应收票据——商业承兑票据　50 000 　贷：事业收入——专业气象服务收入　50 000	——

2. 持未到期的商业汇票向银行贴现。

（1）财务会计：按照实际收到的金额（即扣除贴现息后的净额），借记“银行存款”科目，按照贴现息金额，借记“其他费用”“经营费用”等科目，按照商业汇票的票面金额，贷记“应收票据”科目（无追索权）或“短期借款”科目（有追索权）。附追索权的商业汇票到期未发生追索事项的，按照商业汇票的票面金额，借记“短期借款”科目，贷记“应收票据”科目。

（2）预算会计：按照实际收到的金额（即扣除贴现息后的净额），借记“资金结存”，贷记“事业预算收入”“经营预算收入”（扣除贴现净额）。

【例 2－22】 2019 年 7 月某气象局将未到期商业汇票（有追索权）50 000 元到银行申请贴现，到账金额 49 000 元，汇票到期后未发生追索事项。具体会计分录如表 2－29 所示：

表 2－29

财务会计	预算会计
银行贴现时： 借：银行存款——基本账户存款　49 000 　其他费用——利息费用　1 000 　贷：短期借款　50 000 到期未发生追索事项： 借：短期借款　50 000 　贷：应收票据　50 000	借：资金结存——货币资金——银行存款　49 000 　贷：事业预算收入——专业气象服务收入　49000

3. 将持有的商业汇票背书转让以取得所需物资。

（1）财务会计：按照取得物资的成本，借记“库存物品”等科目，按照商业汇票的票面金额，贷记“应收票据”科目，如有差额，借记或贷记“银行存款”等科目。

（2）预算会计：按照取得物资支付的金额，借记“事业支出”“经营支出”等支出科目，贷记“资金结存”科目。

4. 汇票到期。

（1）财务会计：按照实际收到的商业汇票票面金额，借记“银行存款”科目，贷记“应收票据”科目。因付款人无力支付票款，收到银行退回的商业承兑汇票、委托收款凭证、未付票款通知书或拒付款证明等，按照商业汇票的票面金额，借记“应收账款”科目，贷记“应收票据”科目。

（2）预算会计：按照实际收到的商业汇票票面金额，借记“资金结存”，贷记“事业预算收入”“经营预算收入”。因付款人无力支付票款，收到银行退回的商业承兑汇票、委托收款凭证、未付票款通知书或拒付款证明等，预算会计不做账务处理。

【例 2－23】 2019 年 6 月某气象局持有的两张商业汇票，面值分别为 40 000 元和 20 000元，全部为提供专业气象服务后取得，到期后到银行承兑，40 000 元商业汇票如期承兑，20 000 元因付款人无力支付票款，收到银行退票。具体会计分录如表 2－30 所示：

表 2－30

财务会计	预算会计
如期承兑的汇票： 借：银行存款——基本账户存款　　40 000 　　贷：应收票据——商业承兑汇票　　40 000 未能如期承兑： 借：应收账款　　20 000 　　贷：应收票据——商业承兑汇票　　20 000	借：资金结存——货币资金——银行存款　40 000 　　贷：事业预算收入——专业气象服务收入　40 000

三、应收账款

应收账款是指事业单位提供服务、销售产品等应收取的款项，以及单位因出租资产、出售物资等应收取的款项。

（一）管理要求

单位应加强应收账款管理，加大催收力度，适时进行账龄分析，对超过账龄的应收账款及时反馈信息，重点管理，尽可能减少坏账损失的发生。事业单位应当于每年年末，对收回后不需上缴财政的应收账款进行全面检查，如发生不能收回的迹象，符合标准的应当计提坏账准备。年末对收回后应当上缴财政的应收账款进行全面检查，对于账龄超过规定年限、确认无法收回的应收账款，按照规定报经批准后予以核销。

（二）核算要求

本科目应当按照债务单位（或个人）进行辅助明细核算。本科目期末借方余额，反映单位尚未收回的应收账款。

（三）主要账务处理及举例

1. 应收账款收回后不需上缴财政。

（1）财务会计：单位发生应收账款时，按照应收未收金额，借记“应收账款”科目，贷记“事业收入”“经营收入”“租金收入”“其他收入”等科目。涉及增值税业务的，相关账务处理参见“应交增值税”科目，收回应收账款时，按照实际收到的金额，借记“银行存款”等科目，贷记“应收账款”科目。

（2）预算会计：单位发生应收账款时，不做账务处理。收回应收账款时，按照实际收到的金额，借记“资金结存”，贷记“事业预算收入”“经营预算收入”等收入科目。

【例2-24】2019年6月份某气象局提供气象服务收入，开具发票60 000元，按照约定这笔款项在10月份收到，具体会计分录如表2-31所示：

表2-31

财务会计	预算会计
6月发生应收账款时： 借：应收账款　60 000 　　贷：事业收入——专业气象服务收入　60 000 10月份应收资金到账时： 借：银行存款——基本账户存款　60 000 　　贷：应收账款　60 000	应收时不做账务处理10月份收到资金时： 借：资金结存——货币资金——银行存款　60 000 　　贷：事业预算收入——专业气象服务收入　60 000

2. 应收账款收回后需上缴财政。

（1）财务会计：单位发生应收未收款项时，按照应收未收金额，借记“应收账款”科目，贷记“应缴财政款”科目。收回应收账款时，按照实际收到的金额，借记“银行存款”等科目，贷记“应收账款”科目。

（2）预算会计：按照实际收到的金额，借记“资金结存——货币资金”科目，贷记“资金结存——非预算内资金”科目。

【例2-25】2019年6月某气象局处置资产收入10 000元，8月份收到此笔款项。具体会计分录如表2-32所示：

表 2－32

财务会计	预算会计
6 月发生应收账款时： 借：应收账款 10 000 贷：应缴财政款——应缴国库款 10 000 8 月份收到款项时： 借：银行存款 10 000 贷：应收账款 10 000	8 月份收到款项时： 借：资金结存——货币资金——银行存款 10 000 贷：资金结存——非预算内资金 10 000

3. 核销应收账款。

（1）收回后不用上缴财政的应收账款。

①财务会计：按照核销金额，借记“坏账准备”科目，贷记“应收账款”科目，已核销的应收账款在以后期间又收回的，按照实际收回金额，借记“应收账款”科目，贷记“坏账准备”科目；同时，借记“银行存款”等科目，贷记“应收账款”科目。

②预算会计：核销应收账款时不做账务处理。核销的应收账款在以后年度又收回的，借记“资金结存”，贷记“非财政拨款结余”等科目。

（2）收回后应当上缴财政的应收账款。

①财务会计：按照核销金额，借记“应缴财政款”科目，贷记“应收账款”科目。核销的应收账款应当在备查簿中保留登记。已核销的应收账款在以后期间又收回的，按照实际收回金额，借记“银行存款”等科目，贷记“应缴财政款”科目。

②预算会计按照实际收回金额，借记“资金结存——货币资金”科目，贷记“资金结存——非预算内资金”科目。

【例 2－26】 2019 年末某气象局对单位应收账款进行检查，发现有多年前发生的两笔不需上交财政的应收账款（一笔 2 000 元，另一笔 5 000 元）时间较长，确认无法收回，已提取坏账准备，按照资产相关规定报批后予以核销。具体会计分录如表 2－33 所示：

表 2－33

财务会计	预算会计
借：坏账准备——应收账款坏账准备 7 000 贷：应收账款 7 000	——

【例 2－27】 接【例 2－26】，上述核销的应收账款其中一笔 5 000 元的在 2020 年 1 月又收回，具体会计分录如表 2－34 所示：

表 2－34

财务会计	预算会计
借：应收账款 5 000 贷：坏账准备——应收账款坏账准备 5 000 借：银行存款——基本账户存款 5 000 贷：应收账款 5 000	借：资金结存——货币资金——银行存款 5 000 贷：非财政拨款结余——年初余额调整 5 000

四、预付账款

单位按照购货、服务合同或协议规定预付给供应单位（或个人）的款项，以及按照合同规定向承包工程的施工企业预付的备料款和工程款。

（一）核算要求

本科目应当按照供应单位（或个人）及具体项目进行辅助明细核算；对于基本建设项目发生的预付账款，还应当在本科目所属基建项目明细科目下设置“预付备料款”“预付工程款”“其他预付款”等明细科目，进行明细核算。本科目期末借方余额，反映单位实际预付但尚未结算的款项。

（二）主要账务处理及举例

1. 发生预付账款。

（1）财务会计：根据购货、服务合同或协议规定预付款项时，按照预付金额，借记“预付账款”科目，贷记“财政拨款收入”“零余额账户用款额度”“银行存款”等科目，收到所购资产或服务时，按照购入资产或服务的成本，借记“库存物品”“固定资产”“无形资产”“业务活动费用”等相关科目，按照相关预付账款的账面余额，贷记“预付账款”科目，如有补付款项，还要贷记“财政拨款收入”“零余额账户用款额度”“银行存款”等科目。涉及非流动资产的要同时借贷累计盈余相关科目，涉及增值税业务的，相关财务处理参见“应交增值税”科目。

（2）预算会计：按照预付金额，借记“事业支出”等支出科目，贷记“财政拨款预算收入”“资金结存”等科目。收到所购资产或服务时，仅在有补付款项的情况下，借记“事业支出”（补付款项）等支出科目，贷记“财政拨款预算收入”“资金结存”等科目。

【例2－28】2019年6月某气象局按照软件服务合同约定使用零余额项目资金先预付资金10 000元，10月份软件服务完成后一次性支付余款30 000元。具体会计分录如表2－35所示：

表2－35

财务会计	预算会计
（1）支付预付款项时： 借：预付账款——其他预付款　10 000 　贷：零余额账户用款额度——项目支出用款额度 10 000 （2）10月份支付余款时： 借：无形资产——软件　40 000 　贷：预付账款——其他预付款　10 000 　　零余额账户用款额度——项目支出用款额　30 000 借：累计盈余——中央财政拨款结转　40 000 　贷：累计盈余——非流动资产基金——无形资产 40 000	（1）支付预付款项时： 借：事业支出——项目支出——资本性支出——信息网络及软件购置更新　10 000 　贷：资金结存——零余额账户用款额度——项目支出用款额度　10 000 （2）10月份支付余款时： 借：事业支出——项目支出——资本性支出——信息网络及软件购置更新　30 000 　贷：资金结存——零余额账户用款额度——项目支出用款额度　30 000

2. 发生预付账款退回。

（1）财务会计：按照实际退回金额，借记“财政拨款收入”（本年直接支付）、“财政应返还额度”（以前年度直接支付）、“零余额账户用款额度”“银行存款”等科目，贷记“预付账款”科目。

（2）预算会计：按照实际退回金额，借记“财政拨款预算收入”“资金结存”，负数冲减“事业支出”（本年支出退回）、贷记“财政拨款结余——年初余额调整”（以前年度支出退回）、“财政拨款结转——年初余额调整”（以前年度支出退回）等科目。

3. 预付账款无法收回。

（1）财务会计：单位应当于每年年末，对预付账款进行全面检查。如果有确凿证据表明预付账款不再符合预付款项性质，或者因供应单位破产、撤销等原因可能无法收到所购货物、服务的，应当先将其转入其他应收款，再按照规定进行处理。将预付账款账面余额转入其他应收款时，借记“其他应收款”科目，贷记“预付账款”科目。

（2）预算会计不做账务处理。

五、其他应收款

（一）核算要求

单位除财政应返还额度、应收票据、应收账款、预付账款、应收股利、应收利息以外的其他各项应收及暂付款项，如职工预借的差旅费、已经偿还银行尚未报销的本单位公务卡欠款、拨付给内部有关部门的备用金、应向职工收取的各种垫付款项、支付的可以收回的订金或押金、应收的上级补助和附属单位上缴款项等。

本科目应当按照其他应收款的类别以及债务单位（或个人）进行明细核算。本科目期末借方余额，反映单位尚未收回的其他应收款。

（二）主要账务处理及举例

1. 发生的其他各种应收及暂付款项。

（1）财务会计：按照实际发生金额，借记“其他应收款”科目，贷记“零余额账户用款额度”“银行存款”“库存现金”“上级补助收入”“附属单位上缴收入”等科目。收回其他各种应收及暂付款项时，按照收回的金额，借记“库存现金”“银行存款”等科目，贷记“其他应收款”科目。

（2）预算会计：如果在款项借出时能够确定具体支出项目和经济分类，可以直接做相应支出，待核销相关预借款时，如果在本年核销，对补付金额借方记入相应支出科目，对收回资金负数冲销已记支出科目，如果在以后年度核销，对补付金额借方记入以后年度相应支出科目，对收回资金根据情况贷方分别记入“财政拨款结转/财政拨款结余/非财政拨款结转/非财政拨款结余”科目。如果在款项借出时不能够确定具体支出项目和经济分类，借记“行政支出”和“事业支出”下的“待处理支出”明细科目，待核销相关预借款时，如果在本年核销，依据实际报销额借记相应支出，同时按预借金额借方负数冲销“行政支出”和“事业支出”下的“待处理支出”明细科目，差额借记或贷记相应“资金结存”明细科目。

2. 偿还尚未报销的本单位公务卡欠款。

（1）财务会计：按照偿还的款项，借记“其他应收款”科目，贷记“零余额账户用款额度”“银行存款”等科目；持卡人报销时，按照报销金额，借记“业务活动费用”“单位管理费用”等科目，贷记“其他应收款”科目。

（2）预算会计：如果在偿还未报销的公务卡欠款时能够确定具体支出项目和经济分类，可以直接做相应支出，待核销相关应收款时，对补付金额做支出，对收回资金负数冲销已做支出。如果在款项借出时不能够确定具体支出项目和经济分类，可借记“行政支出”和“事业支出”下的“待处理支出”明细科目，待报销时，依据实际报销额做相应支出，同时按预借金额负数冲销待处理支出，差额借记或贷记相应资金结存明细科目。

【例 2－29】2019 年 6 月某气象局在公务卡还款期偿还尚未报销的公务卡欠款 3 000 元（假定偿还时不确定此笔资金将来的支出内容），7 月报销此笔公务卡支出为后勤人员差旅费 3 000 元。具体会计分录如表 2－36 所示：

表 2－36

财务会计	预算会计
（1）6 月偿还公务卡时： 借：其他应收款——公务卡欠款　　3 000 　贷：零余额账户用款额度——基本支出用款额度　　3 000 （2）7 月实际报销时： 借：单位管理费用——商品和服务费用　　3 000 　贷：其他应收款——公务卡欠款　　3 000	（1）6 月偿还公务卡时： 借：事业支出——待处理支出　　3 000 　贷：资金结存——零余额账户用款额度——基本支出用款额度　　3 000 （2）7 月实际报销时： 借：事业支出——基本支出——商品服务支出——差旅费　　3 000 借：事业支出——待处理支出　　－3 000

3. 无法收回的其他应收款。

事业单位应当于每年年末，对其他应收款进行全面检查，如发生不能收回的迹象，应当计提坏账准备。按照规定报经批准后予以核销。

（1）财务会计：按照核销金额，事业单位借记“坏账准备”科目，贷记“其他应收款”科目，行政单位借记“资产处置费用”科目，贷记“其他应收款”科目。核销的其他应收款应当在备查簿中保留登记。已核销的其他应收款在以后期间又收回的，事业单位按照实际收回金额，借记“其他应收款”科目，贷记“坏账准备”科目；同时，借记“银行存款”等科目，贷记“其他应收款”科目；行政单位借记“银行存款”科目，贷记“其他收入”科目。

（2）预算会计：其他应收款核销时不做账务处理。已核销的其他应收款在以后期间又收回的，按照实际收回金额，借记“资金结存”，贷记“其他预算收入”。

六、坏账准备

（一）管理要求

事业单位应当于每年年末，对收回后不需上缴财政的应收账款和其他应收款进行全面检查，分析其可收回性，对预计可能产生的坏账损失计提坏账准备、确认坏账损失。计提坏账准备的认定原则：对于债务人被宣告破产、撤销注销工商登记或者被政府责令关闭等导致无法收回尚未取得相关认定材料的应收款项，以及债务人死亡或者依法被宣告失踪、死亡，其财产或者遗产不足清偿且没有继承人的尚未取得相关认定材料的应收款项，法院尚未判决或裁定的涉诉的应收款项、逾期 3 年的应收款项，各单位可依据实际情况按应收款项全额计提坏账准备。

（二）核算要求

本科目应当分别按照应收账款和其他应收款进行明细核算。事业单位可以采用应收款项余额百分比法、账龄分析法、个别认定法等方法计提坏账准备。坏账准备计提方法一经确定，不得随意变更。如需变更，应当按照规定报经批准，并在财务报表附注中予以说明。气象部门所属事业单位采取个别认定法计提坏账准备。

当期应补提或冲减的坏账准备金额的计算公式如下：

当期应补提或冲减的坏账准备 = 按照期末应收账款和其他应收款计算应计提的坏账准备金额 - 本科目期末贷方余额（或 + 本科目期末借方余额）

（三）主要账务处理及举例

1. 提取坏账准备。

（1）财务会计：借记“其他费用”科目，贷记“坏账准备”科目；冲减坏账准备时，借记“坏账准备”科目，贷记“其他费用”科目。

（2）预算会计不做账务处理。

【例 2 - 30】 2019 年末某气象局在其他应收账款进行分析，按照个别认定法确定应计提坏账准备 7 000 元，具体会计分录如表 2 - 37 所示：

表 2 - 37

财务会计	预算会计
借：其他费用——坏账损失 7 000 贷：坏账准备——其他应收款坏账准备 7 000	——

2. 账龄超过规定年限并确认无法收回的应收账款、其他应收款。

（1）应当按照有关规定报经批准后，核销无法收回的应收款项。

①财务会计：借记“坏账准备”科目，贷记“应收账款”“其他应收款”科目。

②预算会计不做账务处理。

（2）已核销的应收账款、其他应收款在以后期间又收回。

①财务会计：按照实际收回金额，借记“应收账款”“其他应收款”科目，贷记“坏账准备”科目；同时，借记“银行存款”等科目，贷记“应收账款”“其他应收款”科目。

②预算会计：已核销不需上缴财政的应收账款收回的，按照实际收回金额，借记“资金结存”，贷记“非财政拨款结余”等科目。具体经济业务可参照应收账款和其他应收款科目。

第五节　存货的核算

存货是指政府会计主体在开展业务活动及其他活动中为耗用或出售而储存的资产，如材料、产品、包装物和低值易耗品等，以及未达到固定资产标准的用具、装具、动植物等。存货包括：在途物品、库存物品、加工物品。

在途物品核算单位采购材料等物资时货款已付或已开出商业汇票但尚未验收入库的在途物品的采购成本。

库存物品核算单位在开展业务活动及其他活动中为耗用或出售而储存的各种材料、产品、包装物、低值易耗品，以及达不到固定资产标准的用具、装具、动植物等的成本。

加工物品核算单位自制或委托外单位加工的各种物品的实际成本。

一、管理要求

事业单位应当建立健全存货的内部管理制度，单位应当定期对库存物品进行清查盘点，每年至少盘点一次，保证账实相符。对存货盘盈、盘亏应当及时处理。存货的管理要遵循气象部门国有资产管理的相关规定。

存货同时满足下列条件的，应当予以确认：

（1）与该存货相关的服务潜力很可能实现或者经济利益很可能流入政府会计主体；

（2）该存货的成本或者价值能够可靠地计量。

存货的发出应当根据实际情况采用先进先出法、加权平均法或者个别计价法确定发出存货的实际成本。计价方法一经确定，不得随意变更。根据气象部门实际，统一规定对于 2019 年 1 月 1 日前购入，账务核算已经确认支出尚未领用的存货不再追溯，存货管理部门需在 2018 年 12 月 31 日前盘点存货，单独确认区分已做支出尚未发出的存货。对于 2019 年 1 月 1 日前未确认支出的存货以及 2019 年 1 月 1 日以后确认的存货，在发出时按先进先出的方法计量确认发出的成本。

二、核算要求

单位随买随用的零星办公用品，可以在购进时直接列作费用，不通过“库存物品”科目核算。

单位受托存储保管的物资和受托转赠的物资，应当通过“受托代理资产”科目核算，不通过“库存物品”科目核算。

核算时注意取得存货时的成本计量。

（1）购入的存货：其成本包括购买价款、相关税费、运输费、装卸费、保险费以及使得存货达到目前场所和状态所发生的归属于存货成本的其他支出。

（2）自行加工的存货：其成本包括耗用的直接材料费用、发生的直接人工费用和按照一定方法分配的与存货加工有关的间接费用。

（3）委托加工的存货：其成本包括委托加工前存货成本、委托加工的成本（如委托加工费以及按规定应计入委托加工存货成本的相关税费等）以及使存货达到目前场所和状态所发生的归属于存货成本的其他支出。

（4）置换取得的存货：其成本按照换出资产的评估价值，加上支付的补价或减去收到的补价，加上为换入存货发生的其他相关支出确定。

（5）接受捐赠的存货：其成本按照有关凭据注明的金额加上相关税费、运输费等确定；没有相关凭据可供取得，但按规定经过资产评估的，其成本按照评估价值加上相关税费、运输费等确定；没有相关凭据可供取得、也未经资产评估的，其成本比照同类或类似资产的市场价格加上相关税费、运输费等确定；没有相关凭据且未经资产评估、同类或类似资产的市场价格也无法可靠取得的，按照名义金额入账，相关税费、运输费等计入当期费用。

（6）无偿调入的存货，其成本按照调出方账面价值加上相关税费、运输费等确定。

（7）盘盈的存货：其成本按照有关凭据注明的金额确定；没有相关凭据、但按照规定经过资产评估的，其成本按照评估价值确定；没有相关凭据、也未经过评估的，其成本按照重置成本确定。如无法采用上述方法确定盘盈的库存物品成本的，按照名义金额入账。

下列各项应当在发生时确认为当期费用，不计入存货成本：

第一，非正常消耗的直接材料、直接人工和间接费用。

第二，仓储费用（不包括在加工过程中为达到下一个加工阶段所必需的费用）。

第三，不能归属于使存货达到目前场所和状态所发生的其他支出。

三、主要账务处理及举例

（一）存货取得的核算

1. 购入的存货。

（1）财务会计：采购物品在途中，未验收入库，按照确定的物品采购成本的金额，借记“在途物品”，按照实际支付的金额，贷记“财政拨款收入”“零余额账户用款额度”“银行存款”等科目。所购材料等物品到达验收入库，按照确定的库存物品成本金额，借记“库存物品”科目，按照物品采购成本金额，贷记“在途物品”，按照使得入库物品达到目前场所和状态所发生的其他支出，贷记“银行存款”等科目。

（2）预算会计：采购物品在途中，未验收入库，按照实际支付的金额，借记“事业支出”等支出科目，贷记“资金结存”“财政拨款预算收入”等科目。所购材料等物品到达验收入库，仅对资金支出部分作账务处理，借记“事业支出”等支出科目，贷记“资金结存”等科目。

【例 2－31】 2019 年 6 月，某气象局用零余额项目资金购置专用材料一批，价值 150 000 元，资金已付，按照合同约定材料 7 月份验收入库。具体会计分录如表 2－38 所示：

表 2－38

财务会计	预算会计
（1）6 月份支付材料： 借：在途物品——其他在途物品　150 000 　贷：零余额用款额度——项目支出用款额度　150 000 （2）7 月份验收入库： 借：库存物品——材料　150 000 　贷：在途物品——其他在途物品　150 000	（1）6 月份支付材料： 借：事业支出——项目支出——商品和服务支出——专用材料费　150 000 　贷：资金结存——零余额账户用款额度——项目支出用款额度　150 000 （2）7 月份验收入库未发生资金支付不做账务处理。

2. 自行加工的存货。

（1）财务会计：为自制物品领用材料等，按照材料成本，借记“加工物品——自制物品”，贷记“库存物品”科目，专门从事物品制造的人员发生的直接人工费用，为自制物品发生的其他直接费用、间接费用，计入“加工物品——自制物品”成本，已经制造完成并验收入库的物品，按照所发生的实际成本（包括耗用的直接材料费用、直接人工费用、其他直接费用和分配的间接费用），借记“库存物品”科目，贷记“加工物品——自制物品”科目。

（2）预算会计：仅对自行加工过程中资金支出部分做账务处理，借记“事业支出”等支出科目，贷记“资金结存”科目。

【例 2－32】 2019 年 6 月，某气象研究所自行加工的存货，使用库存材料 20 000 元，应支付外聘职工工资 5 000 元，使用单位零余额项目资金支付其他间接材料费用 3 000 元。加工完成验收入库，具体会计分录如表 2－39 所示：

表 2－39

财务会计	预算会计
（1）转入加工： 借：加工物品——自制物品——直接材料　20 000 　贷：库存物品——材料　20 000 借：加工物品——自制物品——直接人工　5 000 　贷：应付职工薪酬——基本工资——长期聘用人员　5 000 借：加工物品——自制物品——间接费用　3 000 　贷：零余额账户用款额度——项目支出用款额度　3 000 （2）加工完成入库： 借：库存物品——材料　28 000 　贷：加工物品——自制物品——直接材料　20 000 　　加工物品——自制物品——直接人工　5 000 　　加工物品——自制物品——间接费用　3 000	支付其他费用： 借：事业支出——项目支出——商品服务支出——专用材料费　3 000 　贷：资金结存——零余额账户用款额度——项目支出用款额度　3 000

3. 委托加工的存货。

（1）财务会计：发给外单位加工的材料等，按照其实际成本，借记“加工物品”科目（委托加工物品），贷记“库存物品”科目；支付加工费、运输费等费用，按照实际支付的金额，借记“加工物品——委托加工物品”科目，贷记“零余额账户用款额度”“银行存款”等科目；委托加工完成的材料等验收入库，按照加工前发出材料的成本和加工、运输成本等，借记“库存物品”等科目，贷记“加工物品——委托加工物品”科目。

（2）预算会计：仅在委托加工过程中发生资金支出时做账务处理，借记“事业支出”等支出科目，贷记“资金结存”等科目。

【例 2－33】 2019 年 6 月 1 日，某气象局委托外单位加工的物品，委托加工前存货成本 70 000 元，委托加工费 5 000 元，从单位零余额项目资金支付；6 月底加工物品验收入库。具体会计分录如表 2－40 所示：

表 2－40

财务会计	预算会计
（1）转入加工： 借：加工物品——委托加工物品　70 000 　贷：库存物品——材料　70 000 借：加工物品——委托加工物品　5 000 　贷：零余额账户用款额度——项目支出用款额度　5 000 （2）加工完成入库： 借：库存物品——产成品　75 000 　贷：加工物品——委托加工物品　75 000	支付费用时： 借：事业支出——项目支出——商品服务支出——委托业务费　5 000 　贷：资金结存——零余额账户用款额度——项目支出用款额度　5 000

4. 通过置换取得的存货。

（1）财务会计：

①支付补价的，按照确定的成本（其成本按照换出资产的评估价值，加上支付的补价，加上为换入存货发生的其他相关支出确定），借记“库存物品”，按照换出资产的账面余额，贷记相关资产科目（换出资产为固定资产、无形资产的，还应当借记“固定资产累计折旧”“无形资产累计摊销”科目），按照支付的补价和置换过程中发生的其他相关支出，贷记“银行存款”等科目，按照借贷方差额，借记“资产处置费用”科目或贷记“其他收入”科目。

②收到补价的，按照确定的成本（其成本按照换出资产的评估价值，减去收到的补价，加上为换入存货发生的其他相关支出确定），借记“库存物品”，按照收到的补价，借记“银行存款”等科目，按照换出资产的账面余额，贷记相关资产科目（换出资产为固定资产、无形资产的，还应当借记“固定资产累计折旧”“无形资产累计摊销”科目），按照置换过程中发生的其他相关支出，贷记“银行存款”等科目，按照补价扣减其他相关支出后的净收入，贷记“应缴财政款”科目，按照借贷方差额，借记“资产处置费用”科目或贷记“其他收入”科目。

（2）预算会计：

①支付补价的，仅对置换过程中支付补价及其他支出涉及资金支出部分做账务处理，借记“其他支出”等支出科目，贷记“资金结存”等科目。

②收到补价的，其他支出大于收到的补价的，差额部分借记“其他支出”等支出科目，贷记“资金结存”等科目。其他支出小于收到补价的，需上缴财政部分借记“资金结存——货币资金”科目，贷记“资金结存——非预算内资金”科目。

【例 2－34】2019 年 6 月，某气象局用一批办公家具与 B 事业单位换入库存材料。经商定，B 单位向气象局支付 1 万元的交换差价（补价）；该家具的账面余额及市场评估价均为 100 000 元，已提折旧 40 000 元，运费为 3 000 元由该气象局从基本账户支付，交换完成，具体会计分录如表 2－41 所示：

表 2－41

财务会计	预算会计
（换入材料入账成本＝100 000＋3 000－10 000＝93 000）： 借：库存物品——材料 93 000 银行存款——基本账户存款 10 000 固定资产累计折旧——家具、用具、装具折旧 40 000 贷：固定资产——家具、用具、装具及动植物 100 000 银行存款——基本账户存款 3 000 应缴财政款——应缴国库款 7 000 其他收入——置换换出资产评估增值 33 000 借：累计盈余——非流动资产基金——固定资产 60 000 贷：累计盈余——中央财政拨款结转 60 000	（1）收到交换差价： 借：资金结存——货币资金——银行存款 10 000 贷：资金结存——非预算内资金 10 000 （2）支付运费： 借：资金结存——非预算内资金 3 000 贷：资金结存——货币资金——银行存款 3 000

5. 接受捐赠的存货。

（1）财务会计：按照确定的成本借记“库存物品”，按照发生的相关税费、运输费等，贷记“银行存款”等科目，按照其差额，贷记“捐赠收入”科目。接受捐赠的库存物品按照名义金额入账的，按照名义金额，借记“库存物品”，贷记“捐赠收入”科目；同时，按照发生的相关税费、运输费等，借记“其他费用”科目，贷记“银行存款”等科目。

（2）预算会计：按照支付的相关税费，借记“其他支出”，贷记“资金结存”等科目。

【例 2-35】2019 年 6 月，某气象局收到捐赠材料一批，价值 40 000 元，捐赠过程中发生运费 2 000 元，气象局通过银行转账支付。具体会计分录如表 2-42 所示：

表 2-42

财务会计	预算会计
借：库存物品——材料 42 000 　贷：银行存款——基本账户存款 2 000 　　捐赠收入 40 000	借：其他支出——非现金资产无偿流动税费支出 2 000 　贷：资金结存——货币资金——银行存款 2 000

6. 无偿调入的存货。

（1）财务会计：按照确定的成本借记“库存物品”，按照发生的相关税费、运输费等，贷记“银行存款”等科目，按照其差额，贷记“无偿调拨净资产”科目。

（2）预算会计：按照支付的相关税费，借记“其他支出”，贷记“资金结存”等科目。

【例 2-36】2019 年 6 月，某气象局收到上级无偿调入的探测器材，价值 50 000 元，从单位基本存款账户支付运费 2 000 元。具体会计处理如表 2-43 所示：

表 2-43

财务会计	预算会计
借：库存物品——材料 52 000 　贷：银行存款——基本账户存款 2 000 　　无偿调拨净资产——库存物品 50 000	借：其他支出——非现金资产无偿流动税费支出 2 000 　贷：资金结存——货币资金——银行存款 2 000

（二）存货发出的核算

1. 单位开展业务活动等领用、按照规定加工发出存货。

（1）财务会计：按照领用、出售等发出物品的实际成本，借记“业务活动费用”“单位管理费用”“经营费用”“加工物品”等科目，贷记“库存物品”。如果发出的存货是 2019 年 1 月 1 日前购置且已做支出未领用的，借记“累计盈余——非流动资产基金——库存物品”科目，贷记“库存物品”科目。

（2）预算会计不做账务处理。

【例2－37】 2019年6月，某气象局业务领用库存备件一批，价值40 000元，假定领用材料是2019年2月购置的。具体会计分录如表2－44所示：

表2－44

财务会计	预算会计
借：业务活动费用——商品和服务费用　40 000 　贷：库存物品——材料　40 000	—

2. 经批准对外出售的存货。

（1）财务会计：按照库存物品的账面余额，借记"资产处置费用"科目，贷记"库存物品"；同时，按照收到的价款，借记"银行存款"等科目，按照处置过程中发生的相关费用，贷记"银行存款"等科目，按照其差额，贷记"应缴财政款"科目。

（2）预算会计：由于出售库存物品收入需上缴国库，借记"资金结存——货币资金"科目，贷记"资金结存——非预算内资金"科目。

【例2－38】 2019年6月，某气象局经上级批准对外出售库存物品一批，价值100 000元，收到价款90 000元，出售过程中发生费用4 000元，该单位使用基本户资金支付。具体会计分录如表2－45所示：

表2－45

财务会计	预算会计
借：资产处置费用　100 000 　贷：库存物品——材料　100 000 借：银行存款——基本账户存款　90 000 　贷：银行存款——基本账户存款　4 000 　　应缴财政款　86 000	借：资金结存——货币资金——银行存款　90 000 　贷：资金结存——货币资金——银行存款　4 000 　　资金结存——非预算内资金　86 000

3. 经批准对外捐赠的存货。

（1）财务会计：按照库存物品的账面余额和对外捐赠过程中发生的归属于捐出方的相关费用合计数，借记"资产处置费用"科目，按照库存物品账面余额，贷记"库存物品"，按照对外捐赠过程中发生的归属于捐出方的相关费用，贷记"银行存款"等科目。

（2）预算会计：按照捐赠过程中支付的相关费用，借记"其他支出"，贷记"资金结存"等科目。

【例2－39】 2019年6月，某气象局经上级批准对某贫困地区捐赠材料一批，账面价值40 000元，该气象局承担相关费用1 000元，从单位基本户支出。具体会计分录如表2－46所示：

表 2－46

财务会计	预算会计
借：资产处置费用 41 000 贷：库存物品——材料 40 000 银行存款——基本账户存款 1 000	借：其他支出——非现金资产无偿流动税费支出 1 000 贷：资金结存——货币资金——银行存款 1 000

4. 经批准无偿调出的存货。

（1）财务会计：按照库存物品的账面余额，借记“无偿调拨净资产”科目，贷记“库存物品”；按照无偿调出过程中发生的归属于调出方的相关费用，借记“资产处置费用”科目，贷记“银行存款”等科目。

（2）预算会计：按照无偿调出过程中支付的相关税费，借记“其他支出”，贷记“资金结存”等科目。

【例 2－40】 2019 年 6 月，某气象局经批准无偿调拨材料（假设发出的存货是 2019 年 1 月 1 日前购置且已做支出未领用的）一批，账面价值 40 000 元，调拨过程中承担相关费用 2 000 元，从基本户资金支付。具体会计分录如表 2－47 所示：

表 2－47

财务会计	预算会计
借：无偿调拨净资产——库存物品 40 000 贷：库存物品——材料 40 000 借：累计盈余——非流动资产基金——库存物品 40 000 贷：无偿调拨净资产——库存物品 40 000 借：资产处置费用 2 000 贷：银行存款——基本账户存款 2 000	借：其他支出——非现金资产无偿流动税费支出 2 000 贷：资金结存——货币资金——银行存款 2 000

5. 经批准置换换出的存货，参照本科目有关置换换入存货的规定进行账务处理。

6. 购入存货退回。

（1）财务会计：因各种因素发生购货退回的，按照退回的金额，借记“零余额用款额度”（授权支付）/“财政拨款收入”（当年直接支付）/“财政应返还额度”（以前年度直接支付）、“银行存款”科目，贷记“库存物品”等科目。

（2）预算会计：按照退回金额，借记“资金结存”/“财政拨款预算收入”科目，负数冲“事业支出”（当年购入退回）/“财政拨款结转”“财政拨款结余”（以前年度购入退回）等科目。

四、存货清查的核算

对于发生的库存物品盘盈、盘亏或者报废、毁损，应当先计入“待处理财产损溢”

科目，按照规定报经批准后及时进行后续账务处理。

1. 盘盈的存货。

（1）财务会计：盘盈的存货，按照确定的入账成本，借记“库存物品”，贷记“待处理财产损溢”科目；按照规定报经批准后处理时，借记“待处理财产损溢”科目，借记（负数冲）“单位管理费用”或“业务活动费用”科目。

（2）预算会计不做账务处理。

【例2-41】 2019年7月，某气象局清查盘点存货，盘盈材料一批，价值5 000元，经核查为往年中央财政拨款项目经费购置。具体会计处理如表2-48所示：

表2-48

财务会计	预算会计
（1）盘盈时： 借：库存物品——材料　5 000 　贷：待处理财产损溢——待处理财产价值　5 000 （2）经批准处理时： 借：待处理财产损溢——待处理财产价值　5 000 借：业务活动费——商品和服务支出　-5 000	——

2. 盘亏或者毁损、报废的存货。

（1）财务会计：按照待处理存货的账面余额，借记“待处理财产损溢”科目，贷记“库存物品”。属于增值税一般纳税人的单位，若因非正常原因导致的库存物品盘亏或毁损，还应当将与该库存物品相关的增值税进项税额转出，按照其增值税进项税额，借记“待处理财产损溢”科目，贷记“应交增值税——应交税金（进项税额转出）”科目。报经批准处理时，借记“资产处置费用”科目，贷记“待处理财产损溢”科目（待处理财产价值）。

（2）预算会计不做账务处理。

【例2-42】 某气象局为增值税一般纳税人，2019年7月对存货进行盘点，盘亏材料一批，价值3 000元，相关增值税进项税额150元，经批准后对该批材料予以处置。具体会计分录如表2-49所示：

表2-49

财务会计	预算会计
（1）盘亏时： 借：待处理财产损溢——待处理财产价值　3 150 　贷：库存物品——材料　3 000 　　应交增值税——增值税（一般纳税人）——应交税金——进项税额转出　150 （2）处置时： 借：资产处置费用　3 150 　贷：待处理财产损溢——待处理财产价值　3 150	——

第六节 长期投资的核算

投资是指政府会计主体按规定以货币资金、实物资产、无形资产等方式形成的债权或股权投资。投资分为短期投资和长期投资。

长期投资是指政府会计主体取得的持有时间超过1年（不含1年）的投资。分为长期债权投资和长期股权投资。

一、管理要求

事业单位应当严格控制对外投资。在保证单位正常运转和事业发展的前提下，按照国家有关规定可以对外投资的，应当遵守中国气象局《关于印发气象部门国有资产使用和处置管理两个暂行办法的通知》（气发〔2010〕6号）要求，履行相关审批程序。事业单位不得使用财政拨款及其结余进行对外投资，不得从事股票、期货、基金、企业债券等投资，国家另有规定的除外。

事业单位以非货币性资产对外投资的，应当聘请具有相应资质的中介机构，对拟投资资产进行资产评估。资产评估事项按规定履行备案或核准手续。

各单位对外投资效益情况是审核新增对外投资事项时的重要参考依据，审批单位要严格控制对外投资效益低的单位的对外投资行为。对外投资取得的投资收益要全部纳入预算，统一核算，统一管理。上级主管部门应当加强事业单位国有资产对外投资的考核。事业单位应当建立和完善国有资产内控机制和保值增值机制，确保国有资产的安全完整，实现国有资产的保值增值。

二、核算要求

（一）长期债券投资

长期债券投资是核算事业单位按照规定取得的，持有时间超过1年（不含1年）的债券投资。本科目应当设置“成本”和“应计利息”明细科目，并按照债券投资的种类进行明细核算。本科目期末借方余额，反映事业单位持有的长期债券投资的价值。

应重点关注利息部分的核算。

1. 在取得时，实际支付价款中包含的已到付息期但尚未领取的债券利息，应当单独确认为应收利息，不计入长期债券投资的初始投资成本。

2. 持有期间，对于分期付息、一次还本的长期债券投资，应当将计算确定的应收未收利息确认为应收利息，计入投资收益；对于一次还本付息的长期债券投资，应当将计算确定的应收未收利息计入投资收益，并增加长期债券投资的账面余额。

按规定出售或到期收回长期债券投资，应当将实际收到的价款扣除长期债券投资账面余额和相关税费后的差额计入投资损益。

（二）长期股权投资

长期股权投资是核算事业单位按照规定取得的，持有时间超过 1 年（不含 1 年）的股权性质的投资。应当按照被投资单位和长期股权投资取得方式等进行明细核算。

应重点关注成本法及权益法的核算。

长期股权投资在持有期间，通常应当采用权益法进行核算。当政府会计主体无权决定被投资单位的财务和经营政策或无权参与被投资单位的财务和经营政策决策时，应当采用成本法进行核算。

成本法，是指投资按照投资成本计量的方法。在成本法下，长期股权投资的账面余额通常保持不变，但追加或收回投资时，应当相应调整其账面余额。

权益法，是指投资最初以投资成本计量，以后根据政府会计主体在被投资单位所享有的所有者权益份额的变动对投资的账面余额进行调整的方法。采用权益法核算的，还应当按照“成本”“损益调整”“其他权益变动”等设置明细科目，进行明细核算。

取得时成本的确定：

1. 以支付现金取得的长期股权投资，按照实际支付的全部价款（包括购买价款和相关税费）作为实际成本。

实际支付价款中包含的已宣告但尚未发放的现金股利，应当单独确认为应收股利，不计入长期股权投资初始投资成本。

2. 以现金以外的其他资产置换取得的长期股权投资，其成本按照换出资产的评估价值加上支付的补价或减去收到的补价，加上换入长期股权投资发生的其他相关支出确定。

3. 接受捐赠的长期股权投资，其成本按照有关凭据注明的金额加上相关税费确定；没有相关凭据可供取得，但按规定经过资产评估的，其成本按照评估价值加上相关税费确定；没有相关凭据可供取得、也未经资产评估的，其成本比照同类或类似资产的市场价格加上相关税费确定。

4. 无偿调入的长期股权投资，其成本按照调出方账面价值加上相关税费确定。

三、主要账务处理及举例

（一）长期债券投资

1. 长期债券投资的取得。

（1）财务会计：取得的长期债券投资，按照确定的投资成本，即按照其实际成本

（实际支付的全部价款，包括购买价款和相关税费）作为投资成本，借记“长期债券投资”科目，按照支付的价款中包含的已到付息期但尚未领取的利息，借记“应收利息”科目，按照实际支付的金额，贷记“银行存款”等科目，同时按照确定的投资成本，借记“累计盈余——非中央财政拨款结余——其他结余”科目，贷记“累计盈余——非流动资产基金——长期投资”科目。实际收到取得债券时所支付价款中包含的已到付息期但尚未领取的利息时，借“银行存款”科目，贷记“应收利息”科目。

（2）预算会计：按照实际支付的投资成本，借记“投资支出”，贷记“资金结存”，收到未领取的利息时，借记“资金结存”科目，贷记“投资支出”科目。

【例 2 -43】 2019 年 6 月 1 日，某气象局使用基本账户存款购买五年期国债 100 000 元，其中包含已到付息期尚未领取的利息 10 000 元。6 月 20 日收到投资时价款中包含的尚未领取的利息。具体会计处理如表 2 -50 所示：

表 2 -50

财务会计	预算会计
（1）取得投资： 借：长期债券投资——成本 90 000 应收利息 10 000 贷：银行存款——基本账户存款 100 000 借：累计盈余——非中央财政拨款结余——其他结余 90 000 贷：累计盈余——非流动资产基金——长期投资 90 000 （2）收到利息： 借：银行存款——基本账户存款 10 000 贷：应收利息 10 000	（1）取得投资： 借：投资支出 100 000 贷：资金结存——货币资金——银行存款 100 000 （2）收到利息： 借：资金结存——货币资金——银行存款 10 000 贷：投资支出 10 000

2. 长期债券投资持有期间按债券票面金额与票面利率计算确认利息收入。

（1）财务会计：分以下两种情况。

①如为到期一次还本付息的债券投资，借记“长期债券投资——应计利息”科目，贷记“投资收益”科目。同时借记“累计盈余——非中央财政拨款结余——其他结余”科目，贷记“累计盈余——非流动资产基金——长期投资”科目。

②如为分期付息、到期一次还本的债券投资，借记“应收利息”科目，贷记“投资收益”科目。收到分期支付的利息时，按照实收的金额，借记“银行存款”等科目，贷记“应收利息”科目。

（2）预算会计：在实际收到分期利息时，借记“资金结存”科目，贷记“投资预算收益”科目。

【例 2 -44】 某气象局 2019 年 1 月 1 日用银行存款 60 万元购买了 60 万元面值、3 年期国债，年利率为 5%，到期一次还本付息，另外用银行存款支付手续费等 2 000 元；2019 年年末计息。具体会计分录如表 2 -51 所示：

表2－51

财务会计	预算会计
（1）购买国债（成本＝600 000＋2 000＝602 000）： 借：长期债券投资——成本 602 000 贷：银行存款——基本账户存款 602 000 借：累计盈余——非中央财政拨款结余——其他结余 602 000 贷：累计盈余——非流动资产基金——长期投资 602 000 （2）年末计息（600 000×5%＝30 000）： 借：长期债券投资——应计利息 30 000 贷：投资收益 30 000 借：累计盈余——非中央财政拨款结余——其他结余 30 000 贷：累计盈余——非流动资产基金——长期投资 30 000	（1）购买国债（成本＝600 000＋2 000＝602 000） 借：投资支出 602 000 贷：资金结存——货币资金——银行存款 602 000 （2）计提利息时预算会计不做账务处理。

3. 长期债券投资到期收回。

（1）财务会计：按照实际收到的金额，借记“银行存款”科目，按照长期债券投资的账面余额，贷记“长期债券投资”科目，按照相关应收利息金额，贷记“应收利息”科目，按照其差额，贷记或借记“投资收益”科目。同时，长期债券投资的账面余额借记“累计盈余——非流动资产基金——长期投资”，贷记“累计盈余——非中央财政拨款结余——其他结余”科目。

（2）预算会计：按照实际收到的金额，借记“资金结存”科目，按照投资成本，贷记“投资支出”科目（本年投资）、“其他结余”科目（以前年度投资），差额贷记“投资预算收益”科目。

【例2－45】接【例2－44】，2021年末后国债到期兑付全部收回本息。收回本息时，具体会计分录如表2－52所示：

表2－52

财务会计	预算会计
收回本息：（60＋9＝69万元） 借：银行存款——基本账户存款 690 000 投资收益 2 000 贷：长期债券投资——成本 602 000 长期债券投资——应计利息 90 000 借：累计盈余——非流动资产基金——长期投资 692 000 贷：累计盈余——非中央财政拨款结余——其他结余 692 000	借：资金结存——货币资金—银行存款 690 000 贷：其他结余 602 000 投资预算收益 88 000

4. 长期债券投资对外出售。

（1）财务会计：按照实际收到的金额，借记“银行存款”科目，按照长期债券投资的账面余额，贷记“长期债券投资”科目，按照已记入“应收利息”科目但尚未收取的金额，贷记“应收利息”科目，按照其差额，贷记或借记“投资收益”科目。同时，按照长期债权投资的减少金额，借记“累计盈余——非流动资产基金——长期投资”，贷记“累计盈余——非中央财政拨款结余——其他结余”。

（2）预算会计：按实际收到的金额，借记“资金结存”科目，按照投资成本，贷记“投资支出”科目（本年投资）、“其他结余”科目（以前年度投资），差额贷记“投资预算收益”科目。

【例 2－46】某气象局 2019 年 1 月 1 日用银行存款 60 万元购买了 60 万元面值的 3 年期国债，年利率为 5%，到期一次还本付息，年末计息，3 年后将国债出售给外单位，价款 70 万元。出售时具体会计分录如表 2－53 所示：

表 2－53

财务会计	预算会计
借：银行存款——基本账户存款　700 000 　贷：长期债券投资——成本　600 000 　　长期债券投资——应计利息　90 000 　　投资收益　10 000 借：累计盈余——非流动资产基金——长期投资　690 000 　贷：累计盈余——非中央财政拨款结余——其他结余 　　690 000	借：资金结存——货币资金——银行存款 　　700 000 　贷：其他结余　600 000 　　投资预算收益　100 000

（二）长期股权投资

1. 长期股权投资的取得。（1）以现金方式取得。

①财务会计：按照确定的投资成本，借记“长期股权投资”科目，按照支付的价款中包含的已宣告但尚未发放的现金股利，借记“应收股利”科目，按照实际支付的全部价款，贷记“银行存款”等科目。同时，按照长期股权投资的成本，借记“累计盈余——非中央财政拨款结余——其他结余”，贷记“累计盈余——非流动资产基金——长期投资”。实际收到取得投资时所支付价款中包含的已宣告但尚未发放的现金股利时，借记“银行存款”科目，贷记“应收股利”科目。

②预算会计：按照取得长期股权投资实际支付的价款，借记“投资支出”，贷记“资金结存”科目，收到取得投资时所支付价款中包含的已宣告但尚未发放的现金股利时，借记“资金结存”，贷记“投资支出”。

【例 2－47】2019 年 6 月，某气象局以货币资金（基本账户存款）202 000 元投资某企业，价款中包括企业已宣告但尚未发放的现金股利 2 000 元，投资后该气象局占该被投资企业的股权比例为 50%，有权对其参与经营决策，使用权益法核算，一个月后该气象局收到已宣告但尚未发放的现金股利 2 000 元。具体会计处理如表 2－54 所示：

表 2-54

财务会计	预算会计
（1）投资时： 借：长期股权投资——权益法下长期股权投资——成本　200 000 　　应收股利　2 000 　　贷：银行存款——基本账户存款　202 000 借：累计盈余——非中央财政拨款结余——其他结余　200 000 　　贷：累计盈余——非流动资产基金——长期投资　200 000 （2）取得股利时： 借：银行存款——基本账户存款　2 000 　　贷：应收股利　2 000	（1）投资时： 借：投资支出　202 000 　　贷：资金结存——货币资金——银行存款　202 000 （2）取得股利时： 借：资金结存——货币资金——银行存款　2 000 　　贷：投资支出　2 000

（2）以现金以外的其他资产置换取得的长期股权投资。

成本按照换出资产的评估价值加上支付的补价或减去收到的补价，加上换入长期股权投资发生的其他相关支出确定。

①财务会计：借记“长期股权投资”，按照换出资产的账面余额，贷记相关资产科目（换出资产为固定资产、无形资产的，还应当借记“固定资产累计折旧”“无形资产累计摊销”科目），按照置换过程中发生的其他相关支出，贷记“银行存款”等科目，按照借贷方差额，借记“资产处置费用”科目或贷记“其他收入”科目。同时，按照长期股权投资成本，借记“累计盈余——非流动资产基金——固定资产”或“累计盈余——非中央财政拨款结余——其他结余”，贷记“累计盈余——非流动资产基金——长期投资”。

②预算会计：按照置换过程中发生的其他相关支出，借记“其他支出”，贷记“资金结存”。

【例 2-48】某气象局以一套专用设备向某一企业投资，该套专用设备的账面余额为 400 000 元，已提固定资产折旧 100 000 元，经评估该套设备评估价格（不含税）为 600 000 元，投资后该气象局占该被投资企业的股权比例为 20%，有权对其参与经营决策。具体会计分录如表 2-55 所示：

投资成本 = 600 000 元

表 2-55

财务会计	预算会计
借：长期股权投资——权益法下长期股权投资——成本　600 000 　　固定资产累计折旧——专用设备折旧　100 000 　　贷：固定资产——专用设备　400 000 　　　　其他收入——置换换出资产评估增值　300 000 借：累计盈余——非流动资产基金——固定资产　300 000 　　累计盈余——非中央财政拨款结余——其他结余　300 000 　　贷：累计盈余——非流动资产基金——长期投资　600 000	——

（3）以未入账的无形资产取得的长期股权投资。

按照评估价值加相关税费作为投资成本。

①财务会计：借记“长期股权投资”科目，按照发生的相关税费，贷记“银行存款”“其他应交税费”等科目，按其差额，贷记“其他收入”科目。同时，按照确定的投资成本，借记“累计盈余——非中央财政拨款结余——其他结余”科目，贷记“累计盈余——非流动资产基金——长期投资”科目。

②预算会计：按照发生的相关税费，借记“其他支出”，贷记“资金结存”。

【例2-49】2019年6月，某气象局以一项未入账的无形资产投资企业，经评估该无形资产价值60 000元，无权决定被投资单位的财务和经营政策，支付评估手续费1 000元，发生相关税费200元，具体会计分录如表2-56所示：

表2-56

财务会计	预算会计
借：长期股权投资——成本法下长期股权投资　61 200 　贷：银行存款——基本账户存款　1 000 　　其他应交税费——其他税费　200 　　其他收入　60 000 借：其他应交税费——其他税费　200 　贷：银行存款——基本账户存款　200 借：累计盈余——非中央财政拨款结余——其他结余　61 200 　贷：累计盈余——非流动资产基金——长期投资　61 200	借：其他支出——非现金资产无偿流动税费支出　1 200 　贷：资金结存——货币资金——银行存款　1 200

（4）接受捐赠的长期股权投资。

①财务会计：按照确定的投资成本，借记“长期股权投资”科目，按照发生的相关税费，贷记“银行存款”等科目，按照其差额，贷记“捐赠收入”科目。同时，按照确定的投资成本，借记“累计盈余——非中央财政拨款结余——其他结余”科目，贷记“累计盈余——非流动资产基金——长期投资”科目。

②预算会计：按照捐赠过程中发生的相关税费支出，借记“其他支出”，贷记“资金结存”。

【例2-50】2019年6月某气象局用捐赠物品一批投资企业，评估后价值50 000元，支付评估手续费1 000元，投资后该气象局占该被投资企业的股权比例为50%，有权对其参与经营决策，使用权益法核算，具体会计分录如表2-57所示：

表2-57

财务会计	预算会计
借：长期股权投资——权益法下长期股权投资——成本　51 000 　贷：银行存款——基本账户存款　1 000 　　捐赠收入　50 000 借：累计盈余——非中央财政拨款结余——其他结余　51 000 　贷：累计盈余——非流动资产基金——长期投资　51 000	借：其他支出——非现金资产无偿流动税费支出　1 000 　贷：资金结存——货币资金——银行存款　1 000

（5）无偿调入的长期股权投资。

①财务会计：借记“长期股权投资”科目，按照发生的相关税费，贷记“银行存款”等科目，按照其差额，贷记“无偿调拨净资产”科目。同时，借记“无偿调拨净资产”科目，贷记“累计盈余——非流动资产基金——长期投资”科目。

②预算会计：按照发生的相关税费，借记“其他支出”，贷记“资金结存”。

【例 2－51】 经上级批准，2019 年 6 月某市气象局接收从所属事业单位无偿调入的长期投资，价值 40 000 元，发生相关的税费 1 000 元，投资后所占股权比例较低，无权参与经营决策，使用成本法核算，具体会计分录如表 2－58 所示：

表 2－58

财务会计	预算会计
借：长期股权投资——成本法下长期股权投资　41 000 　贷：银行存款——基本账户存款　1 000 　　　无偿调拨净资产——长期投资　40 000 借：无偿调拨净资产——长期投资　40 000 　累计盈余——非中央财政拨款结余——其他结余　1 000 　贷：累计盈余——非流动资产基金——长期投资　41 000	借：其他支出——非现金资产无偿流动税费支出　1 000 　贷：资金结存——货币资金——银行存款　1 000

（二）长期股权投资持有期间

1. 采用成本法核算。

（1）财务会计：被投资单位宣告发放现金股利或利润时，按照应收的金额，借记“应收股利”科目，贷记“投资收益”科目。收到现金股利或利润时，按照实际收到的金额，借记“银行存款”等科目，贷记“应收股利”科目。

（2）预算会计：被投资单位宣告发放现金股利或利润时，不做账务处理。收到现金股利或利润时，按照实际收到的金额，借记“资金结存”，贷记“投资预算收益”。

【例 2－52】 某气象局对企业投资，使用成本法核算，2019 年 6 月，被投资企业宣告发放现金股利 30 000 元，并收到发放的现金股利。具体会计分录如表 2－59 所示：

表 2－59

财务会计	预算会计
（1）宣告发放现金股利时 借：应收股利　30 000 　贷：投资收益　30 000 （2）收到现金股利时 借：银行存款——基本账户存款　30 000 　贷：应收股利　30 000	收到现金股利时： 借：资金结存——货币资金——银行存款　30 000 　贷：投资预算收益　30 000

2. 采用权益法核算。

（1）财务会计：被投资单位实现净利润的，按照应享有的份额，借记“长期股权投资——损益调整”科目，贷记“投资收益”科目。同时，借记“累计盈余——非中央财政拨款结余——其他结余”科目，贷记“累计盈余——非流动资产基金——长期投资”科目。被投资单位发生净亏损的，按照应分担的份额，借记“投资收益”科目，贷记“长期股权投资——损益调整”科目，但以“长期股权投资”科目的账面余额减记至零为限，同时，借记“累计盈余——非流动资产基金——长期投资”科目，贷记“累计盈余——非中央财政拨款结余——其他结余”科目。发生亏损的被投资单位以后年度又实现净利润的，按照收益分享额弥补未确认的亏损分担额后的金额，借记“长期股权投资——损益调整”科目，贷记“投资收益”科目。同时借记“累计盈余——非中央财政拨款结余——其他结余”科目，贷记“累计盈余——非流动资产基金——长期投资”科目。被投资单位宣告分派现金股利或利润的，按照应享有的份额，借记“应收股利”科目，贷记“长期股权投资——损益调整”科目。同时借记“累计盈余——非流动资产基金——长期投资”科目，贷记“累计盈余——非中央财政拨款结余——其他结余”科目。被投资单位发生除净损益和利润分配以外的所有者权益变动的，按照应享有或应分担的份额，借记或贷记“权益法调整”科目，贷记或借记“长期股权投资——其他权益变动”科目。

（2）预算会计：被投资单位实现净利润或净亏损的，不做账务处理。收到被投资单位分派的现金股利或利润的，按照实际收到的金额借记“资金结存”，贷记“投资预算收益”。被投资单位发生除净损益和利润分配以外的所有者权益变动的，不做账务处理。

【例 2-53】某气象局投资的企业，占该被投资企业的股权比例为 20%，有权参与其经营决策，并按照股权比例享有净利润和其他所有者权益，使用权益法核算。投资后，2019 年被投资企业实现净利润 200 万元，2020 年实现净利润 100 万元且其他所有者权益增加 50 万元，2021 年实现净利润 250 万元并分配现金股利 200 万元。具体会计分录如表 2-60 所示：

表 2-60

财务会计	预算会计
（1）2019 年（享有净利润 40 万元）： 借：长期股权投资——权益法下长期股权投资——损益调整 400 000 　贷：投资收益 400 000 借：累计盈余——非中央财政拨款结余——其他结余 400 000 　贷：累计盈余——非流动资产基金——长期投资 400 000 （2）2020 年（享有净利润 20 万元，享有其他所有者权益 10 万元）： 借：长期股权投资——权益法下长期股权投资——损益调整 200 000 　——权益法下长期股权投资——其他权益变动 100 000 　贷：投资收益 200 000 　　权益法调整 100 000	借：资金结存——货币资金——银行存款 400 000 　贷：投资预算收益 400 000

续表

财务会计	预算会计
借：累计盈余——非中央财政拨款结余——其他结余 200 000 贷：累计盈余——非流动资产基金——长期投资 200 000 （3）2021年（享有净利润50万元，现金股利40万元）： 借：长期股权投资——权益法下长期股权投资——损益调整 500 000 贷：投资收益 500 000 借：累计盈余——非中央财政拨款结余——其他结余 500 000 贷：累计盈余——非流动资产基金——长期投资 500 000 宣告派发现金股利： 借：应收股利 400 000 贷：长期股权投资——权益法下长期股权投资——损益调整 400 000 借：累计盈余——非流动资产基金——长期投资 400 000 贷：累计盈余——非中央财政拨款结余——其他结余 400 000 收到现金股利： 借：银行存款——基本账户存款 400 000 贷：应收股利 400 000	

3. 成本法与权益法的转换。

（1）权益法改成本法。

①财务会计：单位因处置部分长期股权投资等原因，使处置后的剩余股权投资由权益法改按成本法核算的，应当按照权益法下长期股权投资科目账面余额作为成本法下长期股权投资科目账面余额（成本）。其后，被投资单位宣告分派现金股利或利润时，属于单位已计入投资账面余额的部分，按照应分得的现金股利或利润份额，借记“应收股利”科目，贷记“长期股权投资”科目。同时借记“累计盈余——非流动资产基金——长期投资”科目，贷记“累计盈余——非中央财政拨款结余——其他结余”科目。

②预算会计不做账务处理。

（2）成本法改为权益法。

①财务会计：单位因追加投资等原因对长期股权投资的核算从成本法改为权益法的，应当按照成本法下本科目账面余额与追加投资成本的合计金额，借记“长期股权投资——成本”科目，按照成本法下长期股权投资科目账面余额，贷记“长期股权投资”科目，按照追加投资的成本，贷记“银行存款”等科目。同时，按照追加的金额，借记“累计盈余——非中央财政拨款结余——其他结余”，贷记“累计盈余——非流动资产基金——长期投资”。

②预算会计：按照追加投资的金额，借记“投资支出”，贷记“资金结存”科目。

【例2－54】2019年7月，某气象局对投资企业追加投资资金150 000元，追加投资前采用成本法核算，投资成本60 000元，追加投资后有权参与被投资企业经营决策，改为权益法核算。具体会计分录如表2－61所示：

表 2－61

财务会计	预算会计
借：长期股权投资——权益法下长期股权投资——成本　210 000 　贷：长期股权投资——成本法下长期股权投资　60 000 　　银行存款——基本账户存款　150 000 借：累计盈余——非中央财政拨款结余——其他结余　150 000 　贷：累计盈余——非流动资产基金——长期投资　150 000	借：投资支出　150 000 　贷：资金结存——货币资金——银行存款　150 000

（三）按照规定报经批准处置长期股权投资

1. 出售（转让）长期股权投资。

（1）处置以现金取得的长期股权投资。

①财务会计：按照实际取得的价款，借记“银行存款”等科目，按照被处置长期股权投资的账面余额，贷记“长期股权投资”科目，按照尚未领取的现金股利或利润，贷记“应收股利”科目，按照发生的相关税费等支出，贷记“银行存款”等科目，按照借贷方差额，借记或贷记“投资收益”科目。同时，按照减少的长期股权投资，借记“累计盈余——非流动资产基金——长期投资”，贷记“累计盈余——非中央财政拨款结余——其他结余”。

②预算会计：按照取得价款扣减支付的相关税费，借记“资金结存”科目，贷记“投资支出”科目（本年投资）、“其他结余”（以前年度投资），差额贷记“投资预算收益”。

【例 2－55】2019 年 7 月，某气象局经批准处置以前年度以现金取得的长期股权投资（成本法核算），收回投资款 510 000 元，含尚未领取的现金股利 10 000 元，投资账面款 400 000 元。具体会计分录如表 2－62 所示：

表 2－62

财务会计	预算会计
借：银行存款——基本账户存款　510 000 　贷：长期股权投资——成本法下长期股权投资　400 000 　　应收股利　10 000 　　投资收益　100 000 借：累计盈余——非流动资产基金——长期投资　400 000 　贷：累计盈余——非中央财政拨款结余——其他结余　400 000	借：资金结存——货币资金——银行存款　510 000 　贷：其他结余　400 000 　　投资预算收益　110 000

（2）处置以现金以外的其他资产取得的长期股权投资。

①财务会计：按照被处置长期股权投资的账面余额，借记“资产处置费用”科目，贷记“长期股权投资”科目；同时，按照实际取得的价款，借记“银行存款”等科目，按照尚未领取的现金股利或利润，贷记“应收股利”科目，按照发生的相关税费等支出，贷记“银行存款”等科目，按照贷方差额，贷记“应缴财政款”科目。按照规定将处置时取得的投资收益纳入本单位预算管理的，应当按照所取得价款大于被处置长期股权投资账面余额、应收股利账面余额和相关税费支出合计的差额，贷记“投资收益”科目。同时借记“累计盈余——非流动资产基金——长期投资”，贷记“资产处置费用”科目。

②预算会计：按照规定处置净收入上缴财政的，按照应缴财政款的金额，借记“资金结存——货币资金”，贷记“资金结存——非预算内资金”；按照规定投资收益纳入单位预算管理的，以所取得价款大于被处置长期股权投资账面余额、应收股利账面余额和相关税费支出合计的差额，借记“资金结存”，贷记“投资预算收益”。

【例2－56】某气象局以专用设备投资某企业，投资成本200 000元，2019年7月经批准撤回投资，收回投资款300 000元，处置投资资产中的股权投资账面余额上缴财政，收益留归单位。具体会计分录如表2－63所示：

表2－63

财务会计	预算会计
借：资产处置费用 200 000 　贷：长期股权投资——成本法下长期股权投资 200 000 借：累计盈余——非流动资产基金——长期投资 200 000 　贷：资产处置费用 200 000 借：银行存款——基本账户存款 300 000 　贷：投资收益 100 000 　　应缴财政款——应缴国库款 200 000	借：资金结存——货币资金——银行存款 300 000 　贷：投资预算收益 100 000 　　资金结存——非预算内资金 200 000

2. 因被投资单位破产清算等原因发生长期股权投资损失。

①财务会计：有确凿证据表明长期股权投资发生损失，按照规定报经批准后予以核销时，按照予以核销的长期股权投资的账面余额，借记“资产处置费用”科目，贷记“长期股权投资”科目。同时，借记“累计盈余——非流动资产基金——长期投资”，贷记“资产处置费用”科目。

②预算会计不做账务处理。

【例2－57】2019年7月，某气象局对外投资的企业已宣告破产，对该企业投资按照成本法核算，资产清算后确认投资300 000元无法收回，经批准后该气象局核销此部分投资款。具体会计分录如表2－64所示：

表 2－64

财务会计	预算会计
借：资产处置费用　300 000 　贷：长期股权投资——成本法下长期股权投资　300 000 借：累计盈余——非流动资产基金——长期投资　300 000 　贷：资产处置费用　300 000	——

3. 置换转出长期股权投资。

①财务会计：置换取得的物品，其成本按照换出投资的评估价值，加上支付的补价或减去收到的补价，加上为换入发生的其他相关支出确定。借记“库存物品”“固定资产”等相关科目，按照换出投资的账面余额，贷记“长期股权投资”科目，按照置换过程中发生的其他相关支出，贷记“银行存款”等科目，按照借贷方差额，借记“资产处置费用”科目或贷记“其他收入”科目。同时，借记“累计盈余——非流动资产基金——长期投资”“累计盈余——非中央财政拨款结余——其他结余”科目，贷记“累计盈余——非流动资产基金——固定资产”“资产处置费用”等科目

②预算会计：按照置换过程中发生的其他相关支出，借记“其他支出”，贷记“资金结存”。具体账务处理可参照“库存物品”科目中置换换入库存物品的规定进行账务处理。

4. 采用权益法核算的长期股权投资的处置。

①财务会计：除进行上述账务处理外，还应结转原直接计入净资产的相关金额，借记或贷记“权益法调整”科目，贷记或借记“投资收益”科目。

②预算会计不做账务处理。

【例 2－58】2018 年，某气象局使用单位基本户资金对企业投资 1 000 000 元，占该被投资企业的股权比例为 20%。2019 年 6 月该企业其他所有者权益增加 500 000 元，按照投资比例气象局享有其他所有者权益 100 000 元，7 月经批准气象局撤回对企业投资，收回投资款 1 100 000 元，具体会计分录如表 2－65 所示：

表 2－65

财务会计	预算会计
（1）取得股权投资： 借：长期股权投资——权益法下长期股权投资——成本　1 000 000 　贷：银行存款——基本账户存款　1 000 000 借：累计盈余——非中央财政拨款结余——其他结余　1 000 000 　贷：累计盈余——非流动资产基金——长期投资　1 000 000 （2）享有被投资企业所有者权益 = 500 000 × 20% = 100 000 借：长期股权投资——权益法下长期股权投资——其他权益变动　100 000	（1）取得股权投资： 借：投资支出　1 000 000 　贷：资金结存——货币资金——银行存款　1 000 000 （2）被投资企业所有者权益增加： 预算会计不做处理。 （3）撤回投资： 借：资金结存——货币资金——银行存款　1 100 000 　贷：其他结余　1 000 000 　　投资预算收益　100 000

续表

财务会计	预算会计
贷：权益法调整 100 000 (3) 撤回投资： 借：银行存款——基本账户存款 1 100 000 贷：长期股权投资——权益法下长期股权投资——成本 1 000 000 长期股权投资——权益法下长期股权投资——其他权益变动 100 000 借：权益法调整 100 000 贷：投资收益 100 000 借：累计盈余——非流动资产基金——长期投资 1 000 000 贷：累计盈余——非中央财政拨款结余——其他结余 1 000 000	

第七节 固定资产的核算

固定资产是指政府会计主体为满足自身开展业务活动或其他活动需要而控制的，使用年限超过 1 年（不含 1 年）、单位价值在规定标准以上（价值在 1 000 元以上，专用设备在 1 500 元以上），并在使用过程中基本保持原有物质形态的资产，一般包括房屋及构筑物、专用设备、通用设备等。单位价值虽未达到规定标准，但是使用年限超过 1 年（不含 1 年）的大批同类物资，如图书、家具、用具、装具等，应当确认为固定资产。

一、管理要求

固定资产一般分为六类：房屋及构筑物；专用设备；通用设备；文物和陈列品；图书、档案；家具、用具、装具及动植物。

（一）固定资产确认的要求

固定资产同时满足下列条件的，应当予以确认：

（1）与该固定资产相关的服务潜力很可能实现或者经济利益很可能流入政府会计主体；

（2）该固定资产的成本或者价值能够可靠地计量。

固定资产确认时的注意事项：

1. 通常情况下，购入、换入、接受捐赠、无偿调入不需安装的固定资产，在固定资产验收合格时确认；购入、换入、接受捐赠、无偿调入需要安装的固定资产，应当先通过“在建工程”科目核算，在固定资产安装完成交付使用时确认；自行建造、改建、扩建的固定资产，在建造完成交付使用时确认。

2. 以借入、经营租赁租入方式取得的固定资产，不通过“固定资产”科目核算，应当设置备查簿进行登记。采用融资租入方式取得的固定资产，通过“固定资产”科目核算。

3. 确认固定资产时，应当考虑以下情况：

（1）固定资产的各组成部分具有不同使用年限或者以不同方式为单位主体实现服务潜力或提供经济利益，适用不同折旧率或折旧方法且可以分别确定各自原价的，应当分别将各组成部分确认为单项固定资产。

（2）应用软件构成相关硬件不可缺少的组成部分的，应当将该软件的价值包括在所属的硬件价值中，一并确认为固定资产；不构成相关硬件不可缺少的组成部分的，应当将该软件确认为无形资产。

（3）购建房屋及构筑物时，不能分清购建成本中的房屋及构筑物部分与土地使用权部分的，应当全部确认为固定资产；能够分清购建成本中的房屋及构筑物部分与土地使用权部分的，应当将其中的房屋及构筑物部分确认为固定资产，将其中的土地使用权部分确认为无形资产。

4. 固定资产在使用过程中发生的后续支出，符合固定资产确认依据条件的，应当计入固定资产成本；不符合固定资产确认依据条件的，应当在发生时计入当期费用或者相关资产成本。

将发生的固定资产后续支出计入固定资产成本的，应当同时从固定资产账面价值中扣除被替换部分的账面价值。

按照中国气象局《关于印发气象部门国有资产使用和处置管理两个暂行办法的通知》（气发〔2010〕6号）要求，各单位国有资产自用管理应本着实物量和价值量并重的原则，定期清查实物资产，完善资产管理账表及有关资料，做到账账、账卡、账实相符，并对资产丢失、毁损等情况实行责任追究制度。各单位要建立健全自用资产的验收、领用、使用、保管和维护等管理流程，并加强监督检查和绩效考评。各单位实物资产管理部门对购置、接受捐赠、无偿划拨等方式获得的资产应及时办理验收入库手续；自建资产应及时办理竣工验收、竣工财务决算，并按要求办理资产移交、产权登记。

（二）固定资产计提折旧的要求

政府会计主体应当对固定资产计提折旧，折旧是指在固定资产的预计使用年限内，按照确定的方法对应计的折旧额进行系统分摊。固定资产应计的折旧额为其成本，计提固定资产折旧时不考虑预计净残值。

1. 计提的范围。

气象部门应当对除下列各项固定资产外的其他固定资产计提折旧：

（1）文物和陈列品；

（2）动植物；

（3）图书、档案；

（4）单独计价入账的土地；

（5）以名义金额计量的固定资产。

2. 折旧计提要求。

（1）气象部门根据相关规定以及固定资产的性质和使用情况，合理确定固定资产的使用年限，统一下发后执行。

（2）固定资产的使用年限一经确定，不得随意变更。

（3）气象部门采用年限平均法计提固定资产折旧。应当按月计提固定资产折旧，当月增加的固定资产当月开始计提折旧，当月减少的固定资产当月不再计提折旧。

（4）应当对暂估入账的固定资产计提折旧，实际成本确定后不需调整原已计提的折旧额。

（5）固定资产提足折旧后，无论能否继续使用，均不再计提折旧；提前报废的固定资产，也不再补提折旧。已提足折旧的固定资产，可以继续使用的，应当继续使用，规范实物管理。

（6）固定资产因改建、扩建或修缮等原因而延长其使用年限的，应当按照重新确定的固定资产的成本以及重新确定的折旧年限计算折旧额。

（7）单位计提融资租入固定资产折旧时，应当采用与自有固定资产相一致的折旧政策。能够合理确定租赁期届满时将会取得租入固定资产所有权的，应当在租入固定资产尚可使用年限内计提折旧；无法合理确定租赁期届满时能够取得租入固定资产所有权的，应当在租赁期与租入固定资产尚可使用年限两者中较短的期间内计提折旧。

二、核算要求

核算时注意取得固定资产时的成本计量。

1. 外购的固定资产。

其成本包括购买价款、相关税费以及固定资产交付使用前所发生的可归属于该项资产的运输费、装卸费、安装费和专业人员服务费等。以一笔款项购入多项没有单独标价的固定资产，应当按照各项固定资产同类或类似资产市场价格的比例对总成本进行分配，分别确定各项固定资产的成本。

2. 自行建造的固定资产。

其成本包括该项资产至交付使用前所发生的全部必要支出。在原有固定资产基础上进行改建、扩建、修缮后的固定资产，其成本按照原固定资产账面价值加上改建、扩建、修缮发生的支出，再扣除固定资产被替换部分的账面价值后的金额确定。为建造固定资产借入的专门借款的利息，属于建设期间发生的，计入在建工程成本；不属于建设期间发生的，计入当期费用。已交付使用但尚未办理竣工决算手续的固定资产，应当按照估计价值入账，待办理竣工决算后再按实际成本调整原来的暂估价值。

3. 置换取得的固定资产。

其成本按照换出资产的评估价值加上支付的补价或减去收到的补价，加上换入固定资产发生的其他相关支出确定。

4. 接受捐赠的固定资产。

其成本按照有关凭据注明的金额加上相关税费、运输费等确定；没有相关凭据可供取得，但按规定经过资产评估的，其成本按照评估价值加上相关税费、运输费等确定；没有相关凭据可供取得、也未经资产评估的，其成本比照同类或类似资产的市场价格加上相关税费、运输费等确定；没有相关凭据且未经资产评估、同类或类似资产的市场价格也无法可靠取得的，经批准按照名义金额入账，相关税费、运输费等计入当期费用。如受赠的系旧的固定资产，在确定其初始入账成本时应当考虑该项资产的新旧程度。

5. 无偿调入的固定资产。

其成本按照调出方账面价值加上相关税费、运输费等确定。

6. 盘盈的固定资产。

可以准确获取资产初始购置或建造成本及相关费用的，按初始购置或建造成本及相关费用计量，无法准确获取资产初始购置或建造成本及相关费用的，按公允价值计量，即资产按照市场参与者在计量日发生的有序交易中，出售资产所能收到的价格计量。如果无法采用上述计量属性的，经批准采用名义金额（即人民币1元）计量。

三、主要账务处理及举例

（一）取得固定资产的核算

1. 购入的固定资产。

（1）购入不需安装的固定资产。

①财务会计：验收合格时，按照确定的固定资产成本，借记“固定资产”科目，贷记“财政拨款收入”“零余额账户用款额度”“应付账款”“银行存款”等科目。同时，借记“累计盈余——中央财政拨款结转”“累计盈余——非中央财政拨款结转”“累计盈余——非中央财政拨款结余”等科目，贷记“累计盈余——非流动资产基金——固定资产”科目。

②预算会计：按照购置固定资产时实际资金支出数，借记“事业支出”等支出科目，贷记“资金结存”“财政拨款预算收入”科目。

（2）购入需要安装的固定资产。

①财务会计：在安装完毕交付使用前通过“在建工程”科目核算，同时借记“累计盈余——中央财政拨款结转”“累计盈余——非中央财政拨款结转”“累计盈余——非中央财政拨款结余”等科目，贷记“累计盈余——非流动资产基金——在建工程”科目。安装完毕交付使用时再转入“固定资产”科目。同时借记“累计盈余——非流动资产基金——在建工程”科目，贷记“累计盈余——非流动资产基金——固定资产”科目。

②预算会计：按照购置固定资产时实际资金支出数，借记“事业支出”等支出科目，贷记“资金结存”“财政拨款预算收入”科目。

（3）购入固定资产扣留质量保证金。

①财务会计：应当在取得固定资产时，按照确定的固定资产成本，借记“固定资产”科目（不需安装）或“在建工程”科目（需要安装），按照实际支付或应付的金额，贷记“财政拨款收入”“零余额账户用款额度”“应付账款”（不含质量保证金）、“银行存款”等科目，按照扣留的质量保证金数额，贷记“其他应付款”（扣留期在 1 年以内，含 1 年），或“长期应付款”（扣留期超过 1 年）科目。质保期满支付质量保证金时，借记“其他应付款”“长期应付款”科目，贷记“财政拨款收入”“零余额账户用款额度”“银行存款”等科目。在取得固定资产的同时，按照确定的固定资产成本，借记“累计盈余——中央财政拨款结转”“累计盈余——非中央财政拨款结转”“累计盈余——非中央财政拨款结余”等科目，贷记“累计盈余——非流动资产基金——固定资产”科目。

②预算会计：按照实际支付的金额，借记“事业支出”等支出科目，贷记“资金结存”“财政拨款预算收入”科目。

【例 2－59】 2019 年 6 月，某气象局通过单位基本账户（自有资金）银行转账支付购买一套专用设备用于专业业务活动，全部价款为 60 万元，6 月 1 日签订合同后支付第一笔货款 10 万元；6 月 30 日该设备验收时支付剩余货款，设备无需安装即可投入使用；该单位收到设备并支付扣除质量保证金 3 万元（质保期 1 年）后的剩余货款，当月计提折旧 5 000 元；2020 年达到保质期后支付了 3 万元质量保证金。具体会计分录如表 2－66 所示：

表 2－66

财务会计	预算会计
（1）6 月 1 日预付第一笔款： 借：预付账款——其他预付款　100 000 　贷：银行存款——基本账户存款　100 000 （2）6 月 30 日设备入库支付剩余货款： 借：固定资产——专用设备　600 000 　贷：银行存款——基本账户存款　470 000 　　预付账款——其他预付款　100 000 　　其他应付款——其他　30 000 借：累计盈余——非中央财政拨款结余——其他结余　600 000 　贷：累计盈余——非流动资产基金——固定资产　600 000 借：业务活动费用——固定资产折旧费　5 000 　贷：固定资产累计折旧——专用设备折旧　5 000 （3）2020 年后支付质保金： 借：其他应付款——其他　30 000 　贷：银行存款——基本账户存款　30 000	（1）6 月 1 日预付第一笔款： 借：事业支出——项目支出——资本性支出——专用设备购置　100 000 　贷：资金结存——货币资金——银行存款　100 000 （2）6 月 30 日设备入库支付剩余货款： 借：事业支出——项目支出——资本性支出——专用设备购置　470 000 　贷：资金结存——货币资金——银行存款　470 000 （3）2020 年后支付质保金： 借：事业支出——项目支出——资本性支出——专用设备购置　30 000 　贷：资金结存——货币资金——银行存款　30 000

2. 自行建造的固定资产。

（1）财务会计：自行建造的固定资产交付使用时，按照在建工程成本，借记“固定资产”科目，贷记“在建工程”科目。同时借记“累计盈余——非流动资产基金——在建工程”科目，贷记“累计盈余——非流动资产基金——固定资产”科目。

（2）预算会计不做账务处理。

【例2-60】2019年6月，某气象局自行建造的车库已完成竣工验收，资产交付使用，成本70 000元。具体会计分录如表2-67所示：

表2-67

财务会计	预算会计
借：固定资产——房屋及构筑物 70 000 贷：在建工程——建筑安装工程投资——建筑工程投资——房屋建筑物构建 70 000 借：累计盈余——非流动资产基金——在建工程 70 000 贷：累计盈余——非流动资产基金——固定资产 70 000	—

3. 融资租赁取得的固定资产。

（1）财务会计：融资租入的固定资产，按照确定的成本，借记“固定资产”科目（不需安装）或“在建工程”科目（需安装），按照租赁协议或者合同确定的租赁付款额，贷记“长期应付款”科目，按照支付的运输费、途中保险费、安装调试费等金额，贷记“财政拨款收入”“零余额账户用款额度”“银行存款”等科目。定期支付租金时，按照实际支付金额，借记“长期应付款”科目，贷记“财政拨款收入”“零余额账户用款额度”“银行存款”等科目。在取得固定资产的同时，按照确定的固定资产成本，借记“累计盈余——中央财政拨款结转”“累计盈余——非中央财政拨款结转”“累计盈余——非中央财政拨款结余”等科目，贷记“累计盈余——非流动资产基金——固定资产”科目。

按照规定跨年度分期付款购入固定资产的账务处理，参照融资租入固定资产。

（2）预算会计：在租入时如果发生运输费、途中保险费、安装调试费等费用，借记“事业支出”等支出科目，贷记“资金结存”等科目，否则不做账务处理，在支付租金时，借记“事业支出”等支出科目，贷记“资金结存”等科目。

【例2-61】2019年6月，某研究所融资租入大型专业设备一台，租赁价1 000 000元，不需要安装，租赁期10年，每年从单位基本户（自有资金）支付100 000元（2019年6月支付第一笔），具体会计分录如表2-68所示：

表2-68

财务会计	预算会计
（1）租入时： 借：固定资产——专用设备 1 000 000 贷：长期应付款 1 000 000 借：累计盈余——非中央财政拨款结余——其他结余 1 000 000 贷：累计盈余——非流动资产基金——固定资产 1 000 000 （2）每年支付租金时： 借：长期应付款 100 000 贷：银行存款——基本账户存款 100 000	（1）租入时： 没有相关现金流出，不做账务处理。 （2）每年支付租金时： 借：事业支出——项目支出——资本性支出——专用设备购置 100 000 贷：资金结存——货币资金——银行存款 100 000

4. 接受捐赠的固定资产。

（1）财务会计：按照确定的固定资产成本，借记“固定资产”科目（不需安装）或“在建工程”科目（需安装），按照发生的相关税费、运输费等，贷记“零余额账户用款额度”“银行存款”等科目，按照其差额，贷记“捐赠收入”科目。同时，按照确定的固定资产成本，借记“累计盈余——非中央财政拨款结余——其他结余”科目。贷记“累计盈余——非流动资产基金——固定资产”科目。

接受捐赠的固定资产经批准按照名义金额入账的，按照名义金额，借记“固定资产”科目，贷记“捐赠收入”科目；同时，按照名义金额，借记“累计盈余——非中央财政拨款结余——其他结余”科目，贷记“累计盈余——非流动资产基金——固定资产”科目；捐赠中发生的相关税费、运输费等，借记“其他费用”科目，贷记“零余额账户用款额度”“银行存款”等科目。

（2）预算会计：按照发生的相关税费、运输费等金额，借记“其他支出”科目，贷记“资金结存”等科目。

【例2-62】2019年6月，某气象局接收外单位捐赠电脑一台，对方单位凭证记载价值6 000元，发生运费400元，从单位基本账户支付，具体会计分录如表2-69所示：

表2-69

财务会计	预算会计
借：固定资产——通用设备 6 400 　贷：银行存款——基本账户存款 400 　　捐赠收入 6 000 借：累计盈余——非中央财政拨款结余——其他结余 6 400 　贷：累计盈余——非流动资产基金——固定资产 6 400	借：其他支出——非现金资产无偿流动税费支出 400 　贷：资金结存——货币资金——银行存款 400

5. 无偿调入的固定资产。

（1）财务会计：按照确定的固定资产成本，借记“固定资产”科目（不需安装）或“在建工程”科目（需安装），按照发生的相关税费、运输费等，贷记“零余额账户用款额度”“银行存款”等科目，按照其差额，贷记“无偿调拨净资产”科目。同时，按照确定的固定资产成本，借记“无偿调拨净资产”科目，贷记“累计盈余——非流动资产基金——固定资产”科目。

（2）预算会计：按照发生的相关税费、运输费等金额，借记“其他支出”科目，贷记“资金结存”等科目。

【例2-63】2019年6月，某气象局接收省局无偿拨入计算机一台，价值8 000元，具体会计分录如表2-70所示：

表 2－70

财务会计	预算会计
借：固定资产——通用设备　8 000 　贷：无偿调拨净资产——固定资产　8 000 借：无偿调拨净资产——固定资产　8 000 　贷：累计盈余——非流动资产基金——固定资产　8 000	——

6. 置换取得的固定资产。

（1）财务会计：置换取得的固定资产，按照确定的成本，借记“固定资产”科目，按照换出资产的账面余额，贷记相关资产科目（换出资产为固定资产、无形资产的，还应当借记“固定资产累计折旧”“无形资产累计摊销”科目），按照置换过程中发生的其他相关支出，贷记“银行存款”等科目，按照借贷方差额，借记“资产处置费用”科目或贷记“其他收入”科目。同时，借记“累计盈余——非中央财政拨款结余”“累计盈余——中央财政拨款结转”“累计盈余——非中央财政拨款结转”“累计盈余——非流动资产基金”，贷记“累计盈余——非流动资产基金——固定资产”科目。

（2）预算会计：按照实际支付的其他相关支出，借记“其他支出”等科目，贷记“资金结存”等科目。

【例 2－64】 某气象局使用库存材料置换专用设备一台，材料账面价值 40 000 元（使用自有资金购买），市场估价 50 000 元，该气象局支付补价 10 000 元，使用单位基本户支付。具体会计分录如表 2－71 所示：

表 2－71

财务会计	预算会计
借：固定资产——专用设备　60 000 　贷：银行存款——基本账户存款　10 000 　　库存物品——材料　40 000 　　其他收入——置换换出资产评估增值　10 000 借：累计盈余——非中央财政拨款结余——其他结余 　60 000 　贷：累计盈余——非流动资产基金——固定资产　60 000	借：其他支出——资产置换税费支出 　10 000 　贷：资金结存——货币资金——银行存款 　10 000

二、固定资产的折旧

按月计提固定资产折旧。

（1）财务会计：按照应计提折旧金额，借记“业务活动费用”“单位管理费用”等科目，贷记“固定资产累计折旧”科目。年末，借记“累计盈余——非流动资产基金——固定资产”，贷记“业务活动费用”“单位管理费用”下折旧明细科目。

（2）预算会计不做账务处理。

【例 2 - 65】某气象局（后勤管理）购入电脑一台，价值 7 200 元，按照 6 年计提折旧，2019 年 6 月计提折旧 100 元，按月计提折旧的具体会计分录如表 2 - 72 所示：

表 2 - 72

财务会计	预算会计
借：单位管理费用——固定资产折旧费 100 贷：固定资产累计折旧——通用设备折旧 100 年末共计提折旧 700 元。 借：累计盈余——非流动资产基金——固定资产 700 贷：单位管理费用——固定资产折旧费 700	——

三、固定资产后续支出

1. 符合固定资产确认条件的后续支出。

（1）将固定资产转入改建、扩建。

①财务会计：按照固定资产的账面价值，借记“在建工程”科目，按照固定资产已计提折旧，借记“固定资产累计折旧”科目，按照固定资产的账面余额，贷记“固定资产”科目。同时，按照固定资产的账面价值，借记“累计盈余——非流动资产基金——固定资产”，贷记“累计盈余——非流动资产基金——在建工程”科目。

②预算会计不做账务处理。

（2）增加固定资产使用效能或延长其使用年限而发生的改建、扩建等后续支出

①财务会计：借记“在建工程”科目，贷记“财政拨款收入”“零余额账户用款额度”“银行存款”等科目。同时，借记“累计盈余——中央财政拨款结转”“累计盈余——非中央财政拨款结转”“累计盈余——非中央财政拨款结余”，贷记“累计盈余——非流动资产基金——在建工程”科目。

②预算会计：按照实际支付的金额，借记“事业支出”等支出科目，贷记“资金结存”等科目。

（3）固定资产改建、扩建等完成交付使用。

①财务会计：按照在建工程成本，借记“固定资产”科目，贷记“在建工程”科目。同时，借记“累计盈余——非流动资产基金——在建工程”，贷记“累计盈余——非流动资产基金——固定资产”。

②预算会计不做账务处理。

【例 2 - 66】2019 年 6 月，某气象局将库房扩建加高一层，该库房价值 10 万元，已提折旧 4 万元，7 月扩建支出 7 万元，使用财政项目经费列支，10 月完工后交付使用。具体会计分录如表 2 - 73 所示：

表 2－73

财务会计	预算会计
（1）将库房转入在建： 借：在建工程——建筑安装工程投资——建筑工程投资——房屋建筑物构建 60 000 固定资产累计折旧——房屋及构筑物折旧 40 000 贷：固定资产——房屋及构筑物 100 000 借：累计盈余——非流动资产基金——固定资产 60 000 贷：累计盈余——非流动资产基金——在建工程 60 000 （2）支付扩建款： 借：在建工程——建筑安装工程投资——建筑工程投资——房屋建筑物构建 70 000 贷：零余额账户用款额度——项目支出用款额度 70 000 借：累计盈余——中央财政拨款结转 70 000 贷：累计盈余——非流动资产基金——在建工程 70 000 （3）交付使用： 借：固定资产——房屋及构筑物 130 000 贷：在建工程——建筑安装工程投资——建筑工程投资——房屋建筑物构建 130 000 借：累计盈余——非流动资产基金——在建工程 130 000 贷：累计盈余——非流动资产基金——固定资产 130 000	借：事业支出——项目支出——资本性支出（基本建设）——房屋建筑物购建 70 000 贷：资金结存——零余额账户用款额度——项目支出用款额度 70 000

2. 不符合固定资产确认条件的后续支出。

（1）财务会计：为保证固定资产正常使用发生的日常维修等支出，借记“业务活动费用”“单位管理费用”等科目，贷记“财政拨款收入”“零余额账户用款额度”“银行存款”等科目。

（2）预算会计：按照实际支付的金额，借记“事业支出”等支出科目，贷记“资金结存”等科目。

【例 2－67】 2019 年 6 月，某气象局（后勤部门）对电梯进行日常维修，维修费 17 000 元，从零余额经费列支，具体会计分录如表 2－74 所示：

表 2－74

财务会计	预算会计
借：单位管理费——商品和服务费用 17 000 贷：零余额账户用款额度——基本支出用款额度 17 000	借：事业支出——基本支出——商品和服务支出——维修费 17 000 贷：资金结存——零余额账户用款额度——基本支出用款额度 17 000

四、固定资产减少的核算

1. 报经批准出售、转让固定资产。

（1）财务会计：按照被出售、转让固定资产的账面价值，借记“资产处置费用”科目，按照固定资产已计提的折旧，借记“固定资产累计折旧”科目，按照固定资产账面余额，贷记“固定资产”科目；同时，按照收到的价款，借记“银行存款”等科目，按照处置过程中发生的相关费用，贷记“银行存款”等科目，按照其差额，贷记“应缴财政款”科目。同时，按照被出售、转让固定资产的账面价值，借记“累计盈余——非流动资产基金——固定资产”，贷记“资产处置费用”科目。

（2）预算会计按照收到的价款扣减相关费用需上缴财政的金额，借记“资金结存——货币资金”科目，贷记“资金结存——非预算内资金”科目。

【例 2－68】某气象局经有关部门批准有偿转让不再使用的专用设备一台，该设备为中央财政拨款项目资金购置，原值为 120 万元，已经计提折旧 40 万元；按照评估价格出售，获得出售价款 90 万元；支付有关拆卸费、运输费 5 000 元；将出售该设备的净收入上缴国库。具体会计分录如表 2－75 所示：

表 2－75

财务会计	预算会计
（1）注销设备账面余额： 借：资产处置费用　　800 000 　　固定资产累计折旧——专用设备折旧　　400 000 　　贷：固定资产——专用设备　　1 200 000 借：累计盈余——非流动资产基金——固定资产　　800 000 　　贷：资产处置费用　　800 000 （2）收到出售收入（90 万元）： 借：银行存款——基本账户存款　　900 000 　　贷：应缴财政款——应缴国库款　　900 000 （3）支付拆卸费用等（5 000 元）： 借：应缴财政款——应缴国库款　　5 000 　　贷：银行存款——基本账户存款　　5 000 （4）将出售设备净收入上缴国库： 借：应缴财政款——应缴国库款　　895 000 　　贷：银行存款——基本账户存款　　895 000	收到处置款（扣除费用后） 借：资金结存——货币资金——银行存款　　895 000 　　贷：资金结存——非预算内资金　　895 000 上缴国库 借：资金结存——非预算内资金　　895 000 　　贷：资金结存——货币资金——银行存款　　895 000

2. 报经批准对外捐赠固定资产。

（1）财务会计：按照固定资产已计提的折旧，借记“固定资产累计折旧”科目，按照被处置固定资产账面余额，贷记“固定资产”科目，按照捐赠过程中发生的归属于捐出方的相关费用，贷记“银行存款”等科目，按照其差额，借记“资产处置费用”科目。同时，按照对外捐赠固定资产的账面价值，借记“累计盈余——非流动资产基金——固定资产”，贷记“资产处置费用”科目。

（2）预算会计：按照捐赠过程中发生的归属于捐出方的相关费用，借记“其他支出”科目，贷记“资金结存”科目。

【例 2－69】某培训中心经批准向贫困地区某小学捐赠一批电脑，该批电脑为自有资金购置，固定资产原价为 50 万元，累计折旧为 20 万元，该单位还通过银行转账支付运费 5 000 元，具体会计分录如表 2－76 所示：

表 2-76

财务会计		预算会计
借：资产处置费用　　305 000 　固定资产累计折旧——通用设备折旧　　200 000 　贷：固定资产——通用设备　　500 000 　　银行存款——基本账户存款　　5 000 借：累计盈余——非流动资产基金——固定资产　　300 000 　贷：资产处置费用　　300 000		借：其他支出——非现金资产无偿流动税费支出　　5 000 　贷：资金结存——货币资金——银行存款　　5 000

3. 报经批准无偿调出固定资产。

（1）财务会计：按照固定资产已计提的折旧，借记“固定资产累计折旧”科目，按照被处置固定资产账面余额，贷记“固定资产”科目，按照其差额，借记“无偿调拨净资产”科目；同时，按照无偿调出过程中发生的归属于调出方的相关费用，借记“资产处置费用”科目，贷记“银行存款”等科目。同时，按照固定资产账面价值，借记“累计盈余——非流动资产基金——固定资产”科目，贷记“无偿调拨净资产”科目。

（2）预算会计：按照无偿调出过程中发生的归属于调出方的相关费用，借记“其他支出”科目，贷记“资金结存”科目。

【例 2-70】2019 年 6 月，某省局经批准向市级单位无偿调拨专用设备一台，价值 20 万元，已提折旧 1 万元，调出过程中，省局支付运输费 5 000 元，从单位基本户列支。省局具体会计分录如表 2-77 所示：

表 2-77

财务会计	预算会计
借：无偿调拨净资产——固定资产　　190 000 　固定资产累计折旧——专用设备折旧　　10 000 　贷：固定资产——专用设备　　200 000 借：累计盈余——非流动资产基金——固定资产　　190 000 　贷：无偿调拨净资产——固定资产　　190 000 借：资产处置费用　　5 000 　贷：银行存款——基本账户存款　　5 000	借：其他支出——非现金资产无偿流动税费支出　　5 000 　贷：资金结存——货币资金—银行存款　　5 000

4. 报经批准置换换出固定资产。

（1）财务会计：按照确定的成本，借记相关资产科目，按照换出资产的账面余额，贷记“固定资产”科目，借记“固定资产累计折旧”科目，按照置换过程中发生的其他相关支出，贷记“银行存款”等科目，按照借贷方差额，借记“资产处置费用”科目或贷记“其他收入”科目；同时，借记“累计盈余——非流动资产基金——固定资产”科目，贷记“资产处置费用”“累计盈余——非流动资产基金”等科目。如果涉及补价的，可参照存货置换的账务处理。

（2）预算会计：按照置换过程中发生的其他相关支出，借记“其他支出”科目，贷记“资金结存”科目。

五、固定资产的盘点清查

1. 盘盈的固定资产。

（1）财务会计：按照确定的入账成本，借记“固定资产”科目，贷记“待处理财产损溢”科目。按照规定报经批准后处理时，对于盘盈的固定资产，如属于本年度取得的，按照当年新取得相关资产进行账务处理；如属于以前年度取得的，按照前期差错处理，借记“待处理财产损溢”科目，贷记“以前年度盈余调整”科目。同时，借记“以前年度盈余调整”，贷记“累计盈余——非流动资产基金——固定资产”科目。

（2）预算会计不做账务处理。

【例 2－71】 2019 年年末，某气象局对资产清查情况如下，盘盈以前年度取得的电动工具两件，其重置成本为 2 500 元/件，经批准后进行账务处理。具体会计分录如表 2－78 所示：

表 2－78

财务会计			预算会计
借：固定资产——专用设备	5 000		—
贷：待处理财产损溢——待处理财产价值		5 000	
借：待处理财产损溢——待处理财产价值	5 000		
贷：以前年度盈余调整		5 000	
借：以前年度盈余调整	5 000		
贷：累计盈余——非流动资产基金——固定资产		5 000	

2. 盘亏、毁损或报废的固定资产。

（1）财务会计：按照待处理固定资产的账面价值，借记“待处理财产损溢”科目，按照已计提折旧，借记“固定资产累计折旧”科目，按照固定资产的账面余额，贷记“固定资产”科目。报经批准处理时，借记“资产处置费用”科目，贷记“待处理财产损溢——待处理财产价值”科目，同时，借记“累计盈余——非流动资产基金——固定资产”科目，贷记“资产处置费用”科目。处理毁损、报废实物资产过程中取得的残值或残值变价收入、保险理赔和过失人赔偿等，借记“库存现金”“银行存款”“库存物品”“其他应收款”等科目，贷记“待处理财产损溢——处理净收入”科目；处理毁损、报废实物资产过程中发生的相关费用，借记“待处理财产损溢——处理净收入”科目，贷记“库存现金”“银行存款”等科目。处理收支结清后，处理的收入大于相关费用的，借记“待处理财产损溢”科目，贷记“应缴财政款”科目；反之，处理收入小于相关费用的，借记“资产处置费用”科目，贷记“待处理财产损溢”科目。

（2）预算会计：在报经批准处理时，如果取得的残值或残值变价收入、保险理赔和过失人赔偿大于发生的相关费用，借记“资金结存——货币资金”科目，贷记“资金结存——非预算内资金”科目；反之，如果取得的残值或残值变价收入、保险理赔和过失人赔偿小于发生的相关费用，借记“其他支出”科目，贷记“资金结存”科目。

【例2－72】2019年年末，某事业单位对资产清查情况，查出损毁的专用设备一台（自有资金购置），其账面余额为150 000元，已提累计折旧125 000元，出售损毁的设备残料获得现金500元，开出支票支付该设备拆除费用1 000元。具体会计分录如表2－79所示：

表2－79

财务会计	预算会计
（1）将清查资产价值转入待处理财产损溢： 借：待处理财产损溢——待处理财产价值 25 000 固定资产累计折旧——专用设备累计折旧 125 000 贷：固定资产——专用设备 150 000 （2）收到设备拆除收入： 借：库存现金——非零余额现金 500 贷：待处理财产损溢——处理净收入 500 （3）支付设备拆除费用： 借：待处理财产损溢——处理净收入 1 000 贷：银行存款——基本账户存款 1 000 （4）结转盘亏、损毁资产价值： 借：资产处置费用 25 000 贷：待处理财产损溢——待处理财产价值 25 000 借：累计盈余——非流动资产基金——固定资产 25 000 贷：资产处置费用 25 000 （5）结转处理净收入： 借：资产处置费用 500 贷：待处理财产损溢——处理净收入 500	借：其他支出——其他支出 500 贷：资金结存——货币资金——银行存款 500

第八节 无形资产的核算

无形资产是指政府会计主体控制的没有实物形态的可辨认非货币性资产，如专利权、商标权、著作权、土地使用权、非专利技术等。

一、管理要求

（一）无形资产同时满足下列条件的，应当予以确认

（1）与该无形资产相关的服务潜力很可能实现或者经济利益很可能流入政府会计主体；

（2）该无形资产的成本或者价值能够可靠地计量。政府会计主体在判断无形资产的

服务潜力或经济利益是否很可能实现或流入时，应当对无形资产在预计使用年限内可能存在的各种社会、经济、科技因素做出合理估计，并且应当有确凿的证据支持。

政府会计主体购入的不构成相关硬件不可缺少组成部分的软件，应当确认为无形资产。非大批量购入、单价小于 1 000 元的无形资产，可以于购买的当期将其成本直接计入当期费用。政府会计主体自创商誉及内部产生的品牌、报刊名等，不应确认为无形资产。

（二）自行研究开发项目的相关规定

应当区分研究阶段支出与开发阶段支出。

研究是指为获取并理解新的科学或技术知识而进行的独创性的有计划调查。

开发是指在进行生产或使用前，将研究成果或其他知识应用于某项计划或设计，以生产出新的或具有实质性改进的材料、装置、产品等。

研发支出研究和开发阶段的认定原则。研发支出“开发阶段”的支出资本化，“研究阶段”的支出费用化。各单位如果能区分研究阶段和开发阶段就按照支出的费用分别归集，如不能区分可先列支在开发支出中，年底评估开发项目能否达到预定用途，如预计不能达到预定用途，将已发生的开发支出全部转入当期费用。

（三）无形资产的摊销

摊销是指在无形资产使用年限内，按照确定的方法对应摊销金额进行系统分摊。

政府会计主体应当于取得或形成无形资产时合理确定其使用年限。无法预见无形资产为政府会计主体提供服务潜力或者带来经济利益的期限的，应当视为使用年限不确定的无形资产。应当在使用年限内对无形资产进行摊销。但已摊销完毕仍继续使用的无形资产和以名义金额计量的无形资产除外。

对于使用年限有限的无形资产，政府会计主体应当按照以下原则确定无形资产的摊销年限：

（1）法律规定了有效年限的，按照法律规定的有效年限作为摊销年限；

（2）法律没有规定有效年限的，按照相关合同或单位申请书中的受益年限作为摊销年限；

（3）前两者都没有的，按不少于 10 年摊销。

二、核算要求

核算时关注无形资产的成本计量。

1. 外购的无形资产。

其成本包括购买价款、相关税费以及可归属于该项资产达到预定用途前所发生的其他支出。

政府会计主体委托软件公司开发的软件，视同外购无形资产确定其成本。

2. 自行开发的无形资产。

（1）研究阶段的支出，应当于发生时计入当期费用。

（2）开发阶段的支出，先按合理方法进行归集，如果最终形成无形资产的，应当自该项目进入开发阶段后至达到预定用途前所发生的支出总额确认为无形资产；如果最终未形成无形资产的，应当计入当期费用。

（3）尚未进入开发阶段，或者确实无法区分研究阶段支出和开发阶段支出，但按法律程序已申请取得无形资产的，应当将依法取得时发生的注册费、聘请律师费等费用确认为无形资产。

3. 置换取得的无形资产。

其成本按照换出资产的评估价值加上支付的补价或减去收到的补价，加上换入无形资产发生的其他相关支出确定。

4. 接受捐赠的无形资产。

其成本按照有关凭据注明的金额加上相关税费确定；没有相关凭据可供取得，但按规定经过资产评估的，其成本按照评估价值加上相关税费确定；没有相关凭据可供取得、也未经资产评估的，其成本比照同类或类似资产的市场价格加上相关税费确定；没有相关凭据且未经资产评估、同类或类似资产的市场价格也无法可靠取得的，按照名义金额入账，相关税费计入当期费用。

5. 无偿调入的无形资产。

其成本按照调出方账面价值加上相关税费确定。

三、主要账务处理及举例

1. 外购的无形资产。

（1）财务会计：按照确定的成本，借记“无形资产”科目，贷记“财政拨款收入”“零余额账户用款额度”“应付账款”“银行存款”等科目。同时，借记“累计盈余——中央财政拨款结转”“累计盈余——非中央财政拨款结转”“累计盈余——非中央财政拨款结余”等科目，贷记“累计盈余——非流动资产基金——无形资产”科目。

（2）预算会计：按照支付的金额，借记“事业支出”等支出科目，贷记“资金结存”“财政拨款预算收入”科目。

【例 2－73】2019 年 6 月，某气象局外购应用软件一套，价值 50 000 元，使用零余额基本支出资金支付。具体会计分录如表 2－80 所示：

表 2－80

财务会计	预算会计
借：无形资产——软件　50 000 　贷：零余额账户用款额度——基本支出用款额度　50 000 借：累计盈余——中央财政拨款结转　50 000 　贷：累计盈余——非流动资产基金——无形资产　50 000	借：事业支出——基本支出——资本性支出——信息网络及软件购置更新　50 000 　贷：资金结存——零余额账户用款额度——基本支出用款额度　50 000

2. 委托软件公司开发的软件。

（1）财务会计：合同中约定预付开发费用的，按照预付金额，借记“预付账款”科目，贷记“财政拨款收入”“零余额账户用款额度”“银行存款”等科目。软件开发完成交付使用并支付剩余或全部软件开发费用时，按照软件开发费用总额，借记“无形资产”科目，按照相关预付账款金额，贷记“预付账款”科目，按照支付的剩余金额，贷记“财政拨款收入”“零余额账户用款额度”“银行存款”等科目。同时，借记“累计盈余——中央财政拨款结转”“累计盈余——非中央财政拨款结转”“累计盈余——非中央财政拨款结余”等科目，贷记“累计盈余——非流动资产基金——无形资产”科目。

（2）预算会计：按照预付金额，借记“事业支出”等支出科目，贷记“资金结存”“财政拨款预算收入”科目；软件开发完成交付使用并支付剩余或全部软件开发费用时，按照支付的剩余金额，借记“事业支出”等支出科目，贷记“资金结存”“财政拨款预算收入”科目。

【例 2－74】2019 年 6 月，某气象局与软件开发公司签订合同开发业务用软件，合同金额 15 万元，项目资金全部从零余额业务项目经费中列支，预付开发费 4.5 万元，软件开发后支付剩余尾款。具体会计分录如表 2－81 所示：

表 2－81

财务会计	预算会计
（1）预付合同款： 借：预付账款——其他预付款　　45 000 　贷：零余额账户用款额度——项目支出用款额度　　45 000 （2）支付尾款： 借：无形资产——软件　　150 000 　贷：预付账款——其他预付款　　45 000 　　零余额账户用款额度——项目支出用款额度　　105 000 借：累计盈余——中央财政拨款结转　　150 000 　贷：累计盈余——非流动资产基金——无形资产　　150 000	（1）预付合同款： 借：事业支出——项目支出——资本性支出——信息网络及软件购置更新　　45 000 　贷：资金结存——零余额账户用款额度——项目支出用款额度　　45 000 （2）支付尾款： 借：事业支出——项目支出——资本性支出——信息网络及软件购置更新　　105 000 　贷：资金结存——零余额账户用款额度——项目支出用款额度　　105 000

3. 自行研究开发形成的无形资产。

自行研究开发项目分为研究阶段和开发阶段，分为“研究支出”“开发支出”明细科目。

（1）研究阶段的支出。

①财务会计：应当先在“研发支出——研究支出”科目归集。按照从事研究及其辅助活动人员计提的薪酬，研究活动领用的库存物品，发生的与研究活动相关的管理费、间接费和其他各项费用，借记“研发支出——研究支出”，贷记“应付职工薪酬”“库存物品”“财政拨款收入”“零余额账户用款额度”“银行存款”等科目。期末，应当将

归集的研究阶段的支出金额转入当期费用，借记“业务活动费用”等科目，贷记“研发支出——研究支出”科目。

②预算会计：在研究阶段按照实际发生的资金支出，借记“事业支出”等支出科目，贷记“资金结存”“财政拨款预算收入”科目。

（2）开发阶段的支出。

①财务会计：先通过“研发支出——开发支出”科目进行归集。按照从事开发及其辅助活动人员计提的薪酬，开发活动领用的库存物品，发生的与开发活动相关的管理费间接费和其他各项费用，借记“研发支出——开发支出”科目，贷记“应付职工薪酬”“库存物品”“财政拨款收入”“零余额账户用款额度”“银行存款”等科目。自行研究开发项目完成，达到预定用途形成无形资产的，按照归集的开发阶段的支出金额，借记“无形资产”科目，贷记“研发支出——开发支出”科目。同时，借记“累计盈余——中央财政拨款结转”“累计盈余——非中央财政拨款结转”“累计盈余——非中央财政拨款结余”等科目，贷记“累计盈余——非流动资产基金——无形资产”科目。

②预算会计：在开发阶段按照实际发生的资金支出，借记“事业支出”等支出科目，贷记“资金结存”“财政拨款预算收入”科目。

（3）无法区分研究阶段和开发阶段。

①财务会计：确实无法区分研究阶段支出和开发阶段支出，先列支在开发支出中，年底评估开发项目能否达到预定用途，如预计不能达到预定用途，将已发生的开发支出全部转入当期费用，借记“业务活动费用”等科目，贷记“研发支出”科目。但按照法律程序已申请取得无形资产的，按照依法取得时发生的注册费、聘请律师费等费用，借记“无形资产”科目，贷记“财政拨款收入”“零余额账户用款额度”“银行存款”等科目；同时，按照无形资产金额，借记“累计盈余——中央财政拨款结转”“累计盈余——非中央财政拨款结转”“累计盈余——非中央财政拨款结余”等科目，贷记“累计盈余——非流动资产基金——无形资产”科目。

②预算会计：只在有资金发生支付的时候借记“事业支出”等支出科目，贷记“资金结存”“财政拨款预算收入”科目。

【例 2－75】 2019 年 6 月，某研究所自行研究开发业务用软件，前期研究阶段支出差旅费 2 万元，进入开发阶段后发生以下成本费用：支付研究支出办公费 1 万元，职工薪酬 3 万元，使用材料 4 万元，材料为自有资金购置，开发结束后形成软件一套，并交付使用。具体会计分录如表 2－82 所示：

表 2－82

财务会计	预算会计
（1）研究阶段： ①发生支出： 借：研发支出——研究支出 20 000 　　贷：银行存款——基本账户存款 20 000	（1）研究阶段： 借：事业支出——基本支出——商品和服务支出——差旅费 20 000 　　贷：资金结存——货币资金——银行存款 20 000

续表

财务会计	预算会计
②期末结转： 借：业务活动费用——商品和服务费用 20 000 贷：研发支出——研究支出 20 000 （2）开发阶段： ①发生支出： 借：研发支出——开发支出 80 000 贷：银行存款——基本账户存款 10 000 应付职工薪酬——其他个人收入——在职人员 30 000 库存物品——材料 40 000 ②交付使用： 借：无形资产——软件 80 000 贷：研发支出——开发支出 80 000 借：累计盈余——非中央财政拨款结余——其他结余 80 000 贷：累计盈余——非流动资产基金——无形资产 80 000	（2）开发阶段支付办公费用： 借：事业支出——基本支出——商品和服务支出——办公费 10 000 贷：资金结存——货币资金——银行存款 10 000

4. 接受捐赠的无形资产。

（1）财务会计：按照确定的无形资产成本，借记“无形资产”科目，按照发生的相关税费等，贷记“零余额账户用款额度”“银行存款”等科目，按照其差额，贷记“捐赠收入”科目。借记“累计盈余——中央财政拨款结转”“累计盈余——非中央财政拨款结转”“累计盈余——非中央财政拨款结余”等科目，贷记“累计盈余——非流动资产基金——无形资产”科目。

（2）预算会计：按照发生的税费支出借记“其他支出”科目，贷记“资金结存”科目。

【例 2－76】2019 年 6 月，某气象局接收捐赠软件一套，对方单位凭证记载价值为 10 万元，支付相关税费 2 000 元，具体会计分录如表 2－83 所示：

表 2－83

财务会计	预算会计
借：无形资产——软件 102 000 贷：银行存款——基本账户存款 2 000 捐赠收入 100 000 借：累计盈余——非中央财政拨款结余——其他结余 102 000 贷：累计盈余——非流动资产基金——无形资产 102 000	借：其他支出——非现金资产无偿流动税费支出 2 000 贷：资金结存——货币资金——银行存款 2 000

5. 接受捐赠的无形资产按照名义金额入账。

（1）财务会计：按照名义金额，借记“无形资产”科目，贷记“捐赠收入”科目，借记“累计盈余——非中央财政拨款结余——其他结余”科目，贷记“累计盈余——非流动资产基金——无形资产”科目；同时，按照发生的相关税费等，借记“其他费用”

科目，贷记“零余额账户用款额度”“银行存款”等科目。

（2）预算会计：按照发生的税费支出借记“其他支出”科目，贷记“资金结存”科目。

【例2－77】 2019年6月，某气象局接受捐赠某土地使用权，没有相关凭据价格，也未经资产评估，同类或类似资产的市场价格也无法可靠取得，按照名义金额1元入账，发生相关税费15 000元。具体会计分录如表2－84所示：

表2－84

财务会计	预算会计
借：无形资产——土地使用权 1 　贷：捐赠收入 1 借：其他费用——其他相关费用 15 000 　贷：银行存款——基本账户存款 15 000 借：累计盈余——非中央财政拨款结余——其他结余 1 　贷：累计盈余——非流动资产基金——无形资产 1	借：其他支出——非现金资产无偿流动税费支出 15 000 　贷：资金结存——货币资金——银行存款 15 000

6. 无偿调入的无形资产。

（1）财务会计：按照调出方账面价值加上相关税费确定无形资产成本，借记“无形资产”科目，按照发生的相关税费等，贷记“零余额账户用款额度”“银行存款”等科目，按照其差额，贷记“无偿调拨净资产”科目。同时，借记“累计盈余——中央财政拨款结转”“累计盈余——非中央财政拨款结转”“累计盈余——非中央财政拨款结余”科目，借记“无偿调拨净资产”科目，贷记“累计盈余——非流动资产基金——无形资产”科目。

（2）预算会计：按照发生的税费支出借记“其他支出”科目，贷记“资金结存”科目。

【例2－78】 2019年6月，某气象局接收上级调拨软件一套，对方单位凭证记载价值为20万元，支付相关税费5 000元，具体会计分录如表2－85所示：

表2－85

财务会计	预算会计
借：无形资产——软件 205 000 　贷：银行存款——基本账户存款 5 000 　　无偿调拨净资产——无形资产 200 000 借：累计盈余——非中央财政拨款结余——其他结余 5 000 　无偿调拨净资产——无形资产 200 000 　贷：累计盈余——非流动资产基金——无形资产 205 000	借：其他支出——非现金资产无偿流动税费支出 5 000 　贷：资金结存——货币资金——银行存款 5 000

7. 置换取得的无形资产。

（1）财务会计：按照确定的成本，借记“无形资产”科目，按照换出资产的账面余额，贷记相关资产科目（换出资产为固定资产、无形资产的，还应当借记“固定资产累计折旧”“无形资产累计摊销”科目)，按照置换过程中发生的其他相关支出，贷记“银行存款”等科目，按照借贷方差额，借记“资产处置费用”科目或贷记“其他收入”科目。同时，借记“累计盈余——中央财政拨款结转”“累计盈余——非中央财政拨款结转”“累计盈余——非中央财政拨款结余”“累计盈余——非流动资产基金——固定资产”科目，贷记“累计盈余——非流动资产基金——无形资产”科目。涉及补价的参照存货置换的账务处理。

(2) 预算会计：按照置换过程中发生的其他相关支出，借记“其他支出”科目，贷记“资金结存”科目。

8. 无形资产的摊销。

(1) 财务会计：按月对无形资产进行摊销时，按照应摊销金额，借记“业务活动费用”“单位管理费用”“加工物品”“在建工程”等科目，贷记“无形资产累计摊销”科目。年末，借记“累计盈余——非流动资产基金——无形资产”科目，贷记“业务活动费用”“单位管理费用”科目下的“无形资产摊销费”明细科目。

(2) 预算会计不做账务处理。

【例 2－79】2019 年 6 月，某气象局购入应用软件支出 5 万元，按 10 年摊销，月摊销 417 元，到年底共计摊销 2 919 元，具体会计分录如表 2－86 所示：

表 2－86

财务会计			预算会计
(1) 6 月份摊销：			
借：单位管理费用——无形资产摊销费	417		—
贷：无形资产累计摊销——软件		417	
(2) 年末结转：			
借：累计盈余——非流动资产基金——无形资产	2 919		
贷：单位管理费用——无形资产摊销费		2 919	

9. 无形资产后续支出。

(1) 符合无形资产确认条件的后续支出。

①财务会计：为增加无形资产的使用效能对其进行升级改造或扩展其功能时，如需暂停对无形资产进行摊销的，按照无形资产的账面价值，借记“在建工程”科目，按照无形资产已摊销金额，借记“无形资产累计摊销”科目，按照无形资产的账面余额，贷记“无形资产”科目。同时，借记“累计盈余——非流动资产基金——无形资产”，贷记“累计盈余——非流动资产基金——在建工程”科目。

无形资产后续支出符合无形资产确认条件的，按照支出的金额，借记“无形资产”科目（无需暂停摊销的）或“在建工程”科目（需暂停摊销的），贷记“财政拨款收入”“零余额账户用款额度”“银行存款”等科目。同时，借记“累计盈余——中央财政拨款结转”“累计盈余——非中央财政拨款结转”“累计盈余——非中央财政拨款结余”等科目，贷记“累计盈余——非流动资产基金——无形资产”“累计盈余——非流动资产基金——在建工程”。

暂停摊销的无形资产升级改造或扩展功能等完成交付使用时，按照在建工程成本，借记“无形资产”科目，贷记“在建工程”科目。同时借记“累计盈余——非流动资产基金——在建工程”，贷记“累计盈余——非流动资产基金——无形资产”科目。

②预算会计：按照支出金额，借记“事业支出”等支出科目，贷记“资金结存”“财政拨款预算收入”科目。

【例2－80】2019年6月，某气象局业务软件账面余额15万元，已提取折旧7万元，为提高其使用效能，对软件增加模块，提升功能，将无形资产转入在建，并暂停摊销，支付相关支出10万元，从零余额项目资金列支，完成后交付使用。具体会计分录如表2－87所示：

表2－87

财务会计	预算会计
（1）转入在建： 借：在建工程——其他投资——无形资产　80 000 　无形资产累计摊销——软件　70 000 　贷：无形资产——软件　150 000 借：累计盈余——非流动资产基金——无形资产　80 000 　贷：累计盈余——非流动资产基金——在建工程　80 000 （2）支付升级费用： 借：在建工程——其他投资——无形资产　100 000 　贷：零余额账户用款额度——项目支出用款额度　100 000 借：累计盈余——中央财政拨款结转　100 000 　贷：累计盈余——非流动资产基金——在建工程　100 000 （3）交付使用： 借：无形资产——软件　180 000 　贷：在建工程——其他投资——无形资产　180 000 借：累计盈余——非流动资产基金——在建工程　180 000 　贷：累计盈余——非流动资产基金——无形资产　180 000	借：事业支出——项目支出——资本性支出——信息网络及软件购置更新　100 000 　贷：资金结存——零余额账户用款额度——项目支出用款额度　100 000

（2）不符合无形资产确认条件的后续支出。

①财务会计：为保证无形资产正常使用发生的日常维护等支出，借记“业务活动费用”“单位管理费用”等科目，贷记“财政拨款收入”“零余额账户用款额度”“银行存款”等科目。

②预算会计：按照支出金额，借记“事业支出”等支出科目，贷记“资金结存”“财政拨款预算收入”科目。

10. 无形资产处置。

（1）报经批准出售、转让无形资产。

①财务会计：按照被出售、转让无形资产的账面价值，借记“资产处置费用”科目，按照无形资产已计提的摊销，借记“无形资产累计摊销”科目，按照无形资产账面余额，贷记“无形资产”科目；同时，借记“累计盈余——非流动资产基金——无形资

产”科目，贷记“资产处置费用”科目。按照收到的价款，借记“银行存款”等科目，按照处置过程中发生的相关费用，贷记“银行存款”等科目，按照其差额，贷记“应缴财政款”（按照规定应上缴无形资产转让净收入的）或“其他收入”（按照规定将无形资产转让收入纳入本单位预算管理的）科目。

②预算会计：区分无形资产出售转让收入是否上缴国库，如果上缴国库，借记“资金结存——货币资金”科目，贷记“资金结存——非预算内资金”科目；如果不上缴国库，纳入单位预算管理，借记“资金结存”，贷记“其他预算收入”。

【例 2－81】2019 年 6 月某气象局经批准出售软件一套，软件账面余额 7 万元，已提折旧 1 万元，收到价款 5 万元，支付相关费用 7 000 元，净收入按规定上缴国库。具体会计分录如表 2－88 所示：

表 2－88

财务会计			预算会计
借：资产处置费用	60 000		借：资金结存——货币资金——银行存款 43 000
无形资产累计摊销——软件	10 000		贷：资金结存——非预算内资金 43 000
贷：无形资产——软件		70 000	
借：银行存款——基本账户存款	50 000		
贷：银行存款——基本账户存款		7 000	
应缴财政款——应缴国库款		43 000	
借：累计盈余——非流动资产基金——无形资产	60 000		
贷：资产处置费用		60 000	

（2）报经批准对外捐赠无形资产。

①财务会计：按照无形资产已计提的摊销，借记“无形资产累计摊销”科目，按照被处置无形资产账面余额，贷记“无形资产”科目，按照捐赠过程中发生的归属于捐出方的相关费用，贷记“银行存款”等科目，按照其差额，借记“资产处置费用”科目。同时，借记“累计盈余——非流动资产基金——无形资产”科目，贷记“资产处置费用”科目。

②预算会计：按照捐赠过程中发生的归属于捐出方的相关费用，借记“其他支出”科目，贷记“资金结存”科目。

【例 2－82】2019 年 6 月，某气象局经批准对外捐赠专利权，账面余额 2 万元，已提折旧 7 000 元，具体会计分录如表 2－89 所示：

表 2－89

财务会计			预算会计
借：资产处置费用	13 000		——
无形资产累计摊销——专利权	7 000		
贷：无形资产——专利权		20 000	
借：累计盈余——非流动资产基金——无形资产	13 000		
贷：资产处置费用		13 000	

（3）报经批准无偿调出无形资产。

①财务会计：按照无形资产已计提的摊销，借记“无形资产累计摊销”科目，按照被处置无形资产账面余额，贷记“无形资产”科目，按照其差额，借记“无偿调拨净资产”科目；同时，借记“累计盈余——非流动资产基金——无形资产”科目，贷记“无偿调拨净资产”科目。按照无偿调出过程中发生的归属于调出方的相关费用，借记“资产处置费用”科目，贷记“银行存款”等科目。

②预算会计：按照无偿调出过程中发生的归属于调出方的相关费用，借记“其他支出”科目，贷记“资金结存”科目。

（4）报经批准置换换出无形资产。

①财务会计：置换取得的资产，按照确定的成本，借记相关资产科目，按照换出资产的账面余额，贷记“无形资产”科目，借记“无形资产累计摊销”科目，按照置换过程中发生的其他相关支出，贷记“银行存款”等科目，按照借贷方差额，借记“资产处置费用”科目或贷记“其他收入”科目。涉及补价的参照存货置换的相关账务处理。同时借记“累计盈余——非流动资产基金——无形资产”科目，贷记“资产处置费用”科目，如果置换取得的资产为非流动资产，则贷记“累计盈余——非流动资产基金”相关科目。

②预算会计：按照置换过程中发生的其他相关支出，借记“其他支出”科目，贷记“资金结存”科目。

（5）无形资产报经批准核销。

①财务会计：按照待核销无形资产的账面价值，借记“资产处置费用”科目，按照已计提摊销，借记“无形资产累计摊销”科目，按照无形资产的账面余额，贷记“无形资产”科目。同时，借记“累计盈余——非流动资产基金——无形资产”科目，贷记“资产处置费用”科目。

②预算会计：不做账务处理。

单位应当定期对无形资产进行清查盘点，每年至少盘点一次。单位资产清查盘点过程中发现的无形资产盘盈、盘亏参照“固定资产”科目相关规定进行账务处理。

第九节　受托代理资产的核算

一、管理要求

受托代理资产是指接受委托方委托管理的各项资产，包括受托指定转赠的物资、受托存储保管的物资、单位管理的罚没物资。根据气象部门会计政策，产权不归属本单位的代管资产，或者尚未确权的资产，不确认为本单位固定资产或无形资产，只作为受托代理资产。

二、核算要求

单位收到的受托代理资产为现金和银行存款的，不通过受托代理资产科目核算，应当通过“库存现金”“银行存款”科目进行核算。

三、主要账务处理及举例

1. 受托转赠物资。

（1）财务会计：接受委托人委托需要转赠给受赠人的物资，其成本按照有关凭据注明的金额确定。借记“受托代理资产”科目，贷记“受托代理负债”科目。受托协议约定由受托方承担相关税费、运输费等的，还应当按照实际支付的相关税费、运输费等金额，借记“其他费用”科目，贷记“银行存款”等科目。

将受托转赠物资交付受赠人时，按照转赠物资的成本，借记“受托代理负债”科目，贷记“受托代理资产”科目。

转赠物资的委托人取消了对捐赠物资的转赠要求，且不再收回捐赠物资的，应当将转赠物资转为单位的存货、固定资产等。按照转赠物资的成本，借记“受托代理负债”科目，贷记“受托代理资产”科目；同时，借记“库存物品”“固定资产”等科目，贷记“其他收入”科目。涉及固定资产的同时借贷“累计盈余”明细科目。

（2）预算会计：受托转赠物资时发生由受托单位承担的与受托存储保管的物资相关的运输费、保管费等费用时，以及受托协议约定由受托方承担相关税费、运输费等，以实际支付的金额，借记“其他支出”科目，贷记“资金结存”“财政拨款预算收入”科目。

2. 受托存储保管物资。

（1）财务会计：接受委托人委托存储保管的物资，其成本按照有关凭据注明的金额确定。借记“受托代理资产”科目，贷记“受托代理负债”科目。发生由受托单位承担的与受托存储保管的物资相关的运输费、保管费等费用时，按照实际发生的费用金额，借记“其他费用”等科目，贷记“银行存款”等科目。

根据委托人要求交付或发出受托存储保管的物资时，按照发出物资的成本，借记“受托代理负债”科目，贷记“受托代理资产”科目。

（2）预算会计：受托存储保管物资时发生由受托单位承担的与受托存储保管的物资相关的运输费、保管费等费用时，以及受托协议约定由受托方承担相关税费、运输费等，以实际支付的金额，借记“其他支出”科目，贷记“资金结存”“财政拨款预算收入”科目。

3. 罚没物资。

（1）财务会计：取得罚没物资时，其成本按照有关凭据注明的金额确定。罚没物资验收（入库），按照确定的成本，借记“受托代理资产”科目，贷记“受托代理负债”

科目。罚没物资成本无法可靠确定的，单位应当设置备查簿进行登记。

按照规定处置或移交罚没物资时，按照罚没物资的成本，借记“受托代理负债”科目，贷记“受托代理资产”科目。处置时取得款项的，按照实际取得的款项金额，借记“银行存款”等科目，贷记“应缴财政款”等科目。

（2）预算会计：罚没物资时发生由受托单位承担的与受托存储保管的物资相关的运输费、保管费等费用时，以及受托协议约定由受托方承担相关税费、运输费等，以实际支付的金额，借记“其他支出”科目，贷记“资金结存”“财政拨款预算收入”科目。

【例 2－83】 2019 年 6 月某气象局收到某企业捐赠的资金 10 万元和 20 万元的设备，指定捐赠给贫困地区的学校；该气象局将转赠的资金 10 万元和设备交付该学校。具体会计分录如表 2－90 所示：

表 2－90

财务会计	预算会计
（1）收到指定捐赠的资金和设备： 借：银行存款——受托代理银行存款 100 000 受托代理资产 200 000 贷：受托代理负债 300 000 （2）交付资金和设备： 借：受托代理负债 300 000 贷：银行存款——受托代理银行存款 100 000 受托代理资产 200 000	（1）收到指定捐赠的资金： 借：资金结存——货币资金——银行存款 100 000 贷：资金结存——非预算资金 100 000 （2）交付资金： 借：资金结存——非预算资金 100 000 贷：资金结存——货币资金——银行存款 100 000

第十节 （长期）待摊费用的核算

一、管理要求

待摊费用是指单位已经支付，但应当由本期和以后各期分别负担的分摊期在 1 年以内（含 1 年）的各项费用，如预付航空保险费、预付租金等。

长期待摊费用是指单位已经支出，但应由本期和以后各期负担的分摊期限在 1 年以上（不含 1 年）的各项费用，如以经营租赁方式租入的固定资产发生的改良支出等。

二、核算要求

待摊费用应当在其受益期限内分期平均摊销，如预付航空保险费应在保险期的有效期内、预付租金应在租赁期内分期平均摊销，计入当期费用。应当按照待摊费用项目进行明细核算。

三、主要账务处理及举例

（1）财务会计：发生（长期）待摊费用时，按照实际预付的金额，借记“待摊费用”或“长期待摊费用”科目，贷记“财政拨款收入”“零余额账户用款额度”“银行存款”等科目。

按照受益期限分期平均摊销时，按照摊销金额，借记“业务活动费用”“单位管理费用”“经营费用”等科目，贷记“待摊费用”或“长期待摊费用”科目。

如果某项待摊费用已经不能使单位受益，应当将其摊余金额一次全部转入当期费用。按照摊销金额，借记“业务活动费用”“单位管理费用”“经营费用”等科目，贷记“待摊费用”或“长期待摊费用”科目。

（2）预算会计：发生（长期）待摊费用时，按照实际预付的金额，借记“事业支出”等支出科目，贷记“资金结存”“财政拨款预算收入”科目。

【例2-84】2019年6月，某气象局租入一幢办公楼，租期3年，租金30万一次性从基本户支付，每年摊销10万元。具体会计分录如表2-91所示：

表2-91

财务会计	预算会计
（1）一次性支付租金： 借：长期待摊费用　300 000 　贷：银行存款——基本账户存款　300 000 （2）每年分摊费用： 借：业务活动费用——商品和服务费用　100 000 　贷：长期待摊费用　100 000	一次性支付租金时： 借：事业支出——基本支出——商品和服务支出——租赁费　300 000 　贷：资金结存——货币资金——银行存款　300 000

第三章

在建工程

第一节　在建工程概述

一、在建工程的概念

本科目核算单位在建的建设项目工程的实际成本，具体指使用中央、地方发改委资金、自筹资金、行政事业类资金的基本建设项目及部分涉及大型维修改造的行政事业类项目，在交付使用之前的工程支出。单位在建的信息系统项目工程、公共基础设施项目工程、保障性住房项目工程的实际成本，也通过本科目核算。

二、在建工程主要核算内容及科目

（一）建筑安装工程投资

建筑安装工程投资支出是指项目建设单位按照批准的建设内容发生的建筑工程和安装工程的实际成本，其中不包括被安装设备本身的价值，以及按照合同规定支付给施工单位的预付备料款和预付工程款。具体分建筑工程和安装工程。

1. 建筑工程包括：

（1）各种房屋（如厂房、仓库、办公室、住宅、商店、学校、俱乐部、食堂、车库、招待所等）和建筑物（如烟囱、水塔、水池等），包括列入房屋工程预算内的暖气、卫生、通风、照明、煤气、消防等设备的价值及其装设油饰工程，列入建筑工程预算内的各种管道（如蒸气、压缩空气、石油、给水及排水等管道）、电力、电讯、电缆导线的敷设工程。

（2）设备的基础、支柱、工作台、梯子等建筑工程，炼铁炉、炼焦炉、蒸气炉等各种窑炉的砌筑工程，金属结构工程。

（3）为施工而进行的建筑场地布置，原有建筑物和障碍物的拆除，土地平整、设计中规定为施工而进行的工程地质勘探，以及工程完工后建筑场地的清理和绿化工作等。

（4）矿井开凿工程，露天矿剥离工程，石油、天然气钻井工程（不包括生产矿山用生产费用进行的矿井、坑道的整理延伸与探矿工程），以及铁路、公路、桥梁等工程。

（5）水利工程，如水库、堤坝、灌渠等工程。

（6）防空、地下建筑等特殊工程。

（7）建设单位为项目配套而建造专用设施所发生的投资支出，专用设施包括专用铁路线、专用公路、专用通讯设施、送变电站、地下管道、专用码头等。

2. 安装工程包括：

（1）生产、动力、起重、运输、传动和医疗、实验等各种需要安装设备的装配、装置工程，与设备相连的工作台、梯子、栏杆的装设工程，被安装设备的绝缘、防腐、保温、油漆等工程。

（2）为测定安装工程质量，对单体设备、系统设备进行单机试运行和系统联动无负荷试运行工作（投料试运行工作不包括在内）。

3. 建筑安装工程核算明细科目。

"建筑安装工程投资"下设："建筑工程投资"和"安装工程投资"2 个明细科目。其中，"建筑工程投资"下设"房屋建筑物构建""基础设施建设""大型修缮"3 个明细科目；"安装工程投资"下设"装设工程""设备试运行费"2 个明细科目。

（二）设备投资

设备投资核算单位发生的构成建设项目实际支出的各种设备的实际成本，包括交付安装的需要安装设备、不需要安装设备和为生产准备的不够固定资产标准的工具、器具的实际成本。

1. 需要安装设备。

需要安装设备是指必须将其整体或几个部位装配起来，安装在基础上或建筑物支架上才能使用的设备，如轧钢机、发电机、蒸气锅炉、变压器、各种机泵、机床等。有的虽不要基础，但必须进行组装工作，并在一定范围内使用的，如生产用电铲、塔式吊、门式吊、皮带运输机等也包括在内。

按照有关规定，需要安装设备必须符合以下三个条件，才能作为"正式开始安装"并计算基本建设实际支出：①设备的基础和支架已经完成；②安装设备所必需的图纸资料已经具备；③设备已经运到安装现场，开箱检验完毕，吊装就位，并继续进行安装。

2. 不需要安装设备。

不需要安装设备是指不必固定在一定位置或支架上就可以使用的各种设备，如电焊机、汽车、机车、飞机、船舶及生产上流动使用的空压机、泵等。

3. 工具器具。

工具器具是指生产和维修用的各种工具，试验室、化验室用的计量、分析、保温、烘干的各种仪器，机械厂翻砂用的模型、锻模、热处理箱、工具台等。

4. 设备投资核算明细科目。

“设备投资”下设：“需要安装设备”“不需要安装设备”“工具和器具”3个明细科目。其中，“需要安装设备”下设“专用设备”“信息网络设备”2个明细科目；“不需要安装设备”下设“办公设备”“专用设备”“信息网络设备”“公务用车”“其他交通工具”5个三级明细科目。

（三）待摊投资

待摊投资核算单位发生的构成建设项目实际支出的、按照规定应当分摊计入有关工程成本和设备成本的各项间接费用和税费支出。本明细科目的具体核算内容包括以下方面：

（1）勘察费、设计费、研究试验费、可行性研究费及项目其他前期费用。

（2）土地征用及迁移补偿费、土地复垦及补偿费、森林植被恢复费及其他为取得土地使用权、租用权而发生的费用。

（3）土地使用税、耕地占用税、契税、车船税、印花税及按照规定缴纳的其他税费。

（4）项目建设管理费、代建管理费、临时设施费、监理费、招投标费、社会中介审计（审查）费及其他管理性质的费用。

项目建设管理费是指项目建设单位从项目筹建之日起至办理竣工财务决算之日止发生的管理性质的支出，包括不在原单位发工资的工作人员工资及相关费用、办公费、办公场地租用费、差旅交通费、劳动保护费、工具用具使用费、固定资产使用费、招募生产工人费、技术图书资料费（含软件）、业务招待费、施工现场津贴、竣工验收费等。

（5）项目建设期间发生的各类专门借款利息支出或融资费用。

（6）工程检测费、设备检验费、负荷联合试车费及其他检验检测类费用。

（7）固定资产损失、器材处理亏损、设备盘亏及毁损、单项工程或单位工程报废、毁损净损失及其他损失。

（8）系统集成等信息工程的费用支出。

（9）其他待摊性质支出。

待摊投资明细科目基本按上述核算内容设置，其中，部分费用设置更为具体的明细科目核算。如，项目建设管理费下设17个明细科目，土地征用及拆迁补偿费下设土地补偿、安置补偿、地上附着物和青苗补偿费、拆迁补偿4个明细科目。

（四）其他投资

其他投资核算单位发生的构成建设项目实际支出的房屋购置支出，基本畜禽、林木等购置、饲养、培育支出，办公生活用家具、器具购置支出，软件研发和不能计入设备投资的软件购置等支出。单位为进行可行性研究而购置的固定资产，以及取得土地使用权支付的土地出让金，也通过本明细科目核算。

“其他投资”下设“房屋购置”“办公生活用家具、器具购置”“可行性研究固定资产购置”“无形资产”“物资储备”“文物及陈列品购置”6 个明细科目。其中，“可行性研究固定资产购置”下设“办公设备”“专用设备”2 个明细科目；“无形资产”下设“软件”“著作权、商标权、专利权”“土地使用权”“其他无形资产”4 个明细科目。

（五）待核销基建支出

待核销基建支出核算非经营性项目发生的江河清障疏浚、航道整治、飞播造林、退耕还林（草）、封山（沙）育林（草）、水土保持、城市绿化、毁损道路修复、护坡及清理等不能形成资产的支出，以及项目未被批准、项目取消和项目报废前已发生的支出；

发生的农村沼气工程、农村安全饮水工程、农村危房改造工程、游牧民定居工程、渔民上岸工程等涉及家庭或者个人的支出，形成资产产权归属家庭或者个人的；

移民安置补偿中由项目建设单位负责建设并形成的实物资产，产权归属移民的。

本科目明细由各单位自行设置。

（六）基建转出投资

基建转出投资核算为建设项目配套而建成的、产权不归属本单位的专用设施的实际成本。

（1）如非经营性项目发生的江河清障疏浚、航道整治、飞播造林、退耕还林（草）、封山（沙）育林（草）、水土保持、城市绿化、毁损道路修复、护坡及清理等形成资产产权不归属本单位的。

（2）发生的农村沼气工程、农村安全饮水工程、农村危房改造工程、游牧民定居工程、渔民上岸工程等涉及家庭或者个人的支出，形成资产产权归属其他单位的。

（3）项目配套建设的专用设施，包括专用道路、专用通讯设施、专用电力设施、地下管道等，产权不归属本单位的。

（4）移民安置补偿中由项目建设单位负责建设并形成的实物资产，产权归属集体或者单位的。

本科目明细由各单位自行设置。

（七）交付使用资产

交付使用资产核算建设单位已经完成购置、建造过程，并已交付或结转给生产、使用单位的各项资产，包括固定资产、无形资产的实际成本。

“交付使用资产”下设“固定资产”“无形资产”两个明细科目

三、预算会计对应在建工程的科目

1. 行政支出/事业支出——项目支出——资本性支出。

反映中央行政事业项目安排的基础设施建设、大型修缮及改造项目。

2. 行政支出/事业支出——项目支出——资本性支出（基本建设）。

反映国家发改委、地方发改委（含地方财政土建款）及自筹资金安排的基本建设项目。

3. 资本性支出明细科目。

（1）房屋建筑物购建：反映用于购买、自行建造办公用房、仓库、职工生活用房、教学科研用房、学生宿舍、食堂等建筑物（含附属设施，如电梯、通讯线路、水气管道等）的支出。

（2）办公设备购置：反映用于购置并按财务会计制度纳入固定资产核算范围的办公家具和办公设备支出，以及按规定提取的修购基金。

（3）专用设备购置：反映用于购置具有专门用途、并按财务会计制度规定纳入固定资产核算范围的各类专用设备的支出。如通信设备、发电设备、交通监控设备、卫星转发器、气象设备、进出口监管设备等，以及按规定提取的修购基金。

（4）基础设施建设：反映用于农田设施、道路、铁路、桥梁、水坝和机场、车站、码头等公共基础设施建设方面的支出。

（5）大型修缮：反映按财务会计制度规定允许资本化的各类设备、建筑物、公共基础设施等大型修缮的支出。

（6）信息网络及软件购置更新：反映用于信息网络和软件方面的支出。如服务器购置、软件购置、开发、应用支出等，如果购置的相关硬件、软件等不符合财务会计制度规定的固定资产确认标准的，不在此科目反映。

（7）物资储备：反映为应付战争、自然灾害或意料不到的突发事件而提前购置的具有特殊重要性的军事用品、石油、医药、粮食等战略性和应急性物质储备支出。

（8）土地补偿：反映按规定征地和收购土地过程中支付的土地补偿费。

（9）安置补助：反映按规定征地和收购土地过程中支付的安置补助费。

（10）地上附着物和青苗补偿：反映按规定征地和收购土地过程中支付的地上附着物和青苗补偿费。

（11）拆迁补偿：反映按规定征地和收购土地过程中支付的拆迁补偿费。

（12）公务用车购置：反映公务用车车辆购置支出（含车辆购置税、牌照费）。

（13）其他交通工具购置：反映除公务用车外的其他各类交通工具（如船舶、飞机等）购置支出（含车辆购置税、牌照费）。

（14）文物和陈列品购置：反映文物和陈列品购置支出。

（15）无形资产购置：反映著作权、商标权、专利权、土地使用权等无形资产购置支出。软件购置、开发、应用支出不在此科目反映。

（16）其他资本性支出/其他基本建设资本性支出：反映上述科目中未包括的资本性支出。

四、在建工程科目预算会计和财务会计科目对应表

注：表3-1只列出事业单位预算科目，行政单位只需将一级科目“事业支出”调整为“行政支出”。

表 3－1

财务会计"在建工程"明细科目		预算会计"资本性支出（基本建设）"明细科目［国家发改委、地方发改委（含地方财政土建款）、自筹资金］		预算会计"资本性支出"明细科目（中央行政事业费资金）	
科目代码	科目名称	科目代码	科目名称	科目代码	科目名称
161301	建筑安装工程投资	——	——	——	——
16130101	建筑工程投资	——	——	——	——
1613010101	房屋建筑物构建	7201020501	事业支出——项目支出——资本性支出（基本建设）——房屋建筑物购建	7201020601	事业支出——项目支出——资本性支出——房屋建筑物购建
1613010102	基础设施建设	7201020504	事业支出——项目支出——资本性支出（基本建设）——基础设施建设	7201020604	事业支出——项目支出——资本性支出——基础设施建设
1613010103	大型修缮	7201020505	事业支出——项目支出——资本性支出（基本建设）——大型修缮	7201020605	事业支出——项目支出——资本性支出——大型修缮
16130102	安装工程投资	——	——	——	——
1613010201	装设工程				
161301020101	专用设备	7201020503	事业支出——项目支出——资本性支出（基本建设）——专用设备购置	7201020603	事业支出——项目支出——资本性支出——专用设备购置
161301020102	信息网络设备	7201020506	事业支出——项目支出——资本性支出（基本建设）——信息网络及软件购置更新	7201020606	事业支出——项目支出——资本性支出——信息网络及软件购置更新
1613010202	设备试运行费				
161301020201	专用设备	7201020503	事业支出——项目支出——资本性支出（基本建设）——专用设备购置	7201020603	事业支出——项目支出——资本性支出——专用设备购置
161301020202	信息网络设备	7201020506	事业支出——项目支出——资本性支出（基本建设）——信息网络及软件购置更新	7201020606	事业支出——项目支出——资本性支出——信息网络及软件购置更新
161302	设备投资	——	——	——	——
16130201	需要安装设备	——	——	——	——
1613020101	专用设备	7201020503	事业支出——项目支出——资本性支出（基本建设）——专用设备购置	7201020603	事业支出——项目支出——资本性支出——专用设备购置
1613020102	信息网络设备	7201020506	事业支出——项目支出——资本性支出（基本建设）——信息网络及软件购置更新	7201020606	事业支出——项目支出——资本性支出——信息网络及软件购置更新

续表

财务会计"在建工程"明细科目		预算会计"资本性支出（基本建设）"明细科目［国家发改委、地方发改委（含地方财政土建款）、自筹资金］		预算会计"资本性支出"明细科目（中央行政事业费资金）	
科目代码	科目名称	科目代码	科目名称	科目代码	科目名称
16130202	不需要安装设备	——	——	——	——
1613020201	办公设备	7201020502	事业支出——项目支出——资本性支出（基本建设）——办公设备购置	7201020602	事业支出——项目支出——资本性支出——办公设备购置
1613020202	专用设备	7201020503	事业支出——项目支出——资本性支出（基本建设）——专用设备购置	7201020603	事业支出——项目支出——资本性支出——专用设备购置
1613020203	信息网络设备	7201020506	事业支出——项目支出——资本性支出（基本建设）——信息网络及软件购置更新	7201020606	事业支出——项目支出——资本性支出——信息网络及软件购置更新
1613020204	公务用车	7201020508	事业支出——项目支出——资本性支出（基本建设）——公务用车购置	7201020612	事业支出——项目支出——资本性支出——公务用车购置
1613020205	其他交通工具	7201020509	事业支出——项目支出——资本性支出（基本建设）——其他交通工具购置	7201020613	事业支出——项目支出——资本性支出——其他交通工具购置
16130203	工具及器具	720102051299	事业支出——项目支出——资本性支出（基本建设）——其他基本建设支出——其他	7201020699	事业支出——项目支出——资本性支出——其他资本性支出
161303	待摊投资	——	——	——	——
16130301	建设单位管理费	——	——	——	——
1613030101	人员工资	720102051299	事业支出——项目支出——资本性支出（基本建设）——其他基础建设支出——其他	7201020699	事业支出——项目支出——资本性支出——其他资本性支出
1613030102	基本养老保险费	72010205299	事业支出——项目支出——资本性支出（基本建设）——其他基础建设支出——其他	7201020699	事业支出——项目支出——资本性支出——其他资本性支出
1613030103	基本医疗保险费	720102051299	事业支出——项目支出——资本性支出（基本建设）——其他基础建设支出——其他	7201020699	事业支出——项目支出——资本性支出——其他资本性支出
1613030104	失业保险费	720102051299	事业支出——项目支出——资本性支出（基本建设）——其他基础建设支出——其他	7201020699	事业支出——项目支出——资本性支出——其他资本性支出
1613030105	办公费	720102051299	事业支出——项目支出——资本性支出（基本建设）——其他基础建设支出——其他	7201020699	事业支出——项目支出——资本性支出——其他资本性支出

续表

财务会计“在建工程”明细科目		预算会计“资本性支出（基本建设）”明细科目［国家发改委、地方发改委（含地方财政土建款）、自筹资金］		预算会计“资本性支出”明细科目（中央行政事业费资金）	
科目代码	科目名称	科目代码	科目名称	科目代码	科目名称
1613030106	差旅交通费	720102051299	事业支出——项目支出——资本性支出（基本建设）——其他基本建设支出——其他	7201020699	事业支出——项目支出——资本性支出——其他资本性支出
1613030107	劳动保护费	720102051299	事业支出——项目支出——资本性支出（基本建设）——其他基本建设支出——其他	7201020699	事业支出——项目支出——资本性支出——其他资本性支出
1613030108	工具用具使用费	720102051299	事业支出——项目支出——资本性支出（基本建设）——其他基本建设支出——其他	7201020699	事业支出——项目支出——资本性支出——其他资本性支出
1613030109	固定资产使用费	720102051299	事业支出——项目支出——资本性支出（基本建设）——其他基本建设支出——其他	7201020699	事业支出——项目支出——资本性支出——其他资本性支出
1613030110	零星购置费	720102051299	事业支出——项目支出——资本性支出（基本建设）——其他基本建设支出——其他	7201020699	事业支出——项目支出——资本性支出——其他资本性支出
1613030111	招募生产工人费	720102051299	事业支出——项目支出——资本性支出（基本建设）——其他基本建设支出——其他	7201020699	事业支出——项目支出——资本性支出——其他资本性支出
1613030112	技术图书资料费	720102051299	事业支出——项目支出——资本性支出（基本建设）——其他基本建设支出——其他	7201020699	事业支出——项目支出——资本性支出——其他资本性支出
1613030113	印花税	720102051299	事业支出——项目支出——资本性支出（基本建设）——其他基本建设支出——其他	7201020699	事业支出——项目支出——资本性支出——其他资本性支出
1613030114	业务招待费	720102051299	事业支出——项目支出——资本性支出（基本建设）——其他基本建设支出——其他	7201020699	事业支出——项目支出——资本性支出——其他资本性支出
1613030115	施工现场津贴	720102051299	事业支出——项目支出——资本性支出（基本建设）——其他基本建设支出——其他	7201020699	事业支出——项目支出——资本性支出——其他资本性支出
1613030116	竣工验收费	720102051299	事业支出——项目支出——资本性支出（基本建设）——其他基本建设支出——其他	7201020699	事业支出——项目支出——资本性支出——其他资本性支出

续表

财务会计“在建工程”明细科目		预算会计“资本性支出（基本建设）”明细科目［国家发改委、地方发改委（含地方财政土建款）、自筹资金］		预算会计“资本性支出”明细科目（中央行政事业费资金）	
科目代码	科目名称	科目代码	科目名称	科目代码	科目名称
1613030117	其他管理费	720102051299	事业支出——项目支出——资本性支出（基本建设）——其他基本建设支出——其他	7201020699	事业支出——项目支出——资本性支出——其他资本性支出
16130302	土地征用及迁移补偿费	——	——	——	——
1613030201	土地补偿	720102051201	事业支出——项目支出——资本性支出（基本建设）——其他基本建设支出——土地补偿	7201020608	事业支出——项目支出——资本性支出——土地补偿
1613030202	安置补助	720102051202	事业支出——项目支出——资本性支出（基本建设）——其他基本建设支出——安置补助	7201020609	事业支出——项目支出——资本性支出——安置补助
1613030203	地上附着物和青苗补偿	720102051203	事业支出——项目支出——资本性支出（基本建设）——其他基本建设支出——地上附着物和青苗补偿	7201020610	事业支出——项目支出——资本性支出——地上附着物和青苗补偿
1613030204	拆迁补偿	720102051204	事业支出——项目支出——资本性支出（基本建设）——其他基本建设支出——拆迁补偿	7201020611	事业支出——项目支出——资本性支出——拆迁补偿
16130303	土地复垦及补偿费	720102051299	事业支出——项目支出——资本性支出（基本建设）——其他基本建设支出——其他	7201020699	事业支出——项目支出——资本性支出——其他资本性支出
16130304	勘察设计费	720102051299	事业支出——项目支出——资本性支出（基本建设）——其他基本建设支出——其他	7201020699	事业支出——项目支出——资本性支出——其他资本性支出
16130305	可行性研究费	720102051299	事业支出——项目支出——资本性支出（基本建设）——其他基本建设支出——其他	7201020699	事业支出——项目支出——资本性支出——其他资本性支出
16130306	临时设施费	720102051299	事业支出——项目支出——资本性支出（基本建设）——其他基本建设支出——其他	7201020699	事业支出——项目支出——资本性支出——其他资本性支出
16130307	设备检验费	720102051299	事业支出——项目支出——资本性支出（基本建设）——其他基本建设支出——其他	7201020699	事业支出——项目支出——资本性支出——其他资本性支出

续表

财务会计“在建工程”明细科目		预算会计“资本性支出（基本建设）”明细科目［国家发改委、地方发改委（含地方财政土建款）、自筹资金］		预算会计“资本性支出”明细科目（中央行政事业费资金）	
科目代码	科目名称	科目代码	科目名称	科目代码	科目名称
16130308	负荷联合试车费	720102051299	事业支出——项目支出——资本性支出（基本建设）——其他基本建设支出——其他	7201020699	事业支出——项目支出——资本性支出——其他资本性支出
16130309	合同公证及工程质量监理费	720102051299	事业支出——项目支出——资本性支出（基本建设）——其他基本建设支出——其他	7201020699	事业支出——项目支出——资本性支出——其他资本性支出
16130310	（贷款）项目评估费	720102051299	事业支出——项目支出——资本性支出（基本建设）——其他基本建设支出——其他	7201020699	事业支出——项目支出——资本性支出——其他资本性支出
16130311	社会中介机构审计（查）费	720102051299	事业支出——项目支出——资本性支出（基本建设）——其他基本建设支出——其他	7201020699	事业支出——项目支出——资本性支出——其他资本性支出
16130312	招投标费	720102051299	事业支出——项目支出——资本性支出（基本建设）——其他基本建设支出——其他	7201020699	事业支出——项目支出——资本性支出——其他资本性支出
16130313	经济合同仲裁费	720102051299	事业支出——项目支出——资本性支出（基本建设）——其他基本建设支出——其他	7201020699	事业支出——项目支出——资本性支出——其他资本性支出
16130314	诉讼费	720102051299	事业支出——项目支出——资本性支出（基本建设）——其他基本建设支出——其他	7201020699	事业支出——项目支出——资本性支出——其他资本性支出
16130315	律师代理费	720102051299	事业支出——项目支出——资本性支出（基本建设）——其他基本建设支出——其他	7201020699	事业支出——项目支出——资本性支出——其他资本性支出
16130316	土地使用税	720102051299	事业支出——项目支出——资本性支出（基本建设）——其他基本建设支出——其他	7201020699	事业支出——项目支出——资本性支出——其他资本性支出
16130317	耕地占用税	720102051299	事业支出——项目支出——资本性支出（基本建设）——其他基本建设支出——其他	7201020699	事业支出——项目支出——资本性支出——其他资本性支出
16130318	车船使用税	720102051299	事业支出——项目支出——资本性支出（基本建设）——其他基本建设支出——其他	7201020699	事业支出——项目支出——资本性支出——其他资本性支出

续表

财务会计“在建工程”明细科目		预算会计“资本性支出（基本建设）”明细科目［国家发改委、地方发改委（含地方财政土建款）、自筹资金］		预算会计“资本性支出”明细科目（中央行政事业费资金）	
科目代码	科目名称	科目代码	科目名称	科目代码	科目名称
16130319	借款利息	720102051299	事业支出——项目支出——资本性支出（基本建设）——其他基本建设支出——其他	7201020699	事业支出——项目支出——资本性支出——其他资本性支出
16130320	存款利息收入	720102051299	事业支出——项目支出——资本性支出（基本建设）——其他基本建设支出——其他	7201020699	事业支出——项目支出——资本性支出——其他资本性支出
16130321	汇兑损益	720102051299	事业支出——项目支出——资本性支出（基本建设）——其他基本建设支出——其他	7201020699	事业支出——项目支出——资本性支出——其他资本性支出
16130322	报废工程损失	720102051299	事业支出——项目支出——资本性支出（基本建设）——其他基本建设支出——其他	7201020699	事业支出——项目支出——资本性支出——其他资本性支出
16130323	坏账损失	720102051299	事业支出——项目支出——资本性支出（基本建设）——其他基本建设支出——其他	7201020699	事业支出——项目支出——资本性支出——其他资本性支出
16130324	固定资产损失	720102051299	事业支出——项目支出——资本性支出（基本建设）——其他基本建设支出——其他	7201020699	事业支出——项目支出——资本性支出——其他资本性支出
16130325	器材处理亏损	720102051299	事业支出——项目支出——资本性支出（基本建设）——其他基本建设支出——其他	7201020699	事业支出——项目支出——资本性支出——其他资本性支出
16130326	设备盘亏及毁损	720102051299	事业支出——项目支出——资本性支出（基本建设）——其他基本建设支出——其他	7201020699	事业支出——项目支出——资本性支出——其他资本性支出
16130327	研究试验费	720102051299	事业支出——项目支出——资本性支出（基本建设）——其他基本建设支出——其他	7201020699	事业支出——项目支出——资本性支出——其他资本性支出
16130328	其他待摊投资	720102051299	事业支出——项目支出——资本性支出（基本建设）——其他基本建设支出——其他	7201020699	事业支出——项目支出——资本性支出——其他资本性支出
161304	其他投资	——	——	——	——
16130401	房屋购置	7201020501	事业支出——项目支出——资本性支出（基本建设）——房屋建筑物购建	7201020601	事业支出——项目支出——资本性支出——房屋建筑物购建
16130402	办公生活用家具、器具购置	7201020502	事业支出——项目支出——资本性支出（基本建设）——办公设备购置	7201020602	事业支出——项目支出——资本性支出——办公设备购置

续表

财务会计“在建工程”明细科目		预算会计“资本性支出（基本建设）”明细科目［国家发改委、地方发改委（含地方财政土建款）、自筹资金］		预算会计“资本性支出”明细科目（中央行政事业费资金）	
科目代码	科目名称	科目代码	科目名称	科目代码	科目名称
16130403	可行性研究固定资产购置				
1613040301	办公设备	7201020502	事业支出—项目支出—资本性支出（基本建设）—办公设备购置	7201020602	事业支出—项目支出—资本性支出—办公设备购置
1613040302	专用设备	7201020503	事业支出—项目支出—资本性支出（基本建设）—专用设备购置	7201020603	事业支出—项目支出—资本性支出—专用设备购置
16130404	无形资产	——	——	——	——
1613040401	软件	7201020506	事业支出——项目支出——资本性支出（基本建设）——信息网络及软件购置更新	7201020606	事业支出——项目支出——资本性支出——信息网络及软件购置更新
1613040402	著作权、商标权、专利权	7201020511	事业支出——项目支出——资本性支出（基本建设）——无形资产购置	7201020615	事业支出——项目支出——资本性支出——无形资产购置
1613040403	土地使用权	7201020511	事业支出——项目支出——资本性支出（基本建设）——无形资产购置	7201020615	事业支出——项目支出——资本性支出——无形资产购置
1613040404	其他无形资产	7201020511	事业支出——项目支出——资本性支出（基本建设）——无形资产购置	7201020615	事业支出——项目支出——资本性支出——无形资产购置
16130405	物资储备	7201020507	事业支出——项目支出——资本性支出（基本建设）——物资储备	7201020607	事业支出——项目支出——资本性支出——物资储备
16130406	文物及陈列品购置	7201020510	事业支出——项目支出——资本性支出（基本建设）——文物和陈列品购置	7201020614	事业支出——项目支出——资本性支出——文物和陈列品购置
161305	待核销基建支出	720102051299	事业支出——项目支出——资本性支出（基本建设）——其他基本建设支出——其他	7201020699	事业支出——项目支出——资本性支出——其他资本性支出
161306	转出投资	720102051299	事业支出——项目支出——资本性支出（基本建设）——其他基本建设支出——其他	7201020699	事业支出——项目支出——资本性支出——其他资本性支出

第二节 基本建设类项目核算

一、基本建设类项目定义

各单位由各级发展改革部门安排的基本建设项目和非发展改革部门安排的基础设施建设项目，大型修缮项目和维修改造项目统称为基本建设类项目。

基本建设类项目无论资金来源，在具体支出时（扣除预付款项）财务会计均在“在建工程”科目核算，预算会计要区分单位性质和项目性质分别在“行政支出”和“事业支出”下的“项目支出——资本性支出/资本性支出（基本建设）”相关明细科目核算。

基本建设类项目核算大致分为资金筹集、资金支出、分摊结转、交付资产和交回结余五部分。

二、资金筹集核算

不同的资金来源，账务处理时使用的科目有所区别，总体来说，分为国家发改委资金、地方发改委资金（含地方财政土建款）、自筹资金和中央行政事业类资金4类，涉及直接支付的核算处理此处不再赘述，将在资金支出部分详解。

（一）国家发改委资金

建设单位收到年度预算中央投资资金时。

（1）财务会计：借记“零余额账户用款额度/银行存款”科目，贷记“财政拨款收入”科目。

（2）预算会计：借记“资金结存——零余额账户用款额度——项目支出用款额度/货币资金——银行存款”科目，贷记“财政拨款预算收入——项目支出——基本建设类项目”科目。

（二）地方发改委资金（含地方财政拨款用于基本建设类项目）

建设单位收到拨款时：

（1）财务会计：借记“零余额账户用款额度/银行存款”科目，贷记“非同级财政拨款收入——非本级财政拨款——地方财政拨款收入”科目。

（2）预算会计：借记“资金结存——零余额账户用款额度——项目支出用款额度/货币资金——银行存款”科目，贷记“非同级财政拨款预算收入——项目支出——基本建设类项目”科目。

如果地方资金并未明确是否为发改委资金，但用于基本建设项目的，参照上述账务处理。

（三）自筹资金

1. 使用上级单位拨款。

如自筹资金为上级单位拨款，收到拨款时：

（1）财务会计：借记“银行存款”，贷记“上级补助收入”科目。

（2）预算会计：借记“资金结存——货币资金——银行存款”，贷记“上级补助预算收入”科目。

2. 使用本单位其他结余。

如自筹资金为本单位其他结余，财务会计和预算会计均不做账务处理。

（四）中央行政事业费资金

中央行政事业类项目中配套的重点工程项目或台站基础设施建设项目，以及涉及大型修缮的行政事业类项目。收到拨款时：

（1）财务会计：借记“零余额账户用款额度/银行存款”科目，贷记“财政拨款收入”科目。

（2）预算会计：借记“资金结存——零余额账户用款额度——项目支出用款额度/货币资金——银行存款”科目，贷记“财政拨款预算收入——项目支出——行政事业项目”科目。

三、资金支出核算

资金支出分为正常支出事项和特殊支出事项两类。特殊支出事项主要包括：改扩建情况下固定资产转入改扩建或剔除已拆除更新资产、购买及使用库存材料/工程物资、预付款和应付款、部分冲减支出的情况。正常支出指除上述特殊支出事项之外的基本建设类项目支出。

（一）正常支出事项核算

在实际支出工程款项时（不含预付款）：

（1）财务会计：借记“在建工程——建筑安装工程投资/设备投资/待摊投资/其他投资”科目，贷记“银行存款/零余额账户用款额度/财政拨款收入”等科目。

（2）预算会计：借记“行政支出/事业支出——项目支出——资本性支出/资本性支出（基本建设）”科目，贷记“资金结存——银行存款/零余额账户用款额度/财政拨款预算收入”等科目。

根据不同的支出事项以及使用的资金来源不同，账务处理有一定差别，从支出事项方面来看，不同的支出事项在预算会计明细科目的选择是不同的，因此，支出事项的选择按预算会计明细科目来划分；从资金来源方面来看，国家发改委、地方发改委（含地方财政土建款）、自筹资金将详述如下，而中央行政事业类资金账务处理则大致类似，只是个别明细科目会有所区别，下面重点说明不同之处：

1. 资金来源为国家发改委、地方改革委（含地方财政土建款）、自筹资金的支出账务处理规则。

对于建筑安装工程投资、设备投资、待摊投资、其他投资等类支出的财务会计和预算会计账务处理基本相同，但是由于财务会计的核算目的是反映基本建设项目成本核算，而预算会计核算目的是满足报表需求，两者的明细科目有一定差别，因此，涉及到两者明细科目间的对应关系，具体如下：

（1）房屋建筑物构建、基础设施、大型修缮类支出。

①财务会计：按实际支出金额，借记“在建工程——建筑安装工程投资——建筑工程投资——房屋建筑物构建/基础设施建设/大型修缮”科目。

②预算会计：借记“行政支出/事业支出——项目支出——资本性支出（基本建设）——房屋建筑物构建/基础设施建设/大型修缮”科目。

（2）专用设备、信用网络设备安装类支出。

①财务会计：按实际支出金额，借记“在建工程——建筑安装工程投资——安装工程投资——装设工程/设备试运行费——专用设备/信息网络设备”科目。

②预算会计：借记“行政支出/事业支出——项目支出——资本性支出（基本建设）——专用设备购置/信息网络及软件购置更新”科目。

（3）办公设备、专用设备、信用网络设备、公务用车、其他交通工具的购置。

①财务会计：按实际支出金额，借记“在建工程——设备投资——办公设备购置/专用设备购置/信息网络购置/公务用车购置/其他交通工具购置”科目。

②预算会计：借记“行政支出/事业支出——项目支出——资本性支出（基本建设）——办公设备购置/专用设备购置/信息网络及软件购置更新/公务用车购置/其他交通工具购置”科目。

（4）软件类支出。

①财务会计：按实际支出金额，借记“在建工程——其他投资——无形资产——软件”科目。

②预算会计：借记“行政支出/事业支出——项目支出——资本性支出（基本建设）——信息网络及软件购置更新”科目。

（5）著作权、商标权、专利权、土地使用权、其他无形资产类支出。

①财务会计：按实际支出金额，借记“在建工程——其他投资——无形资产——著作权、商标权、专利权/土地使用权/其他无形资产”科目。

②预算会计：借记“行政支出/事业支出——项目支出——资本性支出（基本建设）——无形资产购置”科目。

（6）物资储备、文物和陈列品购置类支出。

①财务会计：按实际支出金额，借记“在建工程——其他投资——物资储备/文物和陈列品购置”科目。

②预算会计：借记“行政支出/事业支出——项目支出——资本性支出（基本建

设）——物资储备/文物和陈列品购置”科目。

（7）房屋购置、办公生活用家具器具购置类支出。

①财务会计：按实际支出金额，借记“在建工程——其他投资——房屋购置/办公生活用家具器具购置”科目。

②预算会计：借记“行政支出/事业支出——项目支出——资本性支出（基本建设）——房屋建筑物购建/办公设备购置”科目。

（8）土地补偿、安置补助、地上附着物和青苗补偿和拆迁补偿类支出。

①财务会计：按实际支出金额，借记“在建工程——待摊投资——土地补偿/安置补助/地上附着物青苗补偿/拆迁补偿”科目。

②预算会计：借记“行政支出/事业支出——项目支出——资本性支出（基本建设）——其他基本建设支出——土地补偿/安置补助/地上附着物青苗补偿/拆迁补偿”科目。

（9）其他待摊投资类支出。

①财务会计：按实际支出金额，借记“在建工程——待摊投资——相关明细”科目。

②预算会计：借记“行政支出/事业支出——项目支出——资本性支出（基本建设）——其他基本建设支出”科目。

以上业务的贷方科目相同，财务会计贷记“库存现金——非零余额现金/零余额现金/零余额账户用款额度/银行存款/财政应返还额度——直接支付额度/财政拨款收入/非同级财政拨款收入——非本级财政拨款”科目。预算会计贷记“财政拨款预算收入——项目支出——基本建设类项目/非同级财政拨款预算收入——基本建设类项目/资金结存——零余额账户用款额度——项目支出用款额度/货币资金/财政应返还额度——财政直接支付”科目。

同时，为了在累计盈余中清晰体现在建工程，当财务会计中借方增加在建工程时，根据其不同性质的资金来源，要同时做以下分录：借记“累计盈余——中央财政拨款结转/非中央财政拨款结转——地方财政拨款结转/其他结余”科目，贷记“累计盈余——非流动资产基金——在建工程”科目，特殊支出事项的财务会计按相同方法处理。

2. 资金来源为中央行政事业费资金的基建支出账务处理规则。

行政事业类项目中的重点工程项目或台站基础设施建设项目的核算，相关支出账务处理规则与上述（1）-（9）基本相同，但要把明细科目中的“资本性支出（基本建设）”换成“资本性支出”，“基本建设类项目”换成“行政事业类项目”。

（二）特殊支出事项的核算

特殊支出事项因资金来源不同而明细科目有所区别，处理规则和一般日常支出相同。此处仅以国家发改委、地方发改委（含地方财政土建款）、自筹资金为例。中央行政事业类资金处理不再赘述。

1. 改扩建工程。

（1）需要改扩建的固定资产转入在建工程。

①财务会计：借记“在建工程——建筑安装工程投资——建筑工程投资——房屋建筑物构建/基础设施建设/大型修缮”科目，按照已提折旧，借记“固定资产累计折旧”科目，按照固定资产原值，贷记“固定资产”科目；同时借记“累计盈余——非流动资产基金——固定资产”科目，贷记“累计盈余——非流动资产基金——在建工程”科目。

②预算会计：不做账务处理。

（2）改扩建过程中替换（拆除）原资产某些组成部分。

①财务会计：按照被替换（或拆除）部分的账面价值，借记“累计盈余——非流动资产基金——在建工程”科目，贷记“在建工程——建筑安装工程——建筑工程投资——房屋建筑物构建/基础设施建设/大型修缮”科目。

②预算会计：不做账务处理。

2. 购买及使用库存材料/工程物资。

（1）购买库存材料或工程物资时，按实际支付款项：

①财务会计，借记“库存材料/工程物资”科目，贷记“现金——非零余额现金/零余额现金/零余额账户用款额度/银行存款/财政应返还额度——直接支付额度/财政拨款收入——财政直接支付——项目支出——基建项目支出/非同级财政拨款收入——非本级财政拨款”科目。

②预算会计：借记“行政支出/事业支出——项目支出——资本性支出（基本建设）”下明细科目，贷记“财政拨款预算收入——项目支出——基本建设项目/非同级财政拨款预算收入——基本建设项目/资金结存——零余额账户用款额度——项目支出用款额度/货币资金/财政应返还额度——财政直接支付”科目。

（2）领用上述材料物资时：

①财务会计：“在建工程——建筑安装工程投资/设备投资/待摊投资/其他投资——相关明细科目”，贷记“库存材料/工程物资”科目。

②预算会计：不做账务处理。

3. 预付账款和按进度结算工程款。

（1）预付款项。

发包工程预付备料或预付工程款时，按照合同约定的预付款金额：

①财务会计：借记“预付账款——预付备料款/预付工程款”科目，贷记“零余额账户用款额度/银行存款/财政应返还额度——直接支付额度/财政拨款收入——财政直接支付——项目支出——基建项目支出/非同级财政拨款收入——非本级财政拨款”科目。

②预算会计：借记“行政支出/事业支出——项目支出——资本性支出（基本建设）”下明细科目，贷记“财政拨款预算收入——项目支出——基本建设项目/非同级财政拨款预算收入——基本建设项目/资金结存——零余额账户用款额度——项目支出用款额度/货币资金/财政应返还额度——财政直接支付”科目。

（2）按照进度结算工程款。

单位对于发包建筑安装工程，根据建筑安装工程价款结算清单与施工企业结算工程价款时，按照应结算的工程价款：

①财务会计：借记“在建工程——建筑安装工程投资——建筑工程投资——房屋建筑物构建/基础设施建设/大型修缮”科目，按照规定抵扣的预付工程额度，贷记“预付账款——预付备料款/预付工程款”科目，按照其差额，贷记“零余额账户用款额度/银行存款/财政应返还额度——直接支付额度/财政拨款收入——财政直接支付——项目支出——基建项目支出/非同级财政拨款收入——非本级财政拨款/应付账款”科目。

预算会计对于补付的差额（即结算时实际支付额），借记“行政支出/事业支出——项目支出——资本性支出（基本建设）——房屋建筑物构建/基础设施建设/大型修缮”科目，贷记“财政拨款预算收入——项目支出——基本建设类项目/非同级财政拨款预算收入——基本建设类项目/资金结存——零余额账户用款额度——项目支出用款额度/货币资金/财政应返还额度——财政直接支付”科目。

对于建设单位预付的设备款及其他预付款，其处理与上述账务处理类似。

4. 应付款项。

（1）形成应付款项时：

①财务会计：借记“在建工程——建筑安装工程投资/设备投资/待摊投资/其他投资——相关明细科目”，贷记“应付账款/应付票据/其他应付款/应付职工薪酬”科目。

②预算会计：不做账务处理。

（2）实际支付款项时：

①财务会计：借记“应付账款/应付票据/其他应付款/应付职工薪酬”等科目，贷记“零余额账户用款额度/银行存款/财政应返还额度——直接支付额度”科目。

②预算会计：借记“行政支出/事业支出——项目支出——资本性支出（基本建设）”科目，贷记“资金结存——零余额账户用款额度——项目支出用款额度/货币资金/财政应返还额度——直接支付额度”科目。

5. 建设过程中试生产、设备调试等产生的收入。

按照取得的收入金额：

①财务会计：借记“银行存款”等科目，贷记“在建工程——待摊投资——相关明细”科目，同时，借记“累计盈余——非流动资产基金——在建工程”科目，贷记“累计盈余——非中央财政拨款结余——其他结余”科目。

②预算会计：借记“资金结存”等科目，贷记“行政支出/事业支出——项目支出——资本性支出（基本建设）”科目。

6. 利息收入。

（1）按照取得的收入金额，项目竣工前，冲减建筑工程成本。

①财务会计：借记“银行存款”等科目，贷记“在建工程——待摊投资——利息收入”科目；同时，借记“累计盈余——非流动资产基金——在建工程”科目，贷记“累计盈余——非中央财政拨款结余——其他结余”科目。

②预算会计：借记“资金结存”等科目，贷记“行政支出/事业支出——项目支出——资本性支出/资本性支出（基本建设）——其他”科目。

（2）项目竣工后，按照取得的收入金额，增加收入。

①财务会计：借记“银行存款”等科目，贷记“利息收入”科目。

②预算会计：借记“资金结存”等科目，贷记“其他预算收入”科目。

7. 经批准将单项工程或单位工程报废净损失计入继续施工的工程成本。

由于自然灾害、管理不善等原因造成的单项工程或单位工程报废或毁损，扣除残料价值和过失人或保险公司等赔款后的净损失，报经批准后计入继续施工的工程成本的。

①财务会计：按照工程成本扣除残料价值和过失人或保险公司等赔款后的净损失，借记“在建工程——待摊投资——损失类“科目，按照残料变价收入、过失人或保险公司赔款等，借记“银行存款”“其他应收款”等科目，按照报废或毁损的工程成本，贷记“在建工程——建筑安装工程投资”。同时，按照残料变价收入、过失人或保险公司赔款，借记“累计盈余——非流动资产基金——在建工程”，贷记“累计盈余——非中央财政拨款结余——其他结余”。

②预算会计：按照报废或毁损的工程成本，借记“行政支出/事业支出——项目支出——资本性支出（基本建设）——其他”，按照实际收到的残料变价收入、过失人或保险公司赔款，借记“银行存款”；贷记“行政支出/事业支出——项目支出——资本性支出（基本建设）——房屋建筑物构建/基础设施建设/大型修缮”科目。

8. 跨年度项目，年末财政结转资金处理。

（1）授权支付结转。

①财务会计：年末，根据代理银行提供的对账单做注销额度的相关处理，借记“财政应返还额度——财政授权支付——项目支出额度”科目，贷记“零余额账户用款额度——项目支出用款额度”科目。

年末，单位本年度财政授权支付预算指标数大于零余额账户用款额度下达数的，根据未下达的用款额度，借记“财政应返还额度——财政授权支付——项目支出额度”科目，贷记“财政拨款收入”科目。

②预算会计：年末，根据代理银行提供的对账单做注销额度的相关处理，借记“资金结存——财政应返还额度——财政授权支付——项目支出额度”科目，贷记“资金结存——零余额账户用款额度——项目支出用款额度”科目。

年末，单位本年度财政授权支付预算指标数大于零余额账户用款额度下达数的，根据未下达的用款额度，借记“资金结存——财政应返还额度——财政授权支付——项目支出额度”科目，贷记“财政拨款预算收入——项目支出”科目。

（2）直接支付结转。

①财务会计：年末，单位根据本年度财政直接支付预算指标数大于当年财政直接支付实际发生数的差额，借记“财政应返还额度——财政直接支付——项目支出额度”科目，贷记“财政拨款收入”科目。

②预算会计：年末，单位根据本年度财政直接支付预算指标数大于当年财政直接支付实际发生数的差额，借记“资金结存——财政应返还额度——财政直接支付——项目支出额度”科目，贷记“财政拨款收入——项目支出”科目。

三、分摊结转核算

（一）待摊费用分摊

1. 建设项目编制竣工财务决算时：

按照合理的分配方法分配待摊投资，将待摊投资分摊到建筑安装工程投资、设备投资。

①财务会计：借记“在建工程——交付使用资产/待核销基建支出/转出投资”科目，贷记“在建工程——待摊投资”科目。

②预算会计：不做账务处理。

2. 待摊投资的分配方法：

（1）按照实际分配率分配。适用于建设工期较短、整个项目的所有单项工程一次竣工的建设项目。

实际分配率＝待摊投资明细科目余额÷（建筑工程明细科目余额＋安装工程明细科目余额＋设备投资明细科目余额）×100%

（2）按照概算分配率分配。适用于建设工期长、单项工程分期分批建成投入使用的建设项目。

概算分配率＝（概算中各待摊投资项目的合计数－其中可直接分配部分）÷（概算中建筑工程、安装工程和设备投资合计）×100%

（3）某项固定资产应分配的待摊投资＝该项固定资产的建筑工程成本或该项固定资产（设备）的采购成本和安装成本合计×分配率

（二）交付使用资产

核算形成固定资产和无形资产部分，在项目竣工验收交付使用时。

①财务会计：借记“在建工程——交付使用资产”科目，贷记“在建工程——建筑安装工程投资/设备投资/其他投资”科目。

②预算会计：不做账务处理。

（三）待核销基建类支出

对于如江河清障疏浚、航道整治、飞播造林、退耕还林（草）、封山（沙）育林（草）、水土保持、城市绿化、毁损道路修复、护坡及清理或者取消项目发生的可行性研究费，以及其他符合条件的待核基建支出，在项目竣工验收交付使用时，经核实确认后：

①财务会计：借记“在建工程——待核基建支出”科目，贷记“在建工程——建筑安装工程投资/设备投资/其他投资”科目。

②预算会计：不做账务处理。

注意：对于不符合待核销基建支出定义的支出，不能形成待核销基建支出，必须分摊并计入资产。

待核销基建支出仅以下几类：

第一，非经营性项目发生的江河清障疏浚、航道整治、飞播造林、退耕还林（草）、封山（沙）育林（草）、水土保持、城市绿化、毁损道路修复、护坡及清理等不能形成资产的支出，以及项目未被批准、项目取消和项目报废前已发生的支出。

第二，发生的农村沼气工程、农村安全饮水工程、农村危房改造工程、游牧民定居工程、渔民上岸工程等涉及家庭或者个人的支出，形成资产产权归属家庭或者个人的。

第三，移民安置补偿中由项目建设单位负责建设并形成的实物资产，产权归属移民的。

（四）基建转出投资

为建设项目配套而建成的、产权不归属本单位的专用设施，在项目竣工验收交付使用时，按照转出的专用设施的成本，核实确认后，获得产权归属的相关证明后：

①财务会计：借记“在建工程——基建转出投资”科目，贷记“在建工程——建筑安装工程投资/设备投资/其他投资”科目。

②预算会计：不做账务处理。

转出投资主要有以下几类：

第一，非经营性项目发生的江河清障疏浚、航道整治、飞播造林、退耕还林（草）、封山（沙）育林（草）、水土保持、城市绿化、毁损道路修复、护坡及清理等形成资产产权不归属本单位的。

第二，发生的农村沼气工程、农村安全饮水工程、农村危房改造工程、游牧民定居工程、渔民上岸工程等涉及家庭或者个人的支出，形成资产产权归属其他单位的。

第三，项目配套建设的专用设施，包括专用道路、专用通讯设施、专用电力设施、地下管道等，产权不归属本单位的。

第四，移民安置补偿中由项目建设单位负责建设并形成的实物资产，产权归属集体或者单位的。

四、交付资产核算

工程全部竣工后，要及时编制竣工财务决算，待有权限部门批复后，进行资产交付。

（一）对于形成本单位固定资产和无形资产的

①财务会计：借记“固定资产/无形资产”科目，贷记“在建工程——交付使用资产”科目。同时，借记“累计盈余——非流动资产基金——在建工程”科目，贷记“累计盈余——非流动资产基金——固定资产/无形资产”科目。

②预算会计：不做账务处理。

（二）对于形成气象部门内其他单位固定资产和无形资产的

1. 交付资产部门。

①财务会计：借记“无偿调拨净资产”科目，贷记“在建工程——交付使用资产”科目。同时，借记“累计盈余——非流动资产基金——在建工程”科目，贷记“无偿调拨净资产”科目。

②预算会计：不做账务处理。

2. 接受资产部门。

①财务会计：借记“固定资产/无形资产/在建工程”科目，贷记“无偿调拨净资产”科目。同时，借记“无偿调拨净资产”科目，贷记“累计盈余——非流动资产基金——固定资产/无形资产/在建工程”科目。

②预算会计：不做账务处理。

（三）对于形成待核销基建支出的

①财务会计：借记“资产处置费用”科目，贷记在“在建工程——待核销基建支出”科目，同时，借记“累计盈余——非流动资产基金——在建工程”科目，贷记“资产处置费用”科目。

②预算会计：不做账务处理。

（四）对于形成转出投资的

①财务会计：借记“无偿调拨净资产”科目，贷记“在建工程——基建转出投资”科目。同时借记“累计盈余——非流动资产基金——在建工程”科目，贷记“无偿调拨净资产”科目。

②预算会计：不做账务处理。

五、交回结余资金

项目竣工后，结余资金要按相关规定交回。

（一）交回中央财政结余资金

①财务会计：借记“累计盈余——中央财政拨款结余”科目，贷记“银行存款/零余额账户用款额度/财政应返还额度——直接支付额度/授权支付额度”科目。

②预算会计：借记“财政拨款结余——归集上缴”科目，贷记“资金结存——零余额账户用款额度——项目支出用款额度/货币资金/财政应返还额度——财政直接支付”科目。

（二）交回地方财政结余资金

①财务会计：借记“累计盈余——非中央财政拨款结余——地方财政拨款结余”科

目，贷记“银行存款/零余额用款额度/财政应返还额度——直接支付额度/授权支付额度”科目。

②预算会计：借记“非财政拨款结转——缴回资金”科目，贷记“资金结存——零余额账户用款额度——项目支出用款额度/货币资金/财政应返还额度——财政直接支付”科目。

（三）交回自筹结余资金

对项目来说，要在竣工决算报表中体现实际用于项目的自筹资金，账务处理按年末结转正常处理。

第三节　典型例题

某事业单位2019年度基本建设项目共有重点工程项目2个：新建业务楼项目、山洪项目；业务类项目1个：高时空分辨率气象预报分布式计算能力建设项目。

2020年度新建项目有行政事业类项目1个（按基本建设项目管理）：台站维修改造项目；基层台站项目1个：台站搬迁项目；纯地方项目1个：区域自动站建设项目

以上6个项目用于编制固定资产投资决算。

一、新建业务楼项目

【例3－1】新建A业务楼，概算总支出10 000 000元，其中，中央发改委资金800万元，以授权支付方式（为简化处理，假设授权支付额度一次到达，下同），自筹资金2 000 000元，中央发改委800万元已到位。具体会计分录如表3－2所示：

表3－2

财务会计	预算会计
借：零余额账户用款额度——项目支出用款额度 8 000 000 贷：财政拨款收入 8 000 000	借：资金结存——零余额账户用款额度——项目支出用款额度 8 000 000 贷：财政拨款预算收入——项目支出——基本建设类项目 8 000 000

【例3－2】2019年，中央资金支出295万元。支出项目前期费用100万元：三通一平费用15万元，项目前期工作咨询费10万元，勘察费5万元，设计费15万元，工程监理费10万元，工程质量监督费2万元，施工图审查费1.5万元，审计费5万元，工程招投标费4.5万元，水土保持方案费用2.5万元，环境影响咨询费用2.5万元，市政配套设施及人防费10万元，成立的基建办公室，支付施工现场津贴5万元，差旅费5万元，

办公设备购置 6 万元，办公费 1 万元。

支付土地使用权地价款 1 000 000 元。具体会计分录如表 3－3 所示：

表 3－3

财务会计	预算会计
借：在建工程——待摊投资——其他待摊投资 300 000 在建工程——待摊投资——其可行性研究费 100 000 在建工程——待摊投资——其勘察设计费 200 000 在建工程——待摊投资——其合同公证及工程质量监理费 120 000 在建工程——待摊投资——其社会中介机构审计（查）费 65 000 在建工程——待摊投资——其招投标费 45 000 在建工程——待摊投资——其建设单位管理费 170 000 在建工程—其他投资——无形资产——土地使用权 －1 000 000 贷：零余额账户用款额度——项目支出用款额度 2 000 000 借：累计盈余——中央财政拨款结转 2 000 000 贷：累计盈余——非流动资产基金——在建工程 2 000 000	借：事业支出——项目支出——资本性支出（基本建设）——其他基本建设支出——其他 940 000 事业支出——项目支出——资本性支出（基本建设）——办公设备购置 60 000 事业支出——项目支出——资本性支出（基本建设）——无形资产购置 1 000 000 贷：资金结存——零余额账户用款额度——项目支出用款额度 2 000 000

【**例 3－3**】接入热力公司地下供暖管道投资 5 万元，产权不归本单位所有。具体会计分录如表 3－4 所示：

表 3－4

财务会计	预算会计
借：在建工程——建筑安装工程投资——建筑工程投资——房屋建筑物购建——供暖管道 50 000 贷：零余额账户用款额度——项目支出用款额度 50 000 借：累计盈余——中央财政拨款结转 50 000 贷：累计盈余——非流动资产基金——在建工程 50 000	借：事业支出——项目支出——资本性支出（基本建设）——房屋建筑物购建 50 000 贷：资金结存——零余额账户用款额度——项目支出用款额度 50 000

【**例 3－4**】业务楼主体工程合同价款 450 万元，预付工程款 5%（22.5 万元）。具体会计分录如表 3－5 所示：

表 3－5

财务会计	预算会计
借：预付账款——预付工程款——业务楼 225 000 贷：零余额账户用款额度——项目支出用款额度 225 000	借：事业支出——项目支出——资本性支出（基本建设）——房屋建筑物购建 225 000 贷：资金结存——零余额账户用款额度——项目支出用款额度 225 000

【例 3－5】业务楼主体工程合同价款 450 万元，根据合同应支付 20% 进度款（90 万元），其中，已预付 22.5 万元工程款，还需支付 67.5 万元，施工单位出具工程价款结算单。具体会计分录如表 3－6 所示：

表 3－6

财务会计	预算会计
借：在建工程——建筑安装工程投资——建筑工程投资——房屋建筑物构建——业务楼　900 000 　贷：零余额账户用款额度——项目支出用款额度　675 000 　　预付账款——预付工程款——业务楼　225 000 借：累计盈余——中央财政拨款结转　900 000 　贷：累计盈余——非流动资产基金——在建工程　900 000	借：事业支出——项目支出——资本性支出（基本建设）——房屋建筑物构建　675 000 　贷：资金结存——零余额账户用款额度——项目支出用款额度　675 000

【例 3－6】注销 2019 年未使用完额度。具体会计分录如表 3－7 所示：

表 3－7

财务会计	预算会计
借：财政应返还额度——财政授权支付——项目支出额度　5 050 000 　贷：零余额账户用款额度——项目支出用款额度　5 050 000	借：资金结存——财政应返还额度——财政授权支付——项目支出额度　5 050 000 　贷：资金结存——零余额账户用款额度——项目支出用款额度　5 050 000

【例 3－7】年末结转（通过年结方案结转）。具体会计分录如表 3－8 所示：

表 3－8

财务会计	预算会计
借：财政拨款收入　8 000 000 　贷：累计盈余——中央财政拨款结转　8 000 000	借：财政拨款结转——本年收支结转　2 950 000 　贷：事业支出——项目支出——资本性支出（基本建设）——房屋建筑物购建　950 000 　　事业支出——项目支出——资本性支出（基本建设）——办公设备购置　60 000 　　事业支出——项目支出——资本性支出（基本建设）——其他基本建设支出——其他　940 000 　　事业支出——项目支出——资本性支出（基本建设）——无形资产购置　1 000 000 借：财政拨款预算收入——项目支出——基本建设类项目　8 000 000 　贷：财政拨款结转——本年收支结转　8 000 000

（备注：此例做结转仅为了方便理解，以后举例省略该步骤）。

【例 3－8】2020 年恢复 2019 年未使用完额度。具体会计分录如表 3－9 所示：

表 3－9

财务会计	预算会计
借：零余额账户用款额度——项目支出用款额度 5 050 000 　贷：财政应返还额度——财政授权支付——项目支出额度 5 050 000	借：资金结存——零余额账户用款额度——项目支出用款额度 5 050 000 　贷：资金结存——财政应返还额度——财政授权支付——项目支出额度 5 050 000

【例 3－9】2020 年支付新建业务楼项目第二批工程款，按计划支付工程合同价款 50%（225 万元），当时仅支付 200 万元，剩余款项 25 万元以后支付。具体会计分录如表 3－10 所示：

表 3－10

财务会计	预算会计
借：在建工程——建筑安装工程投资——建筑工程投资——房屋建筑物构建——业务楼 2 250 000 　贷：零余额账户用款额度——项目支出用款额度 2 000 000 　　应付账款——应付工程款——业务楼 250 000 借：累计盈余——中央财政拨款结转 2 250 000 　贷：累计盈余——非流动资产基金——在建工程 2 250 000	借：事业支出——项目支出——资本性支出（基本建设）——房屋建筑物构建 2 000 000 　贷：资金结存——零余额账户用款额度——项目支出用款额度 2 000 000

【例 3－10】收到利息收入 10 万元，冲减待摊投资。具体会计分录如表 3－11 所示：

表 3－11

财务会计	预算会计
借：银行存款 100 000 　借：在建工程——待摊投资——利息收入——业务楼 100 000（红字） 借：累计盈余——非流动资产基金——在建工程 100 000 　贷：累计盈余——中央财政拨款结余——其他结余 100 000	借：资金结存——货币资金——银行存款 100 000 借：事业支出——项目支出——资本性支出（基本建设）——其他基本建设支出——其他 100 000（红字）

【例 3－11】购买天气会商系统大屏 85 万元（暂未付款），通讯网络服务器 20 万元。具体会计分录如表 3－12 所示：

表 3－12

财务会计	预算会计
借：在建工程——设备投资——不需要安装设备——信息网络设备购置——计算机——显示大屏　850 000 　贷：应付账款——应付器材款——显示大屏　850 000 借：累计盈余——中央财政拨款结转　850 000 　贷：累计盈余——非流动资产基金——在建工程　850 000 借：在建工程——设备投资——不需要安装设备——信息网络设备购置——计算机——服务器　200 000 　贷：零余额账户用款额度——项目支出用款额度　200 000 借：累计盈余——中央财政拨款结转　200 000 　贷：累计盈余——非流动资产基金——在建工程　200 000	借：事业支出——项目支出——资本性支出（基本建设）——信息网络及软件购置更新——计算机　200 000 　贷：资金结存——零余额账户用款额度——项目支出用款额度 200 000

【例 3－12】支付应付款项，包括工程款 25 万元，显示大屏购置 85 万元。具体会计分录如表 3－13 所示：

表 3－13

财务会计	预算会计
借：应付账款——应付工程款——业务楼　250 000 　应付账款——应付器材款——显示大屏　850 000 　贷：零余额账户用款额度——项目支出用款额度　1 100 000	借：事业支出——项目支出——资本性支出（基本建设）——房屋建筑物构建　250 000 　贷：资金结存——零余额账户用款额度——项目支出用款额度　250 000 借：事业支出——项目支出——资本性支出（基本建设）——信息网络及软件购置更新——计算机　850 000 　贷：资金结存——零余额账户用款额度——项目支出用款额度　850 000

【例 3－13】业务楼主体工程结束。进行工程价款结算审计，报审 500 万元，审减 50 万元，审定 450 万元，支付除 3% 保证金外的工程尾款（已支付 315 万元，本次需支付 135 万元，扣除保证金 13.5 万元外（将使用自有资金支付），本次尚需支付 121.5 万元）。具体会计分录如表 3－14 所示：

表 3－14

财务会计	预算会计
借：在建工程——建筑安装工程投资——建筑工程投资——房屋建筑物构建——业务楼　1 350 000 　贷：零余额账户用款额度——项目支出用款额度　1 215 000 　　其他应付款——保证金——业务楼　135 000 借：累计盈余——中央财政拨款结转　1 215 000 　累计盈余——非中央财政拨款结余——其他结余　135 000 　贷：累计盈余——非流动资产基金——在建工程　1 350 000	借：事业支出——项目支出——资本性支出（基本建设）——房屋建筑物构建　1 215 000 　贷：资金结存——零余额账户用款额度——项目支出用款额度　1 215 000

【例 3－14】支付给排水工程 4.5 万元，电器照明工程 10.5 万元。弱电工程 10 万元，城市供暖工程 10 万元，防灾减灾业务指挥平台装修 80 万元（其中，61.5 万元为自筹资金），人工影响天气指挥平台装修 15 万元（自筹资金）。具体会计分录如表 3－15 所示：

表 3－15

财务会计	预算会计
借：在建工程——建筑安装工程投资——建筑工程投资——房屋建筑物构建——业务楼配套工程 350 000 在建工程——建筑安装工程投资——建筑工程投资——房屋建筑物构建——业务楼装修工程 950 000 贷：零余额账户用款额度——项目支出用款额度 535 000 银行存款 765 000 借：累计盈余——中央财政拨款结转 535 000 累计盈余——非中央财政拨款结余——其他结余 765 000 贷：累计盈余——非流动资产基金——在建工程 1 300 000	借：事业支出——项目支出——资本性支出（基本建设）——房屋建筑物构建 1 300 000 贷：资金结存——零余额账户用款额度——项目支出用款额度 535 000 银行存款 765 000

【例 3－15】使用自有资金支付围墙、大门和绿化投资 40 万元，室外排水、电力、照明 20 万元，监控、环卫设施 20 万元，局外道路（产权归地府政府）30 万元。具体会计分录如表 3－16 所示：

表 3－16

财务会计	预算会计
借：在建工程——建筑安装工程投资——建筑工程投资——房屋建筑物购建——庭院 800 000 在建工程——建筑安装工程投资——建筑工程投资——基础设施建设——道路 300 000 贷：银行存款 1 100 000 借：累计盈余——非中央财政拨款结余——其他结余 1 100 000 贷：累计盈余——非流动资产基金——在建工程 1 100 000	借：事业支出——项目支出——资本性支出（基本建设）——房屋建筑物购建 800 000 事业支出——项目支出——资本性支出（基本建设）——基础设施建设 300 000 贷：银行存款 1 100 000

【例 3－16】该新建业务楼子项目——打井项目，因某种原因，造成该项目报废，经主管部门批准后，净损失 10 万元。具体会计分录如表 3－17 所示：

表 3－17

财务会计	预算会计
借：在建工程——待摊投资——报废工程损失 100 000 借：在建工程——建筑安装工程投资——建筑工程投资——房屋建筑物购建——庭院 100 000（红字）	不做账务处理

【例 3－17】项目竣工后，通过验收后，进行分摊费用并结转。

分摊新建业务楼项目待摊投资，待摊投资合计 100 万元（100 万－10 万＋10 万），分摊到如下资产（业务楼 580 万元，庭院 70 万元（80 万－10 万），供暖管道 5 万元，基础设施建设（道路）30 万元）（注：不需要安装设备和无形资产不分摊该费用）。

（1）计算待摊投资发生额（100 万元）分摊率：

1 000 000 ÷（4 500 000＋350 000＋950 000＋700 000＋50 000＋300 000）×100%＝14.6%

（2）（业务楼 580 万元，庭院 70 万元，供暖管道 5 万元，基础设施建设（道路）30 万元）计算分摊额：

业务楼 5 800 000 元×14.6%＝846 700（元）

庭院 700 000 元×14.6%＝102 200（元）

供暖管道 50 000 元×14.6%＝7 300（元）

基础设施建设（道路）300 000 元×14.6%＝43 800（元）

（3）具体会计分录如表 3－18、表 3－19 所示：

表 3－18

财务会计			预算会计
借：在建工程——交付使用资产——固定资产——业务楼	846 700		不做账务处理
在建工程——交付使用资产——固定资产——庭院	102 200		
在建工程——转出投资——供暖管道	7 300		
在建工程——转出投资——道路	43 800		
在建工程——待摊投资——其利息收入	100 000		
贷：在建工程——待摊投资——其其他待摊投资		400 000	
在建工程——待摊投资——其勘察设计费		200 000	
在建工程——待摊投资——其合同公证及工程质量监理费		120 000	
在建工程——待摊投资——其社会中介机构审计（查）费		65 000	
在建工程——待摊投资——其招投标费		45 000	
在建工程——待摊投资——其项目建设管理费		170 000	
在建工程——待摊投资——报废工程损失		100 000	

表 3－19

财务会计			预算会计
借：在建工程——交付使用资产——固定资产——业务楼	5 800 000		不做账务处理
在建工程——交付使用资产——固定资产——庭院	700 000		
在建工程——转出投资——供暖管道	50 000		
在建工程——转出投资——道路	300 000		
在建工程——交付使用资产——固定资产——大屏显示	850 000		
在建工程——交付使用资产——固定资产——服务器	200 000		
在建工程——交付使用资产——无形资产——土地使用权	1 000 000		
贷：在建工程——建筑安装工程投资——建筑工程投资——房屋建筑物构建——业务楼		4 500 000	
在建工程——建筑安装工程投资——建筑工程投资——房屋建筑物构建——业务楼配套		350 000	

续表

财务会计	预算会计
在建工程——建筑安装工程投资——建筑工程投资——房屋建筑物构建——业务楼装修 950 000 在建工程——建筑安装工程投资——建筑工程投资——房屋建筑物构建——供暖管道 50 000 在建工程——建筑安装工程投资——建筑工程投资——基础设施建设——道路 300 000 在建工程——建筑安装工程投资——建筑工程投资——房屋建筑物构建——庭院 700 000 在建工程——设备投资——不需要安装设备——信息网络购置——计算机——大屏显示 850 000 在建工程——设备投资——不需要安装设备——信息网络购置——计算机——服务器 200 000 在建工程——其他投资——无形资产——土地使用权 1 000 000	

【例3-18】分摊、结转完毕后，待批复后进行资产交付。

1. 业务楼主体：5 800 000+846 700=6 646 700（元）
2. 庭院：700 000+102 200=802 200（元）
3. 供暖管道：50 000+7 300=57 300（元）
4. 基础设施建设（道路）：300 000+43 800=343 800（元）
5. 大屏显示850 000元
6. 通讯网络控制系统200 000元
7. 土地使用权1 000 000元

具体会计分录如表3-20、表3-21所示：

表3-20

财务会计	预算会计
（1）交付固定资产及无形资产 借：固定资产——房屋及构筑物——业务楼 6 646 700 固定资产——房屋及构筑物——庭院 802 200 固定资产——通用设备——显示大屏 850 000 固定资产——通用设备——服务器 200 000 无形资产——土地使用权 1 000 000 贷：在建工程——交付使用资产——固定资产——业务楼 6 646 700 在建工程——交付使用资产——固定资产——庭院 802 200 在建工程——交付使用资产——固定资产——大屏显示 850 000 在建工程——交付使用资产——固定资产——服务器 200 000 在建工程——交付使用资产——无形资产——土地使用权 1 000 000 借：累计盈余——非流动资产基金——在建工程 9 498 900 贷：累计盈余——非流动资产基金——固定资产 8 498 900 累计盈余——非流动资产基金——无形资产 1 000 000	不做账务处理

表 3－21

财务会计	预算会计
（2）交付转出投资 借：无偿调拨净资产　401 100 　贷：在建工程——转出投资——供暖管道　57 300 　　在建工程——转出投资——道路　343 800 借：累计盈余——非流动资产基金——在建工程　401 100 　贷：无偿调拨净资产　401 100	不做账务处理

【例 3－19】年末结账。具体会计分录如表 3－22 所示：

表 3－22

财务会计	预算会计
不做账务处理	借：财政拨款结转——本年收支结转　6 815 000 　事业支出——项目支出——资本性支出（基本建设）——其他基本建设支出——其他　100 000 　贷：事业支出——项目支出——资本性支出（基本建设）——房屋建筑物购建　4 000 000 　　事业支出——项目支出——资本性支出（基本建设）——信息网络及软件购置　1 050 000 　　事业支出——项目支出——资本性支出—房屋建筑物购建　1 565 000 　　事业支出——项目支出——资本性支出——基础设施　300 000

【例 3－20】质保期结束，无质量问题，支付质量保障金。具体会计分录如表 3－23 所示：

表 3－23

财务会计	预算会计
借：其他应付款——质保金　135 000 　贷：银行存款　135 000	借：事业支出——项目支出——资本性支出（基本建设）——房屋建筑物构建　135 000 　贷：银行　135 000

二、山洪项目

【例 3－21】2019 年收到山洪项目 120 万元，采用授权支付，均为中央发改委资金。具体会计分录如表 3－24 所示：

表 3－24

财务会计	预算会计
借：零余额账户用款额度——项目支出用款额度 12 000 000 贷：财政拨款收入 12 000 000	借：资金结存——零余额账户用款额度——项目支出用款额度 12 000 000 贷：财政拨款预算收入——项目支出——基本建设类项目 12 000 000

【例 3－22】购买自动站设备 18 套，每套 20 万元，安装费每套 1 万元，差旅交通费 2 万元。具体会计分录如表 3－25 所示：

表 3－25

财务会计	预算会计
借：在建工程——设备投资——在安装设备——专用设备购置——地面观测设备——自动站 3 600 000 贷：零余额账户用款额度——项目支出用款额度 3 600 000 借：累计盈余——中央财政拨款结转 3 600 000 贷：累计盈余——非流动资产基金——在建工程 3 600 000 借：在建工程——建造安装工程投资——安装工程投资——装设工程——专用设备——自动站 180 000 贷：零余额账户用款额度——项目支出用款额度 180 000 借：累计盈余——中央财政拨款结转 180 000 贷：累计盈余——非流动资产基金——在建工程 180 000 借：在建工程——待摊投资——建设管理费——差旅费 20 000 贷：零余额账户用款额度——项目支出用款额度 20 000 借：累计盈余——中央财政拨款结转 20 000 贷：累计盈余——非流动资产基金——在建工程 20 000	借：事业支出——项目支出——资本性支出（基本建设）——专用设备购置——地面观测设备——自动站 3 600 000 贷：资金结存——零余额账户用款额度——项目支出用款额度 3 600 000 借：事业支出——项目支出——资本性支出（基本建设）——专用设备购置——地面观测设备——自动站 180 000 贷：资金结存——零余额账户用款额度——项目支出用款额度 180 000 借：事业支出——项目支出——资本性支出（基本建设）——其他基本建设支出——其他 20 000 贷：资金结存——零余额账户用款额度——项目支出用款额度 20 000

【例 3－23】购买地市级移动校准维修系统设备 4 套，每套 70 万元，安装费每套 5 万元，培训费 3 万元。具体会计分录如表 3－26 所示：

表 3－26

财务会计	预算会计
借：在建工程——设备投资——需要安装设备——专用设备——地面观测设备——地市级移动校准维修系统设备 2 800 000 贷：零余额账户用款额度——项目支出用款额度 2 800 000	借：事业支出——项目支出——资本性支出（基本建设）——专用设备购置——地面观测设备——地市级移动校准维修系统设备 2 800 000 贷：资金结存——零余额账户用款额度——项目支出用款额度 2 800 000

续表

财务会计	预算会计
借：累计盈余——中央财政拨款结转 2 800 000 贷：累计盈余——非流动资产基金——在建工程 2 800 000 借：在建工程——建造安装工程投资——安装工程投资——装设工程——专用设备——地市级移动校准维修系统设备 200 000 贷：零余额账户用款额度——项目支出用款额度 200 000 借：累计盈余——中央财政拨款结转 200 000 贷：累计盈余——非流动资产基金——在建工程 200 000 借：在建工程——待摊投资——其他待摊投资—培训费 30 000 贷：零余额账户用款额度——项目支出用款额度 30 000 借：累计盈余——中央财政拨款结转 30 000 贷：累计盈余——非流动资产基金——在建工程 30 000	借：事业支出——项目支出——资本性支出（基本建设）——专用设备购置——地面观测设备——地市级移动校准维修系统设备 200 000 贷：资金结存——零余额账户用款额度——项目支出用款额度 200 000 借：事业支出——项目支出——资本性支出（基本建设）——其他基本建设支出——其他 30 000 贷：资金结存——零余额账户用款额度——项目支出用款额度 30 000

【例3－24】支付信息业务软件开发费40万元，历史气象资料安全管理和数字化建设经费60万元。具体会计分录如表3－27所示：

表3－27

财务会计	预算会计
借：在建工程——其他投资——无形资产——软件——信息业务软件 400 000 贷：零余额账户用款额度——项目支出用款额度 400 000 借：累计盈余——中央财政拨款结转 400 000 贷：累计盈余——非流动资产基金——在建工程 400 000 借：在建工程——其他投资——无形资产——软件——历史气象资料安全管理和数字化 600 000 贷：零余额账户用款额度——项目支出用款额度 600 000 借：累计盈余——中央财政拨款结转 600 000 贷：累计盈余——非流动资产基金——在建工程 600 000	借：事业支出——项目支出——资本性支出（基本建设）——信息网络及软件购置更新——软件购置及开发应用——信息业务软件 400 000 贷：资金结存——零余额账户用款额度——项目支出用款额度 400 000 借：事业支出——项目支出——资本性支出（基本建设）——信息网络及软件购置更新——软件购置及开发应用——历史气象资料安全管理和数字化 600 000 贷：资金结存——零余额账户用款额度——项目支出用款额度 600 000

【例3－25】购买会商显示大屏10套，每套10万元，共计100万元。具体会计分录如表3－28所示：

表 3－28

财务会计	预算会计
借：在建工程——设备投资——不需要安装设备——信息网络设备——计算机——显示大屏 1 000 000 贷：零余额账户用款额度——项目支出用款额度 1 000 000 借：累计盈余——中央财政拨款结转 1 000 000 贷：累计盈余——非流动资产基金——在建工程 1 000 000	借：事业支出——项目支出——资本性支出（基本建设）——信息网络及软件购置更新——计算机——显示大屏 1 000 000 贷：资金结存——零余额账户用款额度——项目支出用款额度 1 000 000

【例 3－26】发生风险普查的培训费 15 万元、交通费 20 万元、印刷费 4 万元、会议费 6 万元、差旅费 10 万元万、劳务费 20 万元。具体会计分录如表 3－29 所示：

表 3－29

财务会计	预算会计
借：在建工程——待摊投资——其他待摊投资 150 000 在建工程——待摊投资——项目建设管理费 600 000 贷：零余额账户用款额度——项目支出用款额度 750 000 借：累计盈余——中央财政拨款结转 750 000 贷：累计盈余——非流动资产基金——在建工程 750 000	借：事业支出——项目支出——资本性支出（基本建设）——其他基本建设支出——其他 750 000 贷：资金结存——零余额账户用款额度——项目支出用款额度 750 000

【例 3－27】预付山洪业务配套设施业务用房工程款 30 万元（合同总价 300 万元，预付 10%）。具体会计分录如表 3－30 所示：

表 3－30

财务会计	预算会计
借：预付账款——预付工程款——业务楼 300 000 贷：零余额账户用款额度——项目支出用款额度 300 000	借：事业支出——项目支出——资本性支出（基本建设）——房屋建筑物构建 300 000 贷：资金结存——零余额账户用款额度——项目支出用款额度 300 000

【例 3－28】注销 2019 年年末中央资金结转未使用完的 212 万元额度。具体会计分录如表 3－31 所示：

表 3－31

财务会计	预算会计
借：财政应返还额度——财政授权支付——项目支出额度 2 120 000 贷：零余额账户用款额度——项目支出用款额度 2 120 000	借：资金结存——财政应返还额度——财政授权支付——项目支出额度 2120 000 贷：资金结存——零余额账户用款额度——项目支出用款额度 2 120 000

年末结转会计处理（略）

【例 3－29】2020 年恢复 2019 年未使用完额度。具体会计分录如表 3－32 所示：

表 3－32

财务会计	预算会计
借：零余额账户用款额度——项目支出用款额度 2 120 000 贷：财政应返还额度——财政授权支付——项目支出额度 2 120 000	借：资金结存——零余额账户用款额度——项目支出用款额度 2 120 000 贷：资金结存——财政应返还额度——财政授权支付——项目支出额度 2 120 000

【例 3－30】2020 年，山洪业务平台配套设施业务用房合同款 300 万元，中央资金共需支付 242 万元（其中：2019 年已支付 30 万预付款，2020 年需支付 212 万元），其余 58 万元未付（对工程土建方面核算进行了简化处理），山洪项目超概 58 万元，已履行了调概手续，其余资金将使用自筹资金支付。具体会计分录如表 3－33 所示：

表 3－33

财务会计	预算会计
借：在建工程——建筑安装工程投资——建筑工程投资——房屋建筑物构建——业务楼 3 000 000 贷：预付账款——预付工程款——业务楼 300 000 零余额账户用款额度——项目支出用款额度 2 120 000 应付账款——应付工程款——业务楼 580 000 借：累计盈余——中央财政拨款结转 2 420 000 累计盈余——非中央财政拨款结余——其他结余 580 000 贷：累计盈余——非流动资产基金——在建工程 3 000 000	借：事业支出——项目支出——资本性支出（基本建设）——房屋建筑物构建 2 120 000 贷：资金结存——零余额账户用款额度——项目支出用款额度 2 120 000

【例 3－31】支付山洪项目业务楼应付工程款 58 万元（自有资金）。具体会计分录如表 3－34 所示：

表 3－34

财务会计	预算会计
借：应付账款——应付工程款——业务楼 580 000 贷：银行存款——基本账户存款 580 000	借：事业支出——项目支出——资本性支出（基本建设）——房屋建筑物构建 580 000 贷：资金结存——货币资金——银行存款 580 000

【例 3－32】项目当年竣工，已完成业务及土建验收，已进行审计。分摊山洪项目待摊投资，待摊投资合计 80 万元，分摊到如下资产（自动站设备 360 万元，地市级移动校准维修系统设备 280 万元，自动站安装费 18 万元，地市级移动校准维修系统安装费 20 万元）（注：不需要安装设备和无形资产不分摊该费用，项目待摊投资和业务楼 3 000 000 元的发生没有关系，因此不分摊到业务楼）

（1）计算待摊投资发生额（80 万元）分摊率：

800 000 ÷（3 600 000 + 180 000 + 2 800 000 + 200 000）× 100% = 11.80%

（2）［自动站设备（含安装费）3 780 000 元，地市级移动校准维修系统设备（含安装费）30 000 000 元］计算分摊额：

自动站设备（含安装费）3 780 000 元 × 11.80% = 446 000（元）

地市级移动校准维修系统设备（含安装费）3 000 000 元 × 11.80% = 354 000（元）

（3）具体会计分录如表 3 - 35、表 3 - 36 所示：

表 3 - 35

财务会计	预算会计
借：在建工程——交付使用资产——固定资产——自动站设备 446 000 在建工程——交付使用资产——固定资产——地市级移动校准维修系统设备 354 000 贷：在建工程——待摊投资——其他待摊投资 800 000	不做账务处理

表 3 - 36

财务会计	预算会计
借：在建工程——交付使用资产——固定资产——业务楼 3 000 000 在建工程——交付使用资产——固定资产——自动站设备 3 780 000 在建工程——交付使用资产——固定资产——移动校准维修系统设备 3 000 000 在建工程——交付使用资产——固定资产——显示大屏 1 000 000 在建工程——交付使用资产——无形资产——信息化软件 1 000 000 贷：在建工程——建筑安装工程投资——建筑工程投资——房屋建筑物构建——业务楼 3 000 000 在建工程——建筑安装工程投资——安装工程投资——装设工程——专用设备——自动站设备 180 000 在建工程——建筑安装工程投资——安装工程投资——装设工程——专用设备——地市级移动校准维修系统设备 200 000 在建工程——设备投资——在安装设备——专用设备购置——自动站设备 3 600 000 在建工程——设备投资——不需要安装设备——专用设备购置——地市级移动校准维修系统设备 2 800 000 在建工程——设备投资——不需要安装设备——信息网络设备购置——显示大屏 1 000 000 在建工程——其他投资——无形资产——软件——历史气象资料安全管理和数字化 600 000 在建工程——其他投资——无形资产——软件——信息业务软件 400 000	不做账务处理

【例 3 - 33】 分摊完毕后。分摊费用后的资产价值：

1. 自动站设备：3 600 000 + 180 000（安装费）+ 446 000 = 4 226 000（元）；
2. 地市级移动校准维修系统设备：2 800 000 + 200 000（安装费） + 354 000 =

3 354 000（元）；

3. 信息化软件：1 000 000 元；

4. 显示大屏：1 000 000 元；

5. 业务楼：3 000 000 元。

2020 年山洪项目上报并得到批复，转入固定资产（其中：地市级移动校准维修系统设备不属于本单位，属于下属 A 市气象局，即虽然资金在本单位开支，但资产不入本单位账，还是气象部门内部资产转移，不属于转出投资）

具体会计分录如表 3－37 所示：

表 3－37

财务会计			预算会计
（1）交付本单位：			不做账务处理
借：固定资产——房屋及构筑物——业务楼	3 000 000		
固定资产——专用设备——自动站设备	4 226 000		
固定资产——通用设备——显示大屏	1 000 000		
无形资产——软件——信息化软件	1 000 000		
贷：在建工程——交付使用资产——固定资产——业务楼		3 000 000	
在建工程——交付使用资产——固定资产——自动站设备		4 226 000	
在建工程——交付使用资产——固定资产——显示大屏		1 000 000	
在建工程——交付使用资产——无形资产——信息化软件		1 000 000	
借：累计盈余——非流动资产基金——在建工程	9 226 000		
贷：累计盈余——非流动资产基金——固定资产		8 226 000	
累计盈余——非流动资产基金——无形资产		1 000 000	
（2）交付气象部门其他单位：			
借：无偿调拨净资产——地市级移动校准维修系统设备	3 354 000		
贷：在建工程——交付使用资产——移动校准维修系统设备		3 354 000	
借：累计盈余——非流动资产基金——在建工程	3 354 000		
贷：无偿调拨净资产		3 354 000	

【例 3－34】 A 市气象局收到地市级移动校准维修系统设备时。具体会计分录如表 3－38 所示：

表 3－38

财务会计			预算会计
借：固定资产——专用设备——地市级移动校准维修系统设备	3 354 000		不做账务处理
贷：无偿调拨净资产——地市级移动校准维修系统设备		3 354 000	
借：无偿调拨净资产	3 354 000		
贷：累计盈余——非流动资产基金——固定资产		3 354 000	

注意：这是 A 市气象局账务处理，和本单位账务没有关系，本单位不用做该部分账务处理，但为了业务的连贯和完整，特给出资产接收单位的账务处理，方便理解。

三、高时空分辨率气象预报分布式计算能力建设项目

【例 3-35】2019 年收到高时空分辨率气象预报分布式计算能力建设项目 130 万元，采用授权支付，均为中央发改委资金。具体会计分录如表 3-39 所示：

表 3-39

财务会计	预算会计
借：零余额账户用款额度——项目支出用款额度 1 300 000 贷：财政拨款收入 1 300 000	借：资金结存——零余额账户用款额度——项目支出用款额度 1 300 000 贷：财政拨款预算收入——项目支出——基本建设类项目 1 300 000

【例 3-36】购买刀片服务器 3 台，每台 10 万元。购买华为数据处理器 3 台，每台 6 万元。数据储存器 2 台，每台 13 万元，内部交换机 2 台，每台 3 万元。具体会计分录如表 3-40 所示：

表 3-40

财务会计	预算会计
借：在建工程——设备投资——不需要安装设备——信息网络设备购置——计算机 800 000 贷：零余额账户用款额度——项目支出用款额度 800 000 借：累计盈余——中央财政拨款结转 800 000 贷：累计盈余——非流动资产基金——在建工程 800 000	借：事业支出——项目支出——资本性支出（基本建设）——信息网络及软件购置更新——计算机 800 000 贷：资金结存——零余额账户用款额度——项目支出用款额度 800 000

【例 3-37】支付软件系统开发费 50 万元。具体会计分录如表 3-41 所示：

表 3-41

财务会计	预算会计
借：在建工程——其他投资——无形资产——软件——应用软件 500 000 贷：零余额账户用款额度——项目支出用款额度 500 000 借：累计盈余——中央财政拨款结转 500 000 贷：累计盈余——非流动资产基金——在建工程 500 000	借：事业支出——项目支出——资本性支出（基本建设）——信息网络及软件购置更新——软件购置及开发应用 500 000 贷：资金结存——零余额账户用款额度——项目支出用款额度 500 000

【例 3-38】2019 年项目完工并进行业务验收、审计工作。具体会计分录如表 3-42 所示：

表 3-42

财务会计	预算会计
借：在建工程——交付使用资产——固定资产——计算机 800 000 在建工程——交付使用资产——无形资产——应用软件 500 000 贷：在建工程——设备投资——不需要安装设备——信息网络设备购置——计算机 800 000 在建工程——其他投资——无形资产——软件——应用软件 500 000	不做账务处理

【例 3-39】2020 年项目得到批复，交付资产。具体会计分录如表 3-43 所示：

表 3-43

财务会计	预算会计
借：固定资产——通用设备——计算机 800 000 无形资产——软件——应用软件 500 000 贷：在建工程——交付使用资产——固定资产——计算机 800 000 在建工程——交付使用资产——固定资产——应用软件 500 000 借：累计盈余——非流动资产基金——在建工程 1 300 000 贷：累计盈余——非流动资产基金——固定资产 800 000 累计盈余——非流动资产基金——无形资产 500 000	不做账务处理

四、台站维修改造项目

【例 3-40】2020 年，使用省以下气象单位基础设施维修费行政事业类项目的资金维修改造建旧值班宿舍，概算总支出 100 万元，中央行政事业费资金 100 万元已到位。具体会计分录如表 3-44 所示：

表 3-44

财务会计	预算会计
借：零余额账户用款额度——项目支出用款额度 1 000 000 贷：财政拨款收入 1 000 000	借：资金结存——零余额账户用款额度——项目支出用款额度 1 000 000 贷：财政拨款预算收入——项目支出——行政事业类项目 1 000 000

【例 3-41】值班宿舍原值 100 万元，累计折旧 60 万元。拆除部分门窗等构件 10 万元，维修费 80 万元，发生杂费 8 万元，年底剩余资金 12 万元。具体会计分录如表 3-45 所示：

表 3-45

财务会计	预算会计
（1）先将需要维修资产转入在建工程： 借：在建工程——建筑安装工程投资——建筑工程投资——大型修缮——值班宿舍 400 000 固定资产累计折旧——房屋及构筑物——值班宿舍 600 000 贷：固定资产——房屋及构筑物——值班宿舍 1 000 000 借：累计盈余——非流动资产基金——固定资产 400 000 贷：累计盈余——非流动资产基金——在建工程 400 000 （2）维修支出： 借：在建工程——建筑安装工程投资——建筑工程投资——大型修缮——值班宿舍 800 000 在建工程——待摊投资——其项目建设管理费 80 000 贷：零余额账户用款额度——项目支出用款额度 880 000 借：累计盈余——中央财政拨款结转 880 000 贷：累计盈余——非流动资产基金——在建工程 880 000 （3）拆除部分： 借：资产处置费用 100 000 贷：在建工程——建筑安装工程投资——建筑工程投资——大型修缮——值班宿舍 100 000 借：累计盈余——非流动资产基金——在建工程 100 000 贷：资产处置费用 100 000	（1）先将需要维修资产转入在建工程： 不做账务处理。 （2）维修支出： 借：事业支出——项目支出——资本性支出——大型修缮 800 000 事业支出——项目支出——资本性支出——其他资本性支出 80 000 贷：资金结存——零余额账户用款额度——项目支出用款额度 880 000 （3）拆除部分： 不做账务处理。

【例 3-42】2020 年末项目竣工并报批，交付资产。具体会计分录如表 3-46 所示：

表 3-46

财务会计	预算会计
（1）编制决算审计后： 借：在建工程——交付使用资产——固定资产——值班宿舍 1 180 000 贷：在建工程——建筑安装工程投资——建筑工程投资——大型修缮——值班宿舍 1 100 000 在建工程——待摊投资——其项目建设管理费 80 000 （2）竣工决算批复后： 借：固定资产——房屋及构筑物——值班宿舍 1 180 000 贷：在建工程——交付使用资产——固定资产——值班宿舍 1 180 000 借：累计盈余——非流动资产基金——在建工程 1 180 000 贷：累计盈余——非流动资产基金——固定资产 1 180 000	不做账务处理

假设剩余中央资金暂未缴回，年底结转略。

五、台站搬迁项目

【例 3-43】2019 年，某县局台站拟进行搬迁，中央发改委项目，授权支付额度到位200万元。具体会计分录如表3-47所示：

表3-47

财务会计	预算会计
借：零余额账户用款额度——项目支出用款额度 2 000 000 贷：财政拨款收入 2 000 000	借：资金结存——零余额账户用款额度——项目支出用款额度 2 000 000 贷：财政拨款预算收入——项目支出——基本建设类项目 2 000 000

【例3-44】 当年支出可研等前期费用80 000元。具体会计分录如表3-48所示：

表3-48

财务会计	预算会计
借：在建工程——待摊投资——可行性研究费 80 000 贷：零余额账户用款额度——项目支出用款额度 80 000 借：累计盈余——中央财政拨款结转 80 000 贷：累计盈余——非流动资产基金——在建工程 80 000	借：事业支出——项目支出——资本性支出（基本建设）——其他基本建设支出——其他 80 000 贷：资金结存——零余额账户用款额度——项目支出用款额度 80 000

【例3-45】 后因地方政府规划原因，搬迁工作不再进行，相关费用经审核认定为待核销。具体会计分录如表3-49所示：

表3-49

财务会计	预算会计
借：在建工程——待核销基建支出 80 000 贷：在建工程——待摊投资——可行性研究费 80 000 借：资产处置费用 80 000 贷：在建工程——待核销基建支出 80 000 借：累计盈余——非流动资产资金——在建工程 80 000 贷：资产处置费用 80 000	不做账务处理

【例3-46】 年末结转。具体会计分录如表3-50所示：

表3-50

财务会计	预算会计
（1）收入结转： 借：财政拨款收入——纳入国库集中支付的财政补助收入——财政授权支付——项目支出——基建项目支出 2 000 000	（1）收入支出结转： 借：财政拨款结转——本年收支结转 80 000 贷：事业支出——项目支出——资本性支出（基本建设）——其他基本建设支出——其他 80 000

续表

财务会计	预算会计
贷：累计盈余——中央财政拨款结转 2 000 000 （2）项目剩余资金转入结余： 借：累计盈余——中央财政拨款结转 1 920 000 贷：累计盈余——中央财政拨款结余 1 920 000 （3）确定结余资金上缴时： 借：累计盈余——中央财政拨款结余 1 920 000 贷：应缴财政款——应缴国库款 1 920 000	借：财政拨款预算收入——项目支出——基本建设类项目 2 000 000 贷：财政拨款结转——本年收支结转 2 000 000 借：财政拨款结转——本年收支结转 2 000 000 贷：财政拨款结转——累计结转 2 000 000 （2）项目剩余资金转入结余： 借：财政拨款结转——累计结转 1 920 000 贷：财政拨款结余—结转转入 1 920 000 （3）确定结余资金上缴时： 不做账务处理。

【例 3－47】剩余款项交回中央。具体会计分录如表 3－51 所示：

表 3－51

财务会计	预算会计
借：应缴财政款——应缴国库款 1 920 000 贷：零余额账户用款额度——项目支出用款额度 1 920 000	贷：财政拨款结余——归集上缴 1 920 000 贷：资金结存——零余额账户用款额度——项目支出用款额度 1 920 000

六、纯地方投资台站建设项目

【例 3－48】2020 年，某区域自动站系地方投资项目，地方授权支付额度到位 50 万元。具体会计分录如表 3－52 所示：

表 3－52

财务会计	预算会计
借：零余额账户用款额度——项目支出用款额度 500 000 贷：非同级财政拨款收入——非本级财政拨款——地方财政拨款收入 500 000	借：资金结存——零余额账户用款额度——项目支出用款额度 500 000 贷：非同级财政拨款预算收入——项目支出——基本建设类项目 500 000

【例 3－49】发生土地平整，拆迁补偿费 20 万元，日常办公差旅水电等杂费 10 万元。具体会计分录如表 3－53 所示：

表 3－53

财务会计	预算会计
借：在建工程——待摊投资——土地征用及迁移补偿费——拆迁补偿 200 000 在建工程——待摊投资——建设管理费 100 000 贷：零余额账户用款额度——项目支出用款额度 300 000 借：累计盈余——非中央财政拨款结转——地方财政拨款结转 300 000 贷：累计盈余——非流动资产基金——在建工程 300 000	借：事业支出——项目支出——资本性支出（基本建设）——其他基本建设支出——拆迁补偿 200 000 事业支出——项目支出——资本性支出（基本建设）——其他基本建设支出——其他 100 000 贷：资金结存——零余额账户用款额度——项目支出用款额度 300 000

【例 3－50】地方政府采取直接支付方式支付自动站设备 20 套，合计 100 万元（已入库待安装）。具体会计分录如表 3－54 所示：

表 3－54

财务会计	预算会计
借：工程物资——自动站 1 000 000 贷：非同级财政拨款收入——非本级财政拨款——地方财政拨款收入 1 000 000	借：事业支出——项目支出——资本性支出（基本建设）——专用设备购置——地面观测设备 1 000 000 贷：非同级财政拨款预算收入——项目支出——基本建设类项目 1 000 000

【例 3－51】安装其中的 15 套自动站（75 万元），安装费 5 万元。具体会计分录如表 3－55 所示：

表 3－55

财务会计	预算会计
（1）自动站设备： 借：在建工程——设备投资——在安装设备——专用设备购置——装设工程——专用设备——自动站 750 000 贷：工程物资——自动站 750 000 （2）安装费： 借：在建工程——建造安装工程投资——安装工程投资——装设工程——专用设备——自动站 50 000 贷：零余额账户用款额度——项目支出用款额度 50 000 借：累计盈余——非中央财政拨款结转——地方财政拨款结转 800 000 贷：累计盈余——非流动资产基金——在建工程 800 000	（1）自动站设备： 不做账务处理 （2）安装费： 借：事业支出——项目支出——资本性支出（基本建设）——专用设备购置——地面观测设备 50 000 贷：资金结存——零余额账户用款额度——项目支出用款额度 50 000

【例3－52】因泥石流等自然灾害原因，区域站整体损毁报废，经审核后认为待核销基建支出。具体会计分录如表3－56所示：

表3－56

财务会计	预算会计
(1) 借：在建工程——待核销基建支出 1 100 000 贷：在建工程——建筑安装工程投资——安装工程投资——装设工程——专用设备——自动站 50 000 在建工程——设备投资——在安装设备——专用设备购置——地面观测设备——自动站 750 000 在建工程——待摊投资——拆迁补偿 200 000 在建工程——待摊投资——其他待摊投资 100 000 借：资产处置费用 1 100 000 贷：在建工程——待核销基建支出 1 100 000 借：累计盈余——非流动资产基金——在建工程 1 100 000 贷：资产处置费用 1 100 000 (2) 借：库存商品——材料——自动站 250 000 贷：工程物资——自动站 250 000	(1) 借：事业支出——项目支出——资本性支出（基本建设）——其他基本建设支出——其他 1 000 000 借：事业支出——项目支出——资本性支出（基本建设）——其他基本建设支出——拆迁补偿 200 000（红字） 事业支出——项目支出——资本性支出（基本建设）——专用设备购置——地面观测设备——自动站 800 000（红字） (2) 不做账务处理

【例3－53】年末结转。具体会计分录如表3－57所示：

表3－57

财务会计	预算会计
(1) 收入结转： 借：非同级财政拨款收入——非本级财政拨款——地方财政拨款收入 1 500 000 贷：累计盈余——非中央财政拨款结转——地方财政拨款结转 1 500 000 (2) 项目剩余资金转入结余： 借：累计盈余——非中央财政拨款结转——地方财政拨款结转 150 000 贷：累计盈余——非中央财政拨款结余——地方财政拨款结余 1 500 000	(1) 收入支出结转： 借：财政拨款结转——本年收支结转 1 350 000 贷：事业支出——项目支出——资本性支出（基本建设）——其他基本建设支出——其他 1 100 000 事业支出——项目支出——资本性支出（基本建设）——专用设备购置——地面观测设备 250 000 借：财政拨款预算收入——项目支出——基本建设类项目 1 500 000 贷：财政拨款结转——本年收支结转 1 500 000 借：财政拨款结转——本年收支结转 150 000 贷：财政拨款结转——累计结转 150 000 (2) 项目剩余资金转入结余： 借：财政拨款结转——累计结转 150 000 贷：财政拨款结余——结转转入 150 000

【例3－54】当年将剩余地方财政资金150 000元交回地方。具体会计分录如表3－58所示：

表 3－58

财务会计	预算会计
借：累计盈余——非中央财政拨款结余——地方财政拨款结余 1 500 000 贷：零余额账户用款额度——项目支出用款额度 150 000	借：非财政拨款结转——缴回资金 150 000 贷：资金结存——零余额账户用款额度——项目支出用款额度 150 000

以上项目2019年及2020年均需编制固定资产投资决算报表，具体见第三节固定资产投资报表部分（其中，台站维修改造项目为中央行政事业费项目，不属于固定资产投资报表编报范围）。

七、雷达项目

注：该举例项目仅用于编制基本建设项目竣工财务决算报表。

【例3－55】某雷达项目计划中央财政拨款1 450万元，其中，雷达主机设备600万元采取直接支付方式，其余子项采取授权支付方式。

建设单位收到上级采用财政授权支付方式拨入的中央发改委资金850万元。具体会计分录如表3－59所示：

表 3－59

财务会计	预算会计
借：零余额账户用款额度 8 500 000 贷：财政拨款收入 8 500 000	借：资金结存——零余额账户用款额度——项目支出用款额度 8 500 000 贷：财政拨款预算收入——项目支出——基本建设类项目 8 500 000

【例3－56】建设单位收到上级单位统筹安排雷达塔楼建设拨款300万元。具体会计分录如表3－60所示：

表 3－60

财务会计	预算会计
借：银行存款 3 000 000 贷：上级补助收入 3 000 000	借：资金结存——货币资金——银行存款 3 000 000 贷：上级补助预算收入 3 000 000

注意：如果建设单位使用自己的其他结余（原事业基金）300万元安排雷达塔楼建设，则财务会计和预算会计均不做账务处理。

【例3－57】建设单位收到地方政府以财政授权支付方式拨入的雷达项目建设地方匹配资金拨款200万元。具体会计分录如表3－61所示：

表 3-61

财务会计	预算会计
借：零余额账户用款额度 2 000 000 　贷：非同级财政拨款收入——非本级财政拨款——地方财政拨款 2 000 000	借：资金结存——零余额账户用款额度——项目支出用款额度 2 000 000 　贷：非同级财政拨款预算收入——项目支出——基本建设类项目 2 000 000

【例 3-58】建设单位建设雷达塔楼发生如下费用：建设单位支付城建局设计室房屋图纸设计费1万元，支付勘探大队勘探设计费5 000元。支付给司法部门的公证处合同公证费3万元以及支付给工程质量检测部门工程监理公司或质检站工程质量费7万元。支付给当地建委所属建筑工程代理中介机构招标费20万元。建设单位按规定支付环保局排污费1万元，支付自来水公司水源费2万元，支付热电厂热源集资费1万元，支付环卫局残土排放费5 000元，支付邮电基础设施配套费5 000元以及消防局消防设施配套费5 000元，供电站费15 000元，建设单位按规定将工程预决算送审会计师事务所等社会中介审计机构支付审计费35 000元。结算雷达塔楼施工单位工程款440万元，除按规定扣留5%的质保金（22万元，预计将使用自有资金支付）外，使用银行存款258万元，使用中央资金160万元（440 - 258 - 22 = 160万元）。具体会计分录如表3-62所示：

表 3-62

财务会计	预算会计
借：在建工程——待摊投资——其社会中介机构审计费 35 000 　在建工程——待摊投资——其勘探设计费 15 000 　在建工程——待摊投资——其招投标费 200 000 　在建工程——待摊投资——其其他待摊投资 70 000 　在建工程——待摊投资——其合同公证及工程质量监理费 100 000 　在建工程——建筑安装工程投资——建筑工程投资——房屋建筑物购建——雷达塔楼 4 400 000 　贷：应付账款——应付工程款 220 000 　　零余额账户用款额度 2 020 000 　　银行存款 2 580 000 借：累计盈余——中央财政拨款结转 2 020 000 　——非中央财政拨款结余——其他结余 2 800 000 　贷：累计盈余——非流动资产基金——在建工程 4 820 000	借：事业支出——项目支出——资本性支出（基本建设）——其他基本建设支出——其他 420 000 　事业支出——项目支出——资本性支出（基本建设）——房屋建筑物购建 4 180 000 　贷：资金结存——零余额账户用款额度——项目支出用款额度 2 020 000 　　资金结存——货币资金——银行存款 2 580 000

【例 3-59】建设单位以直接支付方式支付相关生产厂家雷达主机50%设备款300万元，以电汇方式支付柴油发电机设备28万元，UPS不间断电源设备14万元，设备均已到货尚未安装。具体会计分录如表3-63所示：

表 3－63

财务会计	预算会计
借：工程物资——库存设备——雷达 3 000 000 工程物资——库存设备——柴油发电 280 000 工程物资——库存设备——UPS 电源 140 000 贷：零余额账户用款额度 420 000 财政拨款收入 3 000 000	借：事业支出——项目支出——资本性支出（基本建设）——专用设备购置——地面观测设备 3 420 000 贷：财政拨款预算收入——项目支出——基本建设类项目 3 000 000 资金结存——零余额账户用款额度——项目支出用款额度 420 000

【例 3－60】 雷达生产厂家对雷达进行安装架设与调试，并对柴油发电机设备、UPS 电源设备与雷达进行系统联调，并且均通过了现场测试与验收，雷达进入试运行阶段。建设单位以直接支付方式支付雷达 40% 设备款（余款一年后付清，厂家开具全额发票），（以下两项为地方资金）以转账支票方式支付雷达吊装费 28 万元，系统调试总承费 2 万元。具体会计分录如表 3－64 所示：

表 3－64

财务会计	预算会计
（1） 借：在建工程——设备投资——在安装设备——专用设备购置——地面观测设备——雷达 3 000 000 在建工程——设备投资——在安装设备——专用设备购置——地面观测设备——柴油发电机 280 000 在建工程——设备投资——在安装设备——专用设备购置——地面观测设备——UPS 电源 140 000 贷：工程物资——库存设备——雷达 3 000 000 工程物资——库存设备——柴油发电 280 000 工程物资——库存设备——UPS 电源 140 000 借：累计盈余——中央财政拨款结转 3 420 000 贷：累计盈余——非流动资产基金——在建工程 3 420 000 （2） 借：在建工程——建筑安装工程投资——安装工程投资——装设工程——专用设备——雷达设备安装 280 000 在建工程——待摊投资——其其他待摊投资 20 000 在建工程——设备投资——在安装设备——专用设备购置——地面观测设备——雷达 3 000 000 贷：零余额账户用款额度 300 000 财政拨款收入 2 400 000 应付账款——应付器材款 600 000 借：累计盈余——非中央财政拨款结转——地方财政拨款结转 300 000 累计盈余——中央财政拨款结转 3 000 000 贷：累计盈余——非流动资产基金——在建工程 3 300 000	（1）不做账务处理 （2） 借：事业支出——项目支出——资本性支出（基本建设）——专用设备购置——地面观测设备 2 400 000 事业支出——项目支出——资本性支出（基本建设）——其他基本建设支出——其他 20 000 事业支出——项目支出——资本性支出（基本建设）——专用设备购置——地面观测设备 280 000 贷：财政拨款预算收入——项目支出——基本建设类项目 2 400 000 资金结存——零余额账户用款额度——项目支出用款额度 300 000

【例 3－61】建设单位支付自动气象站生产厂家自动站设备款 60 万元，支付相关供货商自动站配套计算机 64 000 元，打印机 2 000 元，UPS 电源 22 000 元，百叶箱及支架 23 000 元，风杆 48 000 元，上述设备均已运到建设单位所在省的装备中心，由装备中心统一运至最终用户所在地，发生运输费用 1 000 元，自动站设备尚未安装。具体会计分录如表 3－65 所示：

表 3－65

财务会计	预算会计
借：工程物资——库存设备——自动站 760 000 贷：零余额账户用款额度 760 000	借：事业支出——项目支出——资本性支出（基本建设）——专用设备购置——地面观测设备 760 000 贷：资金结存——零余额账户用款额度——项目支出用款额度 760 000

【例 3－62】自动站生产厂家负责自动站设备的安装，并完成自动站系统联调，建设单位付安装总承费 4 万元。自动站通过现场测试验收，进入试运行阶段。具体会计分录如表 3－66 所示：

表 3－66

财务会计	预算会计
（1） 借：在建工程——设备投资——在安装设备——专用设备购置——地面观测设备——自动站 760 000 贷：工程物资——库存设备——自动站 760 000 借：累计盈余——中央财政拨款结转 760 000 贷：累计盈余——非流动资产基金——在建工程 760 000 （2） 借：在建工程——建筑安装工程投资——安装工程投资——装设工程——专用设备——自动站安装 40 000 贷：零余额账户用款额度 40 000 借：累计盈余——中央财政拨款结转 40 000 贷：累计盈余——非流动资产基金——在建工程 40 000	（1）不做账务处理 （2） 借：事业支出——项目支出——资本性支出（基本建设）——专用设备购置——地面观测设备 40 000 贷：资金结存——零余额账户用款额度——项目支出用款额度 40 000

【例 3－63】建设单位对建设自动气象站的台站进行场室改造，分别支付观测值班室改造经费 15 万元，观测场修整改造（包括电缆沟改造和建设）10 万元、观测场避雷达和值班室防静电设施改造 10 万元、其他基础设施改造工程 5 万元。具体会计分录如表 3－67 所示：

表 3-67

财务会计	预算会计
借：在建工程——建筑安装工程投资——建筑工程投资——房屋建筑物购建——观测值班室改造 150 000 在建工程——建筑安装工程投资——建筑工程投资——房屋建筑物购建——观测场改造 100 000 在建工程——建筑安装工程投资——建筑工程投资——房屋建筑物购建——观测场避雷和值班室防静电设施改造 100 000 在建工程——建筑安装工程投资——建筑工程投资——房屋建筑物购建——其他基础设施改造 50 000 贷：零余额账户用款额度 400 000 借：累计盈余——中央财政拨款结转 400 000 贷：累计盈余——非流动资产基金——在建工程 400 000	借：事业支出——项目支出——资本性支出（基本建设）——房屋建筑物购建 400 000 贷：资金结存——零余额账户用款额度——项目支出用款额度 400 000

【例 3-64】第一年度终了，注销财政拨款额度。具体会计分录如表 3-68 所示：

表 3-68

财务会计	预算会计
借：财政应返还额度——直接支付额度——项目支出额度 600 000 财政应返还额度——授权支付额——项目支出额度 6 560 000 贷：财政拨款收入 600 000 零余额账户用款额度 6 560 000	借：资金结存——财政应返还额度——直接支付额度——项目支出额度 600 000 资金结存——财政应返还额度——授权支付额——项目支出额度 6 560 000 贷：财政拨款预算收入——项目支出——基本建设类项目 600 000 资金结存——零余额账户用款额度——项目支出用款额度 6 560 000

年末结账会计处理此处省略，可参照前述举例。

【例 3-65】第二年初，按规定逐月恢复授权支付额度（本例假定一次性全部恢复）。具体会计分录如表 3-69 所示：

表 3-69

财务会计	预算会计
借：零余额账户用款额度 6 560 000 贷：财政应返还额度——授权支付额——项目支出额度 6 560 000	借：资金结存——零余额账户用款额度——项目支出用款额度 6 560 000 贷：资金结存——财政应返还额度——授权支付额——项目支出额度 6 560 000

【例 3-66】建设单位支付远程通信系统建设费 60 万元，培训费 7 万元，雷达测试费 8 万元、雷达选址费 5 万元、雷达技术软件开发费 40 万元。具体会计分录如表 3-70 所示：

表3－70

财务会计	预算会计
借：在建工程——建筑安装工程投资——建筑工程投资——房屋建筑物购建——远程通信设施 600 000 在建工程——设备投资——在安装设备——专用设备购置——地面观测设备——雷达设备 400 000 在建工程——待摊投资——其其他待摊投资 200 000 贷：零余额账户用款额度 1 200 000 借：累计盈余——中央财政拨款结转 1 200 000 贷：累计盈余——非流动资产基金——在建工程 1 200 000	借：事业支出——项目支出——资本性支出（基本建设）——房屋建筑物购建 600 000 事业支出——项目支出——资本性支出（基本建设）——专用设备购置——地面观测设备 400 000 事业支出——项目支出——资本性支出（基本建设）——其他基本建设支出——其他 200 000 贷：资金结存——零余额账户用款额度——项目支出用款额度 1 200 000

【例3－67】建设单位购置L波段二次测风雷达105万元，购置数字探空仪及探空仪检测箱20万元，支付探空站基础设施改造工程60万元，设备均已安装完毕并投入使用。具体会计分录如表3－71所示：

表3－71

财务会计	预算会计
借：在建工程——建筑安装工程投资——建筑工程投资——房屋建筑物购建——探空站基础设施改造 600 000 在建工程——设备投资——在安装设备——专用设备购置——地面观测设备——L波段雷达 1 050 000 在建工程——设备投资——在安装设备——专用设备购置——地面观测设备——探空仪 200 000 贷：零余额账户用款额度 1 850 000 借：累计盈余——中央财政拨款结转 1 850 000 贷：累计盈余——非流动资产基金——在建工程 1 850 000	借：事业支出——项目支出——资本性支出（基本建设）——房屋建筑物购建 600 000 事业支出——项目支出——资本性支出（基本建设）——专用设备购置——地面观测设备 1 050 000 事业支出——项目支出——资本性支出（基本建设）——专用设备购置——地面观测设备 200 000 贷：资金结存——零余额账户用款额度——项目支出用款额度 1 850 000

【例3－68】建设单位购置EOS综合接收系统设备165万元（其中：中央资金151万元，地方资金14万元），支付地面站基础设施改造工程55万元（地方资金），设备均已安装完毕并投入使用。具体会计分录如表3－72所示：

表 3－72

财务会计	预算会计
借：在建工程——建筑安装工程投资——建筑工程投资——房屋建筑物购建——地面站基础设施改造 550 000 在建工程——设备投资——在安装设备——专用设备购置——地面观测设备——EOS 设备 1 650 000 贷：零余额账户用款额度 2 200 000 借：累计盈余——中央财政拨款结转 1 510 000 累计盈余——非中央财政拨款结转——地方财政拨款结转 690 000 贷：累计盈余——非流动资产基金——在建工程 2 200 000	借：事业支出——项目支出——资本性支出（基本建设）——房屋建筑物购建 550 000 事业支出——项目支出——资本性支出（基本建设）——专用设备购置——地面观测设备 1 650 000 贷：资金结存——零余额账户用款额度——项目支出用款额度 2 200 000

【例 3－69】建设单位购置雷达工程车 33 万元，其中国家拨款 30 万元，其余为单位自筹解决，车已到货，并投入使用。具体会计分录如表 3－73 所示：

表 3－73

财务会计	预算会计
借：在建工程——设备投资——不需安装设备——其他交通工具购置——工程车 330 000 贷：零余额账户用款额度 300 000 银行存款 30 000 借：累计盈余——中央财政拨款结转 300 000 累计盈余——非中央财政拨款结余——其他结余 30 000 贷：累计盈余——非流动资产基金——在建工程 330 000	借：事业支出——项目支出——资本性支出（基本建设）——其他交通工具购置 330 000 贷：资金结存——零余额账户用款额度——项目支出用款额度 300 000 资金结存——货币资金——银行存款 30 000

【例 3－70】建设单位为雷达建设避雷设施支付工程款 50 万元，购置辅助通信设备 20 万元，敷设通信管道支付工程款 20 万元，设备都已投入使用（使用地方资金）。具体会计分录如表 3－74 所示：

表 3－74

财务会计	预算会计
借：在建工程——建筑安装工程投资——建筑工程投资——房屋建筑物购建——雷达避雷设施 500 000 在建工程——建筑安装工程投资——建筑工程投资——房屋建筑物购建——远程通信设施 200 000 在建工程——设备投资——在安装设备——信息网络购置——其他——通信辅助设备 200 000 贷：零余额账户用款额度 900 000 借：累计盈余——非中央财政拨款结转——地方财政拨款结转 900 000 贷：累计盈余——非流动资产基金——在建工程 900 000	借：事业支出——项目支出——资本性支出（基本建设）——房屋建筑物购建 700 000 事业支出——项目支出——资本性支出（基本建设）——信息网络购置——其他 200 000 贷：资金结存——零余额账户用款额度——项目支出用款额度 900 000

【例 3－71】雷达设备运行一年，建设单位以直接支付方式支付雷达设备 10% 尾款 60 万元。具体会计分录如表 3－75 所示：

表 3－75

财务会计	预算会计
借：应付账款——应付器材款　600 000 　贷：财政应返还额度——直接支付额度——项目支出额度　600 000	借：事业支出——项目支出——资本性支出（基本建设）——专用设备购置　600 000 　贷：财政拨款预算收入——项目支出——基本建设类项目　600 000

【例 3－72】主管部门核定基建管理费额度内支出管理费 15 万元，其中：支付施工现场津贴 3 万元，差旅费支出 4 万元，办公费支出 2 万元，银行手续费支出 5 000 元，业务招待费支出 15 000 元，竣工验收费支出 2 万元，印花税支出 2 万元（自筹资金）。具体会计分录如表 3－76 所示：

表 3－76

财务会计	预算会计
借：在建工程——待摊投资——其项目建设管理费 150 000 　贷：银行存款　150 000 借：累计盈余——非中央财政拨款结余——其他结余　150 000 　贷：累计盈余——非流动资产基金——在建工程　150 000	借：事业支出——项目支出——资本性支出（基本建设）——其他基本建设支出——其他　150 000 　贷：资金结存——货币资金——银行存款　150 000

【例 3－73】第二年末，根据待摊投资发生额（79 万元，其中 42 万元为雷达塔楼所发生的费用，直接计入雷达塔楼投资成本，2 万元为雷达安装调试总承费用直接计入雷达、油机和 ups 成本中；只有 35 万元需要分摊）。

1. 分摊特定对象的待摊费用。

（1）420 000 元为雷达塔楼所发生的费用，直接计入雷达塔楼投资成本。

（2）20 000 元为雷达安装调试总承费用直接计入雷达、油机和 ups 成本中。

直接计入雷达、油机和 UPS 成本的费用计算方法：

对雷达设备 668 万元（含吊装费及软件费用）、柴油机 28 万元、UPS 设备 14 万元分摊 2 万元总承费：

分摊率 $= 20\ 000 \div (6\ 680\ 000 + 280\ 000 + 140\ 000) \times 100\% = 0.28\%$

雷达设备 $= 6\ 680\ 000 + 6\ 680\ 000 \times 0.28\% = 6\ 698\ 700$ 元

油机 $= 280\ 000 + 280\ 000 \times 0.28\% = 280\ 800$ 元

UPS 设备 $= 140\ 000 + 140\ 000 \times 0.28\% = 140\ 500$ 元

（3）具体会计分录如表 3－77、表 3－78 所示：

表 3－77

财务会计		预算会计
借：在建工程——交付使用资产——固定资产——雷达塔楼	420 000	不做账务处理
贷：待摊投资——社会中介机构审计费	35 000	
待摊投资——勘探设计费	15 000	
待摊投资——招投标费	200 000	
待摊投资——其他待摊投资	70 000	
待摊投资——合同公证及工程质量监理费	100 000	

表 3－78

财务会计		预算会计
借：在建工程——交付使用资产——固定资产——雷达设备	18 700	不做账务处理
在建工程——交付使用资产——固定资产——柴油机	800	
在建工程——交付使用资产——固定资产——ups 设备	500	
贷：在建工程——待摊投资——其他待摊投资	20 000	

2. 分摊一般对象的待摊费用。

对各交付使用资产（雷达设备 6 698 700 元含吊装费及软件费用；柴油机 280 800 元；UPS 设备 140 500 元；自动站 1 200 000 元；远程通信及辅助设备 1 000 000 元，EOS 设备建设 2 200 000 元，L 波段雷达建设 1 850 000 元，避雷设施建设 500 000 元，雷达塔楼 4 820 000 元）（除工程车外）进行分摊（注：不需要安装设备不分摊该费用）：

（1）计算待摊投资发生额（350 000 元）分摊率：

350 000 ÷（6 698 700 + 280 800 + 140 500 + 1 200 000 + 1 000 000 + 2 200 000 + 1 850 000 + 500 000 + 4 820 000）× 100% = 1.87%

（2）计算分摊额（雷达设备 6 698 700 元含吊装费及软件费用；柴油机 280 800 元；UPS 设备 140 500 元；自动站 1 200 000 元；远程通信及辅助设备 1 000 000 元，EOS 设备建设 2 200 000 元，L 波段雷达建设 1 850 000 元，避雷设施建设 500 000 元，雷达塔楼 4 820 000 元）：

雷达设备：6 698 700 × 1.87% = 125 000

柴油机：280 800 × 1.87% = 5 000

UPS 设备：140 500 × 1.87% = 3 000

自动站设备：800 000 × 1.87% = 14 600

自动站土建：400 000 × 1.87% = 7 400

远程通信及辅助设备：200 000 × 1.87% = 3 800

远程通信土建：800 000 × 1.87% = 15 200

EOS 设备：1 650 000 × 1.87% = 30 700

EOS 地面站土建：550 000 × 1.87% = 10 300

L 波段雷达设备：1 050 000 × 1.87% = 20 000

探空设备：200 000 × 1.87% = 3 800

探空站土建：600 000 × 1.87% = 11 200

避雷设施建设：500 000 × 1.87% = 10 000

雷达塔楼：4 820 000 × 1.87% = 90 000

（3）具体会计分录如表 3 – 79 所示。

表 3 – 79

财务会计	预算会计
借：在建工程——交付使用资产——固定资产——雷达设备　125 000 在建工程——交付使用资产——固定资产——柴油机　5 000 在建工程——交付使用资产——固定资产——UPS 设备　3 000 在建工程——交付使用资产——固定资产——自动站　14 600 在建工程——交付使用资产——固定资产——自动站场室改造　7 400 在建工程——交付使用资产——固定资产——远程通信及辅助设备　3 800 在建工程——交付使用资产——固定资产——远程通信设施　15 200 在建工程——交付使用资产——固定资产——EOS 设备　30 700 在建工程——交付使用资产——固定资产——EOS 地面站建设　10 300 在建工程——交付使用资产——固定资产——L 波段雷达　20 000 在建工程——交付使用资产——固定资产——探空设备　3 800 在建工程——交付使用资产——固定资产——探空站建设　11 200 在建工程——交付使用资产——固定资产——避雷设施　10 000 在建工程——交付使用资产——固定资产——雷达塔楼　90 000 贷：在建工程——待摊投资——其他待摊投资　200 000 在建工程——待摊投资——项目建设管理非　150 000	不做账务处理

【例 3 – 74】 根据资产表进行资产部分结转。具体会计分录如表 3 – 80 所示：

表 3 – 80

财务会计	预算会计
（1）雷达设备： 借：在建工程——交付使用资产——固定资产——雷达设备　6 680 000 贷：在建工程——设备投资——在安装设备——专用设备购置——地面观测设备——雷达设备　6 400 000 在建工程——建筑安装工程投资——安装工程投资——装设工程——专用设备——雷达设备安装　280 000 （2）柴油机： 借：在建工程——交付使用资产——固定资产——柴油机　280 000 贷：在建工程——设备投资——在安装设备——专用设备购置——地面观测设备——柴油机　280 000 （3）UPS： 借：在建工程——交付使用资产——固定资产——UPS　140 000 贷：在建工程——设备投资——在安装设备——专用设备购置——地面观测设备——UPS　140 000 （4）工程车： 借：在建工程——交付使用资产——固定资产——工程车　330 000 贷：在建工程——设备投资——不需要安装设备——其他交通工具购置——工程车　330 000	不做账务处理

续表

财务会计	预算会计
(5) 自动站： 借：在建工程——交付使用资——固定资产——自动站设备　800 000 在建工程——交付使用资——固定资产——自动站场室　400 000 贷：在建工程——设备投资——在安装设备——专用设备购置——地面观测设备——自动站设备　760 000 在建工程——建筑安装工程投资——安装工程投资——装设工程——专用设备——自动站设备　40 000 在建工程——建筑安装工程投资——建筑工程投资——房屋建筑物购建——观测值班室改造　150 000 在建工程——建筑安装工程投资——建筑工程投资——房屋建筑物购建——观测场改造　100 000 在建工程——建筑安装工程投资——建筑工程投资——房屋建筑物购建——观测场避雷和值班室防静电设施改造　100 000 在建工程——建筑安装工程投资——建筑工程投资——房屋建筑物购建——其他基础设施改造　50 000 (6) 远程通信： 借：在建工程——交付使用资产——固定资产——远程通信及辅助设备　200 000 在建工程——交付使用资产——固定资产——远程通信设施　800 000 贷：在建工程——设备投资——在安装设备——信息网络购置——其他——通信辅助设备　200 000 在建工程——建筑安装工程投资——建筑工程投资——房屋建筑物购建——远程通信设施　800 000 (7) EOS： 借：在建工程——交付使用资产——固定资产——EOS 设备　1 650 000 在建工程——交付使用资产——固定资产——地面站（EOS）基础设施550 000 贷：在建工程——设备投资——在安装设备——专用设备购置——地面观测设备——EOS 设备　1 650 000 在建工程——建筑安装工程投资——建筑工程投资——房屋建筑物购建——地面站基础设施改造　550 000 (8) L 波段雷达： 借：在建工程——交付使用资产——固定资产——L 波段雷达　1 050 000 在建工程——交付使用资产——固定资产——探空设备　200 000 在建工程——交付使用资产——固定资产——探空站基础设施　600 000 贷：在建工程——设备投资——在安装设备专用设备购置——地面观测设备——L 波段雷达　1 050 000 在建工程——设备投资——在安装设备专用设备购置——地面观测设备——探空设备　200 000 在建工程——建筑安装工程投资——建筑工程投资——房屋建筑物购建——探空站基础设施改造　600 000 (9) 避雷设施： 借：在建工程——交付使用资产——固定资产——避雷设施　500 000 贷：在建工程——建筑安装工程投资——建筑工程投资——房屋建筑物购建——避雷设施　500 000 (10) 雷达塔楼： 借：在建工程——交付使用资产——固定资产——雷达塔楼　4 400 000 贷：在建工程——建筑安装工程投资——建筑工程投资——房屋建筑物购建——雷达塔楼　4 400 000	

【例 3 - 75】上报的决算报告批复后，办理资产移交手续。具体会计分录如表 3 - 81 至表 3 - 87 所示：

1. 交付雷达。

表 3 - 81

财务会计	预算会计
借：固定资产——专用设备——雷达——雷达设备　6 823 700 　贷：在建工程——交付使用资产——固定资产——雷达设备　6 823 700 借：累计盈余——非流动资产基金——在建工程　6 823 700 　贷：累计盈余——非流动资产基金——固定资产　6 823 700	不做账务处理

2. 交付柴油机、UPS、工程车。

表 3 - 82

财务会计	预算会计
借：固定资产——专用设备——雷达——柴油机　285 800 　固定资产——专用设备——雷达——UPS　143 500 　固定资产——交通工具——汽车——工程车　330 000 　贷：在建工程——交付使用资产——固定资产——柴油机　285 800 　　在建工程——交付使用资产——固定资产——UPS　143 500 　　在建工程——交付使用资产——固定资产——工程车　330 000 借：累计盈余——非流动资产基金——在建工程　759 300 　贷：累计盈余——非流动资产基金——固定资产　759 300	不做账务处理

3. 交付自动站。

表 3 - 83

财务会计	预算会计
借：固定资产——专用设备——地面观测设备——自动站设备　814 600 　固定资产——房屋及构筑物——业务用房——自动站场室　407 400 　贷：在建工程——交付使用资产——固定资产——自动站设备　814 600 　　在建工程——交付使用资产——固定资产——自动站场室　407 400 借：累计盈余——非流动资产基金——在建工程　1 222 000 　贷：累计盈余——非流动资产基金——固定资产　1 222 000	不做账务处理

4. 交付远程通讯。

表 3－84

财务会计	预算会计
借：固定资产——专用设备——地面观测设备——远程通信及辅助设备 203 800 固定资产——房屋及构筑物——构筑物——远程通信设施 815 200 贷：在建工程——交付使用资产——固定资产通信辅助设备 203 800 在建工程——交付使用资产——固定资产远程通信设施 815 200 借：累计盈余——非流动资产基金——在建工程 1 019 000 贷：累计盈余——非流动资产基金——固定资产 1 019 000	不做账务处理

5. 交付 EOS 设备。

表 3－85

财务会计	预算会计
借：固定资产——专用设备——地面观测设备——EOS 设备 1 680 700 固定资产——房屋及构筑物——业务用房——地面站（EOS）基础设施 560 300 贷：在建工程——交付使用资产——固定资产——EOS 设备 1 680 700 在建工程——交付使用资产——固定资产——地面站基础设施改造 560 300 借：累计盈余——非流动资产基金——在建工程 2 241 000 贷：累计盈余——非流动资产基金——固定资产 2 241 000	不做账务处理

6. 交付 L 波段雷达。

表 3－86

财务会计	预算会计
借：固定资产——专用设备——高空探测设备——L 波段雷达 1 070 000 固定资产——专用设备——高空探测设备——探空设备 203 800 固定资产——房屋及构筑物——业务用房——探空站基础设施 611 200 贷：在建工程——交付使用资产——固定资产 L 波段雷达 1 070 000 在建工程——交付使用资产——固定资产探空设备 203 800 在建工程——交付使用资产——固定资产探空站基础设施改造 611 200 借：累计盈余——非流动资产基金——在建工程 1 885 000 贷：累计盈余——非流动资产基金——固定资产 1 885 000	不做账务处理

7. 交付雷达塔楼。

表 3－87

财务会计	预算会计
借：固定资产——房屋及构筑物——构筑物——避雷设施 510 000 固定资产——房屋及构筑物——构筑物——雷达塔楼4 910 000 贷：在建工程——交付使用资产——固定资产——避雷设施 510 000 在建工程——交付使用资产——固定资产——雷达塔楼 4 910 000 借：累计盈余——非流动资产基金——在建工程 5 420 000 贷：累计盈余——非流动资产基金——固定资产 5 420 000	不做账务处理

【例 3－76】该雷达项目建设总概算为 1 950 万元。实际支出 1 937 万元，项目结余 13 万元，其中，零余额结余 11 万元，全部为地方财政资金结余，按规定上缴地方财政，自筹资金年底结账已转入其他结余，仅在做项目竣工财务决算报表时作为结余资金。具体会计分录如表 3－88 所示：

表 3－88

财务会计	预算会计
（1）项目剩余资金转入结余： 借：累计盈余——非中央财政拨款结转——地方财政拨款结转 110 000 贷：累计盈余——非中央财政拨款结余——地方财政拨款结余 1 100 000 （2）交回结余： 借：累计盈余——非中央财政拨款结余——地方财政拨款结余 110 000 贷：零余额账户用款额度——项目支出用款额度 110 000	（1）项目剩余资金转入结余： 借：财政拨款结转——累计结转 150 000 贷：财政拨款结余——结转转入 150 000 （2）交回结余： 借：非财政拨款结转——缴回资金 110 000 贷：资金结存——零余额账户用款额度——项目支出用款额度 110 000

【例 3－77】雷达塔楼质保期满，没有质量问题，将扣留的质保金支付给施工单位。具体会计分录如表 3－89 所示：

表 3－89

财务会计	预算会计
借：应付账款——应付工程款 220 000 贷：银行存款 220 000	借：事业支出——项目支出——资本性支出（基本建设）——房屋建筑物购建 220 000 贷：资金结存——货币资金——银行存款 220 000

第四节 基本建设项目报表

一、报表概述

基本建设项目相关报表主要有固定资产投资决算报表和基本建设项目竣工财务决算报表，其中：

固定资产投资决算报表定期系统反映基本建设项目资金来源、运用及基本建设各项支出情况，基本建设项目概（预）算、基本建设投资计划，财务执行情况及工程项目的进度情况；考核、分析基本建设资金构成是否合理以及基本建设资金的投资效果。

基本建设项目竣工财务决算报表是项目竣工后编制，综合全面反映一个建设项目自开始建设至全部建成后的全部成果及财务状况的报表。

固定资产投资决算报表和基本建设项目竣工财务决算报表既有区别，又有联系：基本建设项目竣工财务决算是在年度固定资产投资决算的基础上编制而成，反映一个项目自始至终的全部的建设成果，而年度固定资产投资决算只反映一个建设单位所有建设项目截止本年报告期的建设成果和财务状况。基本建设项目竣工财务决算除了用货币指标反映基建项目的状况外，还要反映实物数量、建设工期等技术经济指标，反映工程项目中必须解决的一些问题。而固定资产投资决算主要以货币指标反映项目的财务状况，所以基本建设项目竣工财务决算是固定资产投资决算的综合和补充。

二、固定资产投资决算报表

（一）固定资产投资决算报表的填报范围

气象部门各二级预算单位具体基本建设项目编报范围包括：

（1）在建项目（包括已安排投资未开工或未购置项目）。

（2）资产已交付使用但未办理竣工财务决算项目。

（3）当年购置固定资产项目。

（4）当年办理竣工财务决算项目。

（5）停缓建项目。

以上项目包括：中央、地方、自筹以及拼盘的基本建设项目。

（二）固定资产投资决算报表种类

（1）资金平衡表（财建 01 表）。

（2）投资项目表（财建 02 表）。

（3）资产基本情况表（财建 03 表）。

（4）项目统计分析表（财建 04 表）。

具体报表格式如下：（以第二节 1－6 基建项目数据为例，详见 2019 年、2020 年固定资产投资决算报表）：

表 3－90

1. 2019 年固定资产投资报表。

表 3－91

2. 2020 年固定资产投资报表。

注：2020 年中台站维修项目是中央行政事业费项目，虽然使用“在建工程”科目核算，但不属于固定资产投资报表编报范围。

以上报表数据来源详见固定资产投资报表基础数据表（2019 年、2020 年项目会计科目丁字账及科目余额汇总表）。

表 3－92

1. 2019 年项目会计科目丁字账（用于编制 2019 年会计科目余额表）。

表 3－93

2. 2019 年项目会计科目余额表（用于编制 2019 年固定资产投资报表）。

表 3－94

3. 2020 年项目会计科目丁字账（用于编制 2020 年会计科目余额表）。

表 3－95

4. 2020 年项目会计科目余额表（用于编制 2020 年固定资产投资报表）。

（三）固定资产投资决算报表编制方法

1. 报表封面内容。

（1）单位名称：指单位全称。

（2）单位负责人：指单位总负责人。

（3）财务负责人：指单位主管财务会计工作的负责人。

（4）填表人：指具体负责编制本报表的人员。

（5）电话号码：指单位财务机构所在地电话号码。

（6）单位地址：指单位实际办公地址。

（7）报送日期：指报表报出的实际日期。

（8）单位统一代码：各单位应按各级技术监督部门颁布核发的 9 位代码填列；单位如未能领取统一代码，则根据《自编企业、单位临时代码规则》（国资统发〔1995〕116 号）编制填列。

（9）隶属关系：本码由“行政隶属关系代码”和“部门标识代码”两部分组成，作为中央项目和地方项目划分的依据。非国有单位按属地原则选择隶属关系。具体填报方法如下：

表 3－90

2019 年度固定资产投资报表

年度固定资产投资报表

单位公章

单 位 名 称：____________

单位负责人：____________

财务负责人：____________

填　表　人：____________

电 话 号 码：____________

单 位 地 址：____________

报 送 日 期：　年　月　日

单位统一代码（各级技术监督局核发）　□□□□□□□□□	单位性质　行政单位 □ 事业单位（含比照事业单位管理的社会团体） □ 国有及国有控股企业 □ 非国有单位 □
隶属关系　□□□□□□－□□□ （国家标准：行政隶属关系代码－部门标识代码）	所在地区　（国家标准：行政区划代码）　□□□□□□
报表类型（软件系统自动生成）	备用码　□□□□□□□□□□

中华人民共和国财政部印制

表 3 - 90（1）

资金平衡表

财建 01 表
单位：元

资金占用	行次	年初数	年末数	资金来源	行次	年末数
一、基本建设支出合计	1	——	13 910 000	一、基本建设拨款合计	37	2 1380 000
（一）交付使用资产	2	——	1 300 000	（一）以前年度拨款	38	
1. 固定资产	3	——	800 000	1. 中央财政性资金拨款	39	
2. 流动资产	4	——		2. 地方财政性资金拨款	40	
3. 无形资产	5	——	500 000	3. 其他拨款	41	
4. 递延资产	6	——		（二）本年拨款	42	23 300 000
（二）待核销基建支出	7		80 000	1. 中央财政性资金拨款	43	23 300 000
（三）转出投资	8			其中：中央基建拨款	44	23 300 000
（四）在建工程	9		12 530 000	中央财政专项资金	45	
1. 建筑安装工程投资	10		1 330 000	中央政府性基金	46	
2. 设备投资	11		7 400 000	国有资本经营预算	47	
3. 待摊投资	12		1 800 000	其他	48	
4. 其他投资	13		2 000 000	2. 地方财政性资金拨款	49	
二、应收生产单位投资借款	14			其中：省级拨款	50	
三、器材	15			地市级拨款	51	
其中：待处理器材损失	16			县及县以下拨款	52	
四、货币资金合计	17	——	7 170 000	3. 其他拨款	53	
其中：银行存款	18	——		（三）预收下年度财政性资金拨款	54	
财政应返还额度	19	——	7 170 000	其中：中央财政性资金	55	
现金	20	——		地方财政性资金	56	
有价证券	21	——		（四）本年交回结余资金（均以“－”号表示）	57	－1 920 000
五、预付款合计	22	——	300 000	1. 交中央财政	58	－1 920 000
1. 预付备料款	23	——		2. 交地方财政	59	
2. 预付工程款	24	——	300 000	3. 交主管部门及其他	60	

续表

资金占用	行次	年初数	年末数	资金来源	行次	年末数
3. 预付设备款	25	——		二、项目资本	61	
六、应收款合计	26	——		其中：中央财政性资金拨入	62	
1. 应收有偿调出器材及工程款	27	——		地方财政性资金拨入	63	
2. 应收票据	28	——		三、项目资本公积	64	
3. 其他应收款	29	——		其中：中央财政性资金形成	65	
七、固定资产合计	30	——		地方财政性资金形成	66	
固定资产原价	31	——		四、基建借款	67	
减：累计折旧	32	——		其中：企业债券资金	68	
固定资产净值	33	——		五、待冲基建支出	69	
固定资产清理	34	——		六、应付款合计	70	
待处理固定资产损失	35	——		（一）应付器材款	71	
				（二）应付工程款	72	
				（三）应付有偿调入器材及工程款	73	
				（四）应付票据	74	
				（五）应付工资及福利费	75	
				（六）其他应付款	76	
				七、未交款合计	77	
				（一）未交税金	78	
				（二）未交基建收入	79	
				（三）其他未交款	80	
				八、留成收入	81	
资金占用合计	36	——	21 380 000	资金来源合计	82	21 380 000

本表主要公式：1 行 =（2 + 7 + 8 + 9）行；2 行 =（3 + 4 + 5 + 6）行；9 行 =（10 + 11 + 12 + 13）行；15 行≥16 行；17 行≥（18 + 19 + 20 + 21）行；22 行 =（23 + 24 + 25）；26 行 =（27 + 28 + 29）行；30 行 =（33 + 34 + 35）行；33 行 =（31 − 32）行；36 行 =（1 + 14 + 15 + 17 + 22 + 26 + 30）行；37 行 =（38 + 42 + 54 + 57）行；38 行 =（39 + 40 + 41）行；42 行 =（43 + 49 + 53）行；43 行 =（44 + 45 + 46 + 47 + 48）行；49 行 =（50 + 51 + 52）行；54 行 =（55 + 56）行；57 行 =（58 + 59 + 60）行；61 行≥（62 + 63）行；64 行≥（65 + 66）行；67 行≥68 行；70 行 =（71 + 72 + 73 + 74 + 75 + 76）行；77 行 =（78 + 79 + 80）行；82 行 =（37 + 61 + 64 + 67 + 69 + 70 + 77 + 81）行；36 行 = 82 行。

表 3-90（3） **资产基本情况表**

财建 03 表
单位：元

行政事业单位资产基本情况		行次	金额	国有及国有控股企业资产基本情况	行次	金额
一	固定资产	1		一、固定资产	13	——
（一）	房屋、建筑物	2		（一）固定资产原价	14	
	其中：交付使用 10 年以上（不含 10 年）	3		其中：房屋、建筑物	15	
（二）	机器设备（单价 200 万元及以上的大型设备）	4		机器设备	16	
	其中：交付使用 5 年以上（不含 5 年）	5		交通运输工具	17	
（三）	交通运输工具	6		（二）固定资产净值	18	
	其中：交付使用 5 年以上（不含 5 年）	7		（三）固定资产净额	19	
（四）	其他	8		其中：房屋、建筑物	20	
	其中：土地	9		机器设备	21	
二	无形资产	10		交通运输工具	22	
	其中：土地使用权	11		二、无形资产	23	
三	当年新增固定资产及无形资产	12		其中：土地	24	
				三、当年新增固定资产及无形资产	25	

本表主要公式：1 行≥（2+4+6+8）行；2 行≥3 行；4 行≥5 行；6 行≥7 行；8 行≥9 行；10 行≥11 行；14 行≥（15+16+17）行；14 行≥18 行≥19 行；19 行≥（20+21+22）行；23≥24 行。

表 3－90（4）

项目统计分析表

财建 04 表

本表自动生成数据。

序号	行业	项目数（个）—总计	项目数（个）—在建数	项目数（个）—资产已交付使用但未办理竣工决算数	项目数（个）—当年已办理竣工决算数	项目数（个）—停缓建数	投资数（元）—已批概算总投资	投资数（元）—累计完成投资	投资数（元）—其中：当年完成投资	资金来源（元）—总计	资金来源（元）—中央财政性资金	其中：中央基建投资	其中：中央财政专项资金	其中：中央政府性基金	其中：国有资本经营预算	其中：其他	资金来源（元）—地方财政性资金	其中：省级财政资金	其中：地方债	其中：地市级财政资金	其中：县及县以下财政资金	资金来源（元）—其他资金	其中：银行贷款	其中：地方政府融资平台贷款	其中：利用外资	其中：国际金融组织贷款	其中：外国政府贷款	其中：外商直接投资	其中：自筹资金	其中：企业债	其中：股票融资	其中：其他	其中：社会捐赠
总计																																	
一	行业																																
	农林牧渔业																																
	采矿业																																
	制造业																																
	电力、燃气及水生产和供应业																																
	建筑业																																
	交通运输、仓储和邮政业																																
	信息传输、软件和信息技术服务业																																
	批发和零售业																																
	住宿和餐饮业																																
	金融业																																
	房地产业																																
	租赁和商务服务业																																
	科学研究和技术服务业																																
	水利、环境和公共设施管理业																																
	居民服务、修理和其他服务业																																
	教育																																
	卫生和社会工作																																
	文化、体育和娱乐业																																
	公共管理、社会保障和社会组织																																
	其他																																

续表

序号	行业	项目数（个）					投资数（元）			资金来源（元）																							
												其中：						其中：					其中：										
		总计	在建数	资产已交付使用但未办理竣工决算数	当年已办理竣工决算数	停缓建数	已批概算总投资	累计完成投资	其中：当年完成投资	总计	中央财政性资金	中央基建投资	中央财政专项资金	中央政府性基金	国有资本经营预算	其他	地方财政性资金	省级财政资金	其中：地方债	地市级财政资金	县及县以下财政资金	其他资金	银行贷款	其中：地方政府融资平台贷款	利用外资	其中：国际金融组织贷款	其中：外国政府贷款	其中：外商直接投资	自筹资金	其中：企业债	其中：股票融资	其他	其中：社会捐赠
二	政府投资结构																																
	三农																																
	保障性安居工程																																
	铁路公路机场等重大基础设施																																
	教科文卫等社会事业																																
	自主创新和结构调整																																
	节能减排和生态建设																																
	灾后恢复重建																																
	其他																																
三	建设管理模式																																
	政府和社会资本合作																																
	代建制																																
	工程建设领导小组或指挥部模式																																
	基建处/室模式																																
	其他																																
四	其他分类																																
	行政单位项目																																
	事业单位项目																																
	国有及国有控股企业项目																																
	非国有单位项目																																
	使用财政性资金项目																																
	未使用财政性资金项目																																

续表

序号	行业	项目数（个）					投资数（元）			资金来源（元）																							
		总计	在建数	资产已交付使用但未办理竣工决算数	当年已办理竣工决算数	停缓建数	已批概算总投资	累计完成投资	其中：当年完成投资	总计	中央财政性资金	其中：					地方财政性资金	其中：				其他资金	其中：										
												中央基建投资	中央财政专项资金	中央政府性基金	国有资本经营预算	其他		省级财政资金	其中：地方债	地市级财政资金	县及县以下财政资金		银行贷款	其中：地方政府融资平台贷款	利用外资	其中：国际金融组织贷款	其中：外国政府贷款	其中：外商直接投资	自筹资金	其中：企业债	其中：股票融资	其他	其中：社会捐赠
	在建项目		—	—	—	—																											
	资产已交付使用但未办理竣工财务决算项目		—	—	—	—																											
	本年度办理竣工财务决算		—	—	—	—																											
	停缓建项目		—	—	—	—																											
	当年新开工项目																																
	以前年度开工项目																																
	大中型																																
	小型																																
	新建																																
	改扩建																																
	其他																																
	经营性项目																																
	非经营性项目																																
	中央项目																																
	地方项目																																
	生产性投资																																
	消费性投资																																
	基础设施投资																																

表 3－91

2020 年度固定资产投资报表

年度固定资产投资报表

单位公章

单 位 名 称：________________

单位负责人：________________

财务负责人：________________

填　表　人：________________

电 话 号 码：________________

单 位 地 址：________________

报 送 日 期：____年____月____日

单位统一代码（各级技术监督局核发）　□□□□□□□□□	单位性质　行政单位 □ 事业单位（含比照事业单位管理的社会团体） □ 国有及国有控股企业 □ 非国有单位 □
隶属关系　□□□□□□－□□□ （国家标准：行政隶属关系代码－部门标识代码）	所在地区　（国家标准：行政区划代码）　□□□□□□
报表类型（软件系统自动生成）	备用码　□□□□□□□□□□

中华人民共和国财政部印制

表 3－91（1）

资金平衡表

财建 01 表

单位：元

资金占用	行次	年初数	年末数	资金来源	行次	年末数
一、基本建设支出合计	1	——	23 580 000	一、基本建设拨款合计	37	23 830 000
（一）交付使用资产	2	——	22 078 900	（一）以前年度拨款	38	20 000 000
1. 固定资产	3	——	20 078 900	1. 中央财政性资金拨款	39	20 000 000
2. 流动资产	4	——		2. 地方财政性资金拨款	40	
3. 无形资产	5	——	2 000 000	3. 其他拨款	41	
4. 递延资产	6	——		（二）本年拨款	42	3 980 000
（二）待核销基建支出	7		1 100 000	1. 中央财政性资金拨款	43	
（三）转出投资	8		401 100	其中：中央基建拨款	44	
（四）在建工程	9	12 530 000	0	中央财政专项资金	45	
1. 建筑安装工程投资	10	1 330 000		中央政府性基金	46	
2. 设备投资	11	7 400 000		国有资本经营预算	47	
3. 待摊投资	12	1 800 000		其他	48	
4. 其他投资	13	2 000 000		2. 地方财政性资金拨款	49	1 500 000
二、应收生产单位投资借款	14			其中：省级拨款	50	1 500 000
三、器材	15		250 000	地市级拨款	51	
其中：待处理器材损失	16			县及县以下拨款	52	
四、货币资金合计	17	——		3. 其他拨款	53	2 480 000
其中：银行存款	18	——		（三）预收下年度财政性资金拨款	54	
财政应返还额度	19	——		其中：中央财政性资金	55	
现金	20	——		地方财政性资金	56	
有价证券	21	——		（四）本年交回结余资金（均以“－”号表示）	57	－150 000
五、预付款合计	22	——		1. 交中央财政	58	－150 000
1. 预付备料款	23	——		2. 交地方财政	59	
2. 预付工程款	24	——		3. 交主管部门及其他	60	

续表

资金占用	行次	年初数	年末数	资金来源	行次	年末数
3. 预付设备款	25	——		二、项目资本	61	
六、应收款合计	26	——	135 000	其中：中央财政性资金拨入	62	
1. 应收有偿调出器材及工程款	27	——		地方财政性资金拨入	63	
2. 应收票据	28	——		三、项目资本公积	64	
3. 其他应收款	29	——	135 000	其中：中央财政性资金形成	65	
七、固定资产合计	30	——		地方财政性资金形成	66	
固定资产原价	31	——		四、基建借款	67	
减：累计折旧	32	——		其中：企业债券资金	68	
固定资产净值	33	——		五、待冲基建支出	69	
固定资产清理	34	——		六、应付款合计	70	135 000
待处理固定资产损失	35	——		（一）应付器材款	71	
				（二）应付工程款	72	
				（三）应付有偿调入器材及工程款	73	
				（四）应付票据	74	
				（五）应付工资及福利费	75	
				（六）其他应付款	76	135 000
				七、未交款合计	77	
				（一）未交税金	78	
				（二）未交基建收入	79	
				（三）其他未交款	80	
				八、留成收入	81	
资金占用合计	36	——	23 965 000	资金来源合计	82	23 965 000

本表主要公式：1 行 =（2 +7 +8 +9）行；2 行 =（3 +4 +5 +6）行；9 行 =（10 +11 +12 +13）行；15 行≥16 行；17 行≥（18 +19 +20 +21）行；22 行 =（23 +24 +25）；26 行 =（27 +28 +29）行；30 行 =（33 +34 +35）行；33 行 =（31 −32）行；36 行 =（1 +14 +15 +17 +22 +26 +30）行；37 行 =（38 +42 +54 +57）行；38 行 =（39 +40 +41）行；42 行 =（43 +49 +53）行；43 行 =（44 +45 +46 +47 +48）行；49 行 =（50 +51 +52）行；54 行 =（55 +56）行；57 行 =（58 +59 +60）行；61 行≥（62 +63）行；64 行≥（65 +66）行；67 行≥68 行；70 行 =（71 +72 +73 +74 +75 +76）行；77 行 =（78 +79 +80）行；82 行 =（37 +61 +64 +67 +69 +70 +77 +81）行；36 行 =82 行。

财建 02 表

单位：元

投资资金支出													
交付使用资产					在建工程	待核销基建支出	转出投资	其中：当年投资支出	竣工项目结余资金（自动生成）	竣工项目超概金额（自动生成）	在建及停缓建项目结转资金（自动生成）	是否使用财政性资金（自动生成）	备注
	其中：												
	固定资产	流动资产	无形资产	递延资产									
	41	42	43	44	45	46	47	48	49	50	51	52	53
0	20 078 900	0	2 000 000	0	0	1 100 000	401 100	11 050 000	0	0	250 000		
)	8 498 900		1 000 000				401 100	6 950 000					
0	11 580 000		1 000 000					3 000 000					
						1 100 000		1 100 000			250 000		

13. 科学研究和技术服务业；14. 水利、环境和公共设施管理业；15. 居民服务、修理和其他服务业；16. 教育；

) 栏≥（31 +32 +33）栏；34 栏≥（35 +36）栏；37 栏≥38 栏；39 栏 =（40 +45 +46 +47）栏；39 栏≥48 栏。

表 3－91（3）

资产基本情况表

财建 03 表
单位：元

行政事业单位资产基本情况		行次	金额	国有及国有控股企业资产基本情况	行次	金额
一	固定资产	1		一、固定资产	13	——
（一）	房屋、建筑物	2		（一）固定资产原价	14	
	其中：交付使用 10 年以上（不含 10 年）	3		其中：房屋、建筑物	15	
（二）	机器设备（单价 200 万元及以上的大型设备）	4		机器设备	16	
	其中：交付使用 5 年以上（不含 5 年）	5		交通运输工具	17	
（三）	交通运输工具	6		（二）固定资产净值	18	
	其中：交付使用 5 年以上（不含 5 年）	7		（三）固定资产净额	19	
（四）	其他	8		其中：房屋、建筑物	20	
	其中：土地	9		机器设备	21	
二	无形资产	10		交通运输工具	22	
	其中：土地使用权	11		二、无形资产	23	
三	当年新增固定资产及无形资产	12		其中：土地	24	
				三、当年新增固定资产及无形资产	25	

本表主要公式：1 行≥（2＋4＋6＋8）行；2 行≥3 行；4 行≥5 行；6 行≥7 行；8 行≥9 行；10 行≥11 行；14 行≥（15＋16＋17）行；14 行≥18 行≥19 行；19 行≥（20＋21＋22）行；23≥24 行。

表3－91（4）

项目统计分析表

财建04表

本表自动生成数据。

序号	行业	项目数（个）					投资数（元）			资金来源（元）																							
		总计	在建数	资产已交付使用但未办理竣工决算数	当年已办理竣工决算数	停缓建数	已批概算总投资	累计完成投资	其中：当年完成投资	总计	中央财政性资金	其中：中央基建投资	其中：中央财政专项资金	其中：中央政府性基金	其中：国有资本经营预算	其中：其他	地方财政性资金	其中：省级财政资金	其中：地方债	其中：地市级财政资金	其中：县及县以下财政资金	其他资金	其中：银行贷款	其中：地方政府融资平台贷款	其中：利用外资	其中：国际金融组织贷款	其中：外国政府贷款	其中：外商直接投资	其中：自筹资金	其中：企业债	其中：股票融资	其中：其他	其中：社会捐赠
总计																																	
一	行业																																
	农林牧渔业																																
	采矿业																																
	制造业																																
	电力、燃气及水生产和供应业																																
	建筑业																																
	交通运输、仓储和邮政业																																
	信息传输、软件和信息技术服务业																																
	批发和零售业																																
	住宿和餐饮业																																
	金融业																																
	房地产业																																
	租赁和商务服务业																																
	科学研究和技术服务业																																
	水利、环境和公共设施管理业																																
	居民服务、修理和其他服务业																																
	教育																																
	卫生和社会工作																																
	文化、体育和娱乐业																																
	公共管理、社会保障和社会组织																																
	其他																																

续表

序号	行业	项目数（个）					投资数（元）			资金来源（元）																							
		总计	在建数	资产已交付使用但未办理竣工决算数	当年已办理竣工决算数	停缓建数	已批概算总投资	累计完成投资	其中：当年完成投资	总计	中央财政性资金	其中：					地方财政性资金	其中：				其他资金	其中：										
												中央基建投资	中央财政专项资金	中央政府性基金	国有资本经营预算	其他		省级财政资金	其中：地方债	地市级财政资金	县及县以下财政资金		银行贷款	其中：地方政府融资平台贷款	利用外资	其中：国际金融组织贷款	其中：外国政府贷款	其中：外商直接投资	自筹资金	其中：企业债	其中：股票融资	其他	其中：社会捐赠
二	政府投资结构																																
	三农																																
	保障性安居工程																																
	铁路公路机场等重大基础设施																																
	教科文卫等社会事业																																
	自主创新和结构调整																																
	节能减排和生态建设																																
	灾后恢复重建																																
	其他																																
三	建设管理模式																																
	政府和社会资本合作																																
	代建制																																
	工程建设领导小组或指挥部模式																																
	基建处/室模式																																
	其他																																
四	其他分类																																
	行政单位项目																																
	事业单位项目																																
	国有及国有控股企业项目																																
	非国有单位项目																																
	使用财政性资金项目																																
	未使用财政性资金项目																																

续表

序号	行业	项目数（个）					投资数（元）			资金来源（元）																							
		总计	在建数	资产已交付使用但未办理竣工决算数	当年已办理竣工决算数	停缓建数	已批概算总投资	累计完成投资	其中：当年完成投资	总计	中央财政性资金	其中：					地方财政性资金	其中：				其他资金	其中：										
												中央基建投资	中央财政专项资金	中央政府性基金	国有资本经营预算	其他		省级财政资金	其中：地方债	地市级财政资金	县及县以下财政资金		银行贷款	其中：地方政府融资平台贷款	利用外资	其中：国际金融组织贷款	其中：外国政府贷款	其中：外商直接投资	自筹资金	其中：企业债	其中：股票融资	其他	其中：社会捐赠
	在建项目		—	—	—	—																											
	资产已交付使用但未办理竣工财务决算项目		—	—	—	—																											
	本年度办理竣工财务决算		—	—	—	—																											
	停缓建项目		—	—	—	—																											
	当年新开工项目																																
	以前年度开工项目																																
	大中型																																
	小型																																
	新建																																
	改扩建																																
	其他																																
	经营性项目																																
	非经营性项目																																
	中央项目																																
	地方项目																																
	生产性投资																																
	消费性投资																																
	基础设施投资																																

表 3－92

2019 年各项目丁字账

项目	建安		设备		待摊		其他		交付使用资产		待核销基建支出		转出投资		零余额		应返还	
新建业务楼	50 000.00				1 000 000.00		1 000 000.00								8 000 000.00	2 000 000.00	5 050 000.00	
	900 000.00															50 000.00		
																225 000.00		
																675 000.00		
																5 050 000.00		
	950 000.00	—	—	—	1 000 000.00	—	1 000 000.00	—	—	—	—	—	—	—	8 000 000.00	8 000 000.00	5 050 000.00	—
	950 000.00		—		1 000 000.00		1 000 000.00		—		—		—		—		5 050 000.00	

项目	建安		设备		待摊		其他		交付使用资产		待核销基建支出		转出投资		零余额		应返还	
山洪	180 000.00		3 600 000.00		20 000.00		400 000.00								12 000 000.00	3 600 000.00	2 120 000.00	
	200 000.00		2 800 000.00		30 000.00		600 000.00									180 000.00		
			1 000 000.00		150 000.00											20 000.00		
					600 000.00											2 800 000.00		
																200 000.00		
																30 000.00		
																400 000.00		
																600 000.00		
																1 000 000.00		
																750 000.00		
																300 000.00		
																2 120 000.00		
	380 000.00	—	7 400 000.00	—	800 000.00	—	1 000 000.00	—	—	—	—	—	—	—	12 000 000.00	12 000 000.00	2 120 000.00	—
	380 000.00		7 400 000.00		800 000.00		1 000 000.00		—		—		—		—		2 120 000.00	

项目	建安		设备		待摊		其他		交付使用资产		待核销基建支出		转出投资		零余额		应返还	
高时空	800 000.00	800 000.00					500 000.00	500 000.00	1 300 000.00						1 300 000.00	800 000.00		
																500 000.00		
	800 000.00	800 000.00	—	—	—	—	500 000.00	500 000.00	1 300 000.00	—	—	—	—	—	1 300 000.00	1 300 000.00	—	—
	—		—		—		—		1 300 000.00		—		—		—		—	

项目	建安		设备		待摊		其他		交付使用资产		待核销基建支出		转出投资		零余额		应返还		预付		财政收入（基建）	
台站搬迁					80 000.00	80 000.00					80 000.00	80 000.00			2 000 000.00	80 000.00					2 000 000.00	2 000 000.00
																1 920 000.00						
	—	—	—	—	80 000.00	80 000.00	—	—	—	—	80 000.00	80 000.00	—	—	2 000 000.00	2 000 000.00	—	—	—	—	2 000 000.00	2 000 000.00
	—		—		—		—		—		—		—		—		—		—			—

续表

新建业务楼	预付		财政收入（基建）		财政收入（事业）		非财政收入		银行存款		应付款		累计盈余（中央）		累计盈余（地方）		累计盈余（其他）	
	2 250 000. 00	2 250 000. 00	8 000 000. 00	8 000 000. 00									2 000 000. 00	8 000 000. 00				
													50 000. 00					
													900 000. 00					
	2 250 000. 00	2 250 000. 00	8 000 000. 00	8 000 000. 00	—	—	—	—	—	—	—	—	2 950 000. 00	8 000 000. 00	—	—	—	—
	—			—		—		—	—			—		5 050 000. 00		—		—

山洪	预付		财政收入（基建）		财政收入（事业）		非财政收入		银行存款		应付款		累计盈余（中央）		累计盈余（地方）		累计盈余（其他）	
	300 000. 00		12 000 000. 00	12 000 000. 00									3 600 000. 00	12 000 000. 00				
													180 000. 00					
													20 000. 00					
													2 800 000. 00					
													200 000. 00					
													30 000. 00					
													400 000. 00					
													600 000. 00					
													1 000 000. 00					
													750 000. 00					
	300 000. 00	—	12 000 000. 00	12 000 000. 00	—	—	—	—	—	—	—	—	9 580 000. 00	12 000 000. 00	—	—	—	—
	300 000. 00			—		—		—	—			—		2 420 000. 00		—		—

高时空	预付		财政收入（基建）		财政收入（事业）		非财政收入		银行存款		应付款		累计盈余（中央）		累计盈余（地方）		累计盈余（其他）	
			1 300 000. 00	1 300 000. 00									800 000. 00	1 300 000. 00				
													500 000. 00					
	—	—	1 300 000. 00	1 300 000. 00	—	—	—	—	—	—	—	—	1 300 000. 00	1 300 000. 00	—	—	—	—
	—			—		—		—	—			—		—		—		—

台站搬迁	财政收入（事业）		非财政收入		银行存款		应付款		累计盈余（中央结转）		累计盈余（地方结转）		累计盈余（其他结余）		累计盈余（中央结余）		应缴财政款		资产处置费用	
									80 000. 00	2 000 000. 00					1 920 000. 00	1 920 000. 00	1 920 000. 00	1 920 000. 00	80 000. 00	80 000. 00
									1 920 000. 00											
	—	—	—	—	—	—	—	—	2 000 000. 00	2 000 000. 00	—	—	—	—	1 920 000. 00	1 920 000. 00	1 920 000. 00	1 920 000. 00	80 000. 00	80 000. 00
		—		—	—			—		—		—		—		—		—	—	

表 3 －93　**2019 年项目科目余额表**　单位：元

	业务楼项目	山洪项目	高时空项目	台站搬迁项目	合计
交付使用资产（借方发生额）	—	—	1 300 000. 00	—	1 300 000. 00
转出投资（借方发生额）	—	—	—	—	—
待核销基建支出（借方发生额）	—	—	—	80 000. 00	80 000. 00
建筑安装工程（余额）	950 000. 00	380 000. 00	—	—	1 330 000. 00
设备投资（余额）	—	7 400 000. 00	—	—	7 400 000. 00
待摊投资（余额）	1 000 000. 00	800 000. 00	—	—	1 800 000. 00
其他投资（余额）	1 000 000. 00	1 000 000. 00	—	—	2 000 000. 00
库存材料（余额）	—	—	—	—	—
银行存款（借方发生额）	—	—	—	—	—
财政应返还额度（余额）	5 050 000. 00	2 120 000. 00	—	—	7 170 000. 00
预付账款（余额）	—	300 000. 00	—	—	300 000. 00
应收账款（余额）	—	—	—	—	—
合计	8 000 000. 00	12 000 000. 00	1 300 000. 00	80 000. 00	21 380 000. 00
财政拨款收入（贷方发生额）	8 000 000. 00	12 000 000. 00	1 300 000. 00	2 000 000. 00	23 300 000. 00
非财政拨款收入（贷方发生额）	—	—	—	—	—
银行存款（贷方发生额）	—	—	—	—	—
中央财政拨款结余（借方发生额）	—	—	—	－1 920 000. 00	－1 920 000. 00
地方财政拨款结余（借方发生额）	—	—	—	—	—
应付账款（余额）	—	—	—	—	—
其他应付款（余额）	—	—	—	—	—
以前年财政收入（贷方发生额）	—	—	—	—	—
以前非财政收入（贷方发生额）	—	—	—	—	—
银行存款（年初余额）	—	—	—	—	—
合计	8 000 000. 00	12 000 000. 00	1 300 000. 00	80 000. 00	21 380 000. 00

表 3－94

2020 年各项目丁字账

项目	建安		设备		待摊		其他		交付使用资产		待核销基建支出		转出投资		零余额		应返还	
新建业务楼	950 000.00				1 000 000.00		1 000 000.00										5 050 000.00	
	2 250 000.00	4 500 000.00	850 000.00	850 000.00	100 000.00	100 000.00		1 000 000.00	846 700.00	6 646 700.00			7 300.00	57 300.00	5 050 000.00	2 000 000.00		5 050 000.00
	1 350 000.00	350 000.00	200 000.00	200 000.00	－100 000.00	400 000.00			102 200.00	802 200.00			43 800.00	343 800.00		200 000.00		
	350 000.00	950 000.00				200 000.00			5 800 000.00	850 000.00			50 000.00			1 100 000.00		
	950 000.00	50 000.00				120 000.00			700 000.00	200 000.00			300 000.00			1 215 000.00		
	800 000.00	300 000.00				65 000.00			850 000.00	1 000 000.00						535 000.00		
	300 000.00	700 000.00				45 000.00			200 000.00									
	－100 000.00					170 000.00			1 000 000.00									
						－100 000.00												
	6 850 000.00	6 850 000.00	1 050 000.00	1 050 000.00	1 000 000.00	1 000 000.00	1 000 000.00	1 000 000.00	9 498 900.00	9 498 900.00	—	—	401 100.00	401 100.00	5 050 000.00	5 050 000.00	5 050 000.00	5 050 000.00
	—		—		—		—		—		—		—		—		—	

项目	建安		设备		待摊		其他		交付使用资产		待核销基建支出		转出投资		零余额		应返还	
山洪	380 000.00		7 400 000.00		800 000.00		1 000 000.00										2 120 000.00	
	3 000 000.00	3 000 000.00		3 600 000.00		800 000.00		600 000.00	446 000.00	4 226 000.00					2 120 000.00	2 120 000.00		2 120 000.00
		180 000.00		2 800 000.00				400 000.00	354 000.00	3 000 000.00								
		200 000.00		1 000 000.00					3 000 000.00	1 000 000.00								
									3 780 000.00	1 000 000.00								
									3 000 000.00	3 354 000.00								
									1 000 000.00									
									1 000 000.00									
	3 380 000.00	3 380 000.00	7 400 000.00	7 400 000.00	800 000.00	800 000.00	1 000 000.00	1 000 000.00	12 580 000.00	12 580 000.00	—	—	—	—	2 120 000.00	2 120 000.00	2 120 000.00	2 120 000.00
	—		—		—		—		—		—		—		—		—	

项目	建安		设备		待摊		其他		交付使用资产		待核销基建支出		转出投资		零余额		应返还	
台站维修项目	400 000.00	100 000.00			80 000.00	80 000.00			1 180 000.00	1 180 000.00					1 000 000.00	880 000.00	120 000.00	
	800 000.00	1 100 000.00														120 000.00		
	1 200 000.00	1 200 000.00	—	—	80 000.00	80 000.00	—	—	1 180 000.00	1 180 000.00	—	—	—	—	1 000 000.00	1 000 000.00	120 000.00	—
	—		—		—		—		—		—		—		—		120 000.00	

项目	建安		设备		待摊		其他		交付使用资产		待核销基建支出		转出投资		零余额		应返还		预付		财政收入（基建）		财政收入（事业）	
台站搬迁	50 000.00	50 000.00	750 000.00	750 000.00	200 000.00	200 000.00					1 100 000.00	1 100 000.00			500 000.00	200 000.00								
					100 000.00	100 000.00										100 000.00								
																50 000.00								
																150 000.00								
	50 000.00	50 000.00	750 000.00	750 000.00	300 000.00	300 000.00	—	—	—	—	1 100 000.00	1 100 000.00	—	—	500 000.00	500 000.00	—	—	—	—	—	—	—	—
	—		—		—		—		—		—		—		—		—		—		—		—	

续表

	预付		财政收入（基建）		财政收入（事业）		非财政收入		银行存款		应付款		累计盈余（中央）		累计盈余（地方）		累计盈余（其他）		其他应付款	
新建业务楼									100 000. 00	765 000. 00	1 100 000. 00	250 000. 00	2 250 000. 00	5 050 000. 00			135 000. 00	100 000. 00		135 000. 00
										1 100 000. 00		850 000. 00	850 000. 00				765 000. 00			
													200 000. 00				1 100 000. 00			
													1 215 000. 00							
													535 000. 00							
	—	—	—	—	—	—	—	—	100 000. 00	1 865 000. 00	1 100 000. 00	1 100 000. 00	5 050 000. 00	5 050 000. 00	—	—	2 000 000. 00	100 000. 00	—	135 000. 00
	—			—		—		—	-1 765 000. 00			—		—		—		-1 900 000. 00		135 000. 00

	预付		财政收入（基建）		财政收入（事业）		非财政收入		银行存款		应付款		累计盈余（中央）		累计盈余（地方）		累计盈余（其他）	
山洪	300 000. 00													2 420 000. 00				
		300 000. 00								580 000. 00	580 000. 00	580 000. 00	2 420 000. 00				580 000. 00	
	300 000. 00	300 000. 00	—	—	—	—	—	—	—	580 000. 00	580 000. 00	580 000. 00	2 420 000. 00	2 420 000. 00	—	—	580 000. 00	—
	—			—		—		—	-580 000. 00			—		—		—		-580 000. 00

	预付		财政收入（基建）		财政收入（事业）		非财政收入		银行存款		应付款		累计盈余（中央）		累计盈余（地方）		累计盈余（其他）	
台站维修项目					1 000 000. 00	1 000 000. 00							800 000. 00	1 000 000. 00				
													80 000. 00					
	—	—	—	—	1 000 000. 00	1 000 000. 00	—	—	—	—	—	—	880 000. 00	1 000 000. 00	—	—	—	—
	—			—		—		—	—			—		120 000. 00		—		—

	非财政收入		银行存款		应付款		累计盈余（中央结转）		累计盈余（地方结转）		累计盈余（其他结余）		累计盈余（地方结余）		工程物资		库存材料		资产处置费用	
台站搬迁	500 000. 00	500 000. 00							200 000. 00	150 000. 00			1 500 000. 00	150 000. 00	1 000 000. 00	750 000. 00	250 000. 00		1 100 000. 00	1 100 000. 00
	1 000 000. 00	1 000 000. 00							100 000. 00							250 000. 00				
									750 000. 00											
									50 000. 00											
									150 000. 00											
	1 500 000. 00	1 500 000. 00	—	—	—	—	—	—	1 250 000. 00	1 500 000. 00	—	—	150 000. 00	150 000. 00	1 000 000. 00	1 000 000. 00	250 000. 00	—	1 100 000. 00	1 100 000. 00
		—	—			—		—		250 000. 00		—		—	—		250 000. 00		—	

表3－95　2020年项目科目余额表

单位：元

	业务楼项目	山洪项目	纯地方台站项目	合计
交付使用资产（借方发生额）	9 498 900.00	12 580 000.00	—	22 078 900.00
转出投资（借方发生额）	401 100.00	—	—	401 100.00
待核销基建支出（借方发生额）	—	—	1 100 000.00	1 100 000.00
建筑安装工程（余额）	—	—	—	—
设备投资（余额）	—	—	—	—
待摊投资（余额）	—	—	—	—
其他投资（余额）	—	—	—	—
库存材料（余额）	—	—	250 000.00	250 000.00
银行存款（借方发生额）	100 000.00	—	—	100 000.00
财政应返还额度（余额）	—	—	—	—
预付账款（余额）	—	—	—	—
应收账款（余额）	—	—	—	—
合计	10 000 000.00	12 580 000.00	1 350 000.00	23 930 000.00
财政拨款收入（贷方发生额）	—	—	—	—
非财政拨款收入（贷方发生额）	—	—	1 500 000.00	1 500 000.00
银行存款（贷方发生额）	1 865 000.00	580 000.00	—	2 445 000.00
中央财政拨款结余（借方发生额）	—	—	—	—
地方财政拨款结余（借方发生额）	—	—	－150 000.00	－150 000.00
应付账款（余额）	—	—	—	—
其他应付款（余额）	135 000.00	—	—	135 000.00
以前年财政收入（贷方发生额）	8 000 000.00	12 000 000.00	—	20 000 000.00
以前非财政收入（贷方发生额）	—	—	—	—
银行存款（年初余额）	—	—	—	—
合计	10 000 000.00	12 580 000.00	1 350 000.00	23 930 000.00

①中央单位：前6个空格为零，后3个空格根据国家标准《中央党政机关、人民团体及其他机构名称代码》（GB 4657－2009）填报。

②地方单位：前6个空格根据国家标准《中华人民共和国行政区划代码》（GB/T 2260－2007）编制。具体编制方法：省级单位以行政区划代码的前两位数字后加4个零表示；地市级单位以行政区划代码前4位数字后加2个零表示；县级（及市辖区）单位以行政区划代码本身6位数表示。后3个空格比照国家标准《中央党政机关、人民团体及其他机构名称代码》（GB 4657－2009）填报。

（10）单位性质：分为行政单位、事业单位（含比照事业单位管理的社会团体）、国有及国有控股企业（含工业、商业、外贸、金融等）和非国有单位。

（11）所在地区：指单位实际所在地，根据国家标准《中华人民共和国行政区划代码》（GB/T 2260－2007）及调整情况按实际填列。

2. 资金平衡表（财建01表）。

本表根据填报单位执行会计准则情况、结合基本建设财务制度规定等分析调整填报。

本表主要反映：截至本年年初、年末，单位年度固定资产投资项目资金来源和资金占用情况。表中有关科目“年初数”由上年“年末数”导入，单位可对导入数据进行调整，调整部分需在报表编制说明中予以单独表述。

编制本表的目的：①综合反映单位年度固定资产投资项目各项资金来源和资金占用情况及其增减变动；②分析资金构成是否合理；③分析投资产出。

第一，“资金占用”指标：

（1）基本建设支出合计：反映单位期末基本建设支出、更新改造支出、固定资产购置支出、房地产开发支出和其他固定资产支出。基本建设支出合计＝交付使用资产＋待核销基建支出＋转出投资＋在建工程。

（2）交付使用资产：反映单位期末已经完成建造、购置过程，并经验收合格交付使用单位的各项资产的实际成本总额。交付使用资产＝固定资产＋流动资产＋无形资产＋递延资产。

（3）固定资产：反映单位期末已经完成建造、购置过程，并经验收合格交付使用单位的各项固定资产的实际成本。包括基建账簿“交付使用资产”科目所属“固定资产”明细科目的期末余额；其他账簿“固定资产”科目涉及年度固定资产投资项目的部分等。

（4）流动资产：反映单位期末已经完成购置并经验收合格交付使用单位的不够固定资产标准的工具、器具、家具等流动资产的实际成本。包括基建账簿“交付使用资产”科目所属“流动资产”明细科目的期末余额等。

（5）无形资产：反映单位期末已经完成购置过程并经验收合格单独交付使用单位的土地使用权、专利权、专有技术等无形资产的实际成本。包括基建账簿“交付使用资产”科目所属“无形资产”明细科目的期末余额；其他账簿“无形资产”科目涉及年度固定资产投资项目的部分等。

（6）递延资产：反映不计入固定资产、流动资产价值的各项递延资产费用（不分摊待摊投资），是单位在投资期间发生的并已单独结转使用单位的各种递延资产的实际成本，如生产职工培训费、样品样机购置费、农业开荒费用等。包括基建账簿“交付使用资产”科目所属“递延资产”明细科目的期末余额；其他账簿“长期待摊费用”科目涉及年度固定资产投资项目的部分等。

（7）待核销基建支出：反映非经营性项目发生的江河清障、航道清淤、飞播造林、补助群众造林、退耕还林（草）、封山（沙）育林（草）、水土保持、城市绿化、取消项目可行性研究费、项目报废及其他经财政部门认可的不能形成资产部分的投资支出。包括基建账簿“待核销基建支出”科目的期末余额等。经营性项目不填列此科目。

（8）转出投资：反映为项目配套的专用设施投资。产权不归属本单位的，根据基建账簿“转出投资”科目的期末余额填列。产权归属本单位的，计入交付使用资产价值，不在此科目反映。

（9）在建工程：反映单位期末各种在建工程成本的余额。在建工程 = 建筑安装工程投资 + 设备投资 + 待摊投资 + 其他投资。

（10）建筑安装工程投资：反映期末尚处于建设中的建筑安装工程投资支出，即没有竣工交付使用的工程投资。包括基建账簿“建筑安装工程投资”科目的期末余额；其他账簿“建筑工程”“安装工程”科目的期末余额等。

（11）设备投资：反映单位期末尚处于安装过程中的设备以及尚未交付使用不需要安装的设备和为生产准备的不够固定资产标准的工具、器具的实际成本。包括基建账簿“设备投资”科目的期末余额、其他账簿“在安装工程”“工程物资”“设备投资”科目的期末余额等。

（12）待摊投资：反映单位发生的期末尚未分配计入交付使用资产成本的费用性投资支出。包括基建账簿“待摊投资”科目的期末余额；其他账簿“待摊支出/费用”科目涉及年度固定资产投资项目的部分等。

（13）其他投资：反映单位期末尚未交付使用的房屋、办公及生活用家具、器具等购置投资支出；役畜、基本畜禽、林木的购置、培养、培育等投资支出；尚未交付的专利权、土地使用权等无形资产以及递延资产等支出。包括基建账簿“其他投资”科目的期末余额等。

（14）应收生产单位投资借款：反映实行基本建设投资借款的建设单位应向生产单位收取的基建投资借款。包括基建账簿“应收生产单位投资借款”科目的期末余额等。

（15）器材：反映单位期末在库、在途和在加工中的设备和材料的实际成本，但不包括在库的不需要安装设备及工具、器具的实际成本（该部分成本应在“设备投资”科目反映）。包括基建账簿“器材采购”“采购保管费”“库存材料”“库存设备”“材料成本差异”“委托加工器材”“待处理财产损失——待处理设备损失”和“待处理财产损失——待处理材料损失”等科目的期末余额等。

（16）待处理器材损失：包括基建账簿“待处理财产损失——待处理设备损失”和“待处理财产损失——待处理材料损失”科目的期末余额等。

（17）货币资金合计：反映单位期末涉及年度固定资产投资项目的货币资金余额。货币资金包括银行存款、财政应返还额度、现金、有价证券等。

（18）银行存款：反映单位按规定存在银行自筹资金户、待转自筹资金户、清理资金户、基建资金户和采购用款户等款项，包括基建账簿“银行存款”科目的期末余额；其他账簿“银行存款”科目涉及年度固定资产投资项目的部分等。

（19）财政应返还额度：实行国库集中支付单位年终注销财政直接支付额度或注销授权支付零余额账户额度时，财政部门已下达预算指标未拨付资金的数额。根据年终“财政直接支付”“财政授权支付”的财政应返还额度合计数填列。

（20）现金：反映单位期末的库存现金。包括基建账簿“现金”科目的期末余额；其他账簿“库存现金”科目涉及年度固定资产投资项目的部分等。

（21）有价证券：反映单位购入的国债、企业债券等有价证券。包括基建账簿“有价证券”科目的期末余额；其他账簿“交易性金融资产”科目涉及年度固定资产投资项目的部分等。

（22）预付款合计：预付款合计 = 预付备料款 + 预付工程款 + 预付设备款。

（23）预付备料款：反映按规定预付给施工企业的备料款。包括基建账簿“预付备料款”科目的期末余额；其他账簿“预付材料款”科目涉及年度固定资产投资项目的部分等。

（24）预付工程款：反映按规定预付给施工企业的工程款。包括基建账簿“预付工程款”科目的期末余额；其他账簿“预付工程价款”科目涉及年度固定资产投资项目的部分等。

（25）预付设备款：反映按规定预付给供应单位的设备款。包括基建账簿“应付器材款”科目所属有关明细科目的借方余额；其他账簿“预付设备款”科目涉及年度固定资产投资项目的部分等。

（26）应收款合计：应收款合计 = 应收有偿调出器材及工程款 + 应收票据 + 其他应收款。

（27）应收有偿调出器材及工程款：反映有偿调出设备、材料及有偿转出未完工程的应收价款。包括基建账簿“应收有偿调出器材及工程款”科目的期末借方余额等。

（28）应收票据：反映单位收到的未到期也未向银行贴现的应收票据。包括基建账簿“应收票据”科目的期末余额；其他账簿“应收票据”科目涉及年度固定资产投资项目的部分等。

（29）其他应收款：反映除预付款项和应收款项以外的其他各项预付及应收款项。包括基建账簿“其他应收款”科目的期末余额；其他账簿“其他应收款”科目涉及年度固定资产投资项目的部分等。

（30）固定资产合计：固定资产合计 = 固定资产净值 + 固定资产清理 + 待处理固定资产损失。（30）~（35）科目仅反映基建账簿中相关科目，其他账簿不在此科目反映。

（31）固定资产原价：反映建设单位自用的固定资产原价和由主管部门（生产企业）无偿调拨的固定资产原价。包括基建账簿“固定资产原价”科目的期末余额等。

（32）累计折旧：反映第（31）项固定资产期末累计折旧额。包括基建账簿“累计折旧”科目的期末余额等。

（33）固定资产净值：根据“固定资产原价”科目减“累计折旧”科目的余额填列。

（34）固定资产清理：反映建设单位毁损、报废等原因转入清理但尚未清理完毕的固定资产净值以及在清理过程中发生的清理费用和变价收入等各项金额的差额。包括基建账簿“固定资产清理”科目的期末余额等。如为贷方余额应以“-”号反映。

（35）待处理固定资产损失：反映建设单位在清查财产中发现的尚待批准处理的固定资产盘亏扣除盘盈后的净损失。包括基建账簿“待处理财产损失”科目所属“待处理固定资产损失”明细科目的期末余额等。

（36）资金占用合计：资金占用合计＝基本建设支出合计＋应收生产单位投资借款＋器材＋货币资金合计＋预付款合计＋应收款合计＋固定资产合计＝（82）行资金来源合计。

第二，“资金来源”指标：

（37）基本建设拨款合计：反映用于单位年度固定资产投资项目的拨款。包括中央和地方财政拨款、主管部门和企业自筹资金拨款、进口设备转账拨款、器材转账拨款等。其他单位、团体或个人无偿捐赠用于固定资产投资的资金和物资也在此科目反映。投入固定资产的资金如果形成项目资本和资本公积，则不在此科目反映。基本建设拨款合计＝以前年度拨款＋本年拨款＋预收下年度财政性资金拨款＋本年交回结余资金（负值）。

（38）以前年度拨款：反映以前年度拨入的到本年末尚未冲转的财政性资金以及其他拨款。以前年度拨款＝（以前年度）中央财政性资金拨款＋地方财政性资金拨款＋其他拨款。

（39）中央财政性资金拨款：反映以前年度由中央财政预算拨入的基本建设资金、财政专项资金、政府性基金、国有资本经营预算等。包括由中央财政性资金偿还的国际金融组织贷款、外国政府贷款等国家主权外债资金。

（40）地方财政性资金拨款：反映以前年度由地方财政预算拨入的基本建设资金、财政专项资金、政府性基金、国有资本经营预算等，包括由地方财政性资金偿还的国际金融组织贷款、外国政府贷款等国家主权外债资金。

（41）其他拨款：反映以前年度由主管部门或企业自筹资金拨款、进口设备转账拨款、器材转账拨款以及其他单位、团体或个人无偿捐赠用于固定资产投资的资金和物资。

（42）本年拨款：反映本年内拨入的财政性资金以及其他拨款。本年拨款＝（本年）中央财政性资金拨款＋地方财政性资金拨款＋其他拨款。

（43）中央财政性资金拨款：略。

（44）中央基建拨款：反映本年内由中央财政预算拨入的基本建设资金，目前主要是指国家发展改革委、国防科工局掌握和分配的中央基建投资，即由国家发展改革委、国防科工局下达投资计划，财政部下达投资预算的资金。包括基建账簿“基建拨款”科目所属“本年基建拨款”明细科目的期末余额；其他账簿“补助收入”等科目相关部分等。

（45）中央财政专项资金：反映本年内由中央财政拨入的专项资金。包括基建账簿“基建拨款”科目所属“本年财政专项拨款”明细科目的期末余额；其他账簿“补助收入”等科目相关部分等。

（46）中央政府性基金：反映本年内由中央财政拨入的中央政府性基金。包括基建账簿“基建拨款”科目所属相关明细科目的期末余额；其他账簿“补助收入”等科目相关部分等。

（47）国有资本经营预算：反映由中央财政拨入的国有资本经营预算。国家以所有者身份通过依法取得国有资本收益，并对所得收益进行分配而发生的各项收支预算。

（48）~（49）：略。

（50）省级拨款：反映由省级财政预算拨入的基本建设资金、财政专项资金、政府性基金、国有资本经营预算等，包括由省及省以下各级财政性资金偿还的地方政府债券，以及由省级财政性资金偿还的国际金融组织贷款、外国政府贷款等国家主权外债资金。

（51）~（53）：略。

（54）预收下年度财政性资金拨款：反映单位本年收到的下年度财政性资金拨款。

（55）~（56）：略。

（57）本年交回结余资金：反映单位本年交回财政或主管部门及其他单位的固定资产投资结余资金。根据基建账中“基建拨款”科目所属“本年交回结余资金”明细科目的期末余额以“－”号填列。

（58）~（60）：略。

（61）项目资本：反映经营性项目收到投资者投入的项目资本。包括基建账簿“项目资本”科目的期末余额；其他账簿“实收资本”科目涉及年度固定资产投资项目的部分等。

（62）中央财政性资金拨入：反映中央财政通过基本建设资金、财政专项资金、政府性基金、国有资本经营预算等资金渠道拨入，并作为项目资本的部分。

（63）地方财政性资金拨入：反映地方财政通过基本建设资金、财政专项资金、政府性基金、国有资本经营预算等资金渠道拨入，并作为项目资本的部分。

（64）项目资本公积：反映经营性项目取得的项目资本公积，包括投资者实际交付的出资额超过其注册资本的差额等。包括基建账簿“项目资本公积”科目的期末余额；其他账簿“资本公积”科目涉及年度固定资产投资项目的部分等。

（65）中央财政性资金形成：反映中央财政性资金形成项目资本公积部分。

（66）地方财政性资金形成：反映地方财政性资金形成项目资本公积部分。

（67）基建借款：反映单位借入并偿还用于固定资产投资的借款。单位基建借款来源包括由国家预算安排的投资借款，向银行或其他金融机构借入的投资借款，向国外政府、国际金融组织等借入的国外借款以及其他投资借款。但应根据偿还主体不同，区分填列科目。由单位偿还的，如：各级政府统一借入并转贷给单位的资金，在此科目反映；未由单位偿还的，如：各级政府统借统还并无偿拨付给单位的资金，不在此科目反映，应在财政性资金对应科目反映。

（68）企业债券资金：反映单位用于固定资产投资的企业债券资金以及应付债券利息。

（69）待冲基建支出：反映实行投资借款的单位本年度完成的所有待冲销的交付生产单位使用资产价值。包括基建账簿"待冲基建支出"科目的期末余额等。

（70）应付款合计：应付款合计 = 应付器材款 + 应付工程款 + 应付有偿调入器材及工程款 + 应付票据 + 应付工资及福利费 + 其他应付款。

（71）应付器材款：反映购入器材而应付给供应单位的款项。仅反映基建账簿"应付器材款"科目所属有关明细科目的贷方期末余额，其他账簿不在此科目反映。

（72）应付工程款：反映已经办理工程价款结算手续但尚未付给施工企业的工程价款。包括基建账簿"应付工程款"的期末余额；其他账簿"应付账款"科目涉及年度固定资产投资项目的部分等。

（73）应付有偿调入器材及工程款：反映有偿调入设备、材料及有偿转入未完工工程的应付价款。仅反映基建账簿"应付有偿调入器材及工程款"的期末余额，其他账簿不在此科目反映。

（74）应付票据：反映单位为抵付货款和工程价款等而开出、承兑的尚未到期付款的应付票据。包括基建账簿"应付票据"科目的期末余额；其他账簿"应付票据"科目涉及年度固定资产投资项目的部分等。

（75）应付工资及福利费：包括基建账簿"应付工资"和"应付福利费"的期末余额；其他账簿"应付职工薪酬"科目涉及年度固定资产投资项目的部分等。

（76）其他应付款：反映除上述应付款项以外的其他应付、暂收款项，包括基建账簿"其他应付款"的期末余额；其他账簿"其他应收款"科目涉及年度固定资产投资项目的部分等。

（77）未交款合计：未交款合计 = 未交税金 + 未交基建收入 + 其他未交款。

（78）未交税金：反映单位应交未交的各种税金。包括基建账簿"应交税金"的期末余额；其他账簿"未交税金"科目涉及年度固定资产投资项目的部分等。

（79）未交基建收入：反映单位（企业）应交未交的基建收入。包括基建账簿"应交基建收入"的期末余额等。

（80）其他未交款：反映单位应交未交的除税金、基建收入以外的其他款项，包括基建账簿"其他应交款"科目的期末余额等。

（81）留成收入：反映单位按规定从实现的基建收入中提取的留归自身使用的各种

收入。仅反映基建账簿“留成收入”科目的期末余额，其他账簿不在此科目反映。

（82）资金来源合计：资金来源合计 = 基本建设拨款合计 + 项目资本 + 项目资本公积 + 基建借款 + 待冲基建支出 + 应付款合计 + 未交款合计 + 留成收入 = （36 行）资金占用合计。

3. 投资项目表（财建 02 表）。

本表反映年度固定资产投资项目自筹建起至本年年末止资金来源和资金支出累计情况，是资金平衡表（财建 01 表）的项目明细表。编制本表的目的：①了解项目基本属性及行业分布；②检查项目概算执行情况；③分析投资产出效率；④为编制竣工财务决算提供资料。

主要指标填列方法如下：将属于报表统计范围的所有项目按项目名称逐项填列，逐级上报的数据软件中均应包括项目分项内容，填报单位可根据行业特点选择科学合理的方法将性质相同的项目进行适当归并填报；逐级上报的纸版报表中可只显示合计数。

（1）项目编号：本码由五位数字组成，由软件根据项目排序从 00001 号开始自动生成。

（2）项目名称：项目全称，不能少于 4 个字符（2 个汉字）。

（3）单位性质：按照“行政单位”“事业单位”（含比照事业单位管理的社会团体）、“国有及国有控股企业”“非国有单位”划分，以数字“1”“2”“3”或“4”代表。

（4）项目实施进度：按照“在建”“资产已交付使用但未办理竣工财务决算”“本年度办理竣工财务决算”“停缓建”划分，以数字“1”“2”“3”或“4”代表。其中：

在建项目：指已立项并安排投资但尚未完工的项目，包括已安排投资未开工项目。

资产已交付使用但未办理竣工财务决算项目：分两种情况，一是资产已交付使用，竣工财务决算未编制；二是资产已交付使用，竣工财务决算已编制，但尚未批复。包括本年度购置固定资产项目。

本年度办理竣工财务决算项目：指本年度批复竣工财务决算的项目。

停缓建项目：根据国民经济宏观调控及其他原因，经有关部门批准不再建设或短期内停止建设的项目。

（5）项目规模：按照大中型、小型划分，以数字“1”或“2”代表。经营性项目投资额在 5 000 万元（含 5 000 万元）以上、非经营性项目投资额在 3 000 万元（含 3 000 万元）以上的为大中型项目；其他项目为小型项目。

（6）项目性质：按照新建、改扩建和其他划分，以数字“1”“2”或“3”代表。其中：

新建：指从无到有建设，或者在原有基础上，经建设，新增固定资产价值超过原有固定资产原值 3 倍以上。

改扩建：在原有基础上进行改造性或扩大性建设，且建设后，新增固定资产价值未超过原有固定资产原值 3 倍。

（7）项目类型：按照经营性项目、非经营性项目划分，以数字“1”或“2”代表。其中：

非经营性项目：为社会公众提供产品或服务的非盈利性投资项目，包括党政机关、人大机关、政协机关、审判机关、检察机关、人民团体的办公业务用房及培训教育用房；科教文卫体、民政、劳动社保及广播电视等社会事业项目；看守所、拘留所、戒毒所、收教所、监狱、消防设施、法院审判用房、检察院技术侦察用房等政法设施；环境保护、水利设施项目及其他。

（8）建设管理模式：按照政府和社会资本合作、代建制、工程建设领导小组或指挥部模式、基建处（室）模式和其他划分。以数字“1”“2”“3”“4”“5”代表。其中：

政府和社会资本合作：按照《财政部关于推广运用政府和社会资本合作模式有关问题的通知》（财金〔2014〕76 号），政府和社会资本合作指政府和社会资本为某一基础设施或公共服务项目建立的一种长期合作关系。

代建制：指政府通过招标的方式，选择专业化的项目管理单位（即代建单位），负责项目的投资管理和建设组织实施工作，项目建成后交付使用单位的制度。

工程建设领导小组或指挥部模式：由政府成立临时的专门机构，负责某一工程建设与监督管理全过程，机构负责人由政府部门主管领导担任，其他管理人员从有关政府部门或单位临时抽调，项目建成后即撤销。

基建处（室）模式：经常有工程建设项目的政府和机关事业单位，设有基建处（室），专门负责本部门、本单位的工程项目建设管理。

其他：除上述模式之外的其他模式须在备注栏内注明，单位购置固定资产须在备注栏内填写“单位购置”。

（9）项目行业性质：按照项目所属行业类别划分，以具体数字代表：1. 农林牧渔业；2. 采矿业；3. 制造业；4. 电力、热力、燃气及水的生产和供应业；5. 建筑业；6. 批发和零售业；7. 交通运输、仓储和邮政业；8. 住宿和餐饮业；9. 信息传输、软件和信息技术服务业；10. 金融业；11. 房地产业；12. 租赁和商务服务业；13. 科学研究和技术服务业；14. 水利、环境和公共设施管理业；15. 居民服务、修理和其他服务业；16. 教育；17. 卫生和社会工作；18. 文化、体育和娱乐业；19. 公共管理、社会保障和社会组织；20. 国际组织。具体行业包含细类参见《国民经济行业分类与代码》（GB/T 4754－2011）。如为购置固定资产应在“6. 批发和零售业”中按照固定资产所属具体行业类别选择。

（10）项目所属支出大类：按照项目用途划分，以具体数字代表：1. 三农；2. 保障性安居工程；3. 铁路公路机场等重大基础设施；4. 教育卫生科学文化等社会事业；5. 自主创新和结构调整；6. 节能减排和生态建设；7. 灾后恢复重建；8. 其他。

（11）开工年份：已开工项目反映实际开始施工的年份；已购置固定资产项目反映启动购置年份；已安排投资未开工、未购置项目以及停缓建项目反映立项批复的开工年份、计划购置年份。年份以四位数字填列，如“2013”。

（12）竣工年份：资产已交付使用项目，反映实际竣工验收年份；已购置固定资产项目反映实际完成购置年份；其他项目反映预计竣工、计划完成购置年份。年份以四位数字填列，如“2013”。

（13）项目已批概算数：指经批准的项目概算总投资。概算如有调整，需经批准，否则不能填报调整后的概算数（可在备注栏内注明）。

（14）投资资金来源：反映项目资金已筹措情况。总计数＝财政性资金合计＋其他资金合计。资金不论是否形成项目资本和资本公积，均按资金来源渠道填列。

（15）财政性资金：合计数＝中央财政性资金小计＋地方财政性资金小计。包括财政性资金拨入作为项目资本和资本公积部分。

（16）中央财政性资金：小计数＝中央基建投资＋中央财政专项资金＋中央政府性基金＋国有资本经营预算＋其他。

（17）~（21）：略。

（22）地方财政性资金：小计数＝省级财政性资金＋地市级财政性资金＋县及县以下财政性资金。

（23）省级财政性资金：略。

（24）地方政府债券：2009 年开始，由财政部代理发行以地方政府冠名的债券。本科目反映由各级政府统借统还的地方政府债券。

（25）~（26）：略。

（27）其他资金：合计数＝银行贷款＋利用外资＋自筹资金＋其他。包括非财政性资金投入作为项目资本和资本公积部分。

（28）银行贷款：反映单位向各商业银行、政策性银行等借入的各项贷款。

（29）略。

（30）利用外资：反映单位收到的国外资金。包括国际金融组织贷款、外国政府贷款、出口信贷、外国银行商业贷款、对外发行债券和股票等对外借款、外商直接投资及其他投资等。折算汇率为本年年末汇率。

向国外政府、国际金融组织等借入的国外借款，根据偿还主体不同，区分填列科目。由单位自筹资金偿还的，包括各级政府统借统还并转贷单位使用的资金，填列本科目；未由单位自筹资金偿还的，由各级政府统借统还并将借款无偿拨付给单位使用的资金，不填列本科目，应填列财政性资金对应科目。

（31）国际金融组织贷款：反映由一些国家的政府共同投资组建并共同管理的国际金融机构提供的贷款。国际金融机构包括国际货币基金组织、国际复兴开发银行、国际开发协会、国际金融公司、亚洲开发银行、国际农业发展基金和其他国际性、地区性金融组织。

（32）外国政府贷款：反映外国政府向本国政府提供的、具有一定赠与性质的优惠贷款。

（33）外商直接投资：反映外国投资商以外汇现金、设备（或实物）、技术、专利或其他方式用于固定资产投资的资金。

（34）自筹资金：反映单位通过发行企业债券、股票等方式筹集的资金，以及单位自有资金。

（35）企业债：反映企业通过发行债券筹集的资金。

（36）股票融资：反映企业通过发行股票（包括配股）筹集的资金。

（37）其他资金：反映单位收到的除以上各种资金之外的资金。包括集资、社会捐赠资金等。

（38）社会捐赠：反映单位收到的自然人、法人或其他组织自愿无偿捐赠的财产。

（39）投资资金支出：反映项目自筹建起到本年年末止累计发生的投资支出。总计数 = 交付使用资产小计 + 在建工程 + 待核销基建支出 + 转出投资。

（40）交付使用资产：小计数 = 固定资产 + 流动资产 + 无形资产 + 递延资产。

（41）~（47）：略。

（48）当年投资支出：反映本年年初到本年年末止累计发生的投资支出。

（49）竣工项目结余资金：反映资产已交付使用但未办理竣工财务决算项目、本年度办理竣工财务决算项目已筹措资金在项目竣工后仍未全部支出留有结余部分，由系统根据“项目实施进度”筛选竣工项目，并按公式“结余资金 = 投资资金来源总计 - 投资资金支出总计”自动计算生成。

（50）竣工项目超概金额：反映资产已交付使用但未办理竣工财务决算项目、本年度办理竣工财务决算项目投资资金支出超过已批概算数部分，由系统根据“项目实施进度”筛选竣工项目，并按公式“超概金额 = 投资资金支出总计 - 项目已批概算数”自动计算生成。

（51）在建及停缓建项目结转资金：反映在建项目及停缓建项目已筹措资金尚未全部支出需结转至以后年度支出的部分。由系统根据“项目实施进度”筛选在建及停缓建项目，并按公式“结转资金 = 投资资金来源总计 - 投资资金支出总计”自动计算生成。

（52）是否使用财政性资金：系统根据“投资资金来源”项下“财政性资金”填列情况自动识别生成。

4. 资产基本情况表（财建03表）。

本表反映本年年末行政事业单位（含比照事业单位管理的社会团体）、国有及国有控股企业固定资产和无形资产基本情况，包括基建账、财务账、企业会计账中的固定资产和无形资产。编制本表的目的：①了解国有单位资产存量情况；②掌握国有单位新增资产情况。

主要指标填列方法如下：

一是本表按单位填报，不按项目填报。单位指作为资产使用方的行政事业单位（含比照事业单位管理的社会团体）、国有及国有控股企业。

二是单位填报数据应与报送财政部其他司局的有关数据一致。具体资产范围参照《固定资产分类及代码》（GB/T 14885 - 2010）填列。

三是本表分为“行政事业单位（含比照事业单位管理的社会团体）资产基本情况”和“国有及国有控股企业资产基本情况”两类，填报单位根据单位性质选择一类填列。

（1）固定资产：反映行政事业单位固定资产原值。

（2）~（8）：略。

（9）土地：反映行政事业单位将“土地”计入“固定资产”部分。

（10）无形资产：略。

（11）土地使用权：反映行政事业单位将“土地使用权”计入“无形资产”部分。

（12）当年新增固定资产及无形资产：反映行政事业单位自本年年初到本年年末止投入使用或减少的固定资产及无形资产原值，如为当年减少应以“-”号反映。

（13）~（18）：略。

（19）固定资产净额：固定资产净额=固定资产净值-固定资产减值准备。

（20）~（24）：略。

（25）当年新增固定资产及无形资产：反映国有及国有控股企业自本年年初到本年年末止已经完成建造、购置过程，并经验收合格交付使用或减少的固定资产及无形资产原值，如为当年减少应以“-”号反映。

5. 项目统计分析表（财建04表）。

此表由系统根据财建02表自动分类汇总生成。其中：

生产性投资：具体包括“行业”分类中的（一）至（五）类，即农林牧渔业，采矿业，制造业，电力、热力、燃气及水生产和供应业，建筑业。

消费性投资：具体包括“行业”分类中的（六）至（十九）类，即批发和零售业，交通运输、仓储和邮政业，住宿和餐饮业，信息传输、软件和信息技术服务业，金融业，房地产业，租赁和商务服务业，科学研究和技术服务业，水利、环境和公共设施管理业，居民服务、修理和其他服务业，教育，卫生和社会工作，文化、体育和娱乐业，公共管理、社会保障和社会组织。

基础设施投资：具体包括“行业”分类中的电力、热力、燃气及水生产和供应业，交通运输和邮政业，信息传输业，水利、环境和公共设施管理业。

三、基本建设项目竣工财务决算报表

（一）基本建设项目竣工财务决算的作用

第一，基本建设项目竣工财务决算全面反映基建项目成果、投资构成、工期、工程造价以及投资计划概（预）算的执行情况，是正确核定新增固定资产价值的依据。

第二，基本建设项目竣工财务决算又是建设单位向使用单位办理接管进行资产移交的重要依据。基本建设项目竣工财务决算可代替交付使用资产明细表使用。

第三，基本建设项目竣工财务决算又是上级主管部门用以考核投资效果，对基本建设项目进行竣工财务决算批复的依据。

项目建设单位主管人员应每年对本单位的基本建设项目进度掌握，建设项目一旦竣工验收，应及时组织项目有关人员，按规定编制项目竣工财务决算。

（二）基本建设项目竣工财务决算编制先决条件

1. 项目竣工。

按照《基本建设项目竣工财务决算管理暂行办法》，基本建设项目完工可投入使用或者试运行合格后，应当在 3 个月内编报竣工财务决算，特殊情况确需延长的，中小型项目不得超过 2 个月，大型项目不得超过 6 个月。

2. 通过业务验收。

新建或改扩建项目应提交有资质的部门出具的工程质量验收合格证明并完成工程结算审核；维修类项目应通过相关部门的验收合格证明；业务项目应通过业务主管部门组织的业务验收；信息系统建设项目还应提供安全等级保护备案证明、相应的安全等级测评报告和信息安全风险评估报告等文档

3. 完成可研或初设调整。

涉及调整的项目应按照有关规定完成可行性研究报告（或初步设计）调整。

原则上基本建设项目必须严格按照批复的可研或者初设执行，但如果存在以下情况：（1）项目建设内容不变，但因汇率变动、设备、材料价格变动等造成原投资概算变动的，（2）增加或减少建设内容，设备选型、布点方案变化等造成原投资概算变动的，导致项目建设过程中执行与可研、初步设计的建设内容及批复概算有较大变化，需要对可研、初步设计和概算进行调整。

调整的原则及权限按照气象部门项目概算调整的相关文件执行。

（三）基本建设项目竣工财务决算编制前建设单位需要做的清理工作

1. 基本建设项目档案的归集整理。

对项目竣工财务决算编制依据的文件进行收集。

2. 财产物资的盘点。

建设单位要对项目建设产生的各项材料、设备、工具、器具、房屋建筑物等，逐项盘点核实，并保证账实一致。应变价处理的库存设备、材料以及应处理的自用固定资产要公开变价处理，不得侵占、挪用。

3. 清偿债权债务。

截止竣工决算日，建设单位应对项目的债权债务进行清理，原则上除按规定保留的工程尾款、质保金外，不应再有其他债权债务。

4. 账务处理清晰。

建设单位会计核算符合基本建设财务管理有关规定，保证账账、账证、账表、账实相符。

5. 待核销基本建设支出符合规定支出范围和认定标准。

6. 转出投资手续完备。

根据规定产权不归属本单位且做转出投资处理的资产，需要产权单位出具接收证明。

7. 清理结余资金。

经营性项目的结余资金，转入单位的有关资产；非经营性项目的结余资金，首先用于归还项目贷款，如有结余，来源属于中央财政资金部分，按照预算管理制度有关规定收回中央财政，地方财政资金部分按地方相关规定执行，自筹资金部分原渠道退回。单项工程结余资金在整个项目竣工财务决算中一并处理。

8. 分摊待摊投资。

项目建设单位应当按照规定将待摊投资支出按合理比例分摊计入交付使用资产价值、转出投资价值和待核销基建支出。

9. 核定尾工工程。

项目一般不得预留尾工工程，确需预留尾工工程的，尾工工程投资不得超过批准的项目概（预）算总投资的5%。

（四）基本建设项目竣工财务决算编制依据

主要包括：国家有关法律、法规及制度；经批准的项目建议书、可行性研究报告、初步设计（含概算）、概算调整及其批准文件；历年下达的投资计划、经财政部门（或上级财务管理部门）审核批准的项目预算；项目实施方案；会计核算及财务管理资料；招投标及政府采购文件、项目合同（协议）、工程结算及其他有关资料。

（五）基本建设项目竣工财务决算编制要求

1. 时限要求。

基本建设项目完工可投入使用或者试运行合格后，应当在3个月内编报竣工财务决算，特殊情况确需延长的，中小型项目不得超过2个月，大型项目不得超过6个月。

其中，非经营性项目大中小型划分标准：项目投资额在5 000万元（含5 000万元）以上的为大型项目，项目投资额在3 000万元（含3 000万元）以上、5 000万元（不含5 000万元）以下的为中型项目，其他项目为小型项目。项目大中小型分类国家如有新的标准，按新标准执行。

2. 审核权限。

基本建设项目竣工财务决算审核权限：

（1）中国气象局本级及其各直属单位项目竣工财务决算由中国气象局计划财务司负责审核。

（2）各省（自治区、直辖市）气象局和计划单列市气象局（以下简称“各省、区、市气象局”）中央投资1 000万元（含1 000万元）以上项目、大中型基本建设项目、国家确定的重点小型基本建设项目（含中国气象局重点工程项目）竣工财务决算由各省、区、市气象局负责对建设单位编制的竣工财务决算进行审核，再由中国气象局计划财务司进行复核。

（3）其他项目由各省、区、市气象局计财部门负责对建设单位编制的项目竣工财务决算进行审核。

（4）全部为地方资金项目竣工财务决算审核管理职责和程序按地方财政部门规定执行。

3. 组织管理要求。

项目建设单位的主要职责是：

（1）按规定设置独立的财务管理机构或指定专人负责基本建设财务工作，严格按照批准的概预算建设内容，做好账务设置和财务管理。

项目竣工财务决算未经审核之前，项目建设单位一般不得撤销，项目负责人及财务主管人员、重大项目的相关工程技术主管人员、概（预）算主管人员一般不得调离。项目建设单位确需撤销的，项目有关财务资料应当转入其他机构承接、保管。项目负责人、财务人员及相关工程技术主管人员确需调离的，应当继续承担或协助做好竣工财务决算相关工作。

（2）加强项目竣工财务决算的组织领导，及时组织编制项目竣工财务决算并完成审计工作，对审计发现的问题及时整改并上报财务管理部门。

（3）协调设计、施工、监理等单位（主要指土建项目）和业务部门（主要指业务项目）配合做好项目竣工财务决算编制工作。

4. 编报内容要求。

项目竣工财务决算编制内容，主要包括以下三部分：

项目竣工财务决算报表（以第三章中的雷达项目数据为例子）。

表 3－96

基本建设项目竣工财务决算表

以上报表数据来源于基本建设项目竣工财务决算基础表，具体如下表：

表 3－97

会计科目丁字账（用于填写 1－1、1－2、1－3、1－6 表）。

表 3－98

会计科目资产细分表（对会计科目从资产方面进行细分，用于编制资产明细表计算过程表）。

表 3－99

资产明细表计算过程表（用于编制待摊费用分摊明细表）。

表 3－100

待摊费用分摊明细表－1（用于分摊待摊费用）。

表 3－101

待摊费用分摊明细表－2（用于分摊待摊费用及编制资产总表和明细表）。

项目竣工财务决算说明书

主要包括以下内容：

（1）项目概况：项目立项审批的文件依据，项目建设的总体情况。

（2）会计账务处理、财产物资清理及债权债务的清偿情况。

表 3－96

项目单位：　　　　建设项目名称：

主管部门：　　　　建设性质：

基本建设项目竣工财务决算报表

项目单位负责人：　　　　项目单位财务负责人：

项目单位联系人及电话：

编报日期：　　　　决算基准日：

表 3－96（1）　　　　项目概况表（1－1）

建设项目（单项工程）名称			建设地址		
主要设计单位			主要施工企业		
占地面积（m^2）	设 计	实 际	总投资（万元）	设 计	实 际
新增生产能力	能力（效益）名称			设计	实 际
建设起止时间	设计	自　年　月　日至　年　月　日			
	实际	自　年　月　日至　年　月　日			
概算批准部门及文号					

	项　目	概算批准金额	实际完成金额	备注
基建支出	建筑安装工程		7 570 000.00	
	设备、工具、器具		11 010 000.00	
	待摊投资		790 000.00	
	其中：项目建设管理费		150 000.00	
	其他投资			
	待核销基建支出			
	转出投资			
	合计		19 370 000.00	

完成主要工程量	建设规模		设备（台、套、吨）		
	设　计	实　际	设　计		实　际
尾工工程	单项工程项目、内容	批准概算	预计未完部分投资额	已完成投资额	预计完成时间
	小　计				

表 3－96（2） **项目竣工财务决算表（1－2）**

项目名称： 单位：

资金来源	金额	资金占用	金额
一、基建拨款	16 500 000.00	一、基本建设支出	19 370 000.00
1. 中央财政资金	14 500 000.00	（一）交付使用资产	19 370 000.00
其中：一般公共预算资金		1. 固定资产	19 370 000.00
中央基建投资	14 500 000.00	2. 流动资产	
财政专项资金		3. 无形资产	
政府性基金		（二）在建工程	
国有资本经营预算安排的基建项目资金		1. 建筑安装工程投资	
2. 地方财政资金	2 000 000.00	2. 设备投资	
其中：一般公共预算资金		3. 待摊投资	
地方基建投资	2 000 000.00	4. 其他投资	
财政专项资金		（三）待核销基建支出	
政府性基金		（四）转出投资	
国有资本经营预算安排的基建项目资金		二、货币资金合计	130 000.00
二、部门自筹资金（非负债性资金）	3 000 000.00	其中：银行存款	20 000.00
三、项目资本		财政应返还额度	
1. 国家资本		其中：直接支付	
2. 法人资本		授权支付	
3. 个人资本		现金	
4. 外商资本		有价证券	
四、项目资本公积		三、预付及应收款合计	
五、基建借款		1. 预付备料款	
其中：企业债券资金		2. 预付工程款	

续表

资金来源	金额	资金占用	金额
六、待冲基建支出		3. 预付设备款	
七、应付款合计		4. 应收票据	
1. 应付工程款		5. 其他应收款	
2. 应付设备款		四、固定资产合计	
3. 应付票据		固定资产原价	
4. 应付工资及福利费		减：累计折旧	
5. 其他应付款		固定资产净值	
八、未交款合计		固定资产清理	
1. 未交税金		待处理固定资产损失	
2. 未交结余财政资金			
3. 未交基建收入			
4. 其他未交款			
合　计	19 500 000. 00	合　计	19 500 000. 00

补充资料：基建借款期末余额：

基建结余资金：自筹资金 20 000 元，地方财政资金 110 000 元，合计 130 000 元。

备注：资金来源合计扣除财政资金拨款与国家资本、资本公积重叠部分。

表 3－96（3） **资金情况明细表（1－3）**

项目名称： 单位：

资金来源类别	合计		备注
	预算下达或概算批准金额	实际到位金额	需备注预算下达文号
一、财政资金拨款	16 500 000.00	16 500 000.00	
1. 中央财政资金	14 500 000.00	14 500 000.00	
其中：一般公共预算资金			
中央基建投资	14 500 000.00	14 500 000.00	
财政专项资金			
政府性基金			
国有资本经营预算安排的基建项目资金			
政府统借统还非负债性资金			
2. 地方财政资金	2 000 000.00	2 000 000.00	
其中：一般公共预算资金			
地方基建投资	2 000 000.00	2 000 000.00	
财政专项资金			
政府性基金			
国有资本经营预算安排的基建项目资金			
行政事业性收费			
政府统借统还非负债性资金			
二、项目资本金			
其中：国家资本			
三、银行贷款			
四、企业债券资金			
五、自筹资金	3 000 000.00	3 000 000.00	
六、其他资金			
合计	19 500 000.00	19 500 000.00	

补充资料：项目缺口资金：

缺口资金落实情况：

表3-96（4）

交付使用资产总表（1-4）

项目名称：　　　　　　　　　　　　　　　　　　　　　　　　单位：

序号	单项工程名称	总计	固定资产				流动资产	无形资产
			合计	建筑物及构筑物	设备	其他		
1	雷达塔楼	4 910 000.00	4 910 000.00	4 910 000.00				
2	雷达主机设备	6 823 700.00	6 823 700.00		6 823 700.00			
3	柴油机	285 800.00	285 800.00		285 800.00			
4	UPS设备	143 500.00	143 500.00		143 500.00			
5	工程车	330 000.00	330 000.00		330 000.00			
6	自动站	1 222 000.00	1 222 000.00	407 400.00	814 600.00			
7	远程通信及辅助设备	1 019 000.00	1 019 000.00	815 200.00	203 800.00			
8	EOS设备	2 241 000.00	2 241 000.00	560 300.00	1 680 700.00			
9	L波段雷达	1 070 000.00	1 070 000.00		1 070 000.00			
10	探空设备	203 800.00	203 800.00		203 800.00			
11	L波段雷达基础设施	611 200.00	611 200.00	611 200.00				
12	避雷设施	510 000.00	510 000.00	510 000.00				
	合计	19 370 000.00	19 370 000.00	7 814 100.00	11 555 900.00			

交付单位：　　　　负责人：　　　　　　　　　　接收单位：　　　　负责人：

盖章：　　　　　　　　年　月　日　　　　　　　盖章：　　　　　　　年　月　日

表 3－96（5） **交付使用资产明细表（1－5）**

项目名称： 单位：

序号	单项工程名称	固定资产										流动资产		无形资产	
		建筑工程				设备 工具 器具 家具									
		结构	面积	金额	其中：分摊待摊投资	名称	规格型号	数量	金额	其中：设备安装费	其中：分摊待摊投资	名称	金额	名称	金额
1	雷达塔楼			4 910 000.00	510 000.00										
2	雷达主机设备								6 823 700.00	280 000.00	143 700.00				
3	柴油机								285 800.00		5 800.00				
4	UPS 设备								143 500.00		3 500.00				
5	工程车								330 000.00						
6	自动站			407 400.00	7 400.00				814 600.00	40 000.00	14 600.00				
7	远程通信及辅助设备			815 200.00	15 200.00				203 800.00		3 800.00				
8	EOS 设备			560 300.00	10 300.00				1 680 700.00		30 700.00				
9	L 波段雷达								1 070 000.00		20 000.00				
10	探空设备								203 800.00		3 800.00				
11	L 波段雷达基础设施			611 200.00	11 200.00										
12	避雷设施			510 000.00	10 000.00										
	合计			7 814 100.00	564 100.00	—	—	—	11 555 900.00	320 000.00	225 900.00	—	—	—	—

交付单位： 负责人： 接收单位： 负责人：

盖章： 年 月 日 盖章： 年 月 日

表 3 -96（6）

待摊投资明细表（1 -6）

项目名称： 单位：

项　目	金额	项　目	金额
1. 勘察费	15 000.00	25. 社会中介机构审计（查）费	35 000.00
2. 设计费		26. 工程检测费	
3. 研究试验费		27. 设备检验费	
4. 环境影响评价费		28. 负荷联合试车费	
5. 监理费	100 000.00	29. 固定资产损失	
6. 土地征用及迁移补偿费		30. 器材处理亏损	
7. 土地复垦及补偿费		31. 设备盘亏及毁损	
8. 土地使用税		32. 报废工程损失	
9. 耕地占用税		33.（贷款）项目评估费	
10. 车船税		34. 国外借款手续费及承诺费	
11. 印花税		35. 汇兑损益	
12. 临时设施费		36. 坏账损失	
13. 文物保护费		37. 借款利息	
14. 森林植被恢复费		38. 减：存款利息收入	
15. 安全生产费		39. 减：财政贴息资金	
16. 安全鉴定费		40. 企业债券发行费用	
17. 网络租赁费		41. 经济合同仲裁费	
18. 系统运行维护监理费		42. 诉讼费	
19. 项目建设管理费	150 000.00	43. 律师代理费	
20. 代建管理费		44. 航道维护费	
21. 工程保险费		45. 航标设施费	
22. 招投标费	200 000.00	46. 航测费	
23. 合同公证费		47. 其他待摊投资性质支出	290 000.00
24. 可行性研究费		合　计	790 000.00

表 3－96（7）　　**待核销基建支出明细表（1－7）**

项目名称：　　单位：

不能形成资产部分的财政投资支出				用于家庭或个人的财政补助支出			
支出类别	单位	数量	金额	支出类别	单位	数量	金额
1. 江河清障				1. 补助群众造林			
2. 航道清淤				2. 户用沼气工程			
3. 飞播造林				3. 户用饮水工程			
4. 退耕还林（草）				4. 农村危房改造工程			
5. 封山（沙）育林（草）				5. 垦区及林区棚户区改造			
6. 水土保持				…			
7. 城市绿化							
8. 毁损道路修复							
9. 护坡及清理							
10. 取消项目可行性研究费							
11. 项目报废							
…				合　计			

表 3 -96（8）

转出投资明细表（1 -8）

项目名称：

单位：

序号	单项工程名称	建筑工程				设备　工具　器具　家具							流动资产		无形资产	
		结构	面积	金额	其中：分摊待摊投资	名称	规格型号	单位	数量	金额	设备安装费	其中：分摊待摊投资	名称	金额	名称	金额
1																
2																
3																
4																
5																
6																
7																
8																
	合　计															

交付单位：　　　　负责人：　　　　　　　　　　接收单位：　　　　负责人：

盖章：　　　　　　年　月　日　　　　　　　　　盖章：　　　　　　年　月　日

表 3－97

会计科目丁字账

建筑安装工程投资	
4 400 000.00	280 000.00
280 000.00	150 000.00
40 000.00	100 000.00
150 000.00	100 000.00
100 000.00	50 000.00
100 000.00	800 000.00
50 000.00	550 000.00
600 000.00	600 000.00
600 000.00	500 000.00
550 000.00	4 400 000.00
500 000.00	40 000.00
200 000.00	
7 570 000.00	7 570 000.00
—	

设备投资	
3 000 000.00	6 400 000.00
280 000.00	280 000.00
140 000.00	140 000.00
3 000 000.00	330 000.00
760 000.00	760 000.00
400 000.00	200 000.00
1 050 000.00	1 650 000.00
200 000.00	1 050 000.00
1 650 000.00	200 000.00
330 000.00	
200 000.00	
11 010 000.00	11 010 000.00
—	

待摊投资	
35 000.00	35 000.00
15 000.00	15 000.00
200 000.00	200 000.00
70 000.00	70 000.00
100 000.00	100 000.00
20 000.00	20 000.00
200 000.00	200 000.00
150 000.00	150 000.00
790 000.00	790 000.00
—	

零余额（地方）	
2 000 000.00	300 000.00
1 700 000.00	1 700 000.00
	690 000.00
	900 000.00
	110 000.00
3 700 000.00	3 700 000.00
—	

零余额（中央）	
8 500 000.00	2 020 000.00
4 860 000.00	420 000.00
	760 000.00
	40 000.00
	400 000.00
	4 860 000.00
	1 200 000.00
	1 850 000.00
	1 510 000.00
	300 000.00
13 360 000.00	13 360 000.00
—	

应返还额度	
600 000.00	6 560 000.00
6 560 000.00	600 000.00
7 160 000.00	7 160 000.00
—	

银行存款	
3 000 000.00	2 580 000.00
	30 000.00
	150 000.00
	220 000.00
3 000 000.00	2 980 000.00
20 000.00	

工程物资	
3 000 000.00	3 000 000.00
280 000.00	280 000.00
140 000.00	140 000.00
760 000.00	760 000.00
4 180 000.00	4 180 000.00
—	

财政拨款收入	
14 500 000.00	8 500 000.00
	3 000 000.00
	2 400 000.00
	600 000.00
14 500 000.00	14 500 000.00
	—

非同级财政拨款收入	
2 000 000.00	2 000 000.00
2 000 000.00	2 000 000.00

上级补助收入	
3 000 000.00	3 000 000.00
3 000 000.00	3 000 000.00

应付款	
600 000.00	220 000.00
220 000.00	600 000.00
820 000.00	820 000.00

累计盈余（中央财政结转）	
2 020 000.00	14 500 000.00
3 420 000	
3 000 000	
760 000	
40 000	
400 000	
1 200 000	
1 850 000	
1 510 000	
300 000	
14 500 000.00	14 500 000.00

累计盈余（地方财政结转）	
300 000.00	2 000 000.00
690 000.00	
900 000.00	
110 000.00	
2 000 000.00	2 000 000.00

累计盈余（其他结余）	
2 800 000.00	3 000 000.00
30 000.00	
150 000.00	
2 980 000.00	3 000 000.00
	20 000.00

累计盈余（地方财政拨款结余）	
110 000.00	110 000.00
110 000.00	110 000.00

交付使用资产	
420 000.00	6 823 700.00
18 700.00	285 800.00
800.00	143 500.00
500.00	330 000.00
125 000.00	814 600.00
5 000.00	407 400.00
3 000.00	203 800.00
14 600.00	815 200.00
7 400.00	1 680 700.00
3 800.00	560 300.00
15 200.00	1 070 000.00
30 700.00	203 800.00
10 300.00	611 200.00
20 000.00	510 000.00
3 800.00	4 910 000.00
11 200.00	
10 000.00	
90 000.00	
6 680 000.00	
280 000.00	
140 000.00	
330 000.00	
800 000.00	
400 000.00	
200 000.00	
800 000.00	
1 650 000.00	
550 000.00	
1 050 000.00	
200 000.00	
600 000.00	
500 000.00	
4 400 000.00	
19 370 000.00	19 370 000.00
—	

表 3－98

会计科目资产细分表

	建筑工程投资
塔楼	4 400 000. 00
观测场	150 000. 00
	100 000. 00
	100 000. 00
	50 000. 00
远程通讯	600 000. 00
	200 000. 00
探空	600 000. 00
EOS 地面	550 000. 00
避雷设施	500 000. 00
合计	7 250 000. 00

	设备投资
雷达主机	3 000 000. 00
	3 000 000. 00
雷达主机软件	400 000. 00
柴油机	280 000. 00
ups	140 000. 00
自动站	760 000. 00
探空 L 波段	1 050 000. 00
探空仪	200 000. 00
车辆	330 000. 00
远程	200 000. 00
EOS 设备	1 650 000. 00
合计	11 010 000. 00

	待摊投资
塔楼费用	35 000. 00
	15 000. 00
	200 000. 00
	70 000. 00
	100 000. 00
雷达、柴油机、ups 费用	20 000. 00
培训、管理等费用	200 000. 00
	150 000. 00
合计	790 000. 00

	安装工程投资
雷达	280 000. 00
自动站	40 000. 00
合计	320 000. 00

表 3－99

资产明细表计算过程表

资产名称	建筑工程	安装费、	设备	合计
雷达塔楼	4 400 000. 00	—	—	4 400 000. 00
雷达主机设备	—	280 000. 00	6 400 000. 00	6 680 000. 00
柴油机	—	—	280 000. 00	280 000. 00
UPS 设备	—	—	140 000. 00	140 000. 00
工程车	—	—	330 000. 00	330 000. 00
自动站	400 000. 00	40 000. 00	760 000. 00	1 200 000. 00
远程通信及辅助设备	800 000. 00	—	200 000. 00	1 000 000. 00
EOS 设备	550 000. 00	—	1 650 000. 00	2 200 000. 00
L 波段雷达	—	—	1 050 000. 00	1 050 000. 00
探空设备	—	—	200 000. 00	200 000. 00
L 波段雷达基础设施	600 000. 00	—	—	600 000. 00
避雷设施	500 000. 00	—	—	500 000. 00
合计	7 250 000. 00	320 000. 00	11 010 000. 00	18 580 000. 00

表 3-100

待摊费用分摊明细表-1

资产名称	建筑工程	首次分摊	安装费	设备	首次分摊	合计	首次分摊后价值
雷达塔楼	4 400 000.00	420 000.00	—	—	—	4 400 000.00	4 820 000.00
雷达主机设备	—	—	280 000.00	6 400 000.00	18 700.00	6 680 000.00	6 698 700.00
柴油机	—	—	—	280 000.00	800.00	280 000.00	280 800.00
UPS 设备	—	—	—	140 000.00	500.00	140 000.00	140 500.00
工程车	—	—	—	330 000.00	—	330 000.00	330 000.00
自动站	400 000.00	—	40 000.00	760 000.00	—	1 200 000.00	1 200 000.00
远程通信及辅助设备	800 000.00	—	—	200 000.00	—	1 000 000.00	1 000 000.00
EOS 设备	550 000.00	—	—	1 650 000.00	—	2 200 000.00	2 200 000.00
L 波段雷达	—	—	—	1 050 000.00	—	1 050 000.00	1 050 000.00
探空设备	—	—	—	200 000.00	—	200 000.00	200 000.00
L 波段雷达基础设施	600 000.00	—	—	—	—	600 000.00	600 000.00
避雷设施	500 000.00	—	—	—	—	500 000.00	500 000.00
合计	7 250 000.00	—	320 000.00	11 010 000.00	—	18 580 000.00	19 020 000.00

表 3－101 待摊费用分摊明细表－2

资产名称	建筑工程	首次分摊	二次分摊	安装费	设备	首次分摊	二次分摊	合计	首次分摊后价值	二次分摊后价值
雷达塔楼	4 400 000.00	420 000.00	90 000.00	—	—	—	—	4 400 000.00	4 820 000.00	4 910 000.00
雷达主机设备	—	—	—	280 000.00	6 400 000.00	18 700.00	125 000.00	6 680 000.00	6 698 700.00	6 823 700.00
柴油机	—	—	—	—	280 000.00	800.00	5 000.00	280 000.00	280 800.00	285 800.00
UPS 设备	—	—	—	—	140 000.00	500.00	3 000.00	140 000.00	140 500.00	143 500.00
工程车	—	—	—	—	330 000.00	—	—	330 000.00	330 000.00	330 000.00
自动站	400 000.00	—	7 400.00	40 000.00	760 000.00	—	14 600.00	1 200 000.00	1 200 000.00	1 222 000.00
远程通信及辅助设备	800 000.00	—	15 200.00	—	200 000.00	—	3 800.00	1 000 000.00	1 000 000.00	1 019 000.00
EOS 设备	550 000.00	—	10 300.00	—	1 650 000.00	—	30 700.00	2 200 000.00	2 200 000.00	2 241 000.00
L 波段雷达	—	—	—	—	1 050 000.00	—	20 000.00	1 050 000.00	1 050 000.00	1 070 000.00
探空设备	—	—	—	—	200 000.00	—	3 800.00	200 000.00	200 000.00	203 800.00
L 波段雷达基础设施	600 000.00	—	11 200.00	—	—	—	—	600 000.00	600 000.00	611 200.00
避雷设施	500 000.00	—	10 000.00	—	—	—	—	500 000.00	500 000.00	510 000.00
合计	7 250 000.00	420 000.00	144 100.00	320 000.00	11 010 000.00	20 000.00	205 900.00	18 580 000.00	19 020 000.00	19 370 000.00

注：工程车属于不需要安装设备，不分摊费用

（3）项目支出预算、投资计划和资金到位情况。

（4）待摊投资分摊原则及分摊情况。

（5）转出投资情况。

（6）项目建设资金使用、项目结余资金分配情况。

（7）前期工作经费使用及摊销情况。

（8）项目概算、预算执行情况及分析，主要分析决算与概预算的差异及原因。

（9）尾工工程及预留费用情况。

（10）历次审计、核查、稽查及整改情况。

（11）主要技术经济指标的分析、计算情况。

（12）项目管理经验、问题和建议。

（13）预备费动用情况。

（14）项目建设管理制度执行情况、招投标情况、政府采购情况、合同（协议）履行情况。

（15）征地拆迁补偿情况、移民安置情况。

（16）编表说明，主要是对报表各项指标填写的说明。

（17）需要说明的其他事项。

小型基本建设项目上述内容可根据情况适当合并简化，大中型项目及中国气象局重点工程项目上述内容必须完整。

随报表应附的相关材料：

（1）项目立项、可行性研究及初步设计报告及批复、调整批复等文件（复印件）。

（2）项目历年投资计划及中央财政预算文件（复印件）。

（3）业务验收报告（土建项目需附项目质量验收合格证明）。

（4）档案归档验收表。

（5）项目竣工财务决算审计报告（含基本建设项目竣工财务决算审核表）。总投资在 200 万元以上的项目竣工财务决算需附有资质的中介机构出具的审计报告，如果项目含有土建工程还需附有资质的中介机构出具的工程结算审核报告。

（6）其他与项目决算相关的资料，如转出投资证明等。

（六）基本建设项目竣工决算编制注意事项

1. 编制口径。

项目竣工后，为体现项目的完整性，应对项目所有来源资金（包括中央、地方财政资金和自筹资金等）编制项目竣工财务决算。

2. 项目建设管理费不能超过控制额度。

项目建设管理费是指项目建设单位从项目筹建之日起至办理竣工财务决算之日止发生的管理性质的支出。包括：不在原单位发工资的工作人员工资及相关费用、办公费、办公场地租用费、差旅交通费、劳动保护费、工具用具使用费、固定资产使用费、招募生产工人费、技术图书资料费（含软件）、业务招待费、施工现场津贴、竣工验收费和其他管理性质开支。

项目建设单位应当严格执行《党政机关厉行节约反对浪费条例》，严格控制项目建设管理费。

行政事业单位项目建设管理费实行总额控制，分年度据实列支。总额控制数以项目审批部门批准的项目总投资（经批准的动态投资，不含项目建设管理费）扣除土地征用、迁移补偿等为取得或租用土地使用权而发生的费用为基数分档计算。具体计算方法见附件。

建设地点分散、点多面广、建设工期长以及使用新技术、新工艺等的项目，项目建设管理费确需超过上述开支标准的，中央级项目，应当事前报项目主管部门审核批准，并报财政部备案，未经批准的，超标准发生的项目建设管理费由项目建设单位用自有资金弥补；地方级项目，由同级财政部门确定审核批准的要求和程序。

施工现场管理人员津贴标准比照当地财政部门制定的差旅费标准执行；一般不得发生业务招待费，确需列支的，项目业务招待费支出应当严格按照国家有关规定执行，并不得超过项目建设管理费的5%。

表 3－102

项目建设管理费总额控制数费率表

			单位：万元
工程总概算	费率（%）	算例	
		工程总概算	项目建设管理费
1 000 以下	2	1 000	1 000 ×2% =20
1 001 ~5 000	1.5	5 000	20 +（5 000 －1 000）×1.5% =80
5 001 ~10 000	1.2	10 000	80 +（10 000 －5 000）×1.2% =140
10 001 ~50 000	1	50 000	140 +（50 000 －10 000）×1% =540
50 001 ~100 000	0.8	100 000	540 +（100 000 －50 000）×0.8% =940
100 000 以上	0.4	200 000	940 +（200 000 －100 000）×0.4% =1340

（七）基本建设项目竣工财务决算审计

1. 基本要求。

基本建设项目竣工财务决算审计，按照《气象部门基本建设审计办法》执行。其中，项目办或牵头建设单位汇总上报的重点工程项目，由项目办或牵头建设单位向中国气象局审计室出具委托函，审计室按照政府采购的相关规定选定会计师事务所开展项目汇总竣工财务决算审计工作。

2. 审计内容。

基本建设项目竣工财务决算由气象部门内部审计部门或委托有资质的审计中介机构

开展审计。审计单位必须对项目可研批复，投资计划下达、资金来源到位、概算与执行对比、项目支出合规性、未完工程及预留费用情况、工程结算审核、交付使用资产及转出投资、工程损失、损毁、工程尾款及结余资金、工程物资设备招投标及政府采购等情况进行审计并出具审计意见。

审核的主要内容包括工程价款结算、项目核算管理、项目建设资金管理、项目基本建设程序执行及建设管理、概（预）算执行、交付使用资产及尾工工程等

具体审计事项按《气象部门基本建设项目竣工财务决算管理办法》执行。

3. 审计报告。

基本建设项目竣工财务决算审计报告的主要内容：项目概况、审核依据、原则、范围及方法、审计结论（针对上述的审计事项提出审计结论）、有关事项说明（待摊费用分摊、存款利息冲抵成本情况及其他需要说明的事项）对项目的总体评价等。审计报告需附基本建设项目竣工财务决算审核表。

表 3－103

基本建设项目竣工财务决算审核表

4. 审计整改。

建设单位在接到审计单位出具的审计报告后 10 个工作日内，根据情况对竣工财务决算进行调整，并在竣工财务决算说明中报告审计意见落实情况。

（八）基本建设项目竣工财务决算的批复及资产移交

1. 基本建设项目竣工财务决算批复权限。

（1）财政部批复中国气象局本级投资额 3 000 万元（不含 3 000 万元）以上基本建设项目。

（2）中国气象局批复中国气象局本级投资额 3 000 万元以下（含 3 000 万元）项目、中国气象局各直属单位基本建设项目和各省、区、市气象局中央总投资 1 000 万元以上（含 1 000 万元）项目以及大中型项目、国家确定的重点小型项目（含中国气象局重点工程项目）。

（3）各省、区、市气象局批复除上述项目外的其他项目。

（4）全部为地方资金的项目，按地方财政部门相关规定履行竣工财务决算批复手续。

2. 建成资产的移交。

项目完工或购建后，建设单位必须依据批复的建设单位基本建设项目竣工财务决算的“交付使用资产总表”“交付使用资产明细表”，经交接双方签证后，其中一份由使用单位作为资产入账依据，另一份作为建设单位办理交付使用资产会计账务处理的记账依据。

表 3－103

评审机构名称：　　　　评审项目名称：

评审小组负责人及联系电话：

基本建设项目竣工财务决算审核表

委托评审单位及委托文号：　　　　委托评审时间及时限：

实际评审起止时间：　　　　评审报告报送时间：

表 3－103（1）

项目竣工财务决算审核汇总表（2－1）

项目名称：

序号	工程项目及费用名称	批准概算		送审投资		审定投资		审定投资较概算增减额	备　注
		数量	金额	数量	金额	数量	金额		
	按批准概算明细口径或单位工程、分部工程填列（以下为示例）								
	总　计								
一	建筑安装工程投资								
	…								
二	设备、工器具								
	…								
三	工程建设其他费用								
	…								
…	…								

项目单位：　　　　负责人签字：　　　　评审机构：　　　　评审负责人签字：

（盖单位公章）　　　　　　　　　　　　（盖单位公章）

年　月　日　　　　　　　　　　　　年　月　日

表 3－103（2）

资金情况审核明细表（2－2）

项目名称： 单位：

资金来源类别	合 计		备注
	预算下达或概算批准金额	实际到位金额	需备注预算下达文号
一、财政资金拨款	16 500 000. 00	16 500 000. 00	
1. 中央财政资金	14 500 000. 00	14 500 000. 00	
其中：一般公共预算资金			
中央基建投资	14 500 000. 00	14 500 000. 00	
财政专项资金			
政府性基金			
国有资本经营预算安排的基建项目资金			
政府统借统还非负债性资金			
2. 地方财政资金	2 000 000. 00	2 000 000. 00	
其中：一般公共预算资金			
地方基建投资	2 000 000. 00	2 000 000. 00	
财政专项资金			
政府性基金			
国有资本经营预算安排的基建项目资金			
行政事业性收费			
政府统借统还非负债性资金			
二、项目资本金			
其中：国家资本			
三、银行贷款			
四、企业债券资金			
五、自筹资金	3 000 000. 00	3 000 000. 00	
六、其他资金			
合 计	19 500 000. 00	19 500 000. 00	

项目单位： 评审机构：

负责人签字： 评审负责人签字：

年 月 日 年 月 日

表3－103（3）

待摊投资审核明细表（2－3）

项目名称：　　　　　　　　　　　　　　　　　　　　　　　　　　单位：

项　目	审定金额	项　目	审定金额
1. 勘察费	15 000.00	25. 社会中介机构审计（查）费	35 000.00
2. 设计费		26. 工程检测费	
3. 研究试验费		27. 设备检验费	
4. 环境影响评价费		28. 负荷联合试车费	
5. 监理费	100 000.00	29. 固定资产损失	
6. 土地征用及迁移补偿费		30. 器材处理亏损	
7. 土地复垦及补偿费		31. 设备盘亏及毁损	
8. 土地使用税		32. 报废工程损失	
9. 耕地占用税		33. （贷款）项目评估费	
10. 车船税		34. 国外借款手续费及承诺费	
11. 印花税		35. 汇兑损益	
12. 临时设施费		36. 坏账损失	
13. 文物保护费		37. 借款利息	
14. 森林植被恢复费		38. 减：存款利息收入	
15. 安全生产费		39. 减：财政贴息资金	
16. 安全鉴定费		40. 企业债券发行费用	
17. 网络租赁费		41. 经济合同仲裁费	
18. 系统运行维护监理费		42. 诉讼费	
19. 项目建设管理费	150 000.00	43. 律师代理费	
20. 代建管理费		44. 航道维护费	
21. 工程保险费		45. 航标设施费	
22. 招投标费	200 000.00	46. 航测费	
23. 合同公证费		47. 其他待摊投资性质支出	290 000.00
24. 可行性研究费		合　计	790 000.00

项目单位：　　　　　　　　　　　　　　　　评审机构：

负责人签字：　　　　　　　　　　　　　　　评审负责人签字：

年　　月　　日　　　　　　　　　　　　　　年　　月　　日

表 3-103（4）

交付使用资产审核明细表（2-4）

项目名称：

号	单项工程名称	固定资产													流动资产		无形资产	
		建筑物及构筑物					设备 工具 器具 家具											
		结构	面积	未分摊前金额	分摊待摊投资	金额合计	名称	规格型号	单位	数量	未分摊前金额	设备安装费	分摊待摊投资	金额合计	名称	金额	名称	金额
1	雷达塔楼			4 400 000.00	510 000.00	4 910 000.00												
2	雷达主机设备			—							6 400 000.00	280 000.00	143 700.00	6 823 700.00				
3	柴油机			—							280 000.00		5 800.00	285 800.00				
4	UPS 设备			—							140 000.00		3 500.00	143 500.00				
5	工程车			—							330 000.00			330 000.00				
6	自动站			400 000.00	7 400.00	407 400.00					760 000.00	40 000.00	14 600.00	814 600.00				
7	远程通信及辅助设备			800 000.00	15 200.00	815 200.00					200 000.00		3 800.00	203 800.00				
8	EOS 设备			550 000.00	10 300.00	560 300.00					1 650 000.00		30 700.00	1 680 700.00				
9	L 波段雷达			—							1 050 000.00		20 000.00	1 070 000.00				
10	探空设备			—							200 000.00		3 800.00	203 800.00				
11	L 波段雷达基础设施			600 000.00	11 200.00	611 200.00					—							
12	避雷设施			500 000.00	10 000.00	510 000.00					—							
	合计			7 250 000.00	564 100.00	7 814 100.00					11 010 000.00	320 000.00	225 900.00	11 555 900.00				

项目单位： 负责人签字： 评审机构： 评审负责人签字：

年 月 日 年 月 日

表 3－103（5）

转出投资审核明细表（2－5）

项目名称：

序号	单项工程名称	固定资产										流动资产		无形资产	
		建筑物及构筑物					设备								
		结构	面积	未分摊前金额	分摊待摊投资	金额合计	名称	规格型号	单位	数量	金额合计	名称	金额	名称	金额
1															
2															
3															
4															
5															
6															
7															
8															
9															
10															
	合计														

项目单位：　　负责人签字：　　年　月　日　　评审机构：　　评审负责人签字：　　年　月　日

表 3－103（6）

待核销基建支出审核明细表（2－6）

项目名称：　　　　　　　　　　　　　　　　　　　　　　　　　　　单位：

不能形成资产部分的财政投资支出				用于家庭或个人的财政补助支出			
支出类别	单位	数量	金额	支出类别	单位	数量	金额
1. 江河清障				1. 补助群众造林			
2. 航道清淤				2. 户用沼气工程			
3. 飞播造林				3. 户用饮水工程			
4. 退耕还林（草）				4. 农村危房改造工程			
5. 封山（沙）育林（草）				5. 垦区及林区棚户区改造			
6. 水土保持				…			
7. 城市绿化							
8. 毁损道路修复							
9. 护坡及清理							
10. 取消项目可行性研究费							
11. 项目报废							
…				合　计			

项目单位：　　　　负责人签字：　　　　　　评审机构：　　　　评审负责人签字：

　　　　　　　　　　年　月　日　　　　　　　　　　　　　　　　年　月　日

第四章

负　　债

第一节　负债概述

负债是指政府会计主体过去的经济业务或者事项形成的，预期会导致经济资源流出政府会计主体的现时义务。现时义务是指政府会计主体在现行条件下已承担的义务。未来发生的经济业务或者事项形成的义务不属于现时义务，不应当确认为负债。

现时义务包括法定义务和推定义务。法定义务，是指因合同、法律法规或其他司法解释等产生的义务。推定义务，是指根据政府会计主体以往的习惯做法、已公布的政策或者已公开的承诺或声明，政府会计主体向其他方表明其将承担并且其他方也合理预期政府会计主体将履行的相关义务。

一、负债的分类

政府会计主体的负债按照流动性分为流动负债和非流动负债。

1. 流动负债是指预计在1年内（含1年）偿还的负债，包括短期借款、应付及预收款项、应付职工薪酬、应缴款项等。

2. 非流动负债是指流动负债以外的负债，包括长期应付款、应付政府债券和政府依法担保形成的债务等。

二、负债的确认与计量

（一）负债的确认

符合负债定义的义务，在同时满足以下条件时，确认为负债：

1. 履行该义务很可能导致含有服务潜力或者经济利益的经济资源流出政府会计主体；

2. 该义务的金额能够可靠地计量。

（二）负债的计量

负债的计量属性主要包括历史成本、现值和公允价值。

1. 在历史成本计量下，负债按照因承担现时义务而实际收到的款项或者资产的金额，或者承担现时义务的合同金额，或者按照为偿还负债预期需要支付的现金计量。

2. 在现值计量下，负债按照预计期限内需要偿还的未来净现金流出量的折现金额计量。

3. 在公允价值计量下，负债按照市场参与者在计量日发生的有序交易中，转移负债所需支付的价格计量。

政府会计主体在对负债进行计量时，一般应当采用历史成本。采用现值、公允价值计量的，应当保证所确定的负债金额能够持续、可靠地计量。

符合负债定义和负债确认条件的项目，应当列入资产负债表。

三、负债的管理要求

负债是事业单位财务管理的重要内容，但并不意味着就是鼓励事业单位负债运转与经营。《事业单位财务规则》第四十九条和第五十条分别规定："事业单位应当对不同性质的负债分类管理，及时清理并按照规定办理结算，保证各项负债在规定期限内归还"，"事业单位应当建立健全财务风险控制机制，规范和加强借入款项管理，严格执行审批程序，不得违反规定预借和提供担保。"这些都是对负债管理提出的要求。结合《事业单位财务规则》规定，事业单位在负债管理上应当注意以下几点：

（一）区分不同负债，实施分类管理

对于往来款中属于负债性质的款项，如应付账款、暂付款项等，事业单位应当及时组织清理，保证按时进行结算；对于应缴税费等，要合理调控，积极准备资金，保证按规定缴纳；对于应缴款项，应当严格按照国家相关规定执行，及时、足额上缴，不得无故拖欠、截留和坐收坐支；对于借入款项，尤其向银行和非银行金融机构的借款，要严格控制和管理，保证偿还。

（二）规范和加强借入款项，尤其是向银行和非银行金融机构借入款项的管理

与企业不同，事业单位不是生产物资产品并追求利润最大化的经营性单位，其资金来源主要依靠国家财政补助支出，主要是消耗性支出。一般的事业单位不应当，也没有必要靠借债来发展事业。如果允许事业单位擅自举债，不仅与事业单位性质相违背，而且一些事业单位还会因债台高筑无力偿还，背上沉重的债务包袱，带来极大的财务风险，最终会严重影响事业单位正常业务工作的开展。为此，《事业单位财务规则》第五十条规定，要规范和加强事业单位借入款项管理，不得违反规定举借债务。

（三）建立健全财务风险控制机制

事业单位要建立财务风险控制机制，无论是"外债"还是"内债"，都要有风险评

估和防范机制，及时预警，严格控制新增贷款、降低债务规模与风险。主管部门应当从严审批贷款建设项目，严格控制建设标准，加强单位财务管理。建立建设项目规划、银行贷款审批制度和单位债务情况动态监控机制等。

（四）把握借款的结构，控制借款的资金成本

所谓借款的资金成本是指偿还借款本金之外所支付的利息，它与借款的总量、期限和种类密切相关。事业单位应当根据事业发展规划、项目实施情况、内部资金调度等因素，系统测算所需借款的规模和资金成本，以避免造成资金浪费、经济效益降低和单位负担加重。

（五）不得违反规定提供担保

《事业单位财务规则》第五十条规定，事业单位不得违反规定提供担保。事业单位提供担保，实际上是利用国有资产、国家信用进行担保，形成的单位或有负债。根据《中华人民共和担保法》相关规定，学校、医院等以公益为目的的事业单位、社会团体不得为担保人。虽然当前事业单位改革尚未到位，承担行政职能、从事生产经营活动和从事公益服务的事业单位并存且经费供给模式不一，但是根据《事业单位登记管理暂行条例》（国务院令第 411 号）中关于“事业单位，是指为了社会公益目的，由国家机关举办或者其他组织利用国有资产举办的，从事教育、科技、文化、卫生等活动的社会服务组织”的定义，事业单位都应当是以公益为目的的，而且随着事业单位分类改革的推进，事业单位的公益属性将得到进一步明确和强化。因此《事业单位财务规则》规定，事业单位不得违反规定提供担保。

第二节　流动负债

一、短期借款

（一）管理要求

短期借款是指事业单位经批准向银行或其他金融机构等借入的期限在 1 年内（含 1 年）的各种借款。对于气象部门来说，中国气象局离退休干部办公室因属行政单位无此业务。

1. 符合政策要求。气象部门各单位借入的款项，必须按照国家的有关政策使用，不得以借款名义，用于违背国家政策的事项。

2. 有借款计划。气象部门各单位借入款项事先应编制计划，按批准的计划组织借款。

3. 有还款能力。气象部门各单位在申请借入款项时，需要考虑还款能力，认真落实偿还借款的资金来源，不能盲目举借无还款能力的款项。

4. 有经济效益。气象部门各单位的借入款项，构成了一项负债。归还借入款项时，不仅归还借入的本金，还应支付利息。因此，气象部门事业单位在申请借款时，必须考虑借入款项的经济效益，不能举借无经济效益的款项。

5. 遵守信用。气象部门各单位借入款项必须按照合同的规定及时偿还本息，不可拖欠违约。

（二）核算要求

根据气象部门政府会计科目设置规定，应当设置“短期借款”一级科目。“短期借款”科目核算和监督短期借款的取得和归还情况。贷方登记取得短期借款的本金数额；借方登记偿还短期借款的本金数额；期末贷方余额反映事业单位尚未偿还的短期借款本金数额。

本科目应当按照债权人和借款种类进行明细核算，因此，气象部门对“短期借款”科目设置了项目核算、往来核算的辅助核算项的严格设置。

（三）主要账务处理及举例

1. 借入各种短期借款时，按照实际借入的金额：

（1）财务会计：借记“银行存款”科目，贷记“短期借款”科目。

（2）预算会计：借记“资金结存——货币资金”科目，贷记“债务预算收入”科目。

2. 计提短期借款利息时：

（1）财务会计：借记“其他费用——利息费用”科目，贷记“应付利息”科目。

（2）预算会计：不做账务处理。

3. 支付短期借款利息时：

（1）财务会计：借记“应付利息”科目，贷记“银行存款”科目。

（2）预算会计：借记“其他支出”科目，贷记“资金结存——货币资金”科目。

4. 归还短期借款时：

（1）财务会计：借记“短期借款”科目，贷记“银行存款”科目。

（2）预算会计：借记“债务还本支出”科目，贷记“资金结存——货币资金”科目。

5. 银行承兑汇票到期，本单位无力支付票款的，按照应付票据的账面余额：

（1）财务会计：借记“应付票据”，贷记“短期借款”科目。

（2）预算会计：借记“经营支出”等科目，贷记“债务预算收入”科目。

【例4－1】 ××省气象局于2019年3月1日向银行借入非专项资金2 000 000元，期限3个月，年利率8%，该借款到期后一次还本，利息分月计提，偿还时支付。其账务处理方法如下：

（1）3 月 1 日借入款项时，其账务处理如表 4－1 所示：

表 4－1

财务会计	预算会计
借：银行存款——基本账户存款 2 000 000 贷：短期借款 2 000 000	借：资金结存——货币资金——银行存款 2 000 000 贷：债务预算收入——非专项资金收入 2 000 000

（2）3 月末计提当月应付利息费用 = 2 000 000 × 8% ÷ 12 = 13 333.34 元，其账务处理如表 4－2 所示：

表 4－2

财务会计	预算会计
借：其他费用——利息费用 13 333.34 贷：应付利息 13 333.34	——

注：4、5 月计提当月利息的账务处理相同。

（3）5 月末偿还短期借款本金及支付利息时，其账务处理如表 4－3 所示：

表 4－3

财务会计	预算会计
借：短期借款 2 000 000 应付利息 40 000 贷：银行存款——基本账户存款 2 040 000	借：债务还本支出 2 000 000 其他支出——利息支出 40 000 贷：资金结存——货币资金——银行存款 2 040 000

【例 4－2】某省气象局于 2019 年 3 月 1 日开出的一张金额 40 000 元的银行承兑汇票（该汇票用于支付某公司的印刷费）到期，到期无力支付票款，按照银行承兑汇票的票面金额，转为短期借款（非专项资金）。其账务处理如表 4－4 所示：

表 4－4

财务会计	预算会计
借：应付票据——银行承兑汇票 40 000 贷：短期借款 40 000	借：经营支出——商品和服务支出——印刷费 40 000 贷：债务预算收入——非专项资金收入 40 000

二、应交增值税

（一）核算要求

应交增值税，是指单位因发生应税事项导致承担纳税义务而形成的负债。本科目核算单位按照税法规定计算应交纳的增值税。

1. 气象部门所属单位属于增值税一般纳税人的单位"应交增值税"科目设置如下：

根据气象部门政府会计科目设置规定，应当在"应交增值税"科目下设置"应交税金""未交税金""预交税金""待抵扣进项税额""待认证进项税额""待转销项税额""简易计税""转让金融商品应交增值税""代扣代交增值税"等二级明细科目。

（1）"应交税金"明细科目下应当设置"进项税额""已交税金""转出未交增值税""减免税款""销项税额""进项税额转出""转出多交增值税"三级明细科目。其中：

①进项税额，核算单位购进货物、加工修理修配劳务、服务、无形资产或不动产而支付或负担的，准予从当期销项税额中抵扣的增值税税额；

②已交税金，核算单位当月已交纳的应交增值税税额；

③转出未交增值税，核算单位月度终了转出当月应交未交的增值税税额；

④减免税款，核算单位按照现行增值税制度规定准予减免的增值税税额；

⑤销项税额，核算单位销售货物、加工修理修配劳务、服务、无形资产或不动产应收取的增值税税额；

⑥进项税额转出，核算单位购进货物、加工修理修配劳务、服务、无形资产或不动产等发生非正常损失以及其他原因而不应从销项税额中抵扣、按照规定转出的进项税额；

⑦转出多交增值税，核算一般纳税人月度终了转出当月多交的增值税税额。

（2）"未交税金"明细科目，核算单位月度终了从"应交税金"或"预交税金"明细科目转入当月应交未交、多交或预缴的增值税税额，以及当月交纳以前期间未交的增值税税额。

（3）"预交税金"明细科目，核算单位转让不动产、提供不动产经营租赁服务等，以及其他按照现行增值税制度规定应预缴的增值税税额。

（4）"待抵扣进项税额"明细科目，核算单位已取得增值税扣税凭证并经税务机关认证，按照现行增值税制度规定准予以后期间从销项税额中抵扣的进项税额。

（5）"待认证进项税额"明细科目，核算单位由于未经税务机关认证而不得从当期销项税额中抵扣的进项税额。包括：一般纳税人已取得增值税扣税凭证并按规定准予从销项税额中抵扣，但尚未经税务机关认证的进项税额；一般纳税人已申请稽核但尚未取得稽核相符结果的海关缴款书进项税额。

（6）"待转销项税额"明细科目，核算单位销售货物、加工修理修配劳务、服务、无形资产或不动产，已确认相关收入（或利得）但尚未发生增值税纳税义务而需于以后期间确认为销项税额的增值税税额。

（7）"简易计税"明细科目，核算单位采用简易计税方法发生的增值税计提、扣减、预缴、缴纳等业务。

（8）"转让金融商品应交增值税"明细科目，核算单位转让金融商品发生的增值税税额。

（9）“代扣代交增值税”明细科目，核算单位购进在境内未设经营机构的境外单位或个人在境内的应税行为代扣代缴的增值税。

2. 气象部门所属单位属于增值税小规模纳税人的单位“应交增值税”科目设置如下：

只需在“应交增值税”下设置“转让金融商品应交增值税”“代扣代交增值税”二级明细科目。“应交增值税”科目核算应交纳的增值税的计算及上交、抵扣情况。“应交增值税”科目期末贷方余额，反映单位应交未交的增值税；期末如为借方余额，反映单位尚未抵扣或多交的增值税。

（二）增值税一般纳税人主要账务处理及举例

根据税务核定气象部门所属单位增值税纳税单位类型分为增值税一般纳税人和增值税小规模纳税人，增值税一般纳税人又分为一般纳税人和简易计税纳税人。

气象部门所属单位如为增值税一般纳税人，“应交增值税”科目的账务处理分四种情况，具体如下：

1. 取得资产或接受劳务等业务。

（1）采购等业务进项税额允许抵扣情形。

气象部门所属单位如为增值税一般纳税人，购买用于增值税应税项目的资产或服务等时，按照应计入相关成本费用或资产的金额处理如下：

①财务会计：借记“业务活动费用”“在途物品”“库存物品”“工程物资”“在建工程”“固定资产”“无形资产”等科目，按照当月已认证的可抵扣增值税税额，借记“应交增值税”科目［增值税（一般纳税人）——应交税金——进项税额］，按照当月未认证的可抵扣增值税税额，借记“应交增值税”科目［增值税（一般纳税人）——待认证进项税额］，按照应付或实际支付的金额，贷记“应付账款”“应付票据”“银行存款”“零余额账户用款额度”等科目。

②预算会计：借“事业支出”“经营支出”等科目，贷记“资金结存”等科目。

发生退货的，如原增值税专用发票已做认证，应根据税务机关开具的红字增值税专用发票做相反的会计分录；如原增值税专用发票未做认证，应将发票退回并做相反的会计分录。

（2）采购等业务进项税额不得抵扣情形。

情形 1：单位购进资产或服务等，用于简易计税方法计税项目、免征增值税项目、集体福利或个人消费等，其进项税额按照现行增值税制度规定不得从销项税额中抵扣的，取得增值税专用发票时，应按照增值税发票注明的金额。

①财务会计：借记相关成本费用或资产科目，按照待认证的增值税进项税额，借记“应交增值税”科目［增值税（一般纳税人）——待认证进项税额］，按照实际支付或应付的金额，贷记“银行存款”“应付账款”“零余额账户用款额度”等科目。

②预算会计：借记“事业支出”“经营支出”等科目，贷记“资金结存”等科目。

情形 2：经税务机关认证为不可抵扣进项税时。

①财务会计：借记“应交增值税”科目［增值税（一般纳税人）——应交税金——进项税额］科目，贷记“应交增值税”科目［增值税（一般纳税人）——待认证进项税额］，同时，将进项税额转出，借记相关成本费用科目，贷记“应交增值税”科目［增值税（一般纳税人）——应交税金——进项税额转出］。

②预算会计：不做账务处理。

（3）进项税额抵扣情况发生改变。

情形1：单位因发生非正常损失或改变用途等，原已计入进项税额、待抵扣进项税额或待认证进项税额，但按照现行增值税制度规定不得从销项税额中抵扣的。

①财务会计：借记“待处理财产损溢”“固定资产”“无形资产”等科目，贷记“应交增值税”科目［增值税（一般纳税人）——应交税金——（进项税额转出/待抵扣进项税额/待认证进项税额）］。

②预算会计：不做账务处理。

情形2：原不得抵扣且未抵扣进项税额的固定资产、无形资产等，因改变用途等用于允许抵扣进项税额的应税项目的，应按照允许抵扣的进项税额。

①财务会计：借记“应交增值税”科目［增值税（一般纳税人）——应交税金——进项税额］，贷记“固定资产”“无形资产”等科目。

②预算会计：不做账务处理。

注：固定资产、无形资产等经上述调整后，应按照调整后的账面价值在剩余尚可使用年限内计提折旧或摊销。

情形3：单位购进时已全额计入进项税额的货物或服务等转用于不动产在建工程的，对于结转以后期间的进项税额。

①财务会计：借记“应交增值税”科目［增值税（一般纳税人）——应交税金（待抵扣进项税额）］，贷记“应交增值税”科目［增值税（一般纳税人）——应交税金——进项税额转出］。

②预算会计：不做账务处理。

（4）购买方作为扣缴义务人。

情形1：按照现行增值税制度规定，境外单位或个人在境内发生应税行为，在境内未设有经营机构的，以购买方为增值税扣缴义务人。

气象部门所属单位如为一般纳税人购进服务或资产时，按照应计入相关成本费用或资产的金额。

①财务会计：借记“业务活动费用”“在途物品”“库存物品”“工程物资”“在建工程”“固定资产”“无形资产”等科目，按照可抵扣的增值税税额，借记“应交增值税”科目［增值税（一般纳税人）——应交税金——进项税额］，按照应付或实际支付的金额，贷记“银行存款”“应付账款”等科目，按照应代扣代缴的增值税税额，贷记“应交增值税”科目［增值税（一般纳税人）——代扣代交增值税］。

②预算会计：借“事业支出”“经营支出”等科目，贷记“资金结存”等科目。

情形2：实际缴纳代扣代缴增值税时，按照代扣代缴的增值税税额。

①财务会计：借记“应交增值税”科目［增值税（一般纳税人）——代扣代交增值税］，贷记“银行存款”“零余额账户用款额度”等科目。

②预算会计：借“事业支出”“经营支出”等科目，贷记“资金结存”等科目。

2. 销售资产或提供服务等业务。

（1）销售资产或提供服务业务。

情形 1：销售货物或提供服务。

气象部门所属单位如为一般纳税人销售货物或提供服务，应当按照应收或已收的金额。

①财务会计：借记“应收账款”“应收票据”“银行存款”等科目，按照确认的收入金额，贷记“经营收入”“事业收入”等科目，按照现行增值税制度规定计算的销项税额（或采用简易计税方法计算的应纳增值税税额），贷记“应交增值税”科目［增值税（一般纳税人）——应交税金——销项税额］或“应交增值税”科目［增值税（一般纳税人）——简易计税］。

②预算会计：按照已收金额，借记“资金结存”，贷记“事业预算收入”“经营预算收入”等科目。

发生销售退回的，应根据按照规定开具的红字增值税专用发票，做相反的会计分录。

情形 2：按照政府会计制度及相关政府会计准则确认收入的时点早于按照增值税制度确认增值税纳税义务发生时点的。

①财务会计：借记“应交增值税”科目［增值税（一般纳税人）——待转销项税额］，待实际发生纳税义务时再转入“应交增值税”科目［增值税（一般纳税人）——应交税金——销项税额］或“应交增值税”科目［增值税（一般纳税人）——简易计税］。

②预算会计：不做账务处理。

情形 3：按照增值税制度确认增值税纳税义务发生时点早于按照政府会计制度及相关政府会计准则确认收入的时点的，应按照应纳增值税税额。

①财务会计：借记“应收账款”科目，贷记“应交增值税”科目［增值税（一般纳税人）——应交税金——销项税额］或“应交增值税”科目［增值税（一般纳税人）——简易计税］。

②预算会计：不做账务处理。

（2）金融商品转让按照规定以盈亏相抵后的余额作为销售额。

情形 1：金融商品实际转让月末，如产生转让收益，则按照应纳税额。

①财务会计：借记“投资收益”科目，贷记“应交增值税”科目［增值税（一般纳税人）——转让金融商品应交增值税］。

②预算会计：不做账务处理。

情形 2：如产生转让损失，则按照可结转下月抵扣税额。

①财务会计：借记“应交增值税”科目（增值税（一般纳税人）——转让金融商

品应交增值税），贷记“投资收益”。

②预算会计：不做账务处理。

情形3：交纳增值税时：

①财务会计：应借记“应交增值税”科目［增值税（一般纳税人）——转让金融商品应交增值税］，贷记“银行存款”等。

②预算会计：借记“投资预收收益”等科目，贷记“资金结存”等科目。

情形4：年末处理。

①财务会计：“应交增值税”科目［增值税（一般纳税人）——转让金融商品应交增值税］，如有借方余额，则借记“投资收益”，贷记“应交增值税”科目［增值税（一般纳税人）——转让金融商品应交增值税］。

②预算会计：不做账务处理。

3. 月末转出多交增值税和未交增值税。

月度终了，单位应当将当月未交或多交的增值税自“应交税金”明细科目转入“未交税金”明细科目。

情形1：对于当月应交未交的增值税。

①财务会计：借记“应交增值税”科目［增值税（一般纳税人）——应交税金——转出未交增值税］，贷记“应交增值税”科目［增值税（一般纳税人）——未交税金］。

②预算会计：不做账务处理。

情形2：对于当月多交增值税。

①财务会计：借记“应交增值税”科目［增值税（一般纳税人）——未交税金］，贷记“应交增值税”科目［增值税（一般纳税人）——应交税金——转出未交增值税］。

②预算会计：不做账务处理。

4. 交纳增值税业务。

（1）交纳当月应交增值税。

气象部门所属单位如为增值税一般纳税人，交纳当月应交的增值税。

①财务会计：借记“应交增值税”科目［增值税（一般纳税人）——已交税金］，贷记“银行存款”等科目。

②预算会计：借“事业支出”“经营支出”等科目，贷记“资金结存”等科目。

（2）交纳以前期间未交增值税。

气象部门所属单位如为增值税一般纳税人，单位交纳以前期间未交的增值税。

①财务会计：借记“应交增值税”科目［增值税（一般纳税人）——未交税金］，贷记“银行存款”等科目。

②预算会计：借“事业支出”“经营支出”等科目，贷记“资金结存”等科目。

（3）预交增值税，单位预交增值税时。

①财务会计：借记“应交增值税”科目［增值税（一般纳税人）——预交税金］，贷记“银行存款”等科目。月末，单位应将“预交税金”明细科目余额转入“未交税

金”明细科目，借记“应交增值税”科目［增值税（一般纳税人）——未交税金］，贷记“应交增值税”科目［增值税（一般纳税人）——预交税金］。

②预算会计：借“事业支出”“经营支出”等科目，贷记“资金结存”等科目。

（4）减免增值税。

对于当期直接减免的增值税。

①财务会计：借记“应交增值税”科目［增值税（一般纳税人）——减免税款］，贷记“业务活动费用”“经营费用”等科目。

②预算会计，不做账务处理。

按照现行增值税的规定，单位初次购买增值税税控系统专用设备支付的费用以及缴纳的技术维护费允许在增值税应纳税额中全额抵减的，按照固定递减的增值税应纳税额，借记“应交增值税”科目［增值税（一般纳税人）——减免税款］。

【例 4－3】某市气象局为增值税一般纳税人，增值税税率 16%，于 2019 年 1 月 10 日购进自动气象站备件 10 000 元（从项目×××支出），取得可以抵扣的增值税专用发票 1 600 元，用银行存款支付 11 600 元。其账务处理如表 4－5 所示：

表 4－5

财务会计	预算会计
借：库存物品——材料——××气象仪器备件　10 000 　应交增值税——增值税（一般纳税人）——应交税金（进项税额）　1 600 　贷：银行存款——基本账户存款　11 600	借：事业支出——项目支出——商品和服务支出——专用材料费　11 600 　贷：资金结存——货币资金——银行存款　11 600

2019 年 1 月 20 日，取得专业气象预报服务费收入 100 000 元，开具增值税专用发票 100 000 元（含税），该笔款项已存入银行。其账务处理如表 4－6 所示：

价内增值税＝13 793.10（100 000÷1.16×0.16）

表 4－6

财务会计	预算会计
借：银行存款——基本账户存款　100 000 　贷：事业收入——专业气象服务收入——气象预报服务收入　86 206.90 　　应交增值税——增值税（一般纳税人）——应交税金（销项税额）　13 793.10	借：资金结存——货币资金——银行存款　100 000 　贷：事业预算收入——专业气象服务收入——气象预报服务收入　100 000

1 月底，销项税额和进项税额相抵缴纳增值税时进行会计处理（如表 4－7 所示）：

应上交税金＝13 793.10－1 600＝12 193.10

表 4－7

财务会计	预算会计
借：应交增值税——增值税（一般纳税人）——应交税金（已交税金） 12 193.10 贷：银行存款——基本账户存款 12 193.10	借：事业支出——项目支出——商品和服务支出——税金及附加费用——增值税 12 193.10 贷：资金结存——货币资金——银行存款 12 193.10

【例 4－4】某市气象局为增值税一般纳税人，增值税税率 16%，2019 年 1 月 11 日购进一批气象探测气球，资产管理员已验收，政府采购合同、验收单等材料齐全，价款 30 000 元，进项税额 4 800 元，未收到增值税专用发票，款项尚未支付。

1. 1 月 11 日购进一批探测器材，未收到发票，进行暂估入账。其账务处理如表 4－8 所示：

表 4－8

财务会计	预算会计
借：库存物品——材料——××气象探测气球 30 000 贷：应付账款——应付器材款 30 000	——

2. 假设 2 月 11 日收到增值税专用发票。其账务处理如表 4－9 所示：

表 4－9

财务会计	预算会计
借：应付账款——应付器材款 30 000 贷：库存物品——材料——××气象探测气球 30 000 借：库存物品——材料——××气象探测气球 30 000 应交增值税——增值税（一般纳税人）——应交税金（进项税额） 4 800 贷：应付账款——应付器材款 34 800	——

【例 4－5】某市气象局为增值税一般纳税人，增值税税率 16%，2019 年 1 月 11 日购进一批气象探测气球，资产管理员已验收，政府采购合同、验收单等材料齐全，价款 30 000 元，进项税额 4 800 元，收到增值税专用发票，从自有资金中列支。

情形一：1 月 11 日购进一批气象探测气球，从自有资金中列支，1 月未认证发票，在 2 月份认证。会计处理如下：

（1）1 月 11 日购进一批气象探测气球，1 月未认证发票。其账务处理如表 4－10 所示：

表 4－10

财务会计	预算会计
借：库存物品——材料——××气象探测气球　30 000 应交增值税——增值税（一般纳税人）——待认证进项税额　4 800 贷：银行存款　34 800	借：事业支出——基本支出——商品和服务支出——专用材料费　34 800 贷：资金结存——货币资金——银行存款　34 800

（2）1 月 11 日购进一批气象探测气球，1 月未认证发票，在 2 月份认证。其账务处理如表 4－11 所示：

表 4－11

财务会计	预算会计
借：应交增值税——增值税（一般纳税人）——应交税金（进项税额）　4 800 贷：应交增值税——增值税（一般纳税人）——待认证进项税额　4 800	——

情形二：1 月 11 日购进一批气象探测气球，1 月未认证发票，经税务机关认证为不可抵扣进项税额。会计处理如下：

（1）1 月 11 日购进一批气象探测气球，其账务处理如表 4－12 所示：

表 4－12

财务会计	预算会计
借：库存物品——材料——××气象探测气球　30 000 应交增值税——增值税（一般纳税人）——待认证进项税额　4 800 贷：银行存款　34 800	借：事业支出——基本支出——商品和服务支出——专用材料费　34 800 贷：资金结存——货币资金——银行存款　34 800

（2）经税务机关认证为不可抵扣进项税。其账务处理如表 4－13 所示：

表 4－13

财务会计	预算会计
借：应交增值税——增值税（一般纳税人）——应交税金（进项税额）　4 800 贷：应交增值税——增值税（一般纳税人）——应交税金（待认证进项税额）　4 800 同时： 借：业务活动费用——商品和服务费用　4 800 贷：应交增值税——增值税（一般纳税人）——应交税金（进项税额转出）　4 800	——

【例 4－6】接【4－5】，该笔发票由于会计人员的原因，超过 180 天未认证。其账务处理如表 4－14 所示：

表 4－14

财务会计	预算会计
借：库存物品——材料——××气象探测气球 4 800 贷：应交增值税——增值税（一般纳税人）——待认证进项税额 4 800	——

【例 4－7】某县气象局为增值税一般纳税人，增值税税率 16%。2019 年 1 月 12 日购进一批防雾霾口罩，取得增值税专用发票，价款 100 000 元，进项税额 16 000 元，用于职工福利，从自有资金中列支。

（1）1 月 12 日购进一批防雾霾口罩，取得增值税专用发票。其账务处理如表 4－15 所示：

表 4－15

财务会计	预算会计
借：业务活动费用——商品和服务费用 100 000 应交增值税——增值税（一般纳税人）——待认证进项税额 16 000 贷：银行存款 116 000	借：事业支出——基本支出——商品和服务支出——福利费 116 000 贷：资金结存——货币资金——银行存款 116 000

（2）进项税额转出：为了防止滞留票出现，这些发票也应认证，并在申报时进项税额转出处理。其账务处理如表 4－16 所示：

表 4－16

财务会计	预算会计
借：应交增值税——增值税（一般纳税人）——应交税金（进项税额） 16 000 贷：应交增值税——增值税（一般纳税人）——待认证进项税额 16 000 同时： 借：业务活动费用——商品和服务费用 16 000 贷：应交增值税——增值税（一般纳税人）——应交税金（进项税额转出） 16 000	——

【例 4－8】某市气象局于 2019 年 1 月 23 日支付境外某机构气候可行性论证服务费（从自有资金基本支出列支），该境外机构在境内无代理人。按相关规定该气象局履行代扣代缴义务，取得《税收通用缴款书》注明价款 10 000 元，税额 600 元，并于当月将代扣的增值税已向主管税务机关缴纳，款项尚未支付。

（1）2019 年 1 月购入气候可行性论证服务，其账务处理如表 4－17 所示：

表 4－17

财务会计	预算会计
借：业务活动费用——商品和服务费用 10 000 应交增值税——增值税（一般纳税人）——应交税金（进项税额）600 贷：应付账款——其他 10 000 应交增值税——增值税（一般纳税人）——代扣代交增值税 600	——

（2）实际缴纳代扣代缴增值税时，其账务处理如表 4－18 所示：

表 4－18

财务会计	预算会计
借：应交增值税——增值税（一般纳税人）——代扣代交增值税 600 贷：银行存款——基本账户存款 600	借：事业支出——基本支出——商品和服务支出——税金及附加费用——增值税 600 贷：资金结存——货币资金——银行存款 600

【例 4－9】 某市气象局是一般纳税人，处置一批 2009 年之前购入的设备，符合简易计税减按 3% 征收增值税，2019 年 1 月取得变卖收入 20 600 元，款项已存入基本账户。（此处省略设备处置"待处理财产损溢""应缴财政款"的账务处理）

（1）清理销售设备计算应纳增值税税额 = 20 600 ÷（1 + 3%）× 3% = 600 元，其账务处理如表 4－19 所示：

表 4－19

财务会计	预算会计
借：银行存款——基本账户存款 20 600 贷：待处理财产损溢——处理净收入 20 000 应交增值税——增值税（一般纳税人）——简易计税 600	借：资金结存——货币资金——银行存款 20 600 贷：资金结存——非预算内资金 20 000 资金结存——待处理税款 600

（2）按 1% 计算减免税额 = 20 600 ÷（1 + 3%）× 1% = 200 元，其账务处理如表 4－20 所示：

表 4－20

财务会计	预算会计
借：应交增值税——增值税（一般纳税人）——应交增值税（减免税额） 200 贷：待处理财产损溢——处理净收入 200	借：资金结存——待处理税款 200 贷：资金结存——非预算内资金 200

（3）1 月末计算应缴增值税时，其账务处理如表 4－21 所示：

表 4－21

财务会计	预算会计
借：应交增值税——增值税（一般纳税人）——简易计税 600 贷：应交增值税——增值税（一般纳税人）——应交税金（转出未交增值税） 200 应交增值税——增值税（一般纳税人）——未交增值税 400	——

（4）2 月以银行存款缴纳增值税时，其账务处理如表 4－22 所示：

表 4－22

财务会计	预算会计
借：应交增值税——增值税（一般纳税人）——未交增值税 400 贷：银行存款——基本账户存款 400	借：资金结存——待处理税款 400 贷：资金结存——货币资金——银行存款 400

【例 4－10】某气象局将闲置的自有资金办公楼对外出租，协议约定 2019 年 7 月至 2020 年 6 月每季度末交纳当季房租，每季度房租 30 000 元（不含税），增值税税率为 10%，2019 年 9 月末收到 2019 年 7 月至 9 月房租，款项已存入基本账户。

（1）2019 年 7 月末：

应收房租款＝30 000÷3＝10 000 元，应交增值税＝10 000×10%＝1 000 元，其账务处理如表 4－23 所示：

表 4－23

财务会计	预算会计
借：应收账款 11 000 贷：租金收入——不动产租赁收入 10 000 应交增值税——增值税（一般纳税人）——待转销项税额 1 000	——

（2）2019 年 8 月末，账务处理同上。

（3）2019 年 9 月末，其账务处理如表 4－24 所示：

表 4－24

财务会计	预算会计
借：银行存款——基本账户存款 33 000 贷：应收账款 22 000 租金收入——不动产租赁收入 10 000 应交增值税——增值税（一般纳税人）——应交税金（销项税额） 1 000 借：应交增值税——增值税（一般纳税人）——待转销项税额 2 000 贷：应交增值税——增值税（一般纳税人）——应交税金（销项税额） 2 000	借：资金结存——货币资金——银行存款 33 000 贷：其他预算收入——租金预算收入 33 000

(三) 增值税小规模纳税人主要账务处理及举例

气象部门所属单位如为增值税小规模纳税人，“应交增值税”科目的账务处理分3种情况，具体如下：

1. 取得资产或接受劳务等业务。

(1) 取得资产或接受劳务。

气象部门所属单位如为增值税小规模纳税人，根据税务规定购买资产或服务等时不能抵扣增值税，发生的增值税计入资产成本或相关成本费用，账务处理如下：

①财务会计：借记“业务活动费用”“在途物品”“库存物品”“工程物资”“在建工程”“固定资产”“无形资产”等科目，按照应付或实际支付的金额，贷记“应付账款”“应付票据”“银行存款”“零余额账户用款额度”等科目。

②预算会计：借“事业支出”“经营支出”等科目，贷记“资金结存”等科目。

(2) 购买方作为扣缴义务人。

按照现行增值税制度规定，境外单位或个人在境内发生应税行为，在境内未设有经营机构的，以购买方为增值税扣缴义务人。气象部门所属单位如为小规模纳税人购进服务或资产时，按照应计入相关成本费用或资产的金额。

①财务会计：借记“业务活动费用”“在途物品”“库存物品”“工程物资”“在建工程”“固定资产”“无形资产”等科目，按照应付或实际支付的金额，贷记“银行存款”“应付账款”等科目，按照应代扣代缴的增值税额，贷记“应交增值税”科目［增值税（小规模纳税人）——代扣代交增值税］。

②预算会计：借“事业支出”“经营支出”等科目，贷记“资金结存”等科目。

实际缴纳代扣代缴增值税时，按照代扣代缴的增值税税额。

①财务会计：借记“应交增值税”科目［增值税（小规模纳税人）——代扣代交增值税］，贷记“银行存款”“零余额账户用款额度”等科目。

②预算会计：借“事业支出”“经营支出”等科目，贷记“资金结存”等科目。

2. 销售资产或提供服务等业务。

(1) 销售资产或提供服务业务。

气象部门所属单位如为增值税小规模纳税人销售货物或提供服务，应当按照应收或已收的金额。

①财务会计：借记“银行存款”“零余额账户用款额度”“应收票据”“应收账款”等科目，贷记“事业收入”“经营收入”等科目，贷记“应交增值税”科目［增值税（小规模纳税人）——代扣代交增值税］。

②预算会计：按照已收金额借记“资金结存”，贷记“事业预算收入”“经营预算收入”等科目。

发生销售退回的，应根据按照规定开具的红字增值税专用发票做相反的会计分录。

(2) 金融商品转让按照规定以盈亏相抵后的余额作为销售额。

情形1：金融商品实际转让月末，如产生转让收益，则按照应纳税额。

①财务会计：借记“投资收益”科目，贷记“应交增值税”科目［增值税（小规模纳税人）——转让金融商品应交增值税］。

②预算会计：不做账务处理。

情形2：如产生转让损失，则按照可结转下月的抵扣税额。

①财务会计：借记“应交增值税”科目［增值税（小规模纳税人）——转让金融商品应交增值税］，贷记“投资收益”。

②预算会计：不做账务处理。

情形3：交纳增值税时：

①财务会计：借记“应交增值税”科目［增值税（小规模纳税人）——转让金融商品应交增值税］，贷记“银行存款”等。

②预算会计：借记“投资预算收益”等科目，贷记“资金结存”等科目。

情形4：年末处理。

①财务会计：“应交增值税”科目［增值税（小规模纳税人）——转让金融商品应交增值税］如有借方余额，则借记“投资收益”，贷记“应交增值税”科目［增值税（小规模纳税人）——转让金融商品应交增值税］。

②预算会计：不做账务处理。

3. 交纳增值税业务。

（1）交纳当月应交增值税。

气象部门所属单位如为增值税小规模纳税人，交纳当月应交的增值税时：

①财务会计：借记“应交增值税”科目［增值税（小规模纳税人）——代扣代交增值税］，贷记“银行存款”等科目。

②预算会计：借“事业支出”“经营支出”等科目，贷记“资金结存”等科目。

（2）交纳以前期间未交增值税。

气象部门所属单位如为增值税小规模纳税人，单位交纳以前期间未交的增值税时：

①财务会计：借记“应交增值税”科目［增值税（小规模纳税人）——代扣代交增值税］，贷记“银行存款”等科目。

②预算会计：借“事业支出”“经营支出”等科目，贷记“资金结存”等科目。

按照现行增值税的规定，单位初次购买增值税税控系统专用设备支付的费用以及缴纳的技术维护费允许在增值税应纳税额中全额抵减的，按照固定递减的增值税应纳税额，借记“应交增值税”科目［增值税（小规模纳税人）——代扣代交增值税］。

【例4-11】某县气象局为增值税小规模纳税人，适用3%的增值税征收率，于2019年1月10日购进自动气象站备件10 000元，取得可以抵扣的增值税专用发票1 600元，从基本户银行存款支付11 600元。于2019年1月20日取得气候资源评价服务收入100 000元，开具增值税普通发票100 000元（含税），该笔款项已存入银行。

（1）1月10日购进自动气象站备件，其账务处理如表4-25所示：

表4－25

财务会计	预算会计
借：库存物品——材料 11 600 贷：银行存款——基本账户存款 11 600	借：事业支出——项目支出——商品和服务支出——专用材料费 11 600 贷：资金结存——货币资金——银行存款 11 600

（2）1月20日气候资源评价服务收入，其账务处理如表4－26所示：

价内增值税＝2 912.62元（100 000÷1.03×0.03）

表4－26

财务会计	预算会计
借：银行存款——基本账户存款 100 000 贷：事业收入——专业气象服务收入——气候资源评价收入 97 087.38 应交增值税——增值税（小规模纳税人）——代扣代交增值税 2 912.62	借：资金结存——货币资金——银行存款 100 000 贷：事业预算收入——专业气象服务收入——气候资源评价收入 100 000

（3）1月底，应上交税金＝2 912.62元，其账务处理如表4－27所示：

表4－27

财务会计	预算会计
借：应交增值税——增值税（小规模纳税人）——代扣代交增值税 2 912.62 贷：银行存款——基本账户存款 2 912.62	借：事业支出——项目支出——商品和服务支出——税金及附加费用——增值税 2 912.62 贷：资金结存——货币资金——银行存款 2 912.62

三、其他应交税费

（一）核算要求

其他应交税费，是指单位因发生应税事项导致承担纳税义务而形成的负债。其他应交税费核算单位按照税法等规定计算应交纳的除增值税以外的各种税费，包括城市维护建设税、教育费附加、地方教育费附加、车船税、房产税、城镇土地使用税和企业所得税、单位代扣代缴的个人所得税等。

单位应缴纳的印花税不需要预提应交税费，直接通过“业务活动费用”“单位管理费用”“经营费用”等科目核算，不通过“其他应交税费”科目核算。

“其他应交税费”科目核算除增值税以外的各种税费的计算及上交情况。贷方登记计算应上交的除增值税以外的各种税费数额；借方登记上交的除增值税以外的各种税费数额；期末贷方余额反映单位应交未交的除增值税以外的各种税费数额；期末如为借方余额，反映单位多交纳的除增值税以外的税费数额。本科目应当按照应交纳的税费种类进行明细核算。

根据气象部门政府会计科目设置规定，应当在“其他应交税费”下设“城市维护建设税”“教育费附加”“地方教育费附加”“车船税”“房产税”“城镇土地使用税”“代扣代缴的个人所得税”“企业所得税” 和 “其他税费” 等二级明细科目。

（二）主要账务处理及举例

1. 发生城市维护建设税、教育费附加、地方教育费附加、车船税、房产税、城镇土地使用税等纳税义务时：

（1）按照税法规定计算的应交税费金额：

①财务会计：借记“业务活动费用”“单位管理费用”“经营费用”等科目，贷记“其他应交税费——城市维护建设税”“其他应交税费——车船税”“其他应交税费——房产税”“其他应交税费——土地增值税”“其他应交税费——城镇土地使用税”“其他应交税费——教育费附加”“其他应交税费——地方教育费附加”“其他应交税费——其他税费”等科目。

②预算会计：不做账务处理。

（2）实际交纳时：

①财务会计：借记“其他应交税费——城市维护建设税”“其他应交税费——车船税”“其他应交税费——房产税”“其他应交税费——土地增值税”“其他应交税费——城镇土地使用税”“其他应交税费——教育费附加”“其他应交税费——地方教育费附加”“其他应交税费——其他税费”等科目，贷记“银行存款”等科目。

②预算会计：借记“行政支出”“事业支出”“经营支出”等科目，贷记“财政拨款预算收入”“资金结存”等科目。

2. 按照税法规定计算应代扣代缴职工（含长期聘用人员）工资的个人所得税：

（1）按照税法规定计算的应交税费金额：

①财务会计：借记“应付职工薪酬”等科目，贷记“其他应交税费——代扣代缴的个人所得税”科目。

②预算会计：借记“行政支出”“事业支出”“经营支出”等科目，贷记“资金结存——待处理税款”科目。

（2）实际交纳时：

①财务会计：借记“其他应交税费——代扣代缴的个人所得税”科目，贷记“财政拨款收入”“零余额账户用款额度”“银行存款”等科目。

②预算会计：借记“资金结存——待处理税款”科目，贷记“财政拨款预算收入”“资金结存”等科目。

3. 按照税法规定计算应代扣缴劳务、专家咨询评审等费用的个人所得税：

（1）按照税法规定计算的应交税费金额：

①财务会计：借记“业务活动费用”“单位管理费用”等科目，贷记“其他应交税费——代扣代缴的个人所得税”科目。

②预算会计：借记“行政支出”“事业支出”“经营支出”等科目，贷记“资金结存——待处理税款”科目。

（2）实际交纳时：

①财务会计：借记“其他应交税费——代扣代缴的个人所得税”科目，贷记“财政拨款收入”“零余额账户用款额度”“银行存款”等科目。

②预算会计：借记“资金结存——待处理税款”科目，贷记“财政拨款预算收入”“资金结存”等科目。

4. 发生企业所得税纳税义务时：

（1）按照税法规定计算的应缴税费金额：

①财务会计：借记“所得税费用”科目，贷记“其他应交税费——企业所得税”科目。

②预算会计：不做账务处理。

（2）实际交纳时：

①财务会计：借记“其他应交税费——企业所得税”科目，贷记“银行存款”科目。

②预算会计：借记“非财政拨款结余”科目，贷记“资金结存”科目。

【例4－12】某市气象局为增值税一般纳税人，增值税税率为16%，2019年1月应交增值税12 826.91元，1月末计提增值税附加税1 539.23元：城市维护建设税897.88元、教育费附加384.81元、地方教育费附加256.54元。2月10日收到市国家税务局通过银行托收的税费单，缴纳本月税款14 366.14元。从基本经费中支出税费。

（1）1月底计提其他应交税费1 539.23元，其账务处理如表4－28所示：

表4－28

财务会计	预算会计
借：业务活动费用——商品和服务费用 897.88 业务活动费用——商品和服务费用 384.81 业务活动费用——商品和服务费用 256.54 贷：其他应交税费——城市维护建设税 897.88 其他应交税费——教育费附加 384.81 其他应交税费——地方教育费附加 256.54	——

（2）2月10日收到市国家税务局通过银行托收的税费单，其账务处理如表4－29所示：

表 4 – 29

财务会计	预算会计
借：其他应交税费——城市维护建设税　897.88 其他应交税费——教育费附加　384.81 其他应交税费——地方教育费附加　256.54 应交增值税——增值税（一般纳税人）——应交税金（已交税金）　12 826.91 贷：银行存款——基本账户存款　14 366.14	借：事业支出——基本支出——商品和服务支出——税金及附加费用（城市维护建设税）　897.88 事业支出——基本支出——商品和服务支出——税金及附加费用（教育费附加）　384.81 事业支出——基本支出——商品和服务支出——税金及附加费用（地方教育费附加）　256.54 事业支出——基本支出——商品和服务支出——其他（增值税）　12 826.91 贷：资金结存——货币资金——银行存款　14 366.14

【例 4 – 13】某气象局服务中心，2019 年 12 月计算应缴纳企业所得税 50 000 元，2020 年 2 月汇算清缴 50 000 元，以银行存款支付。

（1）2019 年 12 月计算应缴纳企业所得税，其账务处理如表 4 – 30 所示：

表 4 – 30

财务会计	预算会计
借：所得税费用　50 000 贷：其他应交税费——单位应交所得税　50 000	——

（2）2020 年 2 月实际缴纳所得税，其账务处理如表 4 – 31 所示：

表 4 – 31

财务会计	预算会计
借：其他应交税费——单位应交所得税　50 000 贷：银行存款——基本账户存款　50 000	借：非财政拨款结余——累计结余　50 000 贷：资金结存——货币资金——银行存款　50 000

【例 4 – 14】2019 年 1 月 20 日，某市气象局组织开展风云四号地面应用系统建设项目的专家论证会，邀请市规划局、建设局的有关专家等 5 人参加，通过网银支付专家咨询费 8 400 元，并代扣个人所得税 1 600 元。经批准，该笔专家咨询费在中央财政当年安排的气象卫星项目支出经费中列支。

（1）2019 年 1 月 20 日，代扣代缴个人所得时，其账务处理如表 4 – 32 所示：

表 4－32

财务会计	预算会计
借：业务活动费用——商品和服务费用 10 000 贷：零余额账户用款额度——项目支出用款额度 8 400 其他应交税费——代扣代缴的个人所得税——其他所得个税 1 600	借：事业支出——项目支出——商品和服务支出——咨询费 10 000 贷：资金结存——零余额账户用款额度——项目支出用款额度 8 400 资金结存——待处理税款 1 600

（2）2019 年 2 月代缴个人所得税，其账务处理如表 4－33 所示：

表 4－33

财务会计	预算会计
借：其他应交税费——代扣代缴的个人所得税——其他所得个税 1 600 贷：零余额账户用款额度——项目支出用款额度 1 600	借：资金结存——待处理税款 1 600 贷：资金结存——零余额账户用款额度——项目支出用款额度 1 600

【例 4－15】 2019 年 1 月 21 日，气象局机关服务中心通过网银方式支付 2 个在职人员 1 月工资 12 000 元（基本工资 2 000，其他为津贴补贴，并代扣个人所得税 290 元。经批准，该笔支出在中央财政当年安排的基本支出经费中列支。

（1）2019 年 1 月 20 日，计算 1 月应发工资，其账务处理如表 4－34 所示：

表 4－34

财务会计	预算会计
借：单位管理费用——工资福利费用 12 000 贷：应付职工薪酬——基本工资（基本离退休费） 2 000 应付职工薪酬——规范性津贴补贴 10 000	——

（2）2019 年 1 月 21 日，发放 1 月工资，其账务处理如表 4－35 所示：

表 4－35

财务会计	预算会计
借：应付职薪酬——基本工资（基本离退休费） 2 000 应付职薪酬——规范性津贴补贴 10 000 贷：零余额账户用款额度——基本支出用款额度 11 710 其他应交税费——代扣代缴的个人所得税——工资薪金个税 290	借：事业支出——基本工资 2 000 事业支出——津贴补贴——规范性津贴补贴 10 000 贷：资金结存——零余额账户用款额度 11 710 资金结存——待处理税款 290

（3）2019 年 2 月代缴个人所得税，其账务处理如表 4－36 所示：

表 4-36

财务会计	预算会计
借：其他应交税费——代扣代缴的个人所得税——工资薪金个税 290 贷：零余额账户用款额度——基本支出用款额度 290	借：资金结存——待处理税款 290 贷：资金结存——零余额账户用款额度——基本支出用款额度 290

【例4-16】 2019年1月22日，中国气象局气象干部培训学院通过网银支付张××2019年上半年大气科学培训班讲课费4 000元，并代扣个人所得税761.9元。经批准，该笔讲课费在中央财政当年安排的培训支出项目支出经费中列支。

（1）2019年1月22日，代扣代缴个人所得税时，其账务处理如表4-37所示：

表 4-37

财务会计	预算会计
借：业务活动费用——商品和服务费用 4 761.90 贷：零余额账户用款额度——项目支出用款额度 4 000 其他应交税费——代扣代缴的个人所得税——其他所得个税 761.9	借：事业支出——项目支出——商品和服务支出——培训费 4 761.9 贷：资金结存——零余额账户用款额度——项目支出用款额度 4 000 资金结存——待处理税款 761.9

（2）2019年2月代缴个人所得税，其账务处理如表4-38所示：

表 4-38

财务会计	预算会计
借：其他应交税费——代扣代缴的个人所得税——其他所得个税 761.90 贷：零余额账户用款额度——项目支出用款额度 761.90	借：资金结存——待处理税款 761.90 贷：资金结存——零余额账户用款额度——项目支出用款额度 761.90

【例4-17】 2019年1月31日，某市气象局为职工代扣代缴1月个人所得税15 000元，并且以财政直接支付方式于2月10日支付给相关部门。

（1）2019年1月31日代扣个人所得税，其账务处理如表4-39所示：

表 4-39

财务会计	预算会计
借：应付职工薪酬——基本工资（基本离退休费） 15 000 贷：其他应交税费——代扣代缴的个人所得税——工资薪金个税 15 000	借：事业支出——基本支出——工资福利支出——基本工资 15 000 贷：资金结存——待处理税款 15 000

（2）2019年2月10日代缴个人所得税，其账务处理如表4－40所示：

表4－40

财务会计	预算会计
借：其他应交税费——代扣代缴的个人所得税——工资薪金个税 15 000 贷：财政拨款收入 15 000	借：资金结存——待处理税款 15 000 贷：财政拨款预算收入 15 000

【例4－18】2019年1月10日，某市气象局计算出本年应当缴纳的车船使用税20 000元，并且于1月25日以银行转账方式支付给相关部门。

（1）2019年1月10日确认应缴车船税，其账务处理如表4－41所示：

表4－41

财务会计	预算会计
借：业务活动费用——商品和服务费用 20 000 贷：其他应交税费——车船税 20 000	——

（2）2019年1月25日缴纳车船税，其账务处理如表4－42所示：

表4－42

财务会计	预算会计
借：其他应交税费——应交车船税 20 000 贷：银行存款——基本账户存款 20 000	借：事业支出——基本支出——商品和服务支出——税金及附加费用——车船使用税 20 000 贷：资金结存——货币资金——银行存款 20 000

【例4－19】2019年1月10日，某市气象局计算出本年应当缴纳营业用房的房产税30 000元，并且以银行转账方式于1月25日支付给相关部门。

（1）2019年1月10日确认应缴房产税，其账务处理如表4－43所示：

表4－43

财务会计	预算会计
借：经营费用——商品和服务费用 30 000 贷：其他应交税费——房产税 30 000	——

（2）2019年1月25日缴纳房产税，其账务处理如表4－44所示：

表 4-44

财务会计	预算会计
借：其他应交税费——房产税 30 000 贷：银行存款——基本账户存款 30 000	借：经营支出——商品和服务支出——税金及附加费用——房产税 30 000 贷：资金结存——货币资金——银行存款 30 000

四、应缴财政款

（一）管理要求

应缴财政款，是指单位暂时收取或应收取、按规定应当上缴国库或财政专户的款项而形成的负债。

对于应缴财政款，单位应当在实际收到相关款项或取得相关应缴款的收款权利时，按照相关规定计算确定的上缴金额予以确认。

单位应当在上缴应缴财政款，确认无法收回相关应缴款项时，冲减相关负债的账面余额。

单位因债权单位撤销等原因无法退还暂收款项的，应当冲减相关负债的账面余额，并相应确认当期收入。

（二）核算要求

“应缴财政款”科目核算单位取得或应收的按照规定应当上缴财政的款项，包括应缴国库的款项和应缴财政专户的款项。

“应缴财政款”科目核算单位应当上缴财政的款项。借方反映单位上缴的财政款项，贷方反映单位取得或应收的上缴财政款项，期末贷方余额反映单位应当上缴财政但尚未缴纳的款项。年终清缴后，“应缴财政款”科目一般应无余额。单位按照国家税法等有关规定应当缴纳的各种税费，通过“应交增值税”“其他应交税费”科目核算，不通过“应缴财政款”科目核算。

根据气象部门政府会计科目设置规定，应当在“应缴财政款”下设“应缴国库款”“应缴财政专户款”二级明细科目。本科目应当按照应缴财政款项的类别进行明细核算。

（三）主要账务处理及举例

1. 单位取得或应收按照规定应缴财政的款项时：

（1）财务会计：借记“银行存款”“应收账款”等科目，贷记“应缴财政款”科目。

（2）预算会计：（按实际收到的资金）借记“资金结存——货币资金——银行存款”，贷记“资金结存——非预算内资金”。

2. 单位处置资产取得的应上缴财政的处置净收入。

（1）财务会计：参照“待处理财产损溢”等科目。

（2）预算会计：不做账务处理。

3. 单位上缴应缴财政的款项时，按实际上缴的金额做账务处理。如涉及未入单位账直接上缴的情况，则本单位不做账务处理。

（1）财务会计：借记“应缴财政款”科目，贷记“银行存款”科目。

（2）预算会计：借记“资金结存——非预算内资金”，贷记“资金结存——货币资金——银行存款”。

【例 4－20】 某省气象局下属事业单位报废一批资产，收到变价收入 20 000 元，保险赔款 4 000 元，相关款项已存入银行，用银行存款支付发生的处置费用 1 000 元。相关款项上交国库。其账务处理如表 4－45 所示：

表 4－45

财务会计	预算会计
①借：银行存款——基本账户存款 20 000 银行存款——基本账户存款 4 000 贷：待处理财产损溢——处理净收入 24 000 ②借：待处理财产损溢——处理净收入 1 000 贷：银行存款——基本账户存款 1 000 处置收入大于相关费用，则按处置收入减去相关费用的差额： ③借：待处理财产损溢——处理净收入 23 000 贷：应缴财政款——应缴国库款 23 000 ④借：应缴财政款——应缴国库款 23 000 贷：银行存款——基本账户存款 23 000	①借：资金结存——货币资金——银行存款 23 000 贷：资金结存——非预算内资金 23 000 ②借：资金结存——非预算内资金 23 000 贷：资金结存——货币资金——银行存款 23 000

【例 4－21】 某省气象局下属的大专院校 2019 年 3 月 20 日取得大专教育收入 10 000 元，2019 年底上缴财政专户。

（1）2019 年 3 月 20 日取得非税收入，其账务处理如表 4－46 所示：

表 4－46

财务会计	预算会计
借：银行存款——基本账户存款 10 000 贷：应缴财政款——应缴财政专户款 10 000	借：资金结存——货币资金——银行存款 10 000 贷：资金结存——非预算内资金 10 000

（2）2019 年底，上缴该笔非税收入，其账务处理如表 4－47 所示：

表 4－47

财务会计	预算会计
借：应缴财政款——应缴国库款 10 000 贷：银行存款——基本账户存款 10 000	借：资金结存——非预算内资金 10 000 贷：资金结存——货币资金——银行存款 10 000

五、应付职工薪酬

（一）管理要求

应付职工薪酬科目核算单位按照有关规定应付给职工（含长期聘用人员）及为职工支付的各种薪酬，包括基本工资、国家统一规定的津贴补贴、规范津贴补贴、绩效工资、奖金、改革性补贴、社会保险费（如职工基本养老保险费、职业年金、基本医疗保险费等）、住房公积金等。

单位按照有关规定为职工缴纳的医疗保险费、养老保险费、职业年金等社会保险费和住房公积金，应当在职工为其提供服务的会计期间，根据工资总额的一定比例计算并确认为负债。

单位因解除与职工的劳动关系而给予的补偿，应当于相关补偿金额报经批准时确认为负债，并计入当期费用。

（二）核算要求

根据气象部门政府会计科目设置规定，应当在“应付职工薪酬”科目下设“基本工资（含离退休费）”“国家统一规定的津贴补贴”“规范津贴补贴”“改革性补贴”“奖金”“绩效工资”“机关事业基本养老保险缴费”“职业年金缴费”“职工基本医疗保险缴费”“公务员医疗补助缴费”“其他社会保障缴费”“住房公积金”“医疗费”“其他个人收入”等进行二级明细科目核算。其中，“社会保险费”“住房公积金”明细科目核算内容包括单位从职工工资中代扣代缴的社会保险费、住房公积金，以及单位为职工计算缴纳的社会保险费、住房公积金。

“应付职工薪酬”科目借方反映发放的职工薪酬，贷方反映计提的职工薪酬，期末贷方余额，反映单位应付未付的职工薪酬。

（三）应付职工薪酬的主要账务处理及举例

1. 计算确认当期应付职工薪酬（含单位为职工计算缴纳的社会保险费、住房公积金）。

（1）计提从事专业及其辅助活动人员的职工薪酬。

①财务会计：借记“业务活动费用”“单位管理费用”科目，贷记“应付职工薪酬”科目。

②预算会计：不做账务处理。

（2）计提应由在建工程、加工物品、自行研发无形资产负担的职工薪酬：

①财务会计：借记“在建工程”“加工物品”“研发支出”等科目，贷记“应付职工薪酬”科目。

②预算会计：不做账务处理。

（3）计提从事专业及其辅助活动之外的经营活动人员的职工薪酬：

①财务会计：借记“经营费用”科目，贷记“应付职工薪酬”科目。

②预算会计：不做账务处理。

（4）因解除与职工的劳动关系而给予的补偿。

①财务会计：借记“业务活动费用”“单位管理费用”等科目，贷记“应付职工薪酬”科目。

②预算会计：不做账务处理。

2. 向职工支付工资、津贴补贴等薪酬时，按照实际支付的金额。

（1）财务会计：借记“应付职工薪酬”科目，贷记“财政拨款收入”“零余额账户用款额度”“银行存款”等科目。

（2）预算会计：借记“行政支出”“事业支出”“经营支出”等科目，贷记“财政拨款预算收入”“资金结存”等科目。

3. 从应付职工薪酬中代扣各种款项。

（1）按照税法规定代扣职工个人所得税时。

①财务会计：借记“应付职工薪酬——基本工资”科目，贷记“其他应交税费——代扣代缴的个人所得税——工资薪金个税”科目。

②预算会计：借记“工资及津贴补贴”明细科目，贷记“资金结存——待处理税款”科目。

（2）从应付职工薪酬中代扣为职工垫付的水电费、房租等费用时，按照实际扣除的金额做如下处理：

①财务会计：借记“应付职工薪酬——基本工资”科目，贷记“其他应收款”等科目。

②预算会计：借记“工资及津贴补贴”明细科目，贷记“资金结存——待处理工资扣款”科目。

（3）从应付职工薪酬中代扣社会保险费和住房公积金，按照代扣的金额：

①财务会计：借记“应付职工薪酬——基本工资”科目，贷记“应付职工薪酬——机关事业单位基本养老保险缴费”“应付职工薪酬——职业年金缴费”“应付职工薪酬——职工基本医疗保险缴费”“应付职工薪酬——公务员医疗补助缴费”“应付职工薪酬——其他社会保障缴费”“应付职工薪酬——住房公积金”等科目。

②预算会计：借记“工资及津贴补贴”明细科目，贷记“资金结存——待处理工资扣款”科目。

4. 按照国家有关规定缴纳职工社会保险费和住房公积金时，按照实际支付的金额：

①财务会计：借记“应付职工薪酬——机关事业单位基本养老保险缴费”“应付职工薪酬——职业年金缴费”“应付职工薪酬——职工基本医疗保险缴费”“应付职工薪酬——公务员医疗补助缴费”“应付职工薪酬——其他社会保障缴费”“应付职工薪酬——住房公积金”科目，贷记“财政拨款收入”“零余额账户用款额度”“银行存款”等科目。

②预算会计：借记“资金结存——待处理工资扣款”等科目，贷记“财政拨款预算收入”“资金结存”等科目。

5. 从应付职工薪酬中支付的其他款项。

①财务会计：借记“应付职工薪酬”科目，贷记“零余额账户用款额度”“银行存款”等科目。

②预算会计：借记“资金结存——待处理工资扣款”等科目，贷记“资金结存”等科目。

【例4－22】 2019年2月7日，县气象局人事干部李石志通过工资发放系统转来本月工资发放表（见表4－48暂忽略代扣代缴个人所得税），会计陈冰彬做好发放前准备。

表4－48　　　　县气象局工资发放表　　　　单位：元

姓名	应发项目					代扣代缴项目				实发
	基本工资	津补贴	住房补贴	公务交通补贴	合计	养老保险	医疗保险	公积金	合计	
谢山亮	2 300	4 500	1 300	650	8 750	1 360	272	816	2 448	6 302
王文义	2 100	4 300	1 200	500	8 100	1 280	256	768	2 304	5 796
张　琪	2 100	4 200	1 200	500	8 000	1 260	252	756	2 268	5 732
李石志	1 800	4 200	1 100		7 100	1 200	240	720	2 160	4 940
陈冰彬	1 800	4 100	1 100		7 000	1 180	236	708	2 124	4 876
赖　勇	1 800	4 000	1 100		6 900	1 160	232	696	2 088	4 812
姜思斌	1 300	3 500	900		5 700	960	192	576	1 728	3 972
徐杨林	1 000	3 000			4 000	800	160	480	1 440	2 560
冯　峰		1 000	1 200		2 200				0	2 200
黄霞丽		1 000	1 200		2 200				0	2 200
许嘉伟		1 000	1 100		2 100				0	2 100
董丽仪		1 000	1 100		2 100				0	2 100
叶成强		1 000	1 000		2 000				0	2 000
合计	14 200	36 800	13 500	1 650	66 150	9 200	1 840	5 520	16 560	49 590

县局中5个退休人员（冯峰、黄霞丽、许嘉伟、董丽仪、叶成强）的支出列入单位管理费用，其他的人员属于开展气象专业业务活动的人员，其工资福利支出列入业务活动费用。其账务处理如表4－49所示：

表4－49

财务会计		预算会计
借：业务活动费用——基本支出——工资福利费用	14 200	——
业务活动费用——基本支出——工资福利费用	31 800	
业务活动费用——基本支出——工资福利费用	7 900	
业务活动费用——基本支出——商品和服务费用	1 650	
单位管理费用——基本支出——对个人和家庭的补助费用	5 000	

续表

财务会计	预算会计
单位管理费用——基本支出——对个人和家庭的补助费用 5 600 贷：应付职工薪酬——基本工资（基本离退休费） 14 200 应付职工薪酬——规范性津贴补贴 36 800 应付职工薪酬——改革性补贴 15 150 同时： 借：应付职工薪酬——规范性津贴补贴 16 560 贷：应付职工薪酬——机关事业单位基本养老保险缴费 9 200 应付职工薪酬——职工基本医疗保险缴费 1 840 应付职工薪酬——住房公积金 5 520	

【例4-23】2019年2月8日，会计陈冰彬和出纳赖勇根据工资发放表，通过代理银行发放职工工资薪金，其中，编内在职和离退休人员的部分在中央财政安排的当年基本支出预算中列支，编外聘用人员的部分在单位基本账户中列支。其账务处理如表4-50所示：

表4-50

财务会计	预算会计
借：应付职工薪酬——基本工资（基本离退休费） 14 200 应付职工薪酬——规范性津贴补贴 20 240 应付职工薪酬——改革性补贴 15 150 贷：零余额账户用款额度——基本支出用款额度 47 030 银行存款——基本账户存款 2 560	借：事业支出——基本支出——工资福利支出——基本工资 13 200 事业支出——基本支出——工资福利支出——津贴补贴——规范性津贴补贴 13 680 事业支出——基本支出——工资福利支出-津贴补贴——改革性补贴 7 900 事业支出——基本支出——商品和服务支出——其他交通费用——公务交通费用 1 650 事业支出——基本支出——工资福利支出——其他工资福利支出——编外长期聘用人员工资福利支出 2 560 事业支出——基本支出——对个人和家庭的补助支出——退休费——生活性津贴 5 000 事业支出——基本支出——对个人和家庭的补助支出——退休费——购房补贴 5 600 贷：资金结存——零余额账户用款额度——基本支出用款额度 47 030 资金结存——货币资金——银行存款 2 560

注：13 680 = 36 800 - 3 000 - 5 000 - 16 560 + 800 + 160 + 480

【例4-24】2019年2月10日，收到县税务局通过代理银行转来的本月在职职工的基本养老保险和医疗保险托收单据，共37 720元（明细如表4-51所示），银行已支付。

表 4－51 县气象局基本养老保险和医疗保险缴费明细表 单位：元

姓名	合计	养老保险			医疗保险		
		小计	单位缴交部分	个人缴交部分	小计	单位缴交部分	个人缴交部分
谢山亮	5 576	4 760	3 400	1 360	816	544	272
王文义	5 248	4 480	3 200	1 280	768	512	256
张　琪	5 166	4 410	3 150	1 260	756	504	252
李石志	4 920	4 200	3 000	1 200	720	480	240
陈冰彬	4 838	4 130	2 950	1 180	708	472	236
赖　勇	4 756	4 060	2 900	1 160	696	464	232
姜思斌	3 936	3 360	2 400	960	576	384	192
徐杨林	3 280	2 800	2 000	800	480	320	160
合 计	37 720	32 200	23 000	9 200	5 520	3 680	1 840

账务处理可以分 2 步：

第 1 步，先反映计提分录，其账务处理如表 4－52 所示：

表 4－52

财务会计	预算会计
借：业务活动费用——基本支出——工资福利费用　23 000 业务活动费用——基本支出——工资福利费用　3 680 贷：应付职工薪酬——机关事业单位基本养老保险缴费　23 000 应付职工薪酬——职工基本医疗保险缴费　3 680	——

第 2 步，再按实际支付情况反映分录，其账务处理如表 4－53 所示：

表 4－53

财务会计	预算会计
借：应付职工薪酬——机关事业单位基本养老保险缴费　23 000 应付职工薪酬——职工基本医疗保险缴费　3 680 应付职工薪酬——机关事业单位基本养老保险缴费　9 200 应付职工薪酬——职工基本医疗保险缴费　1 840 贷：银行存款——基本账户存款　37 720	借：事业支出——基本支出——工资福利支出——津贴补贴——规范性津贴补贴　10 080 事业支出——基本支出——工资福利支出——其他工资福利支出——编外长期聘用人员工资福利支出　960 事业支出——基本支出——工资福利支出——机关事业单位基本养老保险缴费　21 000 事业支出——基本支出——工资福利支出——职工基本医疗保险缴费　3 360 事业支出——基本支出——工资福利支出——其他工资福利支出——编外长期聘用人员社保缴费　2 320 贷：资金结存——货币资金——银行存款　37 720

【例 4－25】接【例 4－22】，2019 年 2 月 10 日，出纳去银行汇缴全体在职职工本月的住房公积金 11 040 元，编内在职人员的部分 10 080 元从中央财政当年预算中列支（其中：住房公积金预算列支 5 040 元，行政运行预算列支 2 340 元，气象事业机构预算列支 2 700 元），编外聘用人员的部分 960 元从县局基本存款账户中划出。其账务处理如表 4－54 所示：

表 4－54

财务会计	预算会计
借：业务活动费用——工资福利费用 5 520 　贷：应付职工薪酬——住房公积金 5 520 同时： 借：应付职工薪酬——住房公积金 5 520 　应付职工薪酬——住房公积金 5 520 　贷：银行存款——基本账户存款 960 　　零余额账户用款额度——基本支出用款额度 10 080	借：事业支出——基本支出——工资福利支出——津贴补贴——规范性津贴补贴 5 040 　事业支出——基本支出——工资福利支出——其他工资福利支出——编外长期聘用人员工资福利支出 480 　事业支出——基本支出——工资福利支出——住房公积金 5 520 　贷：资金结存——货币资金——银行存款 960 　　资金结存——零余额账户用款额度——基本支出用款额度 10 080

【例 4－26】2019 年 3 月 3 日，某县气象局为开展经营活动而长期聘用的职工计发本月工资薪酬 65 000 元，其中，基本工资 18 000 元，津贴补贴 47 000 元，并在工资中代扣个人应缴的社会保险费 2 000 元、住房公积金 2 100 元、个人所得税 1 500 元。其账务处理如表 4－55 所示：

表 4－55

财务会计	预算会计
借：经营费用——工资福利费用 18 000 　经营费用——工资福利费用 47 000 　贷：应付职工薪酬——基本工资（基本离退休费） 18 000 　　应付职工薪酬——国家统一规定的津贴补贴 47 000 同时： 借：应付职工薪酬——国家统一规定的津贴补贴 5 600 　贷：应付职工薪酬——其他社会保障缴费 2 000 　　应付职工薪酬——住房公积金 2 100 　　其他应交税费——代扣代缴的个人所得税——工资薪金个税 1 500	借：经营支出——工资福利支出——其他工资福利支出——编外长期聘用人员工资福利支出——编外长聘人员基本工资 5 600 贷：资金结存——待处理工资扣款 4 100 　资金结存——待处理税款 1 500

【例 4－27】接【例 4－26】，2019 年 3 月 8 日，该县气象局委托银行代发经营活动职工本月的工资薪酬 59 400 元。其账务处理如表 4－56 所示：

表 4－56

财务会计	预算会计
借：应付职工薪酬——国家统一规定的津贴补贴　59 400 　贷：银行存款——基本账户存款　59 400	借：经营支出——工资福利支出——其他工资福利支出——编外长期聘用人员工资福利支出——编外长聘人员基本工资　18 000 　经营支出——工资福利支出——其他工资福利支出——编外长期聘用人员工资福利支出——编外长聘人员津贴补贴　41 400 　贷：资金结存——货币资金——银行存款　59 400

【例 4－28】接【例 4－27】，2019 年 3 月 15 日，该县气象局根据社保缴费托收单、银行资金支付凭证等缴纳经营活动职工本月的社保缴费 5 000 元（代扣代缴个人部分 2 000 元）、住房公积金 4 200 元（代扣代缴个人部分 2 100 元）和代扣代缴的个人所得税 1 500 元。其账务处理如表 4－57 所示：

表 4－57

财务会计	预算会计
借：经营费用——工资福利费用　3 000 　经营费用——工资福利费用　2 100 　贷：应付职工薪酬——机关事业单位基本养老保险缴费　3 000 　　应付职工薪酬——住房公积金　2 100 同时： 借：应付职工薪酬——机关事业单位基本养老保险缴费　3 000 　应付职工薪酬——住房公积金　2 100 　应付职工薪酬——其他社会保障缴费　2 000 　应付职工薪酬——住房公积金　2 100 　其他应交税费——代扣代缴的个人所得税——工资薪金个税　1 500 　贷：银行存款——基本账户存款　10 700	借：资金结存——待处理工资扣款　4 100 　资金结存——待处理税款　1 500 　经营支出——工资福利支出——其他工资福利支出——编外长期聘用人员工资福利支出——编外长聘人员社保缴费　3 000 　经营支出——工资福利支出——其他工资福利支出——编外长期聘用人员工资福利支出——编外长聘人员住房公积金　2 100 　贷：资金结存——货币资金——银行存款　10 700

【例 4－29】某市气象局因解除与职工的劳动关系而给予职工补偿 100 000 元，该笔补偿款经有关部门批准。其账务处理如表 4－58 所示：

表 4－58

财务会计	预算会计
借：单位管理费用——工资福利费用　100 000 　贷：应付职工薪酬——其他个人收入——其他　100 000	——

六、应付票据

（一）管理要求

“应付票据”科目核算事业单位因购买材料、物资等而开出、承兑的商业汇票，包括银行承兑汇票和商业承兑汇票。

（1）行政单位无此业务。

（2）按照国家有关规定，单位之间只有在商品交易的情况下才能使用商业汇票结算方式。

（3）在会计核算中，购买商品在采用商业汇票结算的方式下，如果开出的是商业承兑汇票必须由付款方（购买单位）承兑；如果是银行承兑汇票，必须经出票银行承兑。

（4）在商业汇票尚未到期前，视为一笔负债，期末反映在资产负债表的应付票据项目内。付款单位应在商业汇票到期前，及时将款项足额交存其开户银行，银行据以在到期日凭票将款项划转给收款人、背书人或贴现银行。

（5）单位在收到银行的付款通知时，据以编制付款凭证。

（二）核算要求

根据气象部门政府会计科目设置规定，应当在“应付票据”下设“银行承兑汇票”和“商业承兑汇票”二级明细科目进行核算。本科目应当按照债权人进行核算。

单位应当设置“应付票据备查簿”，详细登记每一应付票据的种类、号数、出票日期、到期日、票面金额、交易合同号、收款人姓名或单位名称，以及付款日期和金额等。应付票据到期结清票款后，应当在备查簿内逐笔注销。“应付票据”科目核算事业单位开出、承兑的商业汇票。借方反映开出、承兑的汇票，贷方反映到期的商业汇票。期末贷方余额，反映开出、承兑的尚未到期的应付票据金额。

（三）主要账务处理及举例

1. 开出、承兑商业汇票时：

（1）财务会计：借记“库存物品”“固定资产”等科目，贷记“应付票据”科目。

（2）预算会计：不做账务处理。

涉及增值税业务的，相关账务处理参见本章“应交增值税”科目。

2. 以商业汇票抵付应付账款时：

（1）财务会计：借记“应付账款”科目，贷记“应付票据”科目。

（2）预算会计：不做账务处理。

3. 支付银行承兑汇票的手续费：

（1）财务会计：借记“业务活动费用”“经营费用”等科目，贷记“银行存款”科目。

（2）预算会计：借记“事业支出”“经营支出”等科目，贷记“资金结存”科目。

4. 商业汇票到期时：

（1）收到银行支付到期票据的付款通知时：

①财务会计：借记“应付票据”科目，贷记“银行存款”科目。

②预算会计：借记“事业支出”“经营支出”等科目，贷记“资金结存”科目。

（2）银行承兑汇票到期，单位无力支付票款的，按照应付票据账面余额：

①财务会计：借记“应付票据”科目，贷记“短期借款”科目。

②预算会计：借记“事业支出”“经营支出”等科目，贷记“债务预算收入”科目。

（3）商业承兑汇票到期，单位无力支付票款的，按照应付票据账面余额：

①财务会计：借记“应付票据”科目，贷记“应付账款”科目。

②预算会计：不做账务处理。

【例4-30】某市气象局装备中心，2019年6月有关应付票据业务如下：

6月15日，向W公司购入一批高空探测设备，价款30 000元，高空探测设备已验收入库。开出一张面值为30 000元，期限为3个月的商业承兑汇票。假设不考虑增值税的影响。

（1）假设该票据为不带息商业汇票，其账务处理如表4-59所示：

表4-59

财务会计	预算会计
借：固定资产——专用设备　30 000 　贷：应付票据——商业承兑汇票（W公司）　30 000 借：累计盈余——非中央财政拨款结余——其他结余　30 000 　贷：累计盈余——非流动资产基金——固定资产　30 000	——

（2）9月15日，票据到期用银行存款偿还，其账务处理如表4-60所示：

表4-60

财务会计	预算会计
借：应付票据——商业承兑汇票（W公司） 30 000 　贷：银行存款——基本账户存款　30 000	借：事业支出——项目支出——资本性支出——专业设备购置　30 000 　贷：资金结存——货币资金——银行存款　30 000

（3）假设该票据为带息商业承兑汇票，票面利率为10%，偿还时，手续费（30 000×10%×3÷12），其账务处理如表4-61所示：

表4－61

财务会计	预算会计
借：应付票据——商业承兑汇票（W公司） 30 000 业务活动费用——商品和服务费用 750 贷：银行存款——基本账户存款 30 750	借：事业支出——项目支出——资本性支出——专业设备购置 30 000 事业支出——项目支出——商品和服务支出——手续费 750 贷：资金结存——货币资金——银行存款 30 750

4. 如果商业汇票到期时，该单位无力偿还，其账务处理如表4－62所示：

表4－62

财务会计	预算会计
借：应付票据——商业承兑汇票——W公司30 000 贷：应付账款——其他——W公司 30 000	——

七、应付账款

（一）管理要求

"应付账款"科目核算单位因购买物资、接受服务、开展工程建设等而应付的偿还期限在1年以内（含1年）的款项。应付账款等应付款项，是指单位因取得资产、接受劳务、开展工程建设等而形成的负债。对于应付账款等应付款项，单位应当在取得资产、接受劳务，或外包工程完成规定进度时，按照应付未付款项的金额予以确认。

单位应当在支付应付款项时，冲减相关负债的账面余额。

债权人减免偿还或因债权单位撤销等其他原因致使政府会计主体无法偿付应付款项时，单位应当冲减相关负债的账面余额，并相应确认当期收入。

（二）核算要求

对于建设项目，根据气象部门政府会计科目设置规定，应当在"应付账款"下设置"应付器材款""应付工程款""其他"等二级明细科目进行核算。本科目应当按照债权人进行明细核算。对于建设项目，按照具体项目进行明细核算。

"应付账款"科目贷方增加反映应付款项，借方增加反映支付的应付款，期末贷方余额，反映单位尚未支付的应付账款金额。对于核销的应付账款，应设立备查簿进行保留登记。

（三）应付账款的主要账务处理及举例

1. 收到所购材料、物资、设备或服务以及确认完成工程进度但尚未付款时，根据发票及账单等有关凭证，按照应付未付款项的金额：

（1）财务会计：借记“库存物品”“固定资产”“在建工程”等科目，贷记“应付账款”科目。

（2）预算会计：不做账务处理。

涉及增值税业务的，相关账务处理参见本章“应交增值税”科目。

2. 偿付应付账款时，按照实际支付的金额：

（1）财务会计：借记“应付账款”，贷记“财政拨款收入”“零余额账户用款额度”“银行存款”等科目。

（2）预算会计：借“行政支出”“事业支出”等科目，贷记“财政拨款预算收入”“资金结存”等科目。

3. 开出、承兑商业汇票抵付应付账款时：

（1）财务会计：借记“应付账款”科目，贷记“应付票据”科目。

（2）预算会计：不做账务处理。

4. 无法偿付或债权人豁免偿还的应付账款，应当按照规定报经批准后进行账务处理。经批准核销时：

（1）财务会计：借记“应付账款”科目，贷记“其他收入”。

（2）预算会计：不做账务处理。

【例 4－31】某市气象局装备中心，2019 年 6 月有关应付票据业务如下：

（1）向甲公司购进防雷装置所需的电涌保护器一批，价值 10 000 元，资产管理员已验收，款项尚未支付。其账务处理如表 4－63 所示：

表 4－63

财务会计	预算会计
借：库存物品——材料 10 000 贷：应付帐款——其他——甲公司 10 000	——

（2）用中央财政当年安排的气象装备保障维护的项目支出经费支付前欠乙公司的气象装备保障维护材料款 50 000 元。其账务处理如表 4－64 所示：

表 4－64

财务会计	预算会计
借：应付账款——其他——乙公司 50 000 贷：零余额账户用款额度——项目支出用款额度 50 000	借：事业支出——项目支出——商品和服务支出——专用材料费 50 000 贷：资金结存——零余额账户用款额度——项目支出用款额度 50 000

（3）开出商业承兑汇票一张，抵付从丙公司购置气象仪器设备款 30 000 元。其账务处理如表 4－65 所示：

表4-65

财务会计	预算会计
借：应付账款——其他——丙公司 30 000 贷：应付票据——商业承兑汇票——丙公司 30 000	—

（4）经多方努力始终无法联系到气象仪器设备供应商丁公司，剩余1 000元气象仪器设备款无法支付。2019年6月，经批准对尚未支付的气象仪器设备款予以核销。其账务处理如表4-66所示：

表4-66

财务会计	预算会计
借：应付账款——其他——丁公司 1 000 贷：其他收入——无法偿付的应付及预收款项 1 000	—

八、应付利息

（一）管理要求

“应付利息”科目核算事业单位按照合同约定应支付的借款利息，包括短期借款、分期付息到期还本的长期借款等应支付的利息。行政单位无此业务。

（二）核算要求

气象部门政府会计科目设置规定，应当设置“应付利息”一级科目。本科目应当按照债权人等进行明细核算。

“应付利息”贷方增加反映按约定应支付的借款利息；借方增加反映实际支付的借款利息；期末贷方余额，反映事业单位应付未付的利息金额。

（三）应付利息的主要账务处理及举例

1. 为建造固定资产、公共基础设施等借入的专门借款的利息。

（1）属于建设期间发生的，按期计提利息费用时：

①财务会计：借记“在建工程”科目，贷记“应付利息”科目。

②预算会计：不做账务处理。

（2）不属于建设期间发生的，按期计提利息费用时，按照计算确定的金额：

①财务会计：借记“其他费用”科目，贷记“应付利息”科目。

②预算会计：不做账务处理。

2. 对于其他借款，按期计提利息费用时，按照计算确定的金额：

①财务会计：借记“其他费用”科目，贷记“应付利息”科目。

②预算会计：不做账务处理。

3. 实际支付应付利息时，按照支付的金额：

①财务会计：借记“应付利息”科目，贷记“银行存款”等科目。

②预算会计：借记“其他支出”科目，贷记“资金结存”等科目。

【例 4－32】 机关服务中心为改造职工食堂向银行借款 1 000 万元，借款利率为 5%，年末计提利息。其账务处理如表 4－67 所示：

表 4－67

财务会计	预算会计
借：在建工程——待摊投资——借款利息 500 000 　贷：应付利息 500 000	—

【例 4－33】 2019 年 1 月 2 日，中国气象局气象科学研究单位与中国建设银行签订了一份贷款协议，约定贷款 100 万元，期限为 3 年，年利率为 5%（单利计算），每季度支付利息。

（1）计算应付利息时，应付利息 12 500 元（1 000 000 × 5% × 3 ÷ 12），其账务处理如表 4－68 所示：

表 4－68

财务会计	预算会计
借：其他费用——利息费用 12 500 　贷：应付利息 12 500	—

（2）2019 年 4 月实际支付利息时，其账务处理如表 4－69 所示：

表 4－69

财务会计	预算会计
借：应付利息 12 500 　贷：银行存款——基本账户存款 12 500	借：其他支出——利息支出 12 500 　贷：资金结存——货币资金——银行存款 12 500

九、预收账款

（一）核算要求

预收款项，是单位按照货物、服务合同或协议规定，向接受货物或服务的主体预先收款而形成的负债。“预收账款”科目核算事业单位预先收取但尚未结算的款项。与应付账款不同，预收账款所形成的负债不是以货币偿付的，而是以货物偿付的。

气象部门政府会计科目设置规定，应当设置“预收账款”一级科目。本科目应当按照债权人进行明细核算，核销的预收账款应在备查簿中保留登记。

“预收账款”贷方增加反映事业单位收到的预收款项；借方增加反映事业单位结算的款项；“预收账款”科目期末贷方余额，反映事业单位预收但尚未结算的款项。

（二）主要账务处理及举例

1. 从付款方预收款项时，按照实际预收的金额：

（1）财务会计：借记“银行存款”等科目，贷记“预收账款”科目。

（2）预算会计：借记“资金结存”等科目，贷记“事业预算收入”“经营预算收入”等科目。

2. 确认有关收入时，按照预收账款账面余额：

（1）财务会计：借记“预收账款”科目，按照应确认的收入金额，贷记“事业收入”“经营收入”等科目，按照付款方补付或退回付款方的金额，借记或贷记“银行存款”等科目。

（2）预算会计：按照付款方补付或退回付款方的金额，借记或贷记“资金结存”等科目，贷记或借记“事业预算收入”“经营预算收入”等科目。

涉及增值税业务的，相关账务处理参见本章“应交增值税”科目。

3. 无法偿付或债权人豁免偿还的预收账款，应当按照规定报经批准后进行账务处理。经批准核销时：

（1）财务会计：借记“预收账款”科目，贷记“其他收入”科目。

（2）预算会计：不做账务处理。

【例4-34】某省气象影视服务中心7月发生如下预收账款业务：

（1）预收H公司影视广告费5 000元，款项已存入银行。其账务处理如表4-70所示：

表4-70

财务会计	预算会计
借：银行存款——基本账户存款 5 000 　贷：预收账款——H公司 5 000	借：资金结存——货币资金——银行存款 5 000 　贷：经营预算收入——其他经营预算收入 5 000

（2）影视广告完成后，实际结算价款5 500元，H公司已经通过银行存款补付。其账务处理如表4-71所示：

表4-71

财务会计	预算会计
借：预收账款——H公司 5 000 　银行存款——基本账户存款 500 　贷：经营收入——其他收入 5 500	借：银行存款——基本账户存款 500 　贷：经营预算收入——其他经营预算收入 500

（3）G公司豁免该气象影视服务中心偿还预收账款1 000元，按照规定报经批准。其账务处理如表4－72所示：

表4－72

财务会计	预算会计
借：预收账款——G公司 1 000 贷：其他收入——无法偿付的应付及预收款项 1 000	—

十、其他应付款

（一）其他应付款的管理要求

“其他应付款”科目核算单位除应交增值税、其他应交税费、应缴财政款、应付职工薪酬、应付票据、应付账款、应付政府补贴款、应付利息、预收账款以外，其他各项偿还期限在1年内（含1年）的应付及暂收款项，如收取的押金、存入保证金、已经报销但尚未偿还银行的本单位公务卡欠款。

（1）不得通过其他应付款列收列支；

（2）三年以上挂账的其他应付款应及时清理；

（3）应定期核对其他应付款，对待清算报销额度应每月与银行核对；代扣工会会费、代扣保险费、代扣水电费、代扣物业管理费”“代扣取暖费”“代扣房租”等应每年底进行核对。

（二）核算要求

气象部门政府会计科目设置规定，应当在“其他应付款”下设置“待清算报销额度”“代扣工会会费”“代扣保险费”“代扣水电费”“代扣物业管理费”“代扣取暖费”“代扣房租”“存入保证金”“住院押金”“其他”等二级明细科目进行核算。本科目应按照其他应付款的类别以及债权人等进行明细核算。核销的其他应付款应在备查簿中保留登记。同级政府财政部门预拨的下期预算款和没有纳入预算的暂付款项，以及采用实拨资金方式通过本单位转拨给下属单位的财政拨款等，也通过”其他应付款“科目核算

“其他应付款”贷方登记其他应付款的增加数；借方登记其他应付款的减少数；期末贷方余额，反映单位尚未支付的其他应付款金额。

（三）主要账务处理及举例

1. 发生其他应付及暂收款项时：

（1）取得暂收款项时：

①财务会计：借记“银行存款”等科目，贷记“其他应付款”科目。

②预算会计：借记“资金结存——货币资金——银行存款”科目，贷记“资金结存——非预算内资金”科目。

（2）支付（或退回）其他应付及暂收款项时：

①财务会计：借记“其他应付款”科目，贷记“银行存款”等科目。

②预算会计：借记“资金结存——非预算内资金”科目，贷记“资金结存——货币资金——银行存款”科目。

（3）将暂收款项转为收入时：

①财务会计：借记“其他应付款”科目，贷记“事业收入”等科目。

②预算会计：借记“资金结存——非预算内资金”科目，贷记“事业预算收入”等科目。

2. 本单位公务卡持卡人报销时：

（1）按照审核报销的金额：

①财务会计：借记“业务活动费用”“单位管理费用”等科目，贷记“其他应付款”科目。

②预算会计：借记“行政支出”“事业支出”等科目，贷记“资金结存——待处理银行卡”科目。

（2）偿还公务卡欠款时：

①财务会计：借记“其他应付款”科目，贷记“零余额账户用款额度”等科目。

②预算会计：借记“资金结存——待处理银行卡”科目，贷记“资金结存——货币资金——零余额用款额度”等科目。

3. 涉及质保金形成其他应付款的。

（1）形成质保金。

①财务会计：借记“固定资产/在建工程”等，贷记“其他应付款”。

②预算会计：借记“行政支出”“事业支出”等科目，贷记“资金结存——待处理支出”科目。

（2）支付质保金。

①财务会计：借记“其他应付款”科目，贷记“零余额账户用款额度”等科目。

②预算会计：借记“资金结存——待处理支出”等科目，贷记“资金结存——货币资金——零余额账户用款额度”等科目。

4. 无法偿付或债权人豁免偿还的其他应付款项，应当按照规定报经批准后进行账务处理。经批准核销时：

①财务会计：借记“其他应付款”科目，贷记“其他收入”科目。

②预算会计：根据其他应付款形成情况，涉及收到资金的其他应付款项借记“资金结存——非预算资金”科目，贷记“其他预算收入”科目；不涉及资金的其他应付款项，不做账务处理。

【例4-35】某省气象局2019年12月通过实拨资金方式收到应拨付合作单位课题款10万元，已存入单位基本户，2020年1月将该笔课题款拨付合作单位。

1. 收到课题款时，其账务处理如表 4－73 所示：

表 4－73

财务会计	预算会计
借：银行存款——基本账户存款 100 000 贷：其他应付款——其他 100 000	借：资金结存——货币资金——银行存款 100 000 贷：资金结存——非预算内资金 100 000

2. 2020 年 1 月将课题款拨付合作单位，其账务处理如表 4－74 所示：

表 4－74

财务会计	预算会计
借：其他应付款——其他 100 000 贷：银行存款——基本账户存款 100 000	借：资金结存——非预算内资金 100 000 贷：资金结存——货币资金——银行存款 100 000

【例 4－36】 2019 年 6 月 8 日，某市气象局根据省局的有关文件规定，按事业收入的 20% 上交省局 20 万元，市局由于资金周转困难，暂未上交。其账务处理如表 4－75 所示：

表 4－75

财务会计	预算会计
借：上缴上级费用 200 000 贷：其他应付款——其他 200 000	——

【例 4－37】 接【例 4－36】，2019 年 6 月 20 日，市气象局将该上交款 200 000 元划出，会计人员办理了有关银行转账手续。其账务处理如表 4－76 所示：

表 4－76

财务会计	预算会计
借：其他应付款——其他 200 000 贷：银行存款——基本账户存款 200 000	借：上缴上级支出 200 000 贷：资金结存——货币资金——银行存款 200 000

【例 4－38】 某省气象局采用实拨资金方式拨付下级单位财政拨款，2019 年 3 月 1 日收到财政厅拨付下属事业单位的财政拨款 20 万元，3 月 10 日向下属事业单位转拨。

1. 3 月 1 日收到拨款，其账务处理如表 4－77 所示：

表 4－77

财务会计	预算会计
借：银行存款——基本账户存款 200 000 贷：其他应付款——其他 200 000	借：资金结存——货币资金——银行存款 200 000 贷：资金结存——非预算内资金 200 000

2. 3月10日拨付财政拨款，其账务处理如表4－78所示：

表4－78

财务会计	预算会计
借：其他应付款——其他 200 000 贷：银行存款——基本账户存款 200 000	借：资金结存——非预算内资金 200 000 贷：资金结存——货币资金——银行存款 200 000

【例4－39】中国气象科学研究院的楼某某于2019年4月15～17日赴美国参加AMS年会，报销出国费28 817.48元，其中：公务卡支付往返机票款、住宿费共计21 713.50元，余下的伙食费和公杂费7 103.98元通过储蓄卡支付。该出国费全部使用中央财政当年安排的社会公益研究项目支出经费。其账务处理如表4－79所示：

表4－79

财务会计	预算会计
借：业务活动费用——商品和服务费用 28 817.48 贷：其他应付款——待清算报销额度——待清算公务卡报销额度 21 713.50 其他应付款——待清算报销额度——待清算储蓄卡报销额度 7 103.98	借：事业支出——项目支出——商品和服务支出——因公出国（境）费用 28 817.48 贷：资金结存——待处理银行卡 28 817.48

【例4－40】接【例4－39】，2019年6月22日，出纳通过公务卡管理系统支付公务卡消费21 713.50元，通过网银支付伙食费和公杂费．其账务处理如表4－80所示：

表4－80

财务会计	预算会计
借：其他应付款——待清算报销额度——待清算公务卡报销额度 21 713.50 其他应付款——待清算报销额度——待清算储蓄卡报销额度 7 103.98 贷：零余额账户用款额度——项目支出用款额度 28 817.48	借：资金结存——待处理银行卡 28 817.48 贷：资金结存——货币资金——零余额账户用款额度——项目支出用款额度 28 817.48

【例4－41】20×9年3月1日，某省气候中心开展业务活动收取申请者押金10 000元，收取供应商保证金20 000元，银行账户已收到款项。其账务处理如表4－81所示：

表4－81

财务会计	预算会计
借：银行存款——基本账户存款 30 000 贷：其他应付款——其他 10 000 其他应付款——存入保证金 20 000	借：资金结存——货币资金——银行存款 30 000 贷：资金结存——待处理支出 30 000

【例 4-42】接【例 4-41】，该气候中心开展的业务活动结算，退回申请者押金 9 000 元，1 000 元转做业务活动收入；退回供应商保证金 20 000 元，银行账户已经支付款项。其账务处理如表 4-82 所示：

表 4-82

财务会计	预算会计
借：其他应付款——其他 10 000 其他应付款——存入保证金 20 000 贷：银行存款——基本账户存款 29 000 事业收入——其他收入 1 000	借：资金结存——待处理支出 30 000 贷：事业预算收入——其他事业预算收入 1 000 资金结存——货币资金——银行存款 29 000

【例 4-43】中国气象科学研究院 2019 年清理其他应付款，发现 1 笔多年前的保证金 1 000 元已无法偿付，经批准核销处理。其账务处理如表 4-83 所示：

表 4-83

财务会计	预算会计
借：其他应付款——存入保证金 1 000 贷：其他收入——无法偿付的应付及预收款项 1 000	借：资金结存——待处理支出 1 000 贷：其他预算收入——其他 1 000

十一、预提费用

（一）管理要求

预提费用是单位预先提取的已经发生但尚未支付的费用，如预提租金费用、事业单位按规定从科研项目收入中提取的项目间接费用或管理费等。

（1）各单位取得的横向课题，可以按规定或合同约定提取管理费，记入预提费用。

（2）各单位直接从各级财政获得的科研项目或从其他单位获得的纵向课题，不计提间接费用，不记入预提费用。

（二）核算要求

气象部门政府会计科目设置规定，应当在“预提费用”科目下设置“项目间接费用或管理费”二级明细科目。为了核算和监督预提费用的提取及支付情况，本科目应当按照预提费用的种类进行明细核算。对于事业单位提取的项目间接费用或管理费，本科目按项目进行明细核算。

事业单位计提的借款利息费用，通过“应付利息”“长期借款”科目核算，不通过“预提费用”科目核算。

“预提费用”贷方登记单位预先提取的费用；借方登记实际支付的费用；期末贷方余额，反映单位已预提但尚未支付的各项费用。

（三）预提费用的主要账务处理及举例

1. 项目间接费用或管理费。

（1）单位取得的横向课题按规定或合同约定提取管理费。

①财务会计：借记“业务活动费用”科目，贷记“预提费用——项目间接费用或管理费”科目。

②预算会计：借记“非财政补助结转——项目间接费用或管理费”科目，贷记“非财政拨款结余——项目间接费用或管理费”科目。

（2）实际使用计提的项目间接费用或管理费时，按照实际支付的金额：

①财务会计：借记“预提费用——项目间接费用或管理费”科目，贷记“银行存款”“库存现金”等科目。

②预算会计：借记“事业支出”科目，贷记“资金结存“科目。

2. 其他预提费用。按期预提租金等费用时：

（1）按照预提的金额：

①财务会计：借记“业务活动费用”“单位管理费用”“经营费用”等科目，贷记“预提费用”科目。

②预算会计：不做账务处理。

（2）实际支付款项时，按照支付金额：

①财务会计：借记“预提费用”科目，贷记“零余额账户用款额度”“银行存款”等科目。

②预算会计：借记“行政支出”“事业支出”“经营支出”等科目，贷记“资金结存”科目。

【例4－44】2019年4月，中国气象科学研究院计财处从科研项目收入中按一定比例提取项目管理费50 000元。其账务处理如表4－84所示：

表4－84

财务会计	预算会计
借：单位管理费用——其他单位管理费用 50 000 贷：预提费用——项目间接费用或管理费 50 000	借：非财政补助结转——项目间接费用或管理费 50 000 贷：非财政拨款结余——项目间接费用或管理费 50 000

【例4－45】接【例4－44】，2019年5月，中国气象科学研究院从该笔管理费中列支5月业务人员的绩效工资40 000元。其账务处理如表4－85所示：

表 4－85

财务会计	预算会计
借：预提费用——项目间接费用或管理费　40 000 　　贷：银行存款——基本账户存款　40 000	借：事业支出——项目支出——工资福利支出——绩效工资　40 000 　　贷：资金结存——货币资金——银行存款　40 000

【例 4－46】某机关服务中心每月月末预提业务用房房屋租金 6 000 元，下月初支付。

（1）预提时，其账务处理如表 4－86 所示：

表 4－86

财务会计	预算会计
借：单位管理费用——商品和服务费用　6 000 　　贷：预提费用——其他预提费用（房屋租金）　6 000	—

（2）支付时，其账务处理如表 4－87 所示：

表 4－87

财务会计	预算会计
借：预提费用——其他预提费用（房屋租金）　6 000 　　贷：银行存款——基本账户存款　6 000	借：事业支出——基本支出——商品和服务支出——租赁费　6 000 　　贷：资金结存——货币资金——银行存款　6 000

第三节　非流动负债

一、长期借款

（一）管理要求

“长期借款”科目核算事业单位经批准向银行或其他金融机构等借入的期限超过 1 年（不含 1 年）的各种借款本息。

1. 气象部门各单位的长期借款，必须按照国家的有关政策使用，不能盗用名义，用于违背国家政策的事项。

2. 气象部门各单位借入款项事先应编制计划，按批准的计划组织借款。

3. 气象部门各单位在申请借入款项时，需要考虑还款能力，不能盲目举借无还款能力的款项。

4. 气象部门各单位的借入款项，必须考虑借入款项的经济效益，不能举借无经济效益的款项。

5. 气象部门各单位借入款项必须按照合同的规定及时偿还本息，不可拖欠违约。

（二）核算要求

气象部门政府会计科目设置规定，应当在“长期借款”科目下设置“项目长期借款”和“其他长期借款”二级明细科目；分别在对应二级明细科目下设“本金”和“应计利息”三级科目。本科目按照贷款单位和贷款种类进行明细核算。对于建设项目借款，还应按照具体项目进行明细核算。

“长期借款”贷方登记事业单位长期借款本息的增加额；借方登记事业单位长期借款本息的减少额；期末贷方余额，反映事业单位尚未偿还的长期借款本息金额。

（三）长期借款的主要账务处理及举例

1. 借入各项长期借款时，按照实际借入的金额：

（1）财务会计：借记“银行存款”科目，贷记“长期借款——项目长期借款（其他长期借款）——本金”科目。

（2）预算会计：借记“资金结存——货币资金”科目，贷记“债务预算收入——本金”科目。

2. 为建造固定资产、公共基础设施等应支付的专门借款利息，按期计提利息时，分别以下情况处理：

（1）属于工程项目建设期间发生的利息，计入工程成本，按照计算确定的应支付的利息金额：

①财务会计：借记“在建工程”科目，贷记“应付利息”科目（分期付息，到期还本）或“长期借款——项目长期借款（其他长期借款）——应计利息”（到期一次还本付息）。

②预算会计：不做账务处理。

（2）属于工程项目完工交付使用后发生的利息，计入当期费用。

①财务会计：借记“其他费用”科目，贷记“应付利息”科目。

②预算会计：不做账务处理。

（3）支付本期利息金额。

①财务会计：借记“应付利息”科目，贷记“银行存款”科目。

②预算会计：借记“其他支出”，贷记“资金结存”科目。

3. 按期计提其他长期借款的利息。

（1）计提时：

①财务会计：借记“其他费用”科目，贷记“应付利息——分期付息”“应付利息——到期还本借款的利息”或“长期借款——项目长期借款（其他长期借款）——应

计利息［到期一次还本付息借款的利息］”科目。

②预算会计：不做账务处理。

（2）支付本期利息金额。

①财务会计：借记“应付利息”科目，贷记“银行存款”科目。

②预算会计：借记“其他支出”，贷记“资金结存”科目。

4. 到期归还长期借款本金、支付利息时：

（1）财务会计：借记“长期借款——项目长期借款（其他长期借款）——本金”“长期借款——项目长期借款（其他长期借款）——应计利息”等科目，贷记“银行存款”科目。

（2）预算会计：借记“债务还本支出”［支付的本金］、“其他支出”［支付的利息］，贷记“资金结存”科目。

【例 4－47】某省气象局于 2019 年 1 月 1 日从工商银行借入款项 200 万元，借款期限为 3 年，年利率为 8%，款项已存入银行，本息于到期日一次性偿还。该借款全部用于农业气象试验站建设，建造期为 6 个月，即 6 月 30 日完工交付使用（假设该笔借款为专项资金）。

（1）2019 年 1 月 1 日取得借款时，其账务处理如表 4－88 所示：

表 4－88

财务会计	预算会计
借：银行存款——基本账户存款 2 000 000 贷：长期借款——项目长期借款——本金 2 000 000	借：资金结存——货币资金——银行存款 2 000 000 贷：债务预算收入——专项资金收入 2 000 000

（2）2019 年 1～6 月支付工程款，其账务处理如表 4－89 所示：

表 4－89

财务会计	预算会计
借：在建工程——建筑安装工程投资——基础设施建设 2 000 000 贷：银行存款——基本账户存款 2 000 000 借：累计盈余——非中央财政拨款结转——地方财政拨款结转 2 000 000 贷：累计盈余——非流动资产基金——在建工程 2 000 000	借：事业支出——项目支出——资本性支出（基本建设）——基础设施建设 2 000 000 贷：资金结存——货币资金 2 000 000

（3）2019 年 6 月 30 日计算应计入固定资产成本的长期借款利息时，应计入固定资产成本的利息＝2 000 000×8%×6÷12＝80 000（元），其账务处理如表 4－90 所示：

表 4－90

财务会计	预算会计
借：在建工程——待摊投资——借款利息　80 000 　贷：长期借款——项目长期借款——应计利息　80 000 借：累计盈余——非中央财政拨款结转——地方财政拨款结转　80 000 　贷：累计盈余——非流动资产基金——在建工程　80 000	—

（4）2019 年 6 月 30 日结转完工交付使用固定资产时，其账务处理如表 4－91 所示：

表 4－91

财务会计	预算会计
借：固定资产——房屋及构筑物　2 080 000 　贷：在建工程——建筑安装工程投资——基础设施建设　2 000 000 　　在建工程——待摊投资——借款利息　80 000 借：累计盈余——非流动资产基金——在建工程　2 080 000 　贷：累计盈余——非流动资产基金——固定资产　2 080 000	—

（5）2019 年 12 月 31 日，计提应计入当期费用的长期借款利息时，应计入当期费用的长期借款利息 = 2 000 000 × 8% × 6 ÷ 12 = 80 000（元），其账务处理如表 4－92 所示：

表 4－92

财务会计	预算会计
借：其他费用——利息费用　80 000 　贷：长期借款——项目长期借款——应计利息　80 000	—

（6）2020 年 12 月 31 日，计提应计入当期费用的长期借款利息时，应计入当期费用的长期借款利息 = 2 000 000 × 8% = 160 000（元），其账务处理如表 4－93 所示：

表 4－93

财务会计	预算会计
借：其他费用——利息费用　160 000 　贷：长期借款——项目长期借款——应计利息　160 000	—

（7）2021 年 12 月 31 日的会计处理同上。

（8）2022 年 1 月 1 日借款到期，归还长期借款本息时，其账务处理如表 4－94 所示：

表 4－94

财务会计	预算会计
借：长期借款——项目长期借款——本金 2 000 000 长期借款——项目长期借款——应计利息 480 000 贷：银行存款——基本账户存款 2 480 000	借：债务还本支出 2 000 000 其他支出——利息支出 480 000 贷：资金结存——货币资金——银行存款 2 480 000

二、长期应付款

（一）核算要求

“长期应付款”科目核算单位发生的偿还期限超过 1 年（不含 1 年）的应付款项，如以融资租赁方式取得固定资产应付的租赁费等。

气象部门政府会计科目设置规定，应当设置“长期应付款”一级科目。本科目应当按照长期应付款的类别以及债权人进行明细核算。核销的长期应付款应在备查簿中保留登记。

“长期应付款”贷方登记单位应付的长期应付款金额；借方登记单位偿还的长期应付款金额；期末贷方余额，反映事业单位尚未偿还的长期应付款金额。

（二）主要账务处理及举例

1. 发生长期应付款时：

（1）财务会计：借记“固定资产” “在建工程”等科目，贷记“长期应付款”科目。

（2）预算会计：不做账务处理。

2. 支付长期应付款时，按照实际支付的金额：

（1）财务会计：借记“长期应付款”科目，贷记“财政拨款收入”“零余额账户用款额度”“银行存款”等科目。

（2）预算会计：借记“行政支出”“事业支出”“经营支出”等科目，贷记“财政拨款预算收入”“资金结存”等科目。

3. 无法偿付或债权人豁免偿还的长期应付款，应当按照规定报经批准后进行账务处理。经批准核销时：

（1）财务会计：借记“长期应付款”科目，贷记“其他收入”科目。

（2）预算会计：不做账务处理。

4. 涉及质保金形成长期应付款的，相关账务处理参见“固定资产”科目。

【例 4－48】 2019 年 1 月 1 日，某市气象局对雷达塔楼进行扩建，与施工单位签订购入一台雷达主机设备及安装合同。合同约定，采用分期付款方式支付价款。该设备价款共计600万元，在2019年至2021年的3年内每年末支付200万元，每年的付款日期为当年12月25日。2019年12月5日工程施工结束，进行工程结算，收到70万元施工单位交付的质量保证金（保证期两年）。从中央财政当年安排的气象装备保障维护项目经费中支付。（假设不考虑增值税的影响）

（1）2019年1月1日签订购入一台雷达主机设备及安装合同，其账务处理如表4－95所示：

表4－95

财务会计	预算会计
借：在建工程——建筑安装工程投资——安装工程投资——设备安装——专用设备购置 6 000 000 贷：长期应付款 6 000 000 借：累计盈余——中央财政拨款结转 6 000 000 贷：累计盈余——非流动资产基金——在建工程 6 000 000	——

（2）2019年12月25日，按合同约定进行支付，其账务处理如表4－96所示：

表4－96

财务会计	预算会计
借：长期应付款 2 000 000 贷：零余额账户用款额度——项目支出用款额度 2 000 000	借：事业支出——项目支出——资本性支出（基本建设）——专用设备购置 2 000 000 贷：资金结存——零余额账户用款额度——项目支出用款额度 2 000 000

（3）2019年12月5日，收到施工单位交付的质量保证金，其账务处理如表4－97所示：

表4－97

财务会计	预算会计
借：银行存款——基本账户存款 700 000 贷：长期应付款 700 000	借：资金结存——货币资金——银行存款 700 000 贷：资金结存——待处理支出 700 000

三、预计负债

（一）管理要求

预计负债是指单位对因或有事项所产生的现时义务而确认的负债，如对未决诉讼等确认的负债。政府会计主体常见的或有事项主要包括：未决诉讼或未决仲裁、对外国政府或国际经济组织的贷款担保、承诺（补贴、代偿）、环境污染整治、自然灾害或公共事件的救助等。

预计负债应当按照履行相关现时义务所需支出的最佳估计数进行初始计量。所需支出存在一个连续范围，且该范围内各种结果发生的可能性相同的，最佳估计数应当按照该范围内的中间值确定。

在其他情况下，最佳估计数应当分别下列情况处理：

1. 或有事项涉及单个项目的，按照最可能发生金额确定。

2. 或有事项涉及多个项目的，按照各种可能结果及相关概率计算确定。

各单位在确定最佳估计数时，应当综合考虑与或有事项有关的风险和不确定性、未来事项和资产的预期处置等因素。

各单位清偿预计负债所需支出预期全部或部分由第三方补偿的，补偿金额只有在能够收到时才能作为资产单独确认。确认的补偿金额不应当超过预计负债的账面余额。

各单位应当在报告日对预计负债的账面余额进行复核。有确凿证据表明该账面余额不能真实反映当前最佳估计数的，应当按照当前最佳估计数对该账面余额进行调整。履行该预计负债的相关义务不是很可能导致含有经济利益或服务潜力的经济资源流出政府会计主体时，应当将该预计负债的账面余额予以转销。

（二）核算要求

气象部门政府会计科目设置规定，应当设置“预计负债”一级科目。本科目应当按照预计负债的项目进行明细核算。

“预计负债”贷方登记确认的预计负债；借方登记支付的预计负债；期末贷方余额，反映单位已确认但尚未支付的预计负债金额。

（三）主要账务处理及举例

1. 确认预计负债时，按照预计的金额：

（1）财务会计：借记“业务活动费用”“单位管理费用”“经营费用”“其他费用”等科目，贷记“预计负债”科目。

（2）预算会计：不做账务处理。

2. 实际偿付预计负债时，按照偿付的金额：

（1）财务会计：借记“预计负债”科目，贷记“银行存款”“零余额账户用款额度”等科目。

（2）预算会计：借记“事业支出”“经营支出”“其他支出”科目，贷记“资金结存”科目。

3. 根据确凿证据需要对已确认的预计负债账面余额进行调整的：

（1）按照调整增加的金额：

①财务会计：借记“业务活动费用”“经营费用”“其他费用”等科目，贷记“预

计负债”科目。

②预算会计：不做账务处理。

（2）按照调整减少的金额：

①财务会计：借记“预计负债”科目，贷记“业务活动费用”“经营费用”“其他费用”等科目。

②预算会计：不做账务处理。

【例4－49】某省气象局下属××事业单位接到法院起诉，单位预计要支付赔偿金额为160万元至200万元之间的某一金额，而且这个区间内每个金额的可能性都大致相同，假设这是一起因经营引起的案件。

1. 确认预计负债＝（1 600 000＋2 000 000）÷2＝1 800 000，其账务处理如表4－98所示：

表4－98

财务会计	预算会计
借：经营费用——商品和服务费用　1 800 000 　贷：预计负债　1 800 000	——

2. 单位用银行存款偿付赔偿金180万元。其账务处理如表4－99所示：

表4－99

财务会计	预算会计
借：预计负债　1 800 000 　贷：银行存款——基本账户存款　1 800 000	借：经营支出——商品和服务支出——其他商品和服务支出——诉讼费　1 800 000 　贷：资金结存——货币资金——银行存款　1 800 000

四、受托代理负债

（一）核算要求

“受托代理负债”核算单位接受委托，取得受托代理资产时形成的负债。受托代理负债反映了单位对受托代理资产的支付义务。虽然单位受托代理的现金和银行存款不在“受托代理资产”科目核算，但是单位受托代理现金和银行存款仍然属于受托代理资产，在编制资产负债表时列入受托代理资产项目。所以，在单位收到和支付受托代理的现金和银行存款时，也要确认受托代理负债的增加和减少。

气象部门政府会计科目设置规定，应当设置“受托代理负债”一级科目。

“受托代理负债”贷方登记确认受托代理资产形成的受托代理负债金额；借方登记交付或发出受托代理资产形成的受托代理负债金额；期末贷方余额，反映单位尚未交付或发出受托代理资产形成的受托代理负债金额。

（二）主要账务处理及举例

“受托代理负债”科目反映的是受托代理资产时形成的负债，对应受托代理资产有三种情况的账务处理：

1. 受托转赠物资时形成的负债。

（1）接受委托人委托需要转赠给受赠人的物资，其成本按照有关凭据注明的金额确定。接受委托转赠的物资验收入库，按照确定的成本：

①财务会计：借记“受托代理资产”科目，贷记“受托代理负债”科目。

②预算会计：不做账务处理。

（2）将受托转赠物资交付受赠人时，按照转赠物资的成本：

①财务会计：借记“受托代理负债”科目，贷记“受托代理资产”科目。

②预算会计：不做账务处理。

（3）转赠物资的委托人取消了对捐赠物资的转赠要求，且不再收回捐赠物资的，应当将转赠物资转为单位的存货、固定资产等。按照转赠物资的成本

①财务会计：借记“受托代理负债”科目，贷记“受托代理资产”科目；借记“库存物品”“固定资产”等科目，贷记“其他收入”科目。

②预算会计：不做账务处理。

2. 受托存储保管物资形成的负债。

（1）接受委托人委托存储保管的物资，其成本按照有关凭据注明的金额确定。接受委托储存的物资验收入库，按照确定的成本：

①财务会计：借记“受托代理资产”科目，贷记“受托代理负债”科目。

②预算会计：不做账务处理。

（2）根据委托人要求交付或发出受托存储保管的物资时，按照发出物资的成本：

①财务会计：借记“受托代理负债”科目，贷记“受托代理资产”科目。

②预算会计：不做账务处理。

3. 罚没物资形成的负债。

（1）取得罚没物资时，其成本按照有关凭据注明的金额确定。罚没物资验收（入库），按照确定的成本：

①财务会计：借记“受托代理资产”科目，贷记“受托代理负债”科目。

②预算会计：不做账务处理。

（2）按照规定处置或移交罚没物资时，按照罚没物资的成本：

①财务会计：借记“受托代理负债”科目，贷记“受托代理资产”科目。

②预算会计：不做账务处理。

【例4－50】2019年9月10日，某县气象局与空军作战训练中心签署了一份合作协议，协议约定空军作战训练中心新购置1台气象设备，价值321万元（已包含安装调试费），安装在县局观测场里，日常管理委托县气象局负责，观测数据由双方共享。双方

协议中约定由县气象局支付该气象设备的运输费和保险费共计 110 000 元。9 月 20 日，该气象设备已安装验收并投入业务运行，县气象局根据协议规定从银行支付了运输费和保险费。其账务处理如表 4－100 所示：

表 4－100

财务会计	预算会计
借：受托代理资产 3 210 000 　　贷：受托代理负债 3 210 000 同时： 借：其他费用——其他相关费用 110 000 　　贷：银行存款——基本账户存款 110 000	借：其他支出——其他支出 110 000 　　贷：资金结存——货币资金——银行存款 110 000

第五章

收入及预算收入

第一节　收入的概述

一、行政事业单位收入的概念

根据《政府会计准则——基本准则》（财政部令第 78 号），收入是指报告期内导致政府会计主体净资产增加的、含有服务潜力或者经济利益的经济资源的流入。收入是行政事业单位履行职能、完成事业发展目标和计划的财力保障，收入管理是行政事业单位财务管理的重要组成部分。

行政事业单位收入具有以下四层含义：

第一，行政事业单位的收入是为开展业务活动、完成工作以及开展辅助活动而取得的收入。行政事业单位的主要任务是围绕党和政府确定的事业发展方针，组织和开展各项业务活动，一般具有公益性或非盈利性特点，因此，开展活动所产生的消耗应由财政部门、主管部门或上级部门予以补偿，除此之外，单位围绕主业开展的有偿服务活动及其他生产经营活动，必然要发生一定的费用消耗，也需要通过获得一定的收入来补偿。

第二，收入必须是依法取得的。行政事业单位取得的各项收入必须符合国家有关法律、法规和规章制度的规定，各种收费项目、收费标准必须按规定程序报经国家有关部门批准。

第三，收入是通过多种形式、多种渠道取得的。在社会主义市场经济条件下，收入来源形式和渠道呈现出多元化，既有财政部门安排的财政补助性资金，也有事业单位自行组织的事业收入、经营收入、投资收益等。

第四，收入是非偿还性资金。单位取得的各项资金被用于按规定开展各项业务活动消耗的，不需要偿还。取得的需要偿还的资金，应作为“负债”处理，不能作为单位的收入。

二、行政事业单位收入的确认和计量

（一）收入的确认

收入的确认应当同时满足以下条件

1. 与收入相关的含有服务潜力或者经济利益的经济资源很可能流入行政事业单位；

2. 含有服务潜力或者经济利益的经济资源流入会导致行政事业单位资产增加或者负债减少；

3. 流入金额能够可靠地计量。

（二）收入的计量

1. 财务会计按照权责发生制方式计价，不论是否收到款项，按照应收金额确认收入；

2. 预算会计按照收付实现制方式计价，在收到款项时，按照实际收到的金额确认收入，特殊事项除外。

三、行政事业单位收入科目

财务会计的收入类科目（11个）和预算会计的预算收入类科目（9个）明细及适用范围如表5－1所示：

表5－1　　会计科目适用范围表

财务会计科目	预算会计科目	适用单位
财政拨款收入	财政拨款预算收入	行政事业单位
事业收入	事业预算收入	事业单位
上级补助收入	上级补助预算收入	事业单位
附属单位上缴收入	附属单位上缴预算收入	事业单位
经营收入	经营预算收入	事业单位
	债务预算收入	事业单位
非同级财政拨款收入	非同级财政拨款预算收入	行政事业单位
投资收益	投资预算收益	事业单位
捐赠收入		行政事业单位
利息收入		行政事业单位
租金收入		行政事业单位
其他收入	其他预算收入	行政事业单位

四、正确划分行政事业单位各类收入的界限

（一）事业收入和经营收入

事业收入确认要件为：开展专业业务活动及辅助活动所取得的；而经营收入确认要件为：专业业务活动及其辅助活动以外的，开展非独立核算经营活动取得的。例如，气

象服务中心收取的专业天气预报信息使用费应计入其“事业收入”，机关服务中心收取的物业管理费则属于“经营收入”。

（二）经营收入和附属单位上缴收入

经营收入是事业单位非独立核算单位开展经营活动或某些经营性项目获得的经济收入；附属单位上缴收入是事业单位附属独立核算事业单位或企业按规定上缴的收入。

（三）附属单位上缴收入与投资收益

附属单位上缴收入是事业单位附属独立核算事业单位或企业按规定上缴的收入，侧重于行政隶属关系；投资收益是事业单位进行股权投资和债券投资所实现的收益或损失，侧重于投资关系。例如某省气象局收到下属单位按规定上缴的航危报收入的20%列“附属单位上缴收入”；某省气象服务中心投资的气象广告公司按约定上缴50%的利润，列“投资收益”。

（四）财政拨款收入与上级补助收入

财政拨款收入是从同级政府财政部门取得的财政性资金；上级补助收入是从主管部门和上级单位取得的非财政补助收入，两种资金性质不同。

（五）事业收入和政府非税收入

政府非税收入是除税收以外，由各级国家机关、事业单位、代行政府职能的社会团体及其他组织依法利用国家权力、政府信誉、国有资源（资产）所有者权益等取得的各项收入。包括行政事业性收费收入、行政单位的国有资源（资产）有偿使用收入、行政事业单位的罚没收入、以政府名义接受的捐赠收入等。政府非税收入是政府财政收入的重要组成部分，是政府参与国民收入分配和再分配的一种形式，应当纳入财政预算管理。

事业单位业务活动的各项收费并非均属于事业收入。根据《事业单位财务规则》（财政部令第68号）第十五条规定：按照国家有关规定应当上缴国库或者财政专户的资金，不计入事业收入；从财政专户核拨给事业单位的资金和经核准不上缴国库或者财政专户的资金，计入事业收入。

（六）财政拨款收入与非同级财政拨款收入

财政拨款收入与非同级财政拨款资金均来自财政部门的财政性资金，但对单位来说两者资金来源的预算级次不同，财政拨款收入来源于同一预算级次的政府财政部门，非同级财政拨款收入虽然也是政府财政部门拨付的财政性资金，但与单位的预算级次不同。

（七）利息收入与投资收益

利息收入与投资取得的利息收入均是让渡货币资金的使用权取得的收入。利息收入是单位资金账户存入银行取得的利息；投资收益取得的利息，是发生投资行为取得的。

第二节　财政拨款收入、财政拨款预算收入的核算

为了反映行政事业单位从同级政府财政部门取得的各类财政拨款，财务会计设置“财政拨款收入”科目、预算会计设置“财政拨款预算收入”科目进行会计核算。

一、核算要求

1. 通过财政直接支付、财政授权支付、其他支付等方式收到的财政拨款收入，以及因差错更正或购货退回等发生的国库直接支付款项退回，都属于财政拨款收入核算范围。

2. 财政拨款预算收入应当设置“基本支出”和“项目支出”两个明细科目，并按照《政府收支分类科目》中“支出功能分类科目”的项级科目进行明细核算；同时，在“基本支出”明细科目下按照“人员经费”和“公用经费”进行明细核算，在“项目支出”明细科目下按照“行政事业项目”和“基本建设项目”进行明细核算，并通过具体项目进行辅助明细核算。

3. 同级政府财政部门预拨的下期预算款和没有纳入预算的暂付款项，以及采用实拨资金方式通过本单位转拨给下属单位的财政拨款，通过“其他应付款”科目核算，不通过“财政拨款收入”科目核算。

4. 核算重点在于准确把握各种支付方式下财政拨款收入的核算。核算难点在于会计账务处理过程中进行的一系列辅助核算和明细核算，应做到准确、完整。

二、主要账务处理及举例

（一）财政直接支付下的账务处理

1. 根据收到的“财政直接支付入账通知书”及相关原始凭证，按照通知书中的直接支付金额确认入账金额。

（1）财务会计：借记“库存物品”“固定资产”“业务活动费用”“单位管理费用”“应付职工薪酬”等科目，贷记“财政拨款收入”科目。

（2）预算会计：借记“行政支出”“事业支出”等科目，贷记“财政拨款预算收入”科目。

【例 5－1】 2019 年 3 月 2 日，某气象局收到代理银行转来的《财政直接支付入账通知书》，国库直接支付 20 000 000 元购入一批气象设备，从“项目支出”的气象探测费

列支。应编制会计分录如表 5－2 所示：

表 5－2

财务会计	预算会计
借：固定资产——专用设备　20 000 000 　贷：财政拨款收入　20 000 000 借：累计盈余——中央财政拨款结转　20 000 000 　贷：累计盈余——非流动资产基金——固定资产　20 000 000	借：事业支出——项目支出——资本性支出——专用设备购置　20 000 000 　贷：财政拨款预算收入——项目支出——行政事业项目　20 000 000

【例 5－2】 2019 年 3 月 2 日，某气象局收到财政部门委托代理银行转来"财政直接支付入账通知书"及其相关原始凭证，财政部门支付了在职人员工资 50 000 元，退休人员退休费 20 000 元，应编制会计分录如表 5－3 所示：

表 5－3

财务会计	预算会计
借：应付职工薪酬——基本工资（基本离退休费）　50 000 　应付职工薪酬——基本工资（基本离退休费）　20 000 　贷：财政拨款收入　70 000 借：业务活动费用——工资福利费用　50 000 　单位管理费用——对个人和家庭的补助费用　20 000 　贷：应付职工薪酬——基本工资（基本离退休费）　50 000 　　应付职工薪酬——基本工资（基本离退休费）　20 000	借：事业支出——基本支出——工资福利支出——基本工资　50 000 　事业支出——基本支出——对个人和家庭的补助支出——退休费　20 000 　贷：财政拨款预算收入——基本支出——人员经费　70 000

2. 年末，根据本年度财政直接支付预算指标数与当年财政直接支付实际支付数的差额。

（1）财务会计：借记"财政应返还额度——财政直接支付"科目，贷记"财政拨款收入"科目。

（2）预算会计：借记"资金结存——财政应返还额度"，贷记"财政拨款预算收入"科目。

【例 5－3】 2019 年 12 月 20 日，某气象局由于定制软件未达到交付标准，决定本年度不再支付从中央财政安排的项目支出经费 10 000 元，12 月 31 日年终结账时应编制会计分录如表 5－4 所示：

表 5－4

财务会计	预算会计
借：财政应返还额度——财政直接支付——项目支出额度　10 000 　贷：财政拨款收入　10 000	借：资金结存——财政应返还额度——财政直接支付——项目支出额度　10 000 　贷：财政拨款预算收入——项目支出——行政事业项目　10 000

【例5－4】接【例5－3】，该气象局2020年4月10日软件达到交付标准并通过专家论证，同意支付余款，应编制会计分录如表5－5所示：

表5－5

财务会计	预算会计
借：无形资产—××软件　10 000 　贷：财政应返还额度——财政直接支付——项目支出额度　10 000 借：累计盈余——中央财政拨款结转　10 000 　贷：累计盈余——非流动资产基金——无形资产　10 000	借：事业支出——项目支出——资本性支出——信息网络及软件购置更新　10 000 　贷：资金结存——财政应返还额度——财政直接支付——项目支出额度　10 000

（二）财政授权支付下的账务处理

1. 根据收到的“财政授权支付额度到账通知书”，按照通知书中的授权支付额度。

（1）财务会计：借记“零余额账户用款额度”科目，贷记“财政拨款收入”科目。

（2）预算会计：借记“资金结存——零余额账户用款额度”科目，贷记“财政拨款预算收入”科目。

【例5－5】2019年1月30日，某市气象局收到代理银行送达的2019年2月财政授权支付到账通知书。2月份的财政拨款收入共计50 000元，其中：基本支出30 000元（人员经费），项目支出20 000元（维持类项目）。应编制会计分录如表5－6所示：

表5－6

财务会计	预算会计
借：零余额账户用款额度——基本支出用款额度　30 000 　　　　　　　　——项目支出用款额度　20 000 　贷：财政拨款收入　50 000	借：资金结存——零余额账户用款额度——基本支出用款额度　30 000 　　　　　——项目支出用款额度　20 000 　贷：财政拨款预算收入——基本支出——人员经费　30 000 　　　　　——项目支出——行政事业项目　20 000

2. 年末，本年度财政授权支付预算指标数大于零余额账户用款额度下达数的，根据未下达的用款额度。

（1）财务会计：借记“财政应返还额度——财政授权支付”科目，贷记“财政拨款收入”科目。

（2）预算会计：借记“资金结存——财政应返还额度”科日，贷记“财政拨款预算收入”科目。

【例5－6】2019年12月31日，某市气象局本年度财政授权支付项目支出预算指标300 000元，零余额账户实际收到的用款额度280 000元，年末未下达行政事业类项目支出的用款额度 20 000 元，12 月 31 日应编制会计分录如表 5－7 所示：

表 5－7

财务会计	预算会计
借：财政应返还额度——财政授权支付——项目支出额度　20 000 　贷：财政拨款收入　20 000	借：资金结存——财政应返还额度——财政授权支付——项目支出额度　20 000 　贷：财政拨款预算收入——项目支出——行政事业项目　20 000

【例 5－7】2020 年 1 月 30 日，该单位收到财政部门批复的应返还项目支出额度 20 000 元，应编制会计分录如表 5－8 所示：

表 5－8

财务会计	预算会计
借：零余额账户用款额度——项目支出用款额度　20 000 　贷：财政应返还额度——财政授权支付——项目支出额度　20 000	借：资金结存——零余额账户用款额度——项目支出用款额度　20 000 　贷：资金结存——财政应返还额度——财政授权支付——项目支出额度　20 000

（三）其他方式下的账务处理

单位收到财政拨款收入时，按照实际收到的金额。

（1）财务会计：借记“银行存款”科目，贷记“财政拨款收入”科目。

（2）预算会计：借记“资金结存——货币资金”科目，贷记“财政拨款预算收入”科目。

【例 5－8】某县气象局尚未实行国库集中支付制度。2019 年 3 月 8 日，该单位收到 25 000 元的银行到账通知单，为市局拨入的中央预算安排的日常公用经费。应编制会计分录如表 5－9 所示：

表 5－9

财务会计	预算会计
借：银行存款　25 000 　贷：财政拨款收入　25 000	借：资金结存——货币资金　25 000 　贷：财政拨款预算收入——基本支出——公用经费　25 000

（四）因差错更正或购货退回等发生支付款项退回的账务处理

1. 因差错更正发生支付款项退回的账务处理。

（1）属于本年度发生直接支付差错更正。

①财务会计：借记“财政拨款收入”科目，负数借记“业务活动费用”或贷记

“库存物品”等科目。

②预算会计：借记“财政拨款预算收入”科目，负数借记“行政支出”“事业支出”等科目。

【例 5-9】某单位 2019 年 4 月 7 日向某公司支付气象设备货款时，应从中央财政直接支付 10 200 000 元，4 月 9 日发现错支付成了 12 000 000 元，经与该公司协商，款项于 4 月 15 日退回国库。应编制会计分录如表 5-10 所示：

表 5-10

财务会计	预算会计
（1）付款时： 借：库存物品　　12 000 000 　　贷：财政拨款收入　　12 000 000 （2）发现付错时： 借：应收账款　　1 800 000 　　贷：库存物品　　1 800 000 （3）款项退回国库时： 借：财政拨款收入　　1 800 000 　　贷：应收账款　　1 800 000	（1）付款时： 借：事业支出——项目支出——商品和服务支出——专用材料费　　12 000 000 　　贷：财政拨款预算收入　　12 000 000 （2）发现付错款时： 不做账务处理 （3）款项退回国库时： 借：财政拨款预算收入　　1 800 000 借：事业支出——项目支出——商品和服务支出——专用材料费　　-1 800 000

（2）属于以前年度的直接支付差错更正。

①财务会计：借记“财政应返还额度——财政直接支付”科目，贷记“以前年度盈余调整”科目。

②预算会计：借记“资金结存——财政应返还额度”科目，贷记“财政拨款结转/财政拨款结余——年初余额调整”科目。

【例 5-10】某直属单位 2019 年 12 月 20 日将应付给乙公司的咨询费 5 000 000 元错付给了甲公司，2020 年 1 月 2 日发现该事项，经与甲公司协商，款项于 2020 年 1 月 5 日退回国库，2020 年 1 月 6 日将款项支付给乙单位，应编制会计分录如表 5-11 所示：

表 5-11

财务会计	预算会计
（1）付款时： 借：业务活动费用——商品和服务费用　　5 000 000 　　贷：财政拨款收入　　5 000 000 （2）发现付错款项时： 借：应收账款——甲公司　　5 000 000 　　贷：以前年度盈余调整　　5 000 000 （3）款项退回国库： 借：财政应返还额度——财政直接支付——项目支出额度　　5 000 000 　　贷：应收账款——甲公司　　5 000 000	（1）付款时： 借：事业支出——项目支出——商品和服务支出——咨询费　　5 000 000 　　贷：财政拨款预算收入——项目支出——行政事业项目　　5 000 000 （2）发现付错款项时： 不做账务处理 （3）款项退回国库： 借：资金结存——财政应返还额度——财政直接支付——项目支出额度　　5 000 000 　　贷：财政拨款结转——年初余额调整　　5 000 000

续表

财务会计	预算会计
（4）付给乙单位： 借：以前年度盈余调整　5 000 000 　贷：财政应返还额度——财政直接支付——项目支出额度　5 000 000	（4）付给乙单位： 借：事业支出——项目支出——商品和服务支出——咨询费　5 000 000 　贷：资金结存——财政应返还额度——财政直接支付——项目支出额度　5 000 000

（3）属于本年度发生授权支付差错更正。

①财务会计：借记“零余额账户用款额度”科目，负数借记“业务活动费用”等科目。

②预算会计：借记“资金结存——零余额账户用款额度”科目，负数借记“行政支出”“事业支出”等科目。

【例5－11】某单位2019年5月10日向某科研机构支付委托业务费120 000元，银行支付时错付成了170 000元，经与该科研机构协商，款项于5月12日退回。应编制会计分录如表5－12所示：

表5－12

财务会计	预算会计
（1）付款时： 借：业务活动费用——商品和服务费用　170 000 　贷：零余额账户用款额度　170 000 （2）发现错误时： 借：应收账款　50 000 　借：业务活动费用——商品和服务费用　－50 000 （3）款项退回国库时： 借：零余额账户用款额度　50 000 　贷：应收账款　50 000	（1）付款时： 借：事业支出——项目支出——商品和服务支出——委托业务费　170 000 　贷：资金结存——零余额账户用款额度——项目支出用款额度　170 000 （2）发现付错时： 不做账务处理 （3）款项退回时： 借：资金结存——零余额用款额度——项目支出用款额度　50 000 　借：事业支出——项目支出——商品和服务支出——委托业务费　－50 000

（4）属于以前年度的授权支付差错更正。

①财务会计：借记“零余额账户用款额度”科目；贷记“以前年度盈余调整”“库存物品”等科目。

②预算会计：借记“资金结存——零余额账户用款额度”科目；贷记“财政拨款结转/财政拨款结余——年初余额调整”科目。

【例5－12】某单位2019年11月20日向甲公司支付的软件开发费100 000元，因甲公司重组过程中公司信息变更未及时通知，2020年1月10日发现该笔款项支付错误，经协商，款项于2020年1月15日退回国库，2020年1月16日将款项支付给甲公司。应编制会计分录如表5－13所示：

表 5－13

财务会计	预算会计
（1）付款时： 借：业务活动费用——其他资本性支出　100 000 　贷：零余额账户用款额度——项目支出用款额度　100 000 （2）发现付错款项时： 借：应收账款　100 000 　贷：以前年度盈余调整　100 000 （3）款项退回国库： 借：零余额账户用款额度——项目支出用款额度　100 000 　贷：应收账款　100 000 （4）付给乙单位： 借：以前年度盈余调整　100 000 　贷：零余额账户用款额度——项目支出用款额度　100 000	（1）付款时： 借：事业支出——项目支出　100 000 　贷：资金结存——零余额账户用款额度——项目支出用款额度　100 000 （2）发现付错款项时： 不做账务处理 （3）款项退回国库： 借：资金结存——零余额用款额度——项目支出用款额度　100 000 　贷：财政拨款结转——年初余额调整　100 000 （4）付给乙单位： 借：财政拨款结转——年初余额调整　100 000 　贷：资金结存——零余额用款额度——项目支出用款额度　100 000

2. 因购货退回发生支付款项退回的账务处理。

（1）属于本年度发生直接支付购货退回。

①财务会计：借记“财政拨款收入”科目，贷记“库存物品”等科目。

②预算会计：借记“财政拨款预算收入”科目，负数借记“行政支出”“事业支出”等科目。

【例 5－13】某市气象局 2019 年 1 月 20 日为气象数值预报项目支付某大学委托业务费 60 000 元，采用国库直接支付方式付款，2019 年 3 月 25 日发现该大学无法完成任务，退回所有费用，应编制会计分录如表 5－14 所示：

表 5－14

财务会计	预算会计
借：财政拨款收入　60 000 借：业务活动费用——商品和服务支出　－60 000	借：财政拨款预算收入——项目支出——行政事业项目　60 000 借：事业支出——项目支出——商品和服务支出——委托业务费　－60 000

（2）属于以前年度的直接支付购货退回。

①财务会计：借记“财政应返还额度——财政直接支付”科目，贷记“以前年度盈余调整”科目。

②预算会计：借记“资金结存——财政应返还额度”科目，贷记“财政拨款结转/财政拨款结余——年初余额调整”科目。

【例 5－14】某直属单位 2019 年 12 月 20 日收到为环境评价项目定制价值 5 000 000

元的专用材料，采用国库直接支付方式付清全款，12 月 22 日发现价值 5 000 元的材料质量存在问题，向供货商发出退货申请。供货商同意退货，2020 年 1 月 5 日货款退回国库，同时货物发出，假设该环境评价项目在 2019 年底结转，货款退回时应编制分录如表 5－15 所示：

表 5－15

财务会计	预算会计
借：财政应返还额度——财政直接支付——项目支出额度 5 000 贷：库存物品——材料 5 000	借：资金结存——财政应返还额度——财政直接支付——项目支出额度 5 000 贷：财政拨款结转——年初余额调整 5 000

（3）属于本年度的授权支付购货退回。

①财务会计：借记“零余额账户用款额度”科目，贷记“库存物品”等科目。

②预算会计：借记“资金结存——零余额账户用款额度”科目，负数借记“行政支出”“事业支出”等科目。

（4）属于以前年度发生授权支付购货退回。

①财务会计：借记“零余额账户用款额度”科目，贷记“以前年度盈余调整”“库存物品”等科目。

②预算会计：借记“资金结存——财政应返还额度”科目；贷记“财政拨款结转/财政拨款结余——年初余额调整”科目。

（五）年末账务处理

年末，将本科目本期发生额转入累计盈余。

①财务会计：借记“财政拨款收入”科目，贷记“累计盈余”科目。

②预算会计：借记“财政拨款预算收入”科目，贷记“财政拨款结转——本年收支结转”科目。

具体实例详见有关净资产章节。

第三节 事业收入、事业预算收入的核算

为了反映事业单位开展专业业务活动及其辅助活动实现的收入，财务会计设置“事业收入”科目，预算会计设置“事业预算收入”科目。

专业活动，是指事业单位根据本单位专业特点所从事或开展的主要业务活动，也可以叫作主营业务，如科研院所的科研活动、大专院校的教学活动、气象中心的预报活动、影视中心的录制活动等。

辅助活动，是指与专业活动相关、直接为专业活动服务的单位行政管理活动、后勤服务活动及其他有关活动。通过开展上述活动取得的收入，均作为事业收入处理。如科研院所的教学活动等。

一、核算要求

1. 本科目不包括从财政部门取得的财政拨款，对于因开展科研及其辅助活动从地方财政部门取得的经费拨款在“事业收入”和“事业预算收入”科目下单设“非同级财政拨款”明细科目核算。

2. “事业收入”科目应当按照收入类别、项目、来源等进行辅助明细核算。

“事业单位预算收入”科目应当按照事业预算收入的类别、项目、来源、《政府收支分类科目》中“支出功能分类科目”项级科目等进行辅助明细核算；事业预算收入中如有专项资金收入，还应按照具体项目进行明细核算。

3. 核算重点是财务会计和预算会计在确认收入时的差异财务会计按照价税分离方式确认收入，预算会计按照价税合一的方式确认收入，即二者确认的收入差额为税费。核算难点是采用财政专户返还方式管理的收入核算。

二、主要账务处理及举例

（一）采用财政专户返还方式管理的事业收入

1. 实现应上缴财政专户的事业收入时，按照实际收到或应收的金额：

（1）财务会计：借记“银行存款” “应收账款”等科目，贷记“应缴财政款”科目。

（2）预算会计：借记“资金结存——货币资金”科目，贷记“资金结存—待处理支出”科目。

2. 向财政专户上缴款项时，按照实际上缴的款项金额：

（1）财务会计：借记“应缴财政款”科目，贷记“银行存款”科目。

（2）预算会计：借记“资金结存——待处理支出”科目，贷记：“资金结存——货币资金”科目。

3. 收到从财政专户返还的事业收入时，按照实际收到的返还金额：

（1）财务会计：借记“银行存款”等科目，贷记“事业收入——财政专户返还收入”科目。

（2）预算会计：借记“资金结存——货币资金”科目，贷记“事业预算收入——财政专户返款收入”科目。

目前，气象部门主要是干部学院（培训中心）各分院的学费、住宿费采用财政专户返还方式管理。其他事业收入项目按照主管部门和财政部门核定的方式管理。

【例 5－15】某干部学院 2020 年 3 月 1 日收到学生 2019 年第一学期的学费 500 000 元、住宿费 200 000 元。应编制会计分录如表 5－16 所示：

表 5－16

财务会计	预算会计
借：银行存款——基本账户存款 700 000 贷：应缴财政款 700 000	借：资金结存——货币资金 700 000 贷：资金结存——待处理支出 700 000

2020 年 3 月 2 日该学校将学费、住宿费缴入财政专户。应编制会计分录如表 5－17 所示：

表 5－17

财务会计	预算会计
借：应缴财政款 700 000 贷：银行存款——基本账户存款 700 000	借：资金结存——待处理支出 700 000 贷：资金结存——货币资金 700 000

2020 年 5 月 10 日，该气象学校收到从中央财政专户核拨返还的学费、住宿费 630 000元。应编制会计分录如表 5－18 所示：

表 5－18

财务会计	预算会计
借：银行存款——基本账户存款 630 000 贷：事业收入——财政专户返还收入 630 000	借：资金结存——货币资金 630 000 贷：事业预算收入——财政专户返还收入 630 000

（二）采用预收款方式确认的事业收入

1. 实际收到预收款时，按照收到的款项金额：

（1）财务会计：借记“银行存款”等科目，贷记“预收账款”科目。

（2）预算会计：借记“资金结存——货币资金”科目，贷记“事业预算收入”科目。

2. 以合同完成进度确认事业收入时，按照基于合同完成进度计算的金额：

（1）财务会计：借记“预收账款”科目，贷记“事业收入”科目。

（2）预算会计：不做账务处理。

【例 5－16】某防雷中心 2019 年 1 月 1 日同中国石油公司签订了防雷风险评估技术合同，为期 1 年，共计 1 000 000 元，当日收到石油公司预付的 1 000 000 元时，未开具发票，假设不考虑税收因素，应编制会计分录如表 5－19 所示：

表 5－19

财务会计	预算会计
借：银行存款——基本账户存款 1 000 000 　贷：预收账款 1 000 000	借：资金结存——货币资金 1 000 000 　贷：事业预算收入——防雷收入——防雷风险评估收入 1 000 000

【例 5－17】 该防雷中心 2019 年 7 月 1 日完成了同中国石油公司签订的防雷风险评估技术合同规定内容的一半，提供的技术服务获得了石油公司的认可，可以确认 50% 的技术服务收入，开具了相应金额的发票。假设不考虑税收因素，应编制会计分录如表 5－20所示：

表 5－20

财务会计	预算会计
借：预收账款 500 000 　贷：事业收入——防雷收入——防雷风险评估收入 500 000	不做账务处理

（三）采用应收款方式确认的事业收入

1. 根据合同完成进度计算本期应收的款项。

（1）财务会计：借记“应收账款”科目，贷记“事业收入”科目。

（2）预算会计不做账。

2. 实际收到款项时：

（1）财务会计：借记“银行存款”科目，贷记“应收账款”科目。

（2）预算会计：借记“资金结存——货币资金”科目，贷记“事业预算收入”科目。

【例 5－18】 某气象台 6 月 5 日向华风公司提供专业气象服务获得收入 60 000 元，并开具相关发票，税金 2 000 元。按合同规定，华风公司应于 9 月 5 日支付该笔款项，该气象台为增值税一般纳税人，应编制会计分录如表 5－21 所示：

表 5－21

财务会计	预算会计
借：应收账款 62 000 　贷：事业收入——气象预报服务收入 60 000 　　应交增值税——增值税（一般纳税人）——应交税金（进项税额） 2 000	不做账务处理

9 月 5 日收到款项时，应编制会计分录如表 5－22 所示：

表 5－22

财务会计	预算会计
借：银行存款——基本账户存款　62 000 　贷：应收账款　62 000	借：资金结存——货币资金　62 000 　贷：事业预算收入——气象预报服务收入　62 000

（四）其他方式下确认的事业收入

按照实际收到的金额。

（1）财务会计：借记“银行存款”“库存现金”等科目，贷记“事业收入”科目。

（2）预算会计：借记“资金结存——货币资金”科目，贷记“事业预算收入”科目。

【例 5－19】某县气象局 2019 年 5 月收到防雷检测费 100 000 元，假设不考虑税收因素，应编制会计分录如表 5－23 所示：

表 5－23

财务会计	预算会计
借：银行存款——基本账户存款　100 000 　贷：事业收入——防雷收入——防雷定期检测收入　100 000	借：资金结存——货币资金　100 000 　贷：事业预算收入——防雷收入——防雷定期检测收入　100 000

【例 5－20】某县气象局为某造纸厂做定期防雷检测，该厂因现金周转困难，无力支付服务费 40 000 元，2019 年 10 月 6 日以 5 吨打印纸，市场价值 40 000 元，抵充应支付的服务费，气象局收到打印纸，应编制会计分录如表 5－24 所示：

表 5－24

财务会计	预算会计
借：库存物品——低值易耗品　40 000 　贷：事业收入——防雷收入——防雷定期检测收入　40 000	不做账务处理

（五）期末，将本科目本期发生额转入本期盈余（具体结转见本书第七章）

第四节　上级补助收入、上级补助预算收入的核算

为了反映事业单位从主管部门和上级单位取得的非财政拨款收入，财务会计应设置

“上级补助收入”科目，预算会计应设置“上级补助预算收入”科目。

一、核算事项

核算重点在于正确区分上级补助收入（上级补助预算收入）和财政拨款收入（财政拨款预算收入）。上级补助收入（上级补助预算收入）是事业单位主管部门和上级单位用自身组织的收入或集中下级单位的收入拨给事业单位的非财政性资金；财政拨款收入（财政拨款预算收入）是事业单位从财政部门或通过主管部门从财政取得的各类事业经费，属于财政性资金。

二、主要账务处理及举例

1. 确认上级补助收入时，按照应收的金额：

（1）财务会计：借记“其他应收款”科目，贷记“上级补助收入”科目。

（2）预算会计：不做账务处理。

2. 实际收到应收的上级补助款时：

（1）财务会计：借记“银行存款”科目；贷记“其他应收款”科目。

（2）预算会计：借记“资金结存——货币资金”科目，贷记“上级补助预算收入”科目。

【例 5－21】某县气象局于 2019 年 3 月 20 日收到上级补助收入 40 000 元，其中：专项资金收入 25 000 元，非专项资金收入 15 000 元，应编制会计分录如表 5－25 所示：

表 5－25

财务会计	预算会计
借：银行存款——基本账户存款 40 000 贷：上级补助收入——专项资金收入 25 000 ——非专项资金收入 15 000	借：资金结存——货币资金 40 000 贷：上级补助预算收入——专项资金收入 25 000 ——非专项资金收入 15 000

3. 期末结转。

期末，将本科目本期发生额转入本期盈余（具体结转见第七章）。

第五节　附属单位上缴收入、附属单位上缴预算收入的核算

一、核算要求

为了核算事业单位收到附属独立核算单位按照有关规定上缴的收入，财务会计应设

置“附属单位上缴收入”科目，预算会计应设置“附属单位上缴预算收入”科目。

二、主要账务处理及举例

1. 确认附属单位上缴收入。

（1）财务会计：按照应收或收到的金额借记“其他应收款”科目，贷记“附属单位上缴收入”科目。

（2）预算会计：不做账务处理。

2. 实际收到应收附属单位上缴收入时：

（1）财务会计：借记“银行存款”科目，贷记“其他应收款”科目。

（2）预算会计：借记“资金结存——货币资金”科目，贷记“附属单位上缴预算收入”科目。

【例5－22】某市气象局2019年10月30日收到所属县气象局缴来的上缴款，共计1 000 000元，计划用以弥补收支差额，应编制会计分录如表5－26所示：

表5－26

财务会计	预算会计
借：银行存款——基本账户存款　1 000 000 贷：附属单位上缴收入——非专项资金收入　1 000 000	借：资金结存——货币资金　1 000 000 贷：附属单位上缴预算收入——非专项资金收入　1 000 000

3. 年末结转。

期末，将本科目本期发生额转入本期盈余，具体结转见本书第七章。

第六节　经营收入、经营预算收入的核算

为核算事业单位在专业业务活动及其辅助活动之外开展非独立核算经营活动取得的收入，财务会计设置“经营收入”科目，预算会计设置“经营预算收入”科目。

一、核算要求

（一）经营收入的两个基本特征

1. 经营活动取得的，而不是专业业务活动及辅助活动取得的收入。如机关服务中心停车场收取的停车费。

2. 非独立核算的经营活动取得的收入，而不是独立核算的经营业务取得的收入。如

某市气象局的非独立核算的招待所收入，是纳入经营收入核算；如果该招待所是独立核算的实体，那么其收入就不能纳入市气象局核算。

（二）经营收入和经营预算收入的计量口径不完全一致

财务会计按照价税分离方式确认收入，预算会计按照价税合一的方式确认收入，即二者确认的收入差额为税费。

二、主要账务处理及举例

1. 实现经营收入时：

（1）财务会计：按照确定的收入金额，借记“应收账款”“应收票据”等科目，贷记“经营收入”科目。

（2）预算会计：不做账务处理。

2. 实际收到经营收入时：

（1）财务会计：借记“银行存款”等科目，贷记“应收账款”科目。

（2）预算会计：借记“资金结存——货币资金”科目，贷记“经营预算收入”科目。

涉及增值税业务的，相关账务处理参见“应交增值税”科目。

【例 5－23】某县气象局停车场 2019 年 11 月 10 日收取停车费共计 500 000 元，应缴增值税税额 55 000 元，于 2019 年 12 月 20 日收到款项，假设该气象局为一般纳税人，增值税税率 11%，应编制会计分录如表 5－27 所示：

表 5－27

财务会计	预算会计
借：银行存款——基本账户存款　555 000 　贷：经营收入——其他收入　500 000 　　应交增值税——增值税（一般纳税人）—— 　　应交税金——销项税额　55 000	借：资金结存——货币资金　555 000 　贷：经营预算收入——其他经营预算收入　555 000

3. 对已经确认的经营收入发生的退回，根据《政府会计准则》的要求，不论属于本年度还是以前年度，应当在发生时冲减当期经营收入。

（1）财务会计：红字冲销，贷记“银行存款”科目，负数贷记“经营收入”科目；

（2）预算会计：红字冲销，贷记“资金结存——货币资金”科目，负数贷记“经营预算收入”科目。

【例 5－24】某县气象局食堂对外提供服务，与几家公司签订午餐盒饭合同，2019 年 4 月 10 日收到其中一家公司要求终止合同并退款，共计 10 300 元，该单位为小规模纳税人，适用增值税税率 3%，应编制会计分录如表 5－28 所示：

表 5－28

财务会计	预算会计
借：应交增值税——增值税（小规模纳税人）——应交税金　300 　贷：银行存款——基本账户存款　10 300 　　经营收入——后勤服务收入　－10 000	贷：资金结存——货币资金　10 300 　贷：经营预算收入——后勤服务收入　－10 300

4. 期末结转。

期末，将本科目本期发生额转入本期盈余，具体结转见本章第七章。

第七节　债务预算收入的核算

为了核算事业单位按照规定从银行和其他金融机构等借入的、纳入部门预算管理的、不以财政资金作为偿还来源的债务本金，仅在预算会计中设置“债务预算收入”科目。

一、核算要求

债务预算收入为事业单位专有预算收入，仅在预算会计核算，应当按照贷款单位、贷款种类、《政府收支分类科目》中“支出功能分类科目”的项级科目等进行明细核算。债务预算收入中如有专项资金收入，还应当按照具体项目进行明细核算。

财务会计中不设置该科目，视借款期限不同分别记入“短期借款”或“长期借款”等负债类科目。

二、主要账务处理及举例

1. 借入各项短期或长期借款时，按照实际借入的金额：

（1）财务会计：借记“银行存款”科目，贷记“短期借款”“长期借款”等科目。

（2）预算会计：借记“资金结存——货币资金”科目，贷记“债务预算收入”科目。

【例 5－25】 2019 年 5 月 30 日，某县气象局经上级主管部门批准，从当地农业银行借入 1 000 000 元，为期 3 年，年利率 5.2%，纳入部门预算管理，以自有资金作为偿还来源，作为业务用房建设工程项目专用。6 月 1 日收到该收入时，应编制会计分录如表 5－29 所示：

表 5－29

财务会计	预算会计
借：银行存款 1 000 000 贷：长期借款——项目长期借款——本金 1 000 000	借：资金结存——货币资金 1 000 000 贷：债务预算收入——专项资金收入 1 000 000

2. 期末结转。

（1）财务会计：年末，“短期借款”和“长期借款”等科目，贷方余额反映事业单位尚未偿还的借款本息金额，不需要结转。

（2）预算会计：年末，将债务预算收入本年发生额中的专项资金收入转入非财政拨款结转，将债务预算收入本年发生额中的非专项资金收入转入其他结余，具体结转见本书第七章。

第八节 非同级财政拨款收入、非同级财政拨款预算收入的核算

为了核算行政事业单位从非同级政府财政部门取得的经费拨款，包括从同级政府其他部门取得的横向转拨财政款、从上级或下级政府财政部门取得的经费拨款等，财务会计中应设置“非同级财政拨款收入”科目，预算会计应设“非同级财政拨款预算收入”科目。

一、核算要求

1. 明细核算要求：

“非同级财政拨款收入”科目应当按照本级横向转拨财政款和非本级财政拨款进行明细核算，并按照收入来源进行辅助核算。

“非同级财政拨款预算收入”科目应当按照收入的类别、来源、《政府收支分类科目》中的“支出功能分类科目”的项级科目等进行明细核算。如有专项资金收入，还应按照具体项目进行明细核算。

2. 事业单位因开展科研及其辅助活动从非同级政府财政部门取得的经费拨款，应当通过“事业收入——非同级财政拨款”科目核算，不通过非同级财政拨款收入（非同级财政拨款预算收入）科目核算。

3. 气象部门作为国务院直属垂直管理事业单位，对应的同级财政部门是中华人民共和国财政部，各省、市、县级财政部门都是非同级财政部门。

二、主要账务处理及举例

1. 确认非同级财政拨款收入时：

（1）财务会计：按照应收到的金额，借记“其他应收款”科目，贷记“非同级财政拨款收入”科目。

（2）预算会计：不做账务处理。

2. 收到非同级财政拨款收入时，按照实际收到的金额：

（1）财务会计：借记“银行存款”科目，贷记“其他应收款”科目。

（2）预算会计：借记“资金结存——货币资金”科目，贷记“非同级财政拨款预算收入”科目。

【例5－26】某省气象局2019年5月10日收到财政厅拨来抗旱补助经费500 000元，应编制会计分录如表5－30所示：

表5－30

财务会计	预算会计
借：银行存款　500 000 　贷：非同级财政拨款收入——非本级财政拨款——地方财政拨款收入　500 000	借：资金结存——货币资金　500 000 　贷：非同级财政拨款预算收入——项目支出——行政事业项目　500 000

3. 收到上级部门要求转拨下级单位的款项，作为其他应付款处理。

（1）财务会计：按照实际收到的款项，借记“银行存款”科目，贷记“其他应付款”科目。

（2）预算会计：按照实际收到的款项，借记“资金结存”科目，贷记“资金结存——待处理支出”科目。

4. 期末结转。

年末，本科目中的地方财政拨款收入、专项收入直接结转入“累计盈余”科目，不参与本年盈余分配；非地方财政拨款、非专项收入转入“本期盈余”科目，参与本年盈余分配。具体结转见本书第七章。

第九节　投资收益、投资预算收益的核算

投资收益是指事业单位在国家政策允许下投资股权、债券所实现的收益或发生的损失，包括股权投资收益、出售或收回债券投资所取得的收益和债券投资利息收入。

投资预算收益是指事业单位取得的按照规定纳入部门预算管理的属于投资收益性质的

现金流入，如股权投资收益、出售或收回债券投资所取得的收益和债券投资利息收入。

一、债券投资收益的主要账务处理

1. 短期投资持有期间收到利息。

（1）财务会计：按照实际收到的金额，借记“银行存款”科目，贷记“投资收益”科目。

（2）预算会计：按照实际收到的金额，借记“资金结存——货币资金”科目，贷记“投资预算收益”科目。

2. 出售或到期收回短期债券本息。

（1）财务会计：按照实际收到的金额，借记“银行存款”科目，按照出售或收回全部投资的成本，贷记“短期投资”科目，按照其差额借记或贷记“投资收益”科目。

（2）预算会计：出售或到期收回本年度取得的短期债券，则按照实际取得的价款或实际收到的本息金额，借记“资金结存——货币资金”科目，按照取得债券时“投资支出”科目的发生额贷记“投资支出”科目，按照其差额借记或贷记“投资预算收益”科目。

出售或到期收回以前年度取得的短期债券，按照实际取得的价款或实际收到的本息金额，借记“资金结存——货币资金”科目，按照取得债券时“投资支出”科目的发生额，贷记“其他结余”科目，按其差额，贷记或借记“投资预算收益”科目。

【例 5－27】 2019 年 6 月 1 日，某气象局使用基本户资金购入半年期国债 99 000 元，2019 年 12 月 1 日国债到期后，收回资金 110 000 元，应编制会计分录如表 5－31 所示：

表 5－31

财务会计		预算会计	
借：银行存款——基本账户存款	110 000	借：资金结存——货币资金——银行存款	110 000
贷：短期投资——短期债券投资	99 000	贷：投资支出	99 000
投资收益	11 000	投资预算收益	11 000

3. 持有的分期付息、一次还本的长期债券投资收到利息。

（1）按期确认利息收入时：

①财务会计：按照计算确定的应收未收利息，借记“应收利息”科目，贷记“投资收益”科目。

②预算会计：不做账务处理。

（2）实际收到利息时：

①财务会计：借记“银行存款”科目，贷记“应收利息”科目。

②预算会计：借记“资金结存——货币资金”科目，贷记“投资预算收益”科目。

4. 持有的一次还本付息的长期债券投资收到利息。

（1）财务会计：按期确认利息收入时，按照计算确定的应收未收利息，借记“长期债券投资—应计利息”科目，贷记“投资收益”科目。

（2）预算会计：不做账务处理。

5. 出售长期债券投资或到期收回长期债券投资本息。

（1）财务会计：

①到期一次还本付息债券。按照实际收到的金额，借记“银行存款”等科目，按照债券初始投资成本和已记未收利息金额，贷记“长期债券投资——成本、应计利息”科目，按其差额，贷记或借记“投资收益”科目。

②分期付息债券。按照实际收到的金额，借记“银行存款”等科目，贷记“长期债券投资”“应收利息”等科目，按其差额，贷记或借记“投资收益”科目。

（2）预算会计：

①出售或到期收回本年度取得的长期债券。按照实际取得的本息金额，借记“资金结存——货币资金”科目，按照取得债券时的投资成本贷记“投资支出”科目，按照其差额，贷记或借记“投资预算收益”科目。

②出售或到期收回以前年度取得的长期债券。按照实际取得的价款或实际收到的本息金额，借记“资金结存——货币资金”科目，按照取得债券时的投资成本，贷记“其他结余”科目，按照其差额，贷记或借记“投资预算收益”科目。

【例 5－28】某县气象局 2019 年 1 月 1 日用银行存款 60 万元购买了 60 万元面值的 3 年期国债，年利率为 5%，到期一次还本付息，另外用银行存款支付了手续费等 2 000 元；2021 年末，国债到期兑付全部收回本息。收回本息时应编制会计分录如表 5－32 所示：

表 5－32

财务会计	预算会计
（1）2019 年 12 月 31 日确认利息收益时： 利息收入＝60 万×5%＝3 万 借：长期债券投资——应计利息　30 000 　贷：投资收益　30 000 （2）2020 年 12 月 31 日确认利息收益时 借：长期债券投资——应计利息　30 000 　贷：投资收益　30 000 （3）2021 年 12 月 31 日收回本息时 借：长期债券投资——应计利息　30 000 　贷：投资收益　30 000 本息共计：600 000＋90 000＝690 000 国债投资成本：600 000＋2 000＝602 000 借：银行存款——基本账户存款　690 000 　投资收益　2 000 　贷：长期债券投资——成本　602 000 　　长期债券投资——应计利息　90 000	借：资金结存——货币资金——银行存款　690 000 　贷：其他结余　602 000 　　投资预算收益　88 000

二、股权投资的主要账务处理

1. 采用成本法核算的长期股权投资持有期间。

（1）被投资单位宣告分派现金股利或利润。

①财务会计：按照宣告分派的现金股利或利润中属于单位应享有的份额，借记“应收股利”科目，贷记“投资收益”科目。

②预算会计：不做账务处理。

（2）取得分派的利润或股利。

①财务会计：按照实际收到的金额，借记“银行存款”科目，贷记“应收股利”科目。

②预算会计：借记“资金结存——货币资金”科目，贷记“投资预算收益”科目。

【例 5－29】某自收自支事业单位出资 500 000 元，参股了该市农村信用合作社股份有限公司，占股 2%，不享有控制权。2020 年该公司实现年利润 1 000 000 元，2021 年 2 月宣告分派现金股利 20 000 元，2021 年 3 月收到现金股利。应编制会计分录如表 5－33 所示：

表 5－33

财务会计	预算会计
（1）宣告分派现金股利时： 借：应收股利　　20 000 　　贷：投资收益　　20 000 （2）发放现金股利时： 借：银行存款　　20 000 　　贷：应收股利　　20 000	（1）宣告分派现金股利时： 不做账务处理 （2）发放现金股利时 借：资金结存——货币资金——银行存款　　20 000 　　贷：投资预算收益　　20 000

2. 采用权益法核算的长期股权投资持有期间。

（1）按照应享有或分担的被投资单位实现净损溢的份额。

①财务会计：被投资单位实现净利润时，借记“长期股权投资——损益调整”科目，贷记“投资收益”科目；被投资单位发生净亏损，借记“投资收益”科目，贷记“长期股权投资——损益调整”科目。

②预算会计：不做账务处理。

（2）收到被投资单位发放的现金股利。

①财务会计：被投资单位宣告发放现金股利，借记“应收股利”科目，贷记“长期股权投资——损益调整”科目；实际收到被投资单位发放的现金股利，借记“银行存款”科目，贷记“应收股利”科目。

②预算会计：实际收到被投资单位发放的现金股利，借记“资金结存——货币资

金”科目，贷记“投资预算收益”科目。

【例 5－30】某县气象局投资的企业，占该被投资企业的股权比例为20%，有权参与其经营决策，并按照股权比例享有净利润和其他所有者权益，使用权益法核算。投资后，2019 年被投资企业实现净利润 100 万元，2020 年 3 月 20 日宣告发放现金股利 80 万元，7 月 20 日被投资企业实际发放现金股利。应编制会计分录如表 5－34 所示：

表 5－34

财务会计	预算会计
（1）2020 年，县气象局按照被投资企业 2019 年实现净利润所占份额确认投资收益。 借：长期股权投资——权益法下长期股权投资——损益调整　200 000 　贷：投资收益　200 000 借：累计盈余——非中央财政拨款结余——其他结余　200 000 　贷：累计盈余——非流动资产基金——长期投资　200 000 （2）3 月 20 日，被投资企业宣告发放现金股利，该气象局确认所占份额为 16 万元。 借：应收股利　160 000 　贷：长期股权投资——权益法下长期股权投资——损益调整　160 000 借：累计盈余——非流动资产基金——长期投资　160 000 　贷：累计盈余——非中央财政拨款结余——其他结余　160 000 （3）7 月 20 日收到现金股利。 借：银行存款　160 000 　贷：应收股利　160 000	7 月 20 日收到现金股利： 借：资金结存——货币资金——银行存款　160 000 　贷：投资预算收益　160 000

（3）被投资单位发生净亏损但以后年度又实现净利润。

①财务会计：单位在其收益分享额弥补未确认的亏损分担额等后，恢复确认投资收益，借记“长期股权投资——损益调整”科目，贷记“投资收益”科目。

②预算会计：不做账务处理。

【例 5－31】2008 年某气象局使用单位基本户资金对企业投资 1 000 000 元，占该被投资企业的股权比例为 20%，有权参与其经营决策，并按照股权比例享有净利润和其他所有者权益，使用权益法核算。2019 年，该企业发生业绩下滑，净亏损 3 800 000 元，2020 年市场行情好转，又实现净利润 1 200 000 元，2020 年 12 月 31 日该气象局恢复确认投资收益。假设该局累计投资收益 700 000 元，应编制会计分录如表 5－35 所示：

表 5－35

财务会计	预算会计
（1）2019 年企业报表披露日： 亏损分担额＝3 800 000×20% ＝760 000（元） 大于其累计投资收益 700 000（元） 未确认的亏损分担额＝760 000－700 000＝60 000（元） 借：投资收益　　700 000 　贷：长期股权投资——损益调整　　700 000 借：累计盈余——非流动资产基金——长期投资　　700 000 　贷：累计盈余——非中央财政拨款结余——其他结余　　700 000 （2）2020 年企业报表披露日： 当年收益分享额＝1 200 000×20% ＝240 000（元） 弥补未确认的亏损分担额后，恢复确认的投资收益＝240 000－60 000＝180 000（元） 借：投资收益　　60 000 　贷：长期股权投资——损益调整　　60 000 借：长期股权投资——损益调整　　240 000 　贷：投资收益　　60 000 借：累计盈余——非中央财政拨款结余——其他结余　　180 000 　贷：累计盈余——非流动资产基金——长期投资　　180 000	不做账务处理

3. 出售、转让长期股权投资。

（1）处置以现金取得的长期股权投资。

①财务会计：按照实际取得的价款，借记“银行存款”科目，按照被处置长期股权投资的账面余额贷记“长期股权投资”科目，按照尚未领取的现金股利或利润贷记“应收股利”科目，按照发生的相关税费等支出贷记“银行存款”等科目，按照借贷方差额借记或贷记“投资收益”科目。

②预算会计：按照实际取得的价款扣除相关税费，借记“资金结存——货币资金”科目，按照取得股权时“投资者支出”科目的发生额，贷记“投资支出”或“其他结余”科目，按照其差额借记或贷记“投资预算收益”科目。

（2）处置以现金以外的其他资产取得的长期股权投资。

第一，处置净收入上缴财政的。

①财务会计：按照被处置长期股权投资的账面余额，借记“资产处置费用”科目，贷记“长期股权投资”科目；同时，按照实际取得的价款，借记“银行存款”科目，按照尚未领取的现金股利或利润贷记“应收股利”科目，按照发生的相关税费等支出，贷记“银行存款”等科目，按照贷方差额借记或贷记“应缴财政款”科目。

②预算会计：按照实际取得的价款扣减支付的相关费用后，借记“资金结存——货币资金”科目，按照投资款贷记“投资支出”或“其他结余”科目，差额计入“资金结存——待处理支出”科目。

第二，处置收益纳入单位预算管理的。

①财务会计：按照被处置长期股权投资的账面余额，借记“资产处置费用”科目，

贷记“长期股权投资”科目，按照实际取得的价款，借记“银行存款”科目；按照尚未领取的现金股利或利润，贷记“应收股利”科目，按照支付的相关税费，贷记“银行存款”等科目，按照取得的价款扣减投资账面余额、应收股利和相关税费后的差额计入“投资收益”科目。

②预算会计：借记“资金结存——货币资金”科目，贷记“投资预算收益”科目。

4. 年末结转。

（1）财务会计：年末将投资收益本年余额转入本期盈余。投资收益为贷方余额时，借记“投资收益”科目，贷记“本期盈余”科目；投资收益为借方余额时，借记“本期盈余”科目，贷记“投资收益”科目。

（2）预算会计：年末将投资预算收益本年余额转入其他结余，当投资预算收益为贷方余额时，借记“投资预算收益”科目，贷记“其他结余”科目；投资预算收益为借方余额时，借记“其他结余”科目，贷记“投资预算收益”科目。

具体结转见“第七章　净资产及预算结余的核算”。

第十节　捐款收入、利息收入、租金收入、其他收入及其他预算收入

行政事业单位除财政拨款收入、事业收入、上级补助收入、附属单位上缴收入、经营收入、债务收入、非同级财政拨款收入、投资收益之外的纳入部门预算管理的现金流入，包括捐赠、利息、租金、现金盘盈等。财务会计中设置了捐赠收入、利息收入、租金收入、其他收入等收入类别，而预算会计中仅设置了其他预算收入与之对应。

一、捐赠收入

捐赠收入是行政事业单位接受其他单位或个人捐赠取得的收入。

（一）管理要求

根据《财政部　国家税务总局　民政部关于公益性捐赠税前扣除有关问题的通知》（财税〔2008〕160号）文件规定，公益性社会团体和县级以上人民政府及其组成部门和直属机构在接受捐赠时，应按照行政管理级次分别使用由财政部或省、自治区、直辖市财政部门印制的公益性捐赠票据，并加盖本单位印章；对个人索取捐赠票据的，应予以开具。气象部门内部的对口支援收入如果无法开具捐赠票据，则不在“捐赠收入”科目核算，而通过“其他收入”科目核算。

（二）核算要求

财务会计应设置“捐赠收入”科目，该科目按照捐赠资产的用途和捐赠单位等进行

明细核算；预算会计在“其他预算收入”科目下设置了“捐赠预算收入”明细科目进行核算。

（三）主要账务处理及举例

1. 接受捐赠的货币资金。

（1）财务会计：按照实际收到的金额借记“银行存款”“库存现金”等科目，贷记“捐赠收入”科目。

（2）预算会计：借记“资金结存——货币资金”科目，贷记“其他预算收入——捐赠预算收入”科目。

【例 5－32】某市气象局科研所 2019 年 4 月 1 日收到某大学捐赠现金 10 万元，用以支持××科研项目研发工作，应编制会计分录如表 5－36 所示：

表 5－36

财务会计	预算会计
借：银行存款——基本账户存款　100 000 　贷：捐赠收入——其他捐赠收入［××科研项目］　100 000	借：资金结存——货币资金　100 000 　贷：其他预算收入——捐赠预算收入　100 000

2. 接受存货、固定资产等实物捐赠。

（1）成本可以确定的存货、固定资产等非流动资产捐赠。

①财务会计：按照确定的成本，借记“库存物品”“固定资产”科目；按照发生的相关税费、运输费等，贷记“银行存款”等科目，按照其差额，贷记“捐赠收入”科目。同时，接受固定资产捐赠的还要借记“累计盈余——非财政补助结转”科目，贷记“累计盈余——非流动资产基金”科目。

②预算会计：只需核算税费支出，按照实际支付的相关税费借记“其他支出”科目，贷记“资金结存——货币资金”科目。

【例 5－33】某市气象局 2020 年 5 月 20 日收到某大学捐赠的专用材料一批，价值 20 万元，材料已经交付并验收入库。发生运费 1 500 元，假设不考虑税收因素，应编制会计分录如表 5－37 所示：

表 5－37

财务会计	预算会计
借：库存物品——材料　201 500 　贷：捐赠收入　20 000 　　银行存款　1 500	借：其他支出　1 500 　贷：资金结存——货币资金　1 500

（2）成本无法确定以名义金额入账的非现金资产，一般以名义金额 1 元表示。

①财务会计：按照名义金额，借记“库存物品”“固定资产”等科目，贷记“捐赠收入”科目；按照发生的相关税费、运输费等，借记“其他费用”科目，贷记“银行存

款”等科目；同时，接受固定资产捐赠的还要借记“累计盈余——非财政补助结转”科目，贷记“累计盈余——非流动资产基金”科目。

②预算会计：只核算税费支出，按照实际支出的税费，借记“其他支出”科目，贷记“资金结存——货币资金”科目。

【例 5－34】 某卫星气象中心接受航天部门捐赠了太空陨石一块，因价格无法估算，经批准决定以名义价格 1 元入账，发生运输费用 1 500 元，应编制会计分录如表 5－38 所示：

表 5－38

财务会计	预算会计
借：固定资产——文物和陈列品　1 　其他费用　1 500 　贷：捐赠收入　1 　　银行存款　1 500 借：累计盈余——非财政补助　1 　贷：累计盈余——非流动资产基金——固定资产　1	借：其他支出　1 500 　贷：资金结存——货币资金　1 500

3. 期末结转。

（1）财务会计：年末，要将捐赠收入本年发生额中的专项资金收入和非专项资金收入分别转入累计盈余和本期盈余，借记“捐赠收入”科目，贷记“累计盈余——非中央财政拨款结转——专项结转”“本期盈余——其他盈余”科目。

（2）预算会计：将“其他预算收入——捐赠预算收入”本年发生额中的专项资金收入转入非财政拨款结转，借记“其他预算收入——捐赠预算收入”科目，贷记“非财政拨款结转——本年收支结转”科目；将“其他预算收入——捐赠预算收入”本年发生额中的非专项资金收入转入其他结余，借记本科目下各非专项资金收入明细科目，贷记“其他结余”科目。

【例 5－35】 2020 年末，某县气象局本年共发生捐赠收入 11 万元，其中，专项捐赠 6 万元，非专项捐赠 5 万元。应编制会计分录如表 5－39 所示：

表 5－39

财务会计	预算会计
借：捐赠收入——其他捐赠收入　110 000 　贷：累计盈余——非中央财政拨款结转——专项结转　60 000 　　本期盈余——其他盈余　50 000	借：其他预算收入——捐赠预算收入　110 000 　贷：非财政拨款结转——本年收支结转　60 000 　　其他结余　50 000

二、利息收入

利息收入是行政事业单位取得的银行存款利息收入。

（一）核算要求

财务会计设置“利息收入”科目，预算会计在“其他预算收入”科目设置了“利息预算收入”明细科目进行核算。

（二）主要账务处理及举例

1. 取得银行存款利息时。

（1）财务会计：按照实际收到的金额，借记“银行存款”科目，贷记“利息收入”科目。

（2）预算会计：借记“资金结存——货币资金”科目，贷记“其他预算收入——利息预算收入”科目。

【例5－36】某县气象局2019年4月1日收到银行基本账户第一季度存款利息2 000元，应编制会计分录如表5－40所示：

表5－40

财务会计	预算会计
借：银行存款——基本账户存款　2 000 　贷：利息收入　2 000	借：资金结存——货币资金　2 000 　贷：其他预算收入——利息预算收入　2 000

2. 期末结转。

（1）财务会计：年末将“利息收入”科目本期发生额转入“本期盈余”科目，借记“利息收入”科目，贷记“本期盈余——其他盈余”科目。

（2）预算会计：年末将“其他预算收入——利息预算收入”科目本期发生额转入“其他结余”科目，借记“其他预算收入——利息预算收入”科目，贷记“其他结余”科目。

【例5－37】某气象中心2019年12月31日取回银行账单，本年度收到利息收入共计2 000元，进行年末结转，应编制会计分录如表5－41所示：

表5－41

财务会计	预算会计
借：利息收入　2 000 　贷：本年盈余——其他盈余　2 000	借：其他预算收入——利息预算收入　2 000 　贷：其他结余　2 000

三、租金收入

租金收入是行政事业单位经批准利用国有资产出租取得并按照规定纳入本单位预算管理的租金收入。

（一）核算要求

1. 财务会计设置“租金收入”科目，按照出租国有资产类别和收入来源等进行明细核算；预算会计在“其他预算收入”科目下设置“租金预算收入”明细科目进行核算。

2. 国有资产出租收入应当在租赁期内各个期间按照直线法予以确认。

（二）主要账务处理及举例

1. 采用预收租金方式。

（1）预收租金时：

①财务会计：按照收到的金额，借记“银行存款”等科目，贷记“预收账款”科目。

②预算会计：按照收到的金额，借记“资金结存——货币资金”科目，贷记“其他预算收入——租金预算收入”科目。

【例 5-38】某县气象局将临街门面对外出租，每年租金 15 万元，采用预收租金方式，每年年初一次性收取本年租金。收到租金时，应编制会计分录如表 5-42 所示：

表 5-42

财务会计	预算会计
借：银行存款——基本账户存款　150 000 　贷：预收账款　150 000	借：资金结存——货币资金　150 000 　贷：其他预算收入——租金预算收入　150 000

（2）分期确认租金收入时：

①财务会计：按照各期租金金额，借记“预收账款”科目，贷记“租金收入”科目。

②预算会计：不做账务处理。

【例 5-39】某县气象局将临街门面对外出租，每年租金 120 000 元，采用预收租金、分期确认租金收入方式，假设不考虑税收因素，每月应编制会计分录如表 5-43 所示：

表 5-43

财务会计	预算会计
借：预收账款　10 000 　贷：租金收入　10 000	——

2. 采用后付租金方式。

（1）每期确认租金收入时：

①财务会计：按照各期租金金额，借记“应收账款”科目，贷记“租金收入”

科目。

②预算会计：不做账务处理。

（2）收到租金时：

①财务会计：按照实际收到的金额，借记“银行存款”等科目，贷记“应收账款”科目。

②预算会计：按照实际收到的金额，借记“资金结存——货币资金”科目，贷记“其他预算收入——租金预算收入”科目。

3. 采用分期收取租金方式。

按期收取租金时：

①财务会计：按照租金金额，借记“银行存款”等科目，贷记“租金收入”科目。

②预算会计：按照租金金额，借记“资金结存——货币资金”科目，贷记“其他预算收入——租金预算收入”科目。

4. 期末结转。

（1）财务会计：年末将本科目本期发生额转入本期盈余，借记“租金收入”科目，贷记“本期盈余——其他盈余”科目。

（2）预算会计：年末将“其他预算收入——租金预算收入”本年发生额转入其他结余，借记“其他预算收入——租金收入”科目，贷记“其他结余”科目。

【例 5－40】 某县气象局 2020 年全年设备租赁收入 5 万元，房屋租赁收入 15 万元，应编制会计分录如表 5－44 所示：

表 5－44

财务会计		预算会计	
借：租金收入 　贷：本期盈余——其他盈余	200 000 　　200 000	借：其他预算收入——租金预算收入 　贷：其他结余	200 000 　　200 000

四、其他收入

其他收入是指行政事业单位取得的除财政拨款收入、事业收入、上级补助收入、附属单位上缴收入、经营收入、非同级财政拨款收入、投资收益、捐赠收入、利息收入、租金收入以外的各项收入。

（一）核算要求

其他收入包括现金盘盈收入、按照规定纳入单位预算管理的科技成果转化收入、行政单位收回已核销的其他应收款、无法偿付的应付及预收款项、置换换出资产评估增值等。

财务会计设置“其他收入”科目，按照其他收入的类别、来源等进行明细核算；预算会计在“其他预算收入”科目下设置“现金盘盈收入”“其他”等明细科目进行核算。

（二）主要账务处理及举例

1. 现金盘盈收入。

（1）每日现金账款核对中如发现现金溢余，属于无法查明原因的部分，报经批准后再做账务处理。

①财务会计：借记“待处理财产损溢”科目，贷记“其他收入——现金盘盈收入”科目。

②预算会计：借记“资金结存——货币资金”科目，贷记“其他预算收入——现金盘盈收入”科目。

【例5－41】某县气象局2019年4月30日清点现金时发现长款1 000元，原因不明，2019年5月30日经会议研究决定，做现金盘盈处理，应编制会计分录如表5－45所示：

表5－45

财务会计	预算会计
借：现金　1 000 　贷：待处理财产损溢——待处理财产价值　1 000 借：待处理财产损溢——待处理财产价值　1 000 　贷：其他收入——现金盘盈收入　1 000	借：资金结存——货币资金　1 000 　贷：其他预算收入——现金盘盈收入 1 000

（2）经核实，盘盈资金属于应支付给有关个人和单位。

第一，盘盈资金属于本年度的。

①财务会计：按照盘盈的应支付的金额，借记“其他收入——现金盘盈收入”科目，贷记“其他应付款”等科目。

②预算会计：按照盘盈的应支付的金额，借记“其他预算收入——现金盘盈收入”科目，贷记“资金结存——货币资金”科目。

第二，盘盈资金属于以前年度的。

①财务会计：按照盘盈的应支付的金额，借记“累计盈余——其他结余”科目，贷记“其他应付款”等科目。

②预算会计：按照盘盈的应支付的金额，借记“非财政拨款结余——年初余额调整”科目，贷记“资金结存——货币资金”。

【例5－42】2020年3月某县气象局发现2019年5月30日已做现金盘盈处理的1 000元是付给单位职工李某的差旅费，报经批准后决定给予支付，应编制会计分录如表5－46所示：

表5－46

财务会计	预算会计
借：累计盈余——其他结余　1 000 　贷：库存现金　10 000	借：非财政拨款结余——年初余额调　1 000 　贷：资金结存——货币资金　1 000

2. 科技成果转化收入。

单位科技成果转化所取得的收入，按照规定留归本单位的，按照所取得的收入扣除相关费用之后的净收益做账。

(1) 财务会计：借记“银行存款”等科目，贷记“其他收入——科技成果转化收入”科目。

(2) 预算会计：借记“资金结存——货币资金”科目，贷记“其他预算收入——其他”科目。

【例 5 -43】 某气象科技服务中心 2019 年 5 月收到科技成果转化收入 300 000 元，应编制会计分录如表 5 -47 所示：

表 5 -47

财务会计	预算会计
借：银行存款——基本账户存款　300 000 　贷：其他收入——科技成果转化收入　300 000	借：资金结存——货币资金　300 000 　贷：其他预算收入——其他　300 000

3. 行政单位收回已核销的其他应收款。

行政单位已核销的其他应收款在以后期间收回的，按照实际收回的金额做账。

(1) 财务会计：借记“银行存款”科目，贷记“其他收入”科目。

(2) 预算会计：借记“资金结存——货币资金”科目，贷记“其他预算收入——其他”科目。

4. 无法偿付的应付及预收款项。

无法偿付或债权人豁免偿还的应付账款、预收账款、其他应付款及长期应付款。

(1) 财务会计：借记“应付账款”“预收账款”“其他应付款”“长期应付款”科目，贷记“其他收入——无法偿付的应付及预收款项”科目；

(2) 预算会计：不做账务处理。

【例 5 -44】 某县气象局 2017 年 4 月 30 日从大风云气象公司购入雷达备件一批，总价 10 万元，因设备未达到使用要求，剩余 5 万元未支付，2019 年底清理往来账款时发现该公司已经注销工商登记，应编制会计分录如表 5 -48 所示：

表 5 -48

财务会计	预算会计
借：应付账款　50 000 　贷：其他收入——无法偿付的应付及预收款项　50 000	——

5. 置换换出资产评估增值。

资产置换过程中，换出资产评估增值的，按照评估价值高于资产账面价值或账面余额的金额做账。

(1) 财务会计：借记相关科目，贷记“其他收入”科目。

（2）预算会计：不做账务处理。

【例 5 –45】某市气象科技服务中心于 2019 年 9 月 1 日同风云气象公司签署资产置换协议，换出 L 波段雷达一部，原价 25 万元，经中介评估，该雷达增值到 26.5 万元，换入专利技术一项，价值 26.5 万元，应编制会计分录如表 5 –49 所示：

表 5 –49

财务会计			预算会计
借：无形资产——专利技术	265 000		——
贷：固定资产——专用设备		250 000	
其他收入——置换换出资产评估增值		15 000	
借：累计盈余——非流动资产基金——固定资产	250 000		
累计盈余——非中央财政拨款结余——其他结余	15 000		
贷：累计盈余——非流动资产基金——无形资产		265 000	

6. 其他情况。

（1）财务会计：按照应收或实际收到的金额，借记“其他应收款”“银行存款”“库存现金”等科目，贷记“其他收入——其他”科目。

（2）预算会计：按照实际收到的金额借记“资金结存——货币资金”科目，贷记“其他预算收入——其他”科目。

【例 5 –46】某市政公路维修期间，因操作失误导致一电线杆倒塌，砸坏某县气象局大院的一处围墙，县公路局赔偿 10 万元，2019 年 5 月 1 日收到该笔款项时，应编制会计分录如表 5 –50 所示：

表 5 –50

财务会计			预算会计		
借：银行存款——基本账户存款	100 000		借：资金结存——货币资金	100 000	
贷：其他收入——其他		100 000	贷：其他预算收入——其他		100 000

7. 期末结转。

（1）财务会计：年末应将“其他收入”科目本期发生额中的专项资金收入和非专项资金收入分别转入累计盈余和本期盈余，借记“其他收入”科目，贷记“累计盈余——非中央财政拨款结转——专项结转”“本期盈余——其他盈余”科目。

（2）预算会计：将“其他预算收入——其他”科目本年发生额中的专项资金收入转入非财政拨款结转，借记“其他预算收入——其他”科目下各专项资金收入明细科目，贷记“非财政拨款结转——本年收支结转”科目；将“其他预算收入——其他”科目本年发生额中的非专项资金收入转入其他结余，借记“其他预算收入——其他”科目下各非专项资金收入明细科目，贷记“其他结余”科目。

具体结转见“第七章　净资产及预算结余的核算”。

第六章

费用及预算支出

费用及预算支出是政府会计主体依法履职、开展业务及其他活动发生的资金耗费和损失，是政府会计主体经济活动和财务管理的重要内容，也是政府会计的重要核算对象。费用主要反映政府会计主体的各项财务运行成本、现金流出量等，可以为财务报告使用者作出决策或者进行监督和管理提供依据；而预算支出主要反映政府会计主体的预算年度执行结果，有助于决算报告使用者进行监督和管理，是财政、上级等部门考核预算执行情况的依据，也为编制后续年度预算提供参考和依据。因此，要切实加强费用及预算支出管理，严格执行国家有关财务规章制度规定的支出范围和支出标准，认真组织核算，提高资金使用效益。

财务会计的费用类科目（8个）和预算会计的预算支出类科目（8个）明细及适用范围如表6－1所示：

表6－1　　费用及预算支出类会计科目适用范围表

财务会计——费用类		预算会计——预算支出类	
会计科目	适用范围	会计科目	适用范围
业务活动费用	行政、事业单位	行政支出	行政单位
单位管理费用	事业单位	事业支出	事业单位
上缴上级费用	事业单位	上缴上级支出	事业单位
对附属单位补助费用	事业单位	对附属单位补助支出	事业单位
资产处置费用	行政、事业单位	投资支出	事业单位
所得税费用	事业单位	债务还本支出	事业单位
经营费用	事业单位	经营支出	事业单位
其他费用	行政、事业单位	其他支出	行政、事业单位

本章账务处理均以某县气象局2019年发生的经济业务为例。

假如该县局为小规模纳税人；退休人员基本养老金纳入地方社保发放，但社保局未实行统发，仍把款项转入县局基本户，由县局代发放，按地方政府规定，退休人员的节日补贴和住房补贴仍需由县局另外发放；编内在职人员已纳入地方社保，分别缴纳基本养老保险和医疗保险，编外聘用人员也缴纳“五险一金”；基本养老保险费、医疗保险费、个人所得税和单位负担的税费由县税务局直接通过县局基本账户托收，根据《财政部关于中央预算单位2019年预算执行管理有关问题的通知》（财库〔2018〕95号）精神，县局将应由零余额账户支出而在基本账户直接托收的款项，从零余额账户直接划转至基本账户。

该县气象局有关人员情况如表6-2所示。

表6-2　　某县气象局人员情况表

序号	姓名	身份	主要岗位	序号	姓名	身份
1	谢山亮	编内参公在职	局长	9	冯　峰	参公退休
2	王文义	编内参公在职	副局长	10	黄霞丽	参公退休
3	张　琪	编内参公在职	纪检员	11	许嘉伟	参公退休
4	李石志	编内事业在职	办公室、人事	12	董丽仪	事业退休
5	陈冰彬	编内事业在职	预报员兼会计	13	叶成强	事业退休
6	赖　勇	编内事业在职	观测员兼出纳			
7	姜思斌	编内事业在职	观测员兼仓管	另长期聘用5人开展经营活动		
8	徐杨林	编外聘用在职	预报员			

假设下列资产均为开展气象专业业务活动及其辅助活动而使用的资产（如表6-3所示）。

表6-3　　某县气象局资产情况表　　金额单位：元

（一）固定资产折旧明细							
资产编号	资产类别	资产名称	资产原值	规定折旧期限（月）	截至2018年底已使用期限（月）	截至2018年底已计提（补提）累计折旧	2019年1月起每月应计提折旧
G141089011002001	房屋	业务办公用房	6 000 000	600	240	2 400 000	10 000
G141089011002002	通用设备	雅阁牌汽车	240 000	120	60	120 000	2 000
G141089011002003	通用设备	联想台式计算机（5台）	36 000	120	96	28 800	300
合　计			6 276 000			2 548 800	12 300
（二）无形资产摊销明细							
资产编号	资产类别	资产名称	资产原值	规定摊销期限（月）	截至2018年底已使用期限（月）	截至2018年底已计提（补提）累计摊销	2019年1月起每月应计提摊销
G141089011002004	无形资产	智慧气象一体化业务系统	450 000	60	36	270 000	7 500
G141089011002005	无形资产	土地使用权	1 000 000				
合　计			1 450 000			270 000	7 500

第一节　业务活动费用和单位管理费用（行政支出、事业支出）的核算

业务活动费用是指单位为实现其职能目标，依法履职或开展专业业务活动及其辅助活动所发生的各项费用。单位管理费用是指事业单位本级行政及后勤管理部门开展管理活动发生的各项费用，包括事业单位行政及后勤管理部门发生的人员经费、公用经费、资产折旧（摊销）等费用，以及由单位统一负担的离退休人员经费、工会经费、诉讼费、中介费等。

行政支出是行政单位履行其职责实际发生的各项现金流出；事业支出是事业单位开展专业业务活动及其辅助活动实际发生的各项现金流出。

业务活动费用、单位管理费用（行政支出、事业支出）是行政事业单位会计核算反映和监督的主要对象，也是考核行政事业单位职能目标实现情况、事业发展成果、资金使用效益和预算执行情况的主要依据，反映了行政事业单位的刚性支出。

一、管理要求

第一，单位应当根据依法取得的财政拨款收入、事业收入、上级补助收入、附属单位上缴收入和其他收入等，按规定合理安排业务活动费用（行政支出、事业支出）、单位管理费用（事业支出），事业单位应注意保持合理的费用（支出）结构，优先保障基本支出需要，根据轻重缓急和财力可能妥善安排项目支出。同时，应按照国家关于“三公”经费等方面的有关规定，严格控制一般性支出和“三公”经费支出。

第二，单位的所有费用（支出）必须全部纳入单位预算统一管理，严格按批复的预算、费用支出范围标准和定额安排。上级部门核定批复的预算和国家或主管部门规定的支出范围和标准，是掌握费用（支出）的依据，也是控制费用（支出）的手段，禁止无预算支出、超预算支出以及扩大支出范围，提高支出标准。

第三，单位从财政部门和主管部门取得的有指定项目和用途的专项资金，应当专款专用、单独辅助核算，并按照规定向财政部门或者主管部门报送专项资金使用情况；项目完成后，应当报送专项资金支出决算和绩效评价的书面报告，接受财政部门或者主管部门的检查、验收。有经营活动的事业单位应划清业务活动费用与经营费用、事业支出与经营支出的界限，合理归集，不能分清的，应按一定标准或采用适当的方法进行分配，不得相互挤占。基本支出和项目支出、基本支出中的人员支出和公用支出之间不能混用，项目支出中不得列支人员支出（科研项目绩效等特殊情况除外），尤其注意基本支出中安排的专项支出，要专款专用，不能相互挤占或挪用。基本建设项目支出和行政事业类项目支出也不得相互挤占。

第四，单位必须严格执行国家和主管部门规定的各项财政财务制度，建立健全内部管理制度，严格审批手续，杜绝支出管理的随意性。单位制定的支出管理制度，应当依据国家有关规定，符合本部门（单位）的实际情况和业务特点。单位不得擅自超越国家规定的开支范围和开支标准列支相关经费，对于国家和上级主管有关财务规章制度没有统一规定的，单位可以结合本单位实际和业务特点制定相关规定，报上级部门备案后执行；对于违反法律制度和国家政策的，上级部门应当责令其改正。

第五，严格执行国库集中支付制度和政府采购制度等有关规定。单位在实际支付资金时，要按照财政部规定的支付方式划分标准自行选择财政直接支付和财政授权支付两种方式；严格执行公务卡制度，减少现金提取和使用；严格执行预算单位银行账户资金存放管理制度，加强单位实有资金账户管理。要完整编制政府采购预算和采购计划，并按照招投标和政府采购管理的有关规定执行，严格实施政府采购。

第六，行政事业单位应厉行节约，反对浪费，节约使用每一笔经费，花少钱、办多事、办好事，提高资金使用效益。各项费用（支出）要有明确的目标，形成的结果要对照目标进行绩效评价，以促进行政事业单位“转职能、转政风、严纪律、强监管、肃贪腐”，进一步降低行政成本和增强成本、效益观念，提供更多更好的公共服务。

第七，各类票据是行政事业单位依法履职、开展业务活动而进行会计核算、账务处理等财务管理活动中的重要依据，也是各项费用（支出）列支的依据，因此需要确保票据来源合法，列示的所有内容合规真实，坚决杜绝使用虚假票据。

第八，应严格区分公私界限，应由个人负担的支出，不得由单位负担。对附属单位补助支出和上缴上级支出，属于部门内部调剂性质的支出，不得计入本单位的事业支出，避免虚增事业支出。

二、核算要求

第一，《政府会计制度》规定，业务活动费用应当按照项目、服务或者业务类别、支付对象等进行明细核算；单位管理费用应当按照项目、费用类别、支付对象等进行明细核算。为了满足成本核算需要，还可按照“工资福利费用”“商品和服务费用”“对个人和家庭的补助费用”“固定资产折旧费”“无形资产摊销费”等成本项目设置明细科目，归集能够直接计入业务活动（或单位管理活动）或采用一定方法计算后计入业务活动（或单位管理活动）的费用。

第二，行政支出、事业支出应当分别按照“财政拨款支出”“非财政专项资金支出”和“其他资金支出”，“基本支出”和“项目支出”等进行明细核算，并按照《政府收支分类科目》中“支出功能分类科目”的项级科目进行明细核算；“基本支出”和“项目支出”明细科目下应当按照《政府收支分类科目》中“部门预算支出经济分类科目”的款级科目进行明细核算，同时在“项目支出”明细科目下按照具体项目进行明细核算。

对于预付款项，可在“行政支出（事业支出）”科目下设置“待处理支出”明细科目进行过渡核算，待确认具体支出内容后再转入“行政支出（事业支出）”科目下相关支出经济分类明细科目。年末结账前，如“行政支出（事业支出）——待处理支出”明细科目有借方余额，则直接转入“资金结存——待处理支出”科目，下一年初从“资金结存——待处理支出”科目转回“行政支出（事业支出）——待处理支出”明细科目；年末结账后，“行政支出（事业支出）——待处理支出”明细科目应无余额。

事业单位发生教育、科研、医疗、行政管理、后勤保障等活动的，可在“事业支出”科目下设置相应的明细科目进行核算，或单设“教育支出”“科研支出”“医疗支出”“行政管理支出”“后勤保障支出”等一级会计科目进行核算。

第三，核算重点在于准确把握业务活动费用和单位管理费用的界定、各项明细费用（支出）的管理制度和规范要求、各项业务活动的特点和性质、以及各项费用的列支口径，正确使用会计科目归集各项费用支出（即按政府收支分类科目中的部门预算支出经济分类科目说明正确归集），做到合法、合规、真实、准确。

核算难点在于会计账务处理过程中进行的一系列辅助核算，应做到准确、完整。另外，在年终进行结转时，要明确各项费用（支出）的资金来源渠道，正确区分中央财政拨款、地方财政拨款、非财政拨款专项资金和其他资金。

三、主要账务处理及举例

（一）支付单位职工薪酬

1. 财务会计：计提时，借记“业务活动费用”或“单位管理费用”科目，贷记“应付职工薪酬——基本工资（基本离退休费）、国家统一规定的津贴补贴、规范津贴补贴、改革性补贴、奖金、绩效工资”科目；代扣代缴养老保险、职业年金、医疗保险、住房公积金、个人所得税时，借记“应付职工薪酬——基本工资（基本离退休费用）”等科目，贷记“应付职工薪酬——机关事业单位基本养老保险缴费” “应付职工薪酬——职业年金缴费”“应付职工薪酬——职工基本医疗保险缴费”“应付职工薪酬——公务员医疗补助缴费”“应付职工薪酬——住房公积金”“应付职工薪酬——其他社会保障缴费” “其他应交税费——个人所得税”等科目；实际发放时，借记“应付职工薪酬——基本工资（基本离退休费）、国家统一规定的津贴补贴、规范津贴补贴、改革性补贴、奖金、绩效工资”科目，贷记“零余额账户用款额度”“银行存款”或“财政拨款收入”等科目。

2. 预算会计：按实际发放金额，借记“行政支出”或“事业支出”科目，贷记“财政拨款预算收入”“资金结存”科目。

【例 6-1】 2019 年 1 月 7 日，县气象局人事干部李石志通过工资发放系统转来本月工资发放表（如表 6-4 所示），会计陈冰彬做好发放前准备，并据此做应发额、代扣代缴费用的账务处理。

表 6－4　　**县气象局工资发放表**　　单位：元

姓名	应发项目					代扣代缴项目					实发
	基本工资	规范性津补贴	住房补贴	公务交通补贴	合计	养老保险	医疗保险	住房公积金	个税	合计	
谢山亮	3 300	4 500	1 300	650	9 750	1 360	272	816	80	2 528	7 222
王文义	3 100	4 300	1 200	500	9 100	1 280	256	768	55	2 359	6 741
张　琪	3 100	4 200	1 200	500	9 000	1 260	252	756	48	2 316	6 684
李石志	2 800	4 200	1 100		8 100	1 200	240	720	40	2 200	5 900
陈冰彬	2 800	4 100	1 100		8 000	1 180	236	708	38	2 162	5 838
赖　勇	2 800	4 000	1 100		7 900	1 160	232	696	36	2 124	5 776
姜思斌	2 300	3 500	900		6 700	960	192	576	17	1 745	4 955
徐杨林	2 000	3 000			5 000	800	160	480	2	1 442	3 558
冯　峰		1 000	1 200		2 200						2 200
黄霞丽		1 000	1 200		2 200						2 200
许嘉伟		1 000	1 100		2 100						2 100
董丽仪		1 000	1 100		2 100						2 100
叶成强		1 000	1 000		2 000						2 000
合计	22 200	36 800	13 500	1 650	74 150	9 200	1 840	5 520	316	16 876	57 274

按照气象部门会计政策规定，该县局 5 个退休人员的支出应列入单位管理费用，其他人员的支出应列入业务活动费用。

（1）计算确认应发额。

①业务活动费用（工资福利费用）＝在职人员：基本工资 22 200＋规范性津补贴 31 800＋住房补贴 7 900＝61 900 元。

②业务活动费用（商品和服务费用）＝在职人员：公务交通补贴 1 650 元。

③单位管理费用（对个人和家庭的补助费用）＝退休人员：规范性津补贴 5 000＋住房补贴 5 600＝10 600 元。

具体会计分录如表 6－5 所示：

表 6－5

财务会计	预算会计
借：业务活动费用——工资福利费用　61 900 　业务活动费用——商品和服务费用　1 650 　单位管理费用——对个人和家庭的补助费用　10 600 　贷：应付职工薪酬——基本工资（基本离退休费）　22 200 　　应付职工薪酬——规范津贴补贴　36 800 　　应付职工薪酬——改革性补贴　15 150(13 500＋1 650)	——

（2）代扣代缴养老保险、医疗保险、住房公积金和个人所得税。具体会计分录如表 6－6 所示：

表 6－6

财务会计	预算会计
借：应付职工薪酬——基本工资（基本离退休费） 16 876 贷：应付职工薪酬——机关事业单位基本养老保险缴费 9 200 应付职工薪酬——职工基本医疗保险缴费 1 840 应付职工薪酬——住房公积金 5 520 其他应交税费——代扣代缴的个人所得税——工资薪金个税 316	——

【例 6－2】2019 年 1 月 8 日，会计陈冰彬和出纳赖勇根据工资发放表，通过代理银行发放职工工资薪金，其中编内在职和离退休人员的部分在中央财政安排的当年基本支出预算中列支，编外聘用人员的部分在单位基本账户中列支。具体会计分录如表 6－7 所示：

表 6－7

财务会计	预算会计
借：应付职工薪酬——基本工资（基本离退休费） 5 324 （基本工资合 22 200——代扣代缴合计 16 876） 应付职工薪酬——规范津贴补贴 36 800 应付职工薪酬——改革性补贴 15 150 贷：零余额账户用款额度——基本支出用款额度 53 716 （编内在职＋退休人员实发部分） 银行存款——基本账户存款 3 558（编外人员实发部分）	借：事业支出——基本支出——工资福利支出——基本工资 4 766 （编内在职基本工资合计 20 200——编内在职代扣代缴合计 15 434） 事业支出——基本支出——工资福利支出——津贴补贴——规范津贴补贴 28 800 事业支出——基本支出——工资福利支出——津贴补贴——改革性补贴——购房补贴 7 900 事业支出——基本支出——商品和服务支出——其他交通费用——公务交通补贴 1 650 事业支出——基本支出——工资福利支出——其他工资福利支出——编外长期聘用人员工资福利支出——编外长聘人员基本工资 558 （编外聘用基本工资合计 2 000－编外聘用代扣代缴合计 1 442） 事业支出——基本支出——工资福利支出——其他工资福利支出——编外长期聘用人员工资福利支出——编外长聘人员津贴补贴 3 000 事业支出——基本支出——对个人和家庭的补助支出——退休费——生活性津贴 5 000 事业支出——基本支出——对个人和家庭的补助支出——退休费——购房补贴 5 600 贷：资金结存——零余额账户用款额度——基本支出用款额度 53 716 资金结存——货币资金——银行存款 3 558

预算会计也可以如下账务处理，先按应发数全部记入“事业支出”科目，将代扣代缴数记入“资金结存——待处理工资扣款”“资金结存——待处理税款”等科目，待实际支付代扣代缴款项时，对“资金结存——待处理工资扣款”“资金结存——待处理税款”等科目进行冲减。具体会计分录如表6－8所示：

表6－8

财务会计	预算会计
借：应付职工薪酬——基本工资（基本离退休费）　5 324 （基本工资合计22 200——代扣代缴合计16 876） 应付职工薪酬——规范津贴补贴　36 800 应付职工薪酬——改革性补贴　15 150 贷：零余额账户用款额度——基本支出用款额度　53 716 （编内在职＋退休人员实发部分） 银行存款——基本账户存款　3 558 （编外人员实发部分）	借：事业支出——基本支出——工资福利支出——基本工资　20 200 事业支出——基本支出——工资福利支出——津贴补贴——规范津贴补贴　28 800 事业支出——基本支出——工资福利支出——津贴补贴——改革性补贴——购房补贴　7 900 事业支出——基本支出——商品和服务支出——其他交通费用——公务交通补贴　1 650 事业支出——基本支出——工资福利支出——其他工资福利支出——编外长期聘用人员工资福利支出——编外长聘人员基本工资　2 000 事业支出——基本支出——工资福利支出——其他工资福利支出——编外长期聘用人员工资福利支出——编外长聘人员津贴补贴　3 000 事业支出——基本支出——对个人和家庭的补助支出——退休费——生活性津贴　5 000 事业支出——基本支出——对个人和家庭的补助支出——退休费——购房补贴　5 600 贷：资金结存——零余额账户用款额度——基本支出用款额度　53 716 资金结存——货币资金——银行存款　3 558 资金结存——待处理工资扣款　16 560 资金结存——待处理税款　316

（二）为职工缴交社保费用及住房公积金

1. 财务会计：计提单位负担的费用部分时，借记“业务活动费用——工资福利费用”“单位管理费用——工资福利费用”科目，贷记“应付职工薪酬——机关事业单位基本养老保险缴费、职业年金缴费、职工基本医疗保险缴费、公务员医疗补助缴费、住房公积金、其他社会保障缴费”等科目；实际缴交时，借记“应付职工薪酬——机关事业单位基本养老保险缴费、职业年金缴费、职工基本医疗保险缴费、公务员医疗补助缴费、住房公积金、其他社会保障缴费”等科目，贷记“零余额账户用款额度”或“银行存款”或“财政拨款收入”等科目。

2. 预算会计：按实际缴纳金额，借记“行政支出”或“事业支出”科目，贷记“财政拨款预算收入”“资金结存”科目。

【例6－3】2019年2月10日，收到县税务局通过代理银行转来的1月在职职工的基本养老保险缴费32 200元和医疗保险缴费5 520元托收单，以及代扣代缴个人所得税

316 元的完税证明，合计 38 036 元，银行已支付。已知职工的养老保险和医疗保险缴费明细如表 6－9 所示：

表 6－9　　县气象局基本养老保险和医疗保险缴费明细表　　单位：元

姓名	合计	养老保险			医疗保险		
		小计	单位缴交部分	个人缴交部分	小计	单位缴交部分	个人缴交部分
谢山亮	5 576	4 760	3 400	1 360	816	544	272
王文义	5 248	4 480	3 200	1 280	768	512	256
张　琪	5 166	4 410	3 150	1 260	756	504	252
李石志	4 920	4 200	3 000	1 200	720	480	240
陈冰彬	4 838	4 130	2 950	1 180	708	472	236
赖　勇	4 756	4 060	2 900	1 160	696	464	232
姜思斌	3 936	3 360	2 400	960	576	384	192
徐杨林	3 280	2 800	2 000	800	480	320	160
合计	37 720	32 200	23 000	9 200	5 520	3 680	1 840

账务处理可以分 2 步：

第 1 步，先反映单位负担的养老保险缴费和医疗保险缴费计提分录，具体会计分录如表 6－10 所示：

表 6－10

财务会计	预算会计
借：业务活动费用——工资福利费用　26 680 　贷：应付职工薪酬——机关事业单位基本养老保险缴费　23 000 　　应付职工薪酬——职工基本医疗保险缴费　3 680	——

第 2 步，再按实际支付情况反映分录，具体会计分录如表 6－11 所示：

表 6－11

财务会计	预算会计
借：应付职工薪酬——机关事业单位基本养老保险缴费 32 200（23 000＋9 200） 应付职工薪酬——职工基本医疗保险缴费 5 520（3 680＋1 840） 其他应交税费——代扣代缴的个人所得税　316 贷：银行存款——基本账户存款 38 036	借：事业支出——基本支出——工资福利支出——基本工资 10 394（9 200－800＋1 840－160＋316－2） 事业支出——基本支出——工资福利支出——其他工资福利支出——编外长期聘用人员工资福利支出——编外长聘人员基本工资 962（800＋160＋2） 事业支出——基本支出——工资福利支出——其他工资福利支出——编外长期聘用人员工资福利支出——编外长期聘用人员社保缴费 2 320（2 000＋320） 事业支出——基本支出——工资福利支出——机关事业单位基本养老保险缴费 21 000（23 000－2 000） 事业支出——基本支出——工资福利支出——职工基本医疗保险缴费 3 360（3 680－320） 贷：资金结存——货币资金——银行存款　38 036

如延续【例6－2】对代扣代缴款项通过“资金结存——待处理工资扣款”等科目进行处理的，实际支付代扣代缴款项时，预算会计的具体会计分录如表6－12所示：

表6－12

财务会计	预算会计
借：应付职工薪酬——机关事业单位基本养老保险缴费　32 200（23 000＋9 200） 应付职工薪酬——职工基本医疗保险缴费　5 520（3 680＋1 840） 其他应交税费——代扣代缴的个人所得税　316 贷：银行存款——基本账户存款　38 036	借：资金结存——待处理工资扣款　11 040 资金结存——待处理税款　316 事业支出——基本支出——工资福利支出——其他工资福利支出——编外长期聘用人员工资福利支出——编外长期聘用人员社保缴费　2 320（2 000＋320） 事业支出——基本支出——工资福利支出——机关事业单位基本养老保险缴费　21 000（23 000－2 000） 事业支出——基本支出——工资福利支出——职工基本医疗保险缴费　3 360（3 680－320） 贷：资金结存——货币资金——银行存款　38 036

【**例6－4**】2019年2月11日，县局将在基本户托收的在职职工基本养老保险、医疗保险34 440元（单位缴交养老保险部分23 000－2 000＝21 000，医疗保险部分3 680－320＝3 360；代扣代缴个人养老保险部分9 200－800＝8 400，医疗保险部分1 840－160＝1 680）和个人所得税314元（316－2＝314），共计34 754元，按国库管理规定从零余额账户转回基本户。具体会计分录如表6－13所示：

表6－13

财务会计	预算会计
借：银行存款——基本账户存款　34 754 贷：零余额账户用款额度——基本支出用款额度　34 754	借：资金结存——货币资金——银行存款　34 754 贷：资金结存——零余额账户用款额度——基本支出用款额度　34 754

【**例6－5**】2019年2月12日，出纳去银行汇缴全体在职职工本月的住房公积金11 040元，编内在职人员的部分10 080元从中央财政当年预算中列支（其中：单位负担50%部分5 040元由住房公积金预算列支，代扣代缴个人负担50%部分5 040元由行政运行预算列支2 340元、气象事业机构预算列支2 700元），编外聘用人员的部分960元（含代扣代缴个人部分480元）从县局基本存款账户中划出。

账务处理可以分2步：

第1步，先反映单位负担的50%部分，具体会计分录如表6－14所示：

表6－14

财务会计	预算会计
借：业务活动费用——工资福利费用　5 520 贷：应付职工薪酬——住房公积金　5 520	——

第2步，再反映单位实际支付的情况，具体会计分录如表6-15所示：

表6-15

财务会计	预算会计
借：应付职工薪酬——住房公积金 11 040（5 520+5 520） 贷：银行存款——基本账户存款 960 零余额账户用款额度——基本支出用款额度 10 080	借：事业支出——基本支出——工资福利支出——基本工资 5 040 事业支出——基本支出——工资福利支出——住房公积金 5 040 事业支出——基本支出——工资福利支出——其他工资福利支出——编外长期聘用人员工资福利支出——编外长聘人员基本工资 480 事业支出——基本支出——工资福利支出——其他工资福利支出——编外长期聘用人员工资福利支出——编外长聘人员公积金 480 贷：资金结存——货币资金——银行存款 960 资金结存——零余额账户用款额度——基本支出用款额度 10 080

如延续【例6-2】对代扣代缴款项通过“资金结存——待处理工资扣款”等科目进行处理的，实际支付代扣代缴款项时，预算会计的具体会计分录如表6-16所示：

表6-16

财务会计	预算会计
借：应付职工薪酬——住房公积金 11 040（5 520+5 520） 贷：银行存款——基本账户存款 960 零余额账户用款额度——基本支出用款额度 10 080	借：资金结存——待处理工资扣款 5 520 事业支出——基本支出——工资福利支出——住房公积金 5 040 事业支出——基本支出——工资福利支出——其他工资福利支出——编外长期聘用人员工资福利支出——编外长聘人员公积金 480 贷：资金结存——货币资金——银行存款 960 资金结存——零余额账户用款额度——基本支出用款额度 10 080

（三）为社保局代发离退休人员的基本养老金

1. 财务会计：收到时，借记“银行存款”科目，贷记“其他应付款”科目；实际发放时，借记“其他应付款”科目，贷记“银行存款”科目。

2. 预算会计：收到时，借记“资金结存——货币资金——银行存款”科目，贷记“资金结存——非预算内资金”科目；实际发放时，借记“资金结存——非预算内资金”科目，贷记“资金结存——货币资金——银行存款”科目。

【例6-6】2019年3月13日，县局基本存款账户收到县社保局转来的5个退休人员基本养老金24 700元。具体会计分录如表6-17所示：

表 6-17

财务会计	预算会计
借：银行存款——基本账户存款　24 700 　贷：其他应付款——其他——离退休人员养老金　24 700	借：资金结存——货币资金——银行存款　24 700 　贷：资金结存——非预算内资金　24 700

【例 6-7】2019 年 3 月 14 日，县局会计和出纳将县社保局转来的退休人员基本养老金 24 700 元，全部通过银行代发系统发放至 5 个退休职工的个人储蓄卡中。具体会计分录如表 6-18 所示：

表 6-18

财务会计	预算会计
借：其他应付款——其他——离退休人员养老金　24 700 　贷：银行存款——基本账户存款　24 700	借：资金结存——非预算内资金　24 700 　贷：资金结存——货币资金——银行存款　24 700

（四）支付外部人员劳务费

1. 财务会计：按确定给个人的总金额（含个人所得税），借记“业务活动费用”或“单位管理费用”科目，按照代扣代缴个人所得税的金额，贷记“其他应交税费——应交个人所得税”科目，按照扣税后应付或实际支付的金额，贷记“其他应付款”“财政拨款收入”“零余额账户用款额度”“银行存款”等科目。

2. 预算会计：按应发给个人的总金额（含个人所得税），借记“行政支出”或“事业支出”科目，按实际发放的金额，贷记“财政拨款预算收入”“资金结存”科目；按应发额与实发额的差额，贷记“资金结存——待处理税款”科目。按照实际缴纳的代扣代缴个人所得税的金额，借记“资金结存——待处理税款”科目，贷记“财政拨款预算收入”“资金结存”科目。

【例 6-8】2019 年 4 月 14 日，县局组织开展某“三农”建设项目的专家论证会，邀请县规划局、县建设局的有关专家 3 人参加，通过银行支付 3 位专家的论证费各 1 000 元，经计算，单位为 3 位专家代扣代缴个人所得税各 50 元。经批准，这些费用全部在中央财政当年安排的气象服务项目支出经费中列支。具体会计分录如表 6-19 所示：

表 6-19

财务会计	预算会计
借：业务活动费用——商品和服务费用　3 150 　贷：零余额账户用款额度——项目支出用款额度　3 000 　　其他应交税费——代扣代缴的个人所得税——其他所得个税　150	借：事业支出——项目支出——商品和服务支出——劳务费　3 150 　贷：资金结存——零余额账户用款额度——项目支出用款额度　3 000 　　资金结存——待处理税款　150

【例6－9】2019年4月15日，县局收到税务局的税款托收单，显示已扣缴个人所得税150元。具体会计分录如表6－20所示：

表6－20

财务会计	预算会计
借：其他应交税费——代扣代缴的个人所得税——其他所得个税 150 贷：银行存款——基本账户存款 150	借：资金结存——待处理税款 150 贷：资金结存——货币资金——银行存款 150

【例6－10】2019年4月20日，县局按国库管理规定将在基本户代扣代缴的个人所得税150元，从零余额账户划转回基本户。具体会计分录如表6－21所示：

表6－21

财务会计	预算会计
借：银行存款——基本账户存款 150 贷：零余额账户用款额度——项目支出用款额度 150	借：资金结存——货币资金——银行存款 150 贷：资金结存——零余额账户用款额度——项目支出用款额度 150

（五）领用库存物品

1. 财务会计：单位履职或开展专业活动、管理活动领用库存物品，按照领用库存物品的实际成本，借记"业务活动费用"或"单位管理费用"科目，贷记"库存物品"科目。

备注：若单位存在2019年《政府会计制度》实施前已记支出但未领用的库存物品，在领用这部分库存物品时，则应借记"累计盈余——非流动资产基金——库存物品"科目，贷记"库存物品"相关明细科目。

2. 预算会计：不做账务处理。

【例6－11】2019年5月17日，观测员赖勇从负责仓库管理的姜思斌保管的气象仪器器材仓库里领用了当年购置的3个自动气象站备件，去维修安装在××镇政府的自动气象站，每个备件单价300元，共计900元。具体会计分录如表6－22所示：

表6－22

财务会计	预算会计
借：业务活动费用——商品和服务费用 900 贷：库存物品——材料——××气象仪器备件 900	——

【例6－12】2019年5月20日，观测员赖勇从负责仓库管理的姜思斌保管的气象仪器器材仓库里领用了2018年购置（已作事业支出）的1个自动气象站备件，去维修安装在××镇政府的自动气象站，每个备件单价300元，共计300元。具体会计分录如表

6－23 所示：

表 6－23

财务会计	预算会计
借：累计盈余——非流动资产基金——库存物品　300 　贷：库存物品——材料——××气象仪器备件　300	——

（六）为履职或开展业务活动购买存货、固定资产、无形资产等以及支付在建工程款项

1. 财务会计：按照实际支付或应付的价款，借记“库存物品”“固定资产”“无形资产”“在建工程”等科目，贷记“财政拨款收入”“零余额账户用款额度”“银行存款”“应付账款”等科目。

在购买固定资产、无形资产以及支付在建工程款项时，借记“固定资产”“无形资产”“在建工程”，贷记“财政拨款收入”“零余额账户用款额度”“银行存款”“应付账款”等科目；同时，借记“累计盈余——中央财政拨款结转”“累计盈余——非中央财政拨款结转”“累计盈余——非中央财政拨款结余”明细科目，贷记“累计盈余——非流动资产基金”明细科目。

2. 预算会计：按照实际支付的金额，借记“行政支出”或“事业支出”科目，贷记“财政拨款预算收入”“资金结存”科目。

【例 6－13】 2019 年 6 月 18 日，通过政府采购方式购置 2 台办公用台式计算机，单价 3 600 元，已到货，资产管理员已验收并登记资产账，发票、政府采购合同、验收单等材料齐全，财务办理 7 200 元的转账手续，从中央财政当年安排的气象事业机构的基本支出公用经费中列支。具体会计分录如表 6－24 所示：

表 6－24

财务会计	预算会计
借：固定资产——通用设备　7 200 　贷：零余额账户用款额度——基本支出用款额度　7 200 同时： 借：累计盈余——中央财政拨款结转　7 200 　贷：累计盈余——非流动资产基金——固定资产　7 200	借：事业支出——基本支出——资本性支出——办公设备购置　7 200 　贷：资金结存——零余额账户用款额度——基本支出用款额度　7 200

（七）计提固定资产折旧或无形资产摊销

1. 财务会计：计提所使用的固定资产折旧、无形资产摊销，按照计提金额，借记“业务活动费用——固定资产折旧费、无形资产摊销费”或“单位管理费用——固定资产折旧费、无形资产摊销费”科目，贷记“固定资产累计折旧”“无形资产累计摊销”科目。年终结转时，借记“累计盈余——非流动资产基金——固定资产、无形资产”，贷记“业务活动费用——固定资产折旧费、无形资产摊销费”“单位管理费用——固定资产折旧费、无形资产摊销费”。

2. 预算会计：不做账务处理。

【例 6 - 14】2019 年 7 月 31 日，会计根据月末资产情况，列出下列固定资产折旧和无形资产摊销表（如表 6 - 25 所示），计提当月固定资产折旧和无形资产摊销。

表 6 - 25　固定资产折旧和无形资产摊销明细表　金额单位：元

（一）固定资产折旧明细						
资产类别	资产名称	资产原值	规定折旧期限（月）	截至 2018 年底已使用期限（月）	2019 年 1 月起每月应计提折旧	备注
房屋	业务办公用房	6 000 000	600	240	10 000	计提至 2048 年 12 月
通用设备	雅阁牌汽车	240 000	120	60	2 000	计提至 2023 年 12 月
通用设备	联想台式计算机（5 台）	36 000	120	96	300	计提至 2020 年 12 月
通用设备	联想台式计算机	7 200	120	0	60	2019 年 5 月新增，计提至 2029 年 4 月
合　计		6 283 200			12 360	
（二）无形资产摊销明细						
资产类别	资产名称	资产原值	规定摊销期限（月）	截至 2018 年底已使用期限（月）	2019 年 1 月起每月应计提摊销	备注
无形资产	智慧气象一体化业务系统	450 000	60	36	7 500	摊销至 2020 年 12 月
合　计		450 000	60	36	7 500	

具体会计分录如表 6 - 26 所示：

表 6 - 26

财务会计	预算会计
借：业务活动费用——固定资产折旧费　12 360 　业务活动费用——无形资产摊销费　7 500 　贷：固定资产累计折旧——房屋及构筑物折旧　10 000 　　固定资产累计折旧——用设备折旧　2 360 　　无形资产累计摊销——软件　7 500 年终结转时： 借：累计盈余——非流动资产基金——固定资产　12 360 　累计盈余——非流动资产基金——无形资产　7 500 　贷：业务活动费用——固定资产折旧费　12 360 　　业务活动费用——无形资产摊销费　7 500	——

（八）为履职或开展业务活动发生的预付款项

1. 财务会计：发生预付账款时，按照实际支付的金额，借记“预付账款”科目，贷记“财政拨款收入”“零余额账户用款额度”“银行存款”等科目。结算时，按结算的全部价款，借记“业务活动费用”“单位管理费用”科目，按已预付的金额，贷记“预付账款”，按补付的金额，贷记“财政拨款收入”“零余额账户用款额度”“银行存款”等科目。

对于暂付款项，在支付款项时，借记“其他应收款”科目，贷记“零余额账户用款额度”“银行存款”等科目。待结算或报销时，按照结算或报销的金额，借记“业务活动费用”或“单位管理费用”科目，贷记“其他应收款”“零余额账户用款额度”“银行存款”等科目。

2. 预算会计：发生预付账款时，按照实际支付的金额，借记“行政支出”或“事业支出”科目，贷记“财政拨款预算收入”“资金结存”科目。预付账款结算时，按照实际补付的金额，借记“行政支出”或“事业支出”科目，贷记“财政拨款预算收入”“资金结存”科目。

对于暂付款项，在支付款项时，借记“行政支出（事业支出）——待处理支出”，贷记“资金结存——零余额账户用款额度”或“资金结存——货币资金”，待结算或报销时，按照结算或报销的金额，借记“行政支出”或“事业支出”科目，贷记“行政支出（事业支出）——待处理支出”科目。年末结账前，如“行政支出（事业支出）——待处理支出”明细科目有借方余额，则直接转入“资金结存——待处理支出”科目，下一年初从“资金结存——待处理支出”科目转回“行政支出（事业支出）——待处理支出”明细科目；年末结账后，“行政支出（事业支出）——待处理支出”明细科目应无余额。

【例6－15】 2019年1月19日，县局与某单位签署了一份仪器设备及信息网络维保合同，维保费用共30 000元。合同约定，签署后当天应支付对方总价款的30%；9月20日经双方确认仪器设备及信息网络能够正常运转的，按总价款的40%支付款项；12月20日经双方再次验收确认，仪器设备及信息网络能够正常运转的，支付总价款的30%，且维保日期直至2020年1月18日，发票待全部账款结清后开具。经单位领导审批，该维保费用从业务维持费中列支。

（1）1月19日合同签署后，会计人员根据合同、对方开出的收款收据、经县局领导审批同意的报销单等材料，从中央财政当年安排的某业务维持费项目经费中支付了9 000元。具体会计分录如表6－27所示：

表6－27

财务会计	预算会计
借：预付账款——其他预付款——××单位 9 000 　贷：零余额账户用款额度——项目支出用款额度 9 000	借：事业支出——项目支出——商品和服务支出——维修（护）费 9 000 　贷：资金结存——零余额账户用款额度——项目支出用款额度 9 000

（2）9月20日，双方确认验收合格后，具体会计分录如表6－28所示：

表6－28

财务会计	预算会计
借：预付账款——其他预付款——××单位 12 000 贷：零余额账户用款额度——项目支出用款额度 12 000	借：事业支出——项目支出——商品和服务支出——维修（护）费 12 000 贷：资金结存——零余额账户用款额度——项目支出用款额度 12 000

（3）12月20日，双方再次确认验收通过后，具体会计分录如表6－29所示：

表6－29

财务会计	预算会计
借：业务活动费用——商品和服务费用 30 000 贷：预付账款——其他预付款——××单位 21 000 零余额账户用款额度——项目支出用款额度 9 000	借：事业支出——项目支出——商品和服务支出——维修（护）费 9 000 贷：资金结存——零余额账户用款额度——项目支出用款额度 9 000

【例6－16】2019年8月20日，县局与某单位签署了一份临时保洁合同，合同约定，签署后当天支付2 000元，保洁服务工作所需要的材料费用按实际发生的费用结算，结算时一并提交发票。

（1）20日合同签署后，会计人员根据合同、经县局领导审批同意的报销单等材料，从基本账户中办理了支付手续。具体会计分录如表6－30所示：

表6－30

财务会计	预算会计
借：其他应收款——其他——××单位 2 000 贷：银行存款——基本账户存款 2 000	借：事业支出——基本支出——商品和服务支出——物业管理费 2 000 贷：资金结存——货币资金——银行存款 2 000

（2）8月22日，保洁服务工作完成，发生材料费用125元，经验收合格后结清款项，具体会计分录如表6－31所示：

表6－31

财务会计	预算会计
借：业务活动费用——商品和服务费用 2 125 贷：其他应收款——其他——××单位 2 000 银行存款——基本账户存款 125	借：事业支出——基本支出——商品和服务支出——物业管理费 125 贷：资金结存——货币资金——银行存款 125

（九）发生购货退回或差错更正

1. 发生当年购货退回或者发生当年差错更正。

（1）财务会计：发生当年购货退回或当年差错更正等业务，对于已计入本年业务活动费用或单位管理费用的，按照收回或应收的金额，借记“财政拨款收入”“零余额账户用款额度”“银行存款”“其他应收款”等科目，以负值借记“业务活动费用”或“单位管理费用”科目。

（2）预算会计：因当年购货退回或当年差错更正等发生款项退回，按照收回金额，借记“财政拨款预算收入”“资金结存”科目，以负值借记“行政支出”或“事业支出”科目。

【例6－17】2019年9月8日，县局向某单位购买了2个业务股使用的打印机硒鼓，基本存款账户已支付款项1 800元。具体会计分录如表6－32所示：

表6－32

财务会计	预算会计
借：业务活动费用——商品和服务费用　1 800 　贷：银行存款——基本账户存款　1 800	借：事业支出——基本支出——商品和服务支出——办公费　1 800 　贷：资金结存——货币资金——银行存款　1 800

【例6－18】2019年9月13日，县局在使用9月8日购买的打印机硒鼓时发现有漏粉现象，经双方友好协商退回，基本存款账户已收到款项1 800元。具体会计分录如表6－33所示：

表6－33

财务会计	预算会计
借：银行存款——基本账户存款　1 800 借：业务活动费用——商品和服务费用　－1 800	借：资金结存——货币资金——银行存款　1 800 借：事业支出——基本支出——商品和服务支出——办公费　－1 800

2. 发生以前年度购货退回或者发生以前年度差错更正。

（1）财务会计：发生以前年度购货退回或者发生以前年度差错更正等业务，对于已计入以前年度业务活动费用或单位管理费用的，按照收回或应收或更正的金额，借记“财政拨款收入”“零余额账户用款额度”“银行存款”“库存现金”“其他应收款”等科目，贷记“以前年度盈余调整”科目。

（2）预算会计：因发生以前年度购货退回等发生款项退回，或者发生差错更正的，按照收回或更正金额，借记“财政拨款预算收入”“资金结存”科目，贷记“财政拨款结转——年初余额调整”“财政拨款结余——年初余额调整”“非财政拨款结转——年初余额调整”“非财政拨款结余——年初余额调整”科目。

【例6-19】 2019年1月23日，县局会计在编报2018年度部门决算时发现职工李某2018年12月10日报销差旅费时多报了市内交通补助160元，职工李某退回了现金，1月25日出纳人员已将该款退回至零余额账户。

（1）23日收到职工李某退回的现金，具体会计分录如表6-34所示：

表6-34

财务会计	预算会计
借：库存现金——零余额现金 160 　贷：以前年度盈余调整 160	借：资金结存——货币资金——库存现金 160 　贷：财政拨款结转——年初余额调整 160

（2）25日将现金退回零余额账户，具体会计分录如表6-35所示：

表6-35

财务会计	预算会计
借：零余额账户用款额度——基本支出用款额度 160 　贷：库存现金——零余额现金 160	借：资金结存——零余额账户用款额度——基本支出用款额度 160 　贷：资金结存——货币资金——库存现金 160

（十）发生应负担的税金及附加

1. 财务会计：单位开展活动发生应交城市维护建设税、教育费附加、地方教育费附加、车船税、房产税、城镇土地使用税等，按照计算确定应交纳的金额，借记“业务活动费用”或“单位管理费用”科目，贷记“其他应交税费”等科目。实际缴交时，借记“其他应交税费”等科目，贷记“银行存款”等科目。

注：单位应交纳的印花税不需要预提应交税费，实际缴交时直接通过“业务活动费用”“单位管理费用”“经营费用”等科目核算，不通过“其他应交税费”科目核算。

2. 预算会计：按照实际支付的金额，借记“行政支出”或“事业支出”科目，贷记“财政拨款预算收入”“资金结存”科目。

【例6-20】 2019年9月14日，县局收到××镇政府支付的专业气象预报服务费3 000元，开出增值税普通发票，发票注明增值税税额为180元。会计据此计算应缴纳的城市维护建设税为12.6元，教育费附加为3.6元，地方教育费附加为1.8元。

（1）收到气象服务费时，具体会计分录如表6-36所示：

表 6 – 36

财务会计	预算会计
借：银行存款——基本账户存款　3 000 贷：事业收入——专业气象服务收入——气象预报服务收入　2 820 应交增值税——增值税（小规模纳税人）——应交税金　180	借：资金结存——货币资金——银行存款　3 000 贷：事业预算收入——专业气象服务收入——气象预报服务收入　3 000

（2）计算应交其他税费后进行网上申报时，具体会计分录如表 6 – 37 所示：

表 6 – 37

财务会计	预算会计
借：业务活动费用——商品和服务费用　18 贷：其他应交税费——城市维护建设税　12.6 其他应交税费——教育费附加　3.6 其他应交税费——地方教育费附加　1.8	借：事业支出——基本支出——商品和服务支出——税金及附加费用——增值税　180 事业支出——基本支出——商品和服务支出——税金及附加费用——城市维护建设税　12.6 事业支出——基本支出——商品和服务支出——税金及附加费用——教育费附加　3.6 事业支出——基本支出——商品和服务支出——税金及附加费用——地方教育费附加　1.8 贷：资金结存——待处理税款　198

【例 6 – 21】 2019 年 10 月 10 日，收到县国家税务局通过银行托收的税费单，缴纳本月税款 198 元。具体会计分录如表 6 – 38 所示：

表 6 – 38

财务会计	预算会计
借：应交增值税——增值税（小规模纳税人）——应交税金　180 其他应交税费——城市维护建设税　12.6 其他应交税费——教育费附加　3.6 其他应交税费——地方教育费附加　1.8 贷：银行存款——基本账户存款　198	借：资金结存——待处理税款　198 贷：资金结存——货币资金——银行存款　198

【例 6 – 22】 2019 年 9 月 20 日，县局收到县农业科学研究所拨入的水稻长势气象因子研究经费 40 000 元，县局开出增值税普通发票，发票注明增值税税额为 2 400 元。

（1）收到县农业科学研究所拨入的水稻长势气象因子研究经费 40 000 元时，具体会计分录如表 6 – 39 所示：

表 6－39

财务会计	预算会计
借：银行存款——基本账户存款 40 000 贷：事业收入——非同级财政拨款（事业收入）——科研课题收入 37 600 应交增值税——增值税（小规模纳税人）——应交税金 2 400	借：资金结存——货币资金——银行存款 40 000 贷：事业预算收入——科研课题收入 40 000

（2）计算应交其他税费后进行网上申报时，具体会计分录如表 6－40 所示：

表 6－40

财务会计	预算会计
借：业务活动费用——商品和服务费用 240 贷：其他应交税费——城市维护建设税 168 其他应交税费——教育费附加 48 其他应交税费——地方教育费附加 24	借：事业支出——项目支出——商品和服务支出——税金及附加费用——增值税 2 400 事业支出——项目支出——商品和服务支出——税金及附加费用——城市维护建设税 168 事业支出——项目支出——商品和服务支出——税金及附加费用——教育费附加 48 事业支出——项目支出——商品和服务支出——税金及附加费用——地方教育费附加 24 贷：资金结存——待处理税款 2 640

（3）实际缴纳税费时，具体会计分录如表 6－41 所示：

表 6－41

财务会计	预算会计
借：应交增值税——增值税（小规模纳税人）——应交税金 2 400 其他应交税费——城市维护建设税 168 其他应交税费——教育费附加 48 其他应交税费——地方教育费附加 24 贷：银行存款——基本账户存款 2 640	借：资金结存——待处理税款 2 640 贷：资金结存——货币资金——银行存款 2 640

注：预算支出采取收付实现制，一般在实际支付时予以确认，以实际支付的金额计量。此金额是指实际收到的含税金额，包括增值税。单位缴纳的增值税记入相关支出科目，预算会计不考虑增值税抵扣转出等业务，按实际缴纳的增值税税额，借记“事业支出——基本支出——商品和服务支出——税金及附加费用——增值税”科目。

从【例 6－20】、【例 6－21】与【例 6－22】的举例可以看出，对于取得横向科研课题等项目经费时应缴的税金及附加费用的处理，在没有实际缴纳时，可暂通过“资金结存——待处理税款”科目过渡核算。

（十一）单位职工食堂费用

单位职工食堂水、电、暖费用可以直接在“单位管理费用”或“业务活动费用”下“商品和服务费用”科目列支，食堂开支的用于职工伙食的支出，可以按照单位确定的伙食补助标准在职工福利费（按规定从职工工资总额中计提的福利基金，预算会计无法计提，直接从福利费中列支）或职工福利基金中列支。

1. 财务会计：按实际支付的金额，借记“单位管理费用/业务活动费用——商品和服务费用”“专用基金——职工福利基金”科目，贷记“零余额账户用款额度”“银行存款”“库存现金”科目。按实际收到单位在职职工个人交纳的餐费时，借记“银行存款”“库存现金”科目，以负值借记“专用基金——职工福利基金”科目。

2. 预算会计：按实际支付的金额，借记“行政支出/事业支出——基本支出——商品和福利支出——福利费”科目或“专用结余——职工福利基金”，贷记“资金结存——零余额账户用款额度”“资金结存——货币资金——银行存款”“资金结存——货币资金——库存现金”科目。按实际收到单位在职职工个人交纳的餐费时，借记“资金结存——货币资金——银行存款”“资金结存——货币资金——库存现金”科目，以负值借记“专用结余——职工福利基金”或“行政支出/事业支出——基本支出——商品和福利支出——福利费”科目。

【例 6－23】假设县局自办了职工食堂，采用以下模式运作：聘请 2 名临时工担任该局食堂做饭师傅，局职工食堂仅开设工作日中午一餐的工作餐（工作日早上、晚上和节假日均不开餐），每月共支付 2 名临时工劳务费用 2 200 元。工作餐标准为每人 15 元，其中该局补助 12 元，职工个人自负 3 元；食材由县城的一家肉菜配送公司定点配送，每月凭发票结算一次费用；水费、电费等无法与业务、办公用水电费分割，由局统一与自来水公司和供电公司结算。

2019 年 11 月 24 日，通过银行转账方式支付 2 名临时工劳务费 2 200 元，支付肉菜配送公司食材款项 2 500 元；食堂师傅报销瓶装煤气费用 210 元，以现金支付，职工个人交回自行负担的工作餐费 528 元，现金收讫。

（1）支付临时工劳务费、食材款和煤气费用，具体会计分录如表 6－42 所示：

表 6－42

财务会计	预算会计
借：专用基金——职工福利基金　4 910 　贷：银行存款——基本账户存款　4 700 　　　库存现金——非零余额现金　2 10	借：专用结余——职工福利基金　4 910 　贷：资金结存——货币资金——银行存款　4 700 　　　资金结存——货币资金——库存现金　210

食堂临时工的劳务费用也可单独核算，列入“劳务费”科目反映。具体会计分录如表 6－43 所示：

表6-43

财务会计	预算会计
借：业务活动费用——商品和服务费用 2 200 贷：银行存款——基本账户存款 2 200	借：事业支出——基本支出——商品和服务支出——劳务费 2 200 贷：资金结存——货币资金——银行存款 2 200

（2）职工个人交回自行负担的工作餐费，具体会计分录如表6-44所示：

表6-44

财务会计	预算会计
借：库存现金——非零余额现金 528 借：专用基金——职工福利基金 -528	借：资金结存——货币资金——库存现金 528 借：专用结余——职工福利基金 -528

（十二）公务接待费

1. 财务会计：按实际支付的金额，借记“业务活动费用”“单位管理费用”科目，贷记“银行存款”“库存现金”科目。按实际收到个人交纳的餐费时，借记“银行存款”“库存现金”科目，以负值借记“业务活动费用”“单位管理费用”科目。

2. 预算会计：按实际支付的金额，借记“行政支出”“事业支出”科目，贷记“资金结存”科目。按实际收到个人交纳的餐费时，借记“资金结存”科目，以负值借记“行政支出”“事业支出”科目。

【例6-24】2019年11月27日，市气象局张局长一行两人来县局检查指导工作，中午在局食堂安排工作餐，在每人每餐80元的接待标准内，实际发生费用310元（陪餐2人）。当天下午，张局长离开时交了就餐费30元给局出纳人员赖勇，会计陈冰彬开具了收款收据。11月28日，会计人员与配送公司单独结算了接待用的费用310元，以银行转账方式支付款项。具体会计分录如表6-45所示：

表6-45

财务会计	预算会计
借：业务活动费用——商品和服务费用 310 贷：银行存款——基本账户存款 310 同时： 借：库存现金——非零余额现金 30 借：业务活动费用——商品和服务费用 -30	借：事业支出——基本支出——商品和服务支出——公务接待费 310 贷：资金结存——货币资金——银行存款 310 同时： 借：资金结存——货币资金——库存现金 30 借：事业支出——基本支出——商品和服务支出——公务接待费 -30

关于收取来单位调研、出差等人员的伙食费、交通费应注意以下事项：

（1）各单位向被接待对象（或出差人员）收取的伙食费、交通费，属于单位与个人之间发生的不涉及应税的资金往来，可开具印制有连续编号的三联收款收据，摘要（或用途、收款项目等）一般填写：收张××伙食费、收陈××交通费。同时收取伙食费和交通费的，应分别填写清楚，如：收李××伙食费××元、交通费××元。

（2）出具或开具收款收据的单位必须是接待单位，而不是职工食堂或其他单位；收款收据需加盖财务专用章，原则上不使用发票专用章。

（3）各单位在职工食堂发生的公务接待费，应如实在"公务接待费"明细科目反映。

（4）向被接待对象（或出差人员）收取的伙食费和交通费，直接冲减"公务接待费"和"公务用车运行维护费"支出。也可先在"其他应付款"科目下设置明细科目反映，之后再冲减"公务接待费"和"公务用车运行维护费"支出。

若先在"其他应付款"科目下设置明细科目反映，之后再冲减"公务接待费"和"公务用车运行维护费"支出，则【例6－24】的账务处理如下：

（1）收取被接待对象（或出差人员）的伙食费时（相当于暂收款项），具体会计分录如表6－46所示：

表6－46

财务会计	预算会计
借：库存现金——非零余额现金　30 　贷：其他应付款——其他——伙食费　30	借：资金结存——货币资金——库存现金　30 　贷：资金结存——非预算内资金　30

（2）据实结算公务接待费时，具体会计分录如表6－47所示：

表6－47

财务会计	预算会计
借：业务活动费用——商品和服务费用　310 　贷：银行存款——基本账户存款　310	借：事业支出——基本支出——商品和服务支出——公务接待费　310 　贷：资金结存——货币资金——银行存款　310

（3）冲减时（相当于暂收款项结算确认），具体会计分录如表6－48所示：

表6－48

财务会计	预算会计
借：其他应付款——其他——伙食费　30 借：业务活动费用——商品和服务费用　－30	借：资金结存——非预算内资金　30 借：事业支出——基本支出——商品和服务支出——公务接待费　－30

【例6－25】2019年11月27日，市气象局张局长一行两人来县局检查指导工作，中午在局食堂安排工作餐，每人每餐80元的接待标准（县局陪同用餐2人）。当天下午

张局长离开时交了就餐费 30 元给局出纳人员赖勇，会计陈冰彬开具了收款收据。由于接待餐与职工工作餐无法严格区分，11 月 30 日，经办人员只能凭市局公函、公务接待审批单填写公务接待清单，费用合计 320 元。会计据此做账务处理，具体会计分录如表 6－49 所示：

表 6－49

财务会计	预算会计
借：业务活动费用——商品和服务费用 320 借：专用基金——职工福利基金 －320 同时： 借：库存现金——非零余额现金 30 借：业务活动费用——商品和服务费用 －30	借：事业支出——基本支出——商品和服务支出——公务接待费 320 借：专用结余——职工福利基金 －320 同时： 借：资金结存——货币资金——库存现金 30 借：事业支出——基本支出——商品和服务支出——公务接待费 －30

（十三）福利费、职工福利基金、工会经费

1. 福利费。

（1）财务会计：按确认的计提福利费金额，借记“业务活动费用——商品和服务费用”“单位管理费用——商品和服务费用”科目，贷记“专用基金——职工福利基金”科目；福利费支出时与“专用基金——职工福利基金”统筹使用，按实际支付的金额，借记“专用基金——职工福利基金”科目，贷记“零余额用款额度”“银行存款”“库存现金”科目。

（2）预算会计：在使用提取转入“专用基金——职工福利基金”的福利费时，按实际支出金额，借记“行政支出/事业支出——基本支出——商品和服务支出——福利费”，贷记“资金结存——零余额用款额度/货币资金”科目。

2. 职工福利基金。

（1）财务会计：根据有关规定从本年度非财政拨款结余或经营结余中提取的职工福利基金，按预算会计下计算的提取金额，借记“本年盈余分配”科目，贷记“专用基金——职工福利基金——分配转入的福利基金”科目；根据有关规定从工资总额中提取的职工福利费，借记“业务活动费用——商品和服务费用”“单位管理费用——商品和服务费用”科目，贷记“专用基金——职工福利基金——提取转入的福利基金”科目；福利费支出时与职工福利基金统筹使用，按实际支付的金额，借记“专用基金——职工福利基金”科目，贷记“零余额用款额度”“银行存款”“库存现金”科目。

（2）预算会计：按规定从本年度非财政拨款结余或经营结余中提取职工福利基金，借记“非财政拨款结余分配”科目，贷记“专用结余——职工福利基金”科目。使用从非财政拨款结余中提取的基金时，按实际支付的金额，借记“专用结余——职工福利基金”科目，贷记“资金结存——货币资金”科目。

【例 6－26】2019 年 12 月 31 日，根据县人事局和财政局的规定，按在职职工工资

总额的3%计提职工福利费1 620元。

应计提福利费 =（在职人员基本工资22 200元 + 在职人员规范性津贴补贴31 800元）×3% =54 000×3% =1 620（元）。

具体会计分录如表6－50所示：

表6－50

财务会计	预算会计
借：业务活动费用——计提专用基金　1 620 　贷：专用基金——职工福利基金——提取转入的福利基金　1 620	——

※这里需要注意的是：按《部门预算支出经济分类科目》说明，“福利费”明细科目反映单位按规定提取的职工福利费，而不是实际开支的职工福利费支出，原则上应先提后用。因此，对于职工福利费的计提和支出，统一规定处理方法如下：

①按有关文件规定从工资总额中提取的，则按规定的比例或额度先计提转入专用基金后再使用（财务会计应反映计提过程，即提即用）。

计提时，具体会计分录如表6－51所示：

表6－51

财务会计	预算会计
借：业务活动费用——计提专用基金 　单位管理费用——计提专用基金 　贷：专用基金——职工福利基金——提取转入的福利基金	——

实际使用时，具体会计分录如表6－52所示：

表6－52

财务会计	预算会计
借：专用基金——职工福利基金——提取转入的福利基金 　贷：零余额账户用款额度——基本支出用款额度 　　银行存款——基本账户存款 　　库存现金——零余额现金（非零余额现金）	借：行政支出（事业支出）——基本支出——商品和服务支出——福利费（使用从工资总额中提取并计入费用的基金） 　贷：资金结存——零余额账户用款额度 　　资金结存——货币资金——银行存款 　　资金结存——货币资金——库存现金

②按规定在非财政拨款结余或经营结余中按一定的比例范围提取的，则在年末结转转入专用基金（专用结余）后列支。

提取转入时，具体会计分录如表6－53所示：

表 6－53

财务会计	预算会计
借：本年盈余分配 　贷：专用基金——职工福利基金——分配转入的福利基金	借：非财政拨款结余分配 　贷：专用结余——职工福利基金

实际使用时，具体会计分录如表 6－54 所示：

表 6－54

财务会计	预算会计
借：专用基金——职工福利基金——分配转入的福利基金 　贷：银行存款——基本账户存款 　　库存现金——非零余额现金	借：专用结余——职工福利基金 　贷：资金结存——货币资金——银行存款 　　资金结存——货币资金——库存现金

3. 工会经费。

（1）财务会计：按确认的计提金额或实际支付的金额，借记“单位管理费用——商品和服务费用”科目，贷记“其他应付款”“零余额账户用款额度”“银行存款”“库存现金”科目。

（2）预算会计：按实际支付的金额，借记“事业支出”等科目，贷记“资金结存——零余额账户用款额度”“资金结存——货币资金”科目。

【例 6－27】2019 年 12 月 31 日，县气象局按在职职工工资总额的 2% 计提工会经费 1 080 元，并转入独立开设的工会账户。

应计提工会经费＝（在职人员基本工资 22 200 元＋在职人员规范性津贴补贴 31 800 元）×2%＝54 000×2%＝1 080（元），其中，外聘人员部分＝5 000×2%＝100（元）。

编内在职人员工会经费从零余额账户转账，外聘人员工会经费从单位基本账户转账。具体会计分录如表 6－55 所示：

表 6－55

财务会计	预算会计
借：单位管理费用——商品和服务费用　1 080 　贷：零余额账户用款额度——基本支出用款额度　980 　　银行存款——基本账户存款　100	借：事业支出——基本支出——商品和服务支出——工会经费　1 080 　贷：资金结存——零余额账户用款额度——基本支出用款额度　980 　　资金结存——货币资金——银行存款　100

【例 6－28】2019 年 12 月 25 日，县气象局按规定程序决策后，决定补助单位工会经费 50 000 元，并转入独立开设的工会账户。具体会计分录如表 6－56 所示：

表 6-56

财务会计	预算会计
借：单位管理费用——商品和服务费用　50 000 　贷：银行存款——基本账户存款　50 000	借：事业支出——基本支出——商品和服务支出——工会经费　50 000 　贷：资金结存——货币资金——银行存款　50 000

※这里需要注意的是：按《部门预算支出经济分类科目》说明，“工会经费”明细科目反映单位按规定提取或安排的工会经费，而不是实际开支的工会活动支出。

单位安排补助给工会的经费，一般的操作流程如下：

(1) 在每年10月底编制部门预算前，工会应按规定制定下一年度全年的活动方案（如工会组织开展各类文体活动、职工教育、技能竞赛等），根据这个方案做出下一年度工会全年的收入和支出预算，测算出经费缺口，按工会有关规定审议通过，以工会的名义向单位提出行政补助申请。行政补助的工会经费不能违反规定用于职工福利、发放津贴补贴等。

(2) 单位按有关规定召开领导班子决策会议，研究工会提交的经费申请报告，决定补助额度，纳入单位下一年部门预算管理。

(3) 下一年，单位根据上一年审定的工会活动方案和预算，以及工会的请拨款文件，在审定的额度内向工会拨付补助经费（一般一事一补，入账凭证需要单位集体决策后形成的会议纪要、工会的请拨款文件、工会活动方案和预算）。

※假设工会没有申请开立独立的工会账户，也应按规定单独设置账套单独核算工会经费的收支情况，不得与事业大账的收支混淆在一起。因此，在进行银行存款对账时，银行提供的对账单应与单位的事业账套银行存款和工会账套的银行存款合并对账，并在留存入档的银行对账单上注明所对应的有哪些账套，便于以后查阅核对。

假设单位没有单独申请开立用于党费收支的党费账户，与上述没有申请开立独立的工会账户的工会经费一样处理，即设置独立账套单独核算，不得与事业大账的收支混淆在一起。

（十四）为履职或开展业务活动发生其他各项费用

1. 财务会计：按照费用确认金额，借记“业务活动费用”或“单位管理费用”科目，贷记“财政拨款收入”“零余额账户用款额度”“银行存款”“应付账款”“其他应付款”“其他应收款”等科目。

2. 预算会计：按照实际支付的金额，借记“行政支出”或“事业支出”科目，贷记“财政拨款预算收入”“资金结存”科目。

【例6-29】 2019年2月25日，县局委托某会计师事务所对2018年度的财务收支进行审计，双方签署的协议中约定审计费为20 000元，审计完成并提交审计报告后开具发票，并由县局一次性付清费用。3月20日会计师事务所完成审计工作，提交了审计报告和发票，县局按协议约定支付审计费用。具体会计分录如表6-57所示：

表 6－57

财务会计	预算会计
借：单位管理费用——商品和服务费用 20 000 贷：银行存款——基本账户存款 20 000	借：事业支出——基本支出——商品和服务支出——委托业务费 20 000 贷：资金结存——货币资金——银行存款 20 000

假设上述举例签订协议是在 2019 年 12 月 25 日，而完成审计支付款项是在 2020 年 1 月 20 日，则账务处理如下：

（1）2019 年 12 月 25 日协议签订后，具体会计分录如表 6－58 所示：

表 6－58

财务会计	预算会计
借：单位管理费用——商品和服务费用 20 000 贷：应付账款——其他——某会计师事务所 20 000	——

（2）2020 年 1 月 20 日完成审计后，具体会计分录如表 6－59 所示：

表 6－59

财务会计	预算会计
借：应付账款——其他——某会计师事务所 20 000 贷：银行存款——基本账户存款 20 000	借：其他结余 20 000 贷：资金结存——货币资金——银行存款 20 000

【例 6－30】 2019 年 10 月 11 日，收到县自来水公司转来的局大院水费托收单、增值税发票和基本户开户银行的资金支付单，水费单显示 9 月份水费 2 500 元，污水处理费 300 元，共计 2 800 元。具体会计分录如表 6－60 所示：

表 6－60

财务会计	预算会计
借：业务活动费用——商品和服务费用 2 800 贷：银行存款——基本账户存款 2 800	借：事业支出——基本支出——商品和服务支出——水费 2 800 贷：资金结存——货币资金——银行存款 2 800

【例 6－31】 2019 年 10 月 15 日，收到县供电公司转来的局大院电费托收单和基本户开户银行的资金支付单，支付 9 月份电费 4 500 元，尚未收到供电公司的发票。具体

会计分录如表6－61所示：

表6－61

财务会计	预算会计
借：预付账款——其他——县供电公司　4 500 　贷：银行存款——基本账户存款　4 500	借：事业支出——项目支出——商品和服务支出——电费　4 500 　贷：资金结存——货币资金——银行存款　4 500

【例6－32】2019年10月26日，收到县供电公司开具的局大院电费4 500元的增值税发票，其中，单位负担部分4 000元，经批准在中央财政当年预算安排的项目支出中的气象探测费列支，个人部分500元待向职工个人收回（其中：冯峰260元，黄霞丽130元，许嘉伟110元）。具体会计分录如表6－62所示：

表6－62

财务会计	预算会计
借：业务活动费用——商品和服务费用　4 000 　其他应收款——其他——电费——冯峰　260 　其他应收款——其他——电费——黄霞丽　130 　其他应收款——其他——电费——许嘉伟　110 　贷：预付账款——其他——县供电公司　4 500	——

【例6－33】2019年10月27日，收到冯峰、黄霞丽和许嘉伟交回的电费500元（现金）。具体会计分录如表6－63所示：

表6－63

财务会计	预算会计
借：库存现金——非零余额现金　500 　贷：其他应收款——其他——电费——冯峰　260 　　其他应收款——其他——电费——黄霞丽　130 　　其他应收款——其他——电费——许嘉伟　110	借：资金结存——货币资金——库存现金　500 　借：事业支出——项目支出——商品和服务支出——电费　-500

【例6－34】2019年10月28日，气象预报业务用的计算机操作系统崩溃，经领导批准，向某软件公司购入正版计算机操作系统1套，价值500元，财务已办理银行转账手续，从中央财政当年安排的项目支出预报预测经费中列支。具体会计分录如表6－64所示：

表 6－64

财务会计	预算会计
借：业务活动费用——商品和服务费用 500 贷：零余额账户用款额度——项目支出用款额度 500	借：事业支出——项目支出——商品和服务支出——信息网络及软件购置更新 500 贷：资金结存——零余额账户用款额度——项目支出用款额度 500

【例 6－35】2019 年 10 月 30 日，会计根据国库集中支付管理和预算管理的有关规定，把从基本户托收的水费 2 800 元、电费 4 500 元，委托代理银行从中央零余额账户转至县局基本账户。具体会计分录如表 6－65 所示：

表 6－65

财务会计	预算会计
借：银行存款——基本账户存款 7 300 贷：零余额账户用款额度——基本支出用款额度 2 800 零余额账户用款额度——项目支出用款额度 4 500	借：资金结存——货币资金——银行存款 7 300 贷：资金结存——零余额账户用款额度——基本支出用款额度 2 800 资金结存——零余额账户用款额度——项目支出用款额度 4 500

【例 6－36】2019 年 11 月 10 日，会计人员发现 10 月 30 日委托代理银行从中央零余额账户转至县局基本账户的电费有错，应转回的款项为 4 000 元，当即办理 500 元的退回手续。具体会计分录如表 6－66 所示：

表 6－66

财务会计	预算会计
借：零余额账户用款额度——项目支出用款额度 500 贷：银行存款——基本账户存款 500	借：资金结存——零余额账户用款额度——项目支出用款额度 500 贷：资金结存——货币资金——银行存款 500

【例 6－37】2019 年 11 月 20 日，会计人员用现金支付本年印花税 20 元。具体会计分录如表 6－67 所示：

表 6－67

财务会计	预算会计
借：业务活动费用——商品和服务费用 20 贷：库存现金——非零余额现金 20	借：事业支出——基本支出——商品和服务支出——办公费 20 贷：资金结存——货币资金——库存现金 20

（十五）公务卡、单位卡、储蓄卡报销业务

1. 财务会计：按照费用确认金额，借记“业务活动费用”或“单位管理费用”科目，贷记“其他应付款——待清算报销额度——待清算公务卡报销额度”或“其他应付款——待清算报销额度——待清算储蓄卡报销额度”科目。按照实际还卡金额或实际支付的金额，借记“其他应付款——待清算报销额度——待清算公务卡报销额度”或“其他应付款——待清算报销额度——待清算储蓄卡报销额度”科目，贷记“零余额账户用款额度”“银行存款”等科目。

2. 预算会计：按照确认的金额，借记“行政支出（事业支出）”科目，贷记“资金结存——待处理银行卡”科目；按照实际支付的金额，借记“资金结存——待处理银行卡”科目，贷记“资金结存”科目。

【例 6－38】 2019 年 5 月 2 日，办公室职工李石志使用公务卡购买卫生清洁用品 200 元，经单位领导审批后从中央财政当年安排的气象事业机构经费基本支出中的日常公用经费列支，财务为李某办理了报销手续，尚未还公务卡款。具体会计分录如表 6－68 所示：

表 6－68

财务会计	预算会计
借：业务活动费用——商品和服务费用　200 　贷：其他应付款——待清算报销额度——待清算公务卡报销额度　200	借：事业支出——基本支出——商品和服务支出——办公费　200 　贷：资金结存——待处理银行卡　200

备注：单位购买的办公用品，在购进时财务会计直接列支费用，不通过存货类科目核算。

【例 6－39】 谢山亮局长于 2019 年 5 月 15～17 日去省局开会，5 月 20 日报销往返路途的差旅费 1 360 元，其中，用公务卡支付往返高铁票款 1 000 元，余下的伙食补助费 200 元和市内交通费 160 元以现金支付。已知该差旅费全部使用中央财政当年安排的气象事业机构基本支出经费。具体会计分录如表 6－69 所示：

表 6－69

财务会计	预算会计
借：业务活动费用——商品和服务费用　1 360 　贷：其他应付款——待清算报销额度——待清算公务卡报销额度　1 000 　　库存现金——零余额现金　360	借：事业支出——基本支出——商品和服务支出——差旅费　1 360 　贷：资金结存——待处理银行卡　1 000 　　资金结存——货币资金——库存现金　360

【例 6－40】 2019 年 5 月 22 日，出纳通过公务卡管理系统集中付还职工本月的公务卡消费欠款共 1 200 元，其中：办公室李石志 2 日使用公务卡购买卫生清洁用品 200 元，谢山亮局长 17 日和 19 日往返省局的高铁票款 1 000 元。具体会计分录如表 6－70 所示：

表 6－70

财务会计	预算会计
借：其他应付款——待清算报销额度——待清算公务卡报销额度　1 200 　贷：零余额账户用款额度——基本支出用款额度　1 200	借：资金结存——待处理银行卡　1 200 　贷：资金结存——零余额账户用款额度——基本支出用款额度　1 200

【例 6－41】2019 年 6 月 11 日，县气象局李某报销用公务卡结算的接待费用 420 元，经批准，费用在基本户中列支。出纳人员当即通过 POS 机由单位卡转账还款至李某的公务卡上。具体会计分录如表 6－71 所示：

表 6－71

财务会计	预算会计
借：业务活动费用——商品和服务费用　420 　贷：银行存款——单位卡存款　420	借：事业支出——基本支出——商品和服务支出——公务接待费　420 　贷：资金结存——货币资金——银行存款　420

【例 6－42】2019 年 7 月 20 日，县局组织某横向科研课题验收，邀请县科技局、县教育局等单位的 5 位有关专家参加，报销专家的验收评审费各 300 元。经批准，这些费用全部在科研课题项目中列支，出纳人员尚未支付。具体会计分录如表 6－72 所示：

表 6－72

财务会计	预算会计
借：业务活动费用——商品和服务费用　1 500 　贷：其他应付款——待清算报销额度——待清算储蓄卡报销额度　1 500	借：事业支出——项目支出——商品和服务支出——劳务费　1 500 　贷：资金结存——待处理银行卡　1 500

【例 6－43】2019 年 8 月 22 日，县局出纳人员到银行办理专家验收评审费支付手续。具体会计分录如表 6－73 所示：

表 6－73

财务会计	预算会计
借：其他应付款——待清算报销额度——待清算储蓄卡报销额度　1 500 　贷：银行存款——基本账户存款　1 500	借：资金结存——待处理银行卡　1 500 　贷：资金结存——货币资金——银行存款　1 500

（十六）年末结转

1. 财务会计：年末，除业务活动费用或单位管理费用下的固定资产累计折旧费、无形资产累计摊销费明细科目外的，扣除财政拨款支出、非财政拨款专项支出后的其他业务活动费用或单位管理费用的累计余额转入本期盈余，借记“本期盈余”科目，贷记

“业务活动费用”或“单位管理费用”科目。

结转后，“业务活动费用”或“单位管理费用”科目应无余额。

2. 预算会计：年末，将“行政支出”或“事业支出”科目本年发生额中的财政拨款支出转入财政拨款结转，借记“财政拨款结转——本年收支结转”科目，贷记“行政支出”或“事业支出”科目下各财政拨款支出明细科目；将“行政支出”或“事业支出”科目本年发生额中的非财政专项资金支出转入非财政拨款结转，借记“非财政拨款结转——本年收支结转”科目，贷记“行政支出”或“事业支出”科目下各非财政专项资金支出明细科目；将“行政支出”或“事业支出”科目本年发生额中的其他资金支出（非财政非专项资金支出）转入其他结余，借记“其他结余”科目，贷记“行政支出”或“事业支出”科目下其他资金支出明细科目。

年末结转后，“行政支出”或“事业支出”科目应无余额。

有关举例详见本书第七章。

第二节　上缴上级费用（上缴上级支出）的核算

上缴上级费用（上缴上级支出）是指事业单位按照财政部门和主管部门的规定上缴上级单位款项发生的费用（现金流出）。

一、管理要求

根据《事业单位财务规则》规定，“非财政补助收入大于支出较多的事业单位，可以实行收入上缴办法。具体办法由财政部门会同有关主管部门制定”。因此，要注意以下四方面的内容：

第一，实行收入上缴是有条件的，即是事业单位非财政补助收入较多，而且超过其正常支出也比较多，才可以按照财政部门和有关主管部门的规定实行收入上缴办法。

第二，上缴上级单位款项必须要有依据，也就是说上级单位事先要制定相关的管理制度，才能做到上缴有依据，要杜绝管理上的随意性和行政命令性。

第三，上缴上级单位款项的资金来源，主要是除财政补助收入以外的各项收入。财政补助收入不能用于上缴上级单位。

第四，上缴上级费用（上缴上级支出）从其使用方向和性质来说，并不是本单位的正常费用（支出），而是具有调剂性质的费用（支出）。

二、核算要求

第一，“上缴上级费用”科目核算事业单位按照财政部门和主管部门的规定上缴上级单位款项发生的费用，应当按照收缴款项单位、缴款项目等进行明细核算。

第二，“上缴上级支出”科目核算事业单位按照财政部门和主管部门的规定上缴上级单位款项发生的现金流出，应当按照收缴款项单位、缴款项目、《政府收支分类科目》中“支出功能分类科目”的项级科目和“部门预算支出经济分类科目”的款级科目等进行明细核算。

在会计核算上比较简单，重点和难点在于管理上要区分上缴费用（支出）的资金来源，上级单位要求下级单位上缴款项必须要有依据和相关的管理制度。

三、主要账务处理及举例

（一）按照实际上缴的金额或者按照规定计算出应当上缴的金额

1. 财务会计：单位发生上缴上级支出的，按照实际上缴的金额或者按照规定计算出应当上缴上级单位的金额，借记“上缴上级费用”科目，贷记“银行存款”“其他应付款”等科目。

2. 预算会计：按照规定将款项上缴上级单位的，按照实际上缴的金额，借记“上缴上级支出”科目，贷记“资金结存”科目。

【例 6－44】2019 年 3 月 8 日，县气象局根据市局的有关文件规定，按事业收入的 20% 上交市局统筹集中款 10 万元，县局由于资金周转困难，暂未上交。具体会计分录如表 6－74 所示：

表 6－74

财务会计	预算会计
借：上缴上级费用——××市气象局 100 000 贷：其他应付款——其他——××市气象局 100 000	——

【例 6－45】2019 年 9 月 20 日，根据资金状况，县局领导通知会计人员上交市局 10 万元，会计人员办理了有关银行转账手续。具体会计分录如表 6－75 所示：

表 6－75

财务会计	预算会计
借：其他应付款——其他——××市气象局 100 000 贷：银行存款——基本账户存款 100 000	借：上缴上级支出——××市气象局 100 000 贷：资金结存——货币资金——银行存款 100 000

【例 6－46】2019 年 6 月 20 日，县局对市局下达的目标管理任务完成情况进行中期自查，发现应上交市局的款项应为 9 万元，经与市局核实无误，6 月 25 日已收到市局退回多上交的 1 万元。具体会计分录如表 6－76 所示：

表 6－76

财务会计	预算会计
借：银行存款——基本账户存款　10 000 借：上缴上级费用——××市气象局　－10 000	借：资金结存——货币资金——银行存款　10 000 借：上缴上级支出——××市气象局　－10 000

（二）年末结转

1. 财务会计：将“上缴上级费用”年末累计余额转入“本期盈余”，借记“本期盈余”科目，贷记“上缴上级费用”科目。年末结转后，“上缴上级费用”科目应无余额。

2. 预算会计：将上缴上级支出本年发生额转入其他结余，借记“其他结余”科目，贷记“上缴上级支出”科目。年末结转后，“上缴上级支出”科目应无余额。

举例详见本书第七章。

第三节　对附属单位补助费用（对附属单位补助支出）的核算

对附属单位补助费用（对附属单位补助支出）是事业单位用财政拨款收入之外的收入对附属单位补助发生的费用（现金流出）。

一、管理要求

第一，这里所说的附属单位是指事业单位所属独立核算的单位。

第二，上级单位对附属单位发生补助费用（支出）时，不得使用财政拨款收入，若是财政拨款收入，则应通过调整预算批复下达，不属于对附属单位补助费用（对附属单位补助支出）的核算范畴。

第三，对附属单位补助费用（对附属单位补助支出）不是本单位的正常费用（支出），而是具有调剂性质的费用（支出）。

二、核算要求

第一，对附属单位补助费用应当按照接受补助单位、补助项目等进行明细核算。

第二，对附属单位补助支出应当按照接受补助单位、补助项目、《政府收支分类科目》中“支出功能分类科目”的项级科目和“部门预算支出经济分类科目”的款级科目等进行明细核算。

在会计核算上比较简单，重点和难点在于管理上要区分对附属单位补助的资金来源，明确补助的项目或用途，另外，上级单位实施对附属单位补助要履行相应的程序和完善相关的管理制度。

三、主要账务处理及举例

（一）按照实际补助的金额或者按照规定计算出应当补助的金额

1. 财务会计：单位发生对附属单位补助支出的，按照实际补助的金额或者按照规定计算出应当对附属单位补助的金额，借记“对附属单位补助费用”科目，贷记“银行存款”“其他应付款”等科目。

2. 预算会计：发生对附属单位补助支出的，按照实际补助的金额，借记“对附属单位补助支出”科目，贷记“资金结存”科目。

【例 6－47】2019 年 6 月 15 日，某市气象局根据县局观测场搬迁项目的建设进展情况，按照市局制定的统筹集中款项管理办法，经市局党组会议审议决定，在全市统筹集中款项中安排县局观测场搬迁建设补助经费 25 万元。市局于 6 月 17 日下发了文件并拨出该款项。市局账务具体会计分录如表 6－77 所示：

表 6－77

财务会计	预算会计
借：对附属单位补助费用——××县气象局 250 000 贷：银行存款——基本账户存款 250 000	借：对附属单位补助支出——××县气象局 250 000 贷：资金结存——货币资金——银行存款 250 000

【例 6－48】2019 年 11 月 25 日，县气象局根据全年人员经费支出和事业基金结存情况，向市气象局申请缺口经费补助 30 万元。2019 年 12 月 25 日，市局党组召开会议，按照市局制定的统筹集中款项管理办法，审议决定在全市统筹集中款项中安排该县局人员经费支出缺口 25 万元，并下发了相关补助批复文件，由于年终已停止办理支付业务，截至 2019 年 12 月 31 日，该款项尚未拨出。市局具体会计分录如表 6－78 所示：

表 6－78

财务会计	预算会计
借：对附属单位补助费用——××县气象局 250 000 贷：其他应付款——其他——××县气象局 250 000	——

（二）年末结转

1. 财务会计：年末将对“附属单位补助费用”累计余额转入“本期盈余”，借记“本期盈余”科目，贷记“对附属单位补助费用”科目。年末结转后，“对附属单位补助费用”科目应无余额。

2. 预算会计：年末将“对附属单位补助支出”累计余额转入“其他结余”，借记“其他结余”科目，贷记“对附属单位补助支出”科目。年末结转后，“对附属单位补助支出”科目应无余额。

举例详见本书第七章。

第四节 经营费用（经营支出）的核算

经营费用（经营支出）是指事业单位在专业业务活动及其辅助活动之外开展非独立核算经营活动发生的各项费用（现金流出）。从其概念或定义中可以看出，经营费用（经营支出）是为了扩大服务、发展事业、利用自身技术和资源等优势，在专业业务活动及其辅助活动之外开展经营活动所发生的资金、资产的耗费，而且是与事业单位的事业账一并核算而非独立财务核算的。如果事业单位开展经营活动实行独立财务核算的，则不属于本节所述的“经营费用（经营支出）”核算范围。

一、管理要求

经营费用（经营支出）是气象部门各级事业单位费用（支出）的重要组成部分，经营费用（经营支出）水平高低，直接影响经营效益。因此，必须加强对经营活动中各项费用的管理和核算，重点做到以下几点：

（一）加强经营费用（经营支出）预算管理

要本着优质服务、勤俭节约、效益优先原则，根据以往经营活动的实际，结合国家法律法规和当地经济环境特点，制定科学、合理、详细的经营费用（经营支出）预算，并按照《预算法》要求纳入事业单位综合预算，经法定程序批准后，由财务、人事、纪检、审计等部门按照批准的预算进行监督管理。坚持做到按预算开支，严格按支出定额和支出标准列支，转变经营费用（支出）宽于事业支出的理念。

（二）坚持经营费用（经营支出）与经营收入相配比的原则

财政拨款收入不得用于经营费用（经营支出），经营活动发生的费用要与专业业务活动及其辅助活动发生的费用严格区分，不得混淆在一起。经营费用（经营支出）应当与经营收入配比，正确归集实际发生的各项费用数，不能归集的，应当按照规定的比例合理分摊，从而准确反映事业单位开展非独立核算经营活动所取得的经营收益的真实情况。

（三）采取多种经营项目管理方式

在开展经营活动前要认真分析，做到目标明确，对不同的经营活动采取不同的管理方式，制定相应的管理规定，单位法人要履行主体责任，把责任和任务分解落实到人，建立成本核算、奖励激励等机制，充分挖掘和利用自身技术、资源等优势，形成规模可持续发展。

（四）经营费用（经营支出）要合法合规合理

经营费用（经营支出）要合法合规合理，依法纳税，严禁私存私放违纪使用经营收入。经营费用开支时要严格执行相关财务规章制度，做到审批手续完备、支出管理程序合规、票证合法、事由真实合理。

二、核算要求

第一，经营费用应当按照经营活动类别、项目、支付对象等进行明细核算，为了满足成本核算需要，还可按照“工资福利费用”“商品和服务费用”“对个人和家庭的补助费用”“计提专用基金”等成本项目设置明细科目，归集能够直接计入单位经营活动或采用一定方法计算后计入单位经营活动的费用。

第二，经营支出应当按照经营活动类别、项目、《政府收支分类科目》中“支出功能分类科目”的项级科目和“部门预算支出经济分类科目”的款级科目等进行明细核算。对于预付款项，可在“经营支出”科目下设置“待处理支出”明细科目进行过渡核算，待确认具体支出内容后再转入“经营支出”科目下相关支出经济分类明细科目。年末结账前，如“经营支出——待处理支出”有借方余额，则直接转入“资金结存——待处理支出”科目，下一年初从“资金结存——待处理支出”科目转回“经营支出——待处理支出”科目；年末结账后，“经营支出——待处理支出”明细科目应无余额。

核算重点在于准确划分单位业务活动费用、单位管理费用与经营费用以及行政支出、事业支出与经营支出，以真实反映经营业务活动的成本。

核算难点在于要正确归集经营费用（经营支出），对于统一开支而又难以划清的费用，要采用适当合理的方法进行分摊。

三、主要账务处理及举例

（一）为经营活动人员支付职工薪酬

1. 财务会计：为经营活动人员计提的薪酬，按照计算确定的金额，借记“经营费用”科目，贷记“应付职工薪酬”科目。

2. 预算会计：为经营活动人员支付薪酬时，按照实际支付的金额，借记“经营支出”科目，贷记“资金结存”科目。按照规定代扣代缴个人所得税以及代扣代缴或为职工缴纳职工社会保险费、住房公积金时，按照实际缴纳的金额，借记“经营支出”科目，贷记“资金结存”科目。

【例6－49】2019年3月3日，县气象局为开展经营活动而长期聘用的5名职工计发本月工资薪酬45 000元，其中基本工资18 000元，绩效工资27 000元，并在工资中代扣个人应缴的养老保险费2 000元、住房公积金2 100元、个人所得税1 500元。

（1）计算确认应发额，具体会计分录如表6－79所示：

表6－79

财务会计	预算会计
借：经营费用——工资福利费用　45 000 　贷：应付职工薪酬——基本工资（基本离退休费）　18 000 　　　应付职工薪酬——绩效工资　27 000	——

（2）代扣代缴养老保险费、住房公积金和个人所得税，具体会计分录如表6－80所示：

表6－80

财务会计	预算会计
借：应付职工薪酬——基本工资（基本离退休费）　5 600 　贷：应付职工薪酬——机关事业单位基本养老保险缴费　2 000 　　　应付职工薪酬——住房公积金　2 100 　　　其他应交税费——代扣代缴的个人所得税——工资薪金个税　1 500	——

【例6－50】2019年3月8日，县气象局委托银行代发长期聘用职工本月的工资薪酬39 400元。具体会计分录如表6－81所示：

表6－81

财务会计	预算会计
借：应付职工薪酬——基本工资（基本离退休费）　12 400 　　应付职工薪酬——绩效工资　27 000 　贷：银行存款——基本账户存款　39 400	借：经营支出——工资福利支出——其他工资福利支出——编外长期聘用人员工资福利支出——编外长聘人员基本工资　12 400 　　经营支出——工资福利支出——其他工资福利支出——编外长期聘用人员工资福利支出——编外长聘人员津贴补贴　27 000 　贷：资金结存——货币资金——银行存款　39 400

【例 6－51】2019 年 4 月 10 日，县气象局收到税务局的托收单及银行支付单，为经营活动职工缴纳个人所得税 1 500 元。具体会计分录如表 6－82 所示：

表 6－82

财务会计	预算会计
借：其他应交税费——代扣代缴的个人所得税——工资薪金个税 1 500 贷：银行存款——基本账户存款 1 500	借：经营支出——工资福利支出——其他工资福利支出——编外长期聘用人员工资福利支出——编外长聘人员基本工资 1 500 贷：资金结存——货币资金——银行存款 1 500

【例 6－52】2019 年 4 月 15 日，县局根据社保缴费托收单、银行资金支付凭证等缴纳经营活动职工本月的养老保险缴费 5 000 元（代扣代缴个人部分 2 000 元）、住房公积金 4 200 元（代扣代缴个人部分 2 100 元）。具体会计分录如表 6－83 所示：

表 6－83

财务会计	预算会计
借：经营费用——工资福利费用 5 100 贷：应付职工薪酬——机关事业单位基本养老保险缴费 3 000 应付职工薪酬——住房公积金 2 100 同时： 借：应付职工薪酬——机关事业单位基本养老保险缴费 5 000（3 000＋2 000） 应付职工薪酬——住房公积金 4 200（2 100＋2 100） 贷：银行存款——基本账户存款 9 200	借：经营支出——工资福利支出——其他工资福利支出——编外长期聘用人员工资福利支出——编外长聘人员基本工资 4 100 经营支出——工资福利支出——其他工资福利支出——编外长期聘用人员工资福利支出——编外长聘人员社保缴费 3 000 经营支出——工资福利支出——其他工资福利支出——编外长期聘用人员工资福利支出——编外长聘人员住房公积金 2 100 贷：资金结存——货币资金——银行存款 9 200

注：由于经营费用（经营支出）的核算与业务活动费用、单位管理费用（行政支出、事业支出）的核算和要求基本是类似的，以下（二）至（八）的内容不再详细举例说明。

（二）开展经营活动领用或发出库存物品

1. 财务会计：按照物品实际成本，借记“经营费用”科目，贷记“库存物品”科目。

2. 预算会计：不做账务处理。

（三）为经营活动支付外部人员劳务费

1. 财务会计：按照应付给外部人员个人的金额，借记“经营费用”科目，按实际支付给个人的金额，贷记“银行存款”“库存现金”科目，按代扣代缴的个人所得税税额，贷记“其他应交税费”科目。实际缴纳个人所得税时，借记“其他应交税费”科目，贷记“银行存款”科目。

2. 预算会计：按照实际支付给外部人员个人的金额，借记“经营支出”科目，贷记“资金结存”科目。按照实际缴纳的代扣代缴个人所得税的金额，借记“经营支出”科目，贷记“资金结存”科目。

（四）为开展经营活动购买存货、固定资产和无形资产

1. 财务会计：按照实际支付或应付的金额，借记“库存物品”“固定资产”“无形资产”等科目，贷记“银行存款”“库存现金”“应付账款”等科目。涉及固定资产和无形资产的，应同时借记“累计盈余——非中央财政拨款结余”明细科目，贷记“累计盈余——非流动资产基金”明细科目。

2. 预算会计：按照实际支付的金额，借记“经营支出”科目，贷记“资金结存”科目。

（五）开展经营活动发生的预付款项

1. 财务会计：发生预付账款时，按照实际支付的金额，借记“预付账款”科目，贷记“银行存款”等科目。结算时，按结算的全部价款，借记“经营费用”科目，按已预付的金额，贷记“预付账款”，按补付的金额，贷记“银行存款”等科目。

对于暂付款项，在支付款项时，借记“其他应收款”科目，贷记“银行存款”等科目。待结算或报销时，按照结算或报销的金额，借记“经营费用”科目，贷记“其他应收款”“银行存款”等科目。

2. 预算会计：发生预付账款时，按照实际支付的金额，借记“经营支出”科目，贷记“资金结存”科目。预付账款结算时，按照实际补付的金额，借记“经营支出”科目，贷记“资金结存”科目。

对于暂付款项，在支付款项时可不做预算会计处理，待结算或报销时，按照结算或报销的金额，借记“经营支出”科目，贷记“资金结存”科目。

（六）开展经营活动发生相关税费

1. 财务会计：开展经营活动发生城市维护建设税、教育费附加、地方教育费附加、车船税、房产税、城镇土地使用税等，按照计算确定应交纳的金额，借记“经营费用”科目，贷记“其他应交税费”等科目。实际缴纳税金及附加时，借记“其他应交税费”等科目，贷记“银行存款”等科目。涉及增值税业务的，相关账务处理参见“应交增值税”科目。

2. 预算会计：因开展经营活动缴纳的相关税费以及发生的其他各项支出，按照实际支付的金额，借记“经营支出”科目，贷记“资金结存”科目。

（七）开展经营活动发生购货退回或差错更正

1. 发生当年购货退回或者当年差错更正。

（1）财务会计：发生当年购货退回或当年差错更正等业务，对于已计入本年经营费用的，按照收回或应收的金额，借记“银行存款”“其他应收款”等科目，以负值借记“经营费用”科目。

（2）预算会计：开展经营活动中因购货退回或当年差错更正等发生款项退回，属于当年支出收回的，按照收回的金额，借记“资金结存”科目，以负值借记“经营支出”科目。

2. 发生以前年度购货退回或者以前年度差错更正。

（1）财务会计：发生以前年度购货退回或者发生以前年度差错更正等业务，对于已计入以前年度经营费用的，按照收回或应收或更正的金额，借记“银行存款”“库存现金”“其他应收款”等科目，贷记“以前年度盈余调整”科目。

（2）预算会计：因以前年度购货退回等发生款项退回，或者发生差错更正的，按照收回或更正金额，借记“资金结存”科目，贷记“非财政拨款结余——年初余额调整”科目。

（八）年末结转

1. 财务会计：年末，将经营费用累计余额转入本期盈余，借记“本期盈余——经营结余”科目，贷记“经营费用”科目。

对经营使用的固定资产累计折旧部分，借记“累计盈余——非流动资产基金——固定资产”科目，贷记“经营费用——固定资产折旧费”科目；对经营用无形资产累计摊销部分，借记“累计盈余——非流动资产基金——无形资产”科目，贷记“经营费用——无形资产摊销费”科目。

年末结转后，“经营费用”科目应无余额。

2. 预算会计：年末将经营支出本年发生额转入经营结余，借记“经营结余”科目，贷记“经营支出”科目。

年末结转后，“经营支出”科目应无余额。

举例详见本书第七章。

第五节　资产处置费用的核算

资产处置费用是单位经批准处置资产时发生的费用，包括转销的被处置资产价值，以及在处置过程中发生的相关费用或者处置收入小于相关费用形成的净支出。资产处置的形式按照规定包括无偿调拨、出售、出让、转让、置换、对外捐赠、报废、毁损以及货币性资产损失核销等。

一、管理要求

要了解、熟悉和掌握各项资产的管理要求，严格履行审批手续，按规定申报处置材料，未经批准不得擅自处置。资产处置应遵循公开、公正、公平和竞争、择优的原则，严禁串通作弊、暗箱操作，压价处置国有资产。拟处置的国有资产权属应当清晰，处置收入实行“收支两条线”管理。

二、核算要求

应按照处置资产的类别、资产处置的形式等进行明细核算。

核算重点在于区分被处置资产的类别，处置不同的资产时其账务处理是不同的；核算难点在于区分是否通过“待处理财产损溢”科目过渡核算，正确归集被处置资产的价值和处置过程中发生的处置收入和处置费用。

对固定资产进行无偿调拨、出售、出让、转让、置换、对外捐赠时，不需要通过“待处理财产损溢”科目核算反映，发生的处置费用直接计入“资产处置费用”科目；而对固定资产在清查盘点时发生的盘亏、报废、毁损等，则应先通过“待处理财产损溢”科目进行核算，再将处理资产价值和处理净支出计入“资产处置费用”科目。

行政单位发生不能收回的其他应收款时，经批准核销后即可计入“资产处置费用”科目，在以后期间又收回款项的，计入“其他收入”；而事业单位对其他应收款的管理，则是每年年末应进行全面检查和分析，如发生不能收回的迹象时应当计提坏账准备，对于账龄超过规定年限、确认无法收回的，按规定报经批准后核销，分别冲减“坏账准备”和“其他应收款”科目，在以后期间又收回款项的，应还原以前冲减的科目，借记“其他应收款”科目，贷记“坏账准备”科目；同时，借记“银行存款”科目，贷记“其他应收款”科目。

短期投资、长期股权投资、长期债券投资的处置，按照相关资产科目的规定进行账务处理。

三、主要账务处理及举例

（一）不通过“待处理财产损溢”科目核算的资产处置

1. 处置资产过程中不发生相关收入和费用的。

（1）财务会计：按照处置资产的账面价值，借记“资产处置费用”科目（处置固定资产、无形资产的，还应借记“固定资产累计折旧”“无形资产累计摊销”科目），按照处置资产的账面余额，贷记“库存物品”“固定资产”“无形资产”“其他应收款”“在建工程”等科目。

（2）预算会计：不做账务处理。

【例 6-53】 2019 年 7 月 18 日，县气象局报经市局批准后，将账面原值为 28 800 元、已提折旧 19 200 元的 4 台台式计算机进行报废处理，通知资产再生公司免费运走。具体会计分录如表 6-84 所示：

表 6-84

财务会计	预算会计
借：资产处置费用　9 600 　固定资产累计折旧——通用设备折旧　19 200 　贷：固定资产——通用设备　28 800 同时： 借：累计盈余——非流动资产基金——固定资产　9 600 　贷：资产处置费用　9 600	——

2. 处置资产过程中仅发生相关费用的。

（1）财务会计：除按前述 1。（1）的账务处理外，还应按照实际发生的费用金额，借记“资产处置费用”科目，贷记“银行存款”“库存现金”等科目。

（2）预算会计：按照实际发生的费用金额，借记“其他支出”科目，贷记“资金结存”科目。

【例 6-54】 2019 年 7 月 18 日，假设【例 6-53】中需要县局支付运输费 500 元。具体会计分录如表 6-85 所示：

表 6-85

财务会计	预算会计
借：资产处置费用　9 600 　固定资产累计折旧——通用设备折旧　19 200 　贷：固定资产——通用设备　28 800 同时： 借：累计盈余——非流动资产基金——固定资产　9 600 　贷：资产处置费用　9 600 借：资产处置费用　500 　贷：银行存款——基本账户存款　500	借：其他支出——非现金资产无偿流动税费支出　500 　贷：资金结存——货币资金——银行存款　500

【例 6-55】 2019 年 7 月 20 日，经批准将当年购置的价值为 20 000 元的一批气象仪器备件捐赠给某学校，发生气象仪器的包装费 150 元、邮寄费 100 元，职工李某用现金结算。具体会计分录如表 6-86 所示：

表 6－86

财务会计	预算会计
借：资产处置费用 20 250 　贷：库存物品——材料——气象仪器 20 000 　　库存现金——非零余额现金 250	借：其他支出——非现金资产无偿流动税费支出 250 　贷：资金结存——货币资金——库存现金 250

【例 6－56】2019 年 5 月 10 日，县气象局经市局批准后，对账面原值为 28 800 元的 4 台台式计算机无偿调拨给另一县局，已知已提折旧 19 200 元，银行转账支付运输费用 500 元，经双方协商由调出的县局负责。具体会计分录如表 6－87 所示：

表 6－87

财务会计	预算会计
借：固定资产累计折旧——通用设备折旧 19 200 　无偿调拨净资产——固定资产 9 600 　贷：固定资产——通用设备 28 800 同时： 借：累计盈余——非流动资产基金——固定资产 9 600 　贷：无偿调拨净资产——固定资产 9 600 借：资产处置费用 500 　贷：银行存款——基本账户存款 500	借：其他支出——非现金资产无偿流动税费支出 500 　贷：资金结存——货币资金——银行存款 500

3. 处置资产过程中取得收入和发生相关费用的。

（1）财务会计：除按前述 1。（1）的账务处理外，还应按照取得的价款，借记“库存现金”“银行存款”等科目，按照处置资产过程中发生的相关费用，贷记“银行存款”“库存现金”等科目，按照其差额，借记“资产处置费用”科目或贷记“应缴财政款”等科目。涉及增值税业务的，相关账务处理参见“应交增值税”科目。

（2）预算会计：按照实际发生的净支出，借记“其他支出”科目，贷记“资金结存”科目。

【例 6－57】县气象局拟转让 1 辆汽车，原值 250 000 元，账面反映已提折旧 200 000 元。

（1）2019 年 6 月 13 日，委托资产评估公司进行评估，通过银行转账方式支付评估费用 5 000 元，经评估该汽车现值 30 000 元。具体会计分录如表 6－88 所示：

表 6－88

财务会计	预算会计
借：资产处置费用 5 000 　贷：银行存款——基本账户存款 5 000	借：事业支出——待处理支出 5 000 　贷：资金结存——货币资金——银行存款 5 000

（2）2019 年 6 月 20 日，报经市局批准后，县局将该汽车转让给李某个人，协助其办理了汽车过户等手续，县局已开出发票给李某（含增值税 1 800 元）。具体会计分录如表 6－89 所示：

表 6－89

财务会计	预算会计
借：资产处置费用　50 000 　固定资产累计折旧——通用设备折旧　200 000 　贷：固定资产——通用设备　250 000 同时： 借：累计盈余——非流动资产基金——固定资产　50 000 　贷：资产处置费用　50 000 借：应收账款——李某　30 000 　贷：资产处置费用　5 000 　　应缴财政款——应缴国库款　23 200 　　应交增值税——增值税——应交税金　1 800	——

（3）2019 年 6 月 23 日，收到李某的转让款 30 000 元。具体会计分录如表 6－90 所示：

表 6－90

财务会计	预算会计
借：银行存款——基本账户存款　30 000 　贷：应收账款——李某　30 000	借：资金结存——货币资金——银行存款　30 000 　贷：资金结存——非预算内资金　28 200 　　资金结存——待处理税款　1 800

（4）2019 年 6 月 25 日，县局将处置资产净收入 23 200 元上缴中央国库。具体会计分录如表 6－91 所示：

表 6－91

财务会计	预算会计
借：应缴财政款——应缴国库款　23 200 　贷：银行存款——基本账户存款　23 200	借：资金结存——非预算内资金　28 200 　事业支出——待处理支出　－5 000 　贷：资金结存——货币资金——银行存款　23 200

假设县局直至 2019 年 6 月 23 日才对汽车转让进行一次性账务处理，则上述（1）～（3）的会计分录如表 6－92 所示：

表 6－92

财务会计	预算会计
借：资产处置费用　50 000 　固定资产累计折旧——通用设备折旧　200 000 　贷：固定资产——通用设备　250 000 借：累计盈余——非流动资产基金——固定资产　50 000 　贷：资产处置费用　50 000 借：银行存款——基本账户存款　30 000 　贷：银行存款——基本账户存款　5 000 　　应缴财政款——应缴国库款　23 200 　　应交增值税——增值税——应交税金　1 800	借：资金结存——货币资金——银行存款　30 000 　贷：资金结存——货币资金——银行存款　5 000 　　资金结存——非预算内资金　23 200 　　资金结存——待处理税款　1 800

在处置资产过程中，如果发生的收入不足以抵扣相关的费用而产生净支出，则预算会计应作为"其他支出"处理。

接【例 6－57】，如果县局拟转让的汽车转让给李某仅 3 000 元，应交增值税为 180 元，支付评估费用 5 000 元，则具体会计分录如表 6－93 所示：

表 6－93

财务会计	预算会计
借：资产处置费用　50 000 　固定资产累计折旧——通用设备折旧　200 000 　贷：固定资产——通用设备　250 000 借：累计盈余——非流动资产基金——固定资产　50 000 　贷：资产处置费用　50 000 借：银行存款——基本账户存款　3 000 　资产处置费用　2180 　贷：银行存款——基本账户存款　5 000 　　应交增值税——增值税——应交税金　180	借：资金结存——货币资金——银行存款　3 000 　其他支出——非现金资产无偿流动税费支出　2 180 　贷：资金结存——货币资金——银行存款　5 000 　　资金结存——待处理税款　180

（二）通过"待处理财产损溢"科目核算的资产处置

1. 单位账款核对中发现现金短缺，属于无法查明原因，报经批准核销的。

（1）财务会计：按照报经批准的金额，借记"资产处置费用"科目，贷记"待处理财产损溢"科目。

（2）预算会计：按照报经批准的金额，借记"其他支出——现金盘亏损失"科目，贷记"资金结存——货币资金——库存现金"科目。

【例 6－58】2019 年 8 月 25 日，出纳人员对库存现金进行盘点，发现短款 30 元，与会计人员逐笔核对后，也没有办法查明原因。31 日，出纳写出情况说明后报经单位领导批准，同意核销。

（1）25 日，盘点后发现短款，具体会计分录如表 6－94 所示：

表 6－94

财务会计	预算会计
借：待处理财产损溢——处理净收入 30 贷：库存现金——非零余额现金 30	借：其他支出——现金盘亏损失 30 贷：资金结存——货币资金——库存现金 30

（2）31 日，经批准核销，具体会计分录如表 6－95 所示：

表 6－95

财务会计	预算会计
借：资产处置费用 30 贷：待处理财产损溢——处理净收入 30	——

2. 单位资产清查过程中盘亏或者毁损、报废的存货、固定资产、无形资产、文物文化资产等，报经批准处理的。

（1）财务会计：按照处理资产价值借记“资产处置费用”科目，贷记“待处理财产损溢”科目。处理收支结清时，处理过程中所取得收入小于所发生相关费用的，按照相关费用减去处理收入后的净支出，借记“资产处置费用”科目，贷记“待处理财产损溢——处理净收入”科目。

（2）预算会计：处理过程中所取得收入小于所发生相关费用的，按照相关费用减去处理收入后的净支出，借记“其他支出——其他支出”科目，贷记“资金结存——货币资金”科目。

【例 6－59】 2019 年 8 月 31 日，县气象局资产管理人员会同财务人员、仓库管理人员等对单位所有资产进行清理盘点，经过核对，发现接待室少了 1 套沙发，账面反映原值 1 900 元，已提折旧 1 400 元，已经确认无法查明原因，写出情况说明后报经单位领导集体决策后同意核销。

（1）31 日，盘亏时，具体会计分录如表 6－96 所示：

表 6－96

财务会计	预算会计
借：待处理财产损溢——待处理财产价值 500 固定资产累计折旧——家具、用具、装具折旧 1 400 贷：固定资产——家具、用具、装具及动植物 1 900 借：累计盈余——非流动资产基金——固定资产 500 贷：资产处置费用 500	——

（2）31 日，经批准核销，具体会计分录如表 6－97 所示：

表 6－97

财务会计	预算会计
借：资产处置费用　500 　贷：待处理财产损溢——待处理财产价值　500	—

【**例 6－60**】2019 年 9 月 20 日，县局拟对已损坏的电视机、冰箱等进行处置，账面反映原值 6 500 元，已提折旧 6 000 元，并向市局报请审批。25 日，市局批复同意报废处理。31 日，在处置过程中，发生搬运清理费 500 元，电视机、冰箱变卖收入 200 元，全部使用现金结算。

（1）20 日，转入待处理时，具体会计分录如表 6－98 所示：

表 6－98

财务会计	预算会计
借：待处理财产损溢——待处理财产价值　500 　固定资产累计折旧——通用设备折旧　6 000 　贷：固定资产——通用设备　6 500 借：累计盈余——非流动资产基金——固定资产　500 　贷：资产处置费用　500	—

（2）25 日，批准报废时，具体会计分录如表 6－99 所示：

表 6－99

财务会计	预算会计
借：资产处置费用　500 　贷：待处理财产损溢——待处理财产价值　500	—

（3）31 日，发生相关收入和费用时，具体会计分录如表 6－100 所示：

表 6－100

财务会计	预算会计
借：库存现金——非零余额现金　200 　贷：待处理财产损溢——处理净收入　200 借：待处理财产损溢——处理净收入　500 　贷：库存现金——非零余额现金　500	借：资金结存——货币资金——库存现金　200 　其他支出——其他支出　300 　贷：资金结存——货币资金——库存现金　500

（4）31 日，资产处置完结时，具体会计分录如表 6－101 所示：

表6－101

财务会计	预算会计
借：资产处置费用 300 贷：待处理财产损溢——处理净收入 300	——

（三）年终结转

1. 财务会计：将资产处置费用年末累计余额转入本期盈余，借记“本期盈余”科目，贷记“资产处置费用”科目。期末结转后，“资产处置费用”科目应无余额。

2. 预算会计：参见“其他支出”的年终结转。

举例详见本书第七章。

第六节　所得税费用的核算

所得税费用是反映有企业所得税缴纳义务的事业单位按规定缴纳企业所得税所形成的费用，不包括代扣代缴的个人所得税。各事业单位取得非财政拨款收入，扣除相关成本费用后应按规定计缴企业所得税。缴纳企业所得税的方式有核定征收和查账征收两种，一般采取当年预缴、次年汇算清缴方式。

一、管理要求

第一，事业单位在计算应纳税所得额时，财务会计处理办法与税收法律法规规定不一致的，应当依照税收法律法规的规定计算。

第二，事业单位应严格界定应税收入、不征税收入和免税收入。

第三，从单位会计角度来看，所得税由当期所得税与递延所得税组成。当期所得税费用是以当期应纳税所得额为基础确认的费用，应纳税所得额为收入总额减去准予扣除项目后的金额，是计算应纳所得税额的依据。递延所得税费用是因暂时性差异的发生或转回而计算确认的所得税费用。

第四，企业所得税费用的确认方法包括应付税款法与资产负债表债务法，应付税款法只确认当期所得税费用，不考虑时间性差异对所得税的影响；资产负债表债务法则既确认当期所得税费用，又确认递延所得税费用。现行会计准则要求应以资产负债表债务法来确认企业所得税。

二、核算要求

可以按照缴纳企业所得税的项目进行明细核算，以满足各项目成本核算的需要。

核算重点和难点在于区分缴纳企业所得税的期间，界定收入的性质，明确应税收入、不征税收入和免税收入。财务会计核算时应准确区分缴纳企业所得税的会计期间，对当年预缴和次年清缴的企业所得税分别处理，如需要调整上年缴纳的所得税费用，应通过“以前年度盈余调整”科目进行；预算会计按实际缴纳企业所得税时的现金流出作为核算基础。

三、主要账务处理及举例

（一）计算应缴纳的企业所得税

1. 财务会计：按照税法规定计算的应交税金数额，借记“所得税费用”科目，贷记“其他应交税费——企业所得税”科目。

2. 预算会计：按照税法规定计算的应交税金数额，借记“非财政拨款结余——累计结余”科目，贷记“资金结存——待处理税款”科目。

【例 6－61】 2019 年 6 月 30 日，县局会计人员经计算，本月应缴纳企业所得税 30 000 元，并在网上进行纳税申报。具体会计分录如表 6－102 所示：

表 6－102

财务会计	预算会计
借：所得税费用——×××项目　30 000 　贷：其他应交税费——企业所得税　30 000	借：非财政拨款结余——累计结余　30 000 　贷：资金结存——待处理税款　30 000

（二）实际缴纳企业所得税

1. 财务会计：按照实际缴纳的所得税金额，借记“其他应交税费——企业所得税”科目，贷记“银行存款”科目。

2. 预算会计：按照实际缴纳的所得税金额，借记“资金结存——待处理税款”科目，贷记“资金结存——货币资金”科目。

【例 6－62】 2019 年 7 月 5 日，县局收到税务部门的托收单，显示银行已支付 2019 年 6 月应缴纳的企业所得税 30 000 元。具体会计分录如表 6－103 所示：

表 6－103

财务会计	预算会计
借：其他应交税费——企业所得税　30 000 　贷：银行存款——基本账户存款　30 000	借：资金结存——待处理税款　30 000 　贷：资金结存——货币资金——银行存款　30 000

【例 6－63】 2019 年 12 月 15 日，县气象局会计人员对本年的收支进行分析，计算出 2019 年全年应缴纳企业所得税为 100 000 元，但 1～11 月已申报并实际缴纳了 110 000 元，当即在网上进行纳税申报调整减少 10 000 元。具体会计分录如表 6－104 所示：

表 6－104

财务会计	预算会计
借：所得税费用——×××项目　－10 000 借：其他应交税费——企业所得税　10 000	——

【例 6－64】2019 年 3 月 15 日，县气象局委托税务师事务所对 2018 年应缴企业所得税进行汇缴清算，税审报告反映，县局 2018 年度已缴企业所得税 300 000 元，清算后应缴企业所得税 320 000 元。据此，县局会计人员进行了税务申报。2019 年 4 月 5 日，银行转来税务局的托收单，补缴了 2018 年应缴未缴的企业所得税 20 000 元。

（1）2019 年 3 月 15 日申报时，具体会计分录如表 6－105 所示：

表 6－105

财务会计	预算会计
借：以前年度盈余调整　20 000 　贷：其他应交税费——企业所得税　20 000	——

（2）2019 年 4 月 15 日实际缴纳时，具体会计分录如表 6－106 所示：

表 6－106

财务会计	预算会计
借：其他应交税费——企业所得税　20 000 　贷：银行存款——基本账户存款　20 000	借：非财政拨款结余——年初余额调整　20 000 　贷：资金结存——货币资金——银行存款　20 000

【例 6－65】接【例 6－64】，2020 年 3 月 15 日，经过税务师事务所对县局 2018 年应缴企业所得税的清算，发现县局会计自己计算的应缴所得税额有误，多计了 10 000 元，即 2019 年应缴企业所得税为 90 000 元，2019 年 1～11 月实际已缴企业所得税 110 000 元，2019 年 12 月已调整减少 10 000 元。据此税审报告，县局进行了纳税调整申报。具体会计分录如表 6－107 所示：

表 6－107

财务会计	预算会计
借：其他应交税费——企业所得税　10 000 　贷：以前年度盈余调整　10 000	——

（三）年末结转

1. 财务会计：年末，将所得税费用年末累计余额转入本期盈余，借记“本期盈余”科目，贷记“所得税费用”科目。年末结转后，“所得税费用”科目应无余额。

（2）预算会计：不做账务处理。

举例详见本书第七章。

第七节　投资支出的核算

投资支出是指事业单位以货币资金对外投资发生的现金流出，与前面“资产”章节中的短期投资、长期股权投资、长期债券投资相关联，但不包括以非货币资金发生的对外投资。

一、管理要求

第一，事业单位对外投资一般是为了取得投资回报，事业单位的性质是公益性或非营利性的，基本职能是向社会提供公共服务，一般而言并不直接从事物质资料的生产。国家对事业单位供给的经费，是用于事业发展的，不允许用于开展生产经营活动，所以财政拨款和财政拨款结余资金不得用于对外投资，事业单位也不得买卖期货、股票，不得购买各种企业债券、各类投资基金和其他任何形式的金融衍生品或进行任何形式的金融风险投资，不得在各种债务尚未清偿前，利用借入资金和贷款对外投资。

第二，《国务院办公厅关于印发分类推进事业单位改革配套文件的通知》（国办发〔2011〕37 号）明确规定，公益一类事业单位不得从事经营活动，公益二类事业单位在确保公益目标的前提下，可依据相关法律法规提供与主业相关的服务，收益的使用按国家有关规定执行。因此，事业单位对外投资行为应严格控制。

第三，《事业单位财务规则》和《事业单位国有资产管理暂行办法》明确规定，事业单位利用国有资产对外投资，应当进行必要的可行性论证，履行相关审批手续，严格控制货币性资金对外投资和对外投资效益低的单位的对外投资行为。

二、核算要求

投资支出应当按照投资类型、投资对象、《政府收支分类科目》中“支出功能分类科目”的项级科目和“部门预算支出经济分类科目”的款级科目等进行明细核算。

核算重点和难点在于关注对外投资是否是货币资金，其他非货币资金的对外投资不属于预算会计“投资支出”的核算范围。另外，出售、对外转让或到期收回以货币资金取得的对外投资时，要明确区分是本年度还是以前年度的投资支出。

三、主要账务处理及举例

（一）以货币资金对外投资

1. 财务会计：按照投资金额和所支付的相关税费金额的合计数，借记“短期投资”

“长期股权投资”“长期债券投资”等科目，贷记“银行存款”“库存现金”科目。

2. 预算会计：按照投资金额和所支付的相关税费金额的合计数，借记“投资支出”科目，贷记“资金结存——货币资金”科目。

【例6-66】 2019年3月8日，县局决定利用科技服务结存资金800 000元购买国债，其中，年利率为4%的半年期国债500 000元，年利率为5%的2年期国债300 000元。具体会计分录如表6-108所示：

表6-108

财务会计			预算会计		
借：短期投资——短期债券投资	500 000		借：投资支出	800 000	
长期债券投资——成本	300 000		贷：资金结存——货币资金——银行存款		800 000
贷：银行存款——基本账户存款		800 000			
借：累计盈余——非中央财政拨款结余——其他结余	300 000				
贷：累计盈余——非流动资产基金——长期投资		300 000			

（二）出售、对外转让或到期收回本年度以货币资金取得的对外投资

1. 财务会计：按照实际收到的金额，借记“银行存款”“库存现金”科目，按照取得投资时有关对外投资科目的发生额，贷记“短期投资”“长期股权投资”“长期债券投资”等科目，按照其差额，贷记或借记“投资收益”科目。

2. 预算会计：按照实际收到的金额，借记“资金结存”科目，按照取得投资时“投资支出”科目的发生额，贷记“投资支出”科目，按照其差额，贷记或借记“投资预算收益”科目。

【例6-67】 2019年9月8日，县局于本年3月8日购买的国债到期，收回本金500 000元，同时收到债券利息10 000元，按国家规定，国债利息留归单位纳入预算统一管理和使用。具体会计分录如表6-109所示：

表6-109

财务会计			预算会计		
借：银行存款——基本账户存款	510 000		借：资金结存——货币资金——银行存款	510 000	
贷：短期投资——短期债券投资		500 000	贷：投资支出——短期债券投资——国债		500 000
投资收益——国债收益		10 000	投资预算收益——国债收益		10 000

（三）出售、对外转让或到期收回以前年度以货币资金取得的对外投资

1. 财务会计：按照实际收到的金额，借记“银行存款”“库存现金”科目，按照取得投资时有关对外投资科目的发生额，贷记“短期投资”“长期股权投资”“长期债券

投资”等科目，按照其差额，贷记或借记“投资收益”科目。

2. 预算会计：按照实际收到的金额，借记“资金结存”科目，按照取得投资时“投资支出”科目的发生额，贷记“其他结余”科目，按照其差额，贷记或借记“投资预算收益”科目。

【例6-68】 2021年3月8日，县局收回2019年3月8日购买的国债本金300 000元，同时收到债券利息30 000元，按国家规定，国债利息留归单位纳入预算统一管理和使用。具体会计分录如表6-110所示：

表6-110

财务会计	预算会计
借：银行存款——基本账户存款　　330 000 　贷：长期债券投资——成本　　300 000 　　投资收益——国债收益　　30 000 借：累计盈余——非流动资产基金—长期投资　　300 000 　贷：累计盈余——非中央财政拨款结余——其他结余　　300 000	借：资金结存——货币资金——银行存款　　330 000 　贷：其他结余　　300 000 　　投资预算收益——国债收益　　30 000

通过上述【例6-67】与【例6-68】的对比可以发现：出售、对外转让或到期收回本年度以货币资金取得的对外投资和以前年度以货币资金取得的对外投资，在财务会计中账务处理是相同的，而在预算会计中，对本年度的是直接冲减“投资支出”，对以前年度的则是增加“其他结余”。

（四）年末结转

1. 财务会计：不做账务处理。

2. 预算会计：年末，将“投资支出”年末累计余额转入“其他结余”，借记“其他结余”科目，贷记“投资支出”科目。年末结转后，“投资支出”科目应无余额。

举例详见本书第七章。

第八节 债务还本支出的核算

债务还本支出是指事业单位偿还自身承担的纳入预算管理的从金融机构举借的债务本金的现金流出，与前面“负债”章节中的短期借款、长期借款相关联，但仅反映偿还本金事项。

一、管理要求

第一，事业单位的性质是公益性或非营利性，基本职能是向社会提供公共服务，不追求利润最大化，不应当、也没有必要靠借债来发展事业。因此，要加强和规范事业单位借入款项，尤其是向银行和非银行金融机构借入款项的管理。

第二，《事业单位财务规则》明确规定，事业单位应当建立健全财务风险控制机制，规范和加强借入款项管理，严格执行审批程序，不得违反规定举借债务和提供担保。因此，事业单位借入款项应当经过必要的论证程序，严格遵守国家法律、行政法规以及财政部门、主管部门关于借入款项的有关规定。

第三，事业单位从银行或非银行金融机构举借的债务本金，应纳入事业单位综合预算统一管理，建立财务风险控制机制，保证到期有能力偿还。

二、核算要求

债务还本支出应当按照贷款单位、贷款种类、《政府收支分类科目》中“支出功能分类科目”的项级科目和“部门预算支出经济分类科目”的款级科目等进行明细核算。

核算重点和难点在于要准确区分借入款项的本金和利息，只有偿还借款本金才通过“债务还本支出”科目核算。

三、主要账务处理及举例

（一）偿还借款本金

1. 财务会计：偿还各项短期或长期借款本金时，借记“短期借款”“长期借款”科目，贷记“银行存款”“库存现金”等科目。

2. 预算会计：偿还各项短期或长期借款时，按照偿还的借款本金，借记“债务还本支出”科目，贷记“资金结存”科目。

【例 6－69】2019 年 5 月 8 日，县气象局因业务项目建设需要，经批准与县农业银行签订了一份贷款协议，县局向县农业银行贷款 100 万元，约定贷款期限为 3 年，年利率为 6%（单利计算），到期一次性还本付息。当天就收到了银行划入的贷款。具体会计分录如表 6－111 所示：

表 6－111

财务会计	预算会计
借：银行存款——基本账户存款 1 000 000 贷：长期借款——项目长期借款——本金——县农业银行 1 000 000	借：资金结存——货币资金——银行存款 1 000 000 贷：债务预算收入——专项资金收入——县农业银行 1 000 000

【例 6－70】2022 年 5 月 8 日，县局向县农业银行归还了贷款本金 100 万元及利息 18 万元。

（1）每月计提利息，具体会计分录如表 6－112 所示：

表 6－112

财务会计	预算会计
借：其他费用——利息费用　5 000 　贷：长期借款——项目长期借款——应计利息——县农业银行　5 000	——

（2）到期还本付息，具体会计分录如表 6－113 所示：

表 6－113

财务会计	预算会计
借：长期借款——项目长期借款——本金——县农业银行　1 000 000 　长期借款——项目长期借款——应计利息——县农业银行　180 000 　贷：银行存款——基本账户存款　1 180 000	借：债务还本支出——县农业银行　1 000 000 　其他支出——利息支出　180 000 　贷：资金结存——货币资金——银行存款　1 180 000

【例 6－71】假设【例 6－69】中，县气象局与县农业银行签订的贷款协议约定每半年支付一次利息，到期还本。

（1）每月计提利息时，具体会计分录如表 6－114 所示：

表 6－114

财务会计	预算会计
借：其他费用——银行利息费用　5 000 　贷：应付利息——县农业银行　5 000	——

（2）每半年支付利息时，具体会计分录如表 6－115 所示：

表 6－115

财务会计	预算会计
借：应付利息——县农业银行　30 000 　贷：银行存款——基本账户存款　30 000	借：其他支出——利息支出　30 000 　贷：资金结存——货币资金——银行存款　30 000

（3）到期还本，支付最后半年利息，具体会计分录如表 6－116 所示：

表 6－116

财务会计	预算会计
借：长期借款——项目长期借款——本金——县农业银行　1 000 000 　应付利息——县农业银行　30 000 　贷：银行存款——基本账户存款　1 030 000	借：债务还本支出——县农业银行　1 000 000 　其他支出——利息支出　30 000 　贷：资金结存——货币资金——银行存款　1 030 000

（二）年末结转

1. 财务会计：不做账务处理。

2. 预算会计：年末，将“债务还本支出”年末累计余额转入“其他结余”，借记“其他结余”科目，贷记“债务还本支出”科目。年末结转后，“债务还本支出”科目应无余额。

举例详见本书第七章。

第九节　其他费用（其他支出）的核算

其他费用是财务会计中的一种费用，指单位发生的除业务活动费用、单位管理费用、经营费用、资产处置费用、上缴上级费用、附属单位补助费用、所得税费用以外的各项费用，包括利息费用、坏账损失、罚没支出、现金资产捐赠支出以及相关税费、运输费等。

其他支出是预算会计中的一种支出，指单位除行政支出、事业支出、经营支出、上缴上级支出、对附属单位补助支出、投资支出、债务还本支出以外的各项现金流出，包括利息支出、对外捐赠现金支出、现金盘亏损失、接受捐赠（调入）和对外捐赠（调出）非现金资产发生的税费支出、资产置换过程中发生的相关税费支出、罚没支出等。

一、管理要求

其他费用（其他支出）必须按制度规定的列支范围反映，列支的项目和内容必须准确、真实，不得随意列支。

其他费用（其他支出）有特定的列支范围和核算内容，应重点把握其他费用（其他支出）所包括的内容，正确归集。对外捐赠或处置固定资产、无形资产等非流动资产，则不通过“其他费用”科目核算，而应通过“资产处置费用”“待处理财产损溢”等科目核算。

二、核算要求

第一，其他费用应当按照利息费用、坏账损失、罚没支出、现金资产捐赠支出、国家赔偿费用、赠与等类别进行明细核算。单位发生的利息费用较多的，可以单独设置“利息费用”一级科目核算。

第二，其他支出应当按照利息支出、罚没支出、对外捐赠现金支出、现金盘亏损失等类别，“财政拨款支出”“非财政专项资金支出”和“其他资金支出”，《政府收支分类科目》中“支出功能分类科目”的项级科目和“部门预算支出经济分类科目”的款级科目等进行明细核算。

第三，其他支出中如有专项资金支出，还应按照具体项目进行明细核算。

第四，有一般公共预算财政拨款、政府性基金预算财政拨款等两种或两种以上财政拨款的事业单位，还应当在“财政拨款支出”明细科目下按照财政拨款的种类进行明细核算。

第五，单位发生利息支出、捐赠支出等其他支出金额较大或业务较多的，可单独设置“利息支出”“捐赠支出”等一级科目核算。

核算重点在于准确把握其他费用（其他支出）的列支范围和核算内容，按类别开展明细核算，正确归集，做到合法、合规、真实、准确。

核算难点在于会计账务处理过程中需要按资金来源、项目名称等进行辅助核算，做到准确、完整。由于年末结转的方法不同，需要准确界定其他支出的资金来源。

三、主要账务处理及举例

（一）利息费用

利息费用：是指事业单位经批准向银行或其他金融机构借入款项而支付的利息。

1. 财务会计：按期计算确认借款利息费用时，按照计算确定的金额，借记“在建工程”科目或“其他费用”科目，贷记“应付利息”“长期借款——应计利息”科目。

2. 预算会计：支付银行借款利息时，按照实际支付金额，借记“其他支出”科目，贷记“资金结存”科目。

【例6－72】 2019年11月11日，县气象局归还了半年前向县农业银行借入的款项10万元，另按协议约定支付借款利息3 500元。具体会计分录如表6－117所示：

表6－117

财务会计	预算会计
借：其他费用——利息费用　3 500 　　短期借款——县农业银行　100 000 　贷：银行存款——基本账户存款　103 500	借：债务还本支出——县农业银行　100 000 　　其他支出——利息支出　3 500 　贷：资金结存——货币资金——银行存款　103 500

（二）坏账损失

坏账损失：是指事业单位年末对收回后不需上缴财政的应收账款和其他应收款计提坏账准备而发生的费用。

1. 财务会计：年末，事业单位按照规定对收回后不需上缴财政的应收账款和其他应收款计提坏账准备时，按照计提金额，借记“其他费用”科目，贷记“坏账准备”科目；冲减多提的坏账准备时，按照冲减金额，借记“坏账准备”科目，贷记“其他费用”科目。

2. 预算会计：不做账务处理。

【例6－73】 2019年12月31日，县气象局对应收账款、其他应收款的年末余额和对方单位（个人）的情况进行了检查，分析其可收回性，发现其中的1笔应收账款10 000元和2笔其他应收款计30 000元，有证据表明对方单位已破产，报经批准后计提坏账准备40 000元（这3笔应收款项若收回后均不需上缴财政，单位规定按个别认定法计提）。具体会计分录如表6－118所示：

表6－118

财务会计			预算会计
借：其他费用——坏账损失	40 000		——
贷：坏账准备——应收账款——××单位		10 000	
坏账准备——其他应收款——××单位		30 000	

【例6－74】 2020年1月31日，县气象局发现2019年12月31日（例6－73）中对其他应收款计提坏账准备时有误，经核实多提了5 000元。具体会计分录如表6－119所示：

表6－119

财务会计			预算会计
借：坏账准备——其他应收款——××单位	5 000		——
贷：以前年度盈余调整		5 000	
（备注：若是当年发现当年调整的，则贷记“其他费用——坏账损失”）			

（三）罚没支出

罚没支出：是指单位违反国家法律法规或规章制度而被有关部门罚款或没收现金资产而发生的费用。

1. 财务会计：单位发生罚没支出的，按照实际缴纳或应当缴纳的金额，借记“其他费用”科目，贷记“银行存款”“库存现金”“其他应付款”等科目。

2. 预算会计：按照实际缴纳的金额，借记“其他支出”科目，贷记“资金结存”科目。

【例6－75】 2019年7月10日，县局因未及时在网上办理土地增值税税务申报，经税务局核实后被处以1 000元的罚款，经单位领导批准后同意交纳罚款。具体会计分录如表6－120所示：

表 6－120

财务会计	预算会计
借：其他费用——罚没支出 1 000 　贷：库存现金——非零余额现金 1 000	借：其他支出——其他支出 1 000 　贷：资金结存——货币资金——库存现金 1 000

（四）现金资产捐赠

现金资产捐赠：是指单位经批准对外捐赠现金资产发生的费用。

1. 财务会计：按照实际捐赠的金额，借记“其他费用”科目，贷记“银行存款”“库存现金”等科目。

2. 预算会计：按照实际捐赠的金额，借记“其他支出”科目，贷记“资金结存——货币资金”科目。

【例 6－76】 2019 年 9 月 20 日，县局积极响应政府号召，经集体决策后决定向县扶贫基金会捐赠 10 000 元，银行已划出。具体会计分录如表 6－121 所示：

表 6－121

财务会计	预算会计
借：其他费用——现金资产捐赠支出——县扶贫基金会 10 000 　贷：银行存款——基本账户存款 10 000	借：其他支出——对外捐赠现金资产——县扶贫基金会 10 000 　贷：资金结存——货币资金——银行存款 10 000

这里要特别注意与捐赠非现金资产（库存物品、固定资产、无形资产等）的区别，捐赠非现金资产是通过“资产处置费用”科目核算反映的，参见“资产处置费用”节中的【例 6－55】，也可参见【例 6－77】。

【例 6－77】 2019 年 9 月 20 日，县气象局根据对口精准扶贫村——山口村村委会的请求，经集体决策并报经批准后，决定向山口村委会捐赠一批暂时闲置的仪器设备，其中，3 台台式计算机原值 24 000 元（已提折旧 15 000 元）、当年购置的气象仪器备件 3 套，价值 2 100 元。另从银行支付由县局承担的仪器设备运输费 500 元。具体会计分录如表 6－122 所示：

表 6－122

财务会计	预算会计
借：资产处置费用 11 600 　(24 000－15 000＋2 100＋500) 　固定资产累计折旧——通用设备折旧 15 000 　贷：固定资产——通用设备 24 000 　　库存物品——材料——气象仪器——×× 2 100 　　银行存款——基本账户存款 500 借：累计盈余——非流动资产基金——固定资产 9 000 　贷：资产处置费用 9 000	借：其他支出——非现金资产无偿流动税费支出 500 　贷：资金结存——货币资金——银行存款 500

（五）现金盘亏损失

现金盘亏损失：是指每日现金账款盘点核对中发现的现金短缺而又无法查明原因，经批准后核销的费用。

1. 财务会计：按照短缺的现金金额，借记“待处理财产损溢”科目，贷记“库存现金”科目。无法查明原因经批准核销的，借记“资产处置费用”科目，贷记“待处理财产损溢”科目。经核实，属于应当由有关人员赔偿的，借记“其他应收款”或“库存现金”科目，贷记“待处理财产损溢”科目。

2. 预算会计：按照经批准核销的短缺现金金额，借记“其他支出——现金盘亏损失”科目，贷记“资金结存——货币资金——库存现金”科目。经核实，属于应当由有关人员赔偿的，按照收到的赔偿金额，借记“资金结存——货币资金——库存现金”科目，以负值借记“其他支出——现金盘亏损失”科目。

【例 6－78】现金盘亏损失的举例，可参见【例 6－58】。假设【例 6－58】中盘点发现的现金短款 30 元，后经查实属于出纳本人的工作失误造成，经单位领导批准应改由出纳本人赔偿，出纳人员已于 2019 年 9 月 10 日交回了现金 30 元。具体会计分录如表 6－123 所示：

表 6－123

财务会计	预算会计
借：库存现金——非零余额现金　30 　借：资产处置费用——货币资金——库存现金　－30 　（备注：如果跨年度交回赔偿款，则贷记“以前年度盈余调整”）	借：资金结存——货币资金——库存现金　30 　借：其他支出——现金盘亏损失　－30

（六）接受捐赠（无偿调入）和对外捐赠（无偿调出）非现金资产发生的税费支出

1. 财务会计：接受捐赠（或无偿调入）以名义金额计量的存货、固定资产、无形资产，以及成本无法可靠取得的公共基础设施、文物文化资产等发生的相关税费、运输费等，按照实际支付或应付的金额，借记“其他费用”科目，贷记“财政拨款收入”“零余额账户用款额度”“银行存款”“库存现金”“其他应付款”等科目。

2. 预算会计：按照实际支付金额，借记“其他支出”科目，贷记“资金结存”科目。

【例 6－79】2019 年 7 月 3 日，某单位捐赠县气象局一只大花瓶，没有任何凭证记载价值，经调研咨询也无法确认其市场价值，经批准，县局按照名义金额 1 元入账。在此过程中支付了县文物局的花瓶鉴定费用 1 000 元（银行转账方式支付），花瓶已经资产管理人员登记验收入账。具体会计分录如表 6－124 所示：

表 6-124

财务会计	预算会计
借：固定资产——文物和陈列品 1 贷：捐赠收入——其他捐赠收入 1 借：其他费用——其他相关费用 1 000 贷：银行存款——基本账户存款 1 000 借：累计盈余——非中央财政拨款结余——其他结余 1 贷：累计盈余——非流动资产基金——固定资产 1	借：其他支出——非现金资产无偿流动税费支出 1 000 贷：资金结存——货币资金——银行存款 1 000

（七）与受托代理资产相关的税费、运输费、保管费等支出

1. 财务会计：按照实际支付或应付的金额，借记“其他费用”科目，贷记“零余额账户用款额度”“银行存款”“库存现金”“其他应付款”等科目。

2. 预算会计：按照实际支付的金额，借记“其他支出”科目，贷记“资金结存”科目。

【例 6-80】2019 年 9 月 10 日，县气象局与空军作战训练中心签署了一份合作协议，协议约定空军作战训练中心新购置 1 台气象设备，价值 321 万元（已包含安装调试费），安装在县局观测场里，日常管理委托县局负责，观测数据由双方共享。双方协议中约定由县局支付该气象设备的运输费和保险费共计 11 万元。9 月 20 日，该气象设备已安装验收并投入业务运行，县局根据协议规定从基本账户中支付了运输费和保险费。具体会计分录如表 6-125 所示：

表 6-125

财务会计	预算会计
借：受托代理资产——气象设备——空军作战训练中心 3 210 000 贷：受托代理负债——气象设备——空军作战训练中心 3 210 000 同时： 借：其他费用——其他相关费用 110 000 贷：银行存款——基本账户存款 110 000	借：其他支出——非现金资产无偿流动税费支出 110 000 贷：资金结存——货币资金——银行存款 110 000

（八）资产置换过程中发生的相关税费支出

1. 财务会计：借记“资产处置费用”等科目，贷记“银行存款”等科目。

2. 预算会计：按照实际支付金额，借记“其他支出”等科目，贷记“资金结存”科目。

【例 6-81】2019 年 11 月 10 日，县局经批准用一栋业务用房 A（原值 70 万元，已提折旧 50 万元）与县公安局的一栋业务用房 B 进行置换（原值 110 万元，已提折旧 30

万元）进行资产置换，经评估业务用房 B 现值 90 万元，业务用房 A 现值为 5 万元，双方协议中明确由县局支付相关的税费、资产评估费以及补付差价 85 万元。现在所有手续已办完，有关单据中显示县局支付税费 15 万元、资产评估费 2 万元，县局已通过银行支付了全部费用 1 020 000 元。具体会计分录如表 6－126 所示：

表 6－126

财务会计	预算会计
借：固定资产——房屋及构筑物——B　　1 070 000 （900 000＋150 000＋20 000） 资产处置费用——××　　150 000 （700 000－500 000－50 000） 固定资产累计折旧——A　　500 000 贷：固定资产——房屋及构筑物——A　　700 000 银行存款——基本账户存款　　1 020 000 （850 000＋150 000＋20 000） 借：累计盈余——非流动资产基金——固定资产 A　　200 000 累计盈余——非中央财政拨款结余——其他结余　　1 020 000 贷：资产处置费用——××　　150 000 累计盈余——非流动资产基金——固定资产 B　　1 070 000	借：事业支出——基本支出——资本性支出——房屋建筑物购建 850 000 其他支出——资产置换税费支出 170 000 贷：资金结存——货币资金——银行存款　　1 020 000

（九）年末结转

1. 财务会计：年末，将“其他费用”年末累计余额转入“本期盈余”，借记“本期盈余”科目，贷记“其他费用”科目。期末结转后，“其他费用”科目应无余额。

2. 预算会计：年末，将“其他支出”年末累计余额中的财政拨款支出转入财政拨款结转，借记“财政拨款结转——本年收支结转”科目，贷记“其他支出”科目下各财政拨款支出明细科目；将“其他支出”年末累计余额中的非财政专项资金支出转入非财政拨款结转，借记“非财政拨款结转——本年收支结转”科目，贷记“其他支出”科目下各非财政专项资金支出明细科目；将“其他支出”年末累计余额中的其他资金支出（非财政非专项资金支出）转入其他结余，借记“其他结余”科目，贷记“其他支出”科目下各其他资金支出明细科目。年末结转后，“其他支出”科目应无余额。

举例详见本书第七章。

第七章

净 资 产

第一节　净资产的概述

一、净资产的概念

按照《政府会计准则——基本准则》第三十九条规定，净资产是指政府会计主体资产扣除负债后的净额。

净资产金额取决于资产和负债的计量。

净资产项目应当列入资产负债表。

二、科目设置

净资产核算涉及的会计科目及其适用范围如表 7－1 所示：

表 7－1　　净资产类会计科目适用范围表

序号	科目编号	财务会计	适用范围
1	3001	累计盈余	
2	3101	专用基金	事业单位专用
3	3201	权益法调整	事业单位专用
4	3301	本期盈余	
5	3302	本年盈余分配	
6	3401	无偿调拨净资产	
7	3501	以前年度盈余调整	

以上会计科目将在后面的章节中进行详细解析。

第二节 本期盈余的核算

一、本期盈余的概述

1. “本期盈余”科目核算气象部门一定期间内除中央财政、地方财政、非财政专项资金以外的各项收入、费用相抵后的余额。

2. 本科目期末如为贷方余额，反映单位自年初至当期期末累计实现的盈余；如为借方余额，反映单位自年初至当期期末累计发生的亏损。

3. 年末结账后，本科目应无余额。

4. 气象部门行政单位不涉及本科目的使用。

二、主要账务处理

1. 气象部门事业单位期末扣除中央财政、地方财政、非财政专项资金的收入后，将各类收入科目的本期发生额转入“本期盈余”科目。借记“事业收入”“上级补助收入”“附属单位上缴收入”“经营收入”“投资收益”“捐赠收入”“利息收入”“租金收入”“其他收入”科目，贷记“本年盈余”科目。

2. 气象部门事业单位期末扣除中央财政、地方财政、非财政专项资金的费用后，将各类费用科目的本期发生额转入“本期盈余”科目。借记“本年盈余”科目，贷记“业务活动费用”“单位管理费用”“经营费用”“资产处置费用”“上缴上级费用”“对附属单位补助费用”“其他费用”科目。

【例 7－1】 ××省气象局事业单位于 2019 年 12 月 31 日根据全年业务自制了一张收入费用汇算表，如表 7－2 所示。

表 7－2　　收入费用汇算表　　单位：元

项　目	本年累计发生数	其中，来源于中央财政、地方财政以及非财政专项资金的各项收入、费用	扣除来源于中央财政、地方财政以及非财政专项资金的各项收入、费用的净额
一、本期收入	21 125 325. 26	17 346 000	3 779 325. 26
（一）财政拨款收入	16 920 000	16 920 000	0
其中：政府性基金收入	0	0	0
（二）事业收入	2 911 704. 7	0	2 911 704. 7
（三）上级补助收入	35 000	0	35 000

续表

项　目	本年累计发生数	其中，来源于中央财政、地方财政以及非财政专项资金的各项收入、费用	扣除来源于中央财政、地方财政以及非财政专项资金的各项收入、费用的净额
（四）附属单位上缴收入	120 000	0	120 000
（五）经营收入	350 000	0	350 000
（六）非同级财政拨款收入	356 000	356 000	0
（七）投资收益	36 000	0	36 000
（八）捐赠收入	70 000	70 000	0
（九）利息收入	3 620. 56	0	3 620. 56
（十）租金收入	300 000	0	300 000
（十一）其他收入	23 000	0	23 000
二、本期费用	10 305 022. 1	8 808 787. 1	1 496 235
（一）业务活动费用	3 352 723. 14	2 933 576. 7	419 146. 44
（二）单位管理费用	6 538 903. 4	5 821 210. 4	717 693
（三）经营费用	346 230. 56	0	346 230. 56
（四）资产处置费用	37 400	35 000	2 400
（五）上缴上级费用	8 400	4 500	3 900
（六）对附属单位补助费用	6 500	3 500	3 000
（七）所得税费用	2 365	0	2 365
（八）其他费用	12 500	11 000	1 500

根据自制的收入费用汇算表，编制该单位进行年终“本期盈余”科目的会计分录。

1. 将资金来源除中央财政、地方财政、非财政专项资金外各类收入科目的本期发生额转入“本期盈余——其他结余”科目。具体会计分录如表 7－3 所示。

表 7－3

财务会计			预算会计
借：事业收入	2 911 704. 7		年末应按照预算会计口径结转预算收入，具体案例见“预算结余”章节
上级补助收入	35 000		
附属单位上缴收入	120 000		
投资收益	36 000		
利息收入	3 620. 56		
租金收入	300 000		
其他收入	23 000		
贷：本期盈余——其他结余		3 429 325. 26	

2. 将资金来源除中央财政、地方财政、非财政专项资金外各类费用科目本期发生额转入“本期盈余——其他结余”科目。具体会计分录如表 7－4 所示。

表7－4

财务会计		预算会计
借：本期盈余——其他结余	1 147 639.44	年末应按照预算会计口径结转预算支出，具体案例见“预算结余”章节
贷：业务活动费用	419 146.44	
单位管理费用	717 693	
资产处置费用	2 400	
上缴上级费用	3 900	
对附属单位补助费用	3 000	
其他费用	1 500	

3. 经营收支结余结转。

将“经营收入”科目的本期发生额转入“本期盈余——经营结余”科目；将“经营费用”科目本期发生额转入“本期盈余——经营结余”科目。

年末，若经营结余为贷方余额，将经营结余科目的余额全部转入“本年盈余分配”科目；若经营结余为借方余额，则将经营结余科目的余额全部转入到“累计盈余——经营结余”科目。

（1）结转经营收入350 000元（假定当年经营预算收入350 000元），具体会计分录如表7－5所示。

表7－5

财务会计			预算会计		
借：经营收入	350 000		借：经营预算收入	350 000	
贷：本期盈余——经营结余		350 000	贷：经营结余		350 000

（2）结转经营费用346 230.56元（假定当年经营支出346 230.56元），具体会计分录如表7－6所示。

表7－6

财务会计			预算会计		
借：本期盈余——经营结余	346 230.56		借：经营结余	346 230.56	
贷：经营费用		346 230.56	贷：经营支出		346 230.56

4. 将“所得税费用”本期发生额转入“本期盈余——其他结余/经营结余”科目，具体会计分录如表7－7所示。

假定本例题中涉及经营盈利的企业所得税为565元。

表7－7

财务会计			预算会计
借：本期盈余——其他结余	1 800		——
——经营结余	565		
贷：所得税费用		2 365	

经营结余 =350 000 - 346 230.56 - 565 = 3 204.44（元）（为贷方余额，转入到“本年盈余分配”。注意：如为借方余额转入“累计盈余——经营结余”科目）

其他结余 =3 429 325.26 - 1 147 639.44 - 1 800 = 2 279 885.82（元）

（三）年末，完成相关收入、费用结转后，将“本期盈余”科目余额结转转入“本年盈余分配”科目，借记或贷记“本期盈余”科目，贷记或借记“本年盈余分配”科目。

【例 7-2】接【例 7-1】，“本期盈余”科目的余额结转转入“本年盈余分配”科目。具体会计分录如表 7-8 所示。

“本期盈余”科目贷方余额 =3 779 325.26 - 1 496 235 = 2 283 090.26（元）。其中，“本期盈余——其他结余”科目期末贷方余额为 2 279 885.82 元，“本期盈余——经营结余”科目期末贷方余额为 3 204.44 元。

表 7-8

财务会计	预算会计
借：本期盈余——其他结余 2 279 885.82 ——经营结余 3 204.44 贷：本年盈余分配 2 283 090.26	年末应按照预算会计口径结转其他结余、经营结余，具体案例见预算结余章节

第三节 本年盈余分配的核算

一、本年盈余分配的概述

1. 本科目核算单位本年度盈余分配的情况和结果。
2. 年末结账后，本科目应无余额。
3. 气象部门行政单位不涉及本科目的使用。

二、主要账务处理

1. 年末，将“本期盈余”科目余额转入“本年盈余分配”科目，账务处理如下。

（1）财务会计：借记或贷记“本期盈余”科目，贷记或借记“本年盈余分配”科目。

（2）预算会计：按预算会计口径将其他结余、经营结余转入非财政拨款结余分配。

例题参见【例 7-2】。

2. 年末，根据有关规定从本年度非财政拨款结余或经营结余中提取专用基金的，按照预算会计下计算的提取金额，账务处理如下。

（1）财务会计：借记本科目，贷记“专用基金”科目。

（2）预算会计：借记“非财政拨款结余分配”科目，贷记“专用结余”科目。

【例 7 –3】 接【例 7 –2】，假定按照预算会计下从本年度非财政拨款结余中计算的提取专用基金为 200 000 元。具体会计分录如表 7 –9 所示。

表 7 –9

财务会计	预算会计
借：本年盈余分配 200 000 　贷：专用基金——职工福利基金——分配转入的福利基金 200 000	借：非财政拨款结余分配 200 000 　贷：专用结余——职工福利基金 200 000

3. 年末，按照规定完成上述 1、2 处理后，结转“本年盈余分配”科目余额转入“累计盈余”科目。

财务会计：借记或贷记“本年盈余分配”科目，贷记或借记“累计盈余”科目。

预算会计：不做账务处理。

【例 7 –4】 接【例 7 –1】【7 –2】【7 –3】，本年盈余分配科目余额 = 2 283 090. 26 – 200 000 = 2 083 090. 26（元）。具体会计分录如表 7 –10 所示。

表 7 –10

财务会计	预算会计
借：本年盈余分配 2 083 090. 26 　贷：累计盈余——非中央财政拨款结余——其他结余 2 083 090. 26	——

第四节　专用基金的核算

一、专用基金的概述

1. “专用基金”科目核算事业单位按照规定提取或设置的具有专门用途的净资产，主要包括职工福利基金、科技成果转换基金等。

2. 本科目应当按照专用基金的类别进行明细核算。

3. 本科目期末贷方余额，反映事业单位累计提取或设置的尚未使用的专用基金。

二、主要账务处理

第一，年末，根据有关规定从本年度非财政拨款结余或经营结余中提取专用基金，按照预算会计下计算的提取金额，账务处理如下。

（1）财务会计：借记“本年盈余分配”科目，贷记“专用基金”科目。

（2）预算会计：借记“非财政拨款结余分配”科目，贷记“专用结余”科目。

例题参见【例7-3】。

第二，根据有关规定从收入中提取专用基金并计入费用的，一般按照预算会计下基于预算收入计算提取的金额，账务处理如下。

（1）财务会计：借记“业务活动费用”“单位管理费用”等科目，贷记“专用基金”科目。国家另有规定的，从其规定。

（2）预算会计：不做账务处理。

【例7-5】2019年某科研所事业收入中横向课题收入500 000元，按照相关规定，提取科技成果转化基金，提取比例5%。会计处理如表7-11所示：

计算提取专用基金数：500 000×5%＝25 000（元）。

表7-11

财务会计分录	预算会计分录
借：业务活动费用——计提专用基金 25 000 贷：专用基金——科技成果转化基金 25 000	——

第三，根据有关规定设置的其他专用基金，按照实际收到的基金金额，账务处理如下。

（1）财务会计：借记“银行存款”等科目，贷记本科目。

（2）预算会计：不做账务处理。

第四，使用专用基金。

1. 按照规定使用提取的专用基金时，账务处理如下。

（1）财务会计：借记“专用基金”科目，贷记“银行存款”等科目。

（2）预算会计：

情况1. 使用从非财政拨款结余或经营结余中计提的专用基金，借记“专用结余”科目，贷记“资金结存——货币资金”科目。

情况2. 使用从收入中计提并计入费用的专用基金，借记“事业支出”等科目，贷记“资金结存——货币资金”科目。

2. 使用提取的专用基金购置固定资产、无形资产的，按照固定资产、无形资产的成本金额，账务处理如下。

（1）财务会计：借记“固定资产”“无形资产”科目，贷记“银行存款”等科目；同时，按照专用基金使用金额，借记“专用基金”科目，贷记“累计盈余——非流动资产基金”科目。

（2）预算会计：

情况1. 使用从非财政拨款结余或经营结余中计提的专用基金，借记“专用结余”科目，贷记“资金结存——货币资金”科目；

情况2. 使用从收入中计提并计入费用的专用基金，借记“事业支出”等科目，贷记“资金结存——货币资金”科目。

【例7-6】××气象局事业单位发生有关专用基金的如下业务：

1. 按照规定标准，提取列入当期费用的科技成果转化基金420 000元；

2. 按照规定比例，从非财政拨款结余和经营结余中提取职工福利基金1 000 000元；

3. 使用结余分配转入的职工福利基金用于职工福利开支550 000元；

4. 使用科技成果转化基金购买了10台专用设备支出1 000 000元。

根据上述业务，编制该事业单位进行账务处理的会计分录。

1. 提取列入当期费用的科技成果转化基金（420 000元），具体会计分录如表7-12所示。

表7-12

财务会计	预算会计
借：业务活动费用——计提专用基金 420 000 　贷：专用基金——科技成果转化基金 420 000	——

2. 从非财政拨款结余和经营结余中提取职工福利基金（1 000 000元），具体会计分录如表7-13所示。

表7-13

财务会计	预算会计
借：本年盈余分配 1 000 000 　贷：专用基金——职工福利基金——分配转入的福利基金 1 000 000	借：非财政拨款结余分配 1 000 000 　贷：专用结余——职工福利基金 1 000 000

3. 使用结余分配转入的职工福利基金用于职工福利开支（550 000元），具体会计分录如表7-14所示。

表7-14

财务会计	预算会计
借：专用基金——职工福利基金——分配转入的福利基金 550 000 　贷：银行存款——基本账户存款 550 000	借：专用结余——职工福利基金 550 000 　贷：资金结存——货币资金 550 000

4. 使用科技成果转化基金购买专用设备（1 000 000元），具体会计分录如表7-15所示。

表 7－15

财务会计	预算会计
①借：固定资产——专用设备 1 000 000 贷：银行存款——基本账户存款 1 000 000 ②借：专用基金——科技成果转化基金 1 000 000 贷：累计盈余——非流动资产基金——固定资产 1 000 000	借：事业支出——基本支出——资本性支出——专用设备购置 1 000 000 贷：资金结存——货币资金——银行存款 1 000 000

第五节 权益法调整的核算

一、权益法调整的概述

1. “权益法调整”科目核算事业单位持有的长期股权投资采用权益法核算时，按照被投资单位除净损益和利润分配以外的所有者权益变动份额调整长期股权投资账面余额而计入净资产的金额。

2. “权益法调整”科目应当按照被投资单位进行明细核算。

3. “权益法调整”科目期末余额，反映事业单位在被投资单位除净损益和利润分配以外的所有者权益变动中累积享有（或分担）的份额。

4. 本部分核算只涉及财务会计账务处理，不涉及预算会计处理。

二、主要账务处理

1. 年末，按照被投资单位除净损益和利润分配以外的所有者权益变动应享有（或应分担）的份额，借记或贷记“长期股权投资——其他权益变动”科目，贷记或借记“权益法调整”科目。

2. 采用权益法核算的长期股权投资，因被投资单位除净损益和利润分配以外的所有者权益变动而将应享有（或应分担）的份额计入单位净资产的，处置该项投资时，按照原计入净资产的相应部分金额，借记或贷记“权益法调整”科目，贷记或借记“投资收益”科目。

【例 7－7】 ××省气象局服务中心发生以下业务：气象服务中心投资的丙公司（气象服务中心占 70% 股份，丙公司当年未宣告发放现金股利或利润），20×9 年丙公司全年实现净利润 800 万元，除净利润以外的所有者权益减少额为 100 万元。

根据上述业务，编制该事业单位进行账务处理的会计分录如表 7－16 所示。

表7－16

财务会计	预算会计
①借：长期股权投资——权益法下长期股权投资——损益调整（丙公司） 5 600 000（8 000 000×70%） 贷：投资收益 5 600 000 借：累计盈余——非财政拨款结余——其他结余 5600000 贷：累计盈余——非流动资产基金——长期股权投资 5600000 ②借：权益法调整 700 000（1 000 000×70%） 贷：长期股权投资——权益法下长期股权投资——其他权益变动（丙公司）700 000	—

第六节　无偿调拨净资产的核算

一、无偿调拨净资产的概述

1. “无偿调拨净资产”科目核算单位无偿调入或调出非现金资产所引起的的净资产变动金额。

2. 年末结账后，本科目应无余额。

二、主要账务处理

1. 按照规定取得无偿调入的存货、长期股权投资、固定资产、无形资产、文物文化资产等，按照确定的成本，账务处理如下。

（1）财务会计：借记“库存物品”“长期股权投资”“固定资产”“无形资产”“文物文化资产”等科目，按照调入过程中发生的归属于调入方的相关费用，贷记“零余额账户用款额度”“银行存款”等科目，按照其差额，贷记本科目。

同时，借记“无偿调拨净资产”科目，按调拨物资成本与“无偿调拨净资产”科目差额借记“累计盈余”（根据支付资金来源确定明细），贷记“累计盈余——非流动资产基金”。（如涉及库存物品，则借记本科目，贷记“累计盈余——非中央财政结余——其他结余”）。

（2）预算会计：根据发生的归属于调入方的相关费用，借记“其他支出”等科目，贷记“资金结存——货币资金”科目。

说明：“无偿调拨净资产”科目核算的是调拨资产的净值，无偿调入的“库存物品”“长期股权投资”“固定资产”“无形资产”“文物文化资产”等科目入账价值是“无偿调拨净资产”净值加上调入过程中发生的归属于调入方的相关费用之和。

【例7－8】××省气象局气候中心无偿调入办公设备一台，原值5 000元，已累计计提折旧500元，用单位自有资金支付搬运费等开支1 000元。根据上述业务，编制该事业单位进行会计记账的会计分录如表7－17所示。

表7－17

财务会计	预算会计
①借：固定资产　5 500 　贷：无偿调拨净资产　4 500 　　银行存款　1 000 ②借：累计盈余——非中央财政拨款结余——其他结余　1 000 　无偿调拨净资产　4 500 　贷：累计盈余——非流动资产基金——固定资产　5 500	借：其他支出——非现金资产无偿流动税费支出　1 000 　贷：资金结存——货币资金——银行存款　1 000

2. 按照规定经批准无偿调出存货、长期股权投资、固定资产、无形资产、文物文化资产等，按照调出资产的账面余额或账面价值，账务处理如下。

（1）财务会计：借记“无偿调拨净资产”科目，按照固定资产累计折旧、无形资产累计摊销的金额，借记“固定资产累计折旧”“无形资产累计摊销”科目，按照调出资产的账面余额，贷记“库存物品”“长期股权投资”“固定资产”“无形资产”“文物文化资产”等科目；同时，按照调出过程中发生的归属于调出方的相关费用，借记“资产处置费用”科目，贷记“零余额账户用款额度”“银行存款”等科目。同时，如涉及非流动资产无偿调拨的，借记“累计盈余——非流动资产基金”，贷记“无偿调拨净资产”科目；如涉及库存物品无偿调拨的，借记“累计盈余”（明细根据无偿调拨库存物品的资金来源确定），贷记“无偿调拨净资产”科目。

（2）预算会计：根据发生的归属于调出方的相关费用，借记“其他支出”等科目，贷记“资金结存——货币资金”。

【例7－9】××气象局信息中心无偿调出办公设备一台，原值5 000元，已累计计提折旧500元，支付搬运费等开支1 000元。根据上述业务，编制该事业单位进行会计记账的会计分录如表7－18所示。

表7－18

财务会计	预算会计
①借：无偿调拨净资产　4 500 　固定资产累计折旧　500 　贷：固定资产　5 000 ②借：资产处置费用　1 000 　贷：银行存款　1 000 ③借：累计盈余——非流动资产基金——固定资产　4 500 　贷：无偿调拨净资产　4 500	借：其他支出——非现金资产无偿流动税费支出　1 000 　贷：资金结存——货币资金——银行存款　1 000

第七节 以前年度盈余调整的核算

一、以前年度盈余调整的概述

1. “以前年度盈余调整”科目核算单位本年度发生的调整以前年度盈余的事项，包括本年度发生的重要前期差错更正涉及调整以前年度盈余的事项。

2. “以前年度盈余调整”科目结转后应无余额。

二、主要账务处理

1. 调整增加以前年度收入、减少以前年度费用时，按照调整的金额，账务处理如下。

（1）财务会计：借记有关资产或负债科目，贷记“以前年度盈余调整”科目。

（2）预算会计：按照实际收到或实际支付金额，借记“资金结存——财政应返还额度/零余额账户用款额度/货币资金”，贷记“财政拨款结转——年初余额调整”“财政拨款结余——年初余额调整”“非财政拨款结转——年初余额调整”“非财政拨款结余——年初余额调整”科目。

2. 调整增加以前年度费用、减少以前年度收入时，按照调整增加的金额，账务处理如下。

（1）财务会计：借记“以前年度盈余调整”科目，贷记有关资产或负债科目。

（2）预算会计：按照实际支付或实际收到金额，借记“财政拨款结转——年初余额调整”“财政拨款结余——年初余额调整”“非财政拨款结转——年初余额调整”“非财政拨款结余——年初余额调整”科目，贷记“资金结存——货币资金/财政应返还额度/零余额账户用款额度”科目。

3. 盘盈的各种非流动资产，报经批准后处理时，账务处理如下。

（1）财务会计：借记“待处理财产损溢”科目，贷记“以前年度盈余调整”科目。涉及非流动资产类以前年度盈余调整的，同时还需要借记“以前年度盈余调整”，贷记“累计盈余——非流动资产基金——固定资产”。

（2）预算会计：不做账务处理。

4. 经上述调整后，应将“以前年度盈余调整”科目的余额转入“累计盈余”，账务处理如下。

（1）财务会计：借记或贷记“累计盈余”科目，贷记或借记“以前年度盈余调整”科目。

（2）预算会计：不做账务处理。

【例 7－10】2020 年 5 月，税务部门税务稽查时发现，××气象局事业单位 2019 年度相关费用中存在假发票 10 万元，责令其调账并作纳税调整，该单位通知责任部门和责任人追索正规票据，同时补交增值税 6 000 元（增值税税率 6%，为计算简便不考虑附加）、补交企业所得税 25 000 元（企业所得税税率 25%）。会计处理如表 7－19 所示：

表 7－19

财务会计	预算会计
①借：其他应收款　100 000 　贷：以前年度盈余调整　100 000 ②借：以前年度盈余调整　25 000 　贷：其他应交税费——企业所得税　25 000 ③借：应交增值税　6 000 　其他应交税费——企业所得税　25 000 　　贷：银行存款　31 000	①不做账务处理 ②不做账务处理 ③借：非财政拨款结余——年初余额调整　31 000 　贷：资金结存——货币资金——银行存款 31 000

【例 7－11】2019 年 12 月，××气象局事业单位年终结算前进行资产盘点，盘盈台式计算机 3 台，按照公允价值计量确认资产价值 24 000 元，2020 年 6 月盘盈资产经批准入账，会计处理如表 7－20 所示：

表 7－20

财务会计	预算会计
①借：固定资产　24 000 　贷：待处理财产损溢——待处理财产价值　24 000 ②借：待处理财产损溢——待处理财产价值　24 000 　贷：以前年度盈余调整　24 000 ③借：以前年度盈余调整　24 000 　贷：累计盈余——非流动资产基金——固定资产　24 000	——

第八节　累计盈余的核算

一、累计盈余的概述

1. “累计盈余”科目核算单位历年实现的盈余扣除盈余分配后滚存的金额，以及因无偿调入调出资产产生的净资产变动额，资金来源于中央财政、地方财政、非财政专项资金的各项收入、费用以及经营亏损的余额。

2. 按照规定上缴、缴回、单位间调剂结转结余资金产生的净资产变动额，以及对以前年度盈余的调整金额，也通过“累计盈余”科目核算。

3. “累计盈余”科目期末余额，反映单位未分配盈余（或未弥补亏损）的累计数以及截至上年末无偿调拨净资产变动的累计数。

“累计盈余”科目年末余额，反映单位未分配盈余（或未弥补亏损）以及无偿调拨净资产变动的累计数。

二、主要账务处理

（一）年末“本年盈余分配”“无偿调拨净资产”“以前年度盈余调整”“本期盈余——经营结余（借方余额）”科目余额结转

1. 气象部门行政单位将“无偿调拨净资产”“以前年度盈余调整”科目余额转入“累计盈余”科目，账务处理如下。

（1）财务会计：借记或贷记“无偿调拨净资产”“以前年度盈余调整”科目，贷记或借记“累计盈余”科目。

（2）预算会计：不做账务处理。

2. 气象部门事业单位将“本年盈余分配”“无偿调拨净资产”“以前年度盈余调整”科目余额转入“累计盈余”科目，账务处理如下。

（1）财务会计：借记或贷记“本年盈余分配”“无偿调拨净资产”“以前年度盈余调整”“本期盈余——经营结余（借方余额）”科目，贷记或借记“累计盈余”科目。

（2）预算会计：不做账务处理。

【例7－12】2019年12月31日，××气象局结转“本年盈余分配”科目贷方余额360 000元、“无偿调拨净资产”科目贷方余额58 000元，“以前年度盈余调整”贷方余额12 000元、“本期盈余——经营结余”借方余额30 000元。编制该单位的会计分录如表7－21所示。

表7－21

财务会计			预算会计
①借：本年盈余分配	360 000		——
无偿调拨净资产	58 000		
以前年度盈余调整	12 000		
贷：累计盈余——非中央财政拨款结余——其他结余		430 000	
②借：累计盈余——经营结余	30 000		
贷：本期盈余——经营结余		30 000	

（二）年末结转相关收入

1. 气象部门行政单位将收入类科目余额转入“累计盈余”科目，账务处理如下。

财务会计：借记“财政拨款收入”“非同级财政拨款收入”“捐赠收入”“利息收

入”“租金收入”“其他收入”科目，贷记“累计盈余”科目。

预算会计：年末应按照预算会计口径结转预算收入，具体案例见预算结余章节。

2. 气象部门事业单位将涉及资金来源于中央财政、地方财政、非财政专项资金的收入转入“累计盈余”科目，账务处理如下。

（1）财务会计：借记“财政拨款收入”“事业收入”“上级补助收入”“附属单位上缴收入”“非同级财政拨款收入”“投资收益”“捐赠收入”“利息收入”“租金收入”“其他收入”（仅含中央财政、地方财政以及非财政专项资金）科目，贷记“累计盈余”科目下相应的明细科目。

（2）预算会计：年末应按照预算会计口径结转预算收入，具体案例见预算结余章节。

（三）年末结转相关费用

1. 气象部门行政单位将费用类科目余额转入“累计盈余”科目，账务处理如下。

（1）财务会计：借记“累计盈余”科目，贷记“业务活动费用”“资产处置费用”“其他费用”等科目。

（2）预算会计：年末应按照预算会计口径结转预算收入，具体案例见预算结余章节。

2. 气象部门事业单位将涉及资金来源于中央财政、地方财政、非财政专项资金的费用，计提的相关固定资产累计折旧、无形资产累计摊销转入“累计盈余”科目，账务处理如下。

（1）财务会计：借记“累计盈余”科目，贷记“业务活动费用”“单位管理费用”“所得税费用”“资产处置费用”“上缴上级费用”“对附属单位补助费用”“其他费用”等科目。

（2）预算会计：年末应按照预算会计口径结转预算支出，具体案例见预算结余章节。

【例7－13】 ××省气象局事业单位于2019年12月31日根据全年业务自制了一张收入费用汇算表（见表7－22）。

表7－22　　**收入费用汇算表**

2019年12月31日

项目	本年累计发生数	其中：中央财政拨款资金	地方财政拨款资金	经营收支	其他资金中的专项资金	其他资金中的非专项资金
一、本期收入	2 210 000	800 000	450 000	150 000	400 000	410 000
（一）财政拨款收入	800 000	800 000				
其中：政府性基金收入						

续表

项目	本年累计发生数	其中：中央财政拨款资金	地方财政拨款资金	经营收支	其他资金中的专项资金	其他资金中的非专项资金
（二）事业收入	500 000				200 000	300 000
（三）上级补助收入	100 000				100 000	
（四）附属单位上缴收入						
（五）经营收入	150 000			150 000		
（六）非同级财政拨款收入	550 000		450 000		100 000	
（七）投资收益	30 000					30 000
（八）捐赠收入						
（九）利息收入	15 000					15 000
（十）租金收入	60 000					60 000
（十一）其他收入	5 000					5 000
二、本期费用	2 035 000	750 000	400 000	160 000	350 000	375 000
（一）业务活动费用	1 750 000	750 000	400 000		350 000	250 000
（二）单位管理费用						
（三）经营费用	160 000			160 000		
（四）资产处置费用						
（五）上缴上级费用	100 000					100 000
（六）对附属单位补助费用						
（七）所得税费用	25 000					25 000
（八）其他费用						

注：业务活动费用（中央财政拨款）750 000 元中“业务活动费用——固定资产折旧费”为 30 000 元、“业务活动费用——无形资产摊销费”为 20 000 元。

根据自制的收入费用汇算表（见表 7－22），编制该单位进行年终“累计盈余”科目的会计分录。

1. 结转中央财政拨款收支。

（1）财政拨款收入科目的本期发生额转入“累计盈余”科目，具体会计分录如表 7－23 所示。

表 7－23

财务会计	预算会计
借：财政拨款收入　800 000 　贷：累计盈余——中央财政拨款结转　800 000	年末应按照预算会计口径结转预算收入，具体案例见预算结余章节。

（2）资金来源于中央财政拨款资金的各类费用科目 700 000 元（除固定资产折旧费、无形资产摊销费明细外，其中“业务活动费用——固定资产折旧费”为 30 000 元、

“业务活动费用——无形资产摊销费”为20 000元）本期发生额转入“累计盈余”科目。具体会计分录如表7－24所示。

表7－24

财务会计	预算会计
借：累计盈余——中央财政拨款结转 700 000 　贷：业务活动费用（中央财政拨款） 700 000	年末应按照预算会计口径结转预算支出，具体案例见预算结余章节。

（3）对中央财政拨款结转各明细情况进行分析，符合财政拨款结余的余额转入中央财政拨款结余。

2. 结转地方财政拨款收支。

（1）地方财政拨款收入科目的本期发生额转入“累计盈余”科目。具体会计分录如表7－25所示。

表7－25

财务会计	预算会计
借：非同级财政拨款收入——地方财政拨款收入 450 000 　贷：累计盈余——非中央财政拨款结转——地方财政拨款结转 450 000	年末应按照预算会计口径结转预算收入，具体案例见预算结余章节。

（2）资金来源于地方财政拨款资金的各类费用科目（除固定资产折旧费、无形资产摊销费明细外）本期发生额转入“累计盈余”科目。具体会计分录如表7－26所示。

表7－26

财务会计	预算会计
借：累计盈余——非中央财政拨款结转——地方财政拨款结转 400 000 　贷：业务活动费用（地方财政拨款） 400 000	年末应按照预算会计口径结转预算支出，具体案例见预算结余章节。

（3）对地方财政拨款结转各明细情况进行分析，符合财政拨款结余的余额转入地方财政拨款结余。

3. 结转计入“业务活动费用——固定资产折旧费/无形资产摊销费”“单位管理费用——固定资产折旧费/无形资产摊销费”科目本期发生额（根据资金来源等辅助核算确定属于中央财政、地方财政以及非财政专项资金的）转入“累计盈余——非流动资产基金”科目。

【例7－14】 接【例7－13】：“业务活动费用——固定资产折旧费”本期发生额30 000元、“业务活动费用——无形资产摊销费”本期发生额20 000元转入“累计盈余——非流动资产基金”科目。

结转计提的固定资产累计折旧、无形资产累计摊销如表7－27所示。

表 7－27

财务会计	预算会计
借：累计盈余——非流动资产基金——固定资产　30 000 累计盈余——非流动资产基金——无形资产　20 000 贷：业务活动费用——固定资产折旧费　30 000 业务活动费用——无形资产摊销费　20 000	年末应按照预算会计口径结转预算支出，具体案例见预算结余章节。

4. 年末，结转经营结余（借方）余额。具体会计分录如表 7－28 所示。

经营收入－经营费用＝150 000－160 000＝－10 000（元）

表 7－28

财务会计	预算会计
借：累计盈余——经营结余　10 000 贷：本期盈余——经营结余　10 000	年末应按照预算会计口径结转经营结余，具体案例见预算结余章节。

5. 结转其他资金中专项资金收支。

（1）属于其他资金中专项资金的收入科目的本期发生额转入“累计盈余——非中央财政拨款结转——其他专项结转”科目。具体会计分录如表 7－29 所示。

表 7－29

财务会计	预算会计
借：事业收入（专项资金）　200 000 上级补助收入（专项资金）　100 000 非同级财政拨款收入（专项资金）　100 000 贷：累计盈余——非中央财政拨款结转——其他专项结转　400 000	年末应按照预算会计口径结转预算收入，具体案例见预算结余章节。

（2）属于其他资金中专项资金的支出科目的本期发生额转入“累计盈余——非中央财政拨款结转——其他专项结转”科目。具体会计分录如表 7－30 所示。

表 7－30

财务会计	预算会计
借：累计盈余——非中央财政拨款结转——其他专项结转　350 000 贷：业务活动费用（专项资金）　350 000	年末应按照预算会计口径结转预算支出，具体案例见预算结余章节。

（3）对其他资金中专项资金各明细情况进行分析，符合结余的专项余额转入“累计盈余——非中央财政拨款结余——其他专项结余”科目。

（四）结转其他资金中非专项资金收支

其他资金中非专项资金收支全部结转“本期盈余——其他结余/经营结余”科目（具体见“本期盈余”章节），“本期盈余——其他结余/经营结余”科目余额全额转入“本年盈余分配”科目。

（五）按照规定上缴财政拨款结转结余、缴回非财政拨款结转资金、向其他单位调出财政拨款结转资金

按照实际上缴、缴回、调出金额，账务处理如下。

（1）财务会计：借记“累计盈余”科目，贷记“财政应返还额度”“零余额账户用款额度”“银行存款”等科目。

（2）预算会计：借记“财政拨款结转——归集上缴”“财政拨款结余——归集上缴”“非财政拨款结转——归集上缴”科目，贷记“资金结存——货币资金/零余额账户用款额度/财政应返还额度”科目。

【例7-15】××气象局2019年5月接到财政通知，财政部收回该单位以前年度未用完的财政拨款结余资金（财政直接支付）500 000元。根据上述业务，编制该局的会计分录如表7-31所示。

表7-31

财务会计	预算会计
借：累计盈余——中央财政拨款结余　500 000 　贷：财政应返还额度——财政直接支付　500 000	借：财政拨款结余——归集上缴　500 000 　贷：资金结存——财政应返还额度——财政直接支付　500 000

【例7-16】2018年12月20日，××气象局公共服务中心按照规定实际缴回以前年度的非中央财政拨款结转资金10 000元，向其他单位调出中央财政拨款结转资金20 000元。根据上述业务，编制该局的会计分录如表7-32所示。

表7-32

财务会计	预算会计
借：累计盈余——非中央财政拨款结转　10 000 　累计盈余——中央财政拨款结转　20 000 　贷：零余额账户用款额度　20 000 　　银行存款　10 000	借：财政拨款结转——归集上缴　20 000 　非财政拨款结转——归集上缴　10 000 　贷：资金结存——零余额账户用款额度　20 000 　　资金结存——货币资金　10 000

（六）按照规定从其他单位调入财政拨款结转资金

（1）财务会计：按照实际调入金额，借记“零余额账户用款额度”“银行存款”等科目，贷记“累计盈余”科目。

（2）预算会计：借记“资金结存——零余额账户用款额度/货币资金”科目，贷记“财政拨款结转——归集调入”科目。

【例7-17】 ××气象局气候中心按规定从省气象台调入中央财政拨款结转资金20 000元。根据上述业务，编制该局的会计分录如表7-33所示。

表7-33

财务会计	预算会计
借：零余额账户用款额度　20 000 　贷：累计盈余——中央财政拨款结转　20 000	借：资金结存——零余额账户用款额度　20 000 　贷：财政拨款结转——归集调入　20 000

（七）按照规定使用专用基金购置固定资产、无形资产

按照固定资产、无形资产成本金额，账务处理如下。

（1）财务会计：借记“固定资产”“无形资产”科目，贷记“银行存款”等科目；同时，按照专用基金使用金额，借记“专用基金”科目，贷记“累计盈余”科目。

（2）预算会计：如果专用基金是从收入中提取并列入费用的，借记“事业支出”等，贷记“资金结存”；如果专用基金是从非财政拨款结余中提取的，借记“专用结余”科目，贷记“资金结存”科目。

第八章

预算结余

第一节　预算结余概述

一、预算结余的概念

预算结余包括结余资金和结转资金。

结余资金是指年度预算执行终了，预算收入实际完成数扣除预算支出和结转资金后剩余的资金。

结转资金是指预算安排项目的支出年终尚未执行完毕或者因故未执行，且下年需要按原用途继续使用的资金。

预算结余是指政府会计主体预算年度内预算收入扣除预算支出后的资金余额，以及历年滚存的资金余额。

用会计恒等式表示：预算结余 = 预算收入 - 预算支出。

符合预算收入、预算支出和预算结余定义及其确认条件的项目应当列入政府决算报表。

二、核算预算结余的主要会计科目

预算结余核算涉及的会计科目及其适用范围如表 8 - 1 所示：

表 8 - 1　　会计科目适用范围表

序　号	预算会计	适用范围
1	资金结存	
2	财政拨款结转	
3	财政拨款结余	
4	非财政拨款结转	
5	非财政拨款结余	

续表

序　号	预算会计	适用范围
6	专用结余	事业单位专用
7	经营结余	事业单位专用
8	其他结余	
9	非财政拨款结余分配	事业单位专用

以上会计科目将在后面的章节中进行详细解析。

第二节　资金结存的核算

一、资金结存的概述

1.“资金结存”科目核算单位纳入部门预算管理的资金的流入、流出、调整和滚存等情况。

2.“资金结存”科目年末借方余额，反映单位预算资金的累计滚存情况。

二、明细科目设置

1.“零余额账户用款额度”：本明细科目核算实行国库集中支付的单位根据财政部门批复的用款计划收到和支用的零余额账户用款额度。

年末结账后，本明细科目应无余额。

2.“货币资金”：本明细科目核算单位以库存现金、银行存款、其他货币资金形态存在的资金。

本明细科目年末借方余额，反映单位尚未使用的货币资金。

3.“财政应返还额度”：本明细科目核算实行国库集中支付的单位可以使用的以前年度财政直接支付资金额度和财政应返还的财政授权支付资金额度。本明细科目下可设置“财政直接支付”“财政授权支付”两个明细科目进行明细核算。

本明细科目年末借方余额，反映单位应收财政返还的资金额度。

4. 待处理支出：本明细科目核算单位待处理的预付款项等支出。

5. 待处理税款：本明细科目核算单位待处理的应缴税款，如所得税（包括个人和单位）、增值税。

6. 待处理银行卡：本明细科目核算单位待处理的银行卡预还款额等。

7. 非预算内资金：本明细科目核算单位收付的非预算内资金，如应缴国库款、应缴财政专户款。

8. 待处理工资扣款：本明细科目核算单位待处理的工资扣款，如住房公积金、养老保险、职业年金等。

三、主要账务处理

（一）取得预算收入

具体核算参见收入章节。

（二）发生预算支出

具体核算参见支出章节。

（三）按照规定使用提取的专用基金时，按照实际支付金额，会计账务处理如下

1. 一般情况下。

（1）财务会计：借记“专用基金”，贷记“银行存款”等科目。

（2）预算会计：借记“专用结余”科目［使用从非财政拨款结余或经营结余中提取的专用基金］或“事业支出”等科目［使用从预算收入中计提并计入费用的专用基金］，贷记“资金结存”科目（货币资金）。

2. 购买固定资产、无形资产的情况下。

（1）财务会计：借记“无形资产”“固定资产”等科目，贷记“银行存款”等科目；同时，借记“专用基金”科目，贷记“累计盈余”科目。

（2）预算会计：借记“专用结余”科目［使用从非财政拨款结余或经营结余中提取的专用基金］或“事业支出”等科目［使用从预算收入中计提并计入费用的专用基金］，贷记“资金结存——货币资金”科目（货币资金）。

有关例题参见【例7－5】。

（四）预算结转结余调整

1. 按照规定上缴财政拨款结转结余资金或注销财政拨款结转结余资金额度的，按照实际上缴资金数额或注销的资金额度数额，账务处理如下。

（1）财务会计：借记“累计盈余”科目，贷记“财政应返还额度”“零余额账户用款额度”“银行存款”科目。

（2）预算会计：借记“财政拨款结转——归集上缴”或“财政拨款结余——归集上缴”科目，贷记“资金结存——财政应返还额度/零余额账户用款额度/货币资金”科目。

有关例题参见【例7－15】。

2. 按规定向原资金拨入单位缴回非财政拨款结转资金的，账务处理如下。

（1）财务会计：借记“累计盈余”科目，贷记“银行存款”科目。

（2）预算会计：按照实际缴回资金数额，借记“非财政拨款结转——缴回资金”科目，贷记“资金结存——货币资金”科目。

有关例题参见【例7－16】。

3. 收到从其他单位调入的财政拨款结转资金的，按照实际调入资金数额，账务处理如下。

(1) 财务会计：借记“财政应返还额度”“零余额账户用款额度”“银行存款”科目，贷记“累计盈余”科目。

(2) 预算会计：借记“资金结存——财政应返还额度/零余额账户用款额度/货币资金”科目，贷记“财政拨款结转——归集调入”科目。

有关例题参见【例 7－17】。

(五) 因购货退回、发生差错更正等退回国库直接支付、授权支付款项，或者收回货币资金

1. 属于本年度支付的，账务处理如下。

(1) 财务会计：借记“财政拨款收入”“零余额账户用款额度”“银行存款”等科目，借记“业务活动费用”（**注：气象部门收入和费用类科目计入借方红字冲销，利于期末系统自动科目结转**）、“库存物品”等科目（**注：气象部门是计入借方红字冲销，利于期末系统自动科目结转**）。

(2) 预算会计：借记“财政拨款预算收入”科目或“资金结存——零余额账户用款额度/货币资金”科目，红字借记相关支出科目（**注：气象部门预算收入和预算支出类科目计入借方红字冲销，利于期末系统自动科目结转**）。

有关例题参见支出、费用章节。

2. 属于以前年度支付的，账务处理如下。

(1) 财务会计：借记“财政应返还额度”“零余额账户用款额度”“银行存款”等科目，贷记“以前年度盈余调整”科目。

(2) 预算会计：借记“资金结存——财政应返还额度/零余额账户用款额度/货币资金”科目，贷记“财政拨款结转”“财政拨款结余”“非财政拨款结转”“非财政拨款结余”科目。

有关例题参见第七章第七节“以前年度盈余调整”。

(六) 有企业所得税缴纳义务的事业单位缴纳所得税

(1) 财务会计：借记“其他应交税费——企业所得税”科目，贷记“银行存款”等科目。

(2) 预算会计：按照实际缴纳金额，借记“非财政拨款结余——累计结余”科目，贷记“资金结存——货币资金”科目。

有关例题参见资产章节。

(七) 年末，根据本年度财政直接支付预算指标数与当年财政直接支付实际支出数的差额

(1) 财务会计：借记“财政应返还额度——财政直接支付”科目，贷记“财政拨款收入”科目。

（2）预算会计：借记“资金结存——财政应返还额度”科目，贷记“财政拨款预算收入”科目。

【例 8-1】××气象局 2019 年 12 月 31 日对账，全年财政直接支付预算指标数为 1 100 万元，年度内支出 1 070 万元，还有 30 万元未支出。具体会计分录如表 8-2 所示。

表 8-2

财务会计	预算会计
借：财政应返还额度　300 000 　贷：财政拨款收入——财政直接支付——项目支出　300 000	借：资金结存——财政应返还额度——财政直接支付——项目支出额度　300 000 　贷：财政拨款预算收入——项目支出　300 000

（八）年末账务处理

1. 单位依据代理银行提供的对账单作注销额度的相关账务处理。

（1）财务会计：借记“财政应返还额度”科目，贷记“零余额账户用款额度”科目。本年度财政授权支付预算指标数大于零余额账户用款额度下达数的，根据未下达的用款额度，借记“财政应返还额度”科目，贷记“财政拨款收入”科目。

（2）预算会计：借记“资金结存——财政应返还额度”科目，贷记“资金结存——零余额账户用款额度”。本年度财政授权支付预算指标数大于零余额账户用款额度下达数的，根据未下达的用款额度，借记“资金结存——财政应返还额度”科目，贷记“财政拨款预算收入”科目。

【例 8-2】省气象局 2019 年 12 月 31 日零余额账户用款额度有 10 万元未使用完，应予以注销。编制该单位对上述业务进行会计记账的会计分录，如表 8-3 所示。

表 8-3

财务会计	预算会计
借：财政应返还额度　100 000 　贷：零余额账户用款额度　100 000	借：资金结存——财政应返还额度　100 000 　贷：资金结存——零余额账户用款额度　100 000

2. 下年初，单位依据代理银行提供的额度恢复到账通知书作恢复额度的相关账务处理。

（1）财务会计：借记“零余额账户用款额度”科目，贷记“财政应返还额度”科目。

（2）预算会计：借记“资金结存——零余额账户用款额度”科目，贷记“资金结存——财政应返还额度”科目。

【例 8-3】接【例 8-2】：××省气象局 2020 年 1 月 20 日收到代理银行提供的 10 万元额度恢复到账通知书。编制会计分录如表 8-4 所示。

表 8－4

财务会计	预算会计
借：零余额账户用款额度 100 000 　贷：财政应返还额度 100 000	借：资金结存——零余额账户用款额度 100 000 　贷：资金结存——财政应返还额度 100 000

3. 单位收到财政部门批复的上年末未下达零余额账户用款额度的，账务处理如下。

（1）财务会计：借记“零余额账户用款额度”科目，贷记“财政应返还额度”科目。

（2）预算会计：借记“资金结存——零余额账户用款额度”科目，贷记“资金结存——财政应返还额度”科目。

【例 8－4】 ××省气象局 2019 年 5 月 12 日零余额账户收到 8 万元，属于上年末未下达零余额账户用款额度。编制会计分录如表 8－5 所示。

表 8－5

财务会计	预算会计
借：零余额账户用款额度 80 000 　贷：财政应返还额度 80 000	借：资金结存——零余额账户用款额度 80 000 　贷：资金结存——财政应返还额度 80 000

第三节　财政拨款结转的核算

一、财政拨款结转的概述

“财政拨款结转”科目核算单位取得的同级财政拨款结转资金的调整、结转和滚存情况。本科目年末贷方余额，反映单位滚存的财政拨款结转资金数额。

二、明细科目设置

（一）与会计差错更正、以前年度支出收回相关的明细科目

“年初余额调整”：本明细科目核算因发生会计差错更正、以前年度支出收回等原因，需要调整财政拨款结转的金额。

年末结账后，本明细科目应无余额。

（二）与财政拨款调拨业务相关的明细科目

1. “归集调入”：本明细科目核算按照规定从其他单位调入财政拨款结转资金时，

实际调增的额度数额或调入的资金数额。

年末结账后，本明细科目应无余额。

2. “归集调出”：本明细科目核算按照规定向其他单位调出财政拨款结转资金时，实际调减的额度数额或调出的资金数额。

年末结账后，本明细科目应无余额。

3. “归集上缴”：本明细科目核算按照规定上缴财政拨款结转资金时，实际核销的额度数额或上缴的资金数额。

年末结账后，本明细科目应无余额。

4. “单位内部调剂”：本明细科目核算经财政部门批准对财政拨款结余资金改变用途，调整用于本单位其他未完成项目等的调整金额。

年末结账后，本明细科目应无余额。

（三）与年末财政拨款结转业务相关的明细科目

1. “本年收支结转”：本明细科目核算单位本年度财政拨款收支相抵后的余额。

年末结账后，本明细科目应无余额。

2. “累计结转”：本明细科目核算单位滚存的财政拨款结转资金。

本明细科目年末贷方余额，反映单位财政拨款滚存的结转资金数额。

本科目还应当设置“基本支出结转”“项目支出结转”两个明细科目，并在“基本支出结转”明细科目下按照“人员经费”“日常公用经费”进行明细核算，在“项目支出结转”明细科目下按照具体项目进行明细核算；同时，本科目还应按照《政府收支分类科目》中“支出功能分类科目”的相关科目进行明细核算。

有一般公共预算财政拨款、政府性基金预算财政拨款等两种或两种以上财政拨款的，还应当在本科目下按照财政拨款的种类进行明细核算。

三、主要账务处理

（一）发生以前年度的与会计差错更正、支出收回相关的账务处理

1. 因会计差错更正、购货退回、预付款项收回等调整增减以前年度资产（收入）时，按照调整的金额，账务处理如下。

（1）财务会计：借记或贷记有关资产或负债科目，贷记或借记“以前年度盈余调整”科目。

（2）预算会计：借记或贷记“资金结存——财政应返还额度/零余额账户用款额度/货币资金（仅适用于基层尚未开立零余额账户情况）”科目，贷记或借记“财政拨款结转”科目（年初余额调整）。

2. 因会计差错更正、购货退回、预付款项收回等调整增减以前年度费用时，按照调整的金额，账务处理如下。

(1) 财务会计：借记或贷记“以前年度盈余调整”科目，贷记或借记有关资产或负债科目。

(2) 预算会计：借记或贷记“资金结存——财政应返还额度/零余额账户用款额度/货币资金（仅适用于基层尚未开立零余额账户情况）”科目，贷记或借记“财政拨款结转”科目（年初余额调整）。

（二）与财政拨款结转结余资金调整业务相关的账务处理

1. 按照规定从其他单位调入财政拨款结转资金的，按照实际调增的额度数额或调入的资金数额，账务处理如下。

(1) 财务会计：借记“财政应返还额度”“零余额账户用款额度”“银行存款”（仅适用于基层尚未开立零余额账户情况）科目，贷记“累计盈余”科目。

(2) 预算会计：借记“资金结存——财政应返还额度、零余额账户用款额度、货币资金（仅适用于基层尚未开立零余额账户情况）”科目，贷记“财政拨款结转”科目（归集调入）。

2. 按照规定向其他单位调出财政拨款结转资金的，按照实际调减的额度数额或调出的资金数额，账务处理如下。

(1) 财务会计：借记“累计盈余”，贷记“财政应返还额度”“零余额账户用款额度”“银行存款”（仅适用于基层尚未开立零余额账户情况）科目。

(2) 预算会计：借记“财政拨款结转”科目（归集调出），贷记“资金结存——财政应返还额度、零余额账户用款额度、货币资金（仅适用于基层尚未开立零余额账户情况）”科目。

3. 按照规定上缴财政拨款结转资金或注销财政拨款结转资金额度的，按照实际上缴资金数额或注销的资金额度数额，账务处理如下。

(1) 财务会计：借记“累计盈余”，贷记“财政应返还额度”“零余额账户用款额度”“银行存款”（仅适用于基层尚未开立零余额账户情况）科目。

(2) 预算会计：借记本科目（归集上缴），贷记“资金结存——财政应返还额度/零余额账户用款额度/货币资金（仅适用于基层尚未开立零余额账户情况）”科目。

4. 经财政部门批准对财政拨款结余资金改变用途，调整用于本单位基本支出或其他未完成项目支出的，按照批准调剂的金额，账务处理如下。

(1) 财务会计：不做账务处理。

(2) 预算会计：借记“财政拨款结余——单位内部调剂”科目，贷记“财政拨款结转”科目（单位内部调剂）。

（三）与年末财政拨款结转和结余业务相关的账务处理

1. 年末，将财政拨款预算收入本年发生额转入本科目。

(1) 财务会计：年末应按照财务会计口径结转相关收入，具体见本书第七章。

(2) 预算会计：借记“财政拨款预算收入”科目，贷记“财政拨款结转”科目

（本年收支结转）。

【例8－5】 ××气象局2019年年末，将中央财政拨款预算收入本年发生额1 692万元转入“财政拨款结转”科目。具体会计分录如表8－6所示。

表8－6

财务会计	预算会计
年末应按照财务会计口径结转相关收入，具体案例见本书第七章。	借：财政拨款预算收入　16 920 000 　贷：财政拨款结转——本年收支结转　16 920 000

2. 将各项支出中财政拨款支出本年发生额转入本科目。

（1）财务会计：年末应按照财务会计口径结转相关费用，具体见本书第七章。

（2）预算会计：借记“财政拨款结转”科目（本年收支结转），贷记各项支出（财政拨款支出）科目。

【例8－6】 该气象局2019年年末，将中央财政拨款事业支出本年发生额6 845 446.5元转入“财政拨款结转”科目。具体会计分录如表8－7所示。

表8－7

财务会计	预算会计
年末应按照财务会计口径结转相关费用，具体案例见本书第七章。	借：财政拨款结转——本年收支结转　6 845 446.5 　贷：事业支出（财政拨款支出）　6 845 446.5

3. 年末冲销有关明细科目余额。

（1）财务会计：不做账务处理。

（2）预算会计：将“财政拨款结转”科目（本年收支结转、年初余额调整、归集调入、归集调出、归集上缴、单位内部调剂）余额转入“财政拨款结转”科目（累计结转）。结转后，“财政拨款结转”科目除“累计结转”明细科目外，其他明细科目应无余额。

【例8－7】 接【例8－5】、【例8－6】，该气象局2019年年末，冲销“财政拨款结转”有关明细科目余额。具体会计分录如表8－8所示。

表8－8

财务会计	预算会计
—	借：财政拨款结转——累计结转　6 845 446.5 　贷：财政拨款结转——本年收支结转　6 845 446.5 借：财政拨款结转——本年收支结转　16 920 000 　贷：财政拨款结转——累计结转　16 920 000

4. 年末完成上述结转后，应当对财政拨款结转各明细项目执行情况进行分析，按照有关规定将符合财政拨款结余性质的项目余额转入财政拨款结余，账务处理如下。

（1）财务会计：不做账务处理。

（2）预算会计：借记本科目（累计结转），贷记“财政拨款结余——结转转入”科目。

【例 8 -8】 接【例 8 -7】，该气象局 2019 年年末，财政拨款结转余额转入财政拨款结余。具体会计分录如表 8 -9 所示。

财政拨款结转年终需结转到财政拨款结余的余额 = 16 920 000 - 6 845 446.5 = 10 074 553.5（元）

表 8 -9

财务会计	预算会计
——	借：财政拨款结转——累计结转　10 074 553.5 贷：财政拨款结余——结转转入　10 074 553.5

第四节　财政拨款结余的核算

一、财政拨款结余的概述

“财政拨款结余”科目核算单位取得的同级财政拨款项目支出结余资金的调整、结转和滚存情况。本科目年末贷方余额，反映单位滚存的财政拨款结余资金数额。

二、明细科目设置

（一）与会计差错更正、以前年度支出收回相关的明细科目

“年初余额调整”：本明细科目核算因发生会计差错更正、以前年度支出收回等原因，需要调整财政拨款结余的金额。

年末结账后，本明细科目应无余额。

（二）与财政拨款结余资金调整业务相关的明细科目

1. “归集上缴”：本明细科目核算按照规定上缴财政拨款结余资金时，实际核销的额度数额或上缴的资金数额。

年末结账后，本明细科目应无余额。

2. “单位内部调剂”：本明细科目核算经财政部门批准对财政拨款结余资金改变用途，调整用于本单位其他未完成项目等的调整金额。

年末结账后，本明细科目应无余额。

（三）与年末财政拨款结余业务相关的明细科目

1. “结转转入”：本明细科目核算单位按照规定转入财政拨款结余的财政拨款结转资金。

年末结账后，本明细科目应无余额。

2. “累计结余”：本明细科目核算单位滚存的财政拨款结余资金。

本明细科目年末贷方余额，反映单位财政拨款滚存的结余资金数额。本科目还应当按照具体项目、《政府收支分类科目》中“支出功能分类科目”的相关科目等进行明细核算。

有一般公共预算财政拨款、政府性基金预算财政拨款等两种或两种以上财政拨款的，还应当在“财政拨款结余”科目下按照财政拨款的种类进行明细核算。

三、主要账务处理

（一）与会计差错更正、以前年度支出收回相关的账务处理

1. 因会计差错更正、购货退回、预付款项收回等调整增减以前年度资产（收入）时，按照调整的金额，账务处理如下。

（1）财务会计：借记或贷记有关资产或负债科目，贷记或借记“以前年度盈余调整”。

（2）预算会计：借记或贷记“资金结存——财政应返还额度/零余额账户用款额度/货币资金（仅适用于基层尚未开立零余额账户情况）”科目，贷记或借记“财政拨款结余”科目（年初余额调整）。

2. 因会计差错更正、购货退回、预付款项收回等调整增减以前年度负债（费用）时，按照调整的金额，账务处理如下。

（1）财务会计：借记或贷记“以前年度盈余调整”，贷记或借记有关资产或负债科目。

（2）预算会计：借记或贷记“资金结存——财政应返还额度、零余额账户用款额度、货币资金（仅适用于基层尚未开立零余额账户情况）”科目，贷记或借记“财政拨款结余”科目（年初余额调整）。

（二）与财政拨款结余资金调整业务相关的账务处理

1. 按照规定上缴财政拨款结余资金或注销财政拨款结余资金额度的，按照实际上缴资金数额或注销的资金额度数额，账务处理如下。

（1）财务会计：借记“累计盈余”科目，贷记“财政应返还额度”“零余额账户用款额度”“银行存款（仅适用于基层尚未开立零余额账户情况）”科目。

（2）预算会计：借记本科目（归集上缴），贷记“资金结存——财政应返还额度/零余额账户用款额度/货币资金（仅适用于基层尚未开立零余额账户情况）”科目。

2. 经财政部门批准对财政拨款结余资金改变用途，调整用于本单位基本支出或其他未完成项目支出的，按照批准调剂的金额，账务处理如下。

（1）财务会计：不做账务处理。

（2）预算会计：借记本科目（单位内部调剂），贷记“财政拨款结转——单位内部

调剂”科目。

（三）与年末财政拨款结转和结余业务相关的账务处理

1. 年末，对财政拨款结余各明细项目执行情况进行分析，账务处理如下。

（1）财务会计：不做账务处理。

（2）预算会计：按照有关规定将符合财政拨款结余性质的项目余额转入“财政拨款结余”，借记“财政拨款结转——累计结转”科目，贷记“财政拨款结余”科目（结转转入）。

有关例题参见【例8-8】。

2. 年末冲销有关明细科目余额。

（1）财务会计：不做账务处理。

（2）预算会计：将本科目（年初余额调整、归集上缴、单位内部调剂、结转转入）余额转入本科目（累计结余）。

结转后，本科目除“累计结余”明细科目外，其他明细科目应无余额。

【例8-9】接【例8-8】，该气象局年末冲销财政拨款结余有关明细科目余额。具体会计分录如表8-10所示。

表8-10

财务会计	预算会计
—	借：财政拨款结余——累计结余　500 000 　贷：财政拨款结余——归集上缴　500 000

第五节　非财政拨款结转的核算

一、非财政拨款结转的概述

“非财政拨款结转”科目核算单位除财政拨款收支、经营收支以外各非同级财政拨款专项资金的调整、结转和滚存情况。本科目年末贷方余额，反映单位滚存的非同级财政拨款专项结转资金数额。

二、明细科目设置

1. “年初余额调整”：本明细科目核算因发生会计差错更正、以前年度支出收回等原因，需要调整非财政拨款结转的资金。

年末结账后，本明细科目应无余额。

2. “缴回资金”：本明细科目核算按照规定缴回非财政拨款结转资金时，实际缴回的资金数额。

年末结账后，本明细科目应无余额。

3. “项目间接费用或管理费”：本明细科目核算单位取得横向课题的科研项目预算收入中，按照规定计提项目间接费用或管理费的数额。

年末结账后，本明细科目应无余额。

4. “本年收支结转”：本明细科目核算单位本年度非同级财政拨款专项收支相抵后的余额。

年末结账后，本明细科目应无余额。

5. “累计结转”：本明细科目核算单位滚存的非同级财政拨款专项结转资金。

本明细科目年末贷方余额，反映单位非同级财政拨款滚存的专项结转资金数额。

本科目还应当按照具体项目、《政府收支分类科目》中“支出功能分类科目”的相关科目等进行明细核算。

三、主要账务处理

第一，按照规定从横向课题的科研项目预算收入中提取项目管理费或间接费时，按照提取金额，账务处理如下。

（1）财务会计：借记“业务活动费用——其他业务活动费用”科目，贷记“预提费用——项目间接费用或管理费”科目。

（2）预算会计：借记“非财政拨款结转——项目间接费用或管理费”科目，贷记“非财政拨款结余——项目间接费用或管理费”科目。

【例 8－10】 ××事业单位 2019 年 10 月发生有关项目资金的业务：按照规定标准对横向 A 科研项目提取管理费 50 000 元。根据上述业务，编制会计分录如表 8－11 所示。

表 8－11

财务会计	预算会计
借：业务活动费用——其他业务活动费用 50 000 　贷：预提费用——项目间接费用或管理费 50 000	借：非财政拨款结转——项目间接费用或管理费 50 000 　贷：非财政拨款结余——项目间接费用或管理费 50 000

第二，因购货退回、会计差错更正以前年度收到或支出非同级财政拨款货币资金，属于非财政拨款结转资金的，账务处理如下。

（1）财务会计：借记或贷记“银行存款”等科目，贷记或借记“以前年度盈余调整”科目。

（2）预算会计：按照收到或支出的金额，借记或贷记“资金结存——货币资金”科目，贷记或借记“非财政拨款结转”科目（年初余额调整）。

第三，按照规定实际缴回非财政拨款结转资金，账务处理如下。

（1）财务会计：借记“累计盈余——非中央财政拨款结转”科目，贷记“银行存款”等科目。

（2）预算会计：借记“非财政拨款结转”科目（缴回资金），贷记“资金结存——货币资金”科目。

第四，年末结转。

1. 行政单位将各项收入本年发生额中的专项资金收入转入“非财政拨款结转”科目，账务处理如下。

（1）财务会计：年末应按照财务会计口径结转相关收入，具体见本书第七章。

（2）预算会计：借记“非同级财政拨款预算收入”“其他预算收入”科目下各专项资金收入明细科目，贷记“非财政拨款结转”科目（本年收支结转）。

2. 事业单位将各项收入本年发生额中的专项资金收入转入本科目，账务处理如下。

（1）财务会计：年末应按照财务会计口径结转相关收入，具体见本书第七章。

（2）预算会计：借记“事业预算收入”“上级补助预算收入”“附属单位上缴预算收入”“非同级财政拨款预算收入”“债务预算收入”“其他预算收入”科目下各专项资金收入明细科目，贷记“非财政拨款结转”科目（本年收支结转）。

3. 行政单位将行政支出、其他支出本年发生额中的非财政拨款专项资金支出转入“非财政拨款结转”科目，账务处理如下。

（1）财务会计：年末应按照财务会计口径结转相关收入，具体见本书第七章。

（2）预算会计：借记“非财政拨款结转”科目（本年收支结转），贷记“行政支出”“其他支出”科目下各非财政拨款专项资金支出明细科目。

4. 事业单位将事业支出、其他支出本年发生额中的非财政拨款专项资金支出转入“非财政拨款结转”科目，账务处理如下。

（1）财务会计：年末应按照财务会计口径结转相关收入，具体见本书第七章。

（2）预算会计：借记“非财政拨款结转”科目（本年收支结转），贷记“事业支出”“其他支出”科目下各非财政拨款专项资金支出明细科目。

【例8－11】2019年年末，××气象局事业单位按照自制的涉及非中央财政拨款的专项资金的各项收支表（见表8－12）转入“非财政拨款结转”科目。

表8－12　　预算收入支出（专项资金）表

会政预01表

编制单位：××气象局事业单位　　2019年12月31日　　单位：元

项　　目	本年数	备　　注
一、本年预算收入	3 835 793	
（一）财政拨款预算收入	1 563 000	转入“财政拨款结转”

续表

项　　目	本年数	备　　注
其中：政府性基金收入		
（二）事业预算收入	1 595 230	
（三）上级补助预算收入	36 000	
（四）附属单位上缴预算收入	120 000	
（五）经营预算收入	300 000	
（六）债务预算收入	0	
（七）非同级财政拨款预算收入	72 000	
（八）投资预算收益	0	
（九）其他预算收入	149 563	
其中：利息预算收入	89 563	
捐赠预算收入	0	
租金预算收入	60 000	
二、本年预算支出	1 571 700	
（一）行政支出		
（二）事业支出	1 302 200	全部为非中央财政拨款资金支出
（三）经营支出	269 500	
（四）上缴上级支出	0	
（五）对附属单位补助支出	0	
（六）投资支出	0	
（七）债务还本支出	0	
（八）其他支出	0	
其中：利息支出	0	
捐赠支出	0	
三、本年预算收支差额	2 144 093	

会计账务处理如下：

1. 将各项收入本年发生额中的专项资金收入转入，具体会计分录如表 8－13 所示。

表 8－13

财务会计	预算会计
年末应按照财务会计口径结转相关收入，具体案例见本书第七章。	借：事业预算收入　1 595 230 上级补助预算收入　36 000 附属单位上缴预算收入　120 000 非同级财政拨款预算收入　72 000 其他预算收入　149 563 贷：非财政拨款结转——本年收支结转　1 972 793

2. 将事业支出本年发生额中的非财政拨款专项资金支出转入，具体会计分录如表8－14所示。

表8－14

财务会计	预算会计
年末应按照财务会计口径结转相关收入，具体案例见本书第七章。	借：非财政拨款结转——本年收支结转　1 302 200 　贷：事业支出　1 302 200

3. 经营收入和经营支出全部转入经营结余。

第五，年末冲销本科目有关明细科目余额，账务处理如下。

（1）财务会计：不做账务处理。

（2）预算会计：将“非财政拨款结转”科目（年初余额调整、项目间接费用或管理费、缴回资金、本年收支结转）余额转入“非财政拨款结转”科目（累计结转）。

结转后，“非财政拨款结转”科目除“累计结转”明细科目外，其他明细科目应无余额。

【例8－12】 接【例8－11】，2019年年末，该气象局事业单位冲销“非财政拨款结转”科目有关明细科目余额。具体会计分录如表8－15所示。

“非财政拨款结转——本年收支结转”明细科目余额＝1 972 793－1 302 200＝670 593（元）。

表8－15

财务会计	预算会计
—	借：非财政拨款结转——本年收支结转　670 593 　贷：非财政拨款结转——累计结转　670 593

第六，年末完成上述结转后，应当对非财政拨款专项结转资金各项目情况进行分析，将留归本单位使用的非财政拨款专项（项目已完成）剩余资金转入“非财政拨款结余”，账务处理如下。

（1）财务会计：不做账务处理。

（2）预算会计：借记“非财政拨款结转”科目（累计结转），贷记“非财政拨款结余——结转转入”科目。

【例8－13】 接【例8－12】，年末完成上述结转后，该气象局事业单位将留归本单位使用的非财政拨款专项（项目已完成）剩余资金转入非财政拨款结余。具体会计分录如表8－16所示。

表8－16

财务会计	预算会计
—	借：非财政拨款结转——累计结转　670 593 　贷：非财政拨款结余——结转转入　670 593

第六节　非财政拨款结余的核算

一、非财政拨款结余的概述

“非财政拨款结余”科目核算单位历年滚存的非限定用途的非同级财政拨款结余资金，主要为非财政拨款结余扣除结余分配后滚存的金额。本科目年末贷方余额，反映单位非同级财政拨款结余资金的累计滚存数额。

二、明细科目设置

1. “年初余额调整”：本明细科目核算因发生会计差错更正、以前年度支出收回等原因，需要调整非财政拨款结余的资金。

年末结账后，本明细科目应无余额。

2. “项目间接费用或管理费”：本明细科目核算单位取得横向课题的科研项目预算收入中，按照规定计提的项目间接费用或管理费数额。

年末结账后，本明细科目应无余额。

3. “结转转入”：本明细科目核算按照规定留归单位使用，由单位统筹调配，纳入单位非财政拨款结余的非同级财政拨款专项剩余资金。

年末结账后，本明细科目应无余额。

4. “累计结余”：本明细科目核算单位历年滚存的非同级财政拨款、非专项结余资金。

本明细科目年末贷方余额，反映单位非同级财政拨款滚存的非专项结余资金数额。

本科目还应当按照《政府收支分类科目》中“支出功能分类科目”的相关科目进行明细核算。

三、主要账务处理

第一，按照规定从横向课题科研项目预算收入中提取项目管理费或间接费，账务处理如下。

（1）财务会计：借记“业务活动费用——其他业务活动费用”科目，贷记“预提费用——项目间接费用或管理费”科目。

（2）预算会计：借记“非财政拨款结转——项目间接费用或管理费”科目，贷记“非财政拨款结余——项目间接费用或管理费”科目。

有关例题参见【例 8－10】。

第二，有企业所得税缴纳义务的事业单位实际缴纳企业所得税，账务处理如下。

（1）财务会计：借记“其他应交税费——企业所得税”科目，贷记“银行存款”等科目。

（2）预算会计：借记“非财政拨款结余”科目（累计结余），贷记“资金结存——货币资金”科目。

有关例题参见资产章节。

第三，因购货退回、发生会计差错更正等发生以前年度调整事项。

1. 因购货退回、发生会计差错更正退回非同级财政拨款货币资金，属于以前年度非财政拨款结余资金的，账务处理如下。

（1）财务会计：借记“银行存款”等科目，贷记“以前年度盈余调整”科目。

（2）预算会计：借记“资金结存——货币资金”科目，贷记“非财政拨款结余”科目（年初余额调整）。

2. 因发生会计差错更正减少以前年度非同级财政拨款货币资金，属于以前年度非财政拨款结余资金的，账务处理如下。

（1）财务会计：借记“以前年度盈余调整”科目，贷记“银行存款”等科目。

（2）预算会计：借记“非财政拨款结余”科目（年初余额调整），贷记“资金结存——货币资金”科目。

有关例题参见【例 7－10】。

第四，年末，将留归本单位使用的非财政拨款专项（项目已完成）剩余资金转入“非财政拨款结余”科目，账务处理如下。

（1）财务会计：不做账务处理。

（2）预算会计：借记“非财政拨款结转——累计结转”科目，贷记“非财政拨款结余”科目（结转转入）。

有关例题参见【例 8－13】。

第五，年末冲销有关明细科目余额。

（1）财务会计：不做账务处理。

（2）预算会计：将“非财政拨款结余”科目（年初余额调整、项目间接费用或管理费、结转转入）余额结转入本科目（累计结余）。结转后，“非财政拨款结余”科目除“累计结余”明细科目外，其他明细科目应无余额。

【例 8－14】接【例 8－13】，年末完成上述结转后，该气象局事业单位冲销非财政拨款结余有关明细科目余额。具体会计分录如表 8－17 所示。

表 8－17

财务会计	预算会计
——	借：非财政拨款结余——结转转入　670 593 　贷：非财政拨款结余——累计结余　670 593

第六，年末结转。

1. 年末，行政单位将“其他结余”科目余额转入“非财政拨款结余”科目。

（1）财务会计：不做账务处理。

（2）预算会计：“其他结余”科目为借方余额的，借记“非财政拨款结余”科目（累计结余），贷记“其他结余”科目；“其他结余”科目为贷方余额的，借记“其他结余”科目，贷记“非财政拨款结余”科目（累计结余）。

【例 8－15】 年末，中国气象局离退休办公室“其他结余”科目借方余额 230 230 元，将此科目余额转入“非财政拨款结余”科目。具体会计分录如表 8－18 所示。

表 8－18

财务会计	预算会计
——	借：非财政拨款结余——累计结余 230 230 　贷：其他结余 230 230

2. 年末，事业单位将“非财政拨款结余分配”科目余额转入“非财政拨款结余”科目。

（1）财务会计：不做账务处理。

（2）预算会计：“非财政拨款结余分配”科目为借方余额的，借记“非财政拨款结余”科目（累计结余），贷记“非财政拨款结余分配”科目；“非财政拨款结余分配”科目为贷方余额的，借记“非财政拨款结余分配”科目，贷记“非财政拨款结余”科目（累计结余）。

【例 8－16】 年末，该气象局事业单位将“非财政拨款结余分配”科目余额转入“非财政拨款结余”科目。具体会计分录如表 8－19 所示。

表 8－19

财务会计	预算会计
——	借（贷）：非财政拨款结余——累计结余 230 230 　贷（借）：非财政拨款结余分配 230 230

第七节 专用结余的核算

一、专用结余的概述

“专用结余”科目核算事业单位按照规定从非财政拨款结余中提取的具有专门用途的资金的变动和滚存情况。本科目年末贷方余额，反映事业单位从非同级财政拨款结余中提取的专用基金的累计滚存数额。

二、本科目明细核算

本科目应当按照专用结余的类别进行明细核算。

三、主要账务处理

（一）根据有关规定提取基金

1. 从本年度预算收入中提取基金并计入费用，预算会计不做账务处理。

2. 从本年度非财政拨款结余或经营结余中提取基金，借记“非财政拨款结余分配”科目，贷记“专用结余”科目。

有关例题参见【例7-6】。

3. 根据规定设置的其他专用基金，预算会计不做账务处理。

（二）根据有关规定使用专用基金

1. 按照规定使用从非财政拨款结余或经营结余中提取的专用基金时，按照使用金额，账务处理如下。

（1）财务会计：借记“专用基金”科目，贷记“银行存款”等科目；如果使用提取的专用基金购置固定资产、无形资产时，借记“固定资产”“无形资产”等科目，贷记“银行存款”等科目；同时，按照专用基金使用金额，借记“专用基金”科目，贷记“累计盈余”科目。

（2）预算会计：借记“专用结余”科目，贷记“资金结存——货币资金”科目。

有关例题参见【例7-6】。

2. 按照规定使用从预算收入中提取的专用基金时，账务处理如下。

（1）财务会计：借记“专用基金”科目，贷记“银行存款”等科目；如果使用提取的专用基金购置固定资产、无形资产时，借记“固定资产”“无形资产”等科目，贷记“银行存款”等科目，同时，按照专用基金使用金额，借记“专用基金”科目，贷记“累计盈余”科目。

（2）预算会计：借记“事业支出”等科目，贷记“资金结存——货币资金”科目。

有关例题参见【例7-6】。

第八节　经营结余的核算

一、经营结余的概述

1. “经营结余”科目核算事业单位本年度经营活动收支相抵后余额弥补以前年度经

营亏损后的余额。

2. 年末结账后，本科目一般无余额；如为借方余额，反映事业单位累计发生的经营亏损。

3. 本部分核算只涉及预算会计账务处理，不涉及财务会计账务处理。

二、本科目明细核算

本科目可以按照经营活动类别进行明细核算。

三、主要账务处理

1. 年末结转。

（1）将经营预算收入本年发生额转入“经营结余”科目，借记“经营预算收入”科目，贷记“经营结余”科目。

（2）将经营支出本年发生额转入“经营结余”科目，借记“经营结余”科目，贷记“经营支出”科目。

2. 年末，完成上述结转后，如“经营结余”科目为贷方余额，将“经营结余”科目贷方余额转入“非财政拨款结余分配”科目，借记“经营结余”科目，贷记“非财政拨款结余分配”科目；如“经营结余”科目为借方余额，为经营亏损，不予结转。

【例 8－17】年末，××气象局事业单位根据全年经营预算收支情况（见表 8－20）进行了统计，并做相关会计处理。

表 8－20 **经营预算收支表**

2019 年 12 月 31 日 单位：元

科目编号	项　目	本年累计发生数
	一、本期预算收入	507 000
6401	经营预算收入	507 000
640101	培训收入	52 000
640102	后勤服务收入	320 000
640103	软件开发及技术服务收入	100 000
640104	气象仪器产品生产销售收入	0
640105	宾馆招待所收入	0
640199	其他经营预算收入	35 000
	二、本期预算支出	437 000
7301	经营支出	437 000
73010101	工资福利支出	420 000
73010102	商品和服务支出	17 000

续表

科目编号	项　目	本年累计发生数
73010104	资本性支出	0
73010105	债务利息及费用支出	0
	三、收支结余	70 000

1. 将经营预算收入本年发生额转入“经营结余”科目。具体会计分录如表 8－21 所示。

表 8－21

财务会计	预算会计
年末应按照财务会计口径结转相关收入，具体案例见本书第七章。	借：经营预算收入　507 000 　贷：经营结余　507 000

2. 将经营支出本年发生额转入“经营结余”科目。具体会计分录如表 8－22 所示。

表 8－22

财务会计	预算会计
年末应按照财务会计口径结转相关费用，具体案例见本书第七章。	借：经营结余　437 000 　贷：经营支出　437 000

3. “经营结余”科目有贷方余额，因此，将科目贷方余额转入“非财政拨款结余分配”科目。具体会计分录如表 8－23 所示。

“经营结余”科目有贷方余额＝507 000－437 000＝70 000（元）。

表 8－23

财务会计	预算会计
年末应按照财务会计口径结转相关经营结余，具体案例见本书第七章。	借：经营结余　70 000 　贷：非财政拨款结余分配　70 000

第九节　其他结余的核算

一、其他结余的概述

“其他结余”科目核算单位本年度除财政拨款收支、非同级财政专项资金收支和经营收支以外各项收支相抵后的余额。年末结账后，本科目应无余额。本部分核算只涉及预算会计账务处理，不涉及财务会计账务处理。

二、主要账务处理

（一）年末，收支结转

1. 行政单位将各收入中非专项资金收入转入“其他结余”科目。借记“非同级财政拨款预算收入”“其他预算收入”科目下各非专项资金收入明细科目，贷记“其他结余”科目。

事业单位将各收入中非专项资金收入以及投资预算收益本年发生额转入“其他结余”科目。借记“事业预算收入”“上级补助预算收入”“附属单位上缴预算收入”“非同级财政拨款预算收入”“债务预算收入”“其他预算收入”科目下各非专项资金收入明细科目和“投资预算收益”科目，贷记“其他结余”科目（“投资预算收益”科目本年发生额为借方净额时，借记“其他结余”科目，贷记“投资预算收益”科目）。

2. 行政单位将行政支出、其他支出本年发生额中的非同级财政、非专项资金支出本年发生额转入“其他结余”科目。借记“其他结余”科目，贷记“行政支出”“其他支出”科目下各非同级财政、非专项资金支出明细科目。

事业单位将事业支出、其他支出本年发生额中的非同级财政、非专项资金支出，以及上缴上级支出、对附属单位补助支出、投资支出、债务还本支出本年发生额转入“其他结余”科目。借记“其他结余”科目，贷记“事业支出”“其他支出”科目下各非同级财政、非专项资金支出明细科目和“上缴上级支出”“对附属单位补助支出”“投资支出”“债务还本支出”科目。

（二）年末，完成上述后

行政单位将“其他结余”科目余额转入“非财政拨款结余——累计结余”科目。

事业单位将本科目余额转入“非财政拨款结余分配”科目。当“其他结余”科日为贷方余额时，借记“其他结余”科目，贷记“非财政拨款结余——累计结余”或“非财政拨款结余分配”科目；当本科目为借方余额时，借记“非财政拨款结余——累计结余”或“非财政拨款结余分配”科目，贷记“其他结余”科目。

有关例题参见预算收入章节。

第十节　非财政拨款结余分配的核算

一、非财政拨款结余分配的概述

“非财政拨款结余”科目核算事业单位本年度非财政拨款结余分配的情况和结果。

年末结账后，本科目应无余额。本部分核算只涉及预算会计账务处理，不涉及财务会计账务处理。

二、主要账务处理

第一，年末，将“其他结余”科目余额转入“非财政拨款结余”科目。当“其他结余”科目为贷方余额时，借记“其他结余”科目，贷记“非财政拨款结余”科目；当“其他结余”科目为借方余额时，借记“非财政拨款结余”科目，贷记“其他结余”科目。

第二，年末，将“经营结余”科目贷方余额转入“非财政拨款结余”科目。借记“经营结余”科目，贷记“非财政拨款结余”科目。

第三，根据有关规定从非财政拨款结余分配中提取专用基金。按照提取的金额，借记“非财政拨款结余”科目，贷记“专用结余”科目。

第四，年末，按照规定完成上述第一、第二、第三处理后，将“非财政拨款结余”科目余额转入“非财政拨款结余”。当“非财政拨款结余”科目为借方余额时，借记“非财政拨款结余——累计结余”科目，贷记“非财政拨款结余”科目；当“非财政拨款结余”科目为贷方余额时，借记“非财政拨款结余”科目，贷记“非财政拨款结余——累计结余”科目。

有关例题参见【例 8 – 16】、【例 8 – 17】。

第九章

年终清理结算和转账

为了及时办理年度结账，为编制部门决算做好基础工作，单位在年度终了前，应根据决算编审工作要求，对各项收支账目、往来款项、货币资金和财产物资进行全面的年终清理结算，在此基础上办理年度结账，编报决算。

一、年终清理和结算

年终清理是决算编制程序中的一项准备工作，是各单位在年终编制决算前对各项收支、会计账目、财产物资等进行全面核对、结算和清查等工作的总称。

年终结算是指各单位之间，在年终清理的基础上，结清各种收支、往来款项和债权债务关系而产生的货币收付行为。

年终清理和结算的主要事项包括：

1. 核对年度预算收支金额和各项缴拨款项。年终前，对各项预算缴拨款（包括追加、追减和上、下划拨数）都应按规定逐笔进行清理结算，保证有隶属关系上下级之间的年度预算数、领拨经费数和上缴、下拨数一致。

2. 清理合同，年度内尽量完成合同收付款活动，款项及时入账。本年的应缴财政款，应在年终前全部上缴。

3. 本年的各项支出，应按规定的支出用途如实列报。年度单位支出金额，一律以单位截至12月31日的本年实际支出数为准。

4. 事业单位的往来款项，年终前应尽量清理完毕。涉及借款、押金类的往来款资金年终尽量完成收回、退清、平账工作；涉及按权责发生制原则需要确认收入、支出的往来款项年终应及时确认并进行账务处理。

二、年终对账

单位年终应及时同开户银行对账，编制银行存款余额调节表，调节后的银行存款科目余额与银行对账单的余额相等。现金类科目账面余额应同实际库存现金核对相符。有价证券账面数字，一般应同实物有价证券核对相符。

年终前，应对各项资产进行清理盘点。发生盘盈、盘亏的，应及时查明原因，按规定作出处理，调整账务，作到账实相符，账账相符。

三、年度结账

事业单位在年终清理结算的基础上进行年终结账。年终结账包括年终转账、结清旧账和记入新账。自筹资金项目和课题项目等专项已经完工且有剩余资金需缴回原单位的，应在年终结账前将专项资金余额缴回原单位后再进行结账。

1. 手工账结账流程。

年终转账。账目核对无误后，首先计算出各账户借方或贷方的 12 月份发生额和全年累计数，结出年终的余额。然后，试编制结账前的“资产负债表”，试算平衡后，填制 12 月 31 日的记账凭证，办理各个账户收支余额的年终结账冲转。

结清旧账。将转账后无余额的账户结出借贷方 12 月份发生额和全年总累计数，然后在下面划双红线，表示本账户全部结清。对年终有余额的账户，在“全年累计数”下行的“摘要”栏内注明“结转下年”字样，再在下面划双红线，表示年终余额转入新账，旧账结束。

记入新账。本年度各账户有余额的，要将账户的年终余额数直接记入新年度相应的各有关账户，并在“摘要”栏注明“上年结转”字样，以区别新年度发生数。

2. 电算化会计系统结账流程。

使用电子计算机替代手工记账的，按照《会计电算化管理办法》及《会计电算化工作规范》的要求进行处理。

四、年度结转方案

（一）收入类

1. 将“财政拨款收入”科目余额转入“累计盈余——中央财政拨款结转”科目。

2. 将“事业收入”科目［除“事业收入——非同级财政拨款（事业收入）”外］、“上级补助收入”“附属单位上缴收入”“投资收益”“捐赠收入”“利息收入”“租金收入”和“其他收入”科目余额转入“本期盈余——其他结余”科目。将“本期盈余——其他结余”科目余额转入“本年盈余分配”科目，“本年盈余分配”科目按基金计提金额计入“专用基金”后，余额转入“累计盈余——非中央财政拨款结余——其他结余”科目。

将“事业收入”中“事业收入——非同级财政拨款（事业收入）”科目余额转入“累计盈余——非中央财政拨款结转——其他专项结转”科目。

3. 将“经营收入”科目余额转入“本期盈余——经营结余”科目。“本期盈余——经营结余”科目为贷方余额时转入“本年盈余分配”科目，“本年盈余分配”科目按基金计提金额计入“专用基金”后，余额转入“累计盈余——经营结余”科目。

4. 将“非同级财政拨款收入——本级横向转拨财政款”“非同级财政拨款收入——非本级财政拨款——其他专项资金收入”科目余额转入“累计盈余——非中央财政拨款结转——其他专项结转”科目。

5. 将“非同级财政拨款收入——非本级财政拨款——地方财政拨款收入”科目余额转入“累计盈余——非中央财政拨款结转——地方财政拨款结转”科目。

（二）费用类

1. “业务活动费用”（除“固定资产折旧费/无形资产摊销费”科目）、“单位管理费用”（除“固定资产折旧费/无形资产摊销费”科目）、“资产处置费用”“上缴上级费用”“对附属单位补助费用”和“其他费用”科目：

资金来源为“中央财政拨款”的，科目余额转入“累计盈余——中央财政拨款结转”科目。

资金来源为“地方财政拨款”的，科目余额转入“累计盈余——非中央财政拨款结转——地方财政拨款结转”科目。

资金来源为“科研课题收入”的，科目余额转入“累计盈余——非中央财政拨款结转——其他专项结转”科目。

资金来源为“其他资金”的，科目余额转入“本期盈余——其他结余”科目。将“本期盈余——其他结余”科目余额转入“本年盈余分配”科目，“本年盈余分配”科目按基金计提金额计入“专用基金”后，余额转入“累计盈余——非中央财政拨款结余——其他结余”科目。

2. 将“经营费用”科目余额转入“本期盈余——经营结余”科目。“本期盈余——经营结余”科目为贷方余额时，转入“本年盈余分配”科目，“本年盈余分配”科目按基金计提金额计入“专用基金”后，余额转入“累计盈余——经营结余”科目。

3. 将“所得税费用”科目余额区分为经营活动发生的所得税和非经营活动发生的所得税。经营活动发生的所得税，科目余额转入“本期盈余——经营结余”科目。“本期盈余——经营结余”科目为贷方余额时，转入“本年盈余分配”科目，“本年盈余分配”科目按基金计提金额计入“专用基金”后，余额转入“累计盈余——经营结余”科目。非经营活动发生的所得税，科目余额转入“本期盈余——其他结余”科目。将“本期盈余——其他结余”科目余额转入“本年盈余分配”科目，“本年盈余分配”科目按基金计提金额计入“专用基金”后，余额转入“累计盈余——非中央财政拨款结余——其他结余”科目。

4. 结转计入“业务活动费用——固定资产折旧费/无形资产摊销费”“单位管理费用——固定资产折旧费/无形资产摊销费”科目本期发生额（根据资金来源等辅助核算确定属于中央财政、地方财政以及非财政专项资金的）转入“累计盈余——非流动资产基金”科目。

（三）预算收入类

1. 将“财政拨款预算收入——基本支出——人员经费”科目余额转入“财政拨款结转——本年收支结转”科目。将“财政拨款结转——本年收支结转”科目转入“财政拨款结转——累计结转——基本支出结转——人员经费”科目。

将“财政拨款预算收入——基本支出——日常公用经费”科目余额转入“财政拨款结转——本年收支结转”科目。将“财政拨款结转——本年收支结转”科目转入“财政拨款结转——累计结转——基本支出结转——日常公用经费”科目。

将“财政拨款预算收入——项目支出”科目余额转入“财政拨款结转——本年收支结转”科目。将“财政拨款结转——本年收支结转”科目转入“财政拨款结转——累计结转——项目支出结转”科目。

2. 将“事业预算收入”[除“非同级财政拨款”外]、“上级补助预算收入——非专项资金收入”“附属单位上缴预算收入——非专项资金收入”“债务预算收入——非专项资金收入”“投资预算收益”和“其他预算收入”科目余额转入“其他结余”科目。将“其他结余”科目余额转入“非财政拨款结余分配”科目。“非财政拨款结余分配”科目按基金计提金额计入“专用结余”后，将“非财政拨款结余分配”科目余额转入“非财政拨款结余”。

将“事业预算收入——非同级财政拨款”“上级补助预算收入——专项资金收入”“附属单位上缴预算收入——专项资金收入”“债务预算收入——专项资金收入”科目余额转入“非财政拨款结转——本年收支结转”科目。将“非财政拨款结转——本年收支结转”科目转入“非财政拨款结转——累计结转——其他专项结转”科目。

3. 将“经营预算收入”科目余额转入“经营结余”科目。“经营结余”科目为贷方余额时，转入“非财政拨款结余分配”科目。“非财政拨款结余分配”科目按基金计提金额计入“专用结余”后，将“非财政拨款结余分配”科目余额转入“非财政拨款结余”。

4. “非同级财政拨款预算收入”科目。

资金来源为地方财政拨款的，将“非同级财政拨款预算收入”科目余额转入“非财政拨款结转——本年收支结转”。将“非财政拨款结转——本年收支结转”科目转入“非财政拨款结转——累计结转——地方财政拨款结转”科目。

资金来源为科研课题收入的，将“非同级财政拨款预算收入”科目余额转入“非财政拨款结转——本年收支结转”。将“非财政拨款结转——本年收支结转”科目转入“非财政拨款结转——累计结转——其他专项结转”科目。

资金来源为其他资金的，将“非同级财政拨款预算收入”科目余额转入“非财政拨款结转——本年收支结转”。将“非财政拨款结转——本年收支结转”科目转入“非财政拨款结转——累计结转——其他专项结转”科目。

（四）预算支出类

1. “行政支出”“事业支出”科目。

（1）资金来源为“中央财政拨款”的。

将“行政支出——基本支出——工资福利支出”“行政支出—基本支出—对个人和家庭的补助支出”“事业支出——基本支出——工资福利支出”“事业支出——基本支出——对个人和家庭的补助支出”科目余额转入“财政拨款结转——本年收支结转”科目。将“财政拨款结转——本年收支结转”科目转入“财政拨款结转——累计结转——基本支出结转——人员经费”科目。

将“行政支出——基本支出——商品和服务支出”“行政支出——基本支出——资本性支出”“行政支出——基本支出——债务利息及费用支出”“事业支出——基本支出——商品和服务支出”“事业支出——基本支出——资本性支出”“事业支出——基本支出——债务利息及费用支出”科目余额转入“财政拨款结转——本年收支结转”科目。将“财政拨款结转——本年收支结转”科目转入“财政拨款结转——累计结转——基本支出结转——日常公用经费”科目。

将“行政支出——项目支出”“事业支出——项目支出”科目余额转入“财政拨款结转——本年收支结转”科目。将“财政拨款结转——本年收支结转”科目转入“财政拨款结转——累计结转——项目支出结转”科目。

（2）资金来源为“地方财政拨款”的。

将“行政支出”“事业支出”科目余额转入“非财政拨款结转——本年收支结转”。将“非财政拨款结转——本年收支结转”科目转入“非财政拨款结转——累计结转——地方财政拨款结转”科目。

（3）资金来源为“科研课题收入”的。

将“行政支出”“事业支出”科目余额转入“非财政拨款结转——本年收支结转”。将“非财政拨款结转——本年收支结转”科目转入“非财政拨款结转——累计结转——其他专项结转”科目。

（4）资金来源为“其他资金”的。

区分资金性质进行结转。资金性质为专项资金的，将“行政支出”“事业支出”科目余额转入“非财政拨款结转——本年收支结转”。将“非财政拨款结转——本年收支结转”科目转入“非财政拨款结转——累计结转——其他专项结转”科目。资金性质为非专项资金的，将“行政支出”“事业支出”科目余额转入“其他结余”科目。将“其他结余”科目余额转入“非财政拨款结余分配”科目。“非财政拨款结余分配”科目按基金计提金额计入“专用结余”后，将“非财政拨款结余分配”科目余额转入“非财政拨款结余”。

2. 将“经营支出”科目余额转入“经营结余”科目。“经营结余”科目为贷方余额时，转入“非财政拨款结余分配”科目。“非财政拨款结余分配”科目按基金计提金额计入“专用结余”后，将“非财政拨款结余分配”科目余额转入“非财政拨款结余”。

3. 将“上缴上级支出”“对附属单位补助支出”“投资支出”“债务还本支出”科目余额转入“其他结余”科目。将“其他结余”科目余额转入“非财政拨款结余分配”科目。“非财政拨款结余分配”科目按基金计提金额计入“专用结余”后，将“非财政拨款结余分配”科目余额转入“非财政拨款结余”。

4.“其他支出”科目。

(1) 资金来源为“中央财政拨款”的。

将“其他支出”科目余额转入“财政拨款结转——本年收支结转”科目。区分资金性质，资金性质为基本支出的，将“财政拨款结转——本年收支结转”科目转入“财政拨款结转——累计结转——基本支出结转——日常公用经费”科目；资金性质为项目支出的，将“财政拨款结转——本年收支结转”科目转入“财政拨款结转——累计结转——项目支出结转”科目。

(2) 资金来源为“地方财政拨款”的。

将“其他支出”科目余额转入“非财政拨款结转——本年收支结转”。将“非财政拨款结转——本年收支结转”科目转入“非财政拨款结转——累计结转——地方财政拨款结转”科目。

(3) 资金来源为“科研课题收入”的。

将“其他支出”科目余额转入“非财政拨款结转——本年收支结转”。将“非财政拨款结转——本年收支结转”科目转入“非财政拨款结转——累计结转——其他专项结转”科目。

(4) 资金来源为“其他资金”的。

区分资金性质进行结转。资金性质为专项资金的，将“其他支出”科目余额转入“非财政拨款结转——本年收支结转”。将“非财政拨款结转——本年收支结转”科目转入“非财政拨款结转——累计结转——其他专项结转”科目。资金性质为非专项资金的，将“其他支出”科目余额转入“其他结余”科目。将“其他结余”科目余额转入“非财政拨款结余分配”科目。“非财政拨款结余分配”科目按基金计提金额计入“专用结余”后，将“非财政拨款结余分配”科目余额转入“非财政拨款结余”。

(五) 其他

年末将“本年盈余分配”“无偿调拨净资产”“以前年度盈余调整”“本期盈余——经营结余（借方余额)”科目余额转入“累计盈余”下相关明细科目。

第十章

财务会计报表

第一节　政府综合财务报表部分

一、财务报表的编制基础和要求

1. 基础要求：政府会计主体应当以持续运行为基础，根据实际发生的经济业务或事项，按照准则和制度要求进行确认和计量，在此基础上编制财务报表。不应以附注披露代替确认和计量，不恰当的确认和计量也不能通过充分披露相关会计政策而纠正。如果披露信息不足以让报表事项了解政府会计主体财务状况和运行情况的影响时，还应当披露其他的必要信息。

2. 编制口径：部门（单位）单位应当根据政府会计制度基本准则的规定编制真实、完整的财务报表和预算会计报表，不得违反基本准则规定随意改变财务报表和预算会计报表的编制基础、编制依据、编制原则和方法，不得随意改变财务报表和预算会计报表有关数据的会计口径。财务报表项目的列报应当在各个会计期间保持一致，不得随意变更（以下两种情况除外：①政府会计准则制度要求改变财务报表项目的列报；②政府会计主体业务性质发生重大变化或者对政府会计主体影响较大的经济业务或事项发生）。

3. 程序要求：部门（单位）的财务报表和预算会计报表应当根据登记完整、核对无误的账簿记录和其他有关资料编制，做到数字真实、计算准确、内容完整、编报及时。部门（单位）应当严格按照相关财政管理制度以及会计制度规定，组织所属单位全面清查核实管理的资产负债等，做到账实相符、账证相符、账账相符、账表相符。会计账簿相关数据不符合权责发生制原则的，应当提取数据后按照相关报告标准进行调整，数据调整应当符合重要性原则，并编制调整分录。

4. 重要性要求：性质或功能类似的项目，其所属类别具有重要性的，应当按其类别在财务报表中单独列报。某些项目的重要性程度不足以在资产负债表、收入费用表等报表单独列示，但对附注具有重要性的，应当在附注中单独披露。

5. 责任明确：财务报表和预算会计报表应当由单位负责人和主管会计工作的负责

人、会计机构负责人（会计主管人员）签名并盖章。

6. 制度要求：部门（单位）应当严格按照相关财政管理制度以及会计制度规定，组织所属单位全面清查核实管理的资产负债等，做到账实相符、账证相符、账账相符、账表相符。

7. 标准口径：会计账簿相关数据不符合权责发生制原则的，应当提取数据后按照相关报告标准进行调整，数据调整应当符合重要性原则，并编制调整分录。除现金流量表按照收付实现制原则编制外，财务报表均按照权责发生制编制。

8. 合并程序：部门（单位）在编制合并财务报表时，经确认后，应当对被合并报表之间经济业务或事项进行抵销，并编制抵销分录，在此基础上分项加总财务报表项目。合并财务报表与被合并报表之间、财务报表各项目之间，凡有对应关系的数字，应当相互一致；报表中本期与上期有关的数字应当衔接。

9. 财务报表包括财务会计报表和报表附注。财务会计报表包括资产负债表、收入费用表、净资产差异表、现金流量表（选编）。财务报表中的资产项目或负债项目的金额、收入项目和费用项目的金额不得互相抵销，其他政府会计准则另有规定的除外。但资产或负债项目按扣除备抵项目后的净额列示，不属于抵销。

10. 时间要求：部门（单位）应当至少按照年度编制财务报表和预算会计报表。

二、财务报表准备步骤

财务报表编制基本步骤，包括填列会计账簿数据、编制调整分录、计算加总数据、生成会计报表四个步骤。一般来说，做好部门财务报表需要做好以下步骤的工作：

1. 提前核对年度预算。核对年度预算是年终清理结账、做好决算报表的首要任务，包括核对财政拨款数、国库集中支付预算执行情况、年初批复预算数、追加及调整预算数核对等。最好将所属所有单位预算按照年初和最终分别将基本支出中人员支出、公用经费、行政事业项目支出、基建支出等对照每个功能分类整理好。按照计财司统一要求规范的项目名称，并将所属单位相应的项目和预算梳理与下级单位沟通确认，避免出现项目名称和预算填报不规范。整理单位事业费预算的同时，还要对照单位下级投资计划，核对计划与预算是否一致，核对国库支付数据是否无误。

2. 清理核对各项预算收支款项。检查本年各项收入是否都已入账，往来账里是否有挂账现象，应缴预算收入是否已上缴国库，尤其是下属单位处理的资产收入是否及时上缴财政专户。

3. 清理往来业务款项以及对未办理竣工决算交付资产的在建工程及时进行竣工决算。每一级单位都要确认需在财务报表中符合内部抵销的事项，并按照统一格式发送上级主管部门，往来事项涉及的双方处理程序是否符合抵销处理程序。各项应收应付的往来款年终前应尽量清理完毕。未清理完毕的要列出清单，准备结转下年。对于超过 3 年以上的往来，要提交单位领导审议处理。

4. 清查货币资金和各项财产物资。银行存款余额要同银行对账单余额核对相符。库存各类现金应尽可能于12月31日前存入银行，使账面与实际库存年末为零。各种财产物资年终是否已全部入账，对固定资产进行清查盘点，各类资产的账面数字与实有情况核对相符，并保留盘点记录。如有差异，应查明原因，按规定进行账务处理，做到账账、账实相符。

5. 财务人员应按照规定，用红字更正方法，对以前期间的会计差错进行更正，以保证在结账前收入类科目无借方发生额、支出类科目无贷方发生额，便于会计余额表的累计发生额取数准确，充分利用结转收入结余后的余额表，编制部门财务报表。防止出现到了年后准备年终报表工作才梳理各项收支时，错误无法处理。

6. 做好结账工作。做好年末结余的预测算工作，保证各类款项收支不要出现负数，尤其是对照每个功能分类的收入支出，避免出现用错功能分类现象，如有错误要及时通过错误更正单，通知国库支付代理银行更正；否则年后无法纠错。对于财政资金和专项资金的收支结余不可以随意进行分配，其他性质资金基本支出可以进行分配，项目经费只有项目已结束并经项目主管单位同意后才可对项目结余资金进行分配处理。

7. 查看有无需要调整年初数的情况。例如，对所属事业单位历年结转结余资金的调剂使用（这类调整要以正式文件为依据），在掌握报表间逻辑关系的基础上，按照各类资金来源梳理收入支出，按照信息软件即可进行财务报表编制工作。

最后，在正确结转收入、费用、计提基金、结转结余的基础上编制财务报表。

三、财务报表的内容与填列

（一）“资产负债表”内容与填列

第一，本表“年初余额”栏内各项数字，应当根据上年年末资产负债表“期末余额”栏内数字填列。如果本年度资产负债表规定的项目的名称和内容同上年度不一致，应当对上年年末资产负债表项目的名称和数字按照本年度的规定进行调整，将调整后的数字填入本表“年初余额”栏内。

如果本年度单位发生了因前期差错更正、会计政策变更等调整以前年度盈余的事项，还应当对“年初余额”栏中的有关项目金额进行相应调整。

第二，本表中“资产总计”项目期末（年初）余额应当与“负债和净资产总计”项目期末（年初）余额相等。

第三，本表“期末余额”栏各项目的内容和填列方法。

1. 资产类项目。

（1）“货币资金”项目，反映单位期末库存现金、银行存款、零余额账户用款额度、其他货币资金的合计数。本项目应当根据“库存现金”“银行存款”“零余额账户用款额度”“其他货币资金”科目的期末余额的合计数填列；若单位存在通过“库存现金”“银行存款”科目核算的受托代理资产还应当按照前述合计数扣减“库存现金”“银行存款”科目下“受托代理资产”明细科目的期末余额后的金额填列。

（2）“短期投资”项目，反映事业单位期末持有的短期投资账面余额。本项目应当根据“短期投资”科目的期末余额填列。

（3）“财政应返还额度”项目，反映单位期末财政应返还额度的金额。本项目应当根据“财政应返还额度”科目的期末余额填列。

（4）“应收票据”项目，反映事业单位期末持有的应收票据的票面金额。本项目应当根据“应收票据”科目的期末余额填列。

（5）“应收账款净额”项目，反映单位期末尚未收回的应收账款减去已计提的坏账准备后的净额。本项目应当根据“应收账款”科目的期末余额，减去“坏账准备”科目中对应收账款计提的坏账准备的期末余额后的金额填列。

（6）“预付账款”项目，反映单位期末预付给商品或者劳务供应单位的款项。本项目应当根据“预付账款”科目的期末余额填列。

（7）“应收股利”项目，反映事业单位期末因股权投资而应收取的现金股利或应当分得的利润。本项目应当根据“应收股利”科目的期末余额填列。

（8）“应收利息”项目，反映事业单位期末因债券投资等而应收取的利息。事业单位购入的到期一次还本付息的长期债券投资持有期间应收的利息，不包括在本项目内。本项目应当根据“应收利息”科目的期末余额填列。

（9）“其他应收款净额”项目，反映单位期末尚未收回的其他应收款减去已计提的坏账准备后的净额。本项目应当根据“其他应收款”科目的期末余额减去“坏账准备”科目中对其他应收款计提的坏账准备的期末余额后的金额填列。

（10）“存货”项目，反映单位期末存储的存货的实际成本。本项目应当根据“在途物品”“库存物品”“加工物品”科目的期末余额的合计数填列。

（11）“待摊费用”项目，反映单位期末已经支出，但应当由本期和以后各期负担的分摊期在1年以内（含1年）的各项费用。本项目应当根据“待摊费用”科目的期末余额填列。

（12）“一年内到期的非流动资产”项目，反映单位期末非流动资产项目中将在1年内（含1年）到期的金额，如事业单位将在1年内（含1年）到期的长期债券投资金额。本项目应当根据“长期债券投资”等科目的明细科目的期末余额分析填列。

（13）“其他流动资产”项目，反映单位期末除本表中上述各项之外的其他流动资产的合计金额。本项目应当根据有关科目期末余额的合计数填列。

（14）“流动资产合计”项目，反映单位期末流动资产的合计数。

本项目应当根据本表中“货币资金”“短期投资”“财政应返还额度”“应收票据”“应收账款净额”“预付账款”“应收股利”“应收利息”“其他应收款净额”“存货”“待摊费用”“一年内到期的非流动资产”“其他流动资产”项目金额的合计数填列。

（15）“长期股权投资”项目，反映事业单位期末持有的长期股权投资的账面余额。本项目应当根据“长期股权投资”科目的期末余额填列。

（16）“长期债券投资”项目，反映事业单位期末持有的长期债券投资的账面余额。

本项目应当根据“长期债券投资”科目的期末余额减去其中将于1年内（含1年）到期的长期债券投资余额后的金额填列。

（17）“固定资产原值”项目，反映单位期末固定资产的原值。本项目应当根据“固定资产”科目的期末余额填列。

“固定资产累计折旧”项目，反映单位期末固定资产已计提的累计折旧金额。本项目应当根据“固定资产累计折旧”科目的期末余额填列。

“固定资产净值”项目，反映单位期末固定资产的账面价值。本项目应当根据“固定资产”科目期末余额减去“固定资产累计折旧”科目期末余额后的金额填列。

（18）“工程物资”项目，反映单位期末为在建工程准备的各种物资的实际成本。本项目应当根据“工程物资”科目的期末余额填列。

（19）“在建工程”项目，反映单位期末所有的建设项目工程的实际成本。本项目应当根据“在建工程”科目的期末余额填列。

（20）“无形资产原值”项目，反映单位期末无形资产的原值。本项目应当根据“无形资产”科目的期末余额填列。

“无形资产累计摊销”项目，反映单位期末无形资产已计提的累计摊销金额。本项目应当根据“无形资产累计摊销”科目的期末余额填列。

“无形资产净值”项目，反映单位期末无形资产的账面价值。本项目应当根据“无形资产”科目期末余额减去“无形资产累计摊销”科目期末余额后的金额填列。

（21）“研发支出”项目，反映单位期末正在进行的无形资产开发项目开发阶段发生的累计支出数。本项目应当根据“研发支出”科目的期末余额填列。

（22）“公共基础设施原值”项目，反映单位期末控制的公共基础设施的原值。本项目应当根据“公共基础设施”科目的期末余额填列。

“公共基础设施累计折旧（摊销）”项目，反映单位期末控制的公共基础设施已计提的累计折旧和累计摊销金额。本项目应当根据“公共基础设施累计折旧（摊销）”科目的期末余额填列。

“公共基础设施净值”项目，反映单位期末控制的公共基础设施的账面价值。本项目应当根据“公共基础设施”科目期末余额减去“公共基础设施累计折旧（摊销）”科目期末余额后的金额填列。

（23）“政府储备物资”项目，反映单位期末控制的政府储备物资的实际成本。本项目应当根据“政府储备物资”科目的期末余额填列。

（24）“文物文化资产”项目，反映单位期末控制的文物文化资产的成本。本项目应当根据“文物文化资产”科目的期末余额填列。

（25）“保障性住房原值”项目，反映单位期末控制的保障性住房的原值。本项目应当根据“保障性住房”科目的期末余额填列。

“保障性住房累计折旧”项目，反映单位期末控制的保障性住房已计提的累计折旧金额。本项目应当根据“保障性住房累计折旧”科目的期末余额填列。

“保障性住房净值”项目，反映单位期末控制的保障性住房的账面价值。本项目应当根据“保障性住房”科目期末余额减去“保障性住房累计折旧”科目期末余额后的金额填列。

（26）“长期待摊费用”项目，反映单位期末已经支出，但应由本期和以后各期负担的分摊期限在 1 年以上（不含 1 年）的各项费用。

本项目应当根据“长期待摊费用”科目的期末余额填列。

（27）“待处理财产损溢”项目，反映单位期末尚未处理完毕的各种资产的净损失或净溢余。本项目应当根据“待处理财产损溢”科目的期末借方余额填列；如“待处理财产损溢”科目期末为贷方余额，以“－”号填列。

（28）“其他非流动资产”项目，反映单位期末除本表中上述各项之外的其他非流动资产的合计数。本项目应当根据有关科目的期末余额合计数填列。

（29）“非流动资产合计”项目，反映单位期末非流动资产的合计数。本项目应当根据本表中“长期股权投资”“长期债券投资”“固定资产净值”“工程物资”“在建工程”“无形资产净值”“研发支出”“公共基础设施净值”“政府储备物资”“文物文化资产”“保障性住房净值”“长期待摊费用”“待处理财产损溢”“其他非流动资产”项目金额的合计数填列。

（30）“受托代理资产”项目，反映单位期末受托代理资产的价值。本项目应当根据“受托代理资产”科目的期末余额与“库存现金”“银行存款”科目下“受托代理资产”明细科目的期末余额的合计数填列。

（31）“资产总计”项目，反映单位期末资产的合计数。本项目应当根据本表中“流动资产合计”“非流动资产合计”“受托代理资产”项目金额的合计数填列。

2. 负债类项目。

（1）“短期借款”项目，反映事业单位期末短期借款的余额。本项目应当根据“短期借款”科目的期末余额填列。

（2）“应交增值税”项目，反映单位期末应缴未缴的增值税税额。

本项目应当根据“应交增值税”科目的期末余额填列；如“应交增值税”科目期末为借方余额，以“－”号填列。

（3）“其他应交税费”项目，反映单位期末应缴未缴的除增值税以外的税费金额。本项目应当根据“其他应交税费”科目的期末余额填列；如“其他应交税费”科目期末为借方余额，以“－”号填列。

（4）“应缴财政款”项目，反映单位期末应当上缴财政但尚未缴纳的款项。本项目应当根据“应缴财政款”科目的期末余额填列。

（5）“应付职工薪酬”项目，反映单位期末按有关规定应付给职工及为职工支付的各种薪酬。本项目应当根据“应付职工薪酬”科目的期末余额填列。

（6）“应付票据”项目，反映事业单位期末应付票据的金额。本项目应当根据“应付票据”科目的期末余额填列。

（7）“应付账款”项目，反映单位期末应当支付但尚未支付的偿还期限在 1 年以内（含 1 年）的应付账款的金额。本项目应当根据“应付账款”科目的期末余额填列。

(8)“应付政府补贴款”项目，反映负责发放政府补贴的行政单位期末按照规定应当支付给政府补贴接受者的各种政府补贴款余额。本项目应当根据“应付政府补贴款”科目的期末余额填列。

(9)“应付利息”项目，反映事业单位期末按照合同约定应支付的借款利息。事业单位到期一次还本付息的长期借款利息不包括在本项目内。本项目应当根据“应付利息”科目的期末余额填列。

(10)“预收账款”项目，反映事业单位期末预先收取但尚未确认收入和实际结算的款项余额。本项目应当根据“预收账款”科目的期末余额填列。

(11)“其他应付款”项目，反映单位期末其他各项偿还期限在1年内（含1年）的应付及暂收款项余额。本项目应当根据“其他应付款”科目的期末余额填列。

(12)“预提费用”项目，反映单位期末已预先提取的已经发生但尚未支付的各项费用。本项目应当根据“预提费用”科目的期末余额填列。

(13)“一年内到期的非流动负债”项目，反映单位期末将于1年内（含1年）偿还的非流动负债的余额。本项目应当根据“长期应付款”“长期借款”等科目的明细科目的期末余额分析填列。

(14)“其他流动负债”项目，反映单位期末除本表中上述各项之外的其他流动负债的合计数。本项目应当根据有关科目的期末余额的合计数填列。

(15)“流动负债合计”项目，反映单位期末流动负债合计数。本项目应当根据本表“短期借款”“应交增值税”“其他应交税费”“应缴财政款”“应付职工薪酬”“应付票据”“应付账款”“应付政府补贴款”“应付利息”“预收账款”“其他应付款”“预提费用”“一年内到期的非流动负债”“其他流动负债”项目金额的合计数填列。

(16)“长期借款”项目，反映事业单位期末长期借款的余额。本项目应当根据“长期借款”科目的期末余额减去其中将于1年内（含1年）到期的长期借款余额后的金额填列。

(17)“长期应付款”项目，反映单位期末长期应付款的余额。本项目应当根据“长期应付款”科目的期末余额减去其中将于1年内（含1年）到期的长期应付款余额后的金额填列。

(18)“预计负债”项目，反映单位期末已确认但尚未偿付的预计负债的余额。本项目应当根据“预计负债”科目的期末余额填列。

(19)“其他非流动负债”项目，反映单位期末除本表中上述各项之外的其他非流动负债的合计数。本项目应当根据有关科目的期末余额合计数填列。

(20)“非流动负债合计”项目，反映单位期末非流动负债合计数。本项目应当根据本表中“长期借款”“长期应付款”“预计负债”“其他非流动负债”项目金额的合计数填列。

(21)“受托代理负债”项目，反映单位期末受托代理负债的金额。本项目应当根据“受托代理负债”科目的期末余额填列。

（22）“负债合计”项目，反映单位期末负债的合计数。本项目应当根据本表中“流动负债合计”“非流动负债合计”“受托代理负债”项目金额的合计数填列。

3. 净资产类项目。

（1）“累计盈余”项目，反映单位期末未分配盈余（或未弥补亏损）以及无偿调拨净资产变动的累计数。本项目应当根据“累计盈余”科目的期末余额填列。

（2）“专用基金”项目，反映事业单位期末累计提取或设置但尚未使用的专用基金余额。本项目应当根据“专用基金”科目的期末余额填列。

（3）“权益法调整”项目，反映事业单位期末在被投资单位除净损益和利润分配以外的所有者权益变动中累积享有的份额。本项目应当根据“权益法调整”科目的期末余额填列。如“权益法调整”科目期末为借方余额，以“－”号填列。

（4）“无偿调拨净资产”项目，反映单位本年度截至报告期期末无偿调入的非现金资产价值扣减无偿调出的非现金资产价值后的净值。本项目仅在月度报表中列示，年度报表中不列示。月度报表中本项目应当根据“无偿调拨净资产”科目的期末余额填列；“无偿调拨净资产”科目期末为借方余额时，以“－”号填列。

（5）“本期盈余”项目，反映单位本年度截至报告期期末实现的累计盈余或亏损。本项目仅在月度报表中列示，年度报表中不列示。

月度报表中本项目应当根据“本期盈余”科目的期末余额填列；“本期盈余”科目期末为借方余额时，以“－”号填列。

（6）“净资产合计”项目，反映单位期末净资产合计数。本项目应当根据本表中“累计盈余”“专用基金”“权益法调整”“无偿调拨净资产”[月度报表]、“本期盈余”[月度报表]项目金额的合计数填列。

（7）“负债和净资产总计”项目，应当按照本表中“负债合计”“净资产合计”项目金额的合计数填列。

（二）收入费用表内容与填列

第一，本表反映单位在某一会计期间内发生的收入、费用及当期盈余情况。

第二，本表“本月数”栏反映各项目的本月实际发生数。编制年度收入费用表时，应当将本栏改为“本年数”，反映本年度各项目的实际发生数。

本表“本年累计数”栏反映各项目自年初至报告期期末的累计实际发生数。编制年度收入费用表时，应当将本栏改为“上年数”，反映上年度各项目的实际发生数，“上年数”栏应当根据上年年度收入费用表中“本年数”栏内所列数字填列。

如果本年度收入费用表规定的项目的名称和内容同上年度不一致，应当对上年度收入费用表项目的名称和数字按照本年度的规定进行调整，将调整后的金额填入本年度收入费用表的“上年数”栏内。

如果本年度单位发生了因前期差错更正、会计政策变更等调整以前年度盈余的事项，还应当对年度收入费用表中“上年数”栏中的有关项目金额进行相应调整。

第三，本表“本月数”栏各项目的内容和填列方法

1. 本期收入。

（1）“本期收入”项目，反映单位本期收入总额。本项目应当根据本表中“财政拨款收入”“事业收入”“上级补助收入”“附属单位上缴收入”“经营收入”“非同级财政拨款收入”“投资收益”“捐赠收入”“利息收入”“租金收入”“其他收入”项目金额的合计数填列。

（2）“财政拨款收入”项目，反映单位本期从同级政府财政部门取得的各类财政拨款。本项目应当根据“财政拨款收入”科目的本期发生额填列。

“政府性基金收入”项目，反映单位本期取得的财政拨款收入中属于政府性基金预算拨款的金额。本项目应当根据“财政拨款收入”相关明细科目的本期发生额填列。

（3）“事业收入”项目，反映事业单位本期开展专业业务活动及其辅助活动实现的收入。本项目应当根据“事业收入”科目的本期发生额填列。

（4）“上级补助收入”项目，反映事业单位本期从主管部门和上级单位收到或应收的非财政拨款收入。本项目应当根据“上级补助收入”科目的本期发生额填列。

（5）“附属单位上缴收入”项目，反映事业单位本期收到或应收的独立核算的附属单位按照有关规定上缴的收入。本项目应当根据“附属单位上缴收入”科目的本期发生额填列。

（6）“经营收入”项目，反映事业单位本期在专业业务活动及其辅助活动之外开展非独立核算经营活动实现的收入。本项目应当根据“经营收入”科目的本期发生额填列。

（7）“非同级财政拨款收入”项目，反映单位本期从非同级政府财政部门取得的财政拨款，不包括事业单位因开展科研及其辅助活动从非同级财政部门取得的经费拨款。本项目应当根据“非同级财政拨款收入”科目的本期发生额填列。

（8）“投资收益”项目，反映事业单位本期股权投资和债券投资所实现的收益或发生的损失。本项目应当根据“投资收益”科目的本期发生额填列；如为投资净损失，以“－”号填列。

（9）“捐赠收入”项目，反映单位本期接受捐赠取得的收入。本项目应当根据“捐赠收入”科目的本期发生额填列。

（10）“利息收入”项目，反映单位本期取得的银行存款利息收入。本项目应当根据“利息收入”科目的本期发生额填列。

（11）“租金收入”项目，反映单位本期经批准利用国有资产出租取得并按规定纳入本单位预算管理的租金收入。本项目应当根据“租金收入”科目的本期发生额填列。

（12）“其他收入”项目，反映单位本期取得的除以上收入项目外的其他收入的总额。本项目应当根据“其他收入”科目的本期发生额填列。

2. 本期费用。

（1）“本期费用”项目，反映单位本期费用总额。本项目应当根据本表中“业务活动费用”“单位管理费用”“经营费用”“资产处置费用”“上缴上级费用”“对附属单位补助费用”“所得税费用”和“其他费用”项目金额的合计数填列。

（2）“业务活动费用”项目，反映单位本期为实现其职能目标，依法履职或开展专业业务活动及其辅助活动所发生的各项费用。本项目应当根据“业务活动费用”科目本期发生额填列。

（3）“单位管理费用”项目，反映事业单位本期本级行政及后勤管理部门开展管理活动发生的各项费用，以及由单位统一负担的离退休人员经费、工会经费、诉讼费、中介费等。本项目应当根据“单位管理费用”科目的本期发生额填列。

（4）“经营费用”项目，反映事业单位本期在专业业务活动及其辅助活动之外开展非独立核算经营活动发生的各项费用。本项目应当根据“经营费用”科目的本期发生额填列。

（5）“资产处置费用”项目，反映单位本期经批准处置资产时转销的资产价值以及在处置过程中发生的相关费用或者处置收入小于处置费用形成的净支出。本项目应当根据“资产处置费用”科目的本期发生额填列。

（6）“上缴上级费用”项目，反映事业单位按照规定上缴上级单位款项发生的费用。本项目应当根据“上缴上级费用”科目的本期发生额填列。

（7）“对附属单位补助费用”项目，反映事业单位用财政拨款收入之外的收入对附属单位补助发生的费用。本项目应当根据“对附属单位补助费用”科目的本期发生额填列。

（8）“所得税费用”项目，反映有企业所得税缴纳义务的事业单位本期计算应交纳的企业所得税。本项目应当根据“所得税费用”科目的本期发生额填列。

（9）“其他费用”项目，反映单位本期发生的除以上费用项目外的其他费用的总额。本项目应当根据“其他费用”科目的本期发生额填列。

3. 本期盈余。

“本期盈余”项目，反映单位本期收入扣除本期费用后的净额。本项目应当根据本表中“本期收入”项目金额减去“本期费用”项目金额后的金额填列；如为负数，以“-”号填列。

（三）净资产变动表内容与填列

第一，本表反映单位在某一会计年度内净资产项目的变动情况。

第二，本表“本年数”栏反映本年度各项目的实际变动数。本表“上年数”栏反映上年度各项目的实际变动数，应当根据上年度净资产变动表中“本年数”栏内所列数字填列。

如果上年度净资产变动表规定的项目的名称和内容与本年度不一致，应对上年度净资产变动表项目的名称和数字按照本年度的规定进行调整，将调整后金额填入本年度净资产变动表“上年数”栏内。

第三，本表“本年数”栏各项目的内容和填列方法

1. “上年年末余额”行，反映单位净资产各项目上年年末的余额。

本行各项目应当根据“累计盈余”“专用基金”“权益法调整”科目上年年末余额

填列。

2. “以前年度盈余调整”行，反映单位本年度调整以前年度盈余的事项对累计盈余进行调整的金额。本行“累计盈余”项目应当根据本年度“以前年度盈余调整”科目转入“累计盈余”科目的金额填列；

如调整减少累计盈余，以“－”号填列。

3. “本年年初余额”行，反映经过以前年度盈余调整后，单位净资产各项目的本年年初余额。本行“累计盈余”“专用基金”“权益法调整”项目应当根据其各自在“上年年末余额”和“以前年度盈余调整”行对应项目金额的合计数填列。

4. “本年变动金额”行，反映单位净资产各项目本年变动总金额。

本行“累计盈余”“专用基金”“权益法调整”项目应当根据其各自在“本年盈余”“无偿调拨净资产”“归集调整预算结转结余”“提取或设置专用基金”“使用专用基金”“权益法调整”行对应项目金额的合计数填列。

5. “本年盈余”行，反映单位本年发生的收入、费用对净资产的影响。本行“累计盈余”项目应当根据年末由“本期盈余”科目转入“本年盈余分配”科目的金额填列；如转入时借记“本年盈余分配”科目，则以“－”号填列。

6. “无偿调拨净资产”行，反映单位本年无偿调入、调出非现金资产事项对净资产的影响。本行“累计盈余”项目应当根据年末由“无偿调拨净资产”科目转入“累计盈余”科目的金额填列；如转入时借记“累计盈余”科目，则以“－”号填列。

7. “归集调整预算结转结余”行，反映单位本年财政拨款结转结余资金归集调入、归集上缴或调出，以及非财政拨款结转资金缴回对净资产的影响。本行“累计盈余”项目应当根据“累计盈余”科目明细账记录分析填列；如归集调整减少预算结转结余，则以“－”号填列。

8. “提取或设置专用基金”行，反映单位本年提取或设置专用基金对净资产的影响。本行“累计盈余”项目应当根据“从预算结余中提取”行“累计盈余”项目的金额填列。本行“专用基金”项目应当根据“从预算收入中提取”“从预算结余中提取”“设置的专用基金”行“专用基金”项目金额的合计数填列。

“从预算收入中提取”行，反映单位本年从预算收入中提取专用基金对净资产的影响。本行“专用基金”项目应当通过对“专用基金”科目明细账记录的分析，根据本年按有关规定从预算收入中提取基金的金额填列。

“从预算结余中提取”行，反映单位本年根据有关规定从本年度非财政拨款结余或经营结余中提取专用基金对净资产的影响。本行“累计盈余”“专用基金”项目应当通过对“专用基金”科目明细账记录的分析，根据本年按有关规定从本年度非财政拨款结余或经营结余中提取专用基金的金额填列；本行“累计盈余”项目以“－”号填列。

“设置的专用基金”行，反映单位本年根据有关规定设置的其他专用基金对净资产的影响。本行“专用基金”项目应当通过对“专用基金”科目明细账记录的分析，根据本年按有关规定设置的其他专用基金的金额填列。

9.“使用专用基金”行，反映单位本年按规定使用专用基金对净资产的影响。本行“累计盈余”“专用基金”项目应当通过对“专用基金”科目明细账记录的分析，根据本年按规定使用专用基金的金额填列；本行“专用基金”项目以“-”号填列。

10.“权益法调整”行，反映单位本年按照被投资单位除净损益和利润分配以外的所有者权益变动份额而调整长期股权投资账面余额对净资产的影响。本行“权益法调整”项目应当根据“权益法调整”科目本年发生额填列；若本年净发生额为借方时，以“-”号填列。

11.“本年年末余额”行，反映单位本年各净资产项目的年末余额。

本行“累计盈余”“专用基金”“权益法调整”项目应当根据其各自在“本年年初余额”“本年变动金额”行对应项目金额的合计数填列。

12.本表各行“净资产合计”项目，应当根据所在行“累计盈余”“专用基金”“权益法调整”项目金额的合计数填列。

（四）现金流量表内容与填列（单位选编）

第一，本表反映单位在某一会计年度内现金流入和流出的信息。

第二，本表所指的现金，是指单位的库存现金以及其他可以随时用于支付的款项，包括库存现金、可以随时用于支付的银行存款、其他货币资金、零余额账户用款额度、财政应返还额度，以及通过财政直接支付方式支付的款项。

第三，现金流量表应当按照日常活动、投资活动、筹资活动的现金流量分别反映。本表所指的现金流量，是指现金的流入和流出。

第四，本表“本年金额”栏反映各项目的本年实际发生数。本表“上年金额”栏反映各项目的上年实际发生数，应当根据上年现金流量表中“本年金额”栏内所列数字填列。

第五，单位应当采用直接法编制现金流量表。

第六，本表“本年金额”栏各项目的填列方法。

1. 日常活动产生的现金流量。

（1）“财政基本支出拨款收到的现金”项目，反映单位本年接受财政基本支出拨款取得的现金。本项目应当根据“零余额账户用款额度”“财政拨款收入”“银行存款”等科目及其所属明细科目的记录分析填列。

（2）“财政非资本性项目拨款收到的现金”项目，反映单位本年接受除用于购建固定资产、无形资产、公共基础设施等资本性项目以外的财政项目拨款取得的现金。本项目应当根据“银行存款”“零余额账户用款额度”“财政拨款收入”等科目及其所属明细科目的记录分析填列。

（3）“事业活动收到的除财政拨款以外的现金”项目，反映事业单位本年开展专业业务活动及其辅助活动取得的除财政拨款以外的现金。本项目应当根据“库存现金”“银行存款”“其他货币资金”“应收账款”“应收票据”“预收账款”“事业收入”等科目及其所属明细科目的记录分析填列。

（4）“收到的其他与日常活动有关的现金”项目，反映单位本年收到的除以上项目之外的与日常活动有关的现金。本项目应当根据“库存现金”“银行存款”“其他货币资金”“上级补助收入”“附属单位上缴收入”“经营收入”“非同级财政拨款收入”“捐赠收入”“利息收入”“租金收入”“其他收入”等科目及其所属明细科目的记录分析填列。

（5）“日常活动的现金流入小计”项目，反映单位本年日常活动产生的现金流入的合计数。本项目应当根据本表中“财政基本支出拨款收到的现金”“财政非资本性项目拨款收到的现金”“事业活动收到的除财政拨款以外的现金”“收到的其他与日常活动有关的现金”项目金额的合计数填列。

（6）“购买商品、接受劳务支付的现金”项目，反映单位本年在日常活动中用于购买商品、接受劳务支付的现金。本项目应当根据“库存现金”“银行存款”“财政拨款收入”“零余额账户用款额度”“预付账款”“在途物品”“库存物品”“应付账款”“应付票据”“业务活动费用”“单位管理费用”“经营费用”等科目及其所属明细科目的记录分析填列。

（7）“支付给职工以及为职工支付的现金”项目，反映单位本年支付给职工以及为职工支付的现金。本项目应当根据“库存现金”“银行存款”“零余额账户用款额度”“财政拨款收入”“应付职工薪酬”“业务活动费用”“单位管理费用”“经营费用”等科目及其所属明细科目的记录分析填列。

（8）“支付的各项税费”项目，反映单位本年用于缴纳日常活动相关税费而支付的现金。本项目应当根据“库存现金”“银行存款”“零余额账户用款额度”“应交增值税”“其他应交税费”“业务活动费用”“单位管理费用”“经营费用”“所得税费用”等科目及其所属明细科目的记录分析填列。

（9）“支付的其他与日常活动有关的现金”项目，反映单位本年支付的除上述项目之外与日常活动有关的现金。本项目应当根据“库存现金”“银行存款”“零余额账户用款额度”“财政拨款收入”“其他应付款”“业务活动费用”“单位管理费用”“经营费用”“其他费用”等科目及其所属明细科目的记录分析填列。

（10）“日常活动的现金流出小计”项目，反映单位本年日常活动产生的现金流出的合计数。本项目应当根据本表中“购买商品、接受劳务支付的现金”“支付给职工以及为职工支付的现金”“支付的各项税费”“支付的其他与日常活动有关的现金”项目金额的合计数填列。

（11）“日常活动产生的现金流量净额”项目，应当按照本表中“日常活动的现金流入小计”项目金额减去“日常活动的现金流出小计”项目金额后的金额填列；如为负数，以“－”号填列。

2. 投资活动产生的现金流量。

（1）“收回投资收到的现金”项目，反映单位本年出售、转让或者收回投资收到的现金。本项目应该根据“库存现金”“银行存款”“短期投资”“长期股权投资”“长期债券投资”等科目的记录分析填列。

（2）“取得投资收益收到的现金”项目，反映单位本年因对外投资而收到被投资单位分配的股利或利润，以及收到投资利息而取得的现金。本项目应当根据“库存现金”“银行存款”“应收股利”“应收利息”“投资收益”等科目的记录分析填列。

（3）“处置固定资产、无形资产、公共基础设施等收回的现金净额”项目，反映单位本年处置固定资产、无形资产、公共基础设施等非流动资产所取得的现金，减去为处置这些资产而支付的有关费用之后的净额。由于自然灾害所造成的固定资产等长期资产损失而收到的保险赔款收入，也在本项目反映。本项目应当根据“库存现金”“银行存款”“待处理财产损溢”等科目的记录分析填列。

（4）“收到的其他与投资活动有关的现金”项目，反映单位本年收到的除上述项目之外与投资活动有关的现金。对于金额较大的现金流入，应当单列项目反映。本项目应当根据“库存现金”“银行存款”等有关科目的记录分析填列。

（5）“投资活动的现金流入小计”项目，反映单位本年投资活动产生的现金流入的合计数。本项目应当根据本表中“收回投资收到的现金”“取得投资收益收到的现金”“处置固定资产、无形资产、公共基础设施等收回的现金净额”“收到的其他与投资活动有关的现金”项目金额的合计数填列。

（6）“购建固定资产、无形资产、公共基础设施等支付的现金”项目，反映单位本年购买和建造固定资产、无形资产、公共基础设施等非流动资产所支付的现金；融资租入固定资产支付的租赁费不在本项目反映，在筹资活动的现金流量中反映。本项目应当根据“库存现金”“银行存款”“固定资产”“工程物资”“在建工程”“无形资产”“研发支出”“公共基础设施”“保障性住房”等科目的记录分析填列。

（7）“对外投资支付的现金”项目，反映单位本年为取得短期投资、长期股权投资、长期债券投资而支付的现金。本项目应当根据“库存现金”“银行存款”“短期投资”“长期股权投资”“长期债券投资”等科目的记录分析填列。

（8）“上缴处置固定资产、无形资产、公共基础设施等净收入支付的现金”项目，反映本年单位将处置固定资产、无形资产、公共基础设施等非流动资产所收回的现金净额予以上缴财政所支付的现金。本项目应当根据“库存现金”“银行存款”“应缴财政款”等科目的记录分析填列。

（9）“支付的其他与投资活动有关的现金”项目，反映单位本年支付的除上述项目之外与投资活动有关的现金。对于金额较大的现金流出，应当单列项目反映。本项目应当根据“库存现金”“银行存款”等有关科目的记录分析填列。

（10）“投资活动的现金流出小计”项目，反映单位本年投资活动产生的现金流出的合计数。本项目应当根据本表中“购建固定资产、无形资产、公共基础设施等支付的现金”“对外投资支付的现金”“上缴处置固定资产、无形资产、公共基础设施等净收入支付的现金”“支付的其他与投资活动有关的现金”项目金额的合计数填列。

（11）“投资活动产生的现金流量净额”项目，应当按照本表中“投资活动的现金流入小计”项目金额减去“投资活动的现金流出小计”项目金额后的金额填列；如为负数，以“－”号填列。

3. 筹资活动产生的现金流量。

（1）“财政资本性项目拨款收到的现金”项目，反映单位本年接受用于购建固定资产、无形资产、公共基础设施等资本性项目的财政项目拨款取得的现金。本项目应当根据“银行存款”“零余额账户用款额度”“财政拨款收入”等科目及其所属明细科目的记录分析填列。

（2）“取得借款收到的现金”项目，反映事业单位本年举借短期、长期借款所收到的现金。本项目应当根据“库存现金”“银行存款”“短期借款”“长期借款”等科目记录分析填列。

（3）“收到的其他与筹资活动有关的现金”项目，反映单位本年收到的除上述项目之外与筹资活动有关的现金。对于金额较大的现金流入，应当单列项目反映。本项目应当根据“库存现金”“银行存款”等有关科目的记录分析填列。

（4）“筹资活动的现金流入小计”项目，反映单位本年筹资活动产生的现金流入的合计数。本项目应当根据本表中“财政资本性项目拨款收到的现金”“取得借款收到的现金”“收到的其他与筹资活动有关的现金”项目金额的合计数填列。

（5）“偿还借款支付的现金”项目，反映事业单位本年偿还借款本金所支付的现金。本项目应当根据“库存现金”“银行存款”“短期借款”“长期借款”等科目的记录分析填列。

（6）“偿付利息支付的现金”项目，反映事业单位本年支付的借款利息等。本项目应当根据“库存现金”“银行存款”“应付利息”“长期借款”等科目的记录分析填列。

（7）“支付的其他与筹资活动有关的现金”项目，反映单位本年支付的除上述项目之外与筹资活动有关的现金，如融资租入固定资产所支付的租赁费。本项目应当根据“库存现金”“银行存款”“长期应付款”等科目的记录分析填列。

（8）“筹资活动的现金流出小计”项目，反映单位本年筹资活动产生的现金流出的合计数。本项目应当根据本表中“偿还借款支付的现金”“偿付利息支付的现金”“支付的其他与筹资活动有关的现金”项目金额的合计数填列。

（9）“筹资活动产生的现金流量净额”项目，应当按照本表中“筹资活动的现金流入小计”项目金额减去“筹资活动的现金流出小计”金额后的金额填列；如为负数，以“-”号填列。

4. “汇率变动对现金的影响额”项目，反映单位本年外币现金流量折算为人民币时，所采用的现金流量发生日的汇率折算的人民币金额与外币现金流量净额按期末汇率折算的人民币金额之间的差额。

5. “现金净增加额”项目，反映单位本年现金变动的净额。本项目应当根据本表中“日常活动产生的现金流量净额”“投资活动产生的现金流量净额”“筹资活动产生的现金流量净额”和“汇率变动对现金的影响额”项目金额的合计数填列；如为负数，以“-”号填列。

四、合并财务报表

（一）合并财务报表要求

部门（单位）合并财务报表，是指以政府部门（单位）本级作为合并主体，将部门（单位）及其合并范围内会计主体的财务报表进行合并后形成的，反映部门（单位）整体财务状况与运行情况的财务报表。

1. 合并财务报表，是指反映合并主体和其全部被合并主体形成的报告主体整体财务状况与运行情况的财务报表。

2. 合并主体，是指有一个或一个以上被合并主体的部门（单位）主体。

3. 被合并主体，是指符合政府会计准则规定的纳入合并主体合并范围的会计主体。

4. 合并财务报表至少应当包括下列组成部分：

①合并资产负债表；②合并收入费用表；③附注。

5. 合并财务报表按照合并级次分为部门（单位）合并财务报表、本级政府合并财务报表和行政区政府合并财务报表。

6. 部门（单位）合并财务报表的合并范围应当以财政预算领拨关系为基础予以确定。有下级预算单位的部门（单位）为合并主体，其下级预算单位为被合并主体。合并主体应当将其全部被合并主体纳入合并财务报表的合并范围。下级单位与上级部门（单位）不存在预算领拨关系但存在行政隶属关系的，也应当纳入上级部门（单位）合并财务报表的合并范围。

7. 合并财务报表应当以合并主体和其被合并主体的财务报表为基础，根据其他有关资料加以编制。

8. 合并财务报表的编制采用权责发生制基础。合并范围内被合并主体个别财务报表未采用权责发生制基础的，应当先调整为权责发生制基础的财务报表，然后再进行合并。

9. 编制合并财务报表时，应当将合并主体和其全部被合并主体视为一个会计主体，遵循政府会计准则制度规定的统一的会计政策。合并范围内被合并主体个别财务报表未遵循政府会计准则制度规定的统一会计政策的，应当先调整为遵循统一会计政策的财务报表，然后再进行合并。有关被合并主体财务报表调整的办法或操作指南由财政部另行规定。

（二）合并财务报表程序要求

1. 编制合并财务报表的程序。

（1）根据财务报表编制和列报准则规定，对需要进行调整的个别财务报表进行调整，以调整后的个别财务报表作为编制合并财务报表的基础；

（2）将合并主体和被合并主体个别财务报表中的资产、负债、净资产、收入和费用项目进行逐项合并；

（3）抵销合并主体和被合并主体之间、被合并主体相互之间发生的债权债务、收入费用等内部业务或事项对财务报表的影响。

需要注意的是，在对内部业务或事项进行抵销时，不考虑合并主体和被合并主体之间、被合并主体相互之间出售物品（或提供劳务）或其他方式形成的存货、固定资产、无形资产等所包含的未实现内部出售损益。

2. 对于在报告期内因划转而纳入合并范围的被合并主体，应当视同其从期初就纳入合并范围，将其期初资产、负债和净资产项目金额包括在合并资产负债表的期初数中。对于在报告期内因划转而不再纳入合并范围的被合并主体，应当视同其从期初就不纳入合并范围，其期初资产、负债和净资产项目金额不包括在合并资产负债表的期初数中。在报告期内，被合并主体撤销的，其期初资产、负债和净资产项目金额应当包括在合并资产负债表的期初数中。

3. 对于在报告期内因划转而纳入合并范围的被合并主体，应当视同其从期初就纳入合并范围，将其报告期内的收入、费用项目金额包括在合并收入费用表的本期数中。对于在报告期内因划转而不再纳入合并范围的被合并主体，应当视同其从期初就不纳入合并范围，其报告期内的收入、费用项目金额不包括在合并收入费用表的本期数中。在报告期内，被合并主体撤销的，其期初至撤销日的收入、费用项目金额应当包括在合并收入费用表的本期数中。

4. 在编制合并财务报表时，被合并主体除了应当向合并主体或编制部门提供财务报表外，还应当提供下列有关资料：

（1）采用的与政府会计准则制度规定的统一的会计政策不一致的会计政策及其影响金额；

（2）其与合并主体、其他被合并主体之间发生的所有内部业务或事项的相关资料；

（3）编制合并财务报表所需要的其他资料。

5. 部门（单位）合并资产负债表应当以部门（单位）本级和其被合并主体符合财库〔2018〕29 号要求的资产负债表为基础，在抵销内部业务或事项对合并资产负债表的影响后，由部门（单位）本级合并编制。

6. 编制部门（单位）合并资产负债表时需要抵销的内部业务或事项包括：

（1）部门（单位）本级和其被合并主体之间、被合并主体相互之间的债权（含应收账款坏账准备，下同）、债务项目；

（2）部门（单位）本级和其被合并主体之间、被合并主体相互之间其他业务或事项对部门（单位）合并资产负债表的影响。

合并报表对于合并主体与被合并主体，均不改变单户表的收支结转结果，只是对于合并过程中虚增的收入和费用（支出）以及债权债务抵销。

（三）合并财务报表的格式

1. 合并资产负债表。

合并资产负债表的格式如表 10－1 所示。

表 10－1 **合并资产负债表**

会政财合 01 表

编制单位：__________ ____年____月____日 单位：元

资产	期末余额	年初余额	负债和净资产	期末余额	年初余额
流动资产：			流动负债：		
货币资金			短期贷款		
短期投资			应交税费		
财政应返还额度			应缴财政款		
应收及预付款项			应付及预收款项		
存货			应付职工薪酬		
一年内到期的非流动资产			应付政府补贴款		
其他流动资产			一年内到期的非流动负债		
流动资产合计			其他流动负债		
非流动资产：			流动负债合计		
长期投资			非流动负债：		
固定资产净值			长期借款		
在建工程			长期应付款		
无形资产净值			预计负债		
研发支出			其他非流动负债		
公共基础设施净值			非流动负债合计		
政府储备物资			负债合计		
文物文化资产			净资产：		
保障性住房净值			累计盈余		
待处理财产损溢			专用基金		
其他非流动资产			权益法调整		
非流动资产合计			净资产合计		
资产总计			负债和净资产总计		

说明：

（1）本表中“应收及预付款项”项目应当根据个别资产负债表中“应收票据”“应收账款净额”“预付账款”“应收利息”“应收股利”“其他应收款净额”“待摊费用”项目金额的合计数填列。

（2）本表中“长期投资”项目应当根据个别资产负债表中的“长期股权投资”和“长期债券投资”项目金额的合计数填列。

（3）本表中“在建工程”项目应当根据个别资产负债表中的“在建工程”和“工程物资”项目金额的合计数填列。

（4）本表中“应缴税费”项目应当根据个别资产负债表中的“应交增值税”和“其他应交税费”项目金额的合计数填列。

（5）本表中“应付及预收款项”项目应当根据个别资产负债表中的“应付票据”“应付账款”“应付利息”“预收账款”“其他应付款”“预提费用”项目金额的合计数填列。

2. 合并收入费用表。

（1）按照费用功能编制的合并收入费用表如表 10－2 所示。

表 10－2　　合并收入费用表（一）

会财政合 02－1 表

编制单位：________　　____年____月　　单位：元

项　目	本期金额	上期金额
一、本期收入		
（一）财政拨款收入		
（二）事业收入		
其中：非同级财政拨款收入		
（三）经营收入		
（四）其他收入		
其中：非同级财政拨款收入		
上级补助收入		
附属单位上缴收入		
投资收益		
二、本期费用		
（一）业务活动费用		
（二）单位管理费用		
（三）经营费用		
（四）资产处置费用		
（五）其他费用		
其中：上缴上级费用		
对附属单位补助费用		
三、本期盈余		

说明：

（1）本表按照费用功能编制。

（2）本表中"（四）其他收入"项目应当根据个别收入费用表中"非同级财政拨款收入""上级补助收入""附属单位上缴收入""投资收益""捐赠收入""利息收入""租金收入""其他收入"项目金额的合计数填列。

（3）本表中"（四）其他费用"项目应当根据个别收入费用表中"上缴上级费用""对附属单位补助费用""所得税费用""其他费用"项目金额的合计数填列。

（2）按照费用性质编制的合并收入费用表如表 10－3 所示。

表10－3　　　　合并收入费用表（二）

会财政合02－2表

编制单位：________　　　　____年____月　　　　单位：元

项　　目	本期金额	上期金额
一、本期收入		
（一）财政拨款收入		
（二）事业收入		
其中：非同级财政拨款收入		
（三）经营收入		
（四）其他收入		
其中：非同级财政拨款收入		
上级补助收入		
附属单位上缴收入		
投资收益		
二、本期费用		
（一）工资福利费用		
（二）商品和服务费用		
（三）对个人和家庭补助费用		
（四）对企业补助费用		
（五）折旧费用		
（六）摊销费用		
（七）计提专用基金		
（八）所得税费用		
（九）资产处置费用		
（十）上缴上级费用		
（十一）对附属单位补助费用		
（十二）其他费用		
三、本期盈余		

说明：

（1）本表按照费用性质编制。

（2）本表中“本期收入”各项目的填列方式同合并收入费用表（一）。

（3）本表中“本期费用”各项目应当根据个别财务报表附注中“本期费用按照经济分类的披露格式”所提供的信息合并填列。

（四）抵销调整事项清单及示例（如表10－4所示）

表10－4 抵销事项清单

序号	抵销事项	抵销分录
1	部门内部单位之间发生的债权债务事项，应予以抵销。	借：应付账款、预收账款、其他应付款、长期应付款 贷：应收账款、预付账款、其他应收款
2	部门内部单位之间发生的上级补助收入与对附属单位补助支出，应予以抵销。	借：上级补助收入 贷：对附属单位补助支出
3	部门内部单位之间发生的上缴上级支出与附属单位上缴收入，应予以抵销。	借：附属单位上缴收入 贷：上缴上级支出
4	支付给部门内部单位的商品和服务费用、经营费用和来自部门内部单位的事业收入、经营收入、其他收入，应予以抵销。对涉及增值税的应税业务，按扣除增值税后的净额抵销。	借：事业收入、经营收入、其他收入 贷：商品和服务费用、经营费用

注：上述清单中未涵盖的抵销事项，可根据实际情况自行增设抵销分录。

五、会计报表附注编制

会计报表附注是对在会计报表中列示的项目所作的进一步说明，以及对未能在会计报表中列示项目的说明。附注是财务会计报表的重要组成部分。凡对报表使用者的决策有重要影响的会计信息，单位均应当充分披露。具体应包括下列内容：会计报表编制基础、遵循相关规定的声明、会计报表包含的主体范围、重要会计政策与会计估计、报表重要项目明细信息及说明、未在报表中列示的重大项目，以及需要说明的其他事项。《政府财务报告指南》第十五条“政府财政部门应当声明编制的会计报表符合政府会计准则、相关会计制度和财务报告编制规定的要求，如实反映政府整体的财务状况、运行情况等有关信息。”

部门（单位）主体应当以持续运行为基础，根据实际发生的经济业务或事项，按照政府会计准则制度的规定进行确认和计量，在此基础上编制财务报表。不应以附注披露代替确认和计量，不恰当的确认和计量也不能通过充分披露相关会计政策而纠正。如果按照政府会计准则制度规定披露的信息不足以让报表使用者了解特定经济业务或事项对政府会计主体财务状况和运行情况的影响时，部门（单位）还应当披露其他的必要信息。

（一）气象部门财务报表附注主要内容

1. 会计报表编制基础，以权责发生制为基础编制。

2. 单位的基本情况。单位应当简要披露其基本情况，包括单位主要职能、主要业务活动、所在地与预算管理关系等。以及纳入政府综合财务报告编报范围的单位清单及其所属的行政、事业单位和社会团体的数量、人员编制情况等。

3. 遵循政府会计准则、制度的声明。

4. 重要会计政策和会计估计。

单位应当采用与其业务特点相适应的具体会计政策，并充分披露报告期内采用的重要会计政策和会计估计。主要包括以下内容：

（1）会计期间。

（2）记账本位币，外币折算汇率。

（3）坏账准备的计提方法。

（4）存货类别、发出存货的计价方法、存货的盘存制度，以及低值易耗品和包装物的摊销方法。

（5）长期股权投资的核算方法。应说明相应的确认原则。

（6）固定资产。融资租入固定资产的计价和折旧方法。还应说明固定资产的类别、折旧年限及折旧方法。

（7）无形资产的计价方法。还应说明无形资产的类别、摊销年限及摊销方法。使用寿命有限的无形资产，其使用寿命估计年限；使用寿命不确定的无形资产，其使用寿命不确定的判断依据；单位内部研究开发项目划分研究阶段和开发阶段的具体标准。

（8）其他重要的会计政策和会计估计。

（9）本期发生重要会计政策和会计估计变更的，变更的内容和原因、受其重要影响的报表项目名称和金额、相关审批程序，以及会计估计变更开始适用的时点。

（二）气象部门财务报表附注要求

按照资产负债表和收入费用表项目列示顺序，采用文字和数字描述相结合的方式披露重要项目的明细信息。报表重要项目明细信息的金额合计，应当与会计报表中的相应项目金额衔接一致。

（三）会计报表重要项目明细信息及说明

1. 货币资金明细信息（如表 10－5 所示）：

表 10－5　　货币资金明细表　　单位：万元

项　目	年初数	年末数
库存现金		
国库存款		
国库现金管理存款		
其他财政存款		
银行存款		

续表

项　目	年初数	年末数
其中：土地储备资金存款		
物资储备资金存款		
其他货币资金		
合计		

2. 应收及预付款项明细信息（如表 10－6 所示）：

表 10－6　　应收及预付款项明细表　　单位：万元

主　体	年初数	年末数
财政		
政府部门		
部门 1		
部门 2		
……		
其他		
合计		

注：（1）本表中的“财政”是指承担核算财政预算资金、农业综合开发资金等各类资金职能的政府财政部门。“政府部门”是指纳入本级政府综合财务报告合并范围的部门。“其他”是指土地储备资金和物资储备资金等资金主体。

（2）本表反映被合并主体抵销后的应收及预付款项金额。

3. 短期投资明细信息（如表 10－7 所示）：

表 10－7　　短期投资明细表　　单位：万元

主　体	年初数	年末数
财政		
政府部门		
部门 1		
部门 2		
……		
合计		

注：本表中的“财政”是指承担核算财政预算资金、农业综合开发资金等各类资金职能的政府财政部门。“政府部门”是指纳入本级政府综合财务报告合并范围的部门。

4. 长期投资及投资收益明细信息（如表 10－8 所示）：

表 10－8　　**长期投资及投资收益明细表**　　单位：万元

项　目	长期投资				投资收益	
	年初数	本年增加	本年减少	年末数	上年数	本年数
股权投资（××家）						
对企业股权投资（××家）						
企业 1						
企业 2						
企业 3						
……						
其他企业（××家）						
对投资基金股权投资（××家）						
投资基金 1						
投资基金 2						
投资基金 3						
……						
其他股权投资						
债券投资						
合　计						

注：（1）本表按照长期投资年末数从大到小排列。

（2）对企业股权投资原则上列示前 50 家，超过部分合并填入其他企业。

5. 应收转贷款明细信息（如表 10－9 所示）：

表 10－9　　**应收转贷款明细表**　　单位：万元

项　目	年初数	年末数
应收地方政府债券转贷款		
地区 1		
地区 2		
地区 3		
……		
应收主权外债转贷款		
地区 1		
地区 2		
地区 3		
……		
合　计		

注：（1）本表按照转贷对象列示明细。

（2）本表仅包含本金金额。

6. 固定资产明细信息（如表10－10所示）：

表10－10　固定资产明细表　单位：万元

项　目	年初数	本年增加	本年减少	年末数
原值合计				
房屋及构筑物				
通用设备				
专用设备				
文物和陈列品				
图书、档案				
家具、用具、装具及动植物				
累计折旧合计				
房屋及构筑物				
通用设备				
专用设备				
文物和陈列品	——	——	——	——
图书、档案	——	——	——	——
家具、用具、装具及动植物				
净值合计				
房屋及构筑物				
通用设备				
专用设备				
文物和陈列品				
图书、档案				
家具、用具、装具及动植物				

7. 在建工程明细信息（如表10－11所示）：

表10－11　在建工程明细表　单位：万元

主　体	年初数	本年增加	本年减少	年末数
部门1				
部门2				
……				
合计				

8. 无形资产明细信息（如表 10－12 所示）：

表 10－12　　无形资产明细表　　单位：万元

项　目	年初数	本年增加	本年减少	年末数
原值合计				
著作权				
土地使用权				
专利权				
非专利技术				
其他				
累计摊销合计				
著作权				
土地使用权				
专利权				
非专利技术				
其他				
净值合计				
著作权				
土地使用权				
专利权				
非专利技术				
其他				

9. 政府储备资产明细信息（如表 10－13、表 10－14 所示）：

表 10－13　　政府储备资产明细表（一）　　单位：万元

主　体	年初数	本年增加	本年减少	年末数
部门 1				
部门 2				
……				
合计				

注：本表按照政府储备资产持有部门列示明细。

表 10－14　　政府储备资产明细表（二）　　单位：万元

项　目	年初数	本年增加	本年减少	年末数
战略储备物资				
综合物资				
成品油				

续表

项　目	年初数	本年增加	本年减少	年末数
火工物资				
天然铀				
其他				
粮、棉、糖、肉、药				
粮食				
棉花				
食糖				
肉				
医药				
自然灾害救助物资				
防汛抗旱储备物资				
森林（草原）防火储备物资				
城市排水防涝设备物资				
应急储备物资				
石油				
其他储备物资				
合　计				

注：本表按照政府储备资产种类列示明细。

10. 公共基础设施明细信息（如表 10－15、表 10－16、表 10－17 所示）：

表 10－15　　公共基础设施明细表（原值）　　单位：万元

项　目	年初数	本年增加	本年减少	年末数
交通运输基础设施				
公路				
航道				
港口				
水利基础设施				
市政基础设施				
市政道路设施				
城市轨道交通				
城市排水与污水处理				
城市公共供水				
城市环卫				
城市道路照明				
公园绿地				

续表

项　目	年初数	本年增加	本年减少	年末数
公共文化体育				
其他公共基础设施				
原值合计				

表10－16　　公共基础设施明细表（累计折旧）　　单位：万元

项　目	年初数	本年增加	本年减少	年末数
交通运输基础设施				
公路				
航道				
港口				
水利基础设施				
市政基础设施				
市政道路设施				
城市轨道交通				
城市排水与污水处理				
城市公共供水				
城市环卫				
城市道路照明				
公园绿地				
公共文化体育				
其他公共基础设施				
累计折旧合计				

表10－17　　公共基础设施明细表（净值）　　单位：万元

项　目	年初数	本年增加	本年减少	年末数
交通运输基础设施				
公路				
航道				
港口				
水利基础设施				
市政基础设施				
市政道路设施				
城市轨道交通				
城市排水与污水处理				
城市公共供水				

续表

项　目	年初数	本年增加	本年减少	年末数
城市环卫				
城市道路照明				
公园绿地				
公共文化体育				
其他公共基础设施				
净值合计				

11. 公共基础设施在建工程明细信息（如表10－18所示）：

表10－18　　**公共基础设施在建工程明细表**　　单位：万元

项　目	年初数	本年增加	本年减少	年末数
交通运输基础设施				
公路				
航道				
港口				
水利基础设施				
市政基础设施				
市政道路				
城市轨道交通				
城市排水与污水处理				
城市公共供水				
城市环卫				
城市道路照明				
公园绿地				
公共文化体育				
其他公共基础设施				
合　计				

12. 应付及预收账款明细信息（如表10－19所示）：

表10－19　　**应付及预收款项明细表**　　单位：万元

主　体	年初数	年末数
财政		
政府部门		
部门1		
部门2		

续表

主　体	年初数	年末数
……		
其他		
合　计		

注：（1）本表中的“财政”是指承担核算财政预算资金、农业综合开发资金等各类资金职能的政府财政部门。“政府部门”是指纳入本级政府综合财务报告合并范围的部门。“其他”是指土地储备资金和物资储备资金等资金主体。

（2）本表反映被合并主体抵销后的应付及预收款项金额。

13. 应付长期政府债券明细信息（如表 10－20、表 10－21 所示）：

表 10－20　　应付长期政府债券明细表　　单位：万元

项　目	年初数	年末数
国债		
地方政府一般债券		
地方政府专项债券		
合　计		

注：本表按照长期政府债券种类列示明细。

表 10－21　　应付长期政府债券明细表　　单位：万元

到期期限	年初数	年末数
1～3 年（不含 1 年）		
3～5 年（不含 3 年）		
5 年以上（不含 5 年）		
合　计		

注：本表按照长期政府债券到期期限列示明细。

14. 应付转贷款明细信息（如表 10－22、表 10－23 所示）：

表 10－22　　应付转贷款明细表　　单位：万元

项　目	年初数	年末数
应付地方政府债券转贷款		
其中：地方政府一般债券		
地方政府专项债券		
应付主权外债转贷款		
合　计		

说明：（1）本表按照应付转贷款种类列示明细。

（2）本表仅列示本金金额。

表 10 – 23 **应付转贷款明细表** 单位：万元

到期期限	年初数	年末数
1～3 年（不含 1 年）		
3～5 年（不含 3 年）		
5 年以上（不含 5 年）		
合 计		

注：本表按照应付转贷款到期期限列示。

15. 长期借款明细信息（如表 10 – 24、表 10 – 25、表 10 – 26 所示）：

表 10 – 24 **长期借款明细表（一）** 单位：万元

债务人	年初数	年末数
财政		
政府部门		
部门 1		
部门 2		
……		
其他		
合 计		

注：（1）本表按照债务人列示明细，并按长期借款年末数从大到小排列。

（2）本表中的“财政”是指承担核算财政预算资金、农业综合开发资金等各类资金职能的政府财政部门。“政府部门”是指纳入本级政府综合财务报告合并范围的部门。“其他”是指土地储备资金和物资储备资金等资金主体。

表 10 – 25 **长期借款明细表（二）** 单位：万元

债权人	年初数	年末数
机构 1		
机构 2		
机构 3		
……		
其他机构		
合 计		

注：（1）本表按照债权人列示明细，并按长期借款年末数从大到小排列。

（2）本表债权人原则上列示前 100 家，超过部分合并填入其他机构。

表 10 – 26 **长期借款明细表（三）** 单位：万元

到期期限	年初数	年末数
1～3 年（不含 1 年）		
3～5 年（不含 3 年）		
5 年以上（不含 5 年）		
合 计		

注：本表按照长期借款到期期限列示明细。

16. 政府间转移性收入明细信息（如表 10－27 所示）：

表 10－27　　政府间转移性收入明细表　　单位：万元

主　体	上年数	本年数
上级政府		
下级政府		
其他		
合　计		

注：本表按照政府间转移性收入来源主体列示明细。其中，上下级政府转移性收入填列上下级政府财政间的转移性收入。

17. 政府间转移性支出明细信息（如表 10－28 所示）：

表 10－28　　政府间转移性支出明细表　　单位：万元

对　象	上年数	本年数
上级政府		
下级政府		
其他		
合　计		

注：本表按照政府间转移性支出对象列示明细。其中，上下级政府转移性支出填列上下级政府财政间的转移性支出。

（四）未在会计报表中列示的重大事项

1. 政府部门股权投资的投资成本。按照投资对象分别列示股权投资成本。

2. 资产负债表后重大事项。没有重大事项的也应说明。

3. 或有事项说明。没有或有事项的也应说明。

4. 以名义金额计量的资产名称、数量，以及以名义金额计量理由的说明。

5. 通过债务资金形成的固定资产、公共基础设施、保障性住房等资产的账面价值、使用情况。收益情况及与此相关的债务偿还情况等的说明。

6. 重要资产置换、无偿调入（出）、捐入（出）、报废、重大毁损等情况的说明。

7. 事业单位将单位内部独立核算单位的会计信息纳入本单位财务报表情况的说明。

8. 其他未在报表中列示，但对政府部门财务状况有重大影响的事项。

（五）需要说明的其他事项

1. 本期发生重要会计政策和会计估计变更的，变更的内容和原因、受其重要影响的报表项目名称和金额、相关审批程序，以及会计估计变更开始适用的时点。

2. 以前年度差错更正等其他需要说明的事项。

（六）财务报表分析

财务报表分析，是对财务报表提供的数据进行加工、分解、比较、评价和解释。报表分析是报表编制工作的延续。对报表中的数据资料、各项指标内在的相互关系进行全面分析，不断提高财务管理和预算管理水平。分析方法主要有：比较分析法、因素分析法等。

1. 分析单位工作开展、预算计划完成情况。

2. 分析单位收入、支出具体情况。

3. 财务状况分析。比如重点财务指标等。

其他待报表编制细则下发后按照要求分析。

（七）运行情况分析

1. 收入方面。重点分析部门（单位）收入规模、结构及来源分布、重点收入项目的比重及变化趋势，特别是宏观经济运行、相关行业发展、税收政策、非税收入政策等对政府收入变动的影响。

2. 费用方面。重点按照经济分类分析政府费用规模及构成，特别是部门（单位）投融资情况对费用变动的影响。

3. 运用收入费用率等指标，分析部门（单位）财务运行质量和效率。

（八）财务状况分析

财务状况分析包含以下内容：

1. 资产方面。重点分析政府资产的构成及分布，对于货币资金、长期投资、政府储备资产、公共基础设施、保障性住房等重要项目，分析各项目比重、变化趋势以及对于政府偿债能力和公共服务能力的影响。

2. 负债方面。重点分析政府负债规模、结构以及变化趋势。

3. 通过政府资产负债率、现金比率、流动比率等指标，分析政府财务风险及可控程度，需要采取的措施等。

财务状况指标包含以下内容：

（1）资产负债率：负债总额/资产，总额反映政府偿付债务的能力。

（2）流动比率：流动资产/流动负债，反映政府利用流动资产偿还短期负债的能力。

（3）现金比率：货币资金/流动负债，反映政府利用货币资金偿还短期负债的能力。

（4）收入费用率：年度总费用/年度总收入，反映政府总费用与总收入的比率。

（5）固定资产成新率：固定资产账面净值/固定资产原值，反映政府固定资产的持续服务能力。

第二节　部门决算的编制

部门决算是指气象部门各行政事业单位在每个会计年度终了，根据财政部及中国气象局的部门决算编审要求，在日常会计核算基础上编制的、综合反映本单位财务收支状况和各项资金管理状况的总结性文件。

部门决算能够反映事业单位财务收支、经费来源与运用、资产与负债、机构、人员与工资等方面的基本数据，也能够反映事业单位财务状况和预算执行结果，为财政部门审查批复决算和编制后续年度财政预算提供基本依据，并满足国家财务会计监管、各项资金管理以及宏观经济决策等信息需要。

部门决算编制工作必须认真贯彻“真实、准确、完整、及时”的原则。一是决算编报的范围必须与部门预算一致，指标口径必须符合决算填报要求；二是各单位的汇总决算要以所属单位上报并经审核的数字为准，不得随意调整科目、估列代编。三是要保证决算报表收支真实、内容完整，做到账表相符、表表相符。不得瞒报、漏报，形成表外资产；更不得虚列支出、随意结转，造成决算不实。四是要按规定的时间，及时完成决算汇编和报送任务。

部门决算的表式及编制应以财政部及上级主管部门当年布置的要求为准，下面以 2017 年部门决算报表表式为例介绍部门决算的编制方法。

一、部门决算报表的体系结构

部门决算报表体系结构由基础数据表、填报说明、分析评价表和分析报告组成。

基础数据表反映部门（单位）收支预算执行结果、资产负债、人员机构、资产配置使用以及事业发展成效等信息。包括：封面、主表和附表。

填报说明是对基础数据表编报相关情况的说明，包括部门（单位）基本情况、数据审核情况、年度主要收支指标增减变动情况以及重大事项或特殊事项影响决算数据的情况说明等。

分析评价表是通过设定的表样和自动提数功能，对决算主要指标进行分析比较，揭示部门（单位）在预算编制、预算执行、会计核算和财务管理等方面的情况和问题。一个部门（单位）一张“体检表”。包括分析表和量化评价表两个部分。

分析报告要求根据分析评价表中反映的问题和收支增减变动情况进行分析，重点分析部门（单位）预算执行情况、资金使用情况、财务状况以及部门（单位）主要业务和财务工作开展情况等。

二、编报范围

（一）单位范围

本套决算编报范围包括列入年度部门预算编报范围的行政事业单位。具体包括：各省、自治区、直辖市气象局，计划单列市气象局及其所属事业单位，中国气象局本级及直属单位。

（二）资金范围

本套决算编报内容包括预算单位的全部收支情况，编报口径与单位综合预算衔接一致。

三、填报口径

本套决算收支报表均不包括偿还性资金。

本套决算中“基本建设类资金”指单位按照《基本建设财务规则》管理的资金，根据单位基建账并入会计“大账”后相关数据填报（暂未实行基建并账的单位，参照有关会计制度并账要求填报）。其中：财决05至05－2表、财决08至08－2表中“基本建设支出”和财决06－2表中“基本建设支出拨款”指由本级发展与改革部门集中安排的用于购置固定资产、战略性和应急性储备、土地和无形资产，以及购建基础设施、大型修缮所发生的一般公共预算财政拨款收支，不包括政府性基金、财政专户管理资金以及各类拼盘自筹资金等。

四、录入级次

1. 纳入本套决算编报范围、独立编报预算的单位，都应作为独立核算机构逐户编制和录入本套决算。

2. 气象部门所属单位需分户录入到基层预算单位，即四级预算单位。

3. 预算单位应按照财务管理关系或单位预算级次，逐级汇总建立决算数据的树形结构。树形结构应规范、清晰。

五、填报要求

第一，各单位应对单位本级、所属单位决算报表进行审核、汇总，并对收入支出重复汇总数进行剔除。其中，“上级补助收入”科目应与“对附属单位补助支出”科目进行对冲，“附属单位缴款”科目应与“上缴上级支出”科目进行对冲。

第二，一级预算单位拨给其他不属于本套报表编报范围单位的财政拨款，可由拨款单位根据用款单位经费使用情况代编决算，填报有关经费表。代编报表的具体填报方法如下：

1. 报表封面信息中“单位基本性质”按用款单位实际情况填列；“单位执行会计制度”选择“其他”填列；“报表类型”选择“经费差额表”填列；其他项目标识全部按单位实际情况填列。

2. 表中内容按支出功能分类科目划分，需要按项目填列的要逐项填列。

第三，预算单位收到非本级财政部门的经费拨款，如单位已纳入所在地区部门预算编报范围，则应使用“经费差额表”向拨出款项的财政部门编报有关经费报表，包括“财决01表”至“财决11表”等。按单位整体情况反映的报表，如“资产负债简表”（财决12表）、“基本数字表”（财决附03表）和“机构人员情况表”（财决附04表）等，原则上仅按预算管理关系报送，但实际由非本级财政部门负担人员经费的，“财决附 03 表”中人员情况应按经费比例或实际负担人数拆分报送。如单位未纳入所在地区部门预算编报范围，不需向所在地区财政部门编报本套决算。

第四，各级预算单位汇总本套决算时应进行单位户数核对，检查新报因素和上年代码填报是否正确。

第五，各级预算单位审核、汇总本套决算时应进行枚举字典检查，检查部门标识代码等封面信息以及填列的各类政府收支分类科目是否符合规范。

第六，本套决算审核公式分为基本平衡公式和核实性公式两种类型。

1. 基本平衡公式：用于审核表内平衡关系。软件中本类公式表现为红色，提示单元格表现为红色。应保持公式审核全部正确，不出现提示信息。

2. 核实性公式：用于审核表内、表间有关数据的逻辑关系和合理性。软件中本类公式表现为绿色，提示单元格表现为黄色。如有公式提示，单位应根据会计账簿和有关台账资料等进行核实，有错更正，无错保留，并在填报说明中进行说明。

审核中如出现多条公式提示或同一条公式提示涉及多个单位，应从明细报表或基层单位开始核查。多条公式或多个单位提示同一类内容提示，经逐条核实提示公式后，可在填报说明中分类归总说明。

第七，部门决算审核模板用于查询和审核决算数据填报的规范性和合理性，相关数据全部为自动提取生成。使用审核模板进行查询和审核时，如发现数据可能填报有误的情况，应先核实情况，并按照“有错更正，无错保留并说明原因”的原则处理。

各级主管部门如发现预算单位决算数据问题，应通知预算单位进行决算调整，不得随意更改单位数据。

第八，审核原则。审核中发现的情况和问题，凡部门决算报表编制说明和编审问答等已有明确规定的，一律按规定口径处理；无明确规定的请商同级财政部门研究处理。具体处理意见如下：

1. 更正错误。属于误填、漏填决算，或因财务管理和会计核算不规范导致决算编报问题，应按制度要求规范核算并相应调整会计账簿和决算报表。

2. 据实反映并作说明。如发现的问题属于个别单位特殊情况但核实为合理，应按规定格式具体说明原因及依据。

第九，按政府收支分类科目填列的报表，应填列到最底级的科目。

第十，本套报表的填报和分户录入金额单位为“元”（保留两位小数），汇总打印报表以“万元”为单位（保留两位小数）。

第十一，部门决算填报说明和分析报告应按照规定体例编写。

第十二，正式上报的部门决算报表及相关资料统一用 A3 纸打印，并按照上报文件、填报说明、分析报告、决算报表的顺序装订。

六、封面填报方法

1. 单位名称：填列单位的全称，并加盖单位行政公章。各级主管部门填报本级报表时，应在单位名称后加“（本级）”。

2. 组织机构代码：根据各级技术监督部门核发的机关、团体、事业单位代码证书规定的 9 位码填列；临时代码编制应符合《自编企业、单位临时代码编制规则》。单位如已取得统一社会信用代码，需按统一社会信用代码 9－17 位信息填列本代码。

3. 统一社会信用代码：根据有关登记管理部门核发的统一社会信用代码填列，未取得统一社会信用代码的单位暂不填列。统一社会信用代码应当符合《法人和其他组织统一社会信用代码编码规则》（GB 32100－2015）及相关修订单，以 18 位阿拉伯数字或大写英文字母表示，由登记管理部门代码 1 位、机构类别代码 1 位、登记管理机关行政区划码 6 位、主体标识码（即原组织机构代码）9 位和校验码 1 位五个部分组成。

4. 财政预算代码：填列单位在财政预算部门的编码。中国气象局所属二级预算单位财政预算代码为 6 位，前 3 位为 141，后 3 位为中国气象局规定给各单位的预算代码；三、四级预算单位财政预算代码为 9 位。财政预算代码应与部门预算代码一致。

各级预算单位汇总上报部门决算电子数据时，应通过“单位排序整理”功能对单位按财政预算代码进行排序（“高级”菜单中，排序方式设置选择“树形结构次序优先”）。

5. 单位预算级次：填列部门和单位按照预算管理权限和经费领拨关系所确定的预算级次。

向同级财政部门编报预算并审核批复下一级预算单位预算，或向同级财政部门领报经费并对下一级预算单位核拨经费的单位（含没有下级预算单位），为一级预算单位，代码填“1”。向上一级预算单位编报预算并审核批复下一级预算单位预算，或向上一级预算单位领报经费并对下一级预算单位核拨经费的单位（含没有下级预算单位），按预算级次在“2”至“7”间选择填列。一级预算单位有下一级预算单位的，其本级代码填“2”；没有下一级预算单位的，代码填“1”，以此类推。

6. 单位基本性质：依据政府编制管理部门确定的单位及经费性质，在“行政单位”“参照公务员法管理事业单位”“财政补助事业单位”“经费自理事业单位”和“其他单位”五种类型中选择填列。主管部门叠加汇总所属单位决算时不填列本项。

其他单位：由列入本年度部门预算编制范围的企业集团、执行《民间非营利组织会计制度》的非事业编制单位、一级预算单位编制“调整表”时选择填列。

7. 单位执行会计制度：按单位实际执行的会计制度选择填列。主管部门叠加汇总所属单位决算时不填列本项。

其他：由一级预算单位在编报“经费差额表”或“调整表”时选择填列。

8. 预算管理级次：按单位预算分级管理的级次选择填列。单位向非本级财政部门报送决算时，应按拨款财政部门的预算管理级次填列。

9. 国民经济行业分类：以 3 位代码表示。根据国家标准《国民经济行业分类》（GB/T 4754－2017）门类、大类代码填列。财政部门或主管部门叠加汇总所属单位决算时不填列本项。

国民经济行业分类采用经济活动的同质性原则划分，即每一个行业类别按照同一种经济活动的性质划分，而不是依据编制、会计制度或部门管理等划分。当一个单位对外从事两种以上的经济活动时，占其单位增加值份额最大的一种活动称为主要活动。如果无法用增加值确定单位的主要活动，可依据销售收入、营业收入或从业人员确定主要活动。

10. 隶属关系：以 6 位代码表示。中央单位均填零。

11. 部门标识代码：以 3 位代码表示。中央单位根据国家标准《中央党政机关、人民团体及其他机构代码》（GB/T 4657 - 2009）编制。

12. 报表类型：按单位实际填报的报表类型选择填列。其中：

“0” 表示单户表，由独立核算单位录入本单位数据时使用。

“1” 表示经费差额表，由一级预算单位代资金使用单位编制报表或单位向非本级财政部门编制报表时使用。要求以正数填报财决 01 至 11 表，有经费结余的可填报财决 12 表；一般不填报财决附 03 表和财决附 04 表等按单位整体情况反映的报表。

“2” 表示调整表，由主管部门剔除重复汇总数据时使用。主管部门只能用调整表剔除因叠加汇总而导致的上下级单位收入、支出虚增部分，不得用于调整基层单位上报的收入、支出和结余数据。要求以负数填报相关报表，一般不填报财决附 03 表和财决附 04 表等按单位整体情况反映的报表。调整表和经费差额表的内容应分别填报，不能将两类表的内容混编在同一套报表中。

“3” 表示行政单位汇总录入表，由县级以下（含县级）主管部门汇总录入行政单位数据时使用。

“4” 表示事业单位汇总录入表，由县级以下（含县级）主管部门汇总录入事业单位数据时使用。

“5” 表示经费自理事业单位汇总录入表，由县级以下（含县级）主管部门汇总录入经费自理事业单位数据时使用。

“6” 表示乡镇汇总录入表，由乡镇汇总录入决算数据时使用。

“7” 表示叠加汇总表，单位报表汇总时由系统自动生成。

“8” 表示其他单位汇总录入表，由县级以下（含县级）主管部门汇总录入其他单位数据时使用。

13. 新报因素：根据单位实际报送部门决算情况选择填列。

“0” 表示连续上报，由连续编报决算报表且报表类型未改变的单位使用。如单位只是组织机构代码发生改变，仍选择连续上报。

“1” 表示新增单位，由新设立的预算单位使用，包括因机构改革进行合并、分立的单位。

“2” 表示上年应报未报，由上一年度应编未编决算报表的单位使用。

“3” 表示报表类型改变，由编报决算报表类型发生改变的单位使用，包括单位由汇总录入表改单户表编报等情况。

“5” 表示纳入部门预算范围，由当年新纳入部门预算范围的单位使用。

“6” 表示隶属关系改变，由当年因机构改革等原因改变隶属关系的单位使用。

"9"表示其他，决算编报单位出现上述以外的情况时使用。

14. 上年代码：连续上报单位应填报上年代码，填报规则为"上年组织机构代码 + 上年报表类型代码"。

七、收入支出决算总表（财决 01 表）

本表反映单位本年度的预、决算收支和年末结转结余情况。

1. 年初预算数：填列经同级财政部门批复的年初预算数。

2. 调整预算数：填列经调整后的全年预算数，包括年初预算数和预算调增调减数，即：调整预算数 = 年初预算数 + 预算调增数 - 预算调减数。按照行政事业单位财务规则有关规定，各部门、各单位的调整预算数应当以预算调整情况是否已经完成预算调整程序进行确认；未完成预算调整程序的，调整预算数 = 年初预算数。

3. 决算数据可自动生成，相关数据从本套决算的其他报表中提取。

4. 本年支出合计的年初预算数、调整预算数包括使用本年收入、年初结转和结余以及用事业基金弥补收支差额等资金安排的支出。

八、财政拨款收入支出决算总表（财决 01 -1 表）

本表反映单位本年度的财政拨款预、决算收支和年末结转结余情况。财政拨款包括一般公共预算财政拨款和政府性基金预算财政拨款。

1. 年初预算数：填列经同级财政部门批复的财政拨款年初预算数。

2. 调整预算数：填列根据同级财政部门预算文件调整后的全年预算数，包括年初预算数和预算调增调减数，即：调整预算数 = 年初预算数 + 预算调增数 - 预算调减数。

3. 决算数据可自动生成，相关数据从本套决算的其他报表中提取。

4. 本年支出合计的年初预算数、调整预算数包括使用本年收入及年初结转和结余安排的支出。

九、收入支出决算表（财决 02 表）

本表反映单位本年度收入、支出、结转和结余及结余分配等情况。根据单位收入支出总账、明细账的发生数，按支出功能分类科目分"类""款""项"分析填列。具体填列要求如下：

1. 支出功能分类科目编码、名称：按照单位会计账簿有关明细账记录的支出功能分类科目"类""款""项"的编码和名称填列，相关科目信息应符合《2017 年政府收支分类科目》规定（包括有关科目修订文件，下同）。未按支出功能分类科目进行明细核算的，本项应按照部门预算管理要求，比照《2017 年政府收支分类科目》中相关支出功能分类科目选择科目编码和名称。

单位用财政拨款资金和其他资金安排的住房改革支出，应统一在“22102”（住房改革支出）科目下的“2210201”（住房公积金）、“2210202”（提租补贴）和“2210203”（购房补贴）科目反映。

2. 年初结转和结余：填列单位上年结转本年使用的基本支出结转、项目支出结转和结余、经营结余。本栏数据不包括事业单位净资产项下的事业基金和专用基金。

（1）基本支出结转：填列单位基本支出收支相抵后结转本年使用的累计余额，包括事业单位未转入事业基金的基本支出结转。

（2）项目支出结转和结余：填列单位从财政部门、主管部门或上级单位等取得，需要结转本年继续使用的项目支出收支累计余额。

（3）经营结余：填列事业单位上年度未进行分配并结转本年使用的经营收支结余，以及按制度规定结转的经营亏损（以负数填报）。企业化管理事业单位的未分配利润在此填列。

3. 本年收入：填列单位本年度取得的全部收入。

4. 本年支出：填列单位本年度全部支出。

5. 结余分配：填列单位当年结余的分配情况。根据《关于事业单位提取专用基金比例问题的通知》（财教〔2012〕32 号）规定，事业单位职工福利基金的提取比例，在单位年度非财政拨款结余的 40% 以内确定，国家另有规定的从其规定。超过规定比例的单位，应在填报说明中详细说明并附文件依据。

其他：反映单位除交纳所得税、提取职工福利基金、转入事业基金以外的结余分配情况。如本栏有数，则应在填报说明中说明具体内容及相关政策依据。

6. 用事业基金弥补收支差额：填列单位用事业基金弥补当年收支差额的数额。

7. 年末结转和结余：填列单位结转下年的基本支出结转、项目支出结转和结余以及经营结余。除事业单位经营亏损和事业单位行业会计制度明确可列负结余的情况外，一般不应有负数。本栏数据不包括事业单位净资产项下的事业基金和专用基金。

十、收入决算表（财决 03 表）

本表反映单位本年度依法取得的非偿还性资金，包括财政拨款（补助）收入、事业收入、上级补助收入、附属单位上缴收入、经营收入、其他收入等各项收入。根据单位收入总账、明细账的发生数，按支出功能分类科目分“类”“款”“项”填列。具体填列要求如下：

1. 财政拨款收入：填列单位本年度从本级财政部门取得的财政拨款，包括一般公共预算财政拨款和政府性基金预算财政拨款。

一级预算单位收到的应拨给下级单位使用的款项，年终决算时尚未拨出的，在编报时列为本单位财政拨款。

2. 上级补助收入：填列事业单位从主管部门和上级单位取得的非财政补助收入。

3. 事业收入：填列事业单位开展专业业务活动及其辅助活动取得的收入；事业单位

收到的财政专户实际核拨的教育收费等资金在此反映。

4. 经营收入：填列事业单位在专业业务活动及其辅助活动之外开展非独立核算经营活动取得的收入。

5. 附属单位上缴收入：填列事业单位附属独立核算单位按照有关规定上缴的收入。

6. 其他收入：填列单位取得的除上述收入以外的各项收入，包括未纳入财政预算或财政专户管理的投资收益、银行存款利息收入、租金收入、捐赠收入，现金盘盈收入、存货盘盈收入、收回已核销应收及预付款项、无法偿付的应付及预收款项等。各单位从本级财政部门以外的同级单位取得的经费、从非本级财政部门取得的经费，以及行政单位收到的财政专户管理资金填列在本项内。

事业单位开展专业业务活动及辅助活动并以合同形式从本级财政部门以外的同级单位取得的经费，不在本项反映，应填列在“事业收入”栏。

十一、支出决算表（财决04表）

本表反映单位本年度为保障机构正常运转、开展业务及其他活动所发生的各项支出情况。根据单位支出总账、明细账的发生数，按支出功能分类科目分“类”“款”“项”分析填列。具体填列要求如下：

1. 基本支出：填列单位为保障机构正常运转、完成日常工作任务而发生的各项支出。该类支出明细还应在“基本支出决算明细表”（财决05－1表）中按支出经济分类科目进行反映。

2. 项目支出：填列单位为完成特定的行政工作任务或事业发展目标，在基本支出之外发生的各项支出。该类支出明细还应在“项目支出决算明细表”（财决05－2表）中按支出经济分类科目进行反映。

3. 上缴上级支出：填列事业单位按照财政部门和主管部门的规定上缴上级单位的支出。

4. 经营支出：填列事业单位在专业活动及辅助活动之外开展非独立核算经营活动发生的支出。

5. 对附属单位补助支出：填列事业单位用财政补助收入之外的收入对附属单位补助发生的支出。

6. 主管部门在汇总决算时，应使用调整表对“上缴上级支出”“对附属单位补助支出”与收入表中“附属单位上缴收入”“上级补助收入”进行冲抵。

十二、支出决算明细表（财决05表）

本表反映单位本年度基本支出、项目支出的明细情况，不包括应在“经营支出”“上缴上级支出”“对附属单位补助支出”中核算的各项支出。

本表为自动生成表，各项数据从“基本支出决算明细表”（财决05－1表）、“项目支出决算明细表”（财决 05－2 表）自动提取。

十三、基本支出决算明细表（财决 05－1 表）

本表反映单位本年度基本支出的明细情况。根据单位基本支出明细账的发生数，按支出功能分类科目分“类”“款”“项”填列。具体填列要求如下：

1. 本表中工资福利支出、商品和服务支出、对个人和家庭的补助、其他资本性支出、对企事业单位的补贴、债务利息支出等支出，按照支出经济分类科目规定的核算内容填列。

因公出国（境）费用：填列单位公务出国（境）的国际旅费、国外城市间交通费、住宿费、伙食费、培训费、公杂费等支出。

公务接待费：填列单位按规定开支的各类公务接待（含外宾接待）费用。

公务用车运行维护费：填列单位按规定保留的公务用车燃料费、维修费、过桥过路费、保险费、安全奖励费用等支出。

其他交通费用：填列单位除公务用车运行维护费以外的其他交通费用。如飞机、船舶等的燃料费、维修费、保险费，出租车费用，公务交通补贴，租车费用等。

公务用车购置：填列单位公务用车车辆购置支出（含车辆购置税）。

其他交通工具购置：填列单位除公务用车外的其他各类交通工具（如船舶、飞机）购置支出（含车辆购置税）。

2. 本表支出不包括应在“上缴上级支出”“经营支出”“对附属单位补助支出”中核算的各项支出。

十四、项目支出决算明细表（财决 05－2 表）

本表反映单位本年度项目支出的明细情况，根据单位项目支出明细账发生数，按支出功能分类科目分“类”“款”“项”填列。具体填列要求如下：

1. 本表中工资福利支出、商品和服务支出、对个人和家庭的补助、基本建设支出、其他资本性支出、对企事业单位的补贴、债务利息支出和其他支出，按照支出经济分类科目规定的核算内容填列。

基本建设支出：填列由本级发展与改革部门集中安排的用于购置固定资产、战略性和应急性储备、土地和无形资产，以及购建基础设施、大型修缮所发生的一般公共预算财政拨款支出，不包括政府性基金、财政专户管理资金以及各类拼盘自筹资金等。

其他资本性支出：填列由各级非发展与改革部门集中安排的用于购置固定资产、战备性和应急性储备、土地和无形资产，以及购建基础设施、大型修缮和财政支持企业更新改造所发生的支出。

2. 本表支出不包括应在“上缴上级支出”“经营支出”“对附属单位补助支出”中核算的各项支出。

十五、项目收入支出决算表（财决06表）

本表反映单位本年度项目资金收入、支出、结转和结余情况。

本表可自动生成，各项数据从“行政事业类项目收入支出决算表”（财决06－1表）、“基本建设类项目收入支出决算表”（财决06－2表）中提取。

十六、行政事业类项目收入支出决算表（财决06－1表）

本表反映单位本年度行政事业类项目收支余情况。根据单位项目资金收支明细账的发生数，按支出功能分类科目分“类”“款”“项”并分项目逐一填列。具体填列要求如下：

1. 一级项目名称：中央单位一级项目分为通用项目和专用项目。通用项目名称根据财政部统一设立的项目名称填列，专用项目名称根据经财政部核准后设立和使用的项目名称填列。

2. 一级项目代码：填列单位预算一级项目代码。中央单位一级项目代码为8位数字，通用项目代码为“999+5位顺序码”，专用项目代码为“3位部门预算代码+5位顺序码”。

3. 二级项目代码：填列单位预算二级项目代码。中央单位二级项目代码由18位数字组成（3位部门预算代码+3位二级预算单位代码+3位三级预算单位代码+3位四级预算单位代码+2位项目编制年份码+4位顺序码）。

4. 二级项目类别：中央单位依照部门预算中项目类别填报，具体分为重大改革发展项目、专项业务费项目和其他项目三种类别。

5. 资金来源：填列单位行政事业类项目支出的资金来源情况。其中：

（1）年初结转和结余：填列单位以前年度安排行政事业类项目的资金结转到本年度使用部分。

（2）财政拨款结转和结余：填列单位以前年度安排行政事业类项目的财政拨款资金结转到本年度使用部分。

（3）财政拨款：填列单位本年度安排行政事业类项目的财政拨款。

（4）财政专户管理资金：填列单位本年度使用财政专户核拨的教育收费等资金安排的行政事业类项目支出。

（5）其他资金：填列单位本年度安排行政事业类项目支出的其他资金。

6. 支出数：填列单位本年度行政事业类项目的支出数。

对于存在多种资金来源的项目，单位如无法区分财政拨款、财政专户管理资金和其他资金支出数，应按项目资金的构成比例计算填列。

7. 结余分配：填列事业单位按照有关财务管理规定进行结余分配的项目支出结余资金。对财政拨款项目支出结余，中央单位按照《财政部关于印发〈中央部门结转和结余资金管理办法〉的通知》（财预〔2016〕18 号）的规定不能进行分配。对单位自筹项目结余资金，按有关财务管理规定填报。

8. 年末结转和结余：填列单位截至年底尚未列支出的行政事业类项目资金。

财政拨款结转和结余：填列单位行政事业类项目截至年底尚未列支出的财政拨款资金。

十七、基本建设类项目收入支出决算表（财决 06－2 表）

本表反映单位本年度用非偿还性资金安排的基本建设类项目收支余情况，根据单位项目资金收支明细账的发生数，按支出功能分类科目分“类”“款”“项”并分项目逐一填列。具体填列要求如下：

1. 一级项目名称：中央单位一级项目分为通用项目和专用项目。通用项目名称根据财政部统一设立的项目名称填列，专用项目名称根据经财政部核准后设立和使用的项目名称填列。

2. 一级项目代码：填列单位预算一级项目代码。中央单位一级项目代码为 8 位数字，通用项目代码为“999＋5 位顺序码”，专用项目代码为“3 位部门预算代码＋5 位顺序码”。

3. 二级项目代码：填列单位预算二级项目代码。中央单位二级项目代码由 18 位数字组成（3 位部门预算代码＋3 位二级预算单位代码＋3 位三级预算单位代码＋3 位四级预算单位代码＋2 位项目编制年份码＋4 位顺序码）。

4. 二级项目类别：中央单位依照部门预算中项目类别填报，具体分为重大改革发展项目、专项业务费项目和其他项目三种类别，基本建设项目统一列为其他项目。

5. 资金来源：填列单位基本建设类项目的非偿还性资金来源情况。其中：

（1）年初结转和结余：填列单位以前年度安排基本建设类项目的资金结转到本年度使用部分。

（2）财政拨款结转和结余：填列单位以前年度安排基本建设类项目的财政拨款资金结转到本年度使用部分。

（3）财政拨款：填列单位本年度安排基本建设类项目的财政拨款。

（4）基本建设支出拨款：填列本年度由本级发展与改革部门安排的基本建设类项目财政拨款。

（5）财政专户管理资金：填列单位本年度使用财政专户核拨的教育收费等资金安排的基本建设类项目支出。

（6）其他资金：填列单位本年度安排基本建设类项目的其他资金。根据基本建设类项目除财政拨款和财政专户管理资金以外的非偿还性资金来源情况填列。

6. 支出数：填列单位本年度基本建设类项目的支出数。

对于存在多种资金来源的项目，单位如无法区分财政拨款、财政专户管理资金和其他资金支出数，应按项目资金的构成比例计算填列。

7. 用事业基金弥补收支差额：填列单位动用事业基金安排基本建设类项目的资金。

8. 结余分配：填列按照《基本建设财务管理规定》进行结余分配的基本建设项目结余资金，包括单位年末留成收入。对财政拨款项目支出结余，中央单位按照《财政部关于印发〈中央部门结转和结余资金管理办法〉的通知》（财预〔2016〕18号）的规定不能进行分配；地方单位按照各省（自治区、直辖市、计划单列市）财政部门有关规定填报，并予以说明。对单位自筹项目结余资金，按有关财务管理规定填报。

9. 年末结转和结余：填列单位截至年底尚未列支出的基本建设类项目资金。

（1）财政拨款结转和结余：填列单位基本建设类项目截至年底尚未列支出的财政拨款资金。

（2）财政拨款结转、结余：中央单位按照《财政部关于印发〈中央部门结转和结余资金管理办法〉的通知》（财预〔2016〕18号）规定填报；地方单位按照各省财政部门有关规定填报，并予以说明。

十八、一般公共预算财政拨款收入支出决算表（财决07表）

本表反映单位本年度从本级财政部门取得一般公共预算财政拨款的收入、支出、结转和结余等情况，按支出功能分类科目分“类”“款”“项”分析填列。具体填列要求如下：

1. 年初结转和结余：填列单位上年度一般公共预算财政拨款结余结转本年使用的情况，其中：基本支出结转和项目支出结转和结余单独列示。

2. 本年收入：填列单位本年度从本级财政部门取得的一般公共预算财政拨款。

3. 本年支出：填列单位本年度一般公共预算财政拨款支出情况。

表中7至11栏数据可自动提取生成。

（1）基本支出：填列单位为保障其机构正常运转、完成日常工作任务而发生的用一般公共预算财政拨款安排的各项支出。

人员经费：填列单位基本支出中用一般公共预算财政拨款安排的“工资福利支出”和“对个人和家庭的补助”。

日常公用经费：填列单位用一般公共预算财政拨款安排的除人员经费以外的基本支出。行政单位、参照公务员法管理事业单位的机关运行经费同此口径。

（2）项目支出：填列单位为完成特定的工作任务或事业发展目标，在基本支出之外发生的用一般公共预算财政拨款安排的各项支出。

4. 年末结转和结余：填列单位年末结转下年使用的一般公共预算财政拨款结转和结余数。

十九、一般公共预算财政拨款支出决算明细表（财决08表）

本表反映单位从本级财政部门取得的一般公共预算财政拨款本年度列支的基本支出

和项目支出的明细情况。

本表为自动生成表，各项数据从“一般公共预算财政拨款基本支出决算明细表”（财决 08－1 表）、“一般公共预算财政拨款项目支出决算明细表”（财决 08－2 表）自动提取。

二十、一般公共预算财政拨款基本支出决算明细表（财决 08－1 表）

本表反映单位从本级财政部门取得的一般公共预算财政拨款本年度列支的基本支出明细情况。根据单位基本支出明细账中一般公共预算财政拨款支出的发生数，按支出功能分类科目分“类”“款”“项”填列。具体填列要求如下：

本表中工资福利支出、商品和服务支出、对个人和家庭的补助、其他资本性支出、对企事业单位的补贴、债务利息支出等支出，按照支出经济分类科目规定的核算内容填列。

二十一、一般公共预算财政拨款项目支出决算明细表（财决 08－2 表）

本表反映单位从本级财政部门取得的一般公共预算财政拨款本年度列支的项目支出明细情况，按支出功能分类科目分“类”“款”“项”填列。具体填列要求如下：

本表中工资福利支出、商品和服务支出、对个人和家庭的补助、基本建设支出、其他资本性支出、对企事业单位的补贴、债务利息支出和其他支出，按照支出经济分类科目规定的核算内容填列。

基本建设支出：填列由本级发展与改革部门用一般公共预算财政拨款集中安排的用于购置固定资产、战略性和应急性储备、土地和无形资产，以及购建基础设施、大型修缮所发生的支出。

其他资本性支出：填列由本级非发展与改革部门用一般公共预算财政拨款集中安排的用于购置固定资产、战备性和应急性储备、土地和无形资产，以及购建基础设施、大型修缮和财政支出企业更新改造所发生的支出。

二十二、政府性基金预算财政拨款收入支出决算表（财决 09 表）

本表反映单位本年度从本级财政部门取得纳入预算管理的政府性基金预算财政拨款的收入、支出、结转和结余等情况，按支出功能分类科目分“类”“款”“项”分析填列，具体填列要求如下：

1. 年初结转和结余：填列单位上年度政府性基金预算财政拨款结余结转本年使用的情况，其中，基本支出结转和项目支出结转和结余单独列示。

2. 本年收入：填列单位本年度从本级财政部门取得的政府性基金预算财政拨款。

3. 本年支出：填列单位本年度政府性基金预算财政拨款支出情况。

（1）基本支出：填列单位为保障其机构正常运转、完成日常工作任务而发生的用政府性基金预算财政拨款安排的各项支出。

人员经费：填列单位基本支出中用政府性基金预算财政拨款安排的“工资福利支出”和“对个人和家庭的补助”。

日常公用经费：填列单位用政府性基金预算财政拨款安排的除人员经费以外的基本支出。

（2）项目支出：填列单位为完成特定的工作任务或事业发展目标，在基本支出之外发生的用政府性基金预算财政拨款安排的各项支出。

4. 年末结转和结余：填列单位年末结转下年使用的政府性基金预算财政拨款结转和结余数。

二十三、政府性基金预算财政拨款支出决算明细表（财决 10 表）

本表反映单位从本级财政部门取得的政府性基金预算财政拨款本年度列支的基本支出和项目支出的明细情况。

本表为自动生成表，各项数据从“政府性基金预算财政拨款基本支出决算明细表”（财决 10－1 表）、“政府性基金预算财政拨款项目支出决算明细表”（财决 10－2 表）自动提取。

二十四、政府性基金预算财政拨款基本支出决算明细表（财决 10－1 表）

本表反映单位从本级财政部门取得的政府性基金预算财政拨款本年度列支的基本支出明细情况。根据单位基本支出明细账中政府性基金预算财政拨款支出的发生数，按支出功能分类科目分“类”“款”“项”填列。具体填列要求如下：

本表中工资福利支出、商品和服务支出、对个人和家庭的补助、其他资本性支出、对企事业单位的补贴、债务利息支出等支出，按照支出经济分类科目规定的核算内容填列。

二十五、政府性基金预算财政拨款项目支出决算明细表（财决 10－2 表）

本表反映单位从本级财政部门取得的政府性基金预算财政拨款本年度列支的项目支出明细情况，根据单位项目支出明细账中政府性基金预算财政拨款支出数，按支出功能分类科目分“类”“款”“项”填列。具体填列要求如下：

本表中工资福利支出、商品和服务支出、对个人和家庭的补助、其他资本性支出、对企事业单位的补贴、债务利息支出和其他支出，按照支出经济分类科目规定的核算内容填列。

二十六、财政专户管理资金收入支出决算表（财决 11 表）

本表反映单位本年度从本级财政部门取得的财政专户管理的教育收费等资金的收入、支出、结转和结余等情况，按支出功能分类科目分“类”“款”“项”分析填列。具体填列要求如下：

1. 年初结转和结余：填列单位上年度财政专户管理资金结余结转本年使用的情况。

2. 本年收入：填列单位本年度从本级财政部门取得的财政专户管理的教育收费等资金。

3. 本年支出：填列单位本年度财政专户管理资金安排的支出情况。

（1）基本支出：填列单位为保障其机构正常运转、完成日常工作任务而发生的用财政专户管理资金安排的各项支出。

人员经费：填列单位基本支出中用财政专户管理资金安排的“工资福利支出”和“对个人和家庭的补助”。

日常公用经费：填列单位用财政专户管理资金安排的除人员经费以外的基本支出。

（2）项目支出：填列单位为完成特定的工作任务或事业发展目标，在基本支出之外发生的用财政专户管理资金安排的各项支出。

（3）地方单位如有财政专户管理资金用于补助附属单位支出或上缴上级支出的，合并填报在本年支出“合计”栏中。

4. 用事业基金弥补收支差额：填列动用以前年度转入事业基金的财政专户管理资金结余弥补收支差额的情况。

5. 结余分配：填列单位当年财政专户管理资金结余的分配情况。

6. 年末结转和结余：填列单位年末结转下年使用的财政专户管理资金结转和结余数。

二十七、资产负债简表（财决 12 表）

本表反映单位年初、年末的资产负债等情况。按单位执行会计制度的种类分别对应选择填列，其中，“行政单位”反映执行《行政单位会计制度》的单位各项资产、负债及净资产情况（包括行政单位按照制度要求，将单独核算的基本建设投资并入会计“大账”的相关数据）；“事业单位”反映执行《事业单位会计制度》及执行《科学事业单位会计制度》等行业事业单位会计制度的单位各项资产、负债及净资产情况（包括事业单位按照制度要求，将单独核算的基本建设投资并入会计“大账”的相关数据）；“企业化管理事业单位”反映执行《企业会计制度》的单位各项资产、负债及所有者权益情况；“民间非营利组织”反映执行《民间非营利组织会计制度》的单位各项资产、负债及净资产情况。具体填列要求如下：

第一，本表指标填报口径请参见“会计科目与部门决算报表对应关系表”。

第二，行政单位。

1. 在建工程：填列行政单位期末除公共基础设施在建工程以外的尚未完工交付使用的在建工程的实际成本。本项目应当根据“在建工程”科目中属于非公共基础设施在建工程的期末余额填列。

2. 政府储备物资：填列行政单位直接储存管理的各项政府应急或救灾储备物资等。

3. 公共基础设施：填列行政单位占有并直接负责维护管理、供社会公众使用的工程性公共基础设施资产，包括城市交通设施、公共照明设施、环保设施、防灾设施、健身设施、广场及公共构筑物等其他公共设施。

4. 财政拨款结转：填列行政单位滚存的财政拨款结转资金，包括基本支出结转、项目支出结转。

5. 财政拨款结余：填列行政单位滚存的财政拨款项目支出结余资金。

6. 资产基金：填列行政单位期末预付账款、存货、固定资产、在建工程、无形资产、政府储备物资、公共基础设施等非货币性资产在净资产中占用的金额。

7. 待偿债净资产：填列行政单位期末因应付账款和长期应付款等负债而相应需在净资产中冲减的金额。本项目应当根据“待偿债净资产”科目的期末借方余额以“－”号填列。

第三，事业单位。

1. 短期投资：填列事业单位依法取得的，持有时间不超过 1 年（含 1 年）的投资，主要是国债投资。

2. 存货：填列事业单位为开展业务活动及其他活动耗用而储存的各种材料、燃料、包装物、低值易耗品及达不到固定资产标准的用具、装具、动植物等的实际成本。

3. 其他流动资产：填列事业单位除上述各项之外的其他流动资产，如将在 1 年内（含 1 年）到期的长期债券投资。

4. 累计折旧：填列事业单位按有关财务会计制度规定对固定资产计提折旧的累计折旧数。填列本项的单位需在填报说明中对固定资产计提折旧的制度依据等相关事项进行说明。

5. 累计摊销：填列事业单位按有关财务会计制度规定对无形资产计提摊销的累计摊销数。填列本项的单位需在填报说明中对无形资产计提摊销的制度依据等相关事项进行说明。

6. 待处置资产损溢：填列事业单位年末待处置资产的价值及处置损溢。

7. 其他流动负债：填列事业单位除上述各项之外的其他流动负债，如承担的将于 1 年内（含 1 年）偿还的长期负债。

8. 非流动资产基金：填列事业单位长期投资、固定资产、在建工程、无形资产等非流动资产占用的金额。

9. 财政补助结转：填列事业单位滚存的财政补助结转资金，包括基本支出结转和项目支出结转。

10. 财政补助结余：事业单位滚存的财政补助项目支出结余资金。

第四，资产总计：填列“行政单位”“事业单位”和“企业化管理事业单位”“民间非营利组织”的资产合计。

第五，负债总计：填列“行政单位”“事业单位”和“企业化管理事业单位”“民间非营利组织”的负债合计。

第六，净资产总计：填列“行政单位”“事业单位”“民间非营利组织”的“净资产合计”以及“企业化管理事业单位——少数股东权益、所有者权益合计”的四项之和。

第七，国有资产总量：填列单位净资产总计减去少数股东权益。

二十八、资产情况表（财决附 01 表）

本表反映单位各类资产年初及年末的价值和数量。本表各项资产价值按资产原值填列，单位根据有关明细账和实物台账分析填列。具体填列要求如下：

第一，资产总额：填列单位占有或者使用的，能以货币计量的经济资源。包括流动资产、固定资产、无形资产和其他资产等，按价值进行反映。年初数、年末数根据本表内数据自动生成。

第二，流动资产：填列单位可以在一年内变现或者耗用的资产，包括库存现金、银行存款、财政应返还额度、应收款项、预付款项、存货等，按价值进行反映。年初数、年末数可从财决 12 表中自动提取生成。

第三，固定资产：填列单位价值在规定标准以上，使用期限在 1 年以上，并且在使用过程中基本保持原有物质形态的资产，按原价进行反映。固定资产项下指标比照国家标准《固定资产分类与代码》（GB/T 14885－2010，下同）分类填报。

1. 房屋：填列单位已进行计量、记录并确认为固定资产的办公用房（1020401）等，按数量及价值进行反映。

办公用房：填列单位办公室用房、公共服务用房、设备用房和附属用房。

业务用房：填列单位为开展各类业务设置的特殊技术业务场所。包括行政单位业务用房（1020402）、公共安全用房（1020500）、事业单位用房（1020600）、社会团体用房（1020700）等行政事业单位业务类用房。

其他（不含构筑物）：填列单位除办公用房、业务用房外的其他房屋（1020000）。

2. 车辆（2030000）：填列单位已进行计量、记录并确认为固定资产的轿车（2030401）、越野车（2030402）、小型载客汽车（包括 16 座（含）以下的商务车（2030403）、其他乘用车（2030499）和小型客车（2030501）、大中型载客汽车（2030502）等，按数量及价值进行反映。

其他车型：填列单位除轿车、越野车、小型载客汽车、大中型载客汽车以外的车辆（不含 20308 摩托车、20309 电动自行车、20310 轮椅车、20311 非机动车辆等）。

3. 单价 50 万元（含）以上的通用设备：填列单位已进行计量、记录并确认为固定资产的单价在 50 万元（含 50 万元）以上的通用设备。

4. 单价100万元（含）以上的专用设备：填列单位已进行计量、记录并确认为固定资产的单价在100万元（含）以上的专用设备。

5. 其他固定资产：填列单位除房产、车辆、单价50万元（含）以上的通用设备和单价100万元（含）以上的专用设备以外的固定资产，构筑物（1030000）在此填列。

第四，累计折旧及减值准备：填列单位按有关财务会计制度规定对固定资产计提累计折旧以及减值准备数。年初数、年末数可从财决12表中自动提取生成。

第五，长期投资：填列单位依法取得的，持有时间超过1年（不含1年）的股权和债券性质的投资，按价值进行反映。年初数、年末数可从财决12表中自动提取生成。

第六，无形资产：填列单位持有的、没有实物形态的可辨认非货币性资产，包括专利权、商标权、著作权、土地使用权、非专利技术等，按价值进行反映，没有具体价值的暂不填列。

第七，累计摊销：填列单位按有关财务会计制度规定对无形资产计提摊销的累计摊销数。

第八，其他资产：填列单位除上述资产以外的其他资产，按价值进行反映。包括行政单位的待处理财产损溢、政府储备物资、公共基础设施（不含公共基础设施在建工程）以及受托代理资产，事业单位的待处置资产损溢、其他资产，企业化管理事业单位的工程物资、固定资产清理、待处理固定资产净损失、递延税款借项、其他，民间非营利组织的文物文化资产、固定资产清理、受托代理资产、其他。

第九，补充资料。

1. 本年坏账损失金额：填列单位本年度经批准核销的坏账损失金额总数。坏账损失是指单位因暂付款项、应收款项（应收账款、其他应收款、预付款等）无法收回而造成的损失。

2. 年末单位负担费用的供暖面积：填列单位年末实际负担供暖费用的房屋建筑物面积，包括单位租用的办公用房、业务用房和已进行住房制度改革并办理固定资产产权过户手续，但仍负担供暖费用的房屋建筑物面积。

3. 年末单位出租出借房屋面积：填列单位自行或委托其他单位实施的，有偿或无偿出租出借的房屋面积。

4. 年末单位土地证证载面积：填列单位实际占用的土地面积中已由国土部门进行土地所有权、使用权确权登记并颁发土地使用证的土地面积。

5. 年末单位车辆工作用途情况。

（1）副部（省）级及以上领导用车：填列单位年末用于单位副部（省）级及以上领导公务活动的机动车数量。

（2）一般公务用车：填列单位年末用于办理公务、机要通信等公务活动的机动车数量。

（3）一般执法执勤用车：填列单位年末用于办案、监察、稽查、税务征管等执法执勤公务的普通车辆数量，执法执勤用车中的特种专业技术用车在“（4）特种专业技术用车”中填列。

（4）特种专业技术用车：填列单位年末加装特殊专业设备，用于通讯指挥、技术侦查、抢险救灾、检验检疫、环境监测、救护、工程技术等的机动车数量。

（5）其他用车：填列单位年末除上述四种用车之外的机动车数量（不含摩托车、电动自行车、轮椅车、非机动车辆等）。

二十九、国有资产收益征缴情况表（财决附 02 表）

本表反映单位国有资产有偿使用收入、国有资产处置收入的征缴情况。根据单位执行会计制度、国有资产收益的实际征缴情况及有关明细账分析填列。具体填列要求如下：

第一，国有资产：指单位占有、使用的，依法确认为国家所有，能以货币计量的固定资产、流动资产、无形资产、对外投资等各种经济资源。其中：房屋是指房屋（1020000）及构筑物（1030000）；土地（1010000）；设备是指通用设备（2）和专用设备（3）；其他是指除上述资产以外的文物和陈列品（4）、图书、档案（5）、家具、用具、装具及动植物（6）。

第二，资产有偿使用收入：填列单位利用所占有、使用的国有资产进行出租、出借、举办经济实体、对外投资等取得的收入。

1. 资产出租出借收入：填列单位利用国有资产进行出租出借所取得的收入。

2. 后勤服务单位上缴资产收入：填列行政单位所属的后勤服务单位利用国有资产对外开展经营服务或开办经济实体所取得收入中按规定上缴给机关的收入。

未脱钩经济实体上缴资产收入：填列行政单位利用其占有、使用的国有资产对外投资举办的经济实体，在未与行政单位脱钩之前，所取得并上缴给机关的收入。

3. 附属独立核算经济实体上缴收入：填列附属各类独立核算经济实体按规定上缴事业单位的国有资产经营收入。

投资收益：填列事业单位利用其占有、使用的现金、固定资产、无形资产等国有资产对外投资所取得的收益。

第三，资产处置收入：填列单位对国有资产产权进行转移及核销所取得的收入，包括固定资产、流动资产、无形资产、对外投资等各类国有资产的出售、转让、置换差价、报损、报废残值变价等收入。

其他资产处置收入：填列行政事业单位除上述收入以外的其他国有资产处置收入。

第四，资产收益上缴情况：填列行政事业单位利用国有资产所取得收入的实际征缴情况，根据单位资产收益备查账及相关资料进行填列。

已缴国库：填列按规定已纳入财政预算管理，并已缴入国库的资产收益数。

已缴财政专户：填列已缴入财政专户的资产收益数。

应缴未缴：填列按规定应纳入财政预算管理或财政专户管理，但实际未上缴的资产收益数。

单位留用：填列经财政部门批准留归单位使用的国有资产收益。地方财政部门未出台具体收入管理办法之前，行政事业单位国有资产收益暂填入此栏。有具体办法的，按办法规定处理。

三十、基本数字表（财决附03表）

本表反映单位年末机构、人员情况，按支出功能分类科目分“类”“款”“项”进行填列，所有指标均不包括编制外长期聘用人员、遗属和临时工。具体填列要求如下：

1. 单位同时使用两个以上支出功能分类科目开支人员经费的，机构和人员数不得重复填列。机构数应填列在主要支出功能分类科目下，人员按实际开支基本工资的支出功能分类科目填列，其他科目不再重复反映。合计行为单位年末实际机构和人员数。

2. 年末机构数：填列单位年末独立核算的机构数。

3. 编制人数：填列经政府编制管理部门核定的人员编制数，包括工勤编制人数。

参照公务员法管理人员：填列经政府编制管理部门核定的参照《中华人民共和国公务员法》管理的编制人数。

4. 年末实有人数。

在职人员：填列在政府编制管理部门核定的编制内、由单位人事部门管理的实有在职人员，工勤编制人员在此反映。

5. 一般公共预算财政拨款开支人数：填列单位用一般公共预算财政拨款开支基本工资或离退休费的行政人员及参照公务员法管理的事业人员。

6. 一般公共预算财政补助开支人数：填列单位用一般公共预算财政补助开支基本工资或离退休费的事业人员（不含参照公务员法管理的事业人员）。

一般公共预算财政拨款、补助开支人数具体包括：（1）单位用一般公共预算财政拨款、补助开支基本工资或离退休费的人员。（2）基本工资或离退休费全部或部分由纳入一般公共预算管理的行政事业性收费开支的人员。

以下人员不列入一般公共预算财政拨款开支人数和一般公共预算财政补助开支人数统计范围：（1）原未列入一般公共预算财政拨款（补助）开支人员范围，由于经费管理和拨付方式转变，用纳入预算管理的政府性基金开支的人员。（2）编制部门批准为财政补助事业编制，但实际未由一般公共预算财政拨款开支或补助开支基本工资的在职人员。（3）行政机构和事业单位中用一般公共预算财政拨款开支或补助开支基本工资的编制外长期聘用人员、遗属及临时工作人员。（4）民政优抚对象、村干部、下岗职工、城镇居民最低生活保障对象等财政进行适当补助的人员。

7. 经费自理人数：填列单位用政府性基金、财政专户管理资金以及其他非一般公共预算财政拨款（补助）开支基本工资或离退休费的人员。

8. 年末学生人数：填列经国家批准按统一计划招收的各类全日制在校研究生、本专科学生、留学生、中等教育学生、初等教育学生以及干部进修和培训等人数，不包括学前教育（即幼儿园）学生数。其中，干部进修和培训指三个月以上的中长期培训，培训人数按年度累计人次计算。

9. 已转制为企业的科研机构的离退休人员，在社会保险经办机构领取基本养老金但财政仍有经费补助的，人数统一在“2069903”（转制科研机构）科目中反映。

三十一、机构人员情况表（财决附 04 表）

本表反映单位年末机构设置和人员编制及实有情况。具体填列要求如下：

（一）人员情况

1. 在职人员。

（1）政府机关人员：填列各级政府机关行政人员，不含公安机关、司法行政机关和国家安全机关行政人员。

（2）群众团体人员：填列行使行政职能的全国性群众团体机关行政人员。

（3）民主党派人员：填列民主党派机关行政人员，中华全国工商业联合会机关行政人员在此填列。

（4）政法机关人员：填列公安机关、检察院、法院、司法行政机关和国家安全机关行政人员。

（5）参照公务员法管理人员：填列单位经政府编制管理部门批准参照《中华人民共和国公务员法》管理的人员。

（6）财政补助人员：填列经政府编制管理部门核定的财政补助编制人员。

（7）经费自理人员：填列经政府编制管理部门核定的经费自理编制人员，包括经费自理编制人员和企业化管理编制人员。

（8）工勤人员：填列行政单位编制中由政府编制部门核定的工勤编制人员。事业单位的工勤人员编制含在单位事业编制中，不在此反映。

2. 其他人员：填列由单位人事部门管理的聘用期 1 年以上的编制外聘用人员，不包括工勤编制人员和临时工。

3. 遗属人员：填列按规定由单位开支抚恤金的烈士遗属和牺牲病故人员遗属。

4. 编制人数：填列经政府编制管理部门核定的人员编制数。

5. 年末实有人数：填列在政府编制管理部门核定的编制内、由单位人事部门管理的实有在职人数以及离退休人数。

（1）一般公共预算财政拨款（补助）开支人数：填列单位用一般公共预算财政拨款（补助）开支基本工资或离退休费的人员数。

（2）经费自理人数：填列单位用政府性基金、财政专户管理资金以及其他非一般公共预算财政拨款（补助）开支基本工资或离退休费的人员数。

（3）财政部门实际供给经费方式与政府编制管理部门核定的经费供给方式不一致的，单位应按财政部门实际供给经费情况对应填列年末实有编制内在职人数及离退休人数。

（二）机构情况

1. 独立编制机构数：填列经政府编制管理部门批准的行政事业机构数。

2. 独立核算机构数：填列经政府编制管理部门批准并实行财务独立核算的行政事业机构数。

纳入部门预算管理、独立编报预算的单位，应按独立核算机构编报本套决算；实行会计集中核算方式的单位，由于其作为预算执行和会计核算的主体地位不变，应作为独立核算机构编报本套决算。

3. 政府机关：填列各级政府机关机构数，不含公安机关、司法行政机关和国家安全机关。

4. 群众团体：填列行使行政职能的全国性群众团体机构数。

5. 民主党派：填列民主党派机关机构数，中华全国工商业联合会机关在此填列。

6. 政法机关：填列公安机关、检察院、法院、司法行政机关和国家安全机关机构数。

7. 经费自理：填列经政府编制管理部门核定的经费自理事业编制机构，包括经费自理编制机构和企业化管理编制机构。

三十二、非税收入征缴情况表（财决附05表）

本表反映单位非税收入的征缴情况。单位应按照收入分类科目中“非税收入”类下的“款”“项”“目”级科目逐一填列。具体填列要求如下：

1. 已缴国库、已缴财政专户：填列单位实际缴入国库和财政专户的非税收入。对实行分成体制的非税收入，单位应根据分成比例和缴款凭证的缴款额分别填入“缴入本级国库（财政专户）”和“缴入非本级国库（财政专户）”。如果实行分成体制的非税收入使用两个或者两个以上目级科目（如新增建设用地土地有偿使用费收入，中央与地方分别使用“103013301”与“103013302”目级科目），单位应根据各级分成比例拆分填列。

未缴财政专户：填列单位应缴未缴财政专户的非税收入。单位未缴留用的非税收入需在本栏反映，并说明批准留用的部门及相关文件依据。

2. 政府性基金收入：填列各级政府及其所属部门根据法律、行政法规以及中共中央、国务院有关文件规定，向公民、法人和其他组织无偿征收的具有专项用途的财政资金（包括基金、资金、附加和专项收费）。

3. 专项收入：填列单位根据特定需要由国务院批准或国务院授权有关部门批准设置，具有特定来源，并规定有专门用途，纳入预算管理的财政资金。

4. 行政事业性收费收入：填列国务院财政部门会同价格主管部门共同发布的规章或者规定所收取的各项收费收入以及省、自治区、直辖市人民政府财政部门会同价格主管部门共同发布的规定所收取的各项收费收入。

5. 罚没收入：填列执法机关依法收缴的罚款（罚金）、没收款、赃款，没收物质、赃物的变价款收入。

6. 国有资源（资产）有偿使用收入：填列单位有偿转让国有资源（资产）使用费而取得的收入，包括非经营性国有资产出租收入、海域使用金收入、场地和矿区使用费收入、特种矿产品出售收入等。

7. 捐赠收入：填列单位按《财政部关于加强政府非税收入管理的通知》（财综〔2004〕53 号）规定以政府名义接受的捐赠收入。

8. 政府住房基金收入：填列按《住房公积金管理条例》等规定收取的政府住房基金收入。

9. 其他收入：填列单位除上述收入外的非税收入。

第三节　会计报表分析说明

事业单位会计报表分析说明应包含以下几个方面的内容。

一、会计报表编制事项说明

1. 报表编制基础、依据、原则、方法说明审核。
2. 特殊事项的详细情况说明。

二、财务状况分析

对本单位收支、资产负债、净资产等主要财务指标变动情况和原因进行分析，包括：

（一）收入支出预算执行情况分析

1. 收入支出预算安排情况：包括部门（单位）收入、支出年初预算安排情况，与上年对比情况及增减变动原因，年度执行中调整情况，调整原因说明。

2. 收入支出预算执行情况：包括当年收入支出预算执行基本情况，与上年度对比情况，包括增减绝对值与幅度，增减变动主要原因（可用柱形图或折线图）。

（1）收入支出与预算对比分析。

预、决算差异情况，可分收入支出功能科目、分单位、分收入支出具体项目逐项对比（可列表）。

差异原因分析。差异较大的应分析到具体收入支出功能科目和具体单位。

（2）收入支出结构分析。

各项收入占总收入的比重，各项支出占总支出的比重。

收入支出按部门所属单位分布情况。

（3）支出按经济分类科目分析。

“三公”经费支出情况：可进行上下年对比、预决算对比，人均支出情况分析。

会议费支出情况：可进行上下年对比、预决算对比，人均支出情况分析。

培训费支出情况：可进行上下年对比、预决算对比，人均支出情况分析。

其他对部门（单位）影响较大的支出情况。

重点经济分类支出中存在的问题及改进措施。

（4）财政拨款收入、支出分析。

分析财政拨款收入、支出总体情况，支出要按照基本支出和项目支出分析具体构成及特点。

3. 年末结转和结余情况。

（1）分资金来源、资金性质结转和结余情况，特别是项目经费结转和结余情况。

（2）分单位结转和结余情况。

（3）结转和结余规模较大的原因分析及消化结转和结余的对策。

4. 当年预算执行中存在的问题、原因及改进措施。

（二）资产负债情况分析

年末部门（单位）资产、负债基本情况，与上年度对比情况，包括增减绝对值与幅度，增减变动主要原因。

1. 资产负债结构情况。

对资产负债具体构成进行分析，可从占比、上下年变动等方面进行分析，重点说明主要资产和负债的基本情况、变动情况及原因。

2. 资产负债对比分析。

计算资产负债率，可进行连续年度的对比，分析部门资产负债管理中存在的问题，加强资产效益管理，避免潜在的资产负债风险。

（三）其他需要分析的情况（如：表中数据的异常变动等）

三、财务分析评价指标

1. 预算收入和支出完成率，衡量事业单位收入和支出总预算及分项预算完成的程度。计算公式为：

预算收入完成率＝年终执行数÷（年初预算数±年中预算调整数）×100%

年终执行数不含上年结转和结余收入数

预算支出完成率＝年终执行数÷（年初预算数±年中预算调整数）×100%

年终执行数不含上年结转和结余支出数

2. 人员支出、公用支出占事业支出的比率，衡量事业单位事业支出结构。计算公式为：

人员支出比率 = 人员支出 ÷ 事业支出 × 100%

公用支出比率 = 公用支出 ÷ 事业支出 × 100%

3. 人均基本支出，衡量事业单位按照实际在编人数平均的基本支出水平。计算公式为：

人均基本支出 =（基本支出 − 离退休人员支出）÷ 实际在编人数

4. 资产负债率，衡量事业单位利用债权人提供资金开展业务活动的能力，以及反映债权人提供资金的安全保障程度。计算公式为：

资产负债率 = 负债总额 ÷ 资产总额 × 100%

此外，行业事业单位还可根据相关财务制度规定和分析需要增加相关分析指标，如：

1. 财政拨款依存度，衡量部门（单位）对财政拨款的依赖程度。

财政拨款依存度 = 财政拨款收入 ÷ 收入总额 × 100%

2. 固定资产成新率，反映部门（单位）固定资产的新旧程度。

固定资产成新率 = 固定资产净值 ÷ 固定资产原值 × 100%

在分析上述各种比率时，要写出数据计算的过程，以便于核对。所列的计算数据要与报表中的数据相符。

另外，各单位可以列示分析结合本单位具体情况的其他财务分析指标。

四、对财务、会计制度执行情况以及有何意见和建议作出说明。对单位发生的可能影响财务情况的其他情况也应予以说明。

第四节　财务会计报告的审核与汇总

一、会计报表的审核

气象部门行政事业单位的会计报表应当根据登记完整、核对无误的会计账簿记录和其他有关资料编制并经认真审核后报出。会计报表的审核包括技术性审核和政策性审核两个方面。

（一）技术性审核

技术性审核主要是审核会计报表的数字是否正确、口径是否一致、表内有关项目是否完整、有无漏报和错报的情况、会计报表的种类是否齐全、报送是否及时等。在审核会计报表的数字时，应注意审核以下几个方面的数字关系：

1. 上下期的有关数字是否一致。如资产负债表的年初数与上年年末相关数是否一致。

2. 上下级单位之间的有关数字是否一致。如上级单位的附属单位缴款（下属事业单位缴款）与下级单位的上缴上级支出的数额是否一致；上级单位的对附属单位补助与下级单位的上级补助收入数额是否一致；等等。

3. 本单位会计报表之间的数据是否一致。

4. 会计报表表内相关数据是否一致。如资产负债表中资产部类总计与负债部类总计数额是否一致；资产负债表中负债合计、净资产合计、收入合计之和是否与负债部类总计数额一致；等等。

5. 会计报表说明中提到的有关数据与会计报表中有关数据有相等关系或相衔接关系的数据必须相等或相衔接。

6. 会计处理方法是否变更等。

（二）政策性审核

政策性审核主要是审核会计报表中所反映的各项资金收支以及结余分配是否符合政策、制度、法律、法规，有无违反财经纪律的情况。应审核的内容主要包括：

1. 各项收入、支出是否符合政策、计划，是否符合经批准的预算。
2. 应上缴国库的收入、应上缴财政专户的收入是否及时、足额上缴。
3. 有无违反国家规定开支范围、开支标准的现象存在。
4. 是否正确计算并及时足额向国家税务机关交纳各种税金等。

二、气象部门行政事业单位会计报表的汇总

（一）什么是会计报表的汇总

气象部门行政事业单位会计报表的汇总是指气象部门行政事业单位的上级单位或主管单位将所属单位会计报表经审核后进行合并式汇总，从而全面真实地反映本单位资产构成和分布状况以及各类收入支出情况，避免重复计算收入、支出、资产、负债等情况出现。

合并式汇总的会计报表的种类、内容与格式与一般气象部门行政事业单位的会计报表相同。

（二）合并式汇总会计报表的编制要领

审核本单位（上级单位）报表和所属下级事业单位报表的各种数字关系。

进行会计报表的简单汇总。

将上下级报表中需抵销的事项在简单汇总报表中的相应栏目中予以抵销，形成合并式汇总会计报表。

为避免重复列收、列支，上级单位在上级单位汇总报表时要注意冲销上下级之间往来的相关数字。上下级单位之间如果存在销售产品或者服务的关系，则在汇总报表时上下级单位之间销售产品或者服务的的经营收入、经营支出对应科目中的对应金额也予以抵销；如果上下级单位之间存在由于销售产品或者服务产生的往来款，如应收账款、应付账款、预收账款、预付账款，在汇总报表时也应予以对应冲销。

下篇

气象部门小企业会计

本书小企业是指：在中华人民共和国境内依法设立的、符合《中小企业划型标准规定》所规定的小型企业标准的各级气象部门所属企业。

下列小企业除外：

1. 股票或债券在市场上公开交易的小企业。

2. 企业集团内的母公司和子公司。母公司是指有一个或一个以上子公司的企业。子公司是指被母公司控制的企业。

本部分内容根据《小企业会计准则》编写。

符合《中小企业划型标准规定》所规定各级气象部门所属企业，可以执行《小企业会计准则》，也可以执行《企业会计准则》。

1. 执行《小企业会计准则》的企业，发生的交易或者事项在《小企业会计准则》未作规范的，可以参照《企业会计准则》中的相关规定进行处理。

2. 执行《企业会计准则》的小企业，不得在执行《企业会计准则》的同时，选择执行《小企业会计准则》的相关规定。

3. 执行《小企业会计准则》的小企业公开发行股票或债券的，应当转为执行《企业会计准则》；因经营规模或企业性质变化导致不符合《小企业会计准则》第二条规定而成为大中型企业的，应当从次年1月1日起转为执行《企业会计准则》。

已执行《企业会计准则》的上市公司、大中型企业和小企业，不得转为执行《小企业会计准则》。

执行《小企业会计准则》的小企业转为执行《企业会计准则》时，应当按照《企业会计准则第38号——首次执行企业会计准则》等相关规定进行会计处理。

第十一章

资　　产

第一节　资产概述

一、资产的定义

资产是指小企业过去的交易或者事项形成的、由小企业拥有或者控制的、预期会给小企业带来经济利益的资源。

二、资产的分类

小企业的资产按照流动性，可分为流动资产和非流动资产，如图 11－1 所示。

- 资产的分类
  - 流动资产
    - 货币资金
      - 库存现金
      - 银行存款
      - 其他货币资金
    - 短期投资
    - 应收及预付款项
      - 应收票据
      - 应收账款
      - 应收股利
      - 应收利息
      - 其他应收款
      - 预付账款
    - 存货
      - 原材料
      - 在产品
      - 半成品
      - 产成品
      - 商品
      - 周转材料
      - 委托加工物资
      - 消耗性生物资产
  - 非流动资产
    - 长期债券投资
    - 长期股权投资
    - 固定资产
    - 生产性生物资产
    - 无形资产
    - 长期待摊费用

图 11－1　资产的分类

流动资产，是指预计在 1 年内（含 1 年，下同）或超过 1 年的一个正常营业周期内变现、出售或耗用的资产，包括：货币资金、短期投资、应收及预付款项、存货等。

非流动资产，是指流动资产以外的资产，包括：长期债券投资、长期股权投资、固定资产、生产性生物资产、无形资产、长期待摊费用等。

三、资产的计量

小企业的资产应当按照成本计量，不计提资产减值准备。

第二节　货币资金的核算

一、库存现金的核算

（一）基本概念及内容

本科目核算小企业的库存现金。小企业有内部周转使用备用金的，可以单独设置“备用金”科目。

本科目期末借方余额，反映小企业持有的库存现金。

有外币现金的小企业，还应当分别按照人民币和外币进行明细核算。

小企业应当设置“库存现金日记账”，由出纳人员根据收付款凭证，按照业务发生顺序逐笔登记。每日终了，应当计算当日的现金收入合计额、现金支出合计额和结余额，将结余额与实际库存额核对，做到账款相符。

（二）主要账务处理

小企业增加库存现金，借记“库存现金”科目，贷记“银行存款”等科目；减少库存现金，做相反的会计分录。

每日终了结算现金收支、财产清查等发现的有待查明原因的现金短缺或溢余，应通过“待处理财产损溢”科目核算。

第一，现金收入账务处理。

1. 日常业务的现金收入。

企业对外销售货物、取得劳务、处置资产等取得现金收入时，应按照取得现金的金额，借记“库存现金”科目，贷记“主营业务收入”“其他业务收入”“固定资产清理”以及“应交税费——应交增值税（销项税额）”等科目。同时，结转相应的成本费用科目。

【例 11-1】甲公司为增值税一般纳税人，主要从事电脑配件的生产与销售。201×

年 6 月 1 日，对外出售电脑配件 10 套，价款合计为 800 元，该批配件成本为 600 元。甲公司于当日收到现金（价款和增值税税款）共计 928 元，并将其及时入库。甲公司 201 × 年 6 月 1 日的账务处理为：

借：库存现金　928

　贷：主营业务收入　800

　　应交税费——应交增值税（销项税额）　128

借：主营业务成本　600

　贷：库存商品　600

2. 从银行提取现金。

企业因向职工支付工资、各种工资性津贴，向个人支付劳务报酬等事项需要从银行提取一定的现金，提取现金时，借记“库存现金”科目，贷记“银行存款”科目。

【例 11－2】 甲公司的出纳 201 × 年 6 月 9 日提取现金 3 000 元备用。持支票办理完手续后，根据支票存根，编制记账凭证。甲公司 201 × 年 6 月 9 日的账务处理为：

借：库存现金　3 000

　贷：银行存款　3 000

第二，现金支出账务处理。

1. 日常业务的现金支出。

企业向供货方、提供劳务方进行支付时，如属于现金使用范围的，支付发生时，借记“库存商品”“原材料”“应交税费——应交增值税（进项税额）”等科目，贷记“库存现金”科目。

【例 11－3】 乙公司于 201 × 年 8 月 31 日从某农户个人手中购入农产品一批作为原材料，该批原材料价值 1 000 元，款项于当日用现金支付。假定不考虑相关税费等因素影响。乙公司 201 × 年 8 月 31 日账务处理为：

借：原材料　1 000

　贷：库存现金　1 000

【例 11－4】 201 × 年 8 月 10 日，甲公司职工李雷预借差旅费 2 000 元。甲公司当日的账务处理为：

借：其他应收款——李雷　2 000

　贷：库存现金　2 000

2. 向银行送存现金。

【例 11－5】 甲公司于 201 × 年 6 月 1 日送存现金 5 000 元。甲公司当日的账务处理为：

借：银行存款　5 000

　贷：库存现金　5 000

第三，现金溢余与短缺的账务处理。

企业应当按规定进行现金清查，一般采用实地盘点法，对于清查的结果应当编制现金盘点报告单。

对于现金清查中发现的账实不符，即现金溢缺情况，首先应通过“待处理财产损溢”科目进行核算。现金清查中发现短缺的现金，应按实际短缺的金额，借记“待处理财产损溢”科目，贷记“库存现金”科目；在现金清查中发现溢余的现金，应按实际溢余的金额，借记“库存现金”科目，贷记“待处理财产损溢”科目，待查明原因后按如下要求进行处理：

（1）现金短缺，属于应由责任人赔偿的部分，借记“其他应收款——应收现金短缺款”或“库存现金”等科目，贷记“待处理财产损溢”科目；属于应由保险公司赔偿的部分，借记“其他应收款——应收保险赔款”科目，贷记“待处理财产损溢”科目；属于无法查明的其他原因，根据管理权限，经批准后处理，借记“营业外支出”科目，贷记“待处理财产损溢”科目。

（2）现金溢余，属于应支付给有关人员或单位的，应借记“待处理财产损溢”科目，贷记“其他应付款——应付现金溢余”科目；属于无法查明原因的现金溢余，经批准后，借记“待处理财产损溢”科目，贷记“营业外收入——现金溢余”科目。

【例 11－6】甲公司 201×年 1 月 31 日现金清查时发现现金短缺 1 000 元，2 月 5 日查明原因，其中 500 元属于出纳小李保管不善造成的丢失，另外 500 元短缺原因不详。公司处理决定由小李赔偿 500 元，小李于 2 月 10 日交纳赔款。

甲公司 201×年 1 月 31 日的账务处理为：

借：待处理财产损溢	1 000	
贷：库存现金		1 000

201×年 2 月 5 日的账务处理为：

借：其他应收款——出纳小李	500	
营业外支出	500	
贷：待处理财产损溢		1 000

201×年 2 月 10 日的账务处理为：

借：库存现金	500	
贷：其他应收款——出纳小李		500

二、银行存款的核算

（一）基本概念及内容

“银行存款”科目核算小企业存入银行或其他金融机构的各种款项。本科目期末借方余额，反映小企业存在银行或其他金融机构的各种款项。有外币银行存款的小企业，还应当分别按照人民币和外币进行明细核算。

小企业应当按照开户银行和其他金融机构、存款种类等设置“银行存款日记账”，由出纳人员根据收付款凭证，按照业务的发生顺序逐笔登记。每日终了，应结出余额。

“银行存款日记账”应定期与“银行对账单”核对，至少每月核对一次。小企业银行存款账面余额与银行对账单余额之间如有差额，应编制“银行存款余额调节表”调节相符。

（二）主要账务处理

小企业增加银行存款，借记“银行存款”科目，贷记“库存现金”“应收账款”等科目；减少银行存款，做相反的会计分录。

1. 日常业务中取得银行存款收入。

企业对外销售货物、取得劳务、处置资产等，直接通过银行转账取得收入时，应按照取得银行存款金额，借记“银行存款”科目，贷记“主营业务收入”“其他业务收入”“固定资产清理”以及“应交税费——应交增值税（销项税额）”等科目。同时，结转相应的销售成本。

【例11-7】接【例11-1】，假设甲公司收到的是转账的银行存款928元，则甲公司201×年6月1日账务处理为：

借：银行存款　928

　　贷：主营业务收入　800

　　　　应交税费——应交增值税（销项税额）　128

借：主营业务成本　600

　　贷：库存商品　600

2. 日常业务中支出银行存款。

企业向供货方、提供劳务方进行支付时，如不属于现金使用范围的，支付发生时，借记“库存商品”“原材料”等资产科目，贷记“银行存款”科目。

【例11-8】甲公司于201×年6月13日从乙公司购入原材料一批，价款为10 000元。甲乙两公司皆为增值税一般纳税人，甲公司于当日收到材料，并通过银行存款转账支付了款项，共计11 600元。

甲公司201×年6月13日的账务处理为：

借：原材料　10 000

　　应交税费——应交增值税（进项税额）　1 600

　　贷：银行存款　11 600

3. 银行存款利息。

企业的存款在银行存续期间会产生利息，企业确认的利息作为财务费用的冲减，借记“银行存款”科目，贷记“财务费用”科目。

【例11-9】甲公司当年第三季度银行存款产生利息总额为1 000元，9月30日收到利息清单。

甲公司9月30日的账务处理为：

借：银行存款　1 000

　　贷：财务费用　1 000

三、其他货币资金的核算

（一）基本概念及内容

“其他货币资金”科目核算小企业的银行汇票存款、银行本票存款、信用卡存款、信用证保证金存款、外埠存款、备用金等其他货币资金。本科目期末借方余额，反映小企业持有的其他货币资金。

本科目应按照银行汇票或本票、信用卡发放银行、信用证的收款单位，外埠存款的开户银行，分别“银行汇票”“银行本票”“信用卡”“信用证保证金”“外埠存款”等进行明细核算。

（二）主要账务处理

1. 小企业增加其他货币资金。

借：“其他货币资金”

　　贷：“银行存款”

2. 减少其他货币资金做相反的会计分录。

第三节　短期投资的核算

一、基本概念及内容

“短期投资”科目核算小企业购入的能随时变现并且持有时间不准备超过 1 年（含 1 年，下同）的投资。如小企业以赚取差价为目的从二级市场购入的股票、债券、基金等。本科目期末借方余额，反映小企业持有的短期投资成本。

本科目应按照股票、债券、基金等短期投资种类进行明细核算。

二、主要账务处理

1. 小企业购入各种股票、债券、基金等作为短期投资的，应当按照实际支付的购买价款和相关税费，借记“短期投资”科目，贷记“银行存款”科目。

小企业购入股票，如果实际支付的购买价款中包含已宣告但尚未发放的现金股利，应当按照实际支付的购买价款和相关税费扣除已宣告但尚未发放的现金股利后的金额，借记“短期投资”科目，按照应收的现金股利，借记“应收股利”科目，按照实际支付的购买价款和相关税费，贷记“银行存款”科目。

小企业购入债券，如果实际支付的购买价款中包含已到付息期但尚未领取的债券利息，应当按照实际支付的购买价款和相关税费扣除已到付息期但尚未领取的债券利息后的金额，借记“短期投资”科目，按照应收的债券利息，借记“应收利息”科目，按照实际支付的购买价款和相关税费，贷记“银行存款”科目。

2. 在短期投资持有期间，被投资单位宣告分派的现金股利，借记“应收股利”科目，贷记“投资收益”科目。

在债务人应付利息日，按照分期付息、一次还本债券投资的票面利率计算的利息收入，借记“应收利息”科目，贷记“投资收益”科目。

3. 出售短期投资，应当按照实际收到的出售价款，借记“银行存款”或“库存现金”科目，按照该项短期投资的账面余额，贷记“短期投资”科目，按照尚未收到的现金股利或债券利息，贷记“应收股利”或“应收利息”科目，按照其差额，贷记或借记“投资收益”科目。

第四节　应收及预付款项的核算

应收及预付款项，是指小企业在日常生产经营活动中发生的各项债权。包括：应收票据、应收账款、应收股利、应收利息、其他应收款等应收款项和预付账款。

一、应收票据的核算

（一）基本概念及内容

应收票据是指小企业因销售商品（产成品或材料，下同）或提供劳务收到的商业汇票，包括商业承兑汇票和银行承兑汇票。

“应收票据”科目应当按照开出、承兑商业汇票的单位进行明细核算。

小企业应当设置“应收票据备查簿”，逐笔登记商业汇票的种类、号数和出票日、票面金额、交易合同号和付款人、承兑人、背书人的姓名或单位名称、到期日、背书转让日、贴现日、贴现率和贴现净额以及收款日期和收回金额、退票情况等资料。商业汇票到期结清票款或退票后，在备查簿中应予注销。

“应收票据”科目期末借方余额，反映小企业持有的商业汇票的票面金额。

（二）主要账务处理

1. 取得商业汇票和收回票据款。

应收票据取得的原因不同，其会计处理亦有区别。因债务人抵偿前欠货款而取得的应收票据，借记“应收票据”，贷记“应收账款”；因小企业销售商品、提供劳务等而收到的商业汇票，借记“应收票据”，贷记“主营业务收入”“应交税费——应交增值税（销项税额）”等科目。商业汇票到期收回票面金额，借记“银行存款”科目，贷记“应收票据”。因付款人无力支付票款，或到期不能收回应收票据，应按照商业汇票的票面金额，借记“应收账款”科目，贷记“应收票据”科目。

【例 11－10】 甲公司 201×年 3 月 1 日向乙公司销售一批产品，货款 300 000 元，增值税额 48 000 元。假设甲公司采用《小企业会计准则》核算，甲公司应编制如下会计分录：

借：应收账款　　348 000
　贷：主营业务收入　　300 000
　　应交税费——应交增值税（销项税额）　　48 000

3 月 15 日，甲公司收到乙公司寄来的一张 3 个月到期的银行承兑汇票，面值 348 000 元，抵付产品货款。甲公司应编制如下会计分录：

借：应收票据　　348 000
　贷：应收账款　　348 000

6 月 15 日，甲公司上述票据到期，收回票面金额 348 000 元存入银行。甲公司应编制如下会计分录：

借：银行存款　　348 000
　贷：应收票据　　348 000

2. 应收票据的转让。

企业将持有的商业汇票背书转让以取得所需物资时，按应计入取得物资成本的金额，借记“材料采购”或“原材料”“库存商品”等科目、借记“应交税费——应交增值税（进项税额）”，贷记“应收票据”，如有差额，借记或贷记“银行存款”等科目。

【例 11－11】 接【例 11－10】，假定甲公司于 4 月 15 日将上述应收票据背书转让，以取得生产经营用材料，材料价款 300 000 元，适用的增值税税率为 16%。甲公司应编制如下会计分录：

借：原材料　　300 000
　应交税费——应交增值税（进项税额）　　48 000
　贷：应收票据　　348 000

3. 应收票据贴现。

小企业持未到期的商业汇票向银行贴现，按实际收到的金额，借记“银行存款”科目，按贴现息部分，借记“财务费用”科目，按应收票据的票面价值，贷记“应收票据”科目。

二、应收账款的核算

（一）基本概念及内容

应收账款核算小企业因销售商品、提供劳务等经营活动应收取的款项，主要包括小企业销售商品或提供劳务等应向有关债务人收取的价款及代购货单位垫付的包装费、运杂费等。

"应收账款"科目期末借方余额，反映小企业尚未收回的应收账款。

"应收账款"科目应当按照对方单位（或个人）进行明细核算。

（二）主要账务处理

小企业因销售商品或提供劳务形成应收账款，应当按照应收金额，借记"应收账款"，按照应交增值税销项税额，贷记"应交税费——应交增值税（销项税额）"科目，按其差额，贷记"主营业务收入"或"其他业务收入"科目。

收回应收账款，借记"银行存款"或"库存现金"科目，贷记"应收账款"。

【例 11－12】甲公司采用托收承付结算方式向乙公司销售一批商品，开具的增值税专用发票上记载的价款为200 000元，增值税税额32 000元，已办理托收手续。相关会计分录为：

借；应收账款——乙公司 232 000

　　贷：主营业务收入 200 000

　　　　应交税费——应交增值税（销项税额） 32 000

甲公司实际收到款项时：

借：银行存款 232 000

　　贷：应收账款——乙公司 232 000

三、预付账款的核算

（一）基本概念及内容

预付账款核算小企业按照合同规定预付的款项，包括根据合同规定预付的购货款、租金等。小企业进行在建工程预付的工程价款，也在"预付账款"核算。

预付款项不多的小企业，也可以不设置本科目，将预付的款项直接计入"应付账款"科目借方。

"预付账款"科目应当按照对方单位（或个人）进行明细核算。"预付账款"科目的借方余额，反映小企业预付的各种款项。

（二）主要账务处理

小企业因购货而预付的款项，借记"预付账款"，贷记"银行存款"等科目。收到所购物资，按照应计入购入物资成本的金额，借记"在途物资"或"原材料""库存商品"等科目，按照应交增值税进项税额，借记"应交税费——应交增值税（进项税额）"科目，按照应支付的金额，贷记"预付账款"。补付的款项，借记"预付账款"，贷记"银行存款"等科目；退回多付的款项，做相反的会计分录。

小企业进行在建工程预付的工程价款，借记“预付账款”，贷记“银行存款”等科目。按工程进度结算工程价款，借记“在建工程”科目，贷记“预付账款”“银行存款”等科目。

【例 11－13】 甲公司向乙公司采购材料 5 000 吨，单价 10 元，所需支付的款项总额为 50 000 元。201×年 9 月 12 日，甲公司按照合同规定向乙公司预付货款的 50%。9 月 30 日，收到乙公司发来的 5 000 吨材料，取得的增值税专用发票上记载的价款为 50 000 元，增值税税额为 8 000 元。甲公司以银行存款补付其余款项。假定不考虑其他税费，甲公司按照《小企业会计准则》核算，相关会计分录如下：

（1）预付 50% 货款时，

借：预付账款——乙公司	25 000	
贷：银行存款		25 000

（2）收到材料：

借：原材料——××材料	50 000	
应交税费——应交增值税（进项税额）	8 000	
贷：预付账款——乙公司		58 000
借：预付账款——乙公司	33 000	
贷：银行存款		33 000

（三）应收及预付款项的坏账

小企业应收及预付款项符合下列条件之一的，减除可收回的金额后确认的无法收回的应收及预付款项，作为坏账损失。

（1）债务人依法宣告破产、关闭、解散、被撤销，或者被依法撤销、吊销营业执照，其清算财产不足清偿的。

（2）债务人死亡，或者依法被宣告失踪、死亡，其财产或者遗产不足清偿的。

（3）债务人逾期 3 年以上未清偿，且有确凿证据证明已无力清偿债务的。

（4）与债务人达成债务重组协议或法院批准破产重整计划后，无法追偿的。

（5）因自然灾害、战争等不可抗力导致无法收回的。

（6）国务院财政、税务主管部门规定的其他条件。

应收及预付款项实际发生坏账时，应当作为损失计入当期营业外支出，同时冲销应收及预付款项。

【例 11－14】 甲公司应收乙公司账款余额合计为 100 000 元，201×年 12 月 31 日甲公司获知乙公司已经依法宣告破产，破产财产尚不足以支付税款。假定甲公司以前未确认坏账损失，甲公司按照《小企业会计准则》核算，甲公司应编制如下会计分录：

借：营业外支出	100 000	
贷：应收账款——乙公司		100 000

（四）《小企业会计准则》与《企业会计准则》对坏账处理的差异

1. 坏账损失确认条件不同。《小企业会计准则》下，按前述条件确认。《企业会计准则》下，有客观证据表明该应收款项发生减值的，应当将该应收款项的账面价值与预计未来现金流量现值的差额确认为减值。

2. 坏账损失会计处理方法不同。“小企业会计准则”下，采用直接转销法核算，并且借方科目为“营业外支出”，贷方为“应收账款”等。《企业会计准则》下，只能采用备抵法核算，不过借方科目为“资产减值损失”，贷方为备抵科目“坏账准备”。

四、应收股利的核算

（一）基本概念及内容

“应收股利”科目核算小企业应收取的现金股利或利润。本科目应按照被投资单位进行明细核算。本科目的期末借方余额，反映小企业尚未收到的现金股利或利润。

（二）主要账务处理

1. 小企业购入股票，如果实际支付的购买价款中包含已宣告但尚未发放的现金股利，应当按照实际支付的购买价款和相关税费扣除已宣告但尚未发放的现金股利后的金额，借记“短期投资”或“长期股权投资”科目，按照应收的现金股利，借记“应收股利”科目，按照实际支付的购买价款和相关税费，贷记“银行存款”科目。

2. 在短期投资或长期股权投资持有期间，被投资单位宣告分派现金股利或利润，应当按照本企业应享有的金额，借记“应收股利”科目，贷记“投资收益”科目。

3. 小企业实际收到现金股利或利润，借记“银行存款”等科目，贷记“应收股利”科目。

五、应收利息的核算

（一）基本概念及内容

“应收利息”科目核算小企业债券投资应收取的利息。

购入的一次还本付息债券投资持有期间的利息收入，在“长期债券投资”科目核算，不在“应收利息”科目核算。

“应收利息”科目应按照被投资单位进行明细核算。本科目期末借方余额，反映小企业尚未收到的债券利息。

（二）主要账务处理

1. 小企业购入债券，如果实际支付的购买价款中包含已到付息期但尚未领取的债券利息，应当按照实际支付的购买价款和相关税费扣除应收的债券利息后的金额，借记“短期投资”或“长期债券投资”科目，按照应收的债券利息，借记“应收利息”科目，按照实际支付的购买价款和相关税费，贷记“银行存款”科目。

2. 在长期债券投资持有期间，在债务人应付利息日，按照分期付息、一次还本债券投资的票面利率计算的利息收入，借记“应收利息”科目，贷记“投资收益”科目；按照一次还本付息债券投资的票面利率计算的利息收入，借记“长期债券投资——应计利息”科目，贷记“投资收益”科目。

3. 实际收到债券利息，借记“银行存款”等科目，贷记“应收利息”科目。

六、其他应收款的核算

（一）基本概念及内容

“其他应收款”科目核算除应收票据、应收账款、预付账款、应收股利、应收利息以外的其他各种应收及暂付款项，包括不设置“备用金”科目的小企业拨出的备用金、应收的各种赔款、罚款，应向职工收取的各种垫付款项等。

小企业出口产品或商品按照税法规定应予退回的增值税税款，也通过“其他应收款”科目核算。“其他应收款”科目应按照对方单位（或个人）进行明细核算。本科目期末借方余额，反映小企业尚未收回的其他应收款项。

（二）主要账务处理

1. 小企业发生的其他各种应收款项，借记“其他应收款”科目，贷记“库存现金”“银行存款”“固定资产清理”等科目。出口产品或商品按照税法规定应予退回的增值税税款，借记“其他应收款”科目，贷记“应交税费——应交增值税（出口退税）”科目。

2. 收回其他各种应收款项，借记“库存现金”“银行存款”“应付职工薪酬”等科目，贷记“其他应收款”科目。

3. 按照《小企业会计准则》规定确认其他应收款实际发生的坏账损失，应当按照可收回的金额，借记“银行存款”等科目，按照其账面余额，贷记“其他应收款”科目，按照其差额，借记“营业外支出”科目。

【例11－15】甲公司在采购过程中发生材料毁损，按保险合同规定，应由保险公司赔偿损失30 000元，赔款尚未收到，假设甲公司采用《小企业会计准则》核算，应编制如下会计分录：

借：其他应收款——保险公司　　30 000

　　贷：材料采购　　30 000

【例11－16】201×年12月10日，甲公司职工李雷预借差旅费2 000元，甲公司当日的账务处理为：

借：其他应收款——李雷 2 000

贷：库存现金 2 000

201×年12月15日，李雷报销差旅费1 500元，归还剩余现金。甲公司的账务处理为：

借：库存现金 500

管理费用 1 500

贷：其他应收款 2 000

第五节 存货的核算

一、基本概念及内容

存货，是指小企业在日常生产经营过程中持有以备出售的产成品或商品、处在生产过程中的在产品、将在生产过程或提供劳务过程中耗用的材料和物料等，以及小企业（农、林、牧、渔业）为出售而持有的或在将来收获为农产品的消耗性生物资产。

小企业的存货包括：原材料、在产品、半成品、产成品、商品、周转材料、委托加工物资、消耗性生物资产等。

1. 原材料，是指小企业在生产过程中经加工改变其形态或性质并构成产品主要实体的各种原料及主要材料、辅助材料、外购半成品（外购件）、修理用备件（备品备件）、包装材料、燃料等。

2. 在产品，是指小企业正在制造尚未完工的产品。包括：正在各个生产工序加工的产品，以及已加工完毕但尚未检验或已检验但尚未办理入库手续的产品。

3. 半成品，是指小企业经过一定生产过程并已检验合格交付半成品仓库保管，但尚未制造完工成为产成品，仍需进一步加工的中间产品。

4. 产成品，是指小企业已经完成全部生产过程并已验收入库，符合标准规格和技术条件，可以按照合同规定的条件送交订货单位，或者可以作为商品对外销售的产品。

5. 商品，是指小企业（批发业、零售业）外购或委托加工完成并已验收入库用于销售的各种商品。

6. 周转材料，是指小企业能够多次使用、逐渐转移其价值但仍保持原有形态且不确认为固定资产的材料。包括：包装物、低值易耗品、小企业（建筑业）的钢模板、木模板、脚手架等。

7. 委托加工物资，是指小企业委托外单位加工的各种材料、商品等物资。

8. 消耗性生物资产，是指小企业（农、林、牧、渔业）生长中的大田作物、蔬菜、用材林以及存栏待售的牲畜等。

二、盘存方法及盘盈盘亏处理

（一）盘存方法

企业确定存货的实物数量有两种方法：一种是实地盘存制；另一种是永续盘存制。

1. 实地盘存制。

“实地盘存制”又称“定期盘存制”，是指企业平时只在账簿中登记存货的增加数，不记减少数，期末根据清点所得的实存数，计算本期存货的减少数。使用这种方法平时的核算工作比较简便，但不能随时反映各种物资的收发结存情况，不能随时结转成本，并把物资的自然和人为短缺数隐含在发出数量之内；同时由于缺乏经常性资料，不便于对存货进行计划和控制，

因此，实地盘存制的实用性较差。通常仅适用于一些单位价值较低、自然损耗大、数量不稳定、进出频繁的特定货物。

2. 永续盘存制。

“永续盘存制”又称“账面盘存制”，是指企业设置各种数量金额的存货明细账，根据有关凭证，逐日逐笔登记材料、产品、商品等的收发领退的数量和金额，随时结出账面结存数量和金额。采用永续盘存制，可随时掌握各种存货的收发、结存情况，有利于存货管理。

为了核对存货账面记录，永续盘存制同时要求进行存货的实物盘点。会计年度终了，应进行一次全面的盘点清查，并编制盘点表，保证账实相符，如有不符应查明原因及时处理。

小企业会计实务中，存货的数量核算一般采用永续盘存制。但不论采用何种方法，前后各期应保持一致。

存货盘点应由仓库管理人员及独立的会计记账人员和科室存货保管人员共同进行。存货盘点清查一方面要核对实物的数量，看其是否与相关记录相符、是否账实相符；另一方面也要关注实物的质量，看其是否有明显的损坏。

（二）盘盈盘亏的处理

1. 存货发生毁损，处置收入、可收回的责任人赔偿和保险赔款，扣除其成本、相关税费后的净额，应当计入“营业外支出”或“营业外收入”。

2. 盘盈存货实现的收益应当计入“营业外收入”。

3. 盘亏存货发生的损失应当计入“营业外支出”。

三、成本计量方法

小企业取得的存货，应当按照成本进行初始计量。存货成本包括采购成本、加工成

本和其他成本。企业存货的取得主要是通过外购和自制两个途径。

1. 小企业外购的存货主要包括原材料和商品。存货的采购成本，包括购买价款、相关税费、运输费、装卸费、保险费以及在外购存货过程中发生的其他直接费用，但不包括按照税法规定可以抵扣的增值税进项税额。相关税费，包括计入存货的进口关税、消费税、资源税、不能抵扣的增值税等。外购存货过程发生的其他直接费用，包括入库前发生的仓储费用、包装费、运输途中合理损耗、入库前的挑选整理费用等。

2. 小企业通过进一步加工取得的存货，主要包括产成品、在产品、半成品、委托加工物资等，其成本由材料采购成本、加工成本构成。通过进一步加工取得的存货的成本中的采购成本是由所使用或消耗的原材料采购成本转移而来的，因此，计量加工取得的存货成本，重点是要确定存货的加工成本。

存货加工成本由直接人工和制造费用构成，其实质是企业在进一步加工存货的过程中追加发生的生产成本。各项成本费用通常要按照一定的比例和标准分配到各个加工的存货当中。

直接人工是指在生产产品过程中，直接从事产品生产的工人的职工薪酬。

直接人工和间接人工的划分依据通常是生产工人是否与所生产的产品直接相关（即可否直接确定其服务的产品对象）。

经过1年期以上的制造才能达到预定可销售状态的存货发生的借款费用，也计入存货的成本。

借款费用是指小企业因借款而发生的利息及其他相关成本。包括：借款利息、辅助费用以及因外币借款而发生的汇兑差额等。

制造费用是指企业为生产产品和提供劳务而发生的各项间接费用。包括企业生产部门（如生产车间）管理人员的职工薪酬、折旧费、办公费、水电费、机物料消耗、劳动保护费、季节性和修理期间的停工损失等。

3. 投资者投入存货的成本，应当按照评估价值确定。

4. 提供劳务的成本包括：与劳务提供直接相关的人工费、材料费和应分摊的间接费用。

5. 自行栽培、营造、繁殖或养殖的消耗性生物资产的成本，应当按照下列规定确定：

（1）自行栽培的大田作物和蔬菜的成本包括：在收获前耗用的种子、肥料、农药等材料费、人工费和应分摊的间接费用。

（2）自行营造的林木类消耗性生物资产的成本包括：郁闭前发生的造林费、抚育费、营林设施费、良种试验费、调查设计费和应分摊的间接费用。

（3）自行繁殖的育肥畜的成本包括：出售前发生的饲料费、人工费和应分摊的间接费用。

（4）水产养殖的动物和植物的成本包括：在出售或入库前耗用的苗种、饲料、肥料等材料费、人工费和应分摊的间接费用。

6. 盘盈存货的成本，应当按照同类或类似存货的市场价格或评估价值确定。

四、发出存货成本的计量方法

小企业应当采用先进先出法、加权平均法或者个别计价法确定发出存货的实际成本。计价方法一经选用，不得随意变更。

1. 先进先出法。

先进先出法是以先购入的存货应先发出（销售或耗用）这样一种存货实物流转假设为前提，对发出存货进行计价。采用这种方法，先购入的存货成本在后购入存货成本之前转出，据此确定发出存货和期末存货的成本。

2. 移动加权平均法。

移动加权平均法，是指以每次进货的成本加上原有库存存货的成本，除以每次进货数量与原有库存存货的数量之和，据以计算加权平均单位成本，作为在下次进货前计算各次发出存货成本的依据。计算公式如下：

本次发出存货的成本 = 本次发出存货数量 × 本次发货前的存货单位成本

本月月末库存存货成本 = 月末库存存货的数量 × 本月月末存货单位成本

3. 月末一次加权平均法。

月末一次加权平均法，是指以当月全部进货数量加上月初存货数量作为权数，去除当月全部进货成本加上月初存货成本，计算出存货的加权平均单位成本，以此为基础计算当月发出存货的成本和期末存货的成本的一种方法。

本月发出存货的成本 = 本月发出存货的数量 × 存货单位成本

本月月末库存存货成本 = 月末库存存货的数量 × 存货单位成本

4. 个别计价法。

个别计价法，亦称个别认定法、具体辨认法、分批实际法，其特征是注重所发出存货具体项目的实物流转与成本流转之间的联系，逐一辨认各批发出存货和期末存货所属的购进批别或生产批别，分别按其购入或生产时所确定的单位成本计算各批发出存货和期末存货的成本。即把每一种存货的实际成本作为计算发出存货成本和期末存货成本的基础。对于不能替代使用的存货、为特定项目专门购入或制造的存货以及提供的劳务，通常采用个别计价法确定发出存货的成本。在实际工作中，越来越多的企业采用计算机信息系统进行会计处理，个别计价法可以广泛应用于发出存货的计价，并且该方法确定的存货成本最为准确。

对于性质和用途相似的存货，应当采用相同的成本计算方法确定发出存货的成本。

对于不能替代使用的存货、为特定项目专门购入或制造的存货以及提供的劳务，采用个别计价法确定发出存货的成本。

对于周转材料，如包装物和低值易耗品，采用一次转销法进行会计处理，在领用时按其成本计入生产成本或当期损益；金额较大的周转材料，也可以采用分次摊销法进行会计处理。出租或出借周转材料，不需要结转其成本，但应当进行备查登记。

对于已售存货，应当将其成本结转为营业成本。

五、材料采购的核算

（一）基本概念及内容

“材料采购”科目核算小企业采用计划成本进行材料日常核算、购入材料的采购成本。

采用实际成本进行材料日常核算的，购入材料的采购成本，通过“在途物资”科目核算。委托外单位加工材料、商品的加工成本，在“委托加工物资”科目核算。

“材料采购”科目应按照供应单位和材料品种进行明细核算。本科目期末借方余额，反映小企业已经收到发票账单、但材料尚未到达或尚未验收入库的在途材料的采购成本。

（二）主要账务处理

1. 小企业外购材料，应当按照发票账单所列购买价款、运输费、装卸费、保险费以及在外购材料过程发生的其他直接费用，借记“材料采购”科目，按照税法规定可抵扣的增值税进项税额，借记“应交税费——应交增值税（进项税额）”科目，按照购买价款、相关税费、运输费、装卸费、保险费以及在外购材料过程发生的其他直接费用，贷记“库存现金”“银行存款”“其他货币资金”“预付账款”“应付账款”等科目。

材料已经收到、但尚未办理结算手续的，可暂不作会计分录；待办理结算手续后，再根据所付金额或发票账单的应付金额，借记“材料采购”科目，贷记“银行存款”等科目。

应向供应单位、运输机构等收回的材料短缺或其他应冲减材料采购成本的赔偿款项，应根据有关的索赔凭证，借记“应付账款”或“其他应收款”科目，贷记“材料采购”科目。因自然灾害等发生的损失和尚待查明原因的途中损耗，先记入“待处理财产损溢”科目，查明原因后再作处理。

2. 月末，应将仓库转来的外购收料凭证，分别下列不同情况进行处理：

（1）对于收到发票账单的收料凭证（包括本月付款或开出、承兑商业汇票的上月收料凭证），应按照实际成本和计划成本分别汇总，并按照计划成本，借记“原材料”“周转材料”等科目，贷记“材料采购”科目；将实际成本大于计划成本的差异，借记“材料成本差异”科目，贷记“材料采购”科目；实际成本小于计划成本的差异做相反的会计分录。

（2）对于尚未收到发票账单的收料凭证，应按照计划成本暂估入账，借记“原材料”“周转材料”等科目，贷记“应付账款——暂估应付账款”科目，下月初用红字做同样的会计分录予以冲回，以便下月收到发票账单等结算凭证时，按照正常程序进行账务处理。

六、在途物资的核算

（一）基本概念及内容

本科目核算小企业采用实际成本进行材料、商品等物资的日常核算、尚未到达或尚未验收入库的各种物资的实际采购成本。

小企业（批发业、零售业）在购买商品过程中发生的费用（包括运输费、装卸费、包装费、保险费、运输途中的合理损耗和入库前的挑选整理费等），在“销售费用”科目核算，不在“材料采购”科目核算。

“材料采购”科目应按照供应单位和物资品种进行明细核算。本科目期末借方余额，反映小企业已经收到发票账单、但材料或商品尚未到达或尚未验收入库的在途材料、商品等物资的采购成本。

（二）主要账务处理

1. 小企业外购材料、商品等物资，应当按照发票账单所列购买价款、运输费、装卸费、保险费以及在外购材料过程发生的其他直接费用，借记“材料采购”科目，按照税法规定可抵扣的增值税进项税额，借记“应交税费——应交增值税（进项税额）”科目，按照购买价款、相关税费、运输费、装卸费、保险费以及在外购物资过程发生的其他直接费用，贷记“库存现金”“银行存款”“其他货币资金”“预付账款”“应付账款”等科目。

材料已经收到、但尚未办理结算手续的，可暂不作会计分录；待办理结算手续后，再根据所付金额或发票账单的应付金额，借记“在途物资”科目，贷记“银行存款”等科目。

应向供应单位、外部运输机构等收回的材料或商品短缺或其他应冲减材料或商品采购成本的赔偿款项，应根据有关的索赔凭证，借记“应付账款”或“其他应收款”科目，贷记“在途物资”科目。因自然灾害等发生的损失和尚待查明原因的途中损耗，先记入“待处理财产损溢”科目，查明原因后再作处理。

2. 月末，应将仓库转来的外购材料或商品收料凭证，按照材料或商品并分别下列不同情况进行汇总：

（1）对于收到发票账单的收料凭证（包括本月付款或开出、承兑商业汇票的上月收料凭证），应当按照汇总金额，借记“原材料”“周转材料”“库存商品”等科目，贷记“在途物资”科目。

（2）对于尚未收到发票账单的收料凭证，应分别材料或商品，并按照估计金额暂估入账，借记“原材料”“周转材料”“库存商品”等科目，贷记“应付账款——暂估应付账款”科目，下月初用红字做同样的会计分录予以冲回，以便下月收到发票账单等结算凭证时，按照正常程序进行账务处理。

【例 11-17】甲企业为一般纳税人，201×年 3 月 22 日从乙企业购入原材料一批，取得的增值税专用发票上注明的原材料价款为 40 000 元，增值税税额为 6 400 元。货款已通过银行转账支付，但材料尚未运到。

甲企业应于收到发票等结算凭证时进行如下账务处理：

借：在途物资	40 000	
应交税费——应交增值税（进项税额）	6 400	
贷：银行存款		46 400

在上述材料到达入库时，进行如下账务处理：

借：原材料	40 000	
贷：在途物资		40 000

七、原材料的核算

（一）基本概念及内容

"原材料"科目核算小企业库存的各种材料。包括：原料及主要材料、辅助材料、外购半成品（外购件）、修理用备件（备品备件）、包装材料、燃料等的实际成本或计划成本。

购入的工程用材料，在"工程物资"科目核算，不在"原材料"科目核算。

"原材料"科目应按照材料的保管地点（仓库）、材料的类别、品种和规格等进行明细核算。本科目期末借方余额，反映小企业库存材料的实际成本或计划成本。

（二）主要账务处理

1. 小企业购入并已验收入库的材料，按照实际成本，借记"原材料"科目，贷记"在途物资""应付账款"等科目。涉及按照税法规定可抵扣的增值税进项税额的，还应当借记"应交税费——应交增值税（进项税额）"科目。

购入的材料已经到达并已验收入库，但在月末尚未办理结算手续的，可按照暂估价值入账，借记"原材料""周转材料"等科目，贷记"应付账款——暂估应付账款"科目；下月初用红字做同样的会计分录予以冲回，以便下月收到发票账单等结算凭证时，按照正常程序进行账务处理。

2. 自制并已验收入库的材料，按照实际成本，借记"原材料"科目，贷记"生产成本"科目。

3. 取得投资者投入的原材料，应当按照评估价值，借记"原材料"科目，贷记"实收资本""资本公积"科目。涉及增值税进项税额的，还应进行相应的账务处理。

4. 生产经营领用材料，按照实际成本，借记"生产成本""制造费用""销售费用""管理费用"等科目，贷记"原材料"科目。

出售材料结转成本，按照实际成本，借记"其他业务成本"科目，贷记"原材料"

科目。

发给外单位加工的材料，按照实际成本，借记“委托加工物资”科目，贷记“原材料”科目。外单位加工完成并已验收入库的材料，按照加工收回材料的实际成本，借记“原材料”科目，贷记“委托加工物资”科目。

5. 清查盘点，发现盘盈、盘亏、毁损的原材料，按照实际成本（或估计价值），借记或贷记“原材料”科目，贷记或借记“待处理财产损溢——待处理流动资产损溢”科目。

6. 采用计划成本进行材料日常核算的小企业，日常领用、发出原材料均按照计划成本记账。

月末，按照发出各种原材料的计划成本计算应负担的成本差异，借记“生产成本”“制造费用”“销售费用”“管理费用”“委托加工物资”“其他业务成本”等科目，贷记“材料成本差异”科目；实际成本小于计划成本的差异做相反的会计分录。

【例 11－18】 甲企业为一般纳税人，201×年 3 月 22 日从乙企业购入原材料一批，取得的增值税专用发票上注明的原材料价款为 40 000 元，增值税额为 6 400 元。发票等结算凭证已经收到，货款已通过银行转账支付，材料已运到并已验收入库（单料同到）。

甲企业 201×年 3 月 22 日的账务处理如下：

借：原材料　　40 000

　　应交税费——应交增值税（进项税额）　　6 400

　　贷：银行存款　　46 400

【例 11－19】 接【例 11－18】，如果购入的材料已经运到，并已验收入库，但发票等结算凭证尚未收到，货款尚未支付。3 月末，甲企业应按暂估价入账，假定其暂估价为 35 000 元。

甲企业应于 3 月末进行如下账务处理：

借：原材料　　35 000

　　贷：应付账款——暂估应付账款　　35 000

4 月初将上述会计分录原账冲回：

借：应付账款——暂估应付账款　　35 000

　　贷：原材料　　35 000

在收到发票等结算凭证，并支付货款时：

借：原材料　　40 000

　　应交税费——应交增值税（进项税额）　　6 400

　　贷：银行存款　　46 400

【例 11－20】 甲企业为增值税一般纳税人，购入原材料一批，价款 1 000 元，于 201×年 5 月 1 日入库，并以银行存款支付价款和增值税税额。201×年 5 月 15 日，生产部门领用该批原材料用于生产 A 产品，在生产过程中发生职工薪酬 1 500 元，发生其他支出 100 元。6 月 30 日，产品生产完成，经验收合格，转入产成品仓库保管。

甲企业 201×年 5 月 1 日的账务处理为：

借：原材料　　1 000
　　应交税费——应交增值税（进项税额）　　160
　　贷：银行存款　　1 160

201×年5月15日的账务处理为：

借：生产成本　　1 000
　　贷：原材料　　1 000

发生职工薪酬和其他支出时的账务处理为：

借：生产成本　　1 600
　　贷：应付职工薪酬　　1 500
　　　　银行存款　　100

201×年6月30日完工入库的账务处理为：

借：库存商品　　2 600
　　贷：生产成本　　2 600

八、材料成本差异的核算

（一）基本概念及内容

“材料成本差异”科目核算小企业采用计划成本进行日常核算的材料计划成本与实际成本的差额。

小企业也可以在“原材料”“周转材料”等科目设置“成本差异”明细科目。

“材料成本差异”科目可以分别“原材料”“周转材料”等，按照类别或品种进行明细核算。本科目期末借方余额，反映小企业库存材料等的实际成本大于计划成本的差异；贷方余额反映小企业库存材料等的实际成本小于计划成本的差异。

发出材料应负担的成本差异应当按月分摊，不得在季末或年末一次计算。发出材料应负担的成本差异，除委托外部加工发出材料可按照月初成本差异率计算外，应使用本月的实际成本差异率；月初成本差异率与本月实际成本差异率相差不大的，也可按照月初成本差异率计算。计算方法一经确定，不得随意变更。

材料成本差异率的计算公式如下：

本月材料成本差异率＝（月初结存材料的成本差异＋本月验收入库材料的成本差异）÷（月初结存材料的计划成本＋本月验收入库材料的计划成本）×100%

月初材料成本差异率＝月初结存材料的成本差异÷月初结存材料的计划成本×100%

发出材料应负担的成本差异＝发出材料的计划成本×材料成本差异率

（二）主要账务处理

1. 小企业验收入库材料发生的材料成本差异，实际成本大于计划成本的差异，借记“材料成本差异”科目，贷记“材料采购”科目；实际成本小于计划成本的差异做相反的会计分录。

入库材料的计划成本应当尽可能接近实际成本。除特殊情况外，计划成本在年度内不得随意变更。

2. 结转发出材料应负担的材料成本差异，按照实际成本大于计划成本的差异，借记“生产成本”“管理费用”“销售费用”“委托加工物资”“其他业务成本”等科目，贷记“材料成本差异”科目；实际成本小于计划成本的差异做相反的会计分录。

九、库存商品的核算

（一）基本概念及内容

“库存商品”科目核算小企业库存的各种商品的实际成本或售价。包括：库存产成品、外购商品、存放在门市部准备出售的商品、发出展览的商品以及寄存在外的商品等。

接受来料加工制造的代制品和为外单位加工修理的代修品，在制造和修理完成验收入库后，视同小企业的产成品，也通过“库存商品”科目核算。

可以降价出售的不合格品，也在“库存商品”科目核算，但应与合格产品分开记账。

已经完成销售手续，但购买单位在月末未提取的库存产成品，应作为代管产品处理，单独设置代管产品备查簿，不再在“库存商品”科目核算。

小企业（农、林、牧、渔业）可将“库存商品”科目改为“1405 农产品”科目。

小企业（批发业、零售业）在购买商品过程中发生的费用（包括运输费、装卸费、包装费、保险费、运输途中的合理损耗和入库前的挑选整理费等），在“销售费用”科目核算，不在“库存商品”科目核算。

“库存商品”科目应按照库存商品的种类、品种和规格等进行明细核算。本科目期末借方余额，反映小企业库存商品的实际成本或售价。

（二）主要账务处理

1. 小企业生产的产成品的入库和出库，平时只记数量不记金额，月末计算入库产成品的实际成本。生产完成验收入库的产成品，按照其实际成本，借记“库存商品”科目，贷记“生产成本”等科目。

对外销售产成品，借记“主营业务成本”科目，贷记“库存商品”科目。

2. 购入商品到达验收入库后，按照商品的实际成本或售价，借记“库存商品”科目，贷记“库存现金”“银行存款”“在途物资”等科目。涉及增值税进项税额的，还应进行相应的处理。按照售价与进价之间的差额，贷记“商品进销差价”科目。

购入的商品已经到达并已验收入库，但尚未办理结算手续的，可按照暂估价值入账，借记“库存商品”科目，贷记“应付账款——暂估应付账款”科目；下月初用红字做同样的会计分录予以冲回，以便下月收到发票账单等结算凭证时，按照正常程序进行账务处理。

对外销售商品结转销售成本或售价，借记“主营业务成本”科目，贷记“库存商品”科目。月末，分摊已销商品的进销差价，借记“商品进销差价”科目，贷记“主营业务成本”科目。

【例 11 – 21】 乙有限责任公司以一批商品对甲公司投资，该商品的成本为 80 万元，公允价值为 100 万元，增值税税率为 6%，双方认可此商品的公允价值。

甲公司的账务处理如下：

借：库存商品	1 000 000	
应交税费——应交增值税（进项税额）	60 000	
贷：实收资本		1 060 000

十、商品进销差价的核算

（一）基本概念及内容

“商品进销差价”科目核算小企业采用售价进行日常核算的商品售价与进价之间的差额。本科目应按照库存商品的种类、品种和规格等进行明细核算。本科目的期末贷方余额，反映小企业库存商品的商品进销差价。

销售商品应分摊的商品进销差价，按照以下公式计算：

商品进销差价率 = 月末分摊前本科目贷方余额 ÷（“库存商品”科目月末借方余额 + 本月“主营业务收入”科目贷方发生额）× 100%

本月销售商品应分摊的商品进销差价 = 本月“主营业务收入”科目贷方发生额 × 商品进销差价率

小企业的商品进销差价率各月之间比较均衡的，也可以采用上月商品进销差价率计算分摊本月的商品进销差价。年度终了，应对商品进销差价进行复核调整。

（二）主要账务处理

1. 小企业购入、加工收回以及销售退回等增加的库存商品，按照商品售价，借记“库存商品”科目，按照商品进价，贷记“银行存款”“委托加工物资”等科目，按照售价与进价之间的差额，贷记“商品进销差价”科目。

2. 月末，分摊已销商品的进销差价，借记“商品进销差价”科目，贷记“主营业务成本”科目。

十一、委托加工物资的核算

（一）基本概念及内容

“委托加工物资”科目核算小企业委托外单位加工的各种材料、商品等物资的实际成本。本科目应按照加工合同、受托加工单位以及加工物资的品种等进行明细核算。

本科目期末借方余额，反映小企业委托外单位加工尚未完成物资的实际成本。

（二）主要账务处理

1. 小企业发给外单位加工的物资，按照实际成本，借记“委托加工物资”科目，贷记“原材料”“库存商品”等科目；按照计划成本或售价核算的，还应同时结转材料成本差异或商品进销差价。

2. 支付加工费、运杂费等，借记“委托加工物资”科目，贷记“银行存款”等科目；需要交纳消费税的委托加工物资，由受托方代收代缴的消费税，借记“委托加工物资”科目（收回后用于直接销售的）或“应交税费——应交消费税”科目（收回后用于继续加工的），贷记“应付账款”“银行存款”等科目。

3. 加工完成验收入库的物资和剩余的物资，按照加工收回物资的实际成本和剩余物资的实际成本，借记“原材料”“库存商品”等科目，贷记“委托加工物资”科目。

4. 采用计划成本或售价核算的，按照计划成本或售价，借记“原材料”或“库存商品”科目，按照实际成本，贷记“委托加工物资”科目，按照实际成本与计划成本或售价之间的差额，借记或贷记“材料成本差异”或贷记“商品进销差价”科目。

采用计划成本或售价核算的，也可以采用上月材料成本差异率或商品进销差价率计算分摊本月应分摊的材料成本差异或商品进销差价。

十二、周转材料的核算

（一）基本概念及内容

“周转材料”科目核算小企业库存的周转材料的实际成本或计划成本。包括：包装物、低值易耗品，以及小企业（建筑业）的钢模板、木模板、脚手架等。

各种包装材料，如纸、绳、铁丝、铁皮等，应在“原材料”科目内核算；用于储存和保管产品、材料而不对外出售的包装物，应按照价值大小和使用年限长短，分别在“固定资产”科目或“周转材料”科目核算。

小企业的包装物、低值易耗品，也可以单独设置“1412 包装物”“1413 低值易耗品”科目。

包装物数量不多的小企业，也可以不设置“周转材料”科目，将包装物并入“原材料”科目核算。

“周转材料”科目应按照周转材料的种类，分别“在库”“在用”和“摊销”进行明细核算。本科目的期末余额，反映小企业在库、出租、出借周转材料的实际成本或计划成本以及在用周转材料的摊余价值。

（二）主要账务处理

1. 小企业购入、自制、委托外单位加工完成并验收入库的周转材料，以及对周转材料的清查盘点，比照“原材料”科目的相关规定进行账务处理。

2. 生产、施工领用周转材料，通常采用一次转销法，按照其成本，借记“生产成本”“管理费用”“工程施工”等科目，贷记“周转材料”科目。

随同产品出售但不单独计价的包装物，按照其成本，借记“销售费用”科目，贷记“周转材料”科目。

随同产品出售并单独计价的包装物，按照其成本，借记“其他业务成本”科目，贷记“周转材料”科目。

金额较大的周转材料，也可以采用分次摊销法，领用时应按照其成本，借记“周转材料”科目（在用），贷记“周转材料”科目（在库）；按照使用次数摊销时，应按照其摊销额，借记“生产成本”“管理费用”“工程施工”等科目，贷记“周转材料”科目（摊销）。

3. 周转材料采用计划成本进行日常核算的，领用等发出周转材料，还应结转应分摊的成本差异。

十三、消耗性生物资产的核算

（一）基本概念及内容

“消耗性生物资产”科目核算小企业（农、林、牧、渔业）持有的消耗性生物资产的实际成本。本科目应按照消耗性生物资产的种类、群别等进行明细核算。本科目期末借方余额，反映小企业（农、林、牧、渔业）消耗性生物资产的实际成本。

（二）主要账务处理

1. 外购的消耗性生物资产，按照应计入消耗性生物资产成本的金额，借记“消耗性生物资产”科目，贷记“银行存款”“应付账款”等科目。

2. 自行栽培的大田作物和蔬菜，应按照收获前发生的必要支出，借记“消耗性生物资产”科目，贷记“银行存款”等科目。

自行营造的林木类消耗性生物资产，应按照郁闭前发生的必要支出，借记“消耗性生物资产”科目，贷记“银行存款”等科目。

自行繁殖的育肥畜、水产养殖的动植物，应按照出售前发生的必要支出，借记“消耗性生物资产”科目，贷记“银行存款”等科目。

3. 产畜或役畜淘汰转为育肥畜的，应按照转群时的账面价值，借记“消耗性生物资产”科目，按照已计提的累计折旧，借记“生产性生物资产累计折旧”科目，按照其账面余额，贷记“生产性生物资产”科目。

育肥畜转为产畜或役畜的，应按照其账面余额，借记“生产性生物资产”科目，贷记“消耗性生物资产”科目。

4. 择伐、间伐或抚育更新性质采伐而补植林木类消耗性生物资产发生的后续支出，借记“消耗性生物资产”科目，贷记“银行存款”等科目。

林木类消耗性生物资产达到郁闭后发生的管护费用等后续支出，借记“管理费用”科目，贷记“银行存款”等科目。

5. 农业生产过程中发生的应归属于消耗性生物资产的费用，按照应分配的金额，借记“消耗性生物资产”科目，贷记“生产成本”科目。

6. 消耗性生物资产收获为农产品时，应按照其账面余额，借记“农产品”科目，贷记“消耗性生物资产”科目。

7. 出售消耗性生物资产，应按照实际收到的金额，借记“银行存款”等科目，贷记“主营业务收入”等科目。按照其账面余额，借记“主营业务成本”等科目，贷记“消耗性生物资产”科目。

第六节　长期投资的核算

长期投资，是指短期投资以外的投资，即企业不准备随时变现、持有时间在 1 年以上的投资。长期投资包括长期债券投资和长期股权投资。

一、长期债券投资的核算

（一）基本概念及内容

“长期债券投资”科目核算小企业准备长期（在 1 年以上，下同）持有的债券投资。

“长期债券投资”科目应按照债券种类和被投资单位，分别“面值”“溢折价”“应计利息”进行明细核算。本科目期末借方余额，反映小企业持有的分期付息、一次还本债券投资的成本和到期一次还本付息债券投资的本息。

（二）主要账务处理

1. 小企业购入债券作为长期投资，应当按照债券票面价值，借记“长期债券投资”科目（面值），按照实际支付的购买价款和相关税费，贷记“银行存款”科目，按照其差额，借记或贷记“长期债券投资”科目（溢折价）。

如果实际支付的购买价款中包含已到付息期但尚未领取的债券利息，应当按照债券票面价值，借记“长期债券投资”科目（面值），按照应收的债券利息，借记“应收利息”科目，按照实际支付的购买价款和相关税费，贷记“银行存款”科目，按照其差额，借记或贷记“长期债券投资”科目（溢折价）。

2. 在长期债券投资持有期间，在债务人应付利息日，按照分期付息、一次还本的长期债券投资票面利率计算的利息收入，借记“应收利息”科目，贷记“投资收益”科目；按照一次还本付息的长期债券投资票面利率计算的利息收入，借记“长期债券投资”科目（应计利息），贷记“投资收益”科目。

在债务人应付利息日，按照应分摊的债券溢折价金额，借记或贷记“投资收益”科目，贷记或借记“长期债券投资”科目（溢折价）。

3. 长期债券投资到期，收回长期债券投资，应当按照收回的债券本金或本息，借记“银行存款”等科目，按照其账面余额，贷记“长期债券投资”科目（成本、溢折价、应计利息），按照应收未收的利息收入，贷记“应收利息”科目。

处置长期债券投资，应当按照处置收入，借记“银行存款”等科目，按照其账面余额，贷记“长期债券投资”科目（成本、溢折价），按照应收未收的利息收入，贷记“应收利息”科目，按照其差额，贷记或借记“投资收益”科目。

4. 按照《小企业会计准则》规定确认实际发生的长期债券投资损失，应当按照可收回的金额，借记“银行存款”等科目，按照其账面余额，贷记“长期债券投资”科目（成本、溢折价），按照其差额，借记“营业外支出”科目。

二、长期股权投资的核算

（一）基本概念及内容

“长期股权投资”科目核算小企业准备长期持有的权益性投资。

“长期股权投资”科目应按照被投资单位进行明细核算。本科目期末借方余额，反映小企业持有的长期股权投资的成本。

（二）主要账务处理

1. 取得长期股权投资。

（1）小企业以支付现金取得的长期股权投资，应当按照购买价款和相关税费作为成本进行计量。如果实际支付的购买价款中包含已宣告但尚未发放的现金股利，应当按照实际支付的购买价款和相关税费扣除已宣告但尚未发放的现金股利后的金额，借记“长期股权投资”科目，按照应收的现金股利，借记“应收股利”科目，按照实际支付的购买价款和相关税费，贷记“银行存款”科目。

【例 11－22】甲公司 201×年 5 月 15 日以银行存款购买乙股份有限公司的股票 100 000 股作为长期投资，每股买入价为 10 元，每股价格中包含有 0.2 元的已宣告分派的现金股利，另支付相关税费 7 000 元。假设甲公司采用《小企业会计准则》核算。

①计算初始投资成本。

股票成交金额：(100 000×10)1 000 000（元）

加：相关税费 7 000（元）

减：已宣告分派的现金股利（100 000×0.2)20 000（元）

初始投资成本为 987 000（元）

②编制购入股票的会计分录：

借：长期股权投资 987 000

应收股利 20 000

贷：银行存款 1 007 000

（2）通过非货币性资产交换取得的长期股权投资，应当按照非货币性资产的评估价值与相关税费之和，借记“长期股权投资”科目，按照换出非货币性资产的账面价值，贷记“固定资产清理”“无形资产”等科目，按照支付的相关税费，贷记“应交税费”等科目，按照其差额，贷记“营业外收入”或借记“营业外支出”等科目。

【例11－23】甲公司以一批商品对乙有限责任公司投资，该商品的成本为8万元，公允价值为10万元，增值税税率为6%，双方认可此商品的公允价值。

甲公司的账务处理如下：

借：长期股权投资——乙公司 106 000（100 000＋100 000×6%）

贷：主营业务收入 100 000

应交税费——应交增值税（销项税额） 6 000

借：主营业务成本 80 000

贷：库存商品 80 000

2. 持有长期股权投资。

长期股权投资应当采用成本法进行会计处理。在长期股权投资持有期间，被投资单位宣告分派的现金股利或利润，应当按照应分得的金额，借记“应收股利”科目，贷记“投资收益”科目。

【例11－24】接【例11－23】，如果甲公司于201×年6月20日收到被投资方宣告发放现金股利的通知，应分得现金股利5 000元。甲公司应编制如下会计分录：

借：应收股利 5 000

贷：投资收益 5 000

3. 处置长期股权投资。

处置长期股权投资，应当按照处置价款，借记“银行存款”等科目，按照其成本，贷记“长期股权投资”科目，按照应收未收的现金股利或利润，贷记“应收股利”科目，按照其差额，贷记或借记“投资收益”科目。

【例11－25】甲公司将其作为长期投资持有的远海股份有限公司15 000股股票，以每股10元的价值卖出，支付相关税费1 000元，实际取得价款149 000元，款项已由银行收妥。处置时长期股权投资账面余额为140 000元。假设甲公司采用《小企业会计准则》核算，甲公司应编制如下会计分录：

（1）计算投资收益：

股票转让取得价款149 000元

减：投资账面余额140 000元

投资收益：9 000元

（2）编制出售股票时的会计分录：

借：银行存款 149 000

　　贷：长期股权投资 140 000

　　　　投资收益 9 000

4. 长期股权投资损失。

根据《小企业会计准则》规定确认实际发生的长期股权投资损失，应当按照可收回的金额，借记“银行存款”等科目，按照其账面余额，贷记“长期股权投资”科目，按照其差额，借记“营业外支出”科目。

【例 11－26】 201×年 12 月 31 日，甲公司获悉乙股份有限公司财务状况严重恶化，累计发生巨额亏损，已连续停止经营 3 年以上，且无重新恢复经营改组计划。甲公司预计持有的乙股份有限公司股票全部不能收回，201×年 12 月 31 日，长期股权投资账面余额为 150 000 元。假设甲公司采用《小企业会计准则》核算，甲公司应编制如下会计分录：

借：营业外支出 150 000

　　贷：长期股权投资 150 000

第七节 固定资产的核算

一、固定资产概述

（一）固定资产的定义

固定资产，是指小企业为生产商品、提供劳务、出租或经营管理而持有的，使用寿命超过 1 年的有形资产。

小企业的固定资产包括：房屋、建筑物、机器、机械、运输工具、设备、器具、工具等。

（二）固定资产的分类

根据不同的管理需要和核算要求以及不同的分类标准，可以对固定资产进行不同的分类，主要有以下几种分类方法：

1. 按经济用途分类。

按固定资产的经济用途分类，可分为生产经营用固定资产和非生产经营用固定资产。

（1）生产经营用固定资产，是指直接服务于小企业生产、经营过程的各种固定资产，如生产经营用的房屋、建筑物、机器、设备、器具、工具等。

（2）非生产经营用固定资产，是指不直接服务于生产、经营过程的各种固定资产，如职工宿舍、食堂、浴室、理发室等使用的房屋、设备和其他固定资产等。

2. 按使用情况分类。

按固定资产使用情况分类，可分为使用中的固定资产、未使用的固定资产和不需用的固定资产。

（1）使用中的固定资产，是指正在使用中的经营性和非经营性的固定资产。由于季节性经营或大修理等原因，暂时停止使用的固定资产仍属于小企业使用中的固定资产；小企业出租给其他单位使用的固定资产和内部替换使用的固定资产，也属于使用中的固定资产。

（2）未使用的固定资产，是指已完工或已购建的尚未交付使用的新增固定资产以及因进行改建、扩建等原因暂停使用的固定资产，如小企业购建的尚待安装的固定资产、经营任务变更停止使用的固定资产等。

（3）不需用的固定资产，是指小企业多余或不适用，需要调配处理的各种固定资产。

3. 综合分类。

按固定资产的经济用途和使用情况等综合分类，可把小企业的固定资产划分为五大类：

（1）生产经营用固定资产；

（2）非生产经营用固定资产；

（3）租出固定资产（指在经营租赁方式下出租给外单位使用的固定资产）；

（4）不需用固定资产；

（5）未使用固定资产。

（三）固定资产的初始计量

固定资产应该按照成本进行计量。

1. 外购固定资产的成本。

外购固定资产的成本，包括购买价款、相关税费、运输费、装卸费、保险费、安装费等，但不包括按照税法规定可以抵扣的增值税进项税额。

以一笔款项购入多项没有单独标价的固定资产，应当按照各项固定资产市场价格或类似资产的市场价格或评估价值比例对总成本进行分配，分别确定各项固定资产的成本。

2. 自行建造固定资产的成本。

小企业自行建造的固定资产的成本，由建造该项资产在竣工决算前发生的支出（含相关的借款费用）构成。

3. 投资者投入的固定资产的成本。

投资者投入的固定资产，应按评估价值和相关税费确定成本。

4. 融资租入的固定资产。

融资租入的固定资产的成本，应当按照租赁合同约定的付款总额和在签订租赁合同过程中发生的相关税费等确定。

5. 盘盈固定资产的成本。

盘盈固定资产的成本，应当按照同类或者类似固定资产的市场价格扣除按照该项固定资产新旧程度估计的折旧后的余额确定。

（四）固定资产计提折旧

1. 折旧，是指在固定资产使用寿命内，按照确定的方法对应计折旧额进行系统分摊。影响折旧的因素主要有以下几个方面：

（1）固定资产原价，是指固定资产的成本。

（2）预计净残值，是指固定资产预计使用寿命已满，企业从该项固定资产处置中获得的扣除预计处置费用后的金额。

（3）固定资产的使用寿命，是指小企业使用固定资产的预计期间，或者该固定资产所能生产产品或提供劳务的数量。小企业确定固定资产使用寿命时，应当考虑下列因素：

①该项资产预计生产能力或实物产量；

②该项资产预计有形损耗，如设备使用中发生磨损、房屋建筑物受到自然侵蚀等；

③该项资产预计无形损耗，如因新技术的出现而使现有的资产技术水平相对陈旧、市场需求变化使产品过时等；

④法律或者类似规定对该项资产使用的限制。

总之，小企业应当根据固定资产的性质和使用情况，并考虑税法的规定，合理确定固定资产的使用寿命和预计净残值。固定资产的使用寿命、预计净残值一经确定，不得随意变更。预计净残值，是指固定资产预计使用寿命已满，小企业从该项固定资产处置中获得的扣除预计处置费用后的净额。

2. 小企业应当对所有固定资产计提折旧，已提足折旧仍继续使用的固定资产和单独计价入账的土地不得计提折旧。已提足折旧，是指已经提足该项固定资产的应计折旧额。

3. 应计折旧额，是指应当计提折旧的固定资产的原价（成本）扣除其预计净残值后的金额。固定资产的折旧费应当根据固定资产的受益对象计入相关资产成本或者当期损益。

4. 小企业应当按照年限平均法计提折旧。小企业的固定资产由于技术进步等原因，确需加速折旧的，可以采用双倍余额递减法和年数总和法。折旧方法一经选定，不得随意变更。

（1）年限平均法。

年限平均法是指将固定资产的应计折旧额均衡地分摊到固定资产预计使用寿命内的一种方法。这种方法假定固定资产的折旧金额是依据使用年限均匀损耗的，因此，使用年限内各期的折旧金额相等。这种方法主要适用于固定资产各期的负荷程度基本相同，各期应分摊的折旧费用基本相同的情况。其计算公式如下：

$$\text{年折旧率}=(1-\text{预计净残值率})\div\text{预计使用寿命(年)}\times100\%$$

$$\text{月折旧率}=\text{年折旧率}\div12$$

$$\text{月折旧额}=\text{固定资产原值}\times\text{月折旧率}$$

【例 11－27】某企业外购一设备，原值为 720 000 元，预计可使用 20 年，该设备报废时的净残值率为 4%。该设备的折旧率和折旧额的计算如下：

$$年折旧率 = (1 - 4\%)/20 = 4.8\%$$
$$月折旧率 = 4.8\%/12 = 0.4\%$$
$$月折旧额 = 720\ 000 \times 0.4\% = 2\ 880（元）$$

（2）双倍余额递减法。

双倍余额递减法是指在不考虑固定资产净残值的情况下，根据每期期初固定资产账面净值（固定资产账面余额减累计折旧）和双倍的直线法折旧率计算固定资产折旧的一种方法。其计算公式如下：

$$年折旧率 = 2 \div 预计使用寿命(年) \times 100\%$$
$$月折旧率 = 年折旧率 \div 12$$
$$月折旧额 = 固定资产账面净额 \times 月折旧率$$

由于每年年初固定资产净值没有扣除预计净残值，因此，在应用这种方法计算折旧额时必须注意不能使固定资产的账面折余价值降低到其预计净残值以下，即实行双倍余额递减法计提折旧的固定资产，应在其折旧年限到期前两年内，将固定资产净值扣除预计净残值后的余额平均摊销。

（3）年数总和法。

年数总和法是指以固定资产的原值减去预计净残值后的净额为基数，乘以一个逐年递减的分数计算每年的折旧额，这个分数的分子代表固定资产尚可使用的年数，分母代表预计使用年限的逐年合计数。这种方法的特点是：计算折旧的基数是固定不变的，折旧率依据固定资产尚可使用年限确定，各年折旧率呈递减趋势，据此计算的折旧额也呈递减趋势。其计算公式如下：

$$年折旧率 = (预计使用寿命 - 已使用年限) \div [预计使用寿命 \times (预计使用寿命 + 1) \div 2] \times 100\%$$

或者：

$$年折旧率 = 尚可使用年限 \div \{预计使用寿命 \times (预计使用寿命 + 1) \div 2\} \times 100\%$$
$$月折旧率 = 年折旧率 \div 12$$
$$月折旧额 = (固定资产原价 - 预计净残值) \times 月折旧率$$

5. 小企业应当按月计提折旧，当月增加的固定资产，当月不计提折旧，从下月起计提折旧；当月减少的固定资产，当月仍计提折旧，从下月起不计提折旧。

（五）固定资产的后续计量

1. 日常修理支出。

固定资产在使用过程中发生的日常修理费，应当在发生时根据固定资产的收益对象计入相关资产成本或者当期损益。

2. 改建支出。

固定资产的改建支出，是指改变房屋或者建筑物结构、延长使用年限等发生的支出。

固定资产在使用过程中进行改建的，应当计入固定资产的成本，但已提足折旧的固定资产和经营租入固定资产发生的改建支出应当计入长期待摊费用。

（六）固定资产的处置

固定资产满足下列条件之一的，应当予以终止确认：

1. 该固定资产处于处置状态；
2. 该固定资产预期通过使用或处置不能产生经济利益。

（七）固定资产的清查

小企业应定期或者至少每年年末对固定资产进行清查盘点，以保证固定资产核算的真实性，充分挖掘小企业现有固定资产的潜力。在固定资产清查过程中，如果发现盘盈、盘亏的固定资产，应填制固定资产盘盈盘亏报告表。清查固定资产的损溢，应及时查明原因，并按照规定程序报批处理。

二、固定资产的核算

（一）基本概念及内容

“固定资产”科目核算小企业固定资产的原价（成本）。

小企业应当根据《小企业会计准则》规定的固定资产标准，结合本企业的具体情况，制定固定资产目录，作为核算依据。

小企业购置计算机硬件所附带的、未单独计价的软件，也通过“固定资产”科目核算。

小企业临时租入的固定资产和以经营租赁租入的固定资产，应另设备查簿进行登记，不在“固定资产”科目核算。

小企业根据实际情况设置“固定资产登记簿”和“固定资产卡片”。

“固定资产”科目应按照固定资产类别和项目进行明细核算。本科目期末借方余额，反映小企业固定资产的原价（成本）。

（二）主要账务处理

1. 小企业购入（含以分期付款方式购入）不需要安装的固定资产，应当按照实际支付的购买价款、相关税费（不包括按照税法规定可抵扣的增值税进项税额）、运输费、装卸费、保险费等，借记“固定资产”科目，按照税法规定可抵扣的增值税进项税额，借记“应交税费——应交增值税（进项税额）”科目，贷记“银行存款”“长期应付款”

等科目。购入需要安装的固定资产，应在购入不需要安装的固定资产取得成本的基础上加上安装调试成本等，作为固定资产的入账价值，先记入“在建工程”科目，安装完成后再转入“固定资产”科目。

自行建造固定资产完成竣工决算，按照竣工决算前发生的相关支出，借记“固定资产”科目，贷记“在建工程”科目。

取得投资者投入的固定资产，应当按照评估价值和相关税费，借记“固定资产”科目或“在建工程”科目，贷记“实收资本”“资本公积”科目。

融资租入的固定资产，在租赁期开始日，按照租赁合同约定的付款总额和在签订租赁合同过程中发生的相关税费等，借记“固定资产”科目或“在建工程”科目，贷记“长期应付款”等科目。

盘盈的固定资产，按照同类或类似固定资产的市场价格或评估价值扣除按照新旧程度估计的折旧后的余额，借记“固定资产”科目，贷记“待处理财产损溢——待处理非流动资产损溢”科目；报经批准后借记“待处理财产损溢——待处理非流动资产损溢”，贷记“营业外收入”。

【例 11－28】甲企业为一般纳税人，购入需要安装的设备一台，取得的增值税专用发票上注明的设备买价为 10 000 元，增值税税额为 1 600 元，另支付的运杂费为 100 元，包装费 200 元，款项以银行存款支付。安装过程中用银行存款支付安装费 1 000 元。

（1）支付设备价款、税金、运杂费、包装费：

在建工程入账金额＝10 000＋100＋200＝10 300（元）

编制会计分录：

借：在建工程	10 300	
应交税费——应交增值税（进项税额）	1 600	
贷：银行存款		11 900

（2）支付安装费：

借：在建工程	1 000	
贷：银行存款		1 000

（3）设备安装完毕交付使用：

固定资产入账价值＝10 300＋1 000＝11 300（元）

借：固定资产	11 300	
贷：在建工程		11 300

【例 11－29】201×年 4 月 21 日，甲公司向乙公司一次购入 3 套不同型号且具有不同生产能力的设备 A、B 和 C。甲公司为该批设备共支付价款 5 000 000 元，增值税进项税额 800 000 元，保险费 17 000 元，装卸费 3 000 元，全部以银行转账支付；假定 A、B 和 C 设备分别满足固定资产确认条件，公允价值分别为 1 560 000 元、2 340 000 元和 1 300 000 元。假定不考虑其他相关税费。

甲公司的账务处理如下：

（1）确认计入固定资产成本的金额，包括购买价款、保险费、装卸费等，即：

5 000 000 + 17 000 + 3 000 = 5 020 000（元）

（2）确定 A、B 和 C 的价值分配比例。

A 设备应分配的固定资产价值比例为：

1 560 000 ÷（1 560 000 + 2 340 000 + 1 300 000）× 100% = 30%

B 设备应分配的固定资产价值比例为：

2 340 000 ÷（1 560 000 + 2 340 000 + 1 300 000）× 100% = 45%

C 设备应分配的固定资产比例为：

1 300 000 ÷（1 560 000 + 2 340 000 + 1 300 000）× 100% = 25%

（3）确定 A、B 和 C 设备各自的成本。

A 设备的成本 = 5 020 000 × 30% = 1 506 000（元）

B 设备的成本 = 5 020 000 × 45% = 2 259 000（元）

C 设备的成本 = 5 020 000 × 25% = 1 255 000（元）

（4）会计分录：

借：固定资产——A　　1 506 000

　　　　　　——B　　2 259 000

　　　　　　——C　　1 255 000

　　应交税费——应交增值税（进项税额）　　800 000

　　贷：银行存款　　5 820 000

【例 11 - 30】 丁公司在财产清查过程中，发现一台未入账的设备，重置成本为 30 000 元。丁公司应作如下会计处理：

（1）盘盈固定资产时：

借：固定资产　　30 000

　　贷：待处理财产损溢——待处理固定资产损溢　　30 000

（2）报经批准时：

借：待处理财产损溢——待处理固定资产损溢　　30 000

　　贷：营业外收入　　30 000

2. 在固定资产使用过程中发生的修理费，应当按照固定资产的受益对象，借记“制造费用”“管理费用”等科目，贷记“银行存款”等科目。

固定资产的大修理支出，借记“长期待摊费用”科目，贷记“银行存款”等科目。

小企业生产车间（部门）发生的固定资产修理费用等后续支出，记入“制造费用”，行政管理部门等发生的固定资产修理费用等后续支出，记入“管理费用”。

已提足折旧的固定资产的改建支出、经营租入固定资产的改建支出、符合税法规定的固定资产大修理支出通过“长期待摊费用”科目核算，借记“长期待摊费用”科目，贷记“银行存款”等科目。

【例 11 - 31】 201 × 年 7 月 30 日，某企业对生产车间的一台生产用设备进行日常维修，修理过程中发生的应付人工费用为 7 500 元。

会计处理如下：

借：制造费用 7 500

　　贷：应付职工薪酬 7 500

3. 对固定资产进行改扩建时，应当按照该项固定资产账面价值，借记“在建工程”科目，按照其已计提的累计折旧，借记“累计折旧”科目，按照其原价，贷记“固定资产”科目。

4. 因出售、报废、毁损、对外投资等原因处置固定资产，应当按照该项固定资产账面价值，借记“固定资产清理”科目，按照其已计提的累计折旧，借记“累计折旧”科目，按照其原价，贷记“固定资产”科目。

盘亏的固定资产，按照该项固定资产的账面价值，借记“待处理财产损溢——待处理非流动资产损溢”科目，按照已计提的折旧，借记“累计折旧”科目，按照其原价，贷记本科目，报经批准后借记“营业外支出”，贷记“待处理财产损溢——待处理非流动资产损溢”。

【例 11－32】乙公司进行财产清查时发现短缺一台笔记本电脑，原价为 10 000 元，已计提折旧 7 000 元。经查，属于经营损失。

乙公司应作如下会计处理：

（1）盘亏固定资产时：

借：待处理财产损溢 3 000

　　累计折旧 7 000

　　贷：固定资产 10 000

（2）报经批准转销时：

借：营业外支出 3 000

　　贷：待处理财产损溢 3 000

（三）《小企业会计准则》与《企业会计准则》的区别（见表 11－1）

表 11－1

固定资产	小企业会计准则	企业会计准则
自建固定资产	成本截止到竣工决算前，竣工决算前发生的借款费用，应当计入固定资产的成本。	成本截止到达到预定可使用状态，符合资本化条件的资产发生在资本化期间内的有关借款费用应该资本化。
投资者投入的固定资产	评估价值和相关税费。	按照投资合同或协议约定的价值确定，但合同或协议约定价值不公允的除外。
固定资产大修理支出	符合税法规定的通过“长期待摊费用”科目核算。	符合资本化条件的，计入固定资产成本。
日常修理费	生产车间（部门）发生的固定资产修理费用等后续支出，记入“制造费用”。	根据不同情况分别计入当期管理费用或销售费用。

续表

固定资产	小企业会计准则	企业会计准则
固定资产盘盈	通过“待处理财产损溢”科目过渡，盘盈净收益计入“营业外收入”。	通过“以前年度损益调整”科目核算。
减值	不计提。	计提。

三、累计折旧的核算

（一）基本概念及内容

“累计折旧”科目核算小企业固定资产的累计折旧。

“累计折旧”科目可以进行总分类核算，也可以进行明细核算。

需要查明某项固定资产的已计提折旧，可以根据“固定资产卡片”上所记载的该项固定资产原价、折旧率和实际使用年数等资料进行计算。

“累计折旧”科目期末贷方余额，反映小企业固定资产的累计折旧额。

（二）主要账务处理

1. 小企业按月计提固定资产的折旧费，应当按照固定资产的受益对象，借记“制造费用”“管理费用”等科目，贷记“累计折旧”科目。

2. 因出售、报废、毁损、对外投资等原因处置固定资产，应当按照该项固定资产账面价值，借记“固定资产清理”科目，按照其已计提的累计折旧，借记“累计折旧”科目，按照其原价，贷记“固定资产”科目。

四、在建工程的核算

（一）基本概念及内容

“在建工程”科目核算小企业需要安装的固定资产、固定资产新建工程、改扩建等所发生的成本。

小企业购入不需要安装的固定资产，在“固定资产”科目核算，不在“在建工程”科目核算。

小企业已提足折旧的固定资产的改建支出和经营租入固定资产的改建支出，在“长期待摊费用”科目核算，不在“在建工程”科目核算。

“在建工程”科目应按照在建工程项目进行明细核算。本科目期末借方余额，反映小企业尚未完工或虽已完工，但尚未办理竣工决算的工程成本。

（二）主要账务处理

1. 小企业购入需要安装的固定资产，应当按照实际支付的购买价款、相关税费（不包括按照税法规定可抵扣的增值税进项税额）、运输费、装卸费、保险费、安装费等，借记“在建工程”科目，按照税法规定可抵扣的增值税进项税额，借记“应交税费——应交增值税（进项税额）”科目，贷记“银行存款”等科目。

融资租入的固定资产，在租赁期开始日，按照租赁合同约定的付款总额和在签订租赁合同过程中发生的相关税费等，借记“在建工程”科目或“固定资产”科目，贷记“长期应付款”科目。

固定资产安装完成，借记“固定资产”科目，贷记“在建工程”科目。

2. 自营工程领用工程物资，借记“在建工程”科目，贷记“工程物资”科目。

在建工程应负担的职工薪酬，借记“在建工程”科目，贷记“应付职工薪酬”科目。

在建工程使用本企业的产品或商品，应当按照成本，借记“在建工程”科目，贷记“库存商品”科目。同时，按照税法规定应交纳的增值税额，借记“在建工程”科目，贷记“应交税费——应交增值税（销项税额）”科目。

在建工程在竣工决算前发生的借款利息，在应付利息日应当根据借款合同利率计算确定的利息费用，借记“在建工程”科目，贷记“应付利息”科目。办理竣工决算后发生的利息费用，在应付利息日，借记“财务费用”科目，贷记“应付利息”等科目。

在建工程在试运转过程中发生的支出，借记“在建工程”科目，贷记“银行存款”等科目；形成的产品或者副产品对外销售或转为库存商品的，借记“银行存款”“库存商品”等科目，贷记“在建工程”科目。

自营工程办理竣工决算，借记“固定资产”科目，贷记“在建工程”科目。

3. 出包工程，按照工程进度和合同规定结算的工程价款，借记“在建工程”科目，贷记“银行存款”“预付账款”等科目。

工程完工收到承包单位提供的账单，借记“固定资产”科目，贷记“在建工程”科目。

4. 对固定资产进行改扩建时，应当按照该项固定资产账面价值，借记“在建工程”科目，按照其已计提的累计折旧，借记“累计折旧”科目，按照其原价，贷记“固定资产”科目。

在改扩建过程中发生的相关支出，借记“在建工程”科目，贷记相关科目。

改扩建完成办理竣工决算，借记“固定资产”科目，贷记“在建工程”科目。

【例11－33】某企业拥有一条生产线，原价为1 000 000元，累计已计提折旧为300 000元，账面净值为700 000元；由于生产的产品市场前景好，现有生产线的生产能力已难以满足企业生产发展的需要，经研究该企业决定对现有生产线进行改扩建，以提高其生产能力。201×年7月1日开始经过4个月的改扩建，完成了对这条生产线的改扩建工程，共发生支出200 000元，假定均为资本化支出，全部以银行存款支付；该生产线改扩建工程达到预定可使用状态后，大大提高了生产能力，其使用年限也相应地延长了。不考虑其他相关税费。

会计处理如下：

（1）201×年7月1日固定资产转入改扩建时：

借：在建工程 700 000

累计折旧 300 000

贷：固定资产 1 000 000

（2）改扩建生产线发生的支出：

借：在建工程 200 000

贷：银行存款 200 000

（3）工程完工时：

借：固定资产 900 000

贷：在建工程 900 000

五、工程物资的核算

（一）基本概念及内容

“工程物资”科目核算小企业为在建工程准备的各种物资的成本。包括：工程用材料、尚未安装的设备以及为生产准备的工器具等。

“工程物资”科目应按照“专用材料”“专用设备”“工器具”等进行明细核算。本科目期末借方余额，反映小企业为在建工程准备的各种物资的成本。

（二）主要账务处理

1. 小企业购入为工程准备的物资，应当按照实际支付的购买价款和相关税费，借记“工程物资”科目，贷记“银行存款”等科目。

2. 工程领用工程物资，借记“在建工程”科目，贷记“工程物资”科目。工程完工后将领出的剩余物资退库时做相反的会计分录。

工程完工后剩余的工程物资转作本企业存货的，借记“原材料”等科目，贷记“工程物资”科目。

六、固定资产清理的核算

（一）基本概念及内容

“固定资产清理”科目核算小企业因出售、报废、毁损、对外投资等原因处置固定资产所转出的固定资产账面价值以及在清理过程中发生的费用等。

“固定资产清理”科目应按照被清理的固定资产项目进行明细核算。本科目期末借方余额，反映小企业尚未清理完毕的固定资产清理净损失；本科目期末贷方余额，反映小企业尚未清理完毕的固定资产清理净收益。

（二）主要账务处理

1. 小企业因出售、报废、毁损、对外投资等原因处置固定资产，应当按照该项固定资产的账面价值，借记“固定资产清理”科目，按照其已计提的累计折旧，借记“累计折旧”科目，按照其原价，贷记“固定资产”科目。

同时，按照税法规定不得从增值税销项税额中抵扣的进项税额，借记本科目，贷记“应交税费——应交增值税（进项税额转出）”科目。

2. 清理过程中应支付的相关税费及其他费用，借记“固定资产清理”科目，贷记“银行存款”“应交税费”等科目。取得出售固定资产的价款、残料价值和变价收入等处置收入，借记“银行存款”“原材料”等科目，贷记“固定资产清理”科目。应由保险公司或过失人赔偿的损失，借记“其他应收款”等科目，贷记“固定资产清理”科目。

3. 固定资产清理完成后，如为借方余额，借记“营业外支出——非流动资产处置净损失”科目，贷记“固定资产清理”科目。如为贷方余额，借记“固定资产清理”科目，贷记“营业外收入——非流动资产处置净收益”科目。

【例11－34】某企业出售一栋厂房，原价1 000 000元，累计已计提折旧500 000元，支付清理费用10 000元，出售取得价款为600 000元，不考虑缴纳税费，会计分录如下：

（1）固定资产转入清理：

借：固定资产清理　　500 000

　　累计折旧　　500 000

　　贷：固定资产　　1 000 000

（2）支付清理费用：

借：固定资产清理　　10 000

　　贷：银行存款　　10 000

（3）取得出售价款：

借：银行存款　　600 000

　　贷：固定资产清理　　600 000

（4）结转固定资产清理后的净收益：

借：固定资产清理　　90 000

　　贷：营业外收入　　90 000

【例11－35】某企业有一项旧设备由于使用期满经批准报废，原价为200 000元，已计提折旧180 000元。报废时的残值变价收入为10 000元，企业需要缴纳增值税1 600元。报废清理过程中发生清理费用2 000元。

该企业的会计处理如下：

（1）将固定资产转入清理：

借：固定资产清理　　20 000

　　累计折旧　　180 000

　　贷：固定资产　　200 000

(2) 收回残料变价收入：

借：银行存款	11 600	
贷：固定资产清理		10 000
应交税费——应交增值税（销项税额）		1 600

(3) 支付清理费用：

借：固定资产清理	2 000	
贷：银行存款		2 000

(4) 结转报废固定资产发生的净损失：

借：营业外支出	12 000	
贷：固定资产清理		12 000

第八节 无形资产的核算

一、无形资产概述

（一）定义及分类

无形资产，是指小企业为生产产品、提供劳务、出租或经营管理而持有的、没有实物形态的可辨认非货币性资产。

小企业的无形资产包括：土地使用权、专利权、商标权、著作权、非专利技术等。

自行开发建造厂房等建筑物，相关的土地使用权与建筑物应当分别进行处理。外购土地及建筑物支付的价款应当在建筑物与土地使用权之间按照合理的方法进行分配；难以合理分配的，应当全部作为固定资产。

商誉的存在无法与企业自身分离，不具有可辨认性，不在无形资产中规范。

（二）无形资产的计量及确认

1. 无形资产的计量。

无形资产应当按照成本进行计量。

(1) 外购无形资产的成本包括：购买价款、相关税费和相关的其他支出（含相关的借款费用）。

(2) 投资者投入的无形资产的成本，应当按照评估价值和相关税费确定。

(3) 自行开发的无形资产的成本，由符合资本化条件后至达到预定用途前发生的支出（含相关的借款费用）构成。

2. 无形资产的确认。

小企业自行开发无形资产发生的支出，同时满足下列条件的，才能确认为无形资产：

（1）完成该无形资产以使其能够使用或出售在技术上具有可行性；

（2）具有完成该无形资产并使用或出售的意图；

（3）能够证明运用该无形资产生产的产品存在市场或无形资产自身存在市场，无形资产将在内部使用的，应当证明其有用性；

（4）有足够的技术、财务资源和其他资源支持，以完成该无形资产的开发，并有能力使用或出售该无形资产；

（5）归属于该无形资产开发阶段的支出能够可靠地计量。

（三）无形资产的摊销

无形资产应当在其使用寿命内采用年限平均法进行摊销，根据其受益对象计入相关资产成本或者当期损益。

无形资产的摊销期自其可供使用时开始至停止使用或出售时止。有关法律规定或合同约定了使用年限的，可以按照规定或约定的使用年限分期摊销。

小企业不能可靠估计无形资产使用寿命的，摊销期不得低于 10 年。

（四）处置无形资产

处置无形资产，处置收入扣除其账面价值、相关税费等后的净额，应当计入“营业外收入”或“营业外支出”。

无形资产的账面价值，是指无形资产的成本扣减累计摊销后的金额。

二、无形资产的核算

（一）基本概念及内容

“无形资产”科目核算小企业持有的无形资产成本。

“无形资产”科目应按照无形资产项目进行明细核算。本科目期末借方余额，反映小企业无形资产的成本。

（二）主要账务处理

1. 小企业外购无形资产，应当按照实际支付的购买价款、相关税费和相关的其他支出（含相关的利息费用），借记“无形资产”科目，贷记“银行存款”“应付利息”等科目。

2. 自行开发建造厂房等建筑物，外购土地及建筑物支付的价款应当在建筑物与土地使用权之间按照合理的方法进行分配，其中属于土地使用权的部分，借记“无形资产”科目，贷记“银行存款”等科目。

3. 收到投资者投入的无形资产，应当按照评估价值和相关税费，借记“无形资产”科目，贷记“实收资本”“资本公积”科目。

4. 开发项目达到预定用途形成无形资产的，按照应予资本化的支出，借记“无形资产”科目，贷记“研发支出”科目。

5. 因出售、报废、对外投资等原因处置无形资产，应当按照取得的出售无形资产的价款等处置收入，借记“银行存款”等科目，按照其已计提的累计摊销，借记“累计摊销”科目，按照应支付的相关税费及其他费用，贷记“应交税费——应交营业税”“银行存款”等科目，按照其成本，贷记“无形资产”科目，按照其差额，贷记“营业外收入——非流动资产处置净收益”科目或借记“营业外支出——非流动资产处置净损失”科目。

三、累计摊销的核算

（一）基本概念及内容

“累计摊销”科目核算小企业对无形资产计提的累计摊销。本科目应按照无形资产项目进行明细核算。本科目期末借方余额，反映小企业无形资产的累计摊销额。

（二）主要账务处理

小企业按月采用年限平均法计提无形资产的摊销，应当按照无形资产的受益对象，借记“制造费用”“管理费用”等科目，贷记“累计摊销”科目。

处置无形资产还应同时结转累计摊销。

第九节 长期待摊费用的核算

一、长期待摊费用概述

（一）定义及构成

长期待摊费用，核算小企业已经发生但应由本期和以后各期负担的分摊期限在1年以上的各项费用。

长期待摊费用主要包括：已提足折旧的固定资产的改建支出、经营租入固定资产的改建支出、固定资产大修理支出和其他长期待摊费用等。其中，固定资产的大修理支出，是指同时符合下列条件的支出：

1. 修理支出达到取得固定资产时的计税基础50%以上；
2. 修理后固定资产的使用年限延长两年以上。

（二）长期待摊费用的摊销

长期待摊费用应当在其摊销期限内采用年限平均法进行摊销，根据其受益对象计入相关资产的成本或者管理费用，并冲减长期待摊费用。

1. 已提足折旧的固定资产的改建支出，按照固定资产预计尚可使用年限分期摊销。

2. 经营租入固定资产的改建支出，按照合同约定的剩余租赁期限分期摊销。

3. 固定资产大修理支出，按照固定资产尚可使用年限分期摊销。

4. 其他长期待摊费用，自支出发生月份的下月起摊销，摊销期不得低于 3 年。

二、长期待摊费用的核算

（一）基本概念及内容

“长期待摊费用”科目核算小企业已提足折旧的固定资产的改建支出、经营租入固定资产的改建支出、固定资产的大修理支出和其他长期待摊费用等。

“长期待摊费用”科目应按照支出项目进行明细核算。本科目期末借方余额，反映小企业尚未摊销完毕的长期待摊费用。

（二）主要账务处理

1. 小企业发生的长期待摊费用，借记“长期待摊费用”科目，贷记“银行存款”“原材料”等科目。

2. 按月采用年限平均法摊销长期待摊费用，应当按照长期待摊费用的受益对象，借记“制造费用”“管理费用”等科目，贷记“长期待摊费用”科目。

【例 11－36】甲公司于 201×年 12 月 31 日经营租入生产线一条同时用于 A、B 两种产品的生产，租期为 3 年，从 201×年开始，每年末支付租金 10 万元。为了提高生产效率，在 201×年 12 月 31 日生产线运抵企业进行安装时即进行改造，该改造及生产线安装工程流程简单，所有工程于当日完成，使用原材料成本为 15 万元。该改造工程显著改善了生产线获利能力，企业当日安装完毕，于次日投产运行。

甲公司 201×年 12 月 31 日租入该生产线时，不做会计分录，但是对该生产线进行备查登记。

对于发生的改造支出，账务处理为：

借：长期待摊费用　　150 000

　　贷：原材料　　150 000

201×年 12 月 31 日，支付租金账务处理为：

借：制造费用　　100 000

　　贷：银行存款　　100 000

同日，对改造支出进行摊销的账务处理为：

借：制造费用　　50 000

　　贷：长期待摊费用　　50 000

第十节 待处理财产损溢的核算

一、基本概念及内容

“待处理财产损溢”科目核算小企业在清查财产过程中查明的各种财产盘盈、盘亏和毁损的价值。

所采购物资在运输途中因自然灾害等发生的损失或尚待查明的损耗，也通过“待处理财产损溢”科目核算。

本科目应按照待处理流动资产损溢和待处理非流动资产损溢进行明细核算。

小企业的财产损溢，应当查明原因，在年末结账前处理完毕，处理后“待处理财产损溢”科目应无余额。

二、主要账务处理

1. 盘盈的各种材料、产成品、商品、现金等，应当按照同类或类似存货的市场价格或评估价值，借记“原材料”“库存商品”“库存现金”等科目，贷记“待处理财产损溢”科目（待处理流动资产损溢）。盘亏、毁损、短缺的各种材料、产成品、商品、现金等，应当按照其账面余额，借记“待处理财产损溢”科目（待处理流动资产损溢），贷记“材料采购”或“在途物资”“原材料”“库存商品”“库存现金”等科目。涉及增值税进项税额的，还应进行相应的账务处理。

盘盈的固定资产，按照同类或类似固定资产的市场价格或评估价值扣除按照该项固定资产新旧程度估计的折旧后的余额，借记“固定资产”科目，贷记“待处理财产损溢”科目（待处理非流动资产损溢）。盘亏的固定资产，按照该项固定资产的账面价值，借记“待处理财产损溢”科目（待处理非流动资产损溢），按照已计提的累计折旧，借记“累计折旧”科目，按照其原价，贷记“固定资产”科目。

2. 盘亏、毁损、报废的各项资产，按照管理权限经批准后处理时，按照残料价值，借记“原材料”等科目，按照可收回的保险赔偿或过失人赔偿，借记“其他应收款”科目，按照“待处理财产损溢”科目余额，贷记“待处理财产损溢”科目（待处理流动资产损溢、待处理非流动资产损溢），按照其借方差额，借记“营业外支出”科目。

盘盈的各种材料、产成品、商品、固定资产、现金等，按照管理权限经批准后处理时，按照“待处理财产损溢”科目余额，借记“待处理财产损溢”科目（待处理流动资产损溢、待处理非流动资产损溢），贷记“营业外收入”科目。

第十二章

负　　债

第一节　负债概述

一、负债的定义

负债，是指小企业过去的交易或者事项形成的、预期会导致经济利益流出小企业的现时义务。

二、负债的分类

小企业的负债按照流动性，可分为流动负债和非流动负债（如图 12－1 所示）。

- 负债
  - 流动负债
    - 短期借款
    - 应付及预收款项
    - 应付职工薪酬
    - 应交税费
    - 应付利息
  - 非流动负债
    - 长期借款
    - 长期应付款

图 12－1　负债的分类

流动负债，是指小企业预计在 1 年内或者超过 1 年的一个正常营业周期内清偿的债务，包括：短期借款、应付及预收款项、应付职工薪酬、应交税费、应付利息等。小企业确实无法偿付的应付款项，应当计入“营业外收入”。

小企业的非流动负债，是指流动负债以外的负债。包括：长期借款、长期应付款等。非流动负债按筹措方式分类，包括：长期借款、应付债券、长期应付款和专项应付款等。

三、负债的计量

小企业的负债应当按照其实际发生额入账。

小企业确实无法偿付的应付款项，应当计入“营业外收入”。

第二节 流动负债的核算

一、短期借款的核算

（一）基本概念及内容

“短期借款”科目核算小企业为了满足日常生产经营的需要，向银行或其他金融机构等借入的期限在1年内（含1年）的各种借款。小企业借入的短期借款构成了一项负债，短期借款应当按照借款本金和借款合同利率在应付利息日计提利息费用，计入“财务费用”。

“短期借款”科目应按照借款种类、贷款人和币种进行明细核算。“短期借款”科目属于负债类科目，贷方表示小企业取得借款的本金数额，借方表示小企业偿还短期借款的本金数额，“短期借款”科目期末贷方余额，表示小企业尚未偿还的短期借款本金。

（二）主要账务处理

短期借款的账务处理主要包括小企业借入款项、计提利息和偿还款项三个方面：

1. 小企业借入的各种短期借款，借记“银行存款”科目，贷记“短期借款”科目；偿还借款，做相反的会计分录。

银行承兑汇票到期，小企业无力支付票款的，按照银行承兑汇票的票面金额，借记“应付票据”科目，贷记“短期借款”科目。

持未到期的商业汇票向银行贴现，应当按照实际收到的金额（即减去贴现息后的净额），借记“银行存款”科目，按照贴现息，借记“财务费用”科目，按照商业汇票的票面金额，贷记“应收票据”科目（银行无追索权情况下）或“短期借款”科目（银行有追索权情况下）。

2. 在应付利息日，应当按照短期借款合同利率计算确定的利息费用，借记“财务费用”科目，贷记“应付利息”等科目。

【例12－1】 201×年7月1日，甲公司从银行取得短期借款200 000元，期限半年，年利率6%，要求到期时一次性还本付息。至201×年12月31日，甲公司按照借款协议归还该项短期借款的本金和利息。则甲公司账务处理如下：

201×年7月1日，甲公司借入款项时：

借：银行存款　　　　200 000

　　贷：短期借款　　　　200 000

201×年下半年，甲公司每月月末应确认应付利息。

201×年7月31日，甲公司确认当月应付利息：

当月应付利息 = 200 000 × (6% ÷ 2) ÷ 6 = 1 000(元)

借：财务费用　　1 000

　　贷：应付利息　　1 000

201 × 年 12 月 31 日，甲公司借款到期：

借：短期借款　　200 000

　　应付利息　　6 000

　　贷：银行存款　　206 000

二、应付票据的核算

（一）基本概念及内容

“应付票据”科目核算小企业因购买材料、商品和接受劳务等日常生产经营活动开出、承兑的商业汇票（银行承兑汇票和商业承兑汇票）。由于我国商业汇票的付款期限最长不得超过 6 个月，因此，应付票据属于流动负债范围。应付票据按是否带息分为带息应付票据和不带息应付票据两种。

“应付票据”科目应按照债权人进行明细核算。“应付票据”属于负债类科目，其贷方表示小企业开出的应付票据的面值，借方表示偿还的应付票据的面值；期末贷方余额，表示小企业开出、承兑的尚未到期的商业汇票的票面金额。

（二）主要账务处理

（1）小企业开出、承兑商业汇票或以承兑商业汇票抵付货款、应付账款等，借记“材料采购”或“在途物资”“库存商品”等科目，贷记“应付票据”科目。涉及增值税进项税额的，还应进行相应的账务处理。

（2）支付银行承兑汇票的手续费，借记“财务费用”科目，贷记“银行存款”科目。支付票款，借记“应付票据”科目，贷记“银行存款”科目。

（3）银行承兑汇票到期，小企业无力支付票款的，按照银行承兑汇票的票面金额，借记“应付票据”科目，贷记“短期借款”科目，对计收的利息，按短期借款利息的方法处理。商业承兑汇票到期，小企业无力支付票款的，按照商业汇票账面价值转入“应付账款”科目，待协商后再进行处理。如果重新签发新的票据以清偿应付票据的，再从“应付账款”科目转入“应付票据”科目。

（4）小企业应当设置“应付票据备查簿”，详细登记商业汇票的种类、号数和出票日期、到期日、票面金额、交易合同号和收款人姓名或单位名称以及付款日期和金额等资料，商业汇票到期结清票款后，在备查簿中应予注销。

【例 12 - 2】 甲企业于 201 × 年 5 月 1 日作为增值税一般纳税人购买所需产品，采用商业汇票方式结算货款，收到的增值税专用发票上标明的价款为 400 000 元，增值税税率为 16%，增值税税额为 64 000 元，产品已验收入库。甲企业因暂时周转困难，开出一张期限6个月，面值为464 000元的不带息商业承兑汇票，用于支付上述款项。

根据上述业务，甲企业账务处理如下：

201×年5月1日，甲企业开出商业承兑汇票：

借：库存商品 400 000

应交税费——应交增值税（进项税额） 64 000

贷：应付票据 464 000

201×年10月31日，甲企业票据到期，分为两种情况：

甲企业按时偿付到期票据：

借：应付票据 464 000

贷：银行存款 464 000

当甲企业无能力偿付票据时：

借：应付票据 464 000

贷：应付账款 464 000

三、应付账款的核算

（一）基本概念及内容

“应付账款”科目核算小企业因购买材料、商品和接受劳务等日常生产经营活动应支付的款项，这是买卖双方由于取得商品或服务与支付货款在时间上不一致而产生的负债。

本科目应按照对方单位（或个人）进行明细核算。本科目期末贷方余额，反映小企业尚未支付的应付账款。

应付账款入账时间的确定：应付账款入账时间，一般应以与所购买商品所有权有关的风险和报酬已经转移或劳务已经接受为标志。在实际工作中，一般区别下列情况处理：一是在商品和发票账单同时到达的情况下，应付账款一般待商品验收入库后，才按发票账单登记入账，主要是为了确认所购买的商品是否在质量、数量和品种上都与合同上载明的条件相符，以免因先入账而在验收入库时发现购买的商品有错、漏、破损等问题再进行调账，在会计期末仍未完成验收的，则先按合理估计金额将应付债务入账。二是在商品和发票账单未同时到达的情况下，由于应付账款需根据发票账单登记入账，有时商品已到，发票账单要间隔较长时间才能到达，由于这笔负债已经成立，应作为一项负债反映。为了在资产负债表上客观表示小企业所拥有的资产和承担的债务，在实际工作中采用在月份终了将所购商品和应付债务估计入账，待下月初再用红字予以冲回。

（二）主要账务处理

（1）小企业购入材料、商品等未验收入库，货款尚未支付，应当根据有关凭证（发票账单、随货同行发票上记载的实际价款或暂估价值），借记“在途物资”科目，按照可抵扣的增值税进项税额，借记“应交税费——应交增值税（进项税额）”科目，按照应付的价款，贷记“应付账款”科目。

接受供应单位提供劳务而发生的应付未付款项，应当根据供应单位的发票账单，借记“生产成本”“管理费用”等科目，贷记“应付账款”科目。

（2）偿付应付账款，借记“应付账款”科目，贷记“银行存款”等科目。小企业确实无法偿付的应付账款，借记“应付账款”科目，贷记“营业外收入”科目。

【例 12－3】甲企业为增值税一般纳税人，于 201×年 5 月 1 日与乙企业签订合同，购买一批生产所需的原材料，收到的增值税专用发票上注明原材料价款为 100 000 元，增值税税率为 16%，增值税税额为 16 000 元，原材料已验收入库，但是价款尚未支付，甲企业与乙企业有经常的业务往来，因此，乙企业为甲企业提供一定的现金折扣为“1/20、n/30”。假定计算现金折扣时不考虑增值税税额，直到 5 月 15 日，甲企业付清账款。

甲企业账务处理如下：

201×年 5 月 1 日，甲企业确认应付账款：

借：原材料　　100 000

　　应交税费——应交增值税（进项税额）　　16 000

　　贷：应付账款　　116 000

5 月 15 日，甲企业付清应付账款

甲企业在 20 天内偿还账款，所以有 1% 的现金折扣：

现金折扣 = 100 000 × 1% = 1 000（元）

借：应付账款　　116 000

　　财务费用　　－1 000

　　贷：银行存款　　115 000

四、预收账款的核算

（一）基本概念及内容

“预收账款”科目核算小企业按照合同规定预收的款项。包括：预收的购货款、预收租金、工程款等。预收账款虽然表现为小企业货币资金的增加，但它并不是小企业的收入，其实质是一项负债，要求小企业在短期内以某种商品、提供劳务或服务来补偿。

预收账款不多的，也可以不设置“预收账款”科目，将预收的款项直接记入“应收账款”科目贷方。

“预收账款”科目应按照对方单位（或个人）进行明细核算。本科目期末贷方余额，反映小企业预收的款项；期末如为借方余额，反映小企业尚未转销的款项。

（二）主要账务处理

（1）小企业向购货单位预收的款项，借记“银行存款”等科目，贷记“预收账款”科目。

（2）销售收入实现时，按照实现的收入金额，借记“预收账款”科目，贷记“主营业务收入”科目。涉及增值税销项税额的，还应进行相应的账务处理。

【例 12－4】甲企业于 201×年 9 月 1 日与乙企业签订购销合同，约定当日，甲企业收到乙企业预付的货物价款 40 000 元，至 9 月 5 日，甲企业按合同约定发送货物，开出的增值税专用发票上注明货款为 30 000 元，增值税税率为 16%，增值税税额为 4 800 元。

根据上述业务，甲企业账务处理如下：

201×年 9 月 1 日，甲企业收到乙企业预付账款：

借：银行存款	40 000	
贷：预收账款		40 000

9 月 5 日：

甲企业实现销售：

借：预收账款	34 800	
贷：主营业务收入		30 000
应交税费——应交增值税（销项税额）		4 800

9 月 5 日，退回乙企业的多付款项

借：预收账款	5 200	
贷：银行存款		5 200

五、应付职工薪酬的核算

（一）基本概念及内容

“应付职工薪酬”科目核算小企业根据有关规定应付给职工的各种薪酬。小企业（外商投资）按照规定从净利润中提取的职工奖励及福利基金，也通过“应付职工薪酬”科目核算。

“应付职工薪酬”科目应按照“职工工资”“奖金、津贴和补贴”“职工福利费”“社会保险费”“住房公积金”“工会经费”“职工教育经费”“非货币性福利”“辞退福利”等进行明细核算。

“应付职工薪酬”科目期末贷方余额，反映小企业应付未付的职工薪酬。

（二）主要账务处理

1. 月末，小企业应当将本月发生的职工薪酬区分以下情况进行分配：

（1）生产部门（提供劳务）人员的职工薪酬，借记“生产成本”“制造费用”等科目，贷记“应付职工薪酬”科目。

（2）应由在建工程、无形资产开发项目负担的职工薪酬，借记“在建工程”“研发支出”等科目，贷记“应付职工薪酬”科目。

（3）管理部门人员的职工薪酬和因解除与职工的劳动关系给予的补偿，借记“管理费用”科目，贷记“应付职工薪酬”科目。

（4）销售人员的职工薪酬，借记“销售费用”科目，贷记“应付职工薪酬”科目。

2. 小企业发放职工薪酬应当区分以下情况进行处理：

（1）向职工支付工资、奖金、津贴、福利费等，从应付职工薪酬中扣还的各种款项（代垫的家属药费、个人所得税等）等，借记“应付职工薪酬”科目，贷记“库存现金”“银行存款”“其他应收款”“应交税费——应交个人所得税”等科目。

（2）支付工会经费和职工教育经费用于工会活动和职工培训，借记“应付职工薪酬”科目，贷记“银行存款”等科目。

（3）按照国家有关规定缴纳的社会保险费和住房公积金，借记“应付职工薪酬”科目，贷记“银行存款”科目。

（4）以其自产产品发放给职工的，按照其销售价格，借记“应付职工薪酬”科目，贷记“主营业务收入”科目；同时，还应结转产成品的成本。涉及增值税销项税额的，还应进行相应的账务处理。

（5）支付的因解除与职工的劳动关系给予职工的补偿，借记“应付职工薪酬”科目，贷记“库存现金”“银行存款”等科目。

（6）小企业在确定应付职工薪酬和应计入成本费用的职工薪酬时，对于国务院有关部门、省、自治区、直辖市人民政府或经批准的企业年金计划规定了计提基础和计提比例的职工薪酬项目，企业应当按照规定的计提标准，计量企业承担的职工薪酬义务和计入成本费用的职工薪酬。其中，对于“五险一金”，即医疗保险费、养老保险费、失业保险费、工伤保险费、生育保险费和住房公积金，小企业应当按照规定的标准计量应付职工薪酬义务和应当计入成本费用的金额。对于工会经费和职工教育经费，企业应当按照国家有关规定，分别按照职工工资总额的2%和1.5%计量应付职工薪酬（工会经费、职工教育经费）义务金额和相应计入成本费用的薪酬金额。2018年4月25日将一般企业的职工教育经费税前扣除限额与高新技术企业的限额统一，从2.5%提高至8%。企业发生的职工教育经费支出，不超过工资薪金总额8%的部分，准予扣除；超过部分，准予在以后纳税年度结转扣除。按照明确标准计算确定应承担的职工薪酬义务后，再根据收益对象计入相关资产的成本或当期费用。

【例12-5】201×年6月，甲企业统计本月应当发放的工资总额具体包括如下项目：A企业生产部门（提供劳务）人员工资600 000元，生产部门管理人员工资200 000元，企业管理部门人员工资100 000元，企业销售部门人员工资300 000元。

根据当地有关规定，企业应当按照职工工资总额的12%、20%、2%和8%计提医疗保险费、养老保险费、失业保险费和住房公积金。企业应当承担的职工福利费义务金额为职工工资总额的14%，此外，企业分别按照职工工资总额的2%和1.5%计提工会经费和职工教育经费。

根据上述业务，甲企业账务处理如下：

201×年6月，甲公司统计本月应发工资：

应当计入生产成本的职工薪酬 = 600 000 + 600 000 ×（12% + 20% + 2% + 8% +

14% +2% +1.5%)=957 000(元)

应当计入制造费用的职工薪酬 = 200 000 + 200 000 ×(12% +20% +2% +8% +14% +2% +1.5%)=319 000(元)

应当计入管理费用的职工薪酬 = 100 000 + 100 000 ×(12% +20% +2% +8% +14% +2% +1.5%)=159 500(元)

应当计入销售费用的职工薪酬 = 300 000 + 300 000 ×(12% +20% +2% +8% +14% +2% +1.5%)=478 500(元)

借:生产成本	957 000	
制造费用	319 000	
管理费用	159 500	
销售费用	478 500	
贷:应付职工薪酬——工资		1 200 000
——职工福利费		168 000
——社会保险费		408 000
——住房公积金		96 000
——工会经费		24 000
——职工教育经费		18 000

六、应交税费的核算

(一)基本概念及内容

本科目核算小企业按照税法等规定计算应交纳的各种税费。包括:增值税、消费税、城市维护建设税、企业所得税、资源税、土地增值税、城镇土地使用税、房产税、车船税和教育费附加、矿产资源补偿费、排污费等。

小企业代扣代缴的个人所得税等,也通过“应交税费”科目核算。

本科目应按照应交的税费项目进行明细核算。增值税一般纳税人的“应交增值税还应当分别“进项税额”“销项税额”“出口退税”“进项税额转出”“已交税金”等设置专栏。

小规模纳税人只需设置“应交增值税”明细科目,不需要在“应交增值税”明细科目中设置上述专栏。

(二)主要账务处理

1. 应交增值税。

(1)小企业采购物资等,按照应计入采购成本的金额,借记“材料采购”或“在途物资”“原材料”“库存商品”等科目,按照税法规定可抵扣的增值税进项税额,借记“应交税费”科目(应交增值税——进项税额),按照应付或实际支付的金额,贷记

“应付账款”“银行存款”等科目。购入物资发生退货的，做相反的会计分录。

按照增值税暂行规定条例规定，对于农业生产销售的自产农产品，古旧图书等部分项目免征增值税。企业销售免征增值税项目的产品，不能开具增值税专用发票，只可开具普通发票。企业购买免税产品，一般情况下不能扣税，但是按照税法规定，对于购买的免税农业产品、收购废旧物资等可以按照收购价格的一定比例计算进项税额，并且准许从销项税额中抵扣。

购进免税农业产品，按照购入农业产品的买价和税法规定的税率计算的增值税进项税额，借记“应交税费”科目（应交增值税——进项税额），按照买价减去按照税法规定计算的增值税进项税额后的金额，借记“原材料”“材料采购”或“在途物资”等科目，按照应付或实际支付的价款，贷记“应付账款”“库存现金”“银行存款”等科目。

（2）销售商品（提供劳务），按照收入金额和应收取的增值税销项税额，借记“应收账款”“银行存款”等科目，按照税法规定应交纳的增值税销项税额，贷记“应交税费”科目（应交增值税——销项税额），按照确认的营业收入金额，贷记“主营业务收入”“其他业务收入”等科目。发生销售退回的，做相反的会计分录。

随同商品出售但单独计价的包装物，应当按照实际收到或应收的金额，借记“银行存款”“应收账款”等科目，按照税法规定应交纳的增值税销项税额，贷记“应交税费”科目（应交增值税——销项税额），按照确认的其他业务收入金额，贷记“其他业务收入”科目。

（3）有出口产品的小企业，其出口退税的账务处理如下：

①实行“免、抵、退”管理办法的小企业，按照税法规定计算的当期出口产品不予免征、抵扣和退税的增值税税额，借记“主营业务成本”科目，贷记“应交税费”科目（应交增值税——进项税额转出）。按照税法规定计算的当期应予抵扣的增值税税额，借记“应交税费”科目（应交增值税——出口抵减内销产品应纳税额），贷记“应交税费”科目（应交增值税——出口退税）。

出口产品按照税法规定应予退回的增值税税款，借记“其他应收款”科目，贷记“应交税费”科目（应交增值税——出口退税）。

②未实行“免、抵、退”管理办法的小企业，出口产品实现销售收入时，应当按照应收的金额，借记“应收账款”等科目，按照税法规定应收的出口退税，借记“其他应收款”科目，按照税法规定不予退回的增值税税额，借记“主营业务成本”科目，按照确认的销售商品收入，贷记“主营业务收入”科目，按照税法规定应交纳的增值税税额，贷记本科目（应交增值税——销项税额）。

（4）购入材料等按照税法规定不得从增值税销项税额中抵扣的进项税额，其进项税额应计入材料等的成本，借记“材料采购”或“在途物资”等科目，贷记“银行存款”等科目，不通过“应交税费”科目（应交增值税——进项税额）核算。

（5）将自产产品等用作福利发放给职工，应视同产品销售计算应交增值税的，借记“应付职工酬薪”科目，贷记“主营业务收入”“应交税费”科目（应交增值税——销项税额）等科目。

（6）购进的物资、在产品、产成品因盘亏、毁损、报废、被盗，以及购进物资改变用途等原因按照税法规定不得从增值税销项税额中抵扣的进项税额，其进项税额应转入有关科目，借记“待处理财产损溢”等科目，贷记“应交税费”科目（应交增值税——进项税额转出）。

由于工程而使用本企业的产品或商品，应当按照成本，借记“在建工程”科目，贷记“库存商品”科目。同时，按照税法规定应交纳的增值税销项税额，借记“在建工程”科目，贷记“应交税费”科目（应交增值税——销项税额）。

（7）交纳的增值税，借记“应交税费”科目（应交增值税——已交税金），贷记“银行存款”科目。

【例 12－6】甲企业购进材料一批 100 000 元（不含税），90 000 元用于销售，销售收入 150 000 万元（不含税），增值税税率 16%，10 000 元材料丢失。会计处理如下：

借：原材料	100 000	
应交税费——应交增值税（进项税额）	16 000	
贷：银行存款		116 000
借：银行存款	174 000	
贷：主营业务收入		150 000
应交税费——应交增值税（销项税额）		24 000
借：主营业务成本	90 000	
贷：原材料		90 000
借：待处理财产损溢	11 600	
贷：原材料		10 000
应交税费——应交增值税（进项税额转出）		1 600

2. 应交消费税。

（1）销售需要交纳消费税的物资应交的消费税，借记“营业税金及附加”等科目，贷记“应交税费”科目（应交消费税）。

（2）以生产的产品用于在建工程、非生产机构等，按照税法规定应交纳的消费税，借记“在建工程”“管理费用”等科目，贷记“应交税费”科目（应交消费税）。例如，企业以应税消费品用于在建工程项目，应交的消费税计入在建工程成本。

随同商品出售但单独计价的包装物，按照税法规定应交纳的消费税，借记“营业税金及附加”科目，贷记本科目（应交消费税）。出租、出借包装物逾期未收回没收的押金应交的消费税，借记“营业税金及附加”科目，贷记“应交税费”科目（应交消费税）。

（3）需要交纳消费税的委托加工物资，由受托方代收代缴税款（除受托加工或翻新改制金银首饰按照税法规定由受托方交纳消费税外）。小企业（受托方）按照应交税款金额，借记“应收账款”“银行存款”等科目，贷记“应交税费”科目（应交消费税）。

委托加工物资收回后，直接用于销售的，小企业（委托方）应将代收代缴的消费税计入委托加工物资的成本，借记“委托加工物资”等科目，贷记“应付账款”“银行存款”等科目；委托加工物资收回后用于连续生产，按照税法规定准予抵扣的，按照代收代缴的消费税，借记“应交税费”科目（应交消费税），贷记“应付账款”“银行存款”等科目。

（4）有金银首饰零售业务的以及采用以旧换新方式销售金银首饰的小企业，在营业收入实现时，按照应交的消费税，借记“营业税金及附加”科目，贷记“应交税费”科目（应交消费税）。有金银首饰零售业务的小企业因受托代销金银首饰按照税法规定应交纳的消费税，借记“营业税金及附加”科目，贷记“应交税费”科目（应交消费税）；以其他方式代销金银首饰的，其交纳的消费税，借记“营业税金及附加”科目，贷记“应交税费”科目（应交消费税）。

有金银首饰批发、零售业务的小企业将金银首饰用于馈赠、赞助、广告、职工福利、奖励等方面的，应于物资移送时，按照应交的消费税，借记“营业外支出”“销售费用”“应付职工薪酬”等科目，贷记“应交税费”科目（应交消费税）。

随同金银首饰出售但单独计价的包装物，按照税法规定应交纳的消费税，借记“营业税金及附加”科目，贷记“应交税费”科目（应交消费税）。

小企业因受托加工或翻新改制金银首饰按照税法规定应交纳的消费税，于向委托方交货时，借记“营业税金及附加”科目，贷记“应交税费”科目（应交消费税）。

（5）需要交纳消费税的进口物资，其交纳的消费税应计入该项物资的成本，而不通过“应交税费——应交消费税”科目核算，借记“材料采购”或“在途物资”“库存商品”“固定资产”等科目，贷记“银行存款”等科目。

（6）小企业（生产性）直接出口或通过外贸企业出口的物资，按照税法规定直接予以免征消费税的，可不计算应交消费税。委托外贸企业代理出口应税消费品的小企业（生产性），应在计算消费税时，按照应交消费税税额，借记“应收账款”科目，贷记“应交税费——应交消费税”科目，应税消费品出口收到外贸企业退回的税金时，借记“银行存款”科目，贷记“应收账款”科目，发生退关、退货而补交已退的消费税，作相反的会计分录。

（7）交纳的消费税，借记本科目（应交消费税），贷记“银行存款”科目。

【例12-7】甲企业3月应交消费税2 000元。会计处理如下：

①借：营业税金及附加	2 000	
贷：应交税费——应交消费税		2 000
②借：应交税费——应交消费税	2 000	
贷：银行存款		2 000

3. 应交城市维护建设税和教育费附加。

（1）小企业按照税法规定应交的城市维护建设税、教育费附加，借记“营业税金及附加”科目，贷记“应交税费”科目（应交城市维护建设税、应交教育费附加）。

（2）交纳的城市维护建设税和教育费附加，借记“应交税费”科目（应交城市维护建设税、应交教育费附加），贷记“银行存款”科目。

【例12-8】甲企业201×年10月31日计提当月应交纳的城市维护建设税。甲企业9月份实际交纳的增值税为50 000元，消费税为30 000元，城市维护建设税率7%，教育费附加3%，11月5日，甲企业实际交纳了城市维护建设税和教育费附加。会计处理如下：

①借：营业税金及附加　8 000
　　贷：应交税费——应交城市维护建设税　5 600
　　　　应交税费——应交教育费附加　2 400
②借：应交税费——应交城市维护建设税　5 600
　　应交税费——应交教育费附加　2 400
　　贷：银行存款　8 000

4. 应交企业所得税。

（1）小企业按照税法规定应交的企业所得税，借记“所得税费用”科目，贷记“应交税费”科目（应交企业所得税）。

（2）交纳的企业所得税，借记“应交税费”科目（应交企业所得税），贷记“银行存款”科目。

【例12－9】甲企业201×年12月应交企业所得税3 000元。会计处理如下：

①借：所得税费用　3 000
　　贷：应交税费——应交企业所得税　3 000
②借：应交税费——应交企业所得税　3 000
　　贷：银行存款　3 000

5. 应交资源税。

（1）小企业销售商品按照税法规定应交纳的资源税，借记“营业税金及附加”科目，贷记“应交税费”科目（应交资源税）。

（2）自产自用的物资应交纳的资源税，借记“生产成本”科目，贷记“应交税费”科目（应交资源税）。

（3）收购未税矿产品，按照实际支付的价款，借记“材料采购”或“在途物资”等科目，贷记“银行存款”等科目，按照代扣代缴的资源税，借记“材料采购”或“在途物资”等科目，贷记“应交税费”科目（应交资源税）。

（4）外购液体盐加工固体盐：在购入液体盐时，按照税法规定所允许抵扣的资源税，借记“应交税费”科目（应交资源税），按照购买价款减去允许抵扣的资源税后的金额，借记“材料采购”或“在途物资”“原材料”等科目，按照应支付的购买价款，贷记“银行存款”“应付账款”等科目；加工成固体盐后，在销售时，按照销售固体盐应交纳的资源税，借记“营业税金及附加”科目，贷记“应交税费”科目（应交资源税）；

将销售固体盐应交资源税抵扣液体盐已交资源税后的差额上交时，借记“应交税费”科目（应交资源税），贷记“银行存款”科目。

（5）交纳的资源税，借记“应交税费”科目（应交资源税），贷记“银行存款”科目。

【例12－10】甲企业3月应交资源税3 000元。会计处理如下：

①借：营业税金及附加　3 000
　　贷：应交税费——应交资源税　3 000
②借：应交税费——应交资源税　3 000

贷：银行存款 3 000

6. 应交土地增值税。

（1）小企业转让土地使用权应交纳的土地增值税，土地使用权与地上建筑物及其附着物一并在“固定资产”科目核算的，借记“固定资产清理”科目，贷记“应交税费”科目（应交土地增值税）。

土地使用权在“无形资产”科目核算的，按照实际收到的金额，借记“银行存款”科目，按照应交纳的土地增值税，贷记“应交税费”科目（应交土地增值税），按照已计提的累计摊销，借记“累计摊销”科目，按照其成本，贷记“无形资产”科目，按照其差额，贷记“营业外收入——非流动资产处置净收益”科目或借记“营业外支出——非流动资产处置净损失”科目。

（2）小企业（房地产开发经营）销售房地产应交纳的土地增值税，借记“营业税金及附加”科目，贷记“应交税费”科目（应交土地增值税）。

（3）交纳的土地增值税，借记“应交税费”科目（应交土地增值税），贷记“银行存款”科目。

【例 12-11】甲企业 3 月应交土地增值税 5 000 元。会计处理如下：

①借：固定资产清理 5 000

贷：应交税费——应交土地增值税 5 000

②借：应交税费——应交土地增值税 5 000

贷：银行存款 5 000

7. 应交城镇土地使用税、房产税、车船税、矿产资源补偿费、排污费。

（1）小企业按照规定应交纳的城镇土地使用税、房产税、车船税、矿产资源补偿费、排污费，借记“营业税金及附加”科目，贷记“应交税费”科目（应交城镇土地使用税、应交房产税、应交车船税、应交矿产资源补偿费、应交排污费）。

（2）交纳城镇土地使用税、房产税、车船税、矿产资源补偿费、排污费时，借记本科目（应交城镇土地使用税、应交房产税、应交车船税、应交矿产资源补偿费、应交排污费），贷记“银行存款”科目。

【例 12-12】甲企业 3 月应交城镇土地使用税 5 000 元。会计处理如下：

①借：营业税金及附加 5 000

贷：应交税费——应交城镇土地使用税 5 000

②借：应交税费——应交城镇土地使用税 5 000

贷：银行存款 5 000

8. 应交个人所得税。

（1）小企业按照税法规定应代扣代缴的职工个人所得税，借记“应付职工薪酬”科目，贷记“应交税费”科目（应交个人所得税）。

（2）交纳的个人所得税，借记“应交税费”科目（应交个人所得税），贷记“银行存款”科目。

【例 12-13】甲企业 3 月应交个人所得税 1 000 元。会计处理如下：

①借：应付职工薪酬　　1 000
　　贷：应交税费——应交个人所得税　　1 000
②借：应交税费——应交个人所得税　　1 000
　　贷：银行存款　　1 000

9. 先征后返的税金。

小企业按照规定实行企业所得税、增值税、消费税等先征后返的，应当在实际收到返还的企业所得税、增值税（不含出口退税）、消费税等时，借记“银行存款”科目，贷记“营业外收入”科目。

七、应付利息的核算

（一）基本概念及内容

“应付利息”科目核算小企业按照合同约定应支付的利息费用。本科目应按照贷款人等进行明细核算。本科目期末贷方余额，反映小企业应付未付的利息费用。

（二）主要账务处理

（1）在应付利息日，小企业应当按照合同利率计算确定的利息费用，借记“财务费用”“在建工程”等科目，贷记“应付利息”科目。

（2）实际支付的利息，借记“应付利息”科目，贷记“银行存款”等科目。

【例 12－14】 甲企业 3 月应支付利息 1 000 元。会计处理如下：

①借：财务费用　　1 000
　　贷：应付利息　　1 000
②借：应付利息　　1 000
　　贷：银行存款　　1 000

八、应付利润的核算

（一）基本概念及内容

“应付利润”科目核算小企业向投资者分配的利润。本科目应按照投资者进行明细核算。本科目期末贷方余额，反映小企业应付未付的利润。

（二）主要账务处理

（1）小企业根据规定或协议确定的应分配给投资者的利润，借记“利润分配”科目，贷记“应付利润”科目。

（2）向投资者实际支付利润，借记“应付利润”科目，贷记“库存现金”“银行存款”科目。

【例 12－15】 甲企业 201×年 5 月 1 日宣布向投资者发放利润 100 000 元，5 月 10 日用银行存款发放了该笔利润。会计处理如下：

①借：利润分配——应付利润 100 000

贷：应付利润 100 000

②借：应付利润 100 000

贷：银行存款 100 000

九、其他应付款的核算

（一）基本概念及内容

“其他应付款”科目核算小企业除应付票据、应付账款、预收账款、应付职工薪酬、应交税费、应付利息、应付利润、长期应付款等以外的其他各项应付、暂收的款项，如应付租入固定资产和包装物的租金、存入保证金等。

“其他应付款”科目应按照其他应付款的项目和对方单位（或个人）进行明细核算。本科目期末贷方余额，反映小企业应付未付的其他应付款项。

（二）主要账务处理

（1）小企业发生的其他各种应付、暂收款项，借记“管理费用”等科目，贷记“其他应付款”科目。

（2）支付或退回其他各种应付、暂收款项借记“其他应付款”科目，贷记“银行存款”等科目。小企业无法支付的其他应付款，借记“其他应付款”科目，贷记“营业外收入”科目。

【例12-16】甲企业3月应付款项2 000元。会计处理如下：

①借：管理费用 2 000

贷：其他应付款 2 000

②借：其他应付款 2 000

贷：银行存款 2 000

十、递延收益的核算

（一）基本概念及内容

“递延收益”科目核算小企业已经收到、应在以后期间计入损益的政府补助。政府补助，是指企业从政府无偿取得货币性资产或非货币性资产，但不包括政府作为企业所有者投入的资本。政府补助的主要形式有：财政拨款、财政贴息、税收返还、无偿划拨货币性资产。

“递延收益”科目应按照相关项目进行明细核算。本科目期末贷方余额，反映小企业已经收到、但应在以后期间计入损益的政府补助。

（二）主要账务处理

1. 小企业收到与资产相关的政府补助，借记“银行存款”等科目，贷记“递延收益”科目。在相关资产的使用寿命内平均分配递延收益，借记“递延收益”科目，贷记“营业外收入”科目。

2. 收到的其他政府补助，用于补偿本企业以后期间的相关费用或亏损的，应当按照收到的金额，借记“银行存款”等科目，贷记“递延收益”科目。在发生相关费用或亏损的未来期间，应当按照应补偿的金额，借记“递延收益”科目，贷记“营业外收入”科目。

用于补偿本企业已发生的相关费用或亏损的，应当按照收到的金额，借记“银行存款”等科目，贷记“营业外收入”科目。

【例12-17】 201×年1月1日，甲企业需要购买一台污水处理器，预计价值为400 000元，因为甲企业作为小企业其资金能力有限，按相关规定，向有关政府部门申请补助100 000元，同年1月20日，政府部门核准了甲企业的补助申请，并且拨付给甲企业100 000元，作为奖励其环保举措。2月1日，甲企业购入了该污水处理器，实际成本为360 000元，使用寿命是20年，采用直线法计提折旧，假设无残值，而且无安装费用。根据上述经济业务，甲企业作账务处理如下：

201×年1月20日，甲企业收到财政拨款，确认政府补助：

借：银行存款 100 000

　　贷：递延收益 100 000

2月1日，甲企业购入该污水处理器。

借：固定资产 360 000

　　贷：银行存款 360 000

从201×年2月1日开始，甲企业在每个资产负债表日都计提折旧；同时，分摊递延收益。

2月28日，计提折旧，分摊递延收益：

借：管理费用 1 500

　　贷：累计折旧 1500

借：递延收益 416.67

　　贷：营业外收入 416.67

第三节 非流动负债的核算

一、长期借款的核算

（一）基本概念及内容

“长期借款”科目核算小企业向银行或其他金融机构借入的期限在1年以上的各项借款本金。

长期借款与短期借款相比较，长期借款除了期限比较长以外，不同点在于对借款费用的会计处理上，借款费用是资本化的则计入相关资产的成本，费用化的则计入当期损益。

“长期借款”科目应按照借款种类、贷款人和币种进行明细核算。本科目期末贷方余额，反映小企业尚未偿还的长期借款本金。

（二）主要账务处理

（1）小企业借入长期借款，借记“银行存款”科目，贷记“长期借款”科目。

（2）在应付利息日，应当按照借款本金和借款合同利率计提利息费用，借记“财务费用”“在建工程”等科目，贷记“应付利息”科目。

（3）偿还长期借款本金，借记“长期借款”科目，贷记“银行存款”科目。

【例 12－18】20×1 年 1 月 1 日，甲企业向商业银行借入一项长期借款 2 000 000 元，借款期限为 2 年，年利率为 6%，到期一次性还本付息。这笔借款计划用于建设新的厂房，所借资金已经到位，存入银行。20×1 年 3 月 1 日，这项建设工程开始施工，至 20×2 年 5 月 31 日建设完毕。20×3 年 1 月 1 日，甲企业按照协议偿还了这项长期借款。根据上述经济业务，甲企业作账务处理如下：

①20×1 年 1 月 1 日，甲企业借入长期借款：

借：银行存款	2 000 000	
贷：长期借款		2 000 000

②20×1 年 12 月 31 日，甲企业计提长期借款利息：

应计利息＝2 000 000×6%＝120 000（元）

借款费用资本化期间为 10 个月。

借款费用资本化金额＝120 000÷12×10＝100 000（元）

借：在建工程	100 000	
财务费用	20 000	
贷：应付利息		120 000

③20×2 年 5 月 31 日，甲企业计提长期借款利息：

借：在建工程	50 000	
贷：应付利息		50 000

④20×2 年 12 月 31 日，甲企业计提长期借款利息：

应计利息＝2 000 000×6%÷12×7＝70 000（元）

借：财务费用	70 000	
贷：应付利息		70 000

20×3 年 1 月 1 日，甲企业偿还长期借款：

借：长期借款	2 000 000	
应付利息	240 000	
贷：银行存款		2 240 000

二、长期应付款的核算

(一) 基本概念及内容

“长期应付款”科目核算小企业除长期借款和应付债券以外的其他各种长期应付款项。包括：应付融资租入固定资产的租赁费、以分期付款方式购入固定资产发生的应付款项等。

“长期应付款”科目应按照长期应付款的种类和债权人进行明细核算。本科目期末贷方余额，反映小企业应付未付的长期应付款项。

(二) 主要账务处理

(1) 小企业融资租入固定资产，在租赁期开始日，按照租赁合同约定的付款总额和在签订租赁合同过程中发生的相关税费等，借记“固定资产”或“在建工程”科目，贷记“长期应付款”等科目。

(2) 以分期付款方式购入固定资产，应当按照实际支付的购买价款和相关税费（不包括按照税法规定可抵扣的增值税进项税额），借记“固定资产”或“在建工程”科目，按照税法规定可抵扣的增值税进项税额，借记“应交税费——应交增值税（进项税额）”科目，贷记“长期应付款”科目。

【例 12-19】 201×年6月1日，甲企业作为一般纳税人，以分期付款方式向B企业购入一项重要的设备，作为固定资产，按照双方协议，购买该项固定资产的不含税价款为200 000元，增值税税率为16%，增值税税额为32 000元，按税法规定可以抵扣进项税额。甲企业为获得该项固定资产，用银行存款支付运费、保险费、调试费5 000元。甲企业账务处理如下：

201×年6月1日，甲企业购买固定资产

借：固定资产　　205 000

　　应交税费——应交增值税（进项税额）　　32 000

　　贷：银行存款　　5 000

　　　　长期应付款　　232 000

第十三章

所有者权益

第一节　所有者权益概述

一、所有者权益的定义

所有者权益，是指小企业资产扣除负债后由所有者享有的剩余权益。

小企业的所有者权益包括：实收资本（或股本，下同）、资本公积、盈余公积和未分配利润。

二、所有者权益的特征

所有者权益是企业投资人对企业净资产的所有权。它受总资产和总负债变动的影响而发生增减变动。所有者权益包含所有者以其出资额的比例分享企业利润，与此同时，所有者也必须以其出资额承担企业的经营风险。所有者权益还意味着所有者有法定的管理企业和委托他人管理企业的权利。

所有者权益和负债的区别：

1. 所有者权益通常不像负债那样需要偿还。除非小企业发生减资、清算，否则小企业不需要将所有者权益返还给其投资者。小企业清算时，负债将优先偿还，而所有者权益只有在负债得到偿还后，才能得到返还。

2. 所有者权益包含所有者以其出资额的比例分享企业税后利润，并以其出资额承担企业的债务和亏损。而债权人（对企业而言则为负债）只能按规定取得利息，不能参与利润的分配，也不承担企业的亏损。

3. 所有者权益意味着所有者有法定的管理企业和委托他人管理企业的权利，而债权人（对企业而言则为负债）无经营管理权。

因此，所有者权益是所有者对小企业资产的剩余索取权，既可反映所有者投入资本的保值增值情况，又体现了保护债权人权益的理念。

三、所有者权益的来源

（一）所有者投入的资本

所有者投入的资本是指所有者投入小企业的资本部分，它既包括构成小企业注册资本或者股本部分的金额，即实收资本；也包括投入资本超过注册资本或者股本部分的溢价金额，即资本公积。

（二）留存收益

留存收益是小企业历年实现的净利润留存于小企业的部分，包括盈余公积和未分配利润。

四、所有者权益的确认条件

所有者权益的确认、计量主要取决于资产、负债、收入、费用等其他会计要素的确认和计量。所有者权益即为小企业的净资产，是小企业资产总额中扣除债权人权益后的净额，反映所有者（股东）财富的净增加额。通常小企业收入增加时，会导致资产的增加，相应地会增加所有者权益；小企业发生费用时，会导致负债增加，相应地会减少所有者权益。因此，小企业日常经营的好坏和资产负债的质量直接决定着小企业所有者权益的增减变化和资本的保值增值。

五、所涉及的会计科目

小企业应当根据规定，结合自身实际情况，设置“3001 实收资本”“3002 资本公积”“3101 盈余公积”“3103 本年利润”和“3104 利润分配”5 个会计科目。

第二节　实收资本的核算

一、实收资本的定义

实收资本，是指投资者按照合同协议约定或相关规定投入到小企业、构成小企业注册资本的部分。

二、实收资本的计量

实收资本的计量，取决于投资者的出资方式，应区分以下两种情况分别确定。

（一）以货币方式出资的计量

现金出资方式包括投入的人民币和各种外币。小企业收到投资者以外币投入资本的，应当按收到外币出资额当日的即期汇率折算为人民币。小企业收到投资者的货币出资，应当按照其在小企业注册资本或股本中所占的份额确认实收资本，实际收到或者存入小企业开户银行的金额超过实收资本的差额，确认为资本公积。

（二）以非货币性资产出资的计量

对于投资者以非货币性资产出资，小企业应当区别取得资产的计量和实收资本的计量分别加以确定。其中，取得的非货币性资产的金额根据公司法的要求，应采用评估价值确定；而实收资本的金额应根据投资合同协议或公司章程的约定按照投资者在其中所占份额来确定，超出部分应当计入资本公积。

三、所涉及的会计科目及核算内容

小企业应当根据有关规定，结合自身实际情况，设置“3001 实收资本”会计科目，核算小企业收到投资者按照合同协议约定或相关规定投入的、构成注册资本的部分。股份有限公司性质的小企业应将本科目的名称改为“3001 股本”科目。

小企业收到投资者出资超过其在注册资本中所占份额的部分，作为资本溢价，在“资本公积”科目核算，不在“实收资本”科目核算。

“实收资本”科目应按照投资者进行明细核算。“实收资本”科目期末贷方余额，反映小企业实收资本总额。

四、主要账务处理

（一）收到投资者的出资的账务处理

小企业收到投资者的出资，分别按照现金资产和非现金资产，借记“银行存款”“其他应收款”“固定资产”“无形资产”等科目，按照其在注册资本中所占的份额，贷记“实收资本”科目，按照其差额，贷记“资本公积”科目。

（二）实收资本增加的账务处理

根据相关法律规定或投资者之间的约定，实收资本也可以发生增减变动。比如，根据公司法规定，有限责任公司增加股本，只要股东会议（但必须经过代表2/3以上表决权的股东通过）决议，并修改公司章程即可。

通常，小企业增加资本的途径主要有三种：

1. 将资本公积转为实收资本。在账务处理上，借记“资本公积”科目，贷记“实收资本”科目。

2. 将盈余公积转为实收资本。在账务处理上，借记“盈余公积”科目，贷记“实收资本”科目。资本公积和盈余公积均属所有者权益，转为实收资本时，如为独资小企业，直接结转即可；如为有限责任公司，应按原投资者所持股份同比例增加各股东的股权，除非股东之间另有约定。

3. 所有者（包括小企业原所有者和新投资者）投入。小企业应在收到投资者投入的资金时，借记“银行存款”“固定资产”“原材料”等科目，贷记“实收资本”“资本公积”等科目。

【例13-1】 201×年7月6日，为扩大经营规模，经批准，甲公司注册资本增加800万元，通过吸收新投资者实现。新的投资者投入现金600万元以及专用设备一台，设备经评估确定的价值为300万元，增值税进项税额为48万元。甲公司应编制如下会计分录：

借：银行存款	6 000 000	
固定资产	3 000 000	
应交税费——应交增值税（进项税额）	480 000	
贷：实收资本		8 000 000
资本公积		1 480 000

（三）实收资本减少的账务处理

一般情况下小企业的实收资本不能随意减少，尤其是法律禁止投资者在企业成立后，从企业抽逃出资。但是，个别情况下可以依法减资。小企业实收资本减少的原因主要有两种：（1）资本过剩；（2）小企业发生重大亏损，短期内无力弥补而需要减少实收资本。资本减少应符合相关条件：

1. 减资应事先通知所有债权人，债权人无异议方允许减资；

2. 经股东会议同意，并经有关部门批准；

3. 公司减资后的注册资本不得低于法定注册资本的最低限额。

其账务处理为：借记“实收资本”“资本公积”科目，贷记“库存现金”“银行存款”等科目。

五、执行中应注意的问题

在实务中，中外合作经营的小企业根据合同规定在合作期间归还投资者的投资，实质上是一种减资行为，应当减少实收资本，但又不同时减少注册资本。本准则在“实收资本”科目下单独设置了“已归还投资”明细科目进行核算，并且在资产负债表中在“实收资本（或股本）”项目下增加“减：已归还投资”项目单独列示，以清晰地反映小企业的注册资本和已归还投资的情况。在账务处理上，应当按照用利润实际归还投资的金额，借记“实收资本——已归还投资”科目，贷记“银行存款”等科目；同时，借记“利润分配——利润归还投资”科目，贷记“盈余公积——利润归还投资”科目。

第三节 资本公积的核算

一、资本公积的定义

资本公积，是指小企业收到的投资者出资额超过其在注册资本或股本中所占份额的部分。

二、资本公积的来源

资本公积来源于投资者的投入。资本公积是由投资者投入但不构成实收资本的、所有者享有的资金。资本公积由小企业全体投资者共同享有，其形成有特定来源，仅来源于小企业投资者的投入，因此，与小企业的生产经营所得（净利润）无关，不是一个利润实现的过程，而是与实收资本共同反映了小企业与其投资者的之间出资和资本投入的关系。

三、资本公积的用途

1. 小企业用资本公积转增资本，应当冲减资本公积。即减少资本公积的同时，增加实收资本或股本。

2. 资本公积不得用于弥补亏损。

四、所涉及的会计科目及核算内容

小企业应当根据本条规定，结合自身实际情况，设置“3002 资本公积”会计科目，核算小企业收到投资者出资超出其在注册资本中所占份额的部分。

“资本公积”科目期末贷方余额，反映小企业资本公积总额。

五、主要账务处理

1. 小企业收到投资者的出资，借记“银行存款”“其他应收款”“固定资产”“无形资产”等科目，按照其在注册资本中所占的份额，贷记“实收资本”科目，按照其差额，贷记“资本公积”。

2. 根据有关规定用资本公积转增资本，借记“资本公积”，贷记“实收资本”科目。

【例 13－2】 201×年 11 月 10 日，经批准，甲公司按原出资比例将资本公积 200 万元转增资本。甲公司应编制如下会计分录：

借：资本公积　　2 000 000

　　贷：实收资本　　2 000 000

3. 根据有关规定减少注册资本，借记“实收资本”“资本公积”等科目，贷记“库存现金”“银行存款”等科目。

六、执行中应注意的问题

1. 《小企业会计准则》资本公积的核算基本仅为资本溢价部分。取消了其他资本公积的准备类科目。

2. 小企业收到投资者以外币投入的资本，应当采用交易发生日的即期汇率折算，不得采用合同约定汇率和交易当期的平均汇率折算。

即外币投入资本与相应的货币性项目的记账本位币之间不产生外币资本折算差额。但是如果折算后金额超出其在注册资本或股本中所占份额，超过部分应当计入资本公积，但是在其他期间不会再产生由汇率不同而导致的折算差额。

3. 资本公积不得出现借方余额的情况，即资本公积的结转至零为止。

第四节　盈余公积的核算

一、盈余公积的定义

盈余公积，是指小企业按照法律规定在税后利润中提取的法定公积金和任意公积金。

二、盈余公积的来源

盈余公积来源于小企业实现的利润。盈余公积是小企业按照法律规定在税后利润中提取的法定公积金和任意公积金。相对于未分配利润而言，盈余公积可以理解为限定用途的利润，而未分配利润是未限定用途的利润。

（一）法定公积金的提取

小企业分配当年税后利润时，应当提取利润的 10% 列入法定公积金，法定公积金累计额达到公司注册资本的 50% 以上时，可以不再提取。法定公积金不足以弥补以前年度亏损的，应当先用当年净利润弥补亏损后，如有余额，再按照上述规定提取法定公积金。

（二）任意公积金的提取

小企业从税后利润中提取法定公积金后，经股东会或股东大会决议，还可以从税后利润中提取任意公积金。提取比例和限额均由股东会或股东大会决议。

三、盈余公积的用途

小企业提取的盈余公积，根据公司法等法律的规定，主要用于以下三个方面：

（一）用于弥补亏损

小企业发生亏损时，根据所得税法的规定，企业发生的亏损，准予向以后年度结转，用以后年度的所得弥补，但结转年限最长不得超过 5 年（符合条件的高新技术企业或科技型中小企业结转年限可延长到 10 年）；经过 5 年未能足额弥补的，未弥补亏损应由小企业税后利润弥补；此外，由公司制小企业股东会或股东大会批准后，还可以用盈余公积弥补亏损。

（二）转增资本

小企业将盈余公积转增资本时，必须经股东会或股东大会决议批准。在实际将盈余公积转增资本时，要按照股东原有持股比例进行结转，除非股东之间另有约定。

需要注意的是，用盈余公积转增资本时，转增后留存的法定公积金不得少于转增前公司注册资本的 25%。

（三）扩大企业生产经营

盈余公积是小企业所有者权益的一个组成部分，也是小企业生产经营的一个重要资金来源。提取盈余公积并不是单独将这部分资金从小企业资金周转过程中抽出，它同小企业其他来源形成的资金一样循环周转，用于小企业的生产经营。在实务中，不需要进行专门的账务处理。

四、所涉及的会计科目及核算内容

小企业应当根据规定结合自身实际情况，设置“3101 盈余公积”会计科目，核算小企业（公司制）按照公司法规定在税后利润中提取的法定公积金和任意公积金。小企业（外商投资）按照法律规定在税后利润中提取储备基金和企业发展基金也在本科目核算。

本科目应当分别“法定盈余公积”“任意盈余公积”进行明细核算。小企业（外商投资）还应当分别“储备基金”“企业发展基金”进行明细核算。

小企业（中外合作经营）根据合同规定在合作期间归还投资者的投资，应在本科目设置“利润归还投资”明细科目进行核算。

本科目期末贷方余额，反映小企业（公司制）的法定公积金和任意公积金总额，小企业（外商投资）的储备基金和企业发展基金总额。

五、主要账务处理

1. 小企业（公司制）按照公司法规定提取法定公积金和任意公积金，借记“利润分配——提取法定盈余公积、提取任意盈余公积”科目，贷记“盈余公积（法定盈余公积、任意盈余公积）”。

【例 13-3】 201×年，甲有限责任公司，实现了净利润 300 万元，经股东大会决议批准，按照 10% 提取法定盈余公积金，按照 8% 提取任意盈余公积金。甲公司应编制如下会计分录：

借：利润分配——提取法定盈余公积	300 000	
——提取任意盈余公积	240 000	
贷：盈余公积——法定盈余公积		300 000
——任意盈余公积		240 000

2. 用盈余公积弥补亏损，借记“盈余公积——盈余公积补亏”科目，贷记“利润分配——盈余公积补亏”科目。

3. 用盈余公积转增资本，借记“盈余公积——盈余公积转增资本”科目，贷记“实收资本”科目。

六、执行中应注意的问题

1. 根据有关法律规定，外商投资小企业在税后利润中提取的储备基金、企业发展基金也应作为盈余公积进行账务处理，在“盈余公积”科目单独设置“储备基金”和“企业发展基金”明细科目进行核算。其账务处理为：小企业（外商投资）按照规定提取的储备基金、企业发展基金，借记“利润分配——提取储备基金、提取企业发展基金”科目，贷记“盈余公积——储备基金、企业发展基金”科目。

2. 根据有关法律规定，外商投资小企业在税后利润中提取的职工奖励及福利基金不作为盈余公积进行会计处理，而作为应付职工薪酬。应在“应付职工薪酬”科目单独设置“职工奖励及福利基金”明细科目进行核算。其账务处理为：小企业（外商投资）按照规定提取的职工奖励及福利基金，借记“利润分配——提取职工奖励及福利基金”科目，贷记“应付职工薪酬——职工奖励及福利基金”科目。

3. 中外合作经营小企业依据有关法律，根据合同规定在合作期间归还投资者的投资，实质上为了保护外方投资者的权益向外方投资者单方面分配利润，但是根据法律上同股同权的原则，也应同时向中方投资者分配利润，但是并不直接进行支付，因此，同金额增加盈余公积，用于以后期间向投资者分配。应在“盈余公积”科目单独设置“利润归还投资”明细科目进行核算。其账务处理为：小企业（中外合作经营）根据合同规定在合作期间归还投资者的投资，应按照实际归还投资的金额，借记“实收资本——已归还投资”科目，贷记“银行存款”等科目；同时，借记“利润分配——利润归还投资”科目，贷记“盈余公积——利润归还投资”科目。

4. 小企业的盈余公积不得出现借方余额的情况，即盈余公积的结转至零为止。

第五节　未分配利润的核算

一、未分配利润的定义

未分配利润，是指小企业实现的净利润，经过弥补亏损、提取法定公积金和任意公积金、向投资者分配利润后，留存在本企业的、历年结存的利润。

未分配利润与盈余公积共同构成了小企业的留存收益，其实质上都来源于小企业实现的利润，是对实现利润的在企业内部的积累，为企业的生存和发展壮大提供资金和其他资源支持。

二、未分配利润的构成及用途

未分配利润是年初未分配利润加上本年实现的税后利润和其他转入，减去提取的各种盈余公积和分出利润后的余额。未分配利润有两层含义：一是留待以后年度使用的利润；二是未限定特定用途的利润。

三、所涉及的会计科目及核算内容

小企业应当根据规定并结合自身实际情况，设置“3103 本年利润”和“3104 利润分配”2个会计科目。

“本年利润”科目核算小企业当期实现的净利润（或发生的净亏损）。“利润分配”科目核算小企业利润的分配（或亏损的弥补）和历年分配（或弥补）后的余额。“利润分配”科目应按照“应付利润”“未分配利润”等进行明细核算。“利润分配”科目年末余额，反映小企业的未分配利润（或未弥补亏损）。

四、未分配利润的主要账务处理

（一）本年利润的主要账务处理

1. 期（月）末结转账务处理。

期（月）末结转利润时，小企业可以将“主营业务收入”“其他业务收入”“营业外收入”科目的余额，转入“本年利润”科目，借记“主营业务收入”“其他业务收入”“营业外收入”科目，贷记“本年利润”科目；将“主营业务成本”“其他业务成本”“税金及附加”“销售费用”“管理费用”“财务费用”“营业外支出”“所得税费用”科目的余额，转入“本年利润”科目，借记“本年利润”科目，贷记“主营业务成本”“其他业务成本”“税金及附加”“销售费用”“管理费用”“财务费用”“营业外支出”“所得税费用”科目。将“投资收益”科目的贷方余额，转入“本年利润”科目，借记“投资收益”科目，贷记“本年利润”科目；如为借方余额，做相反的会计分录。结转后“本年利润”科目的贷方余额为当期实现的净利润；借方余额为当期发生的净亏损。

2. 年度终了的账务处理。

年度终了，应当将本年收入和支出相抵后结出的本年实现的净利润，转入“利润分配”科目，借记“本年利润”科目，贷记“利润分配——未分配利润”科目；如为净亏损，做相反的会计分录。结转后“本年利润”科目应无余额。

【例13－4】 乙公司201×年有关损益类科目的年末余额如下：主营业务收入6 000 000元，其他业务收入70 000元，投资收益60 000元，营业外收入5 000元，主营业务成本4 000 000元，其他业务成本40 000元，税金及附加800 000元，销售费用50 000元，管理费用77 000元，财务费用20 000元，营业外支出25 000元。

乙公司201×年末结转本年利润的会计分录如下：

（1）将各损益类科目年末余额结转入“本年利润”科目：

①结转各项收入类科目：

借：主营业务收入	6 000 000	
其他业务收入	70 000	
投资收益	60 000	
营业外收入	5 000	
贷：本年利润		6 135 000

②结转各项费用、损失类科目

借：本年利润　　5 012 000

　贷：主营业务成本　　4 000 000

　　其他业务成本　　40 000

　　税金及附加　　800 000

　　销售费用　　50 000

　　管理费用　　77 000

　　财务费用　　20 000

　　营业外支出　　25 000

（2）经过上述结转后，“本年利润”科目的贷方发生额合计6 135 000元减去借方发生额合计5 012 000元，即为税前会计利润1 123 000元。假设将该税前会计利润进行纳税调整后，应纳税所得额为1 000 000元，则应交所得税税额=1 000 000×25%=250 000（元）

①确认所得税费用：

借：所得税费用　　250 000

　贷：应交税费——应交所得税　　250 000

②将所得税费用结转入“本年利润”科目：

借：本年利润　　250 000

　贷：所得税费用　　250 000

（3）将“本年利润”科目年末余额873 000转入“利润分配——未分配利润”科目：

借：本年利润　　873 000

　贷：利润分配——未分配利润　　873 000

（二）利润分配的主要账务处理

1. 分配股利或利润。

公司制小企业经股东大会或类似机构决议，根据有关规定分配给股东或投资者的现金股利或利润，借记“利润分配——应付利润”科目，贷记“应付利润”科目。股份有限公司的小企业经股东大会决议，分配给股东的股票股利，应在办理增资手续后，借记“利润分配——转作股本的股利”科目，贷记“股本”科目。

2. 未分配利润弥补亏损。

小企业在生产经营过程中既可能实现盈利，也有可能出现亏损。小企业在当年发生亏损的情况下，与实现利润的情况相同，应当将本年发生的亏损自“本年利润”科目转入“利润分配——未分配利润”科目，借记“利润分配——未分配利润”科目，贷记“本年利润”科目，结转后“利润分配”科目的借方余额，即为未弥补亏损的数额。然后通过“利润分配”科目核算有关亏损的弥补情况。

由于未弥补亏损形成的时间长短不同等原因，以前年度未弥补的亏损有的可以用当年实现的税前利润（即利润总额）弥补，有的则须用税后利润（即净利润）弥补。小企业用当年实现的利润弥补以前年度结转的未弥补亏损，不需要进行专门的账务处理。小企业应将当年实现的利润自“本年利润”科目转入“利润分配——未分配利润”科目的贷方，“利润分配——未分配利润”科目的贷方发生额与“利润分配——未分配利润”的借方余额自然抵补。无论是以税前利润还是以税后利润弥补亏损，其账务处理方法均相同。但是，两者在计算交纳所得税的处理是不同的。在以税前利润弥补亏损的情况下，其弥补的数额可以抵减企业当年的应纳税所得额，而以税后利润弥补的数额，则不能在计算应纳税所得额时作扣除处理。

3. 年度终了结转。

年度终了，小企业应当将本年实现的净利润，自“本年利润”科目转入“利润分配”科目，借记“本年利润”科目，贷记“利润分配——未分配利润”科目；为净亏损的，做相反的会计分录。同时，将“利润分配”科目所属明细科目（应付利润、盈余公积补亏）的余额转入“利润分配——未分配利润”科目，借记“利润分配——未分配利润”科目，贷记“利润分配——提取法定盈余公积”“利润分配——提取任意盈余公积”“利润分配——应付利润”。

结转后，“利润分配”科目除“未分配利润”明细科目外，其他明细科目应无余额。

【例 13 -5】甲股份有限公司年初未分配利润为 0，本年实现净利润 300 000 元，本年提取法定盈余公积 30 000 元，宣告发放现金股利 180 000 元。假定不考虑其他因素，甲股份有限公司会计分录如下：

（1）结转本年利润：

借：本年利润	300 000	
贷：利润分配——未分配利润		300 000

（2）提取法定盈余公积、宣告发放现金股利

借：利润分配——提取法定盈余公积	30 000	
——应付利润	180 000	
贷：盈余公积		30 000
应付利润		180 000

同时：

借：利润分配——来分配利润	210 000	
贷：利润分配——提取法定盈余公积		30 000
——应付利润		180 000

五、执行中应注意的问题

1. 用盈余公积弥补亏损，借记“盈余公积”科目，贷记“利润分配——盈余公积补亏”科目。

2. 小企业（中外合作经营）根据合同规定在合作期间归还投资者的投资，应按照

实际归还投资的金额，借记“实收资本——已归还投资”科目，贷记“银行存款”等科目；同时，借记“利润分配——利润归还投资”科目，贷记“盈余公积——利润归还投资”科目。

3. 根据“关于印发《小企业执行〈小企业会计准则〉有关问题衔接规定》的通知”（财会〔2012〕20 号）规定：转账时，应首先结转执行新准则前各项资产和负债所清查出的损益，经批准后，从“待处理财产损溢”科目转入“利润分配——未分配利润”科目。同时，将相关资产减值准备科目的余额以及“待转资产价值”科目的余额转入“利润分配——未分配利润”科目，将小企业筹建期间内发生的尚未摊销完毕的开办费冲减“利润分配——未分配利润”科目，经上述调整后，“利润分配——未分配利润”科目如为借方余额，属于按规定提取盈余公积的小企业或者“资本公积”科目有贷方余额的小企业，还应依次冲减盈余公积和资本公积。最后，应将“利润分配——未分配利润”科目的余额在进行相关调整后余额转至新账，也可沿用原账。

第十四章

收　入

第一节　收入概述

一、收入的定义

收入，是指小企业在日常活动中形成的、会导致所有者权益增加、与所有者投入资本无关的经济利益的总流入。包括：销售商品收入和提供劳务收入。

《小企业会计准则》从我国小企业实际出发，根据基本准则的要求，将收入作为小企业会计的一项要素，从收入的性质角度即与负债、所有者权益相区分的角度，对小企业的收入作出了定义。《小企业会计准则》关于收入的定义与企业所得税关于收入的界定有共同之处，也有不同的方面。两者相同之处在于都强调了收入能够给小企业带来经济利益，表现为货币形式或非货币形式的经济利益；两者不同的地方在于，分类基础或标准不同，从而出现了交叉或分离的情况，但是从对当期利润的影响来看，又是一致的。

二、收入的特征

（一）收入是小企业在日常活动中形成的

日常活动是指小企业为完成其经营目标所从事的经常性活动以及与之相关的活动。例如，农业小企业生产和销售农产品，工业小企业制造和销售产品，建筑业小企业建筑房屋，零售业小企业销售商品，交通运输业小企业提供道路货物运输服务，仓储业小企业提供货物仓储服务，邮政业小企业提供小件物品的收集、运输和发送服务，住宿业小企业提供旅馆住宿服务，餐饮业小企业提供快餐服务，信息传输业小企业通过互联网为客户提供信息服务，软件和信息技术服务业小企业为客户提供计算机软件设计、程序编制、分析、测试、修改和咨询服务，房地产开发经营业小企业进行房屋建设并销售商品房，物业管理业小企业向业主提供物业服务，租赁业小企业开展建筑工程机械租赁业务，商务服务业小企业为某政府机关提供后勤服务等，均属于小企业的日常活动。小企业的日常活动通常可以划分为生产、销售、管理、融资等活动。明确界定日常活动是为了将收入与营业外收入相区分，日常活动是确认收入的重要判断标准，凡是日常活动所形成的经济利益的流入（如销售商品取得现金或应收账款）应当确认收入，反之，非日常活动所形成的经济利益的净流入不能确认为收入，而应当计入营业外收入。比如，小企业转让固定资产属于非日常活动，这是因为小企业持有固定资产的主要目的是通过使用生产产品而不是为了出售。因此，转让固定资产所形成的经济利益的流入就不应确认为收入，而应计入营业外收入。再如，小企业因某项固定资产暂时闲置而出租取得的租金收入属于小企业的日常活动所形成的，应当确认为收入。

（二）收入会导致所有者权益的增加

与收入相关的经济利益的流入应当会导致小企业所有者权益的增加，不会增加小企业所有者权益的经济利益的流入不符合收入的定义，不应确认为收入。例如，小企业向银行借入款项，尽管也导致了经济利益流入小企业，表现为增加了小企业的现金或银行存款，但该笔借款的取得并不会增加小企业的所有者权益，反而会使小企业承担了一项现时义务，表现为对银行的欠款。因此，不应将其确认为收入，而应当确认为一项负债。基于本特征，收入区别于负债。收入也不包括为第三方或客户代收的款项。如小企业代税务机关向客户收取的增值税（即销项税额）。这些代收的款项，一方面增加小企业的资产（如现金），一方面增加小企业的负债，而不是增加小企业的所有者权益，也不属于该小企业的经济利益，不能作为该小企业的收入。

（三）收入是与所有者投入资本无关的经济利益的总流入

收入的本质表现：一是导致经济利益流入了小企业，体现为增加了小企业的资产（如现金、银行存款、应收账款等）；二是总流入是一个全额而不是净额的概念，通俗来讲，是毛收入，不需要扣除费用；三是收入不是小企业的投资者投入的资本，或者说，小企业投资者投入的资本不能作为小企业的收入。例如，小企业销售商品，应当在收到客户支付的现金或者在未来有权收到客户支付的现金，从而增加了小企业的资产，才表明该交易符合收入的定义。但是，小企业经济利益的增加有时是由其所有者投入资本所导致的，所有者投入资本的增加不应当确认为收入，应当将其直接确认为所有者权益。

三、收入的分类

根据不同的标准可以对收入进行不同的分类。

1. 按收入产生的来源分类，收入分为销售商品收入和提供劳务收入。本准则认为收入的来源能够充分涵盖小企业的各种收入。因此，采用了这个分类标准。

2. 按经营业务的主次分类，收入分为主营业务收入和其他业务收入。主营业务，是指小企业日常活动中的主要活动，可以根据小企业营业执照上注明的主要业务范围来确定。例如，零售业小企业的主营业务是销售商品，交通运输业小企业的主营业务是提供道路货物运输和公路旅客运输。主营业务形成的收入就称为主营业务收入。其他业务，是指小企业除主营业务以外的其他日常活动，可以通过小企业营业执照上注明的兼营业务范围来确定。例如，工业小企业销售材料、提供非工业性劳务等。其他业务形成的收入，通常称作其他业务收入。

四、所涉及的会计科目

小企业应当根据规定，结合自身实际情况，设置“5001 主营业务收入”和“5051 其他业务收入”2 个会计科目。

第二节 销售商品收入的核算

一、销售商品收入的定义

销售商品收入，是指小企业销售商品（或产成品、材料，下同）取得的收入。

销售商品收入中所指的商品是一个宽泛的概念，不仅指批发业和零售业小企业销售的商品，还包括制造业小企业生产和销售的产成品、代制品、代修品以及小企业销售的其他构成存货的资产，如原材料、周转材料（包装物、低值易耗品）、消耗性生物资产。《小企业会计准则》所称的销售商品收入与企业所得税法所规定的销售货物收入在构成上是一致的。

二、销售商品收入的确认

为便于小企业执行，减少纳税调整负担，满足汇算清缴的需要，《小企业会计准则》对销售商品收入的确认条件采用了与税法一致的原则，并使各种销售方式销售商品收入确认的时点实现了与企业所得税法规定相一致。

（一）销售商品收入的确认原则

通常，小企业应当在发出商品且收到货款或取得收款权利时，确认销售商品收入。

这一收入确认原则表明，确认销售商品收入有两个标志：一是发出商品；二是收到货款或取得收款权利。这两个标志是经济利益能够流入小企业的最直接的标志，符合《小企业会计准则》第五十八条所规定的收入的定义。小企业销售商品同时满足这两个条件时，通常就应当确认收入。发出商品通常是指小企业将所售商品交付给购买方或购买方已提取所购商品，但是所售商品是否离开企业并不是发出商品的必要条件。如果小企业已经完成销售手续，如购买方直接采取交款提货方式，在发票已经开出，货款已经收到，提货单也已经交给购买方时，无论商品是否已被购货方提取，都应作为发出商品处理。因为此时商品所有权已经转移给购买方，购买方随时可以凭单提货，销售方此时只是起代购买方保管商品的作用。

（二）各种销售方式下销售商品收入确认的时点

1. 采用现金、支票、汇兑、信用证等方式销售商品，由于不存在购买方承付的问题，商品一经发出即收到货款或取得收款权利，因而在商品办完发出手续时即应确认收入。在这种销售方式下，发出商品是确认收入的重要标志。

2. 托收承付销售商品，是指小企业根据合同发货后，委托银行向异地购买方收取款项，购买方根据合同验货后，向银行承诺付款的销售方式。在这种销售方式下，小企业发出商品且办妥托收手续时，通常表明小企业已经取得收款的权利。因此，可以确认收入。在这种销售方式下，办妥托收手续是确认收入的重要标志。

3. 预收款销售商品，是指购买方在商品尚未收到前按合同或协议约定分期付款，销售方在收到最后一笔款项时才交货的销售方式。在这种销售方式下，小企业发出商品即意味着小企业作为销售方已经收到了购买方支付的最后一笔款项，应将收到的货款全部确认为收入，在此之前预收的货款应确认为负债，如确认为预收账款。在这种销售方式下，收到最后一笔款项是确认收入的重要标志。

4. 分期收款销售商品，是指商品已经交付，但货款分期收回的销售方式。《企业所得税法实施条例》考虑到在整个回收期内企业确认的收入总额是一致的，同时考虑到与增值税政策的衔接，规定以分期收款方式销售货物的，按照合同约定的收款日期确认收入的实现。为了简化核算，便于小企业实务操作，本准则对分期收款销售商品的收入确认时点，采用了与《企业所得税法实施条例》相同的规定，但与《企业会计准则》的规定不同。《企业会计准则》要求在发出商品时确认收入，其理由在于《企业会计准则》认为按照合同约定的收款日期分期收回货款，强调的只是一个结算时点，与收入确认所强调的风险和报酬的转移没有关系。在这种销售方式下，小企业按照合同约定开出销售发票是确认收入的重要标志。

5. 商品需要安装和检验的销售，是指售出的商品需要经过安装、检验等过程的销售方式。在这种销售方式下，所售商品的安装和检验工作是销售合同或协议的重要组成部分。在购买方接受交货以及安装和检验完毕前，销售方一般不应确认收入，只有在购买方接受商品以及安装和检验完毕时才能确认收入。但如果安装程序比较简单，可以在发出商品时确认收入。如某电梯生产企业销售电梯，电梯已发出，发票账单已交付购买方，购买方已预付部分贷款。但根据合同约定，销售方须负责安装且在销售方安装并经检验合格后，购买方才支付余款。在此例中，销售方发出电梯时不能确认收入，而应当在安装完毕并检验合格后才确认收入。在这种销售方式下，完成安装和检验是确认收入的重要标志。

6. 采用支付手续费方式委托代销商品，是指委托方和受托方签订合同或协议，委托方根据代销商品数量和金额向受托方支付手续费的销售方式。在这种销售方式下，委托方发出商品时，并不知道受托方能否将商品销售出去，能够销售多少。因此，委托方在发出商品时通常不应确认收入，而在收到受托方开出的代销清单时，能够确定受托方销售商品的数量、金额。因此，可以确认收入。在这种销售方式下，取得受托方开出的代销清单是确认收入的重要标志。受托方应在所受托商品销售后，将按合同或协议的约定计算确定收取的手续费确认为收入。

7. 以旧换新销售商品，是指销售方在销售商品的同时回收与所售商品相同的旧商品或其他旧商品。在这种销售方式下，应将销售和回收分别进行会计处理：销售的商品作为商品销售进行处理确认收入，回收的商品作为购进商品处理，即作为存货采购处理。在这种销售方式下，发出新商品和取得旧商品是确认收入的重要标志。

8. 产品分成，是指多家企业在合作进行生产经营的过程中，合作各方对合作生产出的产品按照约定进行分配，并以此作为生产经营收入。由于产品分成是一种以实物代替货币作为收入的，而产品的价格又随着市场供求关系而波动，因此，只有在分得产品之日按照产品的市场价格确认收入的实现，才能够体现生产经营的真实所得。但是，如果所分得的产品不存在市场价格或市场价格显失公允，应当请专业评估机构对其价值进行评估确定。在这种销售方式下，分得产品是确认收入的重要标志。

三、销售商品收入的计量

《小企业会计准则》关于销售商品收入金额的计量原则及计量销售商品收入金额时应考虑的因素与《企业所得税法实施条例》的规定相一致。

（一）销售商品收入金额的计量原则

《小企业会计准则》对小企业销售商品收入金额的计量做了原则性规定：应当按照从购买方已收或应收的合同或协议价款确定销售商品收入的金额。

（二）计量销售商品收入金额应考虑的几个因素

销售商品涉及现金折扣、商业折扣、销售退回、销售折让的处理。

1. 现金折扣，是指债权人为鼓励债务人在规定的期限内付款而向债务人提供的债务扣除。企业销售商品涉及现金折扣的，应当按照扣除现金折扣前的金额确定销售商品收入金额。现金折扣在实际发生时计入财务费用。

2. 商业折扣，是指企业为促进商品销售而在商品标价上给予的价格扣除。企业销售商品涉及商业折扣的，应当按照扣除商业折扣后的金额确定销售商品收入金额。

3. 销售退回，是指企业销售出的商品，由于质量、到货时间、品种等不符合要求的原因而发生的退货。对于已确认销售商品收入的售出商品发生销售退回的，不论此销售业务是发生在本年度还是以前年度，小企业均应当在该笔退货实际发生时冲减退货当期

（通常为当月）的销售商品收入。

4. 销售折让，是指小企业因售出商品的质量不合格等原因而在售价上给予的减让。对于已确认销售商品收入的售出商品发生销售折让的，不论此销售业务是发生在本年度还是以前年度，小企业均应当在该笔折让实际发生时冲减当期（通常为当月）的销售商品收入。

四、销售商品收入所涉及的会计科目

小企业应当根据规定，结合自身实际情况，设置“5001 主营业务收入”“5051 其他业务收入”“5401 主营业务成本”“5402 其他业务成本”“1405 库存商品”“1406 发出商品”“5603 财务费用”等会计科目。小企业如果销售商品属于主营业务（如销售商品、产成品），则通过“主营业务收入”科目核算；如果销售商品属于兼营业务（如销售材料），则通过“其他业务收入”科目核算。小企业如果存在附有销售退回条件的商品销售的情况，小企业应在《小企业会计准则》所附会计科目的基础上增设“1406 发出商品”会计科目。本科目核算小企业未满足收入确认条件但已发出商品的实际成本或售价。采用支付手续费方式委托其他单位代销的商品，也可以单独设置“1409 委托代销商品”科目。“主营业务收入”科目应按主营业务的种类进行明细核算，“其他业务收入”科目应按其他业务收入种类进行明细核算。

五、主要的账务处理

（一）主营业务收入的账务处理

小企业销售商品或提供劳务实现的收入，应当按照实际收到或应收的金额，借记“银行存款”“应收账款”等科目，按照税法规定应交纳的增值税税额，贷记“应交税费——应交增值税（销项税额）”科目，按照确认的销售商品收入，贷记“主营业务收入”科目。

月末，可将“主营业务收入”科目的余额转入“本年利润”科目，结转后“主营业务收入”科目应无余额。

（二）其他业务收入的账务处理

“其他业务收入”科目核算小企业确认的除主营业务活动以外的其他日常生产经营活动实现的收入。包括：出租固定资产、出租无形资产、销售材料等实现的收入。

小企业确认的其他业务收入，借记“银行存款”“其他应收款”等科目，贷记“其他业务收入”科目。涉及增值税销项税额的，还应进行相应的账务处理。

月末，可将“其他业务收入”科目余额转入“本年利润”科目，结转后“其他业务收入”科目应无余额。

（三）发出商品的主要账务处理如下

对于未满足收入确认条件的发出商品，应按发出商品的实际成本或售价，借记“发出商品”科目，贷记“库存商品”科目。

发出商品发生退回的，应按退回商品的实际成本或售价，借记“库存商品”科目，贷记“发出商品”科目。

发出商品满足收入确认条件时，应结转销售成本，借记“主营业务成本”或“其他业务成本”科目，贷记“发出商品”科目。采用售价核算的，还应结转应分摊的商品进销差价。

“发出商品”科目期末借方余额，反映小企业发出商品的实际成本或售价。

（四）销售退回的主要账务处理

发生销售退回时，借记“主营业务收入”“应交税费业务收入”“反映小企业发出”科目，贷记“银行存款（应收账款）”等科目，同时借记“库存商品”科目，贷记“主营业务成本（其他业务成本）”科目。

（五）销售折让的主要账务处理

发生销售折让时，借记“主营业务收入”“应交税费——应交增值税（销项税额）”科目，贷记“银行存款（应收账款）”等科目。

六、应用举例

【例 14－1】 201×年7月1日，甲公司采用托收承付结算方式销售一批商品，开出的增值税专用发票上注明售价为500 000元，增值税税额为80 000元；商品已经发出，并已向银行办妥托收手续；该批商品的成本为400 000元。甲公司应编制如下会计分录：

借：应收账款	580 000	
贷：主营业务收入		500 000
应交税费——应交增值税（销项税额）		80 000
借：主营业务成本	400 000	
贷：库存商品		400 000

【例 14－2】 201×年8月5日，甲公司与购货单位签订协议，采用预收款方式向购货单位销售一批商品。该批商品的实际成本为400 000元。协议约定，该批商品销售价格为600 000元，增值税税额为96 000元；购货单位应在协议签订时预付40%的货款（按销售价格计算），剩余货款于1个月后支付。甲公司应编制如下会计分录：

（1）收到40%货款时：

借：银行存款	240 000	
贷：预收账款		240 000

（2）收到剩余货款及增值税税款并交付商品时：

借：预收账款　240 000
　　银行存款　456 000
　　贷：主营业务收入　600 000
　　　　应交税费——应交增值税（销项税额）　96 000

借：主营业务成本　400 000
　　贷：库存商品　400 000

【例 14－3】 201×年 6 月 10 日，甲公司委托丙公司销售商品 300 件，商品已经发出，每件成本为 70 元。合同约定丙公司应按每件 100 元对外销售，甲公司按售价的 10% 向丙公司支付手续费。当年，丙公司对外实际销售 100 件，开出的增值税专用发票上注明的销售价格为 10 000 元，增值税税额为 1 600 元，款项已收到。11 月 30 日，甲公司收到丙公司开具的代销清单时，向丙公司开具一张相同金额的增值税专用发票。假定，甲公司发出商品时纳税义务尚未发生；甲公司采用实际成本核算，丙公司采用进价核算代销商品。

1. 甲公司应编制如下会计分录：

（1）发出商品时：

借：委托代销商品　21 000
　　贷：库存商品　21 000

（2）收到代销清单时：

借：应收账款　11 600
　　贷：主营业务收入　10 000
　　　　应交税费——应交增值税（销项税额）　1 600

借：主营业务成本　7 000
　　贷：委托代销商品　7 000

借：销售费用　1 000
　　贷：应收账款　1 000

（3）收到丙公司支付的货款时：

借：银行存款　10 600
　　贷：应收账款　10 600

2. 丙公司应编制如下会计分录：

（1）收到商品时：

借：受托代销商品　30 000
　　贷：受托代销商品款　30 000

（2）对外销售时：

借：银行存款　11 600
　　贷：受托代销商品　10 000
　　　　应交税费——应交增值税（销项税额）　1 600

(3) 收到增值税专用发票时:

借: 应交税费——应交增值税(进项税额) 1 600
  贷: 应付账款 1 600

借: 受托代销商品款 10 000
  贷: 受托代销商品 10 000

(4) 支付货款并计算代销手续费时:

借: 应付账款 11 600
  贷: 银行存款 10 600
    其他业务收入 1 000

【例 14-4】 甲公司于 201×年 7 月 1 日销售商品 10 000 件，每件商品的标价为 30 元(不含增值税)，每件商品的实际成本为 18 元，适用的增值税税率为 16%；由于是成批销售，甲公司给予购货方 10% 的商业折扣，并在销售合同中规定现金折扣条件为：2/10，1/20，N/30；商品于 7 月 1 日发出，购货方于 7 月 9 日付款。假定计算现金折扣时考虑增值税。

本例涉及现金折扣和商业折扣问题，首先需要计算确定销售商品收入的金额。根据销售商品收入金额确定的有关规定，销售商品收入的金额应是未扣除现金折扣但扣除商业折扣后的金额，现金折扣应在实际发生时计入当期财务费用。因此，甲公司应确认的销售商品收入金额为 270 000(30×10 000－30×10 000×10%)元，增值税销项税额为 43 200(270 000×16%) 元。购货方于销售实现后的 10 日内付款，享有的现金折扣为 6 264[(270 000+43 200)×2%]元。甲公司应编制如下会计分录:

(1) 7 月 1 日销售实现时:

借: 应收账款 313 200
  贷: 主营业务收入 270 000
    应交税费——应交增值税(销项税额) 43 200

借: 主营业务成本 (18×10 000) 180 000
  贷: 库存商品 180 000

(2) 7 月 9 日收到货款时:

借: 银行存款 306 936
  财务费用 6 264
  贷: 应收账款 313 200

若购货方于 7 月 19 日付款，则享受的现金折扣为 3 132(3 132×1%) 元，甲公司在收到货款时的会计分录为:

借: 银行存款 310 068
  财务费用 3 132
  贷: 应收账款 313 200

若购货方于 7 月 31 日付款，则应按全额付款。甲公司在收到货款时的会计分录为:

借: 银行存款 313 200
  贷: 应收账款 313 200

【例14-5】甲公司于201×年5月20日销售商品一批，增值税专用发票上注明售价为350 000元，增值税税额是56 000元；该批商品成本为200 000元。该批商品于5月20日发出，购货方于6月1日付款。甲公司对该项销售确认了销售收入。6月15日，该商品质量出现严重问题，购货方将该批商品全部退回给甲公司。甲公司同意退货，于退货当日支付了退货款，并按规定向购货方开具了增值税专用发票（红字）。甲公司应编制如下会计分录：

（1）销售实现时：

借：应收账款　406 000

　贷：主营业务收入　350 000

　　应交税费——应交增值税（销项税额）　56 000

借：主营业务成本　200 000

　贷：库存商品　200 000

（2）收到货款时：

借：银行存款　406 000

　贷：应收账款　406 000

（3）销售退回时：

借：主营业务收入　350 000

　应交税费——应交增值税（销项税额）　56 000

　贷：银行存款　406 000

借：库存商品　200 000

　贷：主营业务成本　200 000

【例14-6】201×年7月12日，甲公司销售一批商品，开出的增值税专用发票上注明的售价为10 000元，增值税税额为1 600元。该批商品的成本为6 000元。购货方验货时发现商品质量不合格，要求在价格上给予5%的折让。经确认，购货方提出的销售折让要求符合原合同的约定，甲公司同意并办妥了相关手续，开具了增值税专用发票（红字）。假定此前甲公司已确认该批商品的销售收入，销售款项尚未收到，发生的销售折让允许扣减当期增值税销项税额。甲公司应编制如下会计分录：

（1）销售实现时：

借：应收账款　11 600

　贷：主营业务收　10 000

　　应交税费——应交增值税（销项税额）　1 600

借：主营业务成本　6 000

　贷：库存商品　6 000

（2）发生销售折让时：

借：主营业务收入　500

　应交税费——应交增值税（销项税额）　80

　贷：应收账款　580

（3）实际收到款项时：

借：银行存款　　11 020

　　贷：应收账款　　11 102

第三节　提供劳务收入的核算

一、提供劳务收入的定义及范围

（一）提供劳务收入的定义

小企业提供劳务的收入，是指小企业从事建筑安装、修理修配、交通运输、仓储租赁、邮电通信、咨询经纪、文化体育、科学研究、技术服务、教育培训、餐饮住宿、中介代理、卫生保健、社区服务、旅游、娱乐、加工以及其他劳务服务活动取得的收入。

（二）劳务的范围

劳务是无形的商品，是指为他人提供服务的行为，包括体力和脑力劳动。本条所列举的提供劳务收入所涉及的行业较为广泛，既包括工业，也包括第三产业等。具体包括建筑安装、修理修配、交通运输、仓储租赁、邮电通信、咨询经纪、文化体育、科学研究、技术服务、教育培训、餐饮住宿、中介代理、卫生保健、社区服务、旅游、娱乐、加工以及其他劳务服务活动等。

小企业出租固定资产取得的租金收入和出租专利权、商标权、著作权、非专利技术以及其他特许权取得的特许权使用费收入也作为提供劳务收入予以确认，在“其他业务收入”科目核算。

《小企业会计准则》所称提供劳务收入不包括从事金融保险所取得的收入。

（三）各项劳务的具体内涵

1. 建筑安装。属于建筑业范畴，指建筑物主体工程竣工后，建筑物内各种设备的安装活动，以及施工中的线路敷设和管道安装。不包括工程收尾的装饰，如对墙面、地板、天花板、门窗等处理活动。

2. 修理修配。通常是指受托方对损伤和丧失功能的货物进行修复，使其恢复原状和功能的业务。所涉及的行业很多，例如，机动车、电子产品和日用产品修理，金属制品、机械和设备修理业等。

3. 交通运输。包括：（1）铁路运输业，指铁路客运、货运及相关的调度、信号、机车、车辆、检修、工务等活动；（2）道路运输业，包括公路旅客运输、道路货物运输、道路运输辅助活动等；（3）水上运输业，包括水上旅客运输、水上货物运输、水上运输辅助活动；（4）航空运输业，包括航空客货运输、通用航空服务、航空运输辅助活动；（5）管道运输业；（6）装卸搬运和运输代理业等。

4. 仓储租赁。包括仓储和租赁两部分。仓储指专门从事货物仓储、货物运输中转仓储，以及以仓储为主的物流送配活动。例如谷物、棉花等农产品仓储。租赁包括两类：一是机械设备租赁，指不配备操作人员的机械设备的租赁服务，包括汽车租赁、农业机械租赁、建筑工程机械与设备租赁、计算机及通讯设备租赁、其他机械与设备租赁等；二是文化及日用品出租，包括图书及音像制品出租、其他文化及日用品出租等。

5. 邮电通信。包括邮电和通信两部分。邮政业和交通运输、仓储列为一类，主要包括国家邮政，即国家邮政系统提供的邮政服务，以及其他寄递服务，即国家邮政系统以外的单位所提供的包裹、小件物品的收集、运输、发送服务。通信包括电信、广播电视和卫星传输服务，互联网和相关服务等。

6. 咨询经纪。咨询业包括会计、审计及税务服务、社会经济咨询以及其他专业咨询；经纪业是指商品经纪人等活动。

7. 文化体育。文化业包括新闻和出版业，广播、电视、电影和影视录音制作业，文化艺术业等，体育业包括体育组织、体育场馆及其他体育活动。

8. 科学研究。主要指为了增加知识（包括有关自然、工程、人类、文化和社会的知识），以及运用这些知识创造新的应用所进行的系统的、创造性的活动。该活动仅限于对新发现、新理论的研究，新技术、新产品、新工艺的研制。研究和试验发展包括基础研究、应用研究和试验发展，即自然科学研究和试验发展、工程和技术研究和试验发展、农业科学研究和试验发展、医学研究和试验发展、社会人文科学研究和试验发展等。

9. 技术服务。包括专业技术服务业和科技推广和应用服务业两类。前者包括气象服务、地震服务、海洋服务、测绘服务及技术监测、环境监测、工程技术与规划管理等；后者包括技术推广服务、科技中介服务和其他科技服务。

10. 教育培训。包括学前教育、初等教育、中等教育、高等教育以及其他教育（职业技能培训、特殊教育等）。

11. 餐饮住宿。餐饮业包括正餐服务、快餐服务、饮料及冷饮服务以及其他餐饮服务；住宿业包括旅游饭店、一般旅馆及其他住宿服务。

12. 中介代理。中介包括房地产中介服务、职业中介服务等，代理包括贸易、金融领域的代理等。

13. 卫生保健。包括医院、卫生院及社区医疗活动、门诊部医疗活动、计划生育技术服务活动、妇幼保健活动、专科疾病防治活动、疾病预防控制及防疫活动以及其他卫生保健活动。

14. 社区服务。主要包括居民服务业和其他服务业。

15. 旅游。包括旅行社服务业，指为社会各界提供商务、组团和散客旅游的服务。包括向顾客提供咨询、旅游计划和建议、日程安排、导游、食宿和交通等服务。

16. 娱乐。包括室内娱乐活动、游乐园、休闲健身娱乐活动及其他娱乐活动。

17. 加工。属于制造业的范畴，包括农副食品加工业，木材加工和木、竹、藤、棕、草制品业，石油加工、炼焦及核燃料加工业，黑色金属冶炼和压延加工业、有色金属冶炼和压延加工业，废弃资源综合利用业等。

二、提供劳务收入的确认和计量

（一）不跨会计年度的劳务收入的确认原则

同一会计年度内开始并完成的劳务收入，应当在提供劳务交易完成且收到款项或取得收款权利时，确认提供劳务收入。这一确认原则包含了两个条件，并且应当同时具备：

1. 收入确认的前提是劳务已经完成。

2. 收到款项或取得收款的权利，表明收入金额能够可靠确定并且该经济利益能够流入小企业。

（二）不跨会计年度的劳务收入的计量原则

提供劳务收入的金额为从接受劳务方已收或应收的合同或协议价款。

（三）跨会计年度的劳务收入的确认原则

跨会计年度的劳务，通常是指小企业受托加工制造机械设备等，以及从事建筑、安装、装配工程业务或者提供劳务等，持续时间超过 12 个月。

劳务的开始和完成分属不同会计年度的，应当按照完工进度确认提供劳务收入。这实质上就是《企业会计准则》所规定的完工百分比法。完工百分比法，是指按照提供劳务交易的完工进度确认收入和成本的方法。在这种方法下，确认的提供劳务收入金额能够提供不同会计年度关于提供劳务交易及其业绩的有用信息。其关键是合理确定所提供劳务的完工进度。

小企业确定提供劳务交易的完工进度，可以选用下列方法：

1. 已完工工作量的测量，如完成的工程形象进度。比如某小企业负责为某社区盖居民活动中心大楼，一共 3 层，在 18 个月的时间内完成，第 1 年年底盖完了 2 层，则第 1 年完成的工程进度为 66.7%。

2. 已经提供的劳务量占应提供劳务总量的比例，如已挖土石方量占总土石方量的比例。比如，某小企业负责为某工地挖地基，总土方石量为 2 000 立方米，时间为 2×15 年 7 月 1 日至 2×16 年 6 月 30 日，在 2×15 年 12 月 31 日，经测算共挖土石方量为 1 200 立方米，则 2×15 年完成的工程进度为 60%。

3. 已经发生的成本占估计的提供劳务成本总额的比例，比如，某工程概算成本为 120 万元，分 3 年完工，第 1 年实际发生的工程成本为 30 万元，则第 1 年完成的工程进度为 25%。

（四）跨会计年度的劳务收入的计量原则

劳务的开始和完成分属不同会计年度的，在年度资产负债表日，按照提供劳务收入总额乘以完工进度扣除以前会计年度累计已确认提供劳务收入后的金额，确认本年度提供劳务收入；同时，按照估计的提供劳务成本总额乘以完工进度扣除以前会计年度累计已确认劳务成本后的金额，结转营业成本。本计量要求应从以下三个方面来把握：

1. 确认劳务收入和结转劳务成本的时点均为年度资产负债表日，也就是年末（12 月 31 日）。

2. 规定了劳务收入金额的确定方法，按照提供劳务收入总额乘以完工进度扣除以前会计年度累计已确认提供劳务收入后的金额，确认本年度提供劳务收入。在按照该方法具体确定劳务收入金额时，把握两个关键点，一是完工进度；二是提供劳务收入总额。完工进度按照以上解释来应用。下面重点解释提供劳务收入总额的确定。

提供劳务收入总额一般根据交易双方签订的合同或协议注明的交易总金额确定。也就是说，提供劳务收入总额通常在合同或协议中规定了明确的金额，即合同金额。但是也不排除随着劳务的提供可能会根据实际情况增加或减少交易总金额。在这种情况下，小企业作为劳务提供方应当及时调整劳务收入总额并且区分不同情况进行会计处理，如果该调整金额相对原合同金额比例较小（如不超过 10%），为简化核算，便于小企业实务操作，可以将该调整金额直接记入最后一个会计年度的收入之中，不需要在不同会计年度之间进行重新分配；反之，应当将该调整金额在调整所在会计年度和以后剩余的会计年度之间进行重新分配。

本年提供劳务收入金额可按照下列公式计算确定：

本年确认的提供劳务收入金额 = 提供劳务收入总额 × 截至本年末劳务的完工程度 − 以前年度已确认的提供劳务收入累计金额

3. 规定了应结转提供劳务成本金额的确定方法，按照估计的提供劳务成本总额乘以完工进度扣除以前会计年度累计已确认营业成本后的金额，结转本年度营业成本。在按照该方法具体确定本年度提供劳务应结转的营业成本金额时，也需要把握两个关键点，一是完工进度；二是提供劳务成本总额。完工进度与确定提供劳务收入所使用的完工进度完全相同。下面重点解释提供劳务成本总额的确定。

提供劳务成本总额在劳务最终完成之前实际上是一个估计的金额，只有等到劳务最终完成时才能确定实际发生的劳务成本总额。由于这类劳务属于跨会计年度的劳务，按照完工百分比法确认提供劳务收入的同时，应当结转所提供劳务相应的营业成本。因此，就需要在劳务提供的过程中计算确定应结转的营业成本。在这种情况下，可行的做法只能是采用估计的提供劳务成本总额。基于此考虑，本条规定中采用“估计的提供劳务成本总额”这一概念。

提供劳务成本总额既然是一个估计金额，根据提供劳务的成本发生的不同特点，提供劳务成本总额可以采用两种方法进行估计：

（1）“完全估计法”，即在劳务开始提供之前，小企业根据有关因素确定的该劳务的概算成本。

（2）“实际发生＋部分估计法”，即按照至年度资产负债表日止已经实际发生的成本和完成劳务以后年度将要发生的成本来确定，其中“至年度资产负债表日止已经实际发生的成本”可以从“生产成本”或“劳务成本”科目的借方发生额分析取得。但是无论采用哪一种方法确定劳务成本总额，同样不排除随着劳务的提供可能会根据实际情况增加或减少劳务成本总额。在这种情况下，小企业作为劳务提供方应当及时调整劳务成本总额并且区分不同情况进行会计处理，如果该调整金额相对原劳务成本总额比例较小（如不超过10%），为简化核算，便于小企业实务操作，可以将该调整金额直接记入最后一个会计年度的营业成本之中，不需要在不同会计年度之间进行重新分摊；反之，应当将该调整金额在调整所在会计年度和以后剩余的会计年度之间进行重新分摊。

本年由提供劳务应结转营业成本的金额可按照下列公式计算确定：

本年结转的营业成本金额＝估计的提供劳务成本总额×截至本年末劳务的完工程度－以前年度已结转的营业成本累计金额

三、混合销售收入确认原则

小企业与其他企业签订的合同或协议包含销售商品和提供劳务时，销售商品部分和提供劳务部分能够区分且能够单独计量的，应当将销售商品的部分作为销售商品处理，将提供劳务的部分作为提供劳务处理。

销售商品部分和提供劳务部分不能够区分，或虽能区分但不能够单独计量的，应当作为销售商品处理。

四、所涉及的会计科目

小企业应当根据规定，结合自身实际情况，设置“5001 主营业务收入”“5051 其他业务收入”“4001 生产成本”“4401 工程施工”和“4403 机械作业”等会计科目。小企业如果提供劳务属于主营业务（如专门从事建筑安装），则通过“5001 主营业务收入”科目核算；如果提供劳务属于兼营业务（如出租固定资产、出租无形资产），则通过“5051 其他业务收入”科目核算。小企业对外提供劳务发生的成本（即不同时进行产品生产），可以将“4001 生产成本”科目改为“4001 劳务成本”科目，或单独设置“4002 劳务成本”科目进行核算（即既进行产品生产又同时对外提供劳务）。建筑业的小企业在采用完工百分比法确认收入和结转成本时，还应单独设置“4401 工程施工”和“4403 机械作业”2 个会计科目。

五、应用举例

【例 14－7】 201×年 12 月 1 日，甲公司与丁公司签订一项为期 5 个月的非工业性劳务合同，合同总收入为500万元，当天预收劳务款240万元。至12月31日，实际发生劳务成本100万元（以银行存款支付），估计为完成合同还将发生劳务成本150万元。假定甲公司按实际发生的成本占估计总成本的比例确定劳务的完工进度。甲公司应编制如下会计分录：

（1）预收劳务款时：

借：银行存款　　2 400 000

　　贷：预收账款　　2 400 000

（2）实际发生劳务成本时：

借：劳务成本　　1 000 000

　　贷：银行存款　　1 000 000

（3）12月31日确认提供劳务收入并结转劳务成本时：

借：预收账款　　2 000 000（5 000 000 × 2 ÷ 5）

　　贷：其他业务收入　　2 000 000

借：其他业务成本　　100 000（2 500 000 × 2 ÷ 5）

　　贷：劳务成本　　100 000

【例14－8】 201×年8月1日，甲公司与乙公司签订合同，向乙公司销售一部电梯并负责安装。甲公司开出的增值税专用发票上注明的不含税价款合计为1 000 000元，其中电梯销售价格为980 000元，安装费为20 000元，增值税税额为157 400元，其中电梯销售增值税156 800元，安装费增值税600元。电梯的成本为560 000元；电梯安装过程中发生安装费12 000元，均为安装人员薪酬。假定电梯已经安装完成并经验收合格，款项尚未收到；安装工作是销售合同的重要组成部分。假设甲公司采用《小企业会计准则》核算，甲公司的账务处理如下：

（1）发生安装费用12 000元时：

借：劳务成本　　12 000

　　贷：应付职工薪酬　　12 000

（2）电梯销售实现确认收入980 000元，并结转电梯成本560 000元时：

借：应收账款　　1 136 800

　　贷：主营业务收入　　980 000

　　　　应交税费——应交增值税（销项税额）　　156 800

借：主营业务成本　　560 000

　　贷：库存商品　　560 000

（3）确认安装费收入20 000元并结转安装成本12 000元时：

借：应收账款　　20 600

　　贷：主营业务收入　　20 000

　　　　应交税费——应交增值税（销项税额）　　600

借：主营业务成本　　12 000

　　贷：劳务成本　　12 000

【例 14 -9】 接【例 14 -8】，若电梯销售价格和安装费用无法区分，则甲公司需将电梯销售款 980 000 元和安装费 20 000 元全部确认为销售商品收入，并适用 16% 增值税。甲公司的账务处理如下：

（1）发生安装费用 12 000 元时：

借：劳务成本	12 000	
贷：应付职工薪酬		12 000

（2）销售实现确认收入 1 000 000 元并结转成本 572 000 元时：

借：应收账款	1 160 000	
贷：主营业务收入		1 000 000
应交税费——应交增值税（销项税额）		160 000
借：主营业务成本	572 000	
贷：库存商品		560 000
劳务成本		12 000

第十五章

成本和费用

第一节 成本的核算

成本是指为了达到特定目的所失去或放弃的资源。

成本具有以下特征，成本是经济资源的耗费，成本是以货币计量的耗费，成本是特定对象的耗费，成本是正常经营活动的耗费。

一、生产成本的核算

（一）基本概念及内容

“生产成本”科目核算小企业进行工业性生产发生的各项生产成本。包括：生产各种产品（产成品、自制半成品等）、自制材料、自制工具、自制设备等。

小企业对外提供劳务发生的成本，可将“生产成本”科目改为“4001 劳务成本”科目，或单独设置“4002 劳务成本”科目进行核算。

“生产成本”科目可按照基本生产成本和辅助生产成本进行明细核算。本科目期末借方余额，反映小企业尚未加工完成的在产品成本。

（二）主要账务处理

（1）小企业发生的各项直接生产成本，借记“生产成本”科目（基本生产成本、辅助生产成本），贷记“原材料”“库存现金”“银行存款”“应付职工薪酬”等科目。

各生产车间应负担的制造费用，借记“生产成本”科目（基本生产成本、辅助生产成本），贷记“制造费用”科目。

（2）辅助生产车间为基本生产车间、管理部门和其他部门提供的劳务和产品，可在月末按照一定的分配标准分配给各受益对象，借记“生产成本”科目（基本生产成本）、“销售费用”“管理费用”“其他业务成本”“在建工程”等科目，贷记“生产成本”科目（辅助生产成本）；也可在提供相关劳务和产品时，借记“生产成本”科目、“销售费用”“管理费用”“其他业务成本”“在建工程”等科目贷记“原材料”“库存现金”“银行存款”“应付职工薪酬”等科目。

(3) 小企业已经生产完成并已验收入库的产成品以及入库的自制半成品，可在月末，借记“库存商品”等科目，贷记“生产成本”科目（基本生产成本)。

二、制造费用的核算

（一）基本概念及内容

“制造费用”科目核算小企业生产车间（部门）为生产产品和提供劳务而发生的各项间接费用。

小企业经过1年期以上的制造才能达到预定可销售状态的产品发生的借款费用，也在“制造费用”科目核算。

小企业行政管理部门为组织和管理生产经营活动而发生的管理费用，在“管理费用”科目核算，不在“制造费用”科目核算。

“制造费用”科目应按照不同的生产车间、部门和费用项目进行明细核算。除季节性的生产性小企业外，本科目期末应无余额。

（二）主要账务处理

(1) 生产车间发生的机物料消耗和固定资产修理费，借记“制造费用”科目，贷记“原材料”“银行存款”等科目。

(2) 发生的生产车间管理人员的工资等职工薪酬，借记“制造费用”科目，贷记“应付职工薪酬科目。

(3) 生产车间计提的固定资产折旧费，借记“制造费用”科目，贷记“累计折旧”科目。

(4) 生产车间支付的办公费、水电费等，借记“制造费用”科目，贷记“银行存款”“应付利息等科目。

(5) 发生季节性和修理期间的停工损失，借记“制造费用”科目，贷记“原材料”“应付职工薪酬”“银行存款”等科目。

(6) 小企业经过1年期以上的制造才能达到预定可销售状态的产品在制造完成之前发生的借款利息，在应付利息日根据借款合同利率计算确定的利息费用，借记“制造费用”科目，贷记“应付利息”科目。制造完成之后发生的利息费用，借记“财务费用”科目，贷记“应付利息”科目。

(7) 将制造费用分配计入有关的成本核算对象，借记“生产成本——基本生产成本、辅助生产成本”等科目。贷记本科目。

(8) 季节性生产小企业制造费用全年实际发生额与分配额的差额，除其中属于为下一年开工生产做准备的可留待下一年分配外，其余部分实际发生额大于分配额的差额，借记“生产成本——基本生产成本”科目，贷记“制造费用”科目；实际发生额小于分配额的差额，作相反的会计分录。

三、研发支出的核算

（一）基本概念及内容

“研发支出”科目核算小企业进行研究与开发无形资产过程中发生的各项支出。

“研发支出”科目应按照研究开发项目，分别“费用化支出”“资本化支出”进行明细核算。

“研发支出”科目期末借方余额，反映小企业正在进行的无形资产开发项目满足资本化条件的支出。

（二）主要账务处理

（1）小企业自行研究开发无形资产发生的研发支出，不满足资本化条件的，借记“研发支出”科目（费用化支出），满足资本化条件的，借记“研发支出”科目（资本化支出），贷记“原材料”“银行存款”“应付职工薪酬”“应付利息”等科目。

（2）研究开发项目达到预定用途形成无形资产的，应按“研发支出”科目（资本化支出）的余额，借记“无形资产”科目，贷记“研发支出”科目（资本化支出）。

月末，应将“研发支出”科目归集的费用化支出金额转入“管理费用”科目，借记“管理费用”科目，贷记“研发支出”科目（费用化支出）。

四、工程施工的核算

（一）基本概念及内容

“工程施工”科目核算小企业（建筑业）实际发生的各种工程成本。本科目应按照建造合同项目分别“合同成本”和“间接费用”进行明细核算。本科目期末借方余额，反映小企业尚未完工的建造合同成本和合同毛利。

（二）主要账务处理

（1）小企业进行合同建造时发生的人工费、材料费、机械使用费以及施工现场材料的二次搬运费、生产工具和用具使用费、检验试验费、临时设施折旧费等其他直接费用，借记“工程施工”科目（合同成本），贷记“应付职工薪酬”“原材料”等科目。

发生的施工、生产单位管理人员职工薪酬、财产保险费、工程保修费、固定资产折旧费等间接费用，借记“工程施工”科目（间接费用），贷记“累计折旧”“银行存款”等科目。

期（月）末，将间接费用分配计入有关合同成本，借记“工程施工”科目（合同成本），贷记“工程施工”科目（间接费用）。

（2）确认合同收入和合同费用时，借记“应收账款”“预收账款”等科目，贷记“主营业务收入”科目；按照应结转的合同成本，借记“主营业务成本”科目，贷记“工程施工”科目（合同成本）。

五、机械作业的核算

（一）基本概念及内容

“机械作业”科目核算小企业（建筑业）及其内部独立核算的施工单位、机械站和运输队使用自有施工机械和运输设备进行机械作业（含机械化施工和运输作业等）所发生的各项费用。

小企业及其内部独立核算的施工单位，从外单位或本企业其他内部独立核算的机械站租入施工机械发生的机械租赁费，在“工程施工”科目核算，不在“机械作业”科目核算。

“机械作业”科目应按照施工机械或运输设备的种类等进行明细核算。

小企业内部独立核算的机械施工、运输单位使用自有施工机械或运输设备进行机械作业所发生的各项费用，应按照成本核算对象和成本项目进行归集。

成本项目一般分为：职工薪酬、燃料及动力费、折旧及修理费、其他直接费用、间接费用（为组织和管理机械作业生产所发生的费用）。

“机械作业”科目期末应无余额。

（二）主要账务处理

（1）小企业发生的机械作业支出，借记“机械作业”科目，贷记“原材料”“应付职工薪酬”“累计折旧”等科目。

（2）期（月）末，小企业及其内部独立核算的施工单位、机械站和运输队为本企业承包的工程进行机械化施工和运输作业的成本，应转入承包工程的成本，借记“工程施工”科目，贷记“机械作业”科目。

对外单位、专项工程等提供机械作业（含运输设备）的成本，借记“生产成本（或劳成本）”科目，贷记“机械作业”科目。

第二节　费用的核算

一、费用概述

费用，是指小企业在日常生产经营活动中发生的、会导致所有者权益减少与向所有者分配利润无关的经济利益的总流出。

小企业的费用包括包括成本费用和期间费用。成本费用包括营业成本、营业税金及附加。期间费用包括销售费用、管理费用、财务费用等。

（1）营业成本，是指小企业所销售商品的成本和所提供劳务的成本。

（2）营业税金及附加，是指小企业开展日常生产经营活动应负担的消费税、城市维护建设税、资源税、土地增值税、城镇土地使用税、房产税、车船税、印花税和教育费附加、矿产资源补偿费、排污费等。

（3）销售费用，是指小企业在销售商品或提供劳务过程中发生的各种费用。包括：销售人员的职工薪酬、商品维修费、运输费、装卸费、包装费、保险费、广告费、业务宣传费、展览费等费用。

小企业（批发业、零售业）在购买商品过程中发生的费用（包括：运输费、装卸费、包装费、保险费、运输途中的合理损耗和入库前的挑选整理费等）也构成销售费用。

（4）管理费用，是指小企业为组织和管理生产经营发生的其他费用。包括：小企业在筹建期间内发生的开办费、行政管理部门发生的费用（包括：固定资产折旧费、修理费、办公费、水电费、差旅费、管理人员的职工薪酬等）、业务招待费、研究费用、技术转让费、相关长期待摊费用摊销、财产保险费、聘请中介机构费、咨询费（含顾问费）、诉讼费等费用。

（5）财务费用，是指小企业为筹集生产经营所需资金发生的筹资费用。包括：利息费用（减利息收入）、汇兑损失、银行相关手续费、小企业给予的现金折扣（减享受的现金折扣）等费用。

通常，小企业的费用应当在发生时按照其发生额计入当期损益。

小企业销售商品收入和提供劳务收入已予确认的，应当将已销售商品和已提供劳务的成本作为营业成本结转至当期损益。

二、主营业务成本的核算

（一）基本概念及内容

“主营业务成本”科目核算小企业确认销售商品或提供劳务等主营业务收入应结转的成本。本科目应按主营业务的种类进行明细核算。期末，应将本科目的余额转入“本年利润”科目，结转后本科目无余额。

（二）主要账务处理

1. 期（月）末，小企业可根据本期（月）销售各种商品、提供各种劳务等实际成本，计算应结转的主营业务成本，借记“主营业务成本”科目，贷记“库存商品”“生产成本”“工程施工”等科目。

2. 本月发生的销售退回，可以直接从本月的销售数量中减去，得出本月销售的净数量，然后计算应结转的主营业务成本，也可以单独计算本月销售退回成本，借记“库存商品”等科目，贷记“主营业务成本”科目。

【例 15－1】 甲公司 201×年 3 月 15 日售给乙公司 A 产品 500 件，开出的增值税专用发票上注明的商品售价为 50 000 元，增值税税额为 8 500 元，商品已发出，同时，收到乙公司的转账支票并办妥进账手续。经计算，A 产品的单位成本为 60 元，则该公司结转已售 A 产品营业成本的会计分录为：

借：主营业务成本——A 产品　　30 000

　　贷：库存商品——A 产品　　30 000

【例 15－2】 接【例 15－1】，月末售出的 A 产品发生退货 100 件，原结转的营业成本为 6 000 元，退回的 A 产品已入库。则该公司应做如下分录：

借：库存商品——A 产品　　6 000

　　贷：主营业务成本——A 产品　　6 000

三、其他业务成本的核算

（一）基本概念及内容

“其他业务成本”科目核算小企业确认的除主营业务活动以外的其他日常生产经营活动所发生的支出。包括销售材料的成本、出租固定资产的折旧费、出租无形资产的摊销额等。

“其他业务成本”科目应按其他业务成本的种类进行明细核算。月末，应将本科目余额转入“本年利润”科目，结转后本科目无余额。

（二）主要账务处理

小企业发生的其他业务成本，借记“其他业务成本”科目，贷记“原材料”“周转材料”“累计折旧”“累计摊销”“银行存款”等科目。

【例 15－3】 甲公司 201×年 3 月对外销售辅助材料一批，实际成本为 100 000 元。则该公司结转已售材料营业成本的会计处理为：

借：其他业务成本——材料销售　　100 000

　　贷：原材料——辅助材料　　100 000

四、营业税金及附加的核算

（一）基本概念及内容

“营业税金及附加”科目核算小企业开展日常生产经营活动应负担的消费税、城市维护建设税、资源税、土地增值税、城镇土地使用税、房产税、车船税、印花税和教育费附加、矿产资源补偿费、排污费等相关税费。

与最终确认营业外收入或营业支出相关的税费，在“固定资产清理”等科目核算，不在“营业税金及附加”科目核算。

月末，应将“营业税金及附加”科目余额转入“本年利润”科目，结转后本科目无余额。

（二）主要账务处理

小企业按规定计算确定的与经营活动相关的税费，借记“营业税金及附加”科目，贷记“应交税费”科目。

【例 15－4】甲公司对外零售消费品全部销售额为 46 400 元（含增值税）。增值税税率为 16%，应交增值税 6 400 元；消费税税率为 10%，应交消费税 4 000 元；城市维护建设税税率为 7%，应交城市维护建设税 728 元；教育费附加的征收率为 3%，应交教育费附加 312 元。销售收入已全部存入银行。则该公司应做如下会计处理：

（1）销售实现时：

借：银行存款	46 400	
贷：主营业务收入		40 000
应交税费——应交增值税（销项税额）		6 400

（2）计算相关税费时：

借：营业税金及附加	5 040	
贷：应交税费——应交消费税		4 000
——应交城市维护建设税		728
——应交教育费附加		312

（3）缴纳各项税费时：

借：应交税费——应交消费税	4 000	
——应交城市维护建设税	728	
——应交教育费附加	312	
——应交增值税（已交税金）	6 400	
贷：银行存款		11 440

（4）月末结转营业税金及附加：

借：本年利润	5 040	
贷：营业税金及附加		5 040

【例 15－5】甲公司 201×年 10 月计算确定的应交房产税为 4 000 元、应交车船税为 3 600 元、应交城镇土地使用税为 5 300 元。则该公司的会计处理为：

借：营业税金及附加	12 900	
贷：应交税费——应交房产税		4 000
——应交车船税		3 600
——应交城镇土地使用税		5 300

五、销售费用的核算

（一）基本概念及内容

“销售费用”科目核算小企业在销售商品或提供劳务过程中发生的各种费用。包括销售人员的职工薪酬、保险费、包装费、展览费和广告费、业务宣传费、商品维修费、运输费、装卸费等费用。

小企业（批发业、零售业）在购买商品过程中发生的费用（包括运输费、装卸费、包装费、保险费、运输途中的合理损耗和入库前的挑选整理费等）也构成销售费用。

“销售费用”科目应按费用项目进行明细核算。月末，应将本科目余额转入“本年利润”科目，结转后本科目无余额。

（二）主要账务处理

（1）小企业在销售商品或提供劳务过程中发生的销售人员的工资、商品维修费、包装费、保险费、展览费和广告费、业务宣传费、运输费、装卸费等费用，借记“销售费用”科目，贷记“库存现金”“银行存款”等科目。

（2）小企业（批发业、零售业）在购买商品过程中发生的运输费、装卸费、包装费、保险费、运输途中的合理损耗和入库前的挑选整理费等，借记“销售费用”科目，贷记“应付账款”“银行存款”“库存现金”等科目。

【例 15－6】甲公司销售一批产品，销售过程中发生装卸费 9 000 元，使用银行存款支付。则甲公司会计处理为：

借：销售费用　　9 000

　　贷：银行存款　　9 000

【例 15－7】甲公司 2015 年、2016 年、2017 年度的销售收入分别为 900 万元、1 000 万元、1 100 万元，各年度广告费和业务宣传费实际支出额分别为 140 万元、155 万元、160 万元。则该公司的会计处理为：

2015 年：

借：销售费用　　1 400 000

　　贷：银行存款　　1 400 000

2016 年、2017 年的会计分录同上。

六、管理费用的核算

（一）基本概念及内容

“管理费用”科目核算小企业为组织和管理生产经营所发生的管理费用。包括小企业在筹建期间内发生的开办费、行政管理部门发生的费用（包括固定资产折旧费、修理费、办公费、水电费、差旅费、管理人员的职工薪酬等)、业务招待费、研究费用、技术转让费、相关长期待摊费用摊销、财产保险费、聘请中介机构费、咨询费（含顾问费)、诉讼费等费用。小企业管理费用不多的，可不设置“管理费用”科目，本科目核算内容可并入“销售费用”。

“管理费用”科目应按费用项目进行明细核算。月末，应将本科目的余额转入“本年利润”科目，结转后本科目无余额。

（二）主要账务处理

1. 小企业在筹建期间内发生的开办费，包括相关人员的职工薪酬、办公费、培训费、差旅费、印刷费、注册登记费以及不计入固定资产成本的借款费用等，在实际发生时，借记“管理费用”科目，贷记“银行存款”等科目。

2. 行政管理部门人员的职工薪酬及其他职工薪酬（包括因解除与职工的劳动关系给予的补偿)，借记“管理费用”科目，贷记“应付职工薪酬”科目。

3. 行政管理部门计提的固定资产折旧费和发生的修理费，借记“管理费用”科目，贷记“累计折旧”“银行存款”等科目。

4. 行政管理部门发生的办公费、水电费、差旅费，借记“管理费用”科目，贷记“银行存款”等科目。

5. 小企业发生的业务招待费、相关长期待摊费用摊销、技术转让费、财产保险费、聘请中介机构费、咨询费、诉讼费等，借记“管理费用”科目，贷记“银行存款”“长期待摊费用”等科目。

6. 小企业自行研究无形资产发生的研究费用，借记本科目，贷记“研发支出”科目。

【例15-8】 甲公司行政管理部门201×年3月共发生费用275 000元，其中：行政管理人员工资250 000，办公设备折旧费5 000元，以银行存款支付办公费12 000元，水电费8 000元。则该公司的会计处理为：

借：管理费用	275 000	
贷：应付职工薪酬		250 000
累计折旧		5 000
银行存款		20 000

【例15-9】 甲公司201×年度用银行存款支付业务招待费25万元。则该公司的会计处理为：

借：管理费用	250 000	
贷：银行存款		250 000

七、财务费用的核算

（一）基本概念及内容

“财务费用”科目核算小企业为筹集生产经营所需资金而发生的筹资费用，包括利息费用（减利息收入）、汇兑损失、银行相关手续费、小企业给予的现金折扣（减享受的现金折扣）等费用。

小企业为购建固定资产、无形资产和经过一年期以上的制造才能达到预定可销售状态的存货发生的借款费用，在“在建工程”“制造费用”“研发支出”等科目核算，不在“财务费用”科目核算。小企业发生的汇兑收益，在“营业外收入”科目核算，不在“财务费用”科目核算。

“财务费用”科目应按费用项目进行明细核算。月末，应将本科目余额转入“本年利润”科目，结转后本科目无余额。

（二）主要账务处理

1. 小企业发生的利息费用、汇兑损失、银行相关手续费、给予的现金折扣等，借记“财务费用”科目，贷记“银行存款”科目。

2. 持未到期的商业汇票向银行贴现，应当按照实际收到的金额（即减去贴现息后的净额），借记“银行存款”科目，按照贴现息，借记“财务费用”科目，按照商业汇票的票面金额，贷记“应收票据”科目（银行无追索权情况下）或“短期借款”科目（银行有追索权情况下）。

3. 发生的应冲减财务费用的利息收入、享受的现金折扣等，借记“银行存款”，贷记“财务费用”科目。

【例 15－10】 甲公司 201×年 1 月 10 日以银行存款支付银行手续费 500 元。则该公司的会计处理为：

借：财务费用　　500

　　贷：银行存款　　500

【例 5－11】 甲公司 201×年 1 月 1 日向银行借入生产经营用短期借款 360 000 元，期限 6 个月，年利率 5%，该借款本金到期后一次归还，利息分月预提，按季支付。1 月 31 日预提短期借款利息。则该公司的会计处理为：

借：财务费用　　1 500

　　贷：应付利息　　1 500

第十六章

利润及利润分配

第一节　概述

利润是指小企业在一定会计期间的经营成果。包括：营业利润、利润总额和净利润。

一、营业利润

营业利润是指营业收入减去营业成本、营业税金及附加、销售费用、管理费用、财务费用，加上投资收益（或减去投资损失）后的金额。

营业收入是指小企业销售商品和提供劳务实现的收入总额。投资收益（或投资损失）由小企业股权投资取得的现金股利（或利润）、债券投资取得的利息收入和处置股权投资和债券投资取得的处置价款扣除成本或账面余额、相关税费后的净额三部分构成。

二、利润总额

利润总额是指营业利润加上营业外收入减去营业外支出后的金额。

营业外收入是指小企业非日常生产经营活动形成的、应当计入当期损益、会导致所有者权益增加、与所有者投入资本无关的经济利益的净流入。

营业外支出是指小企业日常生产经营活动发生的、应当计入当期损益、会所致所有者权益减少、与向所有者分配利润无关的经济利益的净流出

三、净利润

净利润是指利润总额减去所得税费用后的净额。

小企业以当年净利润弥补以前年度亏损等剩余的税后利润，可用于向投资者进行分配。小企业（公司制）在分配当年税后利润时，应当按照公司法的规定提取法定公积金和任意公积金。小企业利润和利润分配涉及到“本年利润”和“利润分配”两个会计科

目，具体核算要求见本书第十三章。

第二节　投资收益的核算

一、基本概念及内容

“投资收益”科目核算小企业确认的投资收益或投资损失。本科目应按照投资项目进行明细核算。月末，可将本科目余额转入“本年利润”科目，结转后本科目应无余额。

二、主要账务处理

1. 对于短期股票投资、短期基金投资和长期股权投资、小企业应当按照被投资单位宣告分派的现金股利或利润中属于本企业的部分，借记“应收股利”科目，贷记“投资收益”科目。

2. 在长期债券投资或短期债券投资持有期间，在债务人应付利息日，按照分期付息、一次还本的长期债券投资或短期债券投资的票面利率计算的利息收入，借记“应收利息”科目，贷记“投资收益”科目；按照一次还本付息的长期债券投资票面利率计算的利息收入，借记“长期债券投资——应计利息”科目，贷记“投资收益”科目。

在债务人应付利息日，按照应分摊的债券溢折价金额，借记或贷记“投资收益”科目，贷记或借记“长期债券投资——溢折价”科目。

3. 出售短期投资、处置长期股权投资和长期债券投资，应当按照实际收到的价款或收回的金额，借记“银行存款”或“库存现金”科目，按照其账面余额，贷记“短期投资”“长期股权投资”“长期债券投资”科目，按照尚未领取现金股利或利润、债券利息收入，贷记“应收股利”“应收利息”科目，按照其差额，贷记或借记“投资收益”科目。

第三节　营业外收支的核算

一、营业外收入的核算

（一）基本概念及内容

“营业外收入”科目核算小企业实现的各项营业外收入。包括：非流动资产处置净收益、政府补助、捐赠收益、盘盈收益、汇兑收益、出租包装物和商品的租金收入、逾期末退包装物押金收益、确实无法偿付的应付款项、已作坏账损失处理后又收回的应收款项、违约金收益等。

政府补助，是指小企业从政府无偿取得货币性资产或非货币性资产，但不含政府作为小企业所有者投入的资本。政府补助的主要形式有财政拨款、财政贴息、税收返还、无偿划拨非货币性资产等。小企业收到与资产相关的政府补助，应当确认为递延收益，并在相关资产的使用寿命内平均分配，计入营业外收入；收到的其他政府补助，用于补偿本企业以后期间的相关费用或亏损的，确认为递延收益，并在确认相关费用或发生亏损的期间，计入营业外收入；用于补偿本企业已发生的相关费用或亏损的，直接计入营业外收入。政府补助为货币性资产的，应当按照收到的金额计量，政府提供了有关凭据的，应当按照凭据上标明的金额计量；政府没有提供有关凭据的，应当按照同类或类似资产的市场价格或评估价值计量。

"营业外收入"科目应按照营业外收入项目进行明细核算。小企业收到出口产品或商品按照规定退回的增值税税款，在"其他应收款"科目核算，不在"营业外收入"科目核算。

月末，可将"营业外收入"科目余额转入"本年利润"科目，结转后"营业外收入"科目应无余额。

（二）主要账务处理

1. 小企业确认非流动资产处置净收益，比照"固定资产清理""无形资产"等科目的相关规定进行账务处理。

小企业发生的存货毁损，应当按照处置收入、可收回的责任人赔偿和保险赔款，扣除其成本、相关税费后的净额，计入营业外收入或营业外支出。

其中，非流动资产处置净收益包括固定资产处置净收益和无形资产出售净收益。固定资产处置净收益，指企业出售固定资产所取得价款或报废固定资产的材料价值和变价收入等，扣除处置固定资产的账面价值、清理费用、处置相关税费后的净收益；无形资产出售净收益，指企业出售无形资产所取得的价款，扣除无形资产的账面价值、出售相关税费后的净收益。

2. 确认的政府补助收入，借记"银行存款"或"递延收益"科目，贷记"营业外收入"科目。

3. 小企业按照规定实行企业所得税、增值税（不含出口退税）、消费税等先征后返的，应当在实际收到返还的企业所得税、增值税、消费税等时，借记"银行存款"科目，贷记"营业外收入"科目。

4. 确认的捐赠收益，借记"银行存款""固定资产"等科目，贷记"营业外收入"科目。捐赠收益，指企业接受捐赠产生的收益。

5. 确认的盘盈收益，借记"待处理财产损溢——待处理流动资产损溢、待处理非流动资产损溢"科目，贷记"营业外收入"科目。

6. 确认的汇兑收益，借记有关科目，贷记"营业外收入"科目。

7. 确认的出租包装物和商品的租金收入、逾期未退包装物押金收益、确实无法偿付的应付款项、违约金收益等，借记“其他应收款”“应付账款”“其他应付款”等科目，贷记“营业外收入”科目。

8. 确认的已作坏账损失处理后又收回的应收款项，借记“银行存款”等科目，贷记“营业外收入”科目。

【例 16－1】 某企业现有一台设备由于性能等原因决定提前报废，原价为 500 000 元，已计提折旧 450 000 元。报废时的残值变价收入为 73 500 元，报废清理过程中发生的清理费用 3 500 元。有关收入、支出均通过银行存款办理结算，不考虑相关的税费。该公司应编制的分录如下：

（1）将报废固定资产转入清理：

借：固定资产清理	50 000	
累计折旧	450 000	
贷：固定资产		500 000

（2）收回残值收入：

借：银行存款	73 500	
贷：固定资产清理		73 500

（3）支付清理费用：

借：固定资产清理	3 500	
贷：银行存款		3 500
借：固定资产清理	20 000	
贷：营业外收入		20 000

二、营业外支出的核算

（一）基本概念及内容

“营业外支出”科目核算小企业发生的各项营业外支出。包括：存货的盘亏、毁损、报废损失，非流动资产处置净损失，坏账损失，无法收回的长期债券投资损失，无法收回的长期股权投资损失，自然灾害等不可抗力因素造成的损失，税收滞纳金，罚金，罚款，被没收财物的损失，捐赠支出，赞助支出等。

其中，非流动资产处置损失包括固定资产处置损失和无形资产出售损失。固定资产处置损失，指企业出售固定资产所取得价款或报废固定资产的材料价值和变价收入等，不足以抵补处置固定资产的账面价值、清理费用、处置相关税费所发生的净损失；无形资产出售损失，指企业出售无形资产所取得的价款，不足以抵补出售无形资产的账面价值、出售相关税费后所发生的净损失。

公益性捐赠支出，指企业对外进行公益性捐赠发生的支出。

非常损失，指企业对于因客观因素（如自然灾害等）造成的损失，在扣除保险公司赔偿后应计入营业外支出的净损失。

“营业外支出”科目应按照支出项目进行明细核算。通常，小企业的营业外支出应当在发生时按照其发生额计入当期损益。月末，可将本科目余额转入“本年利润”科目，结转后本科目应无余额。

（二）主要账务处理

1. 小企业确认存货的盘亏、毁损、报废损失，非流动资产处置净损失，自然灾害等不可抗力因素造成的损失，借记“营业外支出”科目、“生产性生物资产累计折旧”“累计摊销”等科目，贷记“待处理财产损溢——待处理流动资产损溢、待处理非流动资产损溢”“固定资产清理”“生产性生物资产”“无形资产”等科目。

2. 根据《小企业会计准则》确认实际发生的坏账损失、长期债券投资损失，应当按照可收回的金额，借记“银行存款”等科目，按照应收账款、预付账款、其他应收款、长期债券投资的账面余额，贷记“应收账款”“预付账款”“其他应收款”“长期债券投资”等科目，按照其差额，借记“营业外支出”科目。

3. 根据《小企业会计准则》确认实际发生的长期股权投资损失，按照可收回的金额，借记“银行存款”等科目，按照长期股权投资的账面余额，贷记“长期股权投资”科目，按照其差额，借记“营业外支出”科目。

4. 支付的税收滞纳金、罚金、罚款，借记“营业外支出”科目，贷记“银行存款”等科目。

5. 确认被没收财物的损失、捐赠支出、赞助支出，借记“营业外支出”科目，贷记“银行存款”等科目。

【例 16 –2】甲公司将其购买的某专利权转让给乙公司，该专利权的初始入账成本为 600 000 元，已摊销 220 000 元，实际取得的转让价款为 350 000 元，不考虑转让税费，款项已存入银行。甲公司应做如下会计处理：

借：待处理财产损溢——待处理非流动资产损溢 380 000
　　累计摊销 220 000
　　贷：无形资产 600 000
借：银行存款 350 000
　　贷：待处理财产损溢——待处理非流动资产损溢 350 000
借：营业外支出——非流动资产处置净损失 30 000
　　贷：待处理财产损溢——待处理非流动资产损溢 30 000

【例 16 –3】甲公司 201×年 2 月以银行存款缴纳税收滞纳金 3 000 元，3 月通过符合条件的慈善组织向灾捐款 100 000 元。该公司的会计处理为：

（1）缴纳税收滞纳金时：

借：营业外支出 3 000
　　贷：银行存款 3 000

（2）向灾区捐款时：

借：营业外支出　　100 000
　　贷：银行存款　　100 000

第四节　所得税费用的核算

一、基本概念及内容

小企业应当按照《企业所得税法》规定计算的当期应纳税额，确认所得税费用。

小企业应当在利润总额的基础上，按照《企业所得税法》规定进行纳税调整，计算出当期应纳税所得额，按照应纳税所得额与适用所得税税率为基础计算确定当期应纳税额。

"所得税费用"科目核算小企业根据《企业所得税法》确定的应从当期利润总额中扣除的所得税费用。

小企业根据《企业所得税法》规定补交的所得税，也通过"所得税费用"科目核算。

小企业按照规定实行企业所得税先征后返的，实际收到返还的企业所得税，在"营业外收入"科目核算，不在"所得税费用"科目核算。

年度终了，应将"所得税费用"科目的余额转入"本年利润"科目，结转后本科目应无余额。

（二）主要账务处理

年度终了，小企业按照《企业所得税法》规定计算确定的当期应纳税税额，借记"所得税费用"科目，贷记"应交税费——应交企业所得税"科目。

【例 16－4】甲公司 201×年度按《企业会计准则》计算的税前会计利润为 19 800 000 元，所得税税率为 25%。甲公司全年实发工资为 2 000 000 元，职工福利费 300 000 元，工会经费 50 000 元，职工教育经费 100 000 元；经查，甲公司当年营业外支出中有 120 000 元为税款滞纳罚金。假定甲公司全年无其他纳税调整因素。

本例中，按税法规定，企业在计算当期应纳税所得额时，可以扣除工资、薪金支出 2 000 000 元，职工福利费支出 280 000(2 000 000×14%）元，职工教育经费支出 50 000 (2 000 000×2.5%）元，工会经费支出 40 000(2 000 000×2%）元。甲公司当期所得税的计算如下：

纳税调整数＝(300 000－280 000)＋(50 000－40 000)＋(100 000－50 000)＋120 000＝200 000(元)

应纳税所得额＝19 800 000＋200 000＝20 000 000（元）

当期应交所得税额＝20 000 000×25%＝5 000 000（元）

借：所得税费用　　5 000 000
　　贷：应交税费——应交企业所得税　　5 000 000

第十七章

外币业务

第一节　外币业务概述

一、小企业的外币业务构成

小企业的外币业务由外币交易和外币财务报表折算构成。

小企业发生的外币业务在实务中，可以分为两种类型：

（一）外币交易

外币交易，通俗地讲，就是小企业以外币开展的各种交易活动，如小企业向美国出口商品，按照国际贸易规则，要以美元结算该笔货款。这类交易就属于外币交易。当然，不是以货币来界定外币交易，而是以交易所使用的货币与本企业记账的货币是否相同来界定。

（二）外币财务报表折算

外币财务报表折算，通俗地讲，就是小企业取得了一份以美元、日元、欧元等计价的财务报表，如资产负债表、利润表、现金流量表，这种情况的出现可能有两个原因：

第一个原因是小企业在境外的子公司按照当地的货币记账并编制财务报表，对于这种情况，《小企业会计准则》不涉及，因为《小企业会计准则》第二条规定，如果小企业是企业集团的母公司，应当执行《企业会计准则》而不是《小企业会计准则》。

第二个原因是小企业在日常记账中采用人民币以外的其他货币记账，但是在年末，按照《会计法》和《企业所得税法》的规定，应当以人民币反映小企业的财务报表，以供商业银行、税务机关等方面使用，就涉及到外币财务报表的折算问题或转换问题。《小企业会计准则》要解决的是这一种情况。

二、外币的定义

外币，是指小企业记账本位币以外的货币。

外币是相对于记账本位币而不是一国的货币而言的，比如，我国的法定货币是人民币。

通常来讲，我国小企业日常采用人民币记账，因此，人民币以外的货币，就是外币。如甲小企业选定人民币作为记账本位币，则美元、日元、欧元、港币等就是外币；如果选定美元为记账本位币，则人民币、日元、欧元、港币等就是外币。因此，会计中的“外币”与日常生活中的外币在概念上有很大差别。

三、记账本位币的确定和变更

（一）记账本位币的定义

记账本位币，是指小企业经营所处的主要经济环境中的货币。

记账本位币通常是小企业主要收、支现金的经济环境中的货币。例如，我国企业一般以人民币作为记账本位币，也就是以人民币记账，包括对资产、负债、所有者权益、收入、费用和利润都按照人民币记账，也以人民币编制财务报表。

（二）记账本位币的确定

小企业记账本位币的确定应当遵循以下两个原则：

1. 基本原则：小企业应当选择人民币作为记账本位币。

本原则体现了《中国人民银行法》、《会计法》和《企业所得税法》的要求。

2. 例外原则：业务收支以人民币以外的货币为主的小企业，可以选定其中一种货币作为记账本位币，但编报的财务报表应当折算为人民币财务报表。

本原则体现了《会计法》的要求，即允许小企业选择非人民币作为记账本位币。

其中，“业务收支以人民币以外的货币为主”的具体认定，应当主要考虑下列三个因素，这些因素与《企业会计准则第19号——外币折算》的规定相一致。

（1）该货币主要影响商品和劳务销售价格，通常以该货币进行商品和劳务销售价格的计价和结算。比如，国内甲公司为从事国际贸易的小企业，90%以上的商品销售收入以美元计价和结算。美元是主要影响甲公司商品和劳务销售价格的货币。

（2）该货币主要影响商品和劳务所需人工、材料和其他费用，通常以该货币进行上述费用的计价和结算。比如，国内乙公司为工业小企业，所需机器设备、厂房、人工以及原材料等在欧盟市场采购，以欧元计价和结算。欧元是主要影响商品和劳务所需人工、材料和其他费用的货币。

实务中，小企业选定记账本位币，通常应综合考虑上述两项因素，而不是仅考虑其中一项，因为小企业的经营活动往往是收支并存的。

（3）融资活动获得的资金以及保存从经营活动中收取款项时所使用的货币。

在有些情况下，小企业根据收支情况难以确定记账本位币，需要在收支基础上结合融资活动获得的资金或保存从经营活动中收取款项时所使用的货币，进行综合分析后作出判断。

例如，国内丙公司为外贸自营出口小企业，超过70%的营业收入来自向欧盟各国的出口，其商品销售价格主要受欧元的影响，以欧元计价，因此，从影响商品和劳务销售价格的角度看，丙公司应选择欧元作为记账本位币。如果丙公司除厂房设施、30%的人工成本在国内以人民币采购外，生产所需原材料、机器设备及70%以上的人工成本以欧元在欧盟市场采购，则可确定丙公司的记账本位币是欧元。但是，如果丙公司的人工成本、原材料及相应的厂房设施、机器设备等95%以上在国内采购并以人民币计价，则难以判定丙公司的记账本位币应选择欧元还是人民币，还需要结合第三个因素予以确定。如果丙公司取得的欧元营业收入在汇回国内时直接换成了人民币存款，丙公司可以确定其记账本位币为人民币。

又如，丁公司为国内一家配方奶粉加工小企业，其原材料牛奶全部来自澳大利亚，主要加工技术、机器设备及主要技术人员均由澳大利亚方面提供，生产的配方奶粉面向国内出售。小企业依据第一、二个因素难以确定记账本位币。需要考虑第三个因素。假定为满足采购原材料牛奶等所需澳元的需要，丁公司向澳大利亚某银行借款100万澳元，期限为5年，该借款是丁公司当期流动资金净额的4倍。由于原材料采购以澳元结算，且小企业经营所需要的营运资金，即融资获得的资金也使用澳元，因此，丁公司可以澳元作为记账本位币。

需要说明的是，在确定小企业的记账本位币时，上述因素的重要程度因小企业具体情况不同而不同，需要小企业根据实际情况进行判断，但是，这并不能说明小企业可以根据需要随意选择记账本位币，而是根据实际情况确定的记账本位币只能有一种货币。

（三）记账本位币的变更

小企业记账本位币的变更也应当遵循以下两个原则：

1. 基本原则：小企业记账本位币一经确定，不得随意变更。也就是说，小企业的记账本位币应当保持稳定，这样既保证小企业会计账簿记录的稳定性和完整性，又方便小企业执行，减轻小企业会计核算的负担。

2. 例外原则：小企业经营所处的主要经济环境发生重大变化。主要经济环境发生重大变化，通常是指小企业主要产生和支出现金的环境发生重大变化，使用该环境中的货币最能反映小企业的主要交易业务的经济结果。这一例外原则，小企业应当在极少情况下可能会用到。

（四）记账本位币变更的会计处理

小企业因经营所处的主要经济环境发生重大变化，确需变更记账本位币的，应当采用变更当日的即期汇率将所有项目折算为变更后的记账本位币。即期汇率，是指中国人民银行公布的当日人民币外汇牌价的中间价。

也就是说，小企业因经营所处的主要经济环境发生重大变化，确实需要变更记账本位币的；应当采用变更当日的即期汇率将所有项目折算为变更后的记账本位币，折算后的金额作为以新的记账本位币计量的历史成本，由于采用同一即期汇率进行折算，不会产生汇兑差额。

但是，小企业需要提供确凿的证据证明小企业经营所处的主要经济环境确实发生了重大变化，并应当在附注中披露变更的理由。

第二节 外币交易

一、外币交易的定义

外币交易，是指小企业以外币计价或者结算的交易。

需要注意的是，《小企业会计准则》所称外币与人民币以外的货币不是同一个概念，但是既有联系又有区别。如果小企业采用人民币记账，则小企业发生的所有以人民币以外的货币计价或结算的交易都是外币交易，在这一点上两者是相同的。但是，如果小企业采用人民币以外的货币记账，比如，美国企业在我国设立的独资企业可能采用美元记账，那么该企业发生的所有不是以美元计价或结算的交易，包括以人民币计价或结算的交易，对于该小企业来讲，都属于外币交易，在这一点上两者大相径庭。

二、外币交易的类型

小企业的外币交易的具体形式可能各不相同，但是归纳起来，主要包括三种类型：买入或者卖出以外币计价的商品或者劳务、借入或者借出外币资金和其他以外币计价或者结算的交易。

（一）买入或者卖出以外币计价的商品或者劳务

买入或者卖出以外币计价的商品或者劳务，通常情况下指以外币买卖商品，或者以外币结算劳务合同。需要注意的是，这里所说的商品可以是有实物形态的存货、固定资产等，也可以是无实物形态的无形资产等。比如，以人民币为记账本位币的国内甲小企业向国外乙公司出口商品，以美元结算货款。又如，小企业与银行发生货币兑换业务，包括与银行进行结汇或售汇，是将货币作为商品，以另一种货币等价来表示并以另一种货币结算，因此，也属于外币交易。

（二）借入或者借出外币资金

借入或者借出外币资金，是指小企业向银行或非银行金融机构借入以记账本位币以外的货币表示的资金。例如，以人民币为记账本位币的甲小企业从中国银行借入欧元、美元、日元等。

（三）其他以外币计价或者结算的交易

其他以外币计价或结算的交易，是指除上述（一）和（二）外，以记账本位币以外的货币计价或结算的其他交易。比如，小企业接受外币现金捐赠、接受投入的外币资本等。

三、外币交易会计处理的原则

小企业发生的外币交易，都应当将外币金额折算为记账本位币金额入账，记入相关资产或负债，不得只以外币直接记账。

四、外币交易初始确认和计量

外币交易在初始确认时，采用交易发生日的即期汇率将外币金额折算为记账本位币金额；也可以采用交易当期平均汇率折算。

（一）外币交易进行会计处理的时点

外币交易进行会计处理的时点为交易发生日。

外币交易的交易发生日，是指小企业外币交易的发生日或完成日。如取得外币借款的日期，以外币购入原材料、固定资产等的日期或者出口商品实现收入的日期。

（二）外币交易所采用的折算汇率

在外币交易进行折算时涉及到折算汇率的选择。《小企业会计准则》规定了两种折算汇率，即交易发生日的即期汇率和交易当期平均汇率。

在对外币交易进行初始确认时，一般应采用交易发生日的即期汇率将外币金额折算为记账本位币金额；当汇率变动不大时，为简化核算，小企业也可以选择交易当期平均汇率进行折算。

1. 交易发生日的即期汇率。

汇率，是指两种货币相兑换的比率，是一种货币单位用另一种货币单位所表示的价格。汇率有以下几种主要分类。

（1）直接汇率与间接汇率。

根据表示方式的不同，汇率可以分为直接汇率和间接汇率，直接汇率是一定数量的其他货币单位折算为本国货币的金额，间接汇率是指一定数量的本国货币折算为其他货币的金额。通常情况下，人民币汇率是以直接汇率表示的。

（2）买入价、卖出价与中间价。

在银行的汇率有三种表示方式：买入价、卖出价和中间价。买入价指银行买入其他货币的价格，卖出价指银行出售其他货币的价格，中间价是银行买入价与卖出价的平均价，银行的卖出价一般高于买入价，以获取其中的差价。中间价用公式表示如下：

$$中间价=(买入价+卖出价)\div 2$$

（3）即期汇率与远期汇率。

无论买入价还是卖出价，均是立即交付的结算价格，也就是即期汇率，即期汇率是相对于远期汇率而言的，远期汇率是在未来某一日交付时的结算价格。即期汇率，通常是指中国人民银行公布的当日人民币外汇牌价的中间价。

中国人民银行每日仅公布银行间外汇市场人民币兑美元、欧元、日元、港元的中间价。小企业发生的外币交易只涉及人民币与这四种货币之间折算的，可直接采用公布的人民币汇率的中间价作为即期汇率进行折算；小企业发生的外币交易涉及人民币与其他货币之间折算的，应以国家外汇管理局公布的各种货币对美元折算率采用套算的方法进行折算；小企业发生的外币交易涉及人民币以外的货币之间折算的，可直接采用国家外汇管理局公布的各种货币对美元折算率进行折算。

2. 交易当期平均汇率。

交易当期平均汇率通常与交易发生日的即期汇率近似。为了简化核算，《小企业会计准则》所称交易当期平均汇率，是指外币交易当期的月初即期汇率与月末即期汇率的平均汇率，即中国人民银行公布的月初人民币汇率的中间价与中国人民银行公布的月末人民币汇率的中间价的平均值。可用公式表示如下：

$$\begin{aligned}交易当期平均汇率=&(中国人民银行公布的月初人民币汇率的中间价\\&+中国人民银行公布的月末人民币汇率的中间价)\div 2\end{aligned}$$

比如，以美元兑人民币的月平均汇率为例，假定美元兑人民币6月1日的即期汇率为6.60，6月30日的即期汇率为6.50，则6月份的平均汇率为$(6.60+6.50)\div 2=6.55$。

无论采用交易日的即期汇率还是采用交易当期的平均汇率，应当前后期保持一致。

五、小企业外币交易的会计处理

（一）会计处理

1. 小企业收到投资者以外币投入的资本，应当采用交易发生日的即期汇率折算，不得采用合同约定汇率和交易当期平均汇率折算。也就是说，外币投入资本与相应的货币性项目的记账本位币之间不产生外币资本折算差额。

2. 小企业的其他外币交易在初始确认时，采用交易发生日的即期汇率将外币金额折算为记账本位币金额；也可以采用交易当期平均汇率折算。

（二）所涉及的会计科目

小企业应当根据规定，结合自身实际情况，设置“5603 财务费用”（核算汇兑损失）和“5301 营业外收入”（核算汇兑收益）会计科目。

（三）执行中应注意的问题

小企业发生单纯的货币兑换交易时，仅用中间价不能反映货币买卖的损益，需要使用买入价或卖出价折算。

【例 17－1】甲公司以人民币作为记账本位币，其外币交易在初始确认时采用交易日即期汇率折算。2×18 年度甲公司发生的有关外币交易或事项如下：

（1）以人民币向银行买入 200 000 欧元。当日即期汇率为 1 欧元＝7.69 人民币元，当日银行卖出价为 1 欧元＝7.75 人民币元。

（2）从国外购入一批原材料，总价款为 400 000 欧元。该原材料已验收入库，货款尚未支付。当日即期汇率为 1 欧元＝7.64 人民币元。另外，以银行存款支付该原材料的进口关税 644 000 人民币元，增值税 592 000 人民币元。

（3）出口销售一批商品，销售价款为 600 000 欧元，货款尚未收到。当日即期汇率为 1 欧元＝7.41 人民币元。假设不考虑相关税费。

（4）收到应收账款 300 000 欧元，款项已存入银行。当日即期汇率为 1 欧元＝7.54 人民币元。

甲公司应编制如下会计分录：

（1）借：银行存款——××银行(欧元)　　(200 000×7.69)1 538 000
　　　　财务费用——汇兑差额　　12 000
　　　　贷：银行存款——××银行（人民币）　　（200 000×7.75）1 550 000

（2）借：原材料　　（400 000×7.64＋644 000）3 700 000
　　　　应交税费——应交增值税——进项税额　　592 000
　　　　贷：应付账款——××单位（欧元）　　(400 000×7.64)3 056 000
　　　　　　银行存款——××银行（人民币）　　1 236 000

（3）借：应收账款——××单位（欧元）　　(600 000×7.41)4 446 000
　　　　贷：主营业务收入　　4 446 000

（4）借：银行存款——××银行（欧元）　　（300 000×7.54）2 262 000
　　　　贷：应收账款——××单位（欧元）　　（300 000×7.54）2 262 000

【例 17－2】某中外合资经营企业注册资本为 3 000 万美元，合同约定分两次投入，约定折算汇率为 1∶6.8。中、外投资者分别于 2×17 年 1 月 1 日和 3 月 1 日投入 1 000 万美元和 2 000 万美元。2×17 年 1 月 1 日、3 月 1 日、3 月 31 日和 12 月 31 日美元对人民币的汇率分别为 1∶6.62、1∶6.89、1∶6.90 和 1∶6.51。假定该企业采用人民币作为记账本位币，外币业务采用业务发生日的汇率折算。

请问：该企业 2×17 年年末资产负债表中“实收资本”项目的金额是多少？（计量单位：万元）

【解析】

（1）判断该中外合资经营企业投资资本应采用的折算汇率。

企业收到投资者以外币投入的资本，应当采用交易发生日即期汇率折算，不得采用合同约定汇率和即期汇率的近似汇率折算。

该中外合资经营企业应该采用的折算汇率为：

2×17 年 1 月 1 日　　1∶6.62

2×17 年 3 月 1 日　　1∶6.89

（2）计算该企业 2×17 年年末资产负债表中“实收资本”项目的金额。

1 000×6.62＋2 000×6.89＝20 400（万元）

六、外币交易在资产负债表日的会计处理

（一）会计处理

小企业在资产负债表日，应当按照下列规定对外币货币性项目和外币非货币性项目进行会计处理：

1. 外币货币性项目，采用资产负债表日的即期汇率折算。因资产负债表日即期汇率与初始确认时或者前一资产负债表日即期汇率不同而产生的汇兑差额，计入当期损益。货币性项目，是指小企业持有的货币资金和将以固定或可确定的金额收取的资产或者偿付的负债。货币性资产包括库存现金、银行存款、应收账款、其他应收款等；货币性负债包括短期借款、应付账款、其他应付款、长期借款、长期应付款等。

2. 以历史成本计量的外币非货币性项目，仍采用交易发生日的即期汇率折算，不改变其记账本位币金额。非货币性项目，是指货币性项目以外的项目。包括：存货、长期股权投资、固定资产、无形资产等。

（二）所涉及的会计科目

小企业应当根据规定，结合自身实际情况，设置“5603 财务费用”（核算汇兑损失）和“5301 营业外收入”（核算汇兑收益）等会计科目。

（三）执行中应注意的问题

1. 应用的时点：资产负债表日，通常是月末。

2. 汇兑差额的处理。

汇兑差额，是指对同样数量的外币金额采用不同的汇率折算为记账本位币金额所产生的差额。

因资产负债表日即期汇率与初始确认时的即期汇率（或交易当期平均汇率）或者前

一资产负债表日即期汇率不同而产生的汇兑差额，计入当期损益，其中，属于汇兑收益，计入营业外收入；属于汇兑损失，计入财务费用。

3. 对于外币非货币性项目，仍采用交易发生日的即期汇率折算。即采用历史汇率进行折算，不会产生汇兑差额。这是因为，这些项目在取得时已按取得时的汇率进行了折算，从而构成这些项目的历史成本，如果再按资产负债表日的即期汇率进行折算，就会导致这些项目的价值处于不断变动之中，从而使这些项目的折旧费、摊销额随之不断变动。这与这些项目的实际情况不符。

比如，甲小企业的记账本位币为人民币。2×17年3月1日进口机器1台，价款为100万美元已经支付，当日的即期汇率为：1美元＝6.89人民币元。假定不考虑相关税费，该机器属于小企业的固定资产，在购入时已按当日即期汇率折算为人民币689万元。2×17年3月31日的即期汇率为：1美元＝6.90人民币元。由于固定资产属于非货币性项目，因此，2×17年3月31日，不需要按当日的即期汇率进行调整，不会产生汇兑差额。

【例17－3】接【例17－1】，2×18年12月31日，即期汇率为1欧元＝7.61人民币元。

甲公司计算期末产生的汇兑差额：

（1）银行存款欧元户余额＝200 000＋300 000＝500 000（欧元）

按当日即期汇率折算为人民币金额＝500 000×7.61＝3 805 000（人民币元）

汇兑差额＝3 805 000－（1 538 000＋2 262 000）＝5 000（人民币元）（汇兑收益）

（2）应收账款欧元户余额＝600 000－300 000＝300 000（欧元）

按当日即期汇率折算为人民币金额＝300 000×7.61＝2 283 000（人民币元）

汇兑差额＝2 283 000－（4 446 000－2 262 000）＝99 000（人民币元）（汇兑收益）

（3）应付账款欧元户余额＝400 000（欧元）

按当日即期汇率折算为人民币金额＝400 000×7.61＝3 044 000（人民币元）

汇兑差额＝3 044 000－3 056 000＝－12 000（人民币元）（汇兑收益）

（4）应计入当期损益的汇兑差额＝5 000＋99 000＋12 000＝116 000（人民币元）（汇兑收益）

借：银行存款——××银行（欧元）	5 000	
应收账款——××单位（欧元）	99 000	
应付账款——××单位（欧元）	12 000	
贷：营业外收入——汇兑差额		116 000

第三节 外币财务报表折算

一、外币财务报表折算的定义

外币财务报表折算是指将某一货币表示的财务报表换用为另一种货币表示。一般来讲，外币财务报表折算只是改变表述的货币单位，并不改变报表项目之间的关系。

二、外币财务报表折算的会计处理

小企业对外币财务报表进行折算时，应当采用资产负债表日的即期汇率对外币资产负债表、利润表和现金流量表的所有项目进行折算。

三、执行中应注意的问题

1. 小企业不会产生外币财务报表折算差额，也减少了外币财务报表折算的工作量。

在资产负债表日，按照当日的即期汇率去乘外币资产负债表、利润表和现金流量表中所有项目的外币金额，从而将各项目的外币金额全部折算为人民币金额。即相当于对外币资产负债表、利润表和现金流量表的所有项目同时扩大相同的倍数，三张报表中合计额、总计额和差额也都会扩大相同的倍数，不会由于同一张报表的不同项目采用不同汇率折算和不同报表采用不同汇率折算所带来的报表折算差额问题。

《小企业会计准则》作这样的规定，一是考虑到外币财务报表折算对绝大多数小企业来说不是一项普遍业务，比较符合小企业的实际；二是可以大大减轻小企业的工作量；三是不会改变原来外币财务报表各项目之间的勾稽关系和财务指标的相对比例。

2. 小企业外币财务报表全部采用资产负债表日的即期汇率进行折算这一点与《企业所得税法实施条例》的规定相一致，但与《企业会计准则第 19 号——外币折算》的规定有很大差异。小企业对这一差异应引起注意。

3. 企业所得以人民币以外的货币计算的，预缴企业所得税时，应当按照月度或者季度最后一日的人民币汇率中间价，折合成人民币计算应纳税所得额。年度终了汇算清缴时，对已经按照月度或者季度预缴税款的，不再重新折合计算，只就该纳税年度内未缴纳企业所得税的部分，按照纳税年度最后一日的人民币汇率中间价，折合成人民币计算应纳税所得额。

经税务机关检查确认，企业少计或者多计前款规定的所得的，应当按照检查确认补税或者退税时的上一个月最后一日的人民币汇率中间价，将少计或者多计的所得折合成人民币计算应纳税所得额，再计算应补缴或者应退的税款。

第十八章

财务报表

第一节　概述

一、财务报表的构成

财务报表，是指对小企业财务状况、经营成果和现金流量的结构性表述。小企业的财务报表至少应当包括下列组成部分：

1. 资产负债表；
2. 利润表；
3. 现金流量表；
4. 附注。

二、财务报表的种类及编报期（见表18－1）

表18－1

编　号	报表名称	编报期
会小企01表	资产负债表	月报、年报
会小企02表	利润表	月报、年报
会小企03表	现金流量表	月报、年报

三、财务报表编制的基本要求

小企业应按照《小企业会计准则》的有关规定，对外提供真实、完整的财务报表。小企业不得违反规定，随意改变财务报表的编制基础、编制依据、编制原则和方法，不得随意改变《小企业会计准则》规定的财务报表有关数据的会计口径。

第二节　资产负债表

资产负债表，是指反映小企业在某一特定日期的财务状况的报表。

一、小企业资产负债表格式（见表 18－2）

表 18－2　　资产负债表

会小企 01 表

编制单位：　　年　月　日　　单位：元

资产	行次	期末余额	年初余额	负债和所有者权益	行次	期末余额	年初余额
流动资产：				流动负债：			
货币资金	1			短期借款	31		
短期投资	2			应付票据	32		
应收票据	3			应付账款	33		
应收账款	4			预收账款	34		
预付账款	5			应付职工薪酬	35		
应收股利	6			应交税费	36		
应收利息	7			应付利息	37		
其他应收款	8			应付利润	38		
存货	9			其他应付款	39		
其中：原材料	10			其他流动负债	40		
在产品	11			流动负债合计	41		
库存商品	12			非流动负债：			
周转材料	13			长期借款	42		
其他流动资产	14			长期应付款	43		
流动资产合计	15			递延收益	44		
非流动资产：				其他非流动负债	45		
长期债券投资	16			非流动负债合计	46		
长期股权投资	17			负债合计	47		
固定资产原价	18						
减：累计折旧	19						
固定资产账面价值	20						
在建工程	21						
工程物资	22						
固定资产清理	23						
生产性生物资产	24			所有者权益：			
无形资产	25			实收资本（或股本）	48		
开发支出	26			资本公积	49 *		
长期待摊费用	27			盈余公积	50		
其他非流动资产	28			未分配利润	51		
非流动资产合计	29			所有者权益合计	52		
资产总计	30			负债和所有者权益合计	53		

二、资产负债表的编制方法

我国小企业的资产负债表采用账户式结构，报表分为左右两方，左方列示资产各项目，反映全部资产的分布及存在形态；右方列示负债和所有者权益各项目，反映全部负债和所有者权益的内容及构成情况。资产负债表左右两方平衡，即资产总计等于负债和所有者权益总计。资产负债表中一般设有“期末余额”和“年初余额”两栏，其格式如表18－2所示。编制资产负债表时，要填报“期末余额”和“年初余额”两栏数据。

（一）“年初余额”的编制方法

资产负债表“年初余额”栏内各项数字，应根据上年末资产负债表“期末余额”栏内所列数字填列。如果上年末资产负债表的项目名称和内容与本年末资产负债表不一致，应对上年末资产负债表的项目名称和数字按本年末资产负债表的规定进行调整，并填入“年初余额”栏。

（二）“期末余额”的编制方法

1. “货币资金”项目，反映小企业库存现金、银行存款、其他货币资金的合计数。本项目应根据“库存现金”“银行存款”和“其他货币资金”科目的期末余额合计填列。

2. “短期投资”项目，反映小企业购入的能随时变现并且持有时间不准备超过1年的股票、债券和基金投资的余额。本项目应根据“短期投资”科目的期末余额填列。

3. “应收票据”项目，反映小企业收到的未到期收款也未向银行贴现的应收票据（银行承兑汇票和商业承兑汇票）。本项目应根据“应收票据”科目的期末余额填列。

4. “应收账款”项目，反映小企业因销售商品、提供劳务等日常生产经营活动应收取的款项。本项目应根据“应收账款”的期末余额分析填列。如“应收账款”科目期末为贷方余额，应当在“预收账款”项目列示。

5. “预付账款”项目，反映小企业按照合同规定预付的款项。包括：根据合同规定预付的购货款、租金、工程款等。本项目应根据“预付账款”科目的期末借方余额填列，如“预付账款”科目期末为贷方余额，应当在“应付账款”项目列示。

属于超过1年期以上的预付账款的借方余额应当在“其他非流动资产”项目列示。

6. “应收股利”项目，反映小企业应收取的现金股利或利润。本项目应根据“应收股利”科目的期末余额填列。

7. “应收利息”项目，反映小企业债券投资应收取的利息。小企业购入一次还本付息债券应收的利息，不包括在本项目内。本项目应根据“应收利息”科目的期末余额填列。

8. “其他应收款”项目，反映小企业除应收票据、应收账款、预付账款、应收股利、应收利息等以外的其他各种应收及暂付款项。包括：各种应收的赔款、应向职工收取的各种垫付款项等。本项目应根据“其他应收款”科目的期末余额填列。

9.“存货”项目，反映小企业期末在库、在途和在加工中的各项存货的成本。包括：各种原材料、在产品、半成品、产成品、商品、周转材料（包装物、低值易耗品等）、消耗性生物资产等。本项目应根据“材料采购”“在途物资”“原材料”“材料成本差异”“生产成本”“库存商品”“商品进销差价”“委托加工物资”“周转材料”“消耗性生物资产”等科目的期末余额分析填列。

10.“其他流动资产”项目，反映小企业除以上流动资产项目外的其他流动资产（含1年内到期的非流动资产）。本项目应根据有关科目的期末余额分析填列。

11.“长期债券投资”项目，反映小企业准备长期持有的债券投资的本息。本项目应根据“长期债券投资”科目的期末余额分析填列。

12.“长期股权投资”项目，反映小企业准备长期持有的权益性投资的成本。本项目应根据“长期股权投资”科目的期末余额填列。

13.“固定资产原价”和“累计折旧”项目，反映小企业固定资产的原价（成本）及累计折旧。这两个项目应根据“固定资产”科目和“累计折旧”科目的期末余额填列。

14.“固定资产账面价值”项目，反映小企业固定资产原价扣除累计折旧后的余额。本项目应根据“固定资产”科目的期末余额减去“累计折旧”科目的期末余额后的金额填列。

15.“在建工程”项目，反映小企业尚未完工或虽已完工，但尚未办理竣工决算的工程成本。本项目应根据“在建工程”科目的期末余额填列。

16.“工程物资”项目，反映小企业为在建工程准备的各种物资的成本。本项目应根据“工程物资”科目的期末余额填列。

17.“固定资产清理”项目，反映小企业因出售、报废、毁损、对外投资等原因处置固定资产所转出的固定资产账面价值以及在清理过程中发生的费用等。本项目应根据“固定资产清理”科目的期末借方余额填列；如“固定资产清理”科目期末为贷方余额，以“-”号填列。

18.“生产性生物资产”项目，反映小企业生产性生物资产的账面价值。本项目应根据“生产性生物资产”科目的期末余额减去“生产性生物资产累计折旧”科目的期末余额后的金额填列。

19.“无形资产”项目，反映小企业无形资产的账面价值。本项目应根据“无形资产”科目的期末余额减去“累计摊销”科目的期末余额后的金额填列。

20.“开发支出”项目，反映小企业正在进行的无形资产研究开发项目满足资本化条件的支出。本项目应根据“研发支出”科目的期末余额填列。

21.“长期待摊费用”项目，反映小企业尚未摊销完毕的已提足折旧的固定资产的改建支出、经营租入固定资产的改建支出、固定资产的大修理支出和其他长期待摊费用。本项目应根据“长期待摊费用”科目的期末余额分析填列。

22.“其他非流动资产”项目，反映小企业除以上非流动资产以外的其他非流动资产。本项目应根据有关科目的期末余额分析填列。

23. “短期借款”项目，反映小企业向银行或其他金融机构等借入的期限在1年内的、尚未偿还的各种借款本金。本项目应根据“短期借款”科目的期末余额填列。

24. “应付票据”项目，反映小企业因购买材料、商品和接受劳务等日常生产经营活动开出、承兑的商业汇票（银行承兑汇票和商业承兑汇票）尚未到期的票面金额。本项目应根据“应付票据”科目的期末余额填列。

25. “应付账款”项目，反映小企业因购买材料、商品和接受劳务等日常生产经营活动尚未支付的款项。本项目应根据“应付账款”科目的期末余额填列。如“应付账款”科目期末为借方余额，应当在“预付账款”项目列示。

26. “预收账款”项目，反映小企业根据合同规定预收的款项。包括：预收的购货款、工程款等。本项目应根据“预收账款”科目的期末贷方余额填列；如“预收账款”科目期末为借方余额，应当在“应收账款”项目列示。

属于超过1年期以上的预收账款的贷方余额应当在“其他非流动负债”项目列示。

27. “应付职工薪酬”项目，反映小企业应付未付的职工薪酬。本项目应根据“应付职工薪酬”科目期末余额填列。

28. “应交税费”项目，反映小企业期末未交、多交或尚未抵扣的各种税费。本项目应根据“应交税费”科目的期末贷方余额填列；如“应交税费”科目期末为借方余额，以“-”号填列。

29. “应付利息”项目，反映小企业尚未支付的利息费用。本项目应根据“应付利息”科目的期末余额填列。

30. “应付利润”项目，反映小企业尚未向投资者支付的利润。本项目应根据“应付利润”科目的期末余额填列。

31. “其他应付款”项目，反映小企业除应付账款、预收账款、应付职工薪酬、应交税费、应付利息、应付利润等以外的其他各项应付、暂收的款项。包括：应付租入固定资产和包装物的租金、存入保证金等。本项目应根据“其他应付款”科目的期末余额填列。

32. “其他流动负债”项目，反映小企业除以上流动负债以外的其他流动负债（含1年内到期的非流动负债）。本项目应根据有关科目的期末余额填列。

33. “长期借款”项目，反映小企业向银行或其他金融机构借入的期限在1年以上的、尚未偿还的各项借款本金。本项目应根据“长期借款”科目的期末余额分析填列。

34. “长期应付款”项目，反映小企业除长期借款以外的其他各种应付未付的长期应付款项。包括：应付融资租入固定资产的租赁费、以分期付款方式购入固定资产发生的应付款项等。本项目应根据“长期应付款”科目的期末余额分析填列。

35. “递延收益”项目，反映小企业收到的、应在以后期间计入损益的政府补助。本项目应根据“递延收益”科目的期末余额分析填列。

36. “其他非流动负债”项目，反映小企业除以上非流动负债项目以外的其他非流动负债。本项目应根据有关科目的期末余额分析填列。

37. “实收资本（或股本）”项目，反映小企业收到投资者按照合同协议约定或相关规定投入的、构成小企业注册资本的部分。本项目应根据“实收资本（或股本）”科目的期末余额分析填列。

38. “资本公积”项目，反映小企业收到投资者投入资本超出其在注册资本中所占份额的部分。本项目应根据“资本公积”科目的期末余额填列。

39. “盈余公积”项目，反映小企业（公司制）的法定公积金和任意公积金、小企业（外商投资）的储备基金和企业发展基金。本项目应根据“盈余公积”科目的期末余额填列。

40. “未分配利润”项目，反映小企业尚未分配的历年结存的利润。本项目应根据“利润分配”科目的期末余额填列。未弥补的亏损，在本项目内以“-”号填列。

（三）资产负债表中各项目之间的勾稽关系

行 15 = 行 1 + 行 2 + 行 3 + 行 4 + 行 5 + 行 6 + 行 7 + 行 8 + 行 9 + 行 14；

行 9 ≥ 行 10 + 行 11 + 行 12 + 行 13；

行 29 = 行 16 + 行 17 + 行 20 + 行 21 + 行 22 + 行 23 + 行 24 + 行 25 + 行 26 + 行 27 + 行 28

行 20 = 行 18 - 行 19；

行 30 = 行 15 + 行 29；

行 41 = 行 31 + 行 32 + 行 33 + 行 34 + 行 35 + 行 36 + 行 37 + 行 38 + 行 39 + 行 40；

行 46 = 行 42 + 行 43 + 行 44 + 行 45；

行 47 = 行 41 + 行 46；

行 52 = 行 48 + 行 49 + 行 50 + 行 51；

行 53 = 行 47 + 行 52 = 行 30。

第三节 利润表

利润表，是指反映小企业在一定会计期间的经营成果的报表。

一、小企业利润表的格式（见表 18-3）

表 18-3 **利润表**

会小企 02 表

编制单位： 年 月 单位：元

项 目	行次	本年累计金额	本月金额
一、营业收入	1		
减：营业成本	2		
营业税金及附加	3		

续表

项　目	行次	本年累计金额	本月金额
其中：消费税	4		
城市维护建设税	5		
资源税	6		
土地增值税	7		
城镇土地使用税、房产税、车船税、印花税	8		
教育费附加、矿产资源补偿费、排污费	9		
销售费用	10		
其中：商品维修费	11		
广告费和业务宣传费	12		
管理费用	13		
其中：开办费	14		
业务招待费	15		
研究费用	16		
财务费用	17		
其中：利息费用（收入以“-”号填列）	18		
加：投资收益（损失以“-”号填列）	19		
二、营业利润（亏损以“-”号填列）	20		
加：营业外收入	21		
其中：政府补助	22		
减：营业外支出	23		
其中：坏账损失	24		
无法收回的长期债券投资	25		
无法收回的长期股权投资	26		
自然灾害等不可抗力因素造成的损失	27		
税收滞纳金	28		
三、利润总额（亏损总额以“-”号填列）	29		
减：所有税费用	30		
四、净利润（净亏损以“-”号填列）	31		

二、利润表的编制方法

（一）利润表项目的填列方法

“本年累计金额”栏反映各项目自年初起至报告期末（月末、季末、年末）止的累计实际发生额。本栏各项目金额应根据本期利润表“本月金额”加上期利润表“本年累计金额”栏的数字填列。

“本月金额”栏反映各项目的本月实际发生额，应根据本期各损益类科目的发生额分析填列。在编制季度利润表时，应将“本月金额”栏改为“上季度金额”栏，反映各项目本季度实际发生额。小企业编制年度利润表时，应将“本月金额”栏改为“上年金额”栏，填列上年全年实际发生额。如果上年度利润表的项目名称和内容与本年度利润表不一致，应对上年度利润表项目的名称和数字按本年度的规定进行调整，填入报表的“上年金额”栏。

（二）利润表项目的内容及其填列说明

1．“营业收入”项目，反映小企业销售商品和提供劳务所实现的收入总额。本项目应根据“主营业务收入”科目和“其他业务收入”科目的发生额合计填列。

2．“营业成本”项目，反映小企业所销售商品的成本和所提供劳务的成本。本项目应根据“主营业务成本”科目和“其他业务成本”科目的发生额合计填列。

3．“营业税金及附加”项目，反映小企业开展日常生产活动应负担的消费税、城市维护建设税、资源税、土地增值税、城镇土地使用税、房产税、车船税、印花税和教育费附加、矿产资源补偿费、排污费等。本项目应根据“营业税金及附加”科目的发生额填列。

4．“销售费用”项目，反映小企业销售商品或提供劳务过程中发生的费用。本项目应根据“销售费用”科目的发生额填列。

5．“管理费用”项目，反映小企业为组织和管理生产经营发生的其他费用。本项目应根据“管理费用”科目的发生额填列。

6．“财务费用”项目，反映小企业为筹集生产经营所需资金发生的筹资费用。本项目应根据“财务费用”科目的发生额填列。

7．“投资收益”项目，反映小企业股权投资取得的现金股利（或利润），债券投资取得的利息收入，处置股权投资和债券投资取得的处置价款扣除成本或账面余额、相关税费后的净额。本项目应根据“投资收益”科目的发生额填列，如为投资损失，以“-”号填列。

8．“营业利润”项目，反映小企业当期开展日常生产经营活动实现的利润。本项目应根据营业收入扣除营业成本、营业税金及附加、销售费用、管理费用和财务费用，加上投资收益后的金额填列。如为亏损，以“-”号填列。

9．“营业外收入”项目，反映小企业实现的各项营业外收入金额。包括：非流动资产处置净收益、政府补助、捐赠收益、盘盈收益、汇兑收益、出租包装物和商品的租金收入、逾期未退包装物押金收益、确实无法偿付的应付款项、已做坏账损失处理后又收回的应收款项、违约金收益等。本项目应根据“营业外收入”科目的发生额填列。

10．“营业外支出”项目，反映小企业发生的各项营业外支出金额。包括：存货的盘亏、毁损、报废损失，非流动资产处置净损失，坏账损失，无法收回的长期债券投资损失，无法收回的长期股权投资损失，自然灾害等不可抗力因素造成的损失，税收滞纳金，罚金，罚款，被没收财物的损失，捐赠支出，赞助支出等。本项目应根据“营业外支出”科目的发生额填列。

11.“利润总额”项目，反映小企业当期实现的利润总额。本项目应根据营业利润加上营业外收入减去营业外支出后的金额填列。如为亏损总额，以“-”号填列。

12.“所得税费用”项目，反映小企业根据企业所得税法确定的应从当期利润总额中扣除的所得税费用。本项目应根据“所得税费用”科目的发生额填列。

13.“净利润”项目，反映小企业当期实现的净利润。本项目应根据利润总额扣除所得税费用后的金额填列。如为净亏损，以“-”号填列。

（三）利润表中各项目之间的勾稽关系

行20=行1-行2-行3-行10-行13-行17+行19；

行3≥行4+行5+行6+行7+行8+行9；

行10≥行11+行12；

行13≥行14+行15+行16；

行17≥行18；

行29=行20+行21-行23；

行21≥行22；

行23≥行24+行25+行26+行27+行28；

行31=行29-行30。

第四节 现金流量表

现金流量表是指反映小企业在一定会计期间现金流入和流出情况的报表。

一、现金流量表的格式（见表18-4）

表18-4 现金流量表

会小企03表

编制单位： 年 月 单位：元

项 目	行次	本年累计金额	本月金额
一、经营活动产生的现流量			
销售产成品、商品、提供劳务收到的现金	1		
收到其他与经营活动有关的现金	2		
购买原材料、商品、接受劳务支付的现金	3		
支付的职工薪酬	4		

续表

项　目	行次	本年累计金额	本月金额
支付的税费	5		
支付其他与经营活动有关的现金	6		
经营活动产生的现金流量净额	7		
二、投资活动产生的现金流量：			
收回短期投资、长期债券投资和长期股权投资收到的现金	8		
取得投资收益收到的现金	9		
处置固定资产、无形资产和其他非流动资产收回的现金净额	10		
短期投资、长期债券投资和长期股权投资支付的现金	11		
购建固定资产、无形资产和其他非流动资产支付的现金	12		
投资活动产生的现金流量净额	13		
三、筹资活动产生的现金流量：			
取得借款收到的现金	14		
吸收投资者投资收到的现金	15		
偿还借款本金支付的现金	16		
偿还借款利息支付的现金	17		
分配利润支付的现金	18		
筹资活动产生的现金流量净额	19		
四、现金净增加额	20		
加：期初现金余额	21		
五、期末现金余额	22		

二、现金流量表的编制方法

现金流量表反映小企业一定会计期间内有关现金流入和流出的信息。现金流量表各项目分为“本年累计金额”和“本月金额”两栏。

（一）现金流量表“本年累计金额”的编制方法

现金流量表“本年累计金额”栏反映各项目自年初起至报告期末止的累计实际发生额。本栏各项目金额应根据本期现金流量表“本月金额”加上期现金流量表“本年累计金额”栏的数字填列。

（二）现金流量表“本月金额”各项目的内容及填列方法

现金流量表“本月金额”栏反映各项目的本月实际发生额；在编制年度财务报表时，应将“本月金额”栏改为“上年金额”栏，填列上年全年实际发生额。

现金流量表“本月金额”栏各项目的内容及填列方法如下：

1. 经营活动产生的现金流量。

（1）“销售产成品、商品，提供劳务收到的现金”项目，反映小企业本期销售产成品、商品，提供劳务收到的现金。本项目可以根据“库存现金”“银行存款”和“主营业务收入”等科目的本期发生额分析填列。

（2）“收到其他与经营活动有关的现金”项目，反映小企业本期收到的其他与经营活动有关的现金。本项目可以根据“库存现金”和“银行存款”等科目的本期发生额分析填列。

（3）“购买原材料、商品，接受劳务支付的现金”项目，反映小企业本期购买原材料、商品，接受劳务支付的现金。本项目可以根据“库存现金”“银行存款”“其他货币资金”“原材料”“库存商品”等科目的本期发生额分析填列。

（4）“支付的职工薪酬”项目，反映小企业本期向职工支付的薪酬。本项目可以根据“库存现金”“银行存款”“应付职工薪酬”科目的本期发生额填列。

（5）“支付的税费”项目，反映小企业本期支付的税费。本项目可以根据“库存现金”“银行存款”“应交税费”等科目的本期发生额填列。

（6）“支付其他与经营活动有关的现金”项目，反映小企业本期支付的其他与经营活动有关的现金。本项目可以根据“库存现金”“银行存款”等科目的本期发生额分析填列。

2. 投资活动产生的现金流量。

（1）“收回短期投资、长期债券投资和长期股权投资收到的现金”项目，反映小企业出售、转让或到期收回短期投资、长期股权投资而收到的现金，以及收回长期债券投资本金而收到的现金，不包括长期债券投资收回的利息。本项目可以根据“库存现金”“银行存款”“短期投资”“长期股权投资”“长期债券投资”等科目的本期发生额分析填列。

（2）“取得投资收益收到的现金”项目，反映小企业因权益性投资和债权性投资取得的现金股利或利润和利息收入。本项目可以根据“库存现金”“银行存款”“投资收益”等科目的本期发生额分析填列。

（3）“处置固定资产、无形资产和其他非流动资产收回的现金净额”项目，反映小企业处置固定资产、无形资产和其他非流动资产取得的现金，减去为处置这些资产而支付的有关税费等后的净额。本项目可以根据“库存现金”“银行存款”“固定资产清理”“无形资产”“生产性生物资产”等科目的本期发生额分析填列。

（4）“短期投资、长期债券投资和长期股权投资支付的现金”项目，反映小企业进行权益性投资和债权性投资支付的现金。包括：企业取得短期股票投资、短期债券投资、短期基金投资、长期债券投资、长期股权投资支付的现金。本项目可以根据“库存现金”“银行存款”“短期投资”“长期债券投资”“长期股权投资”等科目的本期发生额分析填列。

（5）“购建固定资产、无形资产和其他非流动资产支付的现金”项目，反映小企业购建固定资产、无形资产和其他非流动资产支付的现金。包括：购买机器设备、无形资产、生产性生物资产支付的现金、建造工程支付的现金等现金支出，不包括为购建固定资产、无形资产和其他非流动资产而发生的借款费用资本化部分和支付给在建工程和无形资产开发项目人员的薪酬。为购建固定资产、无形资产和其他非流动资产而发生借款费用资本化部分，在“偿还借款利息支付的现金”项目反映；支付给在建工程和无形资产开发项目人员的薪酬，在“支付的职工薪酬”项目反映。本项目可以根据“库存现金”“银行存款”“固定资产”“在建工程”“无形资产”“研发支出”“生产性生物资产”“应付职工薪酬”等科目的本期发生额分析填列。

3. 筹资活动产生的现金流量。

（1）“取得借款收到的现金”项目，反映小企业举借各种短期、长期借款收到的现金。本项目可以根据“库存现金”“银行存款”“短期借款”“长期借款”等科目的本期发生额分析填列。

（2）“吸收投资者投资收到的现金”项目，反映小企业收到的投资者作为资本投入的现金。本项目可以根据“库存现金”“银行存款”“实收资本”“资本公积”等科目的本期发生额分析填列。

（3）“偿还借款本金支付的现金”项目，反映小企业以现金偿还各种短期、长期借款的本金。本项目可以根据“库存现金”“银行存款”“短期借款”“长期借款”等科目的本期发生额分析填列。

（4）“偿还借款利息支付的现金”项目，反映小企业以现金偿还各种短期、长期借款的利息。本项目可以根据“库存现金”“银行存款”“应付利息”等科目的本期发生额分析填列。

（5）“分配利润支付的现金”项目，反映小企业向投资者实际支付的利润。本项目可以根据“库存现金”“银行存款”“应付利润”等科目的本期发生额分析填列。

（三）现金流量表中各项目之间的勾稽关系

行 7 = 行 1 + 行 2 − 行 3 − 行 4 − 行 5 − 行 6；

行 13 = 行 8 + 行 9 + 行 10 − 行 11 − 行 12；

行 19 = 行 14 + 行 15 − 行 16 − 行 17 − 行 18；

行 20 = 行 7 + 行 13 + 行 19；

行 22 = 行 20 + 行 21。

此外，现金流量表的 21 行“期初现金余额”和 22 行“期末现金余额”的数额与资产负债表首行货币资金的“期初余额”和“期末余额”相等。

第五节 财务报表附注

一、基本概念

小企业财务报表附注，是指小企业对在资产负债表、利润表和现金流量表等报表中列示项目的文字描述或明细资料，以及对未能在这些报表中列示项目的说明等。附注是财务报表的重要组成部分。

财务报表中的数字是经过分类与汇总后的结果，是对企业发生的经济业务的高度简化和浓缩的数字，如果没有形成这些数字所使用的会计政策、理解这些数字所必需的披露，财务报表就不可能充分发挥作用。因此，附注与资产负债表、利润表、现金流量表等报表具有同等的重要性，是财务报表的重要组成部分。报表使用者了解企业的财务状况、经营成果和现金流量，应当全面阅读附注。

二、小企业财务报表附注披露顺序

1. 遵循小企业会计准则的声明。
2. 短期投资、应收账款、存货、固定资产项目的说明。
3. 应付职工薪酬、应交税费项目的说明。
4. 利润分配的说明。
5. 用于对外担保的资产名称、账面余额及形成的原因；未决诉讼、未决仲裁以及对外提供担保所涉及的金额。
6. 发生严重亏损的，应当披露持续经营的计划、未来经营的方案。
7. 对已在资产负债表和利润表中列示项目与企业所得税法规定存在差异的纳税调整过程。
8. 其他需要在附注中说明的事项。

三、财务报表附注的形式

（一）旁注

旁注是在财务报表的有关项目旁直接用括号加注说明。它是最简单的报表注释方法，且与表内已披露的信息为一体。如在“应收票据”项目旁加注“（其中×××元已向银行贴现）”。

（二）附表

附表是为了使财务报表简明易懂而对主表重要项目的构成及其增减变动原因与数额所做的详细、具体的反映。附表反映的内容，有些已直接包括在脚注之内，有些则附在报表和脚注之后，作为财务报表的一个单独组成部分。

（三）底注

底注是在财务报表主表后面用一定的文字和数字对那些不便于列入财务报表内的有关信息所做的补充说明。一般而言，报表附注指的就是报表的底注。

四、小企业财务报表附注信息的主要内容

小企业应当按照《小企业会计准则》规定披露附注信息，主要包括下列内容：

1. 遵循小企业会计准则的声明。

小企业应当声明编制的财务报表符合小企业会计准则的要求，真实、完整地反映了小企业的财务状况、经营成果和现金流量等有关信息。

2. 短期投资、应收账款、存货、固定资产项目的说明。

（1）短期投资的披露格式如表 18－5 所示：

表 18－5

项　目	期末账面余额	期末市价	期末账面余额与市价的差额
1. 股票			
2. 债券			
3. 基金			
4. 其他			
合　计			

（2）应收账款按账龄结构披露的格式如表 18－6 所示：

表 18－6

项　目	期末账面余额	年初账面余额
1 年以内（含 1 年）		
1～2 年（含 2 年）		
2～3 年（含 3 年）		
3 年以上		
合　计		

（3）存货的披露格式如表 18－7 所示：

表 18－7

项　目	期末账面余额	期末市价	期末账面余额与市价的差额
1. 原材料			
2. 在产品			
3. 库存商品			
4. 周转材料			

续表

项　目	期末账面余额	期末市价	期末账面余额与市价的差额
5. 消耗性生物资产			
……			
合　计			

(4) 固定资产的披露格式如表18-8所示：

表18-8

项　目	原价	累计折旧	期末账面价值
1. 房屋、建筑物			
2. 机器			
3. 机械			
4. 运输工具			
5. 设备			
6. 器具			
7. 工具			
……			
合　计			

3. 应付职工薪酬、应交税费的说明。

(1) 应付职工薪酬明细表（如表18-9所示）：

表18-9　　应付职工薪酬明细表

会小企01表附表1

项　目	期末账面余额	年初账面余额
1. 职工工资		
2. 奖金、津贴和补贴		
3. 职工福利费		
4. 社会保险费		
5. 住房公积金		
6. 工会经费		
7. 职工教育经费		
8. 非货币性福利		
9. 辞退福利		
10. 其他		
合　计		

（2）应交税费明细表（如表 18－10 所示）：

表 18－10 **应交税费明细表**

会小企 01 表附表 2

编制单位： 年 月 单位：元

项 目	本年金额	上年金额
1. 增值税		
2. 消费税		
3. 城市维护建设税		
4. 企业所得税		
5. 资源税		
6. 土地增值税		
7. 城镇土地使用税		
8. 房产税		
9. 车船税		
10. 教育费附加		
11. 矿产资源补偿费		
12. 排污费		
13. 代扣代缴的个人所得税		
………		
合 计		

4. 利润分配的说明（如表 18－11 所示）：

表 18－11 **利润分配表**

会小企 01 表附表 3

编制单位： 年度 单位：元

项 目	行次	本年金额	上年金额
一、净利润			
加：年初末分配利润			
其他转入			
二、分供分配的利润			
减：提取法定盈余公积			
提取任意盈余公积			
提取职工奖励及福利基金			
提取储备基金			
提取企业发展基金			

续表

项　目	行次	本年金额	上年金额
利润归还投资			
三、可供投资者分配的利润			
减：应付利润			
四、未分配利润			

5. 用于对外担保的资产名称、账面余额及形成的原因；未决诉讼、未决仲裁及对外提供担保所涉及的金额。

6. 发生严重亏损的，应当披露持续经营的计划、未来经营的方案。

7. 对已在资产负债表和利润表中列示项目与企业所得税法规定存在差异的纳税调整过程。

8. 其他需要说明的事项。

附　　表

附表 1

气象部门事业单位会计科目表（财务会计）

序号	科目编码	科目名称	科目类别	功能分类	资金来源	项目核算	部门核算	科技支撑和行业专项	往来核算	人员类别	备注
1	1001	库存现金	资产类		√						
2	100101	非零余额现金	资产类		√						
3	100102	零余额现金	资产类		√	√					
4	10010201	基本支出	资产类		√	√					
5	10010202	项目支出	资产类		√	√					
6	100103	受托代理现金	资产类		√	√					
7	1002	银行存款	资产类		√	√					
8	100201	基本账户存款	资产类		√	√					
9	100202	住房基金专户存款	资产类		√	√					
10	100203	单位卡存款	资产类		√	√					
11	100205	其他账户存款	资产类		√	√					
12	100206	受托代理银行存款	资产类		√	√					
13	1011	零余额账户用款额度	资产类		√	√					
14	101101	基本支出用款额度	资产类		√	√					
15	101102	项目支出用款额度	资产类		√	√					
16	1021	其他货币资金	资产类		√						
17	102101	外埠存款	资产类		√						
18	102102	银行本票存款	资产类		√						
19	102103	银行汇票存款	资产类		√						
20	102104	信用卡存款	资产类		√						
21	1101	短期投资	资产类		√		√				按照投资种类进行明细核算
22	110101	短期债券投资	资产类		√		√				
23	110199	其他投资	资产类		√		√				

续表

序号	科目编码	科目名称	科目类别	功能分类	资金来源	项目核算	部门核算	科技支撑和行业专项	往来核算	人员类别	备注
24	1201	财政应返还额度	资产类		√	√		√			
25	120101	财政直接支付	资产类		√	√		√			
26	12010101	基本支出额度	资产类		√	√		√			
27	12010102	项目支出额度	资产类		√	√		√			
28	120102	财政授权支付	资产类		√	√		√			
29	12010201	基本支出额度	资产类		√	√		√			
30	12010202	项目支出额度	资产类		√	√		√			
31	1211	应收票据	资产类			√			√		往来辅助核算/按照开出、承兑商业汇票的单位进行明细核算
32	121101	商业承兑票据	资产类			√			√		
33	121102	银行承兑票据	资产类			√			√		
34	1212	应收账款	资产类		√	√			√		按照债务单位（或个人）进行明细核算
35	1214	预付账款	资产类			√			√		按照供应单位（或个人）及具体项目进行明细核算
36	121401	预付备料款	资产类			√			√		针对基建项目
37	121402	预付工程款	资产类			√			√		针对基建项目
38	121499	其他预付款	资产类			√			√		
39	1215	应收股利	资产类						√		按照被投资单位进行明细核算
40	1216	应收利息	资产类						√		按照被投资单位进行明细核算
41	1218	其他应收款	资产类						√		
42	121801	备用金	资产类						√		
43	121802	差旅费	资产类						√		

续表

序号	科目编码	科目名称	科目类别	功能分类	资金来源	项目核算	部门核算	科技支撑和行业专项	往来核算	人员类别	备注
44	121803	公务卡欠款	资产类						√		已经偿还银行尚未报销的本单位公务卡欠款
45	121804	医药费	资产类						√		
46	121805	职业年金	资产类						√		
47	121806	养老保险	资产类						√		
48	121807	订金/押金	资产类						√		
49	121808	上级补助收入	资产类						√		
50	121809	附属单位上缴款项	资产类						√		
51	121899	其他	资产类						√		
52	1219	坏账准备	资产类						√		
53	121901	应收账款坏账准备	资产类						√		
54	121902	其他应收款坏账准备	资产类						√		
55	1301	在途物品	资产类								按照供应单位和物品种类进行明细核算
56	130101	分期付款购置资产	资产类								
57	130102	其他在途物品	资产类								
58	1302	库存物品	资产类		√	√	√				
59	130201	材料	资产类		√	√	√				
60	130202	产成品	资产类		√	√	√				
61	130203	包装物	资产类		√	√	√				
62	130204	低值易耗品	资产类		√	√	√				
63	130299	其他	资产类		√	√	√				
64	1303	加工物品	资产类		√	√	√				
65	130301	自制物品	资产类		√	√	√				按照物品类别、品种、项目等进行明细核算
66	13030101	直接材料	资产类		√	√	√				
67	13030102	直接人工	资产类		√	√	√				
68	13030103	其他直接费用	资产类		√	√	√				
69	13030104	间接费用	资产类		√	√	√				
70	130302	委托加工物品	资产类		√	√	√				
71	1401	待摊费用	资产类		√	√					

续表

序号	科目编码	科目名称	科目类别	功能分类	资金来源	项目核算	部门核算	科技支撑和行业专项	往来核算	人员类别	备注
72	140101	预付租金	资产类		√	√					
73	140102	预付航空保险费	资产类		√	√					
74	140199	其他待摊费用	资产类		√	√					
75	1501	长期股权投资	资产类		√		√				
76	150101	成本法下长期股权投资	资产类		√		√				
77	150102	权益法下长期股权投资	资产类		√		√				
78	15010201	成本	资产类		√		√				
79	15010202	损益调整	资产类		√		√				
80	15010203	其他权益变动	资产类		√		√				
81	150199	其他	资产类		√		√				
82	1502	长期债券投资	资产类		√		√				
83	150201	成本	资产类		√		√				
84	150202	应计利息	资产类		√		√				
85	1601	固定资产	资产类		√		√				
86	160101	土地、房屋及构筑物	资产类		√		√				
87	16010101	土地	资产类		√		√				
88	16010102	房屋及构筑物	资产类		√		√				
89	160102	通用设备	资产类		√		√				
90	160103	专用设备	资产类		√		√				
91	160104	文物和陈列品	资产类		√		√				
92	160105	图书、档案	资产类		√		√				
93	160106	家具、用具、装具及动植物	资产类		√		√				
94	1602	固定资产累计折旧	资产类		√		√				
95	160201	房屋及构筑物折旧	资产类		√		√				
96	160202	通用设备折旧	资产类		√		√				
97	160203	专用设备折旧	资产类		√		√				
98	160204	家具、用具、装具折旧	资产类		√		√				
99	1611	工程物资	资产类		√	√					
100	161101	库存材料	资产类		√	√					

续表

序号	科目编码	科目名称	科目类别	功能分类	资金来源	项目核算	部门核算	科技支撑和行业专项	往来核算	人员类别	备注
101	161102	库存设备	资产类		√	√					
102	161199	其他工程物资	资产类		√	√					
103	1613	在建工程	资产类		√	√					
104	161301	建筑安装工程投资	资产类		√	√					
105	16130101	建筑工程投资	资产类		√	√					
106	1613010101	房屋建筑物建设	资产类		√	√					
107	1613010102	基础设施建设	资产类		√	√					
108	1613010103	大型修缮	资产类		√	√					
109	16130102	安装工程投资	资产类		√	√					
110	1613010201	设备装配装置费	资产类		√	√					
111	161301020101	装设工程	资产类		√	√					
112	161301020102	设备试运行费	资产类		√	√					
113	161302	设备投资	资产类		√	√					
114	16130201	在安装设备	资产类		√	√					
115	1613020101	专用设备购置	资产类		√	√					
116	1613020102	信息网络购置	资产类		√	√					
117	16130202	不需要安装设备	资产类		√	√					
118	1613020201	办公设备购置	资产类		√	√					
119	1613020202	专用设备购置	资产类		√	√					
120	1613020203	信息网络购置	资产类		√	√					
121	1613020204	公务用车购置	资产类		√	√					
122	1613020205	其他交通工具购置	资产类		√	√					
123	16130203	工具及器具	资产类		√	√					
124	161303	待摊投资	资产类		√	√					
125	16130301	建设单位管理费	资产类		√	√					
126	1613030101	人员工资	资产类		√	√					
127	1613030102	基本养老保险费	资产类		√	√					
128	1613030103	基本医疗保险费	资产类		√	√					
129	1613030104	失业保险费	资产类		√	√					
130	1613030105	办公费	资产类		√	√					
131	1613030106	差旅交通费	资产类		√	√					
132	1613030107	劳动保护费	资产类		√	√					
133	1613030108	工具用具使用费	资产类		√	√					

续表

序号	科目编码	科目名称	科目类别	功能分类	资金来源	项目核算	部门核算	科技支撑和行业专项	往来核算	人员类别	备注
134	1613030109	固定资产使用费	资产类		√	√					
135	1613030110	零星购置费	资产类		√	√					
136	1613030111	招募生产工人费	资产类		√	√					
137	1613030112	技术图书资料费	资产类		√	√					
138	1613030113	印花税	资产类		√	√					
139	1613030114	业务招待费	资产类		√	√					
140	1613030115	施工现场津贴	资产类		√	√					
141	1613030116	竣工验收费	资产类		√	√					
142	1613030117	其他管理费	资产类		√	√					
143	16130302	土地征用及迁移补偿费	资产类		√	√					
148	16130303	土地复垦及补偿费	资产类		√	√					
149	16130304	勘察设计费	资产类		√	√					
150	16130305	可行性研究费	资产类		√	√					
151	16130306	临时设施费	资产类		√	√					
152	16130307	设备检验费	资产类		√	√					
153	16130308	负荷联合试车费	资产类		√	√					
154	16130309	合同公证及工程质量监理费	资产类		√	√					
155	16130310	（贷款）项目评估费	资产类		√	√					
156	16130311	社会中介机构审计（查）费	资产类		√	√					
157	16130312	招投标费	资产类		√	√					
158	16130313	经济合同仲裁费	资产类		√	√					
159	16130314	诉讼费	资产类		√	√					
160	16130315	律师代理费	资产类		√	√					
161	16130316	土地使用税	资产类		√	√					
162	16130317	耕地占用税	资产类		√	√					
163	16130318	车船使用税	资产类		√	√					
164	16130319	借款利息	资产类		√	√					
165	16130320	存款利息收入	资产类		√	√					
166	16130321	汇兑损益	资产类		√	√					
167	16130322	报废工程损失	资产类		√	√					

续表

序号	科目编码	科目名称	科目类别	功能分类	资金来源	项目核算	部门核算	科技支撑和行业专项	往来核算	人员类别	备注
168	16130323	坏帐损失	资产类		√	√					
169	16130324	固定资产损失	资产类		√	√					
170	16130325	器材处理亏损	资产类		√	√					
171	16130326	设备盘亏及毁损	资产类		√	√					
172	16130327	研究试验费	资产类		√	√					
173	16130328	其他待摊投资	资产类		√	√					
174	161304	其他投资	资产类		√	√					
175	16130401	房屋购置	资产类		√	√					
176	16130402	办公生活用家具、器具购置	资产类		√	√					
177	16130403	可行性研究固定资产购置	资产类		√	√					
178	16130404	无形资产	资产类		√	√					
179	1613040401	软件	资产类		√	√					
180	1613040402	著作权、商标权、专利权	资产类		√	√					
181	1613040403	土地使用权	资产类		√	√					
182	1613040404	其他无形资产	资产类		√	√					
183	16130405	物资储备	资产类		√	√					
184	16130406	文物及陈列品购置	资产类		√	√					
185	161305	待核销基建支出	资产类			√					
186	161306	转出投资	资产类			√					
187	161307	交付使用资产	资产类			√					
188	1701	无形资产	资产类		√		√				按照资产系统进行调整
189	170101	土地使用权	资产类		√	√	√				
190	17010101	办公业务用地	资产类		√	√	√				
191	17010102	住宅用地	资产类		√	√	√				
192	17010199	其他用地	资产类		√	√	√				
193	170102	软件	资产类		√		√				
194	170103	专利权	资产类		√		√				
195	170104	专有技术	资产类		√		√				
196	170105	商标权	资产类		√		√				

续表

序号	科目编码	科目名称	科目类别	功能分类	资金来源	项目核算	部门核算	科技支撑和行业专项	往来核算	人员类别	备注
197	170106	著作权	资产类		√		√				
198	170199	其他无形资产	资产类		√		√				
199	1702	无形资产累计摊销	资产类		√		√				
200	170201	土地使用权	资产类		√		√				
201	170202	软件	资产类		√		√				
202	170203	专利权	资产类		√		√				
203	170204	专有技术	资产类		√		√				
204	170205	商标权	资产类		√		√				
205	170206	著作权	资产类		√		√				
206	170299	其他无形资产	资产类		√		√				
207	1703	研发支出	资产类		√	√	√				
208	170301	研究支出	资产类		√	√	√				
209	170302	开发支出	资产类		√	√	√				
210	1821	文物文化资产	资产类		√		√				
211	1891	受托代理资产	资产类		√		√				
212	1901	长期待摊费用	资产类								
213	1902	待处理财产损溢	资产类								
214	190201	待处理财产价值	资产类								
215	190202	处理净收入	资产类								
216	2001	短期借款	负债类			√			√		按照债权人和借款种类明细核算
217	2101	应交增值税	负债类								
218	210101	增值税（小规模纳税人）	负债类								
219	21010101	应交税金	负债类								
220	21010102	代扣代交增值税	负债类								
221	21010103	转让金融商品应交增值税	负债类								
222	210102	增值税（一般纳税人）	负债类								
223	21010201	应交税金	负债类								
224	2101020101	进项税额	负债类								
225	2101020102	已交税金	负债类								

续表

序号	科目编码	科目名称	科目类别	功能分类	资金来源	项目核算	部门核算	科技支撑和行业专项	往来核算	人员类别	备注
226	2101020103	转出未交增值税	负债类								
227	2101020104	转出多交增值税	负债类								
228	2101020105	减免税款	负债类								
229	2101020106	销项税额	负债类								
230	2101020107	进项税额转出	负债类								
231	21010202	未交税金	负债类								
232	21010203	预交税金	负债类								
233	21010204	待抵扣进项税额	负债类								
234	21010205	待认证进项税额	负债类								
235	21010206	待转销项税额	负债类								
236	21010207	简易计税	负债类								
237	21010208	代扣代交增值税	负债类								
238	21010209	转让金融商品应交增值税	负债类								
239	2102	其他应交税费	负债类								
240	210201	城市维护建设税	负债类								
241	210202	车船税	负债类								
242	210203	房产税	负债类								
243	210204	土地增值税	负债类								
244	210205	城镇土地使用税	负债类								
245	210206	教育费附加	负债类								
246	210207	地方教育费附加	负债类								
247	210208	代扣代缴的个人所得税	负债类		√						
248	21020801	工资薪金个税	负债类		√						方便预算会计缴税核算
249	21020801	其他所得个税	负债类		√						
250	210209	企业所得税	负债类								
251	210299	其他税费	负债类								
252	2103	应缴财政款	负债类								
253	210301	应缴国库款	负债类								
254	210302	应缴财政专户	负债类								
255	2201	应付职工薪酬	负债类		√					√	

续表

序号	科目编码	科目名称	科目类别	功能分类	资金来源	项目核算	部门核算	科技支撑和行业专项	往来核算	人员类别	备注
256	220101	基本工资（基本离退休费）	负债类		√					√	
257	220102	国家统一规定的津贴补贴	负债类		√					√	
258	220103	规范津贴补贴	负债类		√					√	
259	220104	改革性补贴	负债类		√					√	
260	220105	奖金	负债类		√					√	
261	220106	绩效工资	负债类		√					√	
262	220107	机关事业单位基本养老保险缴费	负债类		√					√	此部分应为单位缴纳和个人缴纳两部分
263	220108	职业年金缴费	负债类		√					√	
264	220109	职工基本医疗保险缴费	负债类		√					√	
265	220110	公务员医疗补助缴费	负债类		√					√	
266	220111	其他社会保障缴费	负债类		√					√	
267	220112	住房公积金	负债类		√					√	
268	220113	医疗费	负债类		√					√	
269	220114	其他个人收入	负债类		√					√	
270	22011401	在职人员	负债类		√					√	
271	2201140101	误（夜）餐、加（值）班费	负债类		√					√	
272	2201140102	个人奖励金	负债类		√					√	
273	2201140199	其他	负债类		√					√	
274	2301	应付票据	负债类			√			√		按照债权人明细核算
275	230101	银行承兑汇票	负债类			√			√		
276	230102	商业承兑汇票	负债类			√			√		
277	2302	应付账款	负债类		√	√			√		按照债权人明细核算
278	230201	应付器材款	负债类		√	√			√		建设项目使用
279	230202	应付工程款	负债类		√	√			√		建设项目使用

续表

序号	科目编码	科目名称	科目类别	功能分类	资金来源	项目核算	部门核算	科技支撑和行业专项	往来核算	人员类别	备注
280	230299	其他	负债类		√	√			√		
281	2303	应付政府补贴款	负债类			√					按补贴种类明细核算
282	2304	应付利息	负债类			√			√		按照债权人明细核算
283	2305	预收账款	负债类		√	√	√	√	√		按照债权人明细核算
284	2307	其他应付款	负债类						√		
285	230701	待清算报销额度	负债类		√				√		
286	23070101	待清算公务卡报销额度	负债类		√				√		
287	23070102	待清算储蓄卡报销额度	负债类		√				√		
288	230702	代扣工会会费	负债类		√				√		
289	230703	代扣水电费	负债类		√				√		
290	230704	代扣物业管理费	负债类		√				√		
291	230705	代扣取暖费	负债类		√				√		
292	230706	代扣房租	负债类		√				√		
293	230707	存入保证金	负债类		√					√	
294	230708	住院押金	负债类		√					√	
295	230799	其他	负债类						√		
296	2401	预提费用	负债类		√						按照预提费用种类进行明细核算
297	240101	项目间接费或管理费	负债类		√						
298	240199	其他预提费用	负债类		√						
299	2501	长期借款	负债类						√		
300	250101	项目长期借款	负债类			√			√		
301	25010101	本金	负债类			√			√		

续表

序号	科目编码	科目名称	科目类别	功能分类	资金来源	项目核算	部门核算	科技支撑和行业专项	往来核算	人员类别	备注
302	25010102	应计利息	负债类			√			√		
303	250102	其他长期借款	负债类						√		
304	25010201	本金	负债类						√		
305	25010202	应计利息	负债类						√		
306	2502	长期应付款	负债类						√		应按类别及债权人明细核算
307	2601	预计负债	负债类								应按项目进行明细核算
308	2901	受托代理负债	负债类								
309	3001	累计盈余	净资产								
310	300101	中央财政拨款结转	净资产		√	√					
311	300102	非中央财政拨款结转	净资产		√	√					
312	30010201	地方财政拨款结转	净资产		√	√					
313	30010202	其他专项结转	净资产		√	√					
314	300103	中央财政拨款结余	净资产		√	√					
315	300104	非中央财政拨款结余	净资产		√	√					
316	30010401	地方财政拨款结余	净资产		√	√					
317	30010402	其他专项结余	净资产		√	√					
318	30010403	其他结余	净资产		√	√					
319	300105	经营结余	净资产								
320	300106	非流动资产基金	净资产								
321	30010601	长期投资	净资产								
322	30010602	固定资产	净资产								
323	30010603	在建工程	净资产								
324	30010604	无形资产	净资产								
325	30010605	库存物品	净资产								仅用于核算上年结转的库存物品，当年购入的不在本科目核算

续表

序号	科目编码	科目名称	科目类别	功能分类	资金来源	项目核算	部门核算	科技支撑和行业专项	往来核算	人员类别	备注
326	3101	专用基金	净资产								
327	310101	职工福利基金	净资产								
328	31010101	分配转入的福利基金	净资产								
329	31010102	提取转入的福利基金	净资产								
330	310102	住房基金	净资产								
331	31010201	住房基金收入	净资产								
332	3101020101	自管住房出租收入	净资产								
333	3101020102	留归单位使用的售房收入	净资产								
334	3101020103	共用部位共用设施设备维修基金	净资产								
335	3101020104	上级主管部门拨入的资金	净资产								
336	3101020105	利息收入	净资产								
337	3101020106	其他收入	净资产								
338	31010202	住房基金支出	净资产								
339	3101020201	自管住房维修管理和改造支出	净资产								
340	3101020202	缴交职工住房公积金支出	净资产								
341	3101020203	发放购房补贴支出	净资产								
342	3101020204	发放提租补贴支出	净资产								
343	3101020205	共用部位共用设施设备维修支出	净资产								
344	3101020206	公有住房维修支出	净资产								
345	3101020207	住房建设支出	净资产								
346	3101020208	购房支出	净资产								
347	3101020209	其他支出	净资产								
348	31010203	住房基金结余	净资产								

续表

序号	科目编码	科目名称	科目类别	功能分类	资金来源	项目核算	部门核算	科技支撑和行业专项	往来核算	人员类别	备注
349	3101020301	共用部位共用设施设备维修基金结余	净资产								
350	3101020302	其他住房基金结余	净资产								
351	310103	科技成果转化基金	净资产								
352	310104	其他专用基金	净资产								
353	3201	权益法调整	净资产								被投资单位进行明细核算
354	3301	本期盈余	净资产								
355	330101	经营结余	净资产								
356	330102	其他结余	净资产								
357	3302	本年盈余分配	净资产								
358	3401	无偿调拨净资产	净资产								
359	340101	长期投资	净资产								
360	340102	固定资产	净资产								
361	340103	无形资产	净资产								
362	340104	库存物品	净资产								
363	340105	其他资产	净资产								
364	3501	以前年度盈余调整	净资产		√	√					
365	4001	财政拨款收入	收入类			√	√				
366	4101	事业收入	收入类			√	√		√		
367	410101	财政专户返还收入	收入类			√	√		√		
368	410102	专业气象服务收入	收入类			√	√		√		
378	410103	气象信息服务收入	收入类			√	√		√		
379	41010301	96121 电话收入	收入类			√	√		√		
380	41010302	手机短信服务收入	收入类			√	√		√		
381	410104	防雷收入	收入类			√	√		√		
382	41010401	防雷工程收入	收入类			√	√		√		
383	41010402	防雷装置设计技术评价收入	收入类			√	√		√		

续表

序号	科目编码	科目名称	科目类别	功能分类	资金来源	项目核算	部门核算	科技支撑和行业专项	往来核算	人员类别	备注
384	41010403	防雷竣工检测收入	收入类			√	√		√		
385	41010404	防雷定期检测收入	收入类			√	√		√		
386	41010405	防雷风险评估收入	收入类			√	√		√		
387	41010406	防雷产品测试收入	收入类			√	√		√		
388	41010407	资质认定收入	收入类			√	√		√		
389	410105	广告收入	收入类			√	√		√		
390	41010501	影视广告收入	收入类			√	√		√		
391	41010502	气球广告收入	收入类			√	√		√		
392	410106	培训收入	收入类			√	√		√		
393	410107	后勤服务收入	收入类			√	√		√		
394	410108	软件开发及技术服务收入	收入类			√	√		√		
395	410109	非同级财政拨款（事业收入）	收入类			√	√		√		
396	41010901	科研课题收入	收入类			√	√		√		
397	41010902	科研收入	收入类			√	√		√		
398	41010903	非科研收入	收入类			√	√		√		
399	4101090301	技术收入	收入类			√	√		√		
400	4101090302	学术活动收入	收入类			√	√		√		
401	4101090303	科普活动收入	收入类			√	√		√		
402	4101090304	试制产品收入	收入类			√	√		√		
403	4101090305	教学活动收入	收入类			√	√		√		
404	410110	科研收入	收入类			√	√		√		一院八所专用，其他事业单位不使用
405	410111	非科研收入	收入类			√	√		√		
406	41011101	技术收入	收入类			√	√		√		
407	41011102	学术活动收入	收入类			√	√		√		
408	41011103	科普活动收入	收入类			√	√		√		
409	41011104	试制产品收入	收入类			√	√		√		
410	41011105	教学活动收入	收入类			√	√		√		
411	410199	其他收入	收入类			√	√		√		

续表

序号	科目编码	科目名称	科目类别	功能分类	资金来源	项目核算	部门核算	科技支撑和行业专项	往来核算	人员类别	备注
412	4201	上级补助收入	收入类			√	√				按发放补助单位、补助项目明细核算
413	420101	专项资金收入	收入类			√	√				
414	420102	非专项资金收入	收入类			√	√				
415	4301	附属单位上缴收入	收入类			√	√		√		
416	430101	专项资金收入	收入类			√	√		√		
417	430102	非专项资金收入	收入类			√	√		√		
418	4401	经营收入	收入类			√	√		√		
419	440101	培训收入	收入类			√	√		√		
420	440102	后勤服务收入	收入类			√	√		√		
421	440103	软件开发及技术服务收入	收入类			√	√		√		
422	440104	气象仪器产品生产销售收入	收入类			√	√		√		
423	440105	宾馆招待所收入	收入类			√	√		√		
424	440199	其他收入	收入类			√	√		√		
425	4601	非同级财政拨款收入	收入类			√	√		√		
426	460101	本级横向转拨财政款	收入类			√	√		√		
427	460102	非本级财政拨款	收入类			√	√	√	√		
428	46010201	地方财政拨款收入	收入类			√	√	√	√		
429	46010202	其他专项资金收入	收入类			√	√	√	√		
430	4602	投资收益	收入类			√	√		√		按照投资种类明细核算
431	4603	捐赠收入	收入类			√	√		√		捐赠资产的用途和捐赠单位
432	460301	救灾捐款	收入类			√	√		√		
433	460303	其他捐赠收入	收入类			√	√		√		
434	4604	利息收入	收入类			√	√				

续表

序号	科目编码	科目名称	科目类别	功能分类	资金来源	项目核算	部门核算	科技支撑和行业专项	往来核算	人员类别	备注
435	4605	租金收入	收入类			√	√		√		按照出租国有资产类别和收入来源进行明细核算
438	4609	其他收入	收入类			√	√				
446	5001	业务活动费用	费用类		√	√	√		√		
447	500101	工资福利费用	费用类		√	√	√	√	√		
448	500102	商品和服务费用	费用类		√	√	√	√	√		
449	500103	对个人和家庭的补助费用	费用类		√	√	√	√	√		
450	500104	债务利息及费用支出	费用类		√	√	√	√	√		
451	500105	固定资产折旧费	费用类		√	√	√		√		
452	500106	无形资产摊销费	费用类		√	√	√		√		
453	500107	计提专用基金	费用类		√	√	√		√		
454	500199	其他业务活动费用	费用类		√	√	√		√		
455	5101	单位管理费用	费用类		√	√	√		√		
456	510101	工资福利费用	费用类		√	√	√	√	√		
457	510102	商品和服务费用	费用类		√	√	√	√	√		
458	510103	对个人和家庭的补助费用	费用类		√	√	√	√	√		
459	510104	债务利息及费用支出	费用类		√	√	√	√	√		
460	510105	固定资产折旧费	费用类		√	√	√		√		
461	510106	无形资产摊销费	费用类		√	√	√		√		
462	510107	计提专用基金	费用类		√	√	√		√		
463	510199	其他单位管理费用	费用类		√	√	√		√		
464	5201	经营费用	费用类				√		√		
465	520101	工资福利费用	费用类				√		√		
466	520102	商品和服务费用	费用类				√		√		
467	520103	对个人和家庭的补助费用	费用类				√		√		删除了固定资产折旧费和无形资产摊销费
468	520104	计提专用基金	费用类				√		√		
469	520199	其他经营费用	费用类				√		√		

续表

序号	科目编码	科目名称	科目类别	功能分类	资金来源	项目核算	部门核算	科技支撑和行业专项	往来核算	人员类别	备注
470	5301	资产处置费用	费用类		√		√				按处置资产类别和形式进行明细核算
471	5401	上缴上级费用	费用类		√		√		√		按收缴款单位、收缴项目进行明细核算
472	5501	对附属单位补助费用	费用类		√		√		√		
473	5801	所得税费用	费用类		√		√				按照接受补助单位、补助项目进行明细核算
474	5901	其他费用	费用类		√	√					
475	590101	利息费用	费用类		√	√					
476	590102	坏账损失	费用类		√	√			√		
477	590103	罚没支出	费用类		√	√			√		
478	590104	现金资产捐赠支出	费用类		√	√			√		
479	590105	国家赔偿费用	费用类		√	√			√		
480	590106	对民间非营利组织和群众自治组织补贴	费用类		√	√			√		
481	590199	其他相关费用	费用类		√	√			√		

附表 2

气象部门事业单位会计科目表（预算会计）

序号	科目编码	科目名称	科目类别	功能分类	资金来源	项目核算	部门核算	科技支撑和行业专项	往来核算	人员类别	备注
1	6001	财政拨款预算收入	预算收入类	√	√	√	√				并按支出功能分类明细核算
2	600101	基本支出	预算收入类	√	√	√	√				
3	60010101	人员经费	预算收入类	√	√	√	√				
4	60010102	日常公用经费	预算收入类	√	√	√	√				
5	600102	项目支出	预算收入类	√	√	√	√				
6	60010201	行政事业项目	预算收入类	√	√	√	√				
7	60010202	基本建设项目	预算收入类	√	√	√	√				
8	6101	事业预算收入	预算收入类	√	√	√	√				
9	610101	财政专户返还收入	预算收入类	√	√	√	√				
10	610102	专业气象服务收入	预算收入类	√	√	√	√				
20	610103	气象信息服务收入	预算收入类	√	√	√	√				
21	61010301	96121 电话收入	预算收入类	√	√	√	√				
22	61010302	手机短信服务收入	预算收入类	√	√	√	√				
23	610104	防雷收入	预算收入类	√	√	√	√				
24	61010401	防雷工程收入	预算收入类	√	√	√	√				
25	61010402	防雷装置设计技术评价收入	预算收入类	√	√	√	√				
26	61010403	防雷竣工检测收入	预算收入类	√	√	√	√				
27	61010404	防雷定期检测收入	预算收入类	√	√	√	√				
28	61010405	防雷风险评估收入	预算收入类	√	√	√	√				
29	61010406	防雷产品测试收入	预算收入类	√	√	√	√				
30	61010407	资质认定收入	预算收入类	√	√	√	√				
31	610105	广告收入	预算收入类	√	√	√	√				
32	61010501	影视广告收入	预算收入类	√	√	√	√				
33	61010502	气球广告收入	预算收入类	√	√	√	√				
34	610106	培训收入	预算收入类	√	√	√					
35	610107	后勤服务收入	预算收入类	√	√	√					
36	610108	软件开发及技术服务收入	预算收入类	√	√	√					
37	610109	非同级财政拨款	预算收入类	√	√	√	√				对于因开展科研及其辅助活动从非同级财政部门取得的经费拨款

续表

序号	科目编码	科目名称	科目类别	功能分类	资金来源	项目核算	部门核算	科技支撑和行业专项	往来核算	人员类别	备注
38	61010901	科研课题收入	预算收入类	√	√	√	√				
39	61010902	科研收入	预算收入类	√	√	√	√				
40	61010903	非科研收入	预算收入类	√	√	√	√				
41	6101090301	技术收入	预算收入类	√	√	√	√				
42	6101090302	学术活动收入	预算收入类	√	√	√	√				
43	6101090303	科普活动收入	预算收入类	√	√	√	√				
44	6101090304	试制产品收入	预算收入类	√	√	√	√				
45	6101090305	教学活动收入	预算收入类	√	√	√	√				
46	610110	科研预算收入	预算收入类	√	√	√	√				一院八所专业，其他事业单位不使用
47	610111	非科研预算收入	预算收入类	√	√	√	√				
48	61011101	技术收入	预算收入类	√	√	√	√				
49	61011102	学术活动收入	预算收入类	√	√	√	√				
50	61011103	科普活动收入	预算收入类	√	√	√	√				
51	61011104	试制产品收入	预算收入类	√	√	√	√				
52	61011105	教学活动收入	预算收入类	√	√	√	√				
53	610199	其他事业预算收入	预算收入类	√	√	√	√				
54	6201	上级补助预算收入	预算收入类	√		√	√				
55	620101	专项资金收入	预算收入类	√		√	√				
56	620102	非专项资金收入	预算收入类	√		√	√				
57	6301	附属单位上缴预算收入	预算收入类	√		√	√				
58	630101	专项资金收入	预算收入类	√		√	√				
59	630102	非专项资金收入	预算收入类	√		√	√				
60	6401	经营预算收入	预算收入类	√		√	√				
61	640101	培训收入	预算收入类	√		√	√				
62	640102	后勤服务收入	预算收入类	√		√	√				
63	640103	软件开发及技术服务收入	预算收入类	√		√	√				
64	640104	气象仪器产品生产销售收入	预算收入类	√		√	√				

续表

序号	科目编码	科目名称	科目类别	功能分类	资金来源	项目核算	部门核算	科技支撑和行业专项	往来核算	人员类别	备注
65	640105	宾馆招待所收入	预算收入类	√		√	√				
66	640199	其他经营预算收入	预算收入类	√		√	√				
67	6501	债务预算收入	预算收入类	√		√	√				
68	650101	专项资金收入	预算收入类	√		√	√				按具体项目明细核算
69	650199	非专项资金收入	预算收入类	√		√	√				
70	6601	非同级财政拨款预算收入	预算收入类	√	√	√	√				
71	660101	基本支出	预算收入类	√	√	√	√				按具体项目明细核算
72	66010101	人员经费	预算收入类	√	√	√	√				
73	66010102	公用经费	预算收入类	√	√	√	√				
74	660102	项目支出	预算收入类	√	√	√	√	√			
75	66010201	行政事业项目	预算收入类	√	√	√	√	√			
76	66010202	基本建设项目	预算收入类	√	√	√	√				
77	6602	投资预算收益	预算收入类	√	√	√					并按支出功能分类明细核算
78	6609	其他预算收入	预算收入类	√	√	√					
79	660901	捐赠预算收入	预算收入类	√	√	√					
80	660902	利息预算收入	预算收入类	√	√	√					
81	660903	租金预算收入	预算收入类	√	√	√					
82	660904	现金盘盈收入	预算收入类	√	√	√					
83	660999	其他	预算收入类	√	√	√					
84	7101	行政支出	预算支出类	√	√	√	√				分别按照资金来源、功能分类项级、项目核算
85	710101	基本支出	预算支出类	√	√	√	√				
86	71010101	工资福利支出	预算支出类	√	√	√	√				
87	7101010101	基本工资	预算支出类	√	√	√	√				
88	7101010102	津贴补贴	预算支出类	√	√	√	√				

续表

序号	科目编码	科目名称	科目类别	功能分类	资金来源	项目核算	部门核算	科技支撑和行业专项	往来核算	人员类别	备注
89	710101010201	国家统一的津贴补贴	预算支出类	√	√	√	√				
90	71010101020101	国家艰苦边远地区津贴	预算支出类	√	√	√	√				
91	71010101020102	艰苦台站津贴	预算支出类	√	√	√	√				
92	71010101020103	西藏特殊津贴	预算支出类	√	√	√	√				
93	71010101020104	特区津贴	预算支出类	√	√	√	√				
94	71010101020105	新疆南疆工作补贴	预算支出类	√	√	√	√				
95	71010101020106	西藏高海拔折算工龄津贴	预算支出类	√	√	√	√				
96	71010101020107	93工改保留	预算支出类	√	√	√	√				
97	71010101020108	信访津贴	预算支出类	√	√	√	√				
98	71010101020109	纪检监察人员办案补贴	预算支出类	√	√	√	√				
99	71010101020110	保姆自雇费	预算支出类	√	√	√	√				
100	71010101020111	带薪年休假补贴	预算支出类	√	√	√	√				
101	71010101020199	其他	预算支出类	√	√	√	√				
102	710101010202	规范性津贴补贴	预算支出类	√	√	√	√				
103	71010101020201	工作性津贴	预算支出类	√	√	√	√				
104	71010101020202	生活性补贴	预算支出类	√	√	√	√				
105	710101010203	改革性补贴	预算支出类	√	√	√	√				
106	71010101020301	提租补贴	预算支出类	√	√	√	√				
107	71010101020302	购房补贴	预算支出类	√	√	√	√				
108	71010101020303	采暖补贴	预算支出类	√	√	√	√				
109	71010101020304	物业服务补贴	预算支出类	√	√	√	√				
110	71010101020399	其他改革性补贴	预算支出类	√	√	√	√				
111	7101010103	奖金	预算支出类	√	√	√	√				
112	7101010104	伙食补助费	预算支出类	√	√	√	√				
113	7101010105	机关事业单位基本养老保险缴费	预算支出类	√	√	√	√				
114	7101010106	职业年金缴费	预算支出类	√	√	√	√				
115	7101010107	职工基本医疗保险缴费	预算支出类	√	√	√	√				
116	7101010108	公务员医疗补助缴费	预算支出类	√	√	√	√				

续表

序号	科目编码	科目名称	科目类别	功能分类	资金来源	项目核算	部门核算	科技支撑和行业专项	往来核算	人员类别	备注
117	7101010109	其他社会保障缴费	预算支出类	√	√	√	√				
118	710101010901	失业保险费	预算支出类	√	√	√	√				
119	710101010901	工伤保险费	预算支出类	√	√	√	√				
120	710101010901	生育保险费	预算支出类	√	√	√	√				
121	710101010901	大病统筹	预算支出类	√	√	√	√				
122	710101010901	残疾人就业保障金	预算支出类	√	√	√	√				
123	710101010999	其他保险费	预算支出类	√	√	√	√				
124	7101010110	住房公积金	预算支出类	√	√	√	√				
125	7101010111	医疗费	预算支出类	√	√	√	√				
126	7101010112	其他工资福利支出	预算支出类	√	√	√	√				
127	710101011201	气象部门特殊人才津贴	预算支出类	√	√	√	√				
128	710101011202	中央国家机关在京补贴	预算支出类	√	√	√	√				
129	710101011203	计生人员补贴	预算支出类	√	√	√	√				
130	710101011204	电话费	预算支出类	√	√	√	√				
131	710101011205	移动通讯费	预算支出类	√	√	√	√				
132	710101011206	防暑降温费	预算支出类	√	√	√	√				
133	710101011207	加班工资	预算支出类	√	√	√	√				
134	710101011208	值班费	预算支出类	√	√	√	√				
135	710101011209	编外长期聘用人员工资福利支出	预算支出类	√	√	√	√				
136	71010101120901	编外长聘人员基本工资	预算支出类	√	√	√	√				
137	71010101120902	编外长聘人员津贴补贴	预算支出类	√	√	√	√				
138	71010101120903	编外长期聘用人员社保缴费	预算支出类	√	√	√	√				
139	71010101120904	编外长期聘用人员职业年金	预算支出类	√	√	√	√				
140	71010101120905	编外长聘人员公积金	预算支出类	√	√	√	√				
141	71010101120999	编外长聘人员其他工资福利支出	预算支出类	√	√	√	√				

续表

序号	科目编码	科目名称	科目类别	功能分类	资金来源	项目核算	部门核算	科技支撑和行业专项	往来核算	人员类别	备注
142	710101011210	地方编制人员工资福利支出	预算支出类	√	√	√	√				
143	71010101121001	地方编制人员基本工资	预算支出类	√	√	√	√				
144	71010101121002	地方编制人津贴补贴	预算支出类	√	√	√	√				
145	71010101121003	地方编制人员社保缴费	预算支出类	√	√	√	√				
146	71010101121004	地方编制人员职业年金	预算支出类	√	√	√	√				
147	71010101121005	地方编制人员公积金	预算支出类	√	√	√	√				
148	71010101121099	地方编制其他工资福利支出	预算支出类	√	√	√	√				
149	710101011211	职工探亲旅费	预算支出类	√	√	√	√				
150	710101011212	困难职工生活补助	预算支出类	√	√	√	√				
151	710101011299	其他	预算支出类	√	√	√	√				
152	71010102	商品和服务支出	预算支出类	√	√	√	√				
153	7101010201	办公费	预算支出类	√	√	√	√				
154	7101010202	印刷费	预算支出类	√	√	√	√				
155	7101010203	咨询费	预算支出类	√	√	√	√				
156	7101010204	手续费	预算支出类	√	√	√	√				
157	7101010205	水费	预算支出类	√	√	√	√				
158	7101010206	电费	预算支出类	√	√	√	√				
159	7101010207	邮电费	预算支出类	√	√	√	√				
160	7101010208	取暖费	预算支出类	√	√	√	√				
161	7101010209	物业管理费	预算支出类	√	√	√	√				
162	7101010210	差旅费	预算支出类	√	√	√	√				
163	7101010211	因公出国（境）费用	预算支出类	√	√	√	√				
164	7101010212	维修（护）费	预算支出类	√	√	√	√				
165	7101010213	租赁费	预算支出类	√	√	√	√				
166	7101010214	会议费	预算支出类	√	√	√	√				
167	7101010215	培训费	预算支出类	√	√	√	√				
168	7101010216	公务接待费	预算支出类	√	√	√	√				
169	7101010217	专用材料费	预算支出类	√	√	√	√				

续表

序号	科目编码	科目名称	科目类别	功能分类	资金来源	项目核算	部门核算	科技支撑和行业专项	往来核算	人员类别	备注
170	7101010218	专用燃料费	预算支出类	√	√	√	√				
171	7101010219	劳务费	预算支出类	√	√	√	√				
172	7101010220	委托业务费	预算支出类	√	√	√	√				
173	7101010221	工会经费	预算支出类	√	√	√	√				
174	7101010222	福利费	预算支出类	√	√	√	√				
175	7101010223	公务用车运行维护费	预算支出类	√	√	√	√				
176	710101022301	公务用车燃料费	预算支出类	√	√	√	√				
177	710101022302	公务用车过路过桥费	预算支出类	√	√	√	√				
178	710101022303	公务用车保险费	预算支出类	√	√	√	√				
179	710101022304	公务用车维修维护费	预算支出类	√	√	√	√				
180	710101022305	公务用车安全奖励费	预算支出类	√	√	√	√				
181	710101022399	其他	预算支出类	√	√	√	√				
182	7101010224	其他交通费用	预算支出类	√	√	√	√				
183	710101022401	其他交通工具燃料费	预算支出类	√	√	√	√				
184	710101022402	其他交通工具过路过桥费	预算支出类	√	√	√	√				
185	710101022403	其他交通工具保险费	预算支出类	√	√	√	√				
186	710101022404	其他交通工具租用费	预算支出类	√	√	√	√				
187	710101022405	其他交通工具维修维护费	预算支出类	√	√	√	√				
188	710101022406	其他交通工具安全奖励费	预算支出类	√	√	√	√				
189	710101022407	公务交通补贴	预算支出类	√	√	√	√				
190	710101022408	出租车费用	预算支出类	√	√	√	√				
191	710101022499	其他	预算支出类	√	√	√	√				
192	7101010225	税金及附加费用	预算支出类	√	√	√	√				
193	710101022501	城市维护建设税	预算支出类	√	√	√	√				
194	710101022502	房产税	预算支出类	√	√	√	√				
195	710101022503	土地增值税	预算支出类	√	√	√	√				
196	710101022504	土地使用税	预算支出类	√	√	√	√				
197	710101022505	车船使用税	预算支出类	√	√	√	√				
198	710101022506	教育费附加	预算支出类	√	√	√	√				
199	710101022507	地方教育附加	预算支出类	√	√	√	√				

续表

序号	科目编码	科目名称	科目类别	功能分类	资金来源	项目核算	部门核算	科技支撑和行业专项	往来核算	人员类别	备注
200	710101022508	环境保护税	预算支出类	√	√	√	√				
201	710101022509	增值税	预算支出类	√	√	√	√				
203	710101022599	其他税费	预算支出类	√	√	√	√				
204	7101010299	其他商品和服务支出	预算支出类	√	√	√	√				
205	710101029901	离休人员特需费	预算支出类	√	√	√	√				
206	710101029902	离休人员公用支出	预算支出类	√	√	√	√				
207	710101029903	退休人员公用支出	预算支出类	√	√	√	√				
208	710101029904	国内组织会员费	预算支出类	√	√	√	√				
209	710101029905	工青党团妇活动费	预算支出类	√	√	√	√				
210	710101029906	药品支出	预算支出类	√	√	√	√				
211	710101029907	诉讼费	预算支出类	√	√	√	√				
212	710101029908	来访费	预算支出类	√	√	√	√				
213	710101029909	广告宣传费	预算支出类	√	√	√	√				
214	710101029999	其他	预算支出类	√	√	√	√				
215	71010103	对个人和家庭的补助支出	预算支出类	√	√	√	√				
216	7101010301	离休费	预算支出类	√	√	√	√				
217	710101030101	基本离休费	预算支出类	√	√	√	√				
218	710101030102	生活性津贴	预算支出类	√	√	√	√				
219	710101030103	地方（部门）津贴补贴	预算支出类	√	√	√	√				
220	710101030104	护理费	预算支出类	√	√	√	√				
221	710101030105	提租补贴	预算支出类	√	√	√	√				
222	710101030106	购房补贴	预算支出类	√	√	√	√				
223	710101030107	采暖补贴	预算支出类	√	√	√	√				
224	710101030108	物业服务补贴	预算支出类	√	√	√	√				
225	710101030199	其他	预算支出类	√	√	√	√				
226	7101010302	退休费	预算支出类	√	√	√	√				
227	710101030201	基本退休费	预算支出类	√	√	√	√				
228	710101030202	生活性津贴	预算支出类	√	√	√	√				
229	710101030203	地方（部门）津贴补贴	预算支出类	√	√	√	√				
230	710101030204	提租补贴	预算支出类	√	√	√	√				

续表

序号	科目编码	科目名称	科目类别	功能分类	资金来源	项目核算	部门核算	科技支撑和行业专项	往来核算	人员类别	备注
231	710101030205	购房补贴	预算支出类	√	√	√	√				
232	710101030206	采暖补贴	预算支出类	√	√	√	√				
233	710101030207	物业服务补贴	预算支出类	√	√	√	√				
234	710101030208	在职人员养老保险缴费	预算支出类	√	√	√	√				
235	710101030209	在职人员职业年金缴费	预算支出类	√	√	√	√				
236	710101030299	其他	预算支出类	√	√	√	√				
237	7101010303	退职（役）费	预算支出类	√	√	√	√				
238	7101010304	抚恤金	预算支出类	√	√	√	√				
239	7101010305	生活补助	预算支出类	√	√	√	√				
240	7101010306	救济费	预算支出类	√	√	√	√				
241	7101010307	医疗费补助	预算支出类	√	√	√	√				
242	7101010308	助学金	预算支出类	√	√	√	√				
243	7101010309	奖励金	预算支出类	√	√	√	√				
244	710101030901	计划生育目标责任奖	预算支出类	√	√	√	√				
245	710101030902	独生子女父母奖励	预算支出类	√	√	√	√				
246	710101030999	其他	预算支出类	√	√	√	√				
247	7101010310	其他对个人和家庭的补助支出	预算支出类	√	√	√	√				
248	710101031001	婴幼儿补贴	预算支出类	√	√	√	√				
249	710101031002	退职人员及随行家属路费	预算支出类	√	√	√	√				
250	710101031003	保障性住房租金补贴	预算支出类	√	√	√	√				
251	710101031099	其他	预算支出类	√	√	√	√				
252	71010104	资本性支出	预算支出类	√	√	√	√				
253	7101010401	房屋建筑物购建	预算支出类	√	√	√	√				
254	7101010402	办公设备购置	预算支出类	√	√	√	√				
255	7101010403	专业设备购置	预算支出类	√	√	√	√				
256	7101010404	基础设施建设	预算支出类	√	√	√	√				
257	7101010405	大型修缮	预算支出类	√	√	√	√				
258	7101010406	信息网络及软件购置更新	预算支出类	√	√	√	√				

续表

序号	科目编码	科目名称	科目类别	功能分类	资金来源	项目核算	部门核算	科技支撑和行业专项	往来核算	人员类别	备注
259	7101010407	物资储备	预算支出类	√	√	√	√				
260	7101010408	土地补偿	预算支出类	√	√	√	√				
261	7101010409	安置补助	预算支出类	√	√	√	√				
262	7101010410	地上附着物和青苗补偿	预算支出类	√	√	√	√				
263	7101010411	拆迁补偿	预算支出类	√	√	√	√				
264	7101010412	公务用车购置	预算支出类	√	√	√	√				
265	7101010413	其他交通工具购置	预算支出类	√	√	√	√				
266	7101010414	文物和陈列品购置	预算支出类	√	√	√	√				
267	7101010415	无形资产购置	预算支出类	√	√	√	√				
268	7101010499	其他	预算支出类	√	√	√	√				
269	71010105	债务利息及费用支出	预算支出类	√	√	√	√				
270	7101010501	国内债务付息	预算支出类	√	√	√	√				
271	7101010502	国外债务付息	预算支出类	√	√	√	√				
272	7101010503	国内债务发行费用	预算支出类	√	√	√	√				
273	7101010504	国外债务发行费用	预算支出类	√	√	√	√				
274	710102	项目支出	预算支出类	√	√	√	√	√			分功能分类、分项目核算
275	71010201	工资福利支出	预算支出类	√	√	√	√	√			
276	7101020101	基本工资	预算支出类	√	√	√	√	√			
277	7101020102	津贴补贴	预算支出类	√	√	√	√	√			
278	710102010201	国家统一的津贴补贴	预算支出类	√	√	√	√	√			
279	71010201020101	国家艰苦边远地区津贴	预算支出类	√	√	√	√	√			
280	71010201020102	艰苦台站津贴	预算支出类	√	√	√	√	√			
281	71010201020103	西藏特殊津贴	预算支出类	√	√	√	√	√			
282	71010201020104	特区津贴	预算支出类	√	√	√	√	√			
283	71010201020105	新疆南疆工作补贴	预算支出类	√	√	√	√	√			
284	71010201020106	西藏高海拔折算工龄津贴	预算支出类	√	√	√	√	√			
285	71010201020107	93 工改保留	预算支出类	√	√	√	√	√			
286	71010201020108	信访津贴	预算支出类	√	√	√	√	√			
287	71010201020109	纪检监察人员办案补贴	预算支出类	√	√	√	√	√			

续表

序号	科目编码	科目名称	科目类别	功能分类	资金来源	项目核算	部门核算	科技支撑和行业专项	往来核算	人员类别	备注
288	71010201020110	保姆自雇费	预算支出类	√	√	√	√	√			
289	71010201020111	带薪年休假补贴	预算支出类	√	√	√	√	√			
290	71010201020199	其他	预算支出类	√	√	√	√	√			
291	710102010202	规范性津贴补贴	预算支出类	√	√	√	√	√			
292	71010201020201	工作性津贴	预算支出类	√	√	√	√	√			
293	71010201020202	生活性补贴	预算支出类	√	√	√	√	√			
294	710102010203	改革性补贴	预算支出类	√	√	√	√	√			
295	71010201020301	提租补贴	预算支出类	√	√	√	√	√			
296	71010201020302	购房补贴	预算支出类	√	√	√	√	√			
297	71010201020303	采暖补贴	预算支出类	√	√	√	√	√			
298	71010201020304	物业服务补贴	预算支出类	√	√	√	√	√			
299	71010201020399	其他改革性补贴	预算支出类	√	√	√	√	√			
300	7101020103	奖金	预算支出类	√	√	√	√	√			
301	710102010301	公务员年终一次性奖励	预算支出类	√	√	√	√	√			
302	710102010399	其他奖金	预算支出类	√	√	√	√	√			
303	7101020104	伙食补助费	预算支出类	√	√	√	√	√			
304	7101020105	机关事业单位基本养老保险缴费	预算支出类	√	√	√	√	√			
305	7101020106	职业年金缴费	预算支出类	√	√	√	√	√			
306	7101020107	职工基本医疗保险缴费	预算支出类	√	√	√	√	√			
307	7101020108	公务员医疗补助缴费	预算支出类	√	√	√	√	√			
308	7101020109	其他社会保障缴费	预算支出类	√	√	√	√	√			
309	710102010901	失业保险费	预算支出类	√	√	√	√	√			
310	710102010902	工伤保险费	预算支出类	√	√	√	√	√			
311	710102010903	生育保险费	预算支出类	√	√	√	√	√			
312	710102010904	大病统筹	预算支出类	√	√	√	√	√			
313	710102010905	残疾人就业保障金	预算支出类	√	√	√	√	√			
314	710102010999	其他保险费	预算支出类	√	√	√	√	√			
315	7101020110	住房公积金	预算支出类	√	√	√	√	√			
316	7101020111	医疗费	预算支出类	√	√	√	√	√			
317	7101020112	其他工资福利支出	预算支出类	√	√	√	√	√			

续表

序号	科目编码	科目名称	科目类别	功能分类	资金来源	项目核算	部门核算	科技支撑和行业专项	往来核算	人员类别	备注
318	710102011201	气象部门特殊人才津贴	预算支出类	√	√	√	√	√			
319	710102011202	中央国家机关在京补贴	预算支出类	√	√	√	√	√			
320	710102011203	计生人员补贴	预算支出类	√	√	√	√	√			
321	710102011204	电话费	预算支出类	√	√	√	√	√			
322	710102011205	移动通讯费	预算支出类	√	√	√	√	√			
323	710102011206	防暑降温费	预算支出类	√	√	√	√	√			
324	710102011207	加班工资	预算支出类	√	√	√	√	√			
325	710102011208	值班费	预算支出类	√	√	√	√	√			
326	710102011209	编外长期聘用人员工资福利支出	预算支出类	√	√	√	√	√			
327	71010201120901	编外长聘人员基本工资	预算支出类	√	√	√	√	√			
328	71010201120902	编外长聘人员津贴补贴	预算支出类	√	√	√	√	√			
329	71010201120903	编外长期聘用人员社保缴费	预算支出类	√	√	√	√	√			
330	71010201120904	编外长期聘用人员职业年金	预算支出类	√	√	√	√	√			
331	71010201120905	编外长聘人员公积金	预算支出类	√	√	√	√	√			
332	71010201120999	编外长聘人员其他工资福利支出	预算支出类	√	√	√	√	√			
333	710102011210	地方编制人员工资福利支出	预算支出类	√	√	√	√	√			
334	71010201121001	地方编制人员基本工资	预算支出类	√	√	√	√	√			
335	71010201121002	地方编制人津贴补贴	预算支出类	√	√	√	√	√			
336	71010201121003	地方编制人员社保缴费	预算支出类	√	√	√	√	√			
337	71010201121004	地方编制人员职业年金	预算支出类	√	√	√	√	√			
338	71010201121005	地方编制人员公积金	预算支出类	√	√	√	√	√			

续表

序号	科目编码	科目名称	科目类别	功能分类	资金来源	项目核算	部门核算	科技支撑和行业专项	往来核算	人员类别	备注
339	71010201121099	地方编制其他工资福利支出	预算支出类	√	√	√	√	√			
340	710102011211	职工探亲旅费	预算支出类	√	√	√	√	√			
341	710102011212	困难职工生活补助	预算支出类	√	√	√	√	√			
342	710102011299	其他	预算支出类	√	√	√	√	√			
343	71010202	商品和服务支出	预算支出类	√	√	√	√	√			
344	7101020201	办公费	预算支出类	√	√	√	√	√			
345	7101020202	印刷费	预算支出类	√	√	√	√	√			
346	7101020203	咨询费	预算支出类	√	√	√	√	√			
347	7101020204	手续费	预算支出类	√	√	√	√	√			
348	7101020205	水费	预算支出类	√	√	√	√	√			
349	7101020206	电费	预算支出类	√	√	√	√	√			
350	7101020207	邮电费	预算支出类	√	√	√	√	√			
351	7101020208	取暖费	预算支出类	√	√	√	√	√			
352	7101020209	物业管理费	预算支出类	√	√	√	√	√			
353	7101020210	差旅费	预算支出类	√	√	√	√	√			
354	7101020211	因公出国（境）费用	预算支出类	√	√	√	√	√			
355	7101020212	维修（护）费	预算支出类	√	√	√	√	√			
356	7101020213	租赁费	预算支出类	√	√	√	√	√			
357	7101020214	会议费	预算支出类	√	√	√	√	√			
358	7101020215	培训费	预算支出类	√	√	√	√	√			
359	7101020216	公务接待费	预算支出类	√	√	√	√	√			
360	7101020217	专用材料费	预算支出类	√	√	√	√	√			
361	7101020218	专用燃料费	预算支出类	√	√	√	√	√			
362	7101020219	劳务费	预算支出类	√	√	√	√	√			
363	7101020220	委托业务费	预算支出类	√	√	√	√	√			
364	7101020221	工会经费	预算支出类	√	√	√	√	√			
365	7101020222	福利费	预算支出类	√	√	√	√	√			
366	7101020223	公务用车运行维护费	预算支出类	√	√	√	√	√			
367	710102022301	公务用车燃料费	预算支出类	√	√	√	√	√			
368	710102022302	公务用车过路过桥费	预算支出类	√	√	√	√	√			
369	710102022303	公务用车保险费	预算支出类	√	√	√	√	√			
370	710102022304	公务用车维修维护费	预算支出类	√	√	√	√	√			

续表

序号	科目编码	科目名称	科目类别	功能分类	资金来源	项目核算	部门核算	科技支撑和行业专项	往来核算	人员类别	备注
371	710102022305	公务用车安全奖励费	预算支出类	√	√	√	√	√			
372	710102022399	其他	预算支出类	√	√	√	√	√			
373	7101020224	其他交通费用	预算支出类	√	√	√	√	√			
374	710102022401	其他交通工具燃料费	预算支出类	√	√	√	√	√			
375	710102022402	其他交通工具过路过桥费	预算支出类	√	√	√	√	√			
376	710102022403	其他交通工具保险费	预算支出类	√	√	√	√	√			
377	710102022404	其他交通工具租用费	预算支出类	√	√	√	√	√			
378	710102022405	其他交通工具维修维护费	预算支出类	√	√	√	√	√			
379	710102022406	其他交通工具安全奖励费	预算支出类	√	√	√	√	√			
380	710102022407	公务交通补贴	预算支出类	√	√	√	√	√			
381	710102022408	出租车费用	预算支出类	√	√	√	√	√			
382	710102022499	其他	预算支出类	√	√	√	√	√			
383	7101020225	税金及附加费用	预算支出类	√	√	√	√	√			
384	710102022501	城市维护建设税	预算支出类	√	√	√	√	√			
385	710102022502	房产税	预算支出类	√	√	√	√	√			
386	710102022503	土地增值税	预算支出类	√	√	√	√	√			
387	710102022504	土地使用税	预算支出类	√	√	√	√	√			
388	710102022505	车船使用税	预算支出类	√	√	√	√	√			
389	710102022506	教育费附加	预算支出类	√	√	√	√	√			
390	710102022507	地方教育附加	预算支出类	√	√	√	√	√			
391	710102022508	环境保护税	预算支出类	√	√	√	√	√			
392	710102022509	增值税	预算支出类	√	√	√	√	√			
394	710102022599	其他税费	预算支出类	√	√	√	√	√			
395	7101020299	其他商品和服务支出	预算支出类	√	√	√	√	√			
396	710102029901	离休人员特需费	预算支出类	√	√	√	√	√			
397	710102029902	离休人员公用支出	预算支出类	√	√	√	√	√			
398	710102029903	退休人员公用支出	预算支出类	√	√	√	√	√			
399	710102029904	国内组织会员费	预算支出类	√	√	√	√	√			
400	710102029905	工青党团妇活动费	预算支出类	√	√	√	√	√			
401	710102029906	药品支出	预算支出类	√	√	√	√	√			

续表

序号	科目编码	科目名称	科目类别	功能分类	资金来源	项目核算	部门核算	科技支撑和行业专项	往来核算	人员类别	备注
402	710102029907	诉讼费	预算支出类	√	√	√	√	√			
403	710102029908	来访费	预算支出类	√	√	√	√	√			
404	710102029909	广告宣传费	预算支出类	√	√	√	√	√			
405	710102029999	其他	预算支出类	√	√	√	√	√			
406	71010203	对个人和家庭的补助支出	预算支出类	√	√	√	√	√			
407	7101020301	离休费	预算支出类	√	√	√	√	√			
408	710102030101	基本离休费	预算支出类	√	√	√	√	√			
409	710102030102	生活性津贴	预算支出类	√	√	√	√	√			
410	710102030103	地方（部门）津贴补贴	预算支出类	√	√	√	√	√			
411	710102030104	护理费	预算支出类	√	√	√	√	√			
412	710102030105	提租补贴	预算支出类	√	√	√	√	√			
413	710102030106	购房补贴	预算支出类	√	√	√	√	√			
414	710102030107	采暖补贴	预算支出类	√	√	√	√	√			
415	710102030108	物业服务补贴	预算支出类	√	√	√	√	√			
416	710102030199	其他	预算支出类	√	√	√	√	√			
417	7101020302	退休费	预算支出类	√	√	√	√	√			
418	710102030201	基本退休费	预算支出类	√	√	√	√	√			
419	710102030202	生活性津贴	预算支出类	√	√	√	√	√			
420	710102030203	地方（部门）津贴补贴	预算支出类	√	√	√	√	√			
421	710102030204	提租补贴	预算支出类	√	√	√	√	√			
422	710102030205	购房补贴	预算支出类	√	√	√	√	√			
423	710102030206	采暖补贴	预算支出类	√	√	√	√	√			
424	710102030207	物业服务补贴	预算支出类	√	√	√	√	√			
425	710102030208	在职人员养老保险缴费	预算支出类	√	√	√	√	√			
426	710102030209	在职人员职业年金缴费	预算支出类	√	√	√	√	√			
427	710102030299	其他	预算支出类	√	√	√	√	√			
428	7101020303	退职（役）费	预算支出类	√	√	√	√	√			
429	7101020304	抚恤金	预算支出类	√	√	√	√	√			

续表

序号	科目编码	科目名称	科目类别	功能分类	资金来源	项目核算	部门核算	科技支撑和行业专项	往来核算	人员类别	备注
430	7101020305	生活补助	预算支出类	√	√	√	√	√			
431	7101020306	救济费	预算支出类	√	√	√	√	√			
432	7101020307	医疗费补助	预算支出类	√	√	√	√	√			
433	7101020308	助学金	预算支出类	√	√	√	√	√			
434	7101020309	奖励金	预算支出类	√	√	√	√	√			
435	710102030901	计划生育目标责任奖	预算支出类	√	√	√	√	√			
436	710102030902	独生子女父母奖励	预算支出类	√	√	√	√	√			
437	710102030999	其他	预算支出类	√	√	√	√	√			
438	7101020310	其他对个人和家庭的补助支出	预算支出类	√	√	√	√	√			
439	710102031001	婴幼儿补贴	预算支出类	√	√	√	√	√			
440	710102031002	退职人员及随行家属路费	预算支出类	√	√	√	√	√			
441	710102031003	保障性住房租金补贴	预算支出类	√	√	√	√	√			
442	710102031099	其他	预算支出类	√	√	√	√	√			
443	71010204	债务利息及费用支出	预算支出类	√	√	√	√	√			
444	7101020401	国内债务付息	预算支出类	√	√	√	√	√			
445	7101020402	国外债务付息	预算支出类	√	√	√	√	√			
446	7101020403	国内债务发行费用	预算支出类	√	√	√	√	√			
447	7101020404	国外债务发行费用	预算支出类	√	√	√	√	√			
448	71010205	资本性支出（基本建设）	预算支出类	√	√	√	√	√			
449	7101020501	房屋建筑物购建	预算支出类	√	√	√	√	√			
450	7101020502	办公设备购置	预算支出类	√	√	√	√	√			
451	7101020503	专用设备购置	预算支出类	√	√	√	√	√			
452	710102050301	地面观测设备	预算支出类	√	√	√	√	√			
453	710102050302	高空探测设备	预算支出类	√	√	√	√	√			
454	710102050303	专用计算机	预算支出类	√	√	√	√	√			
455	710102050304	天气雷达	预算支出类	√	√	√	√	√			
456	710102050305	气象卫星及接收设备	预算支出类	√	√	√	√	√			
457	710102050399	其他专用设备	预算支出类	√	√	√	√	√			
458	7101020504	基础设施建设	预算支出类	√	√	√	√	√			
459	7101020505	大型修缮	预算支出类	√	√	√	√	√			

续表

序号	科目编码	科目名称	科目类别	功能分类	资金来源	项目核算	部门核算	科技支撑和行业专项	往来核算	人员类别	备注
460	7101020506	信息网络及软件购置更新	预算支出类	√	√	√	√	√			
461	710102050601	计算机	预算支出类	√	√	√	√	√			
462	710102050602	软件购置及开发应用	预算支出类	√	√	√	√	√			
463	710102050603	网络交换机	预算支出类	√	√	√	√	√			
464	710102050699	其他	预算支出类	√	√	√	√	√			
465	7101020507	物资储备	预算支出类	√	√	√	√	√			
466	7101020508	土地补偿	预算支出类	√	√	√	√	√			
467	7101020509	安置补助	预算支出类	√	√	√	√	√			
468	7101020510	地上附着物和青苗补偿	预算支出类	√	√	√	√	√			
469	7101020511	拆迁补偿	预算支出类	√	√	√	√	√			
470	7101020512	公务用车购置	预算支出类	√	√	√	√	√			
471	710102051201	小轿车	预算支出类	√	√	√	√	√			
472	710102051202	越野车	预算支出类	√	√	√	√	√			
473	710102051203	小型载客汽车	预算支出类	√	√	√	√	√			
474	710102051204	大中型载客汽车	预算支出类	√	√	√	√	√			
475	710102051205	货车	预算支出类	√	√	√	√	√			
476	710102051206	摩托车	预算支出类	√	√	√	√	√			
477	710102051299	其他车辆	预算支出类	√	√	√	√	√			
478	7101020513	其他交通工具购置	预算支出类	√	√	√	√	√			
479	710102051301	小轿车	预算支出类	√	√	√	√	√			
480	710102051302	越野车	预算支出类	√	√	√	√	√			
481	710102051303	小型载客汽车	预算支出类	√	√	√	√	√			
482	710102051304	大中型载客汽车	预算支出类	√	√	√	√	√			
483	710102051305	货车	预算支出类	√	√	√	√	√			
484	710102051306	摩托车	预算支出类	√	√	√	√	√			
485	710102051399	其他车辆	预算支出类	√	√	√	√	√			
486	7101020514	文物和陈列品购置	预算支出类	√	√	√	√	√			
487	7101020515	无形资产购置	预算支出类	√	√	√	√	√			
488	7101020516	其他资本性支出	预算支出类	√	√	√	√	√			
489	710102051601	图书	预算支出类	√	√	√	√	√			
490	710102051699	其他	预算支出类	√	√	√	√	√			

续表

序号	科目编码	科目名称	科目类别	功能分类	资金来源	项目核算	部门核算	科技支撑和行业专项	往来核算	人员类别	备注
491	71010206	资本性支出	预算支出类	√	√	√	√	√			
492	7101020601	房屋建筑物购建	预算支出类	√	√	√	√	√			
493	7101020602	办公设备购置	预算支出类	√	√	√	√	√			
494	7101020603	专业设备购置	预算支出类	√	√	√	√	√			
495	7101020604	基础设施建设	预算支出类	√	√	√	√	√			
496	7101020605	大型修缮	预算支出类	√	√	√	√	√			
497	7101020606	信息网络及软件购置更新	预算支出类	√	√	√	√	√			
498	7101020607	物资储备	预算支出类	√	√	√	√	√			
499	7101020608	土地补偿	预算支出类	√	√	√	√	√			
500	7101020609	安置补助	预算支出类	√	√	√	√	√			
501	7101020610	地上附着物和青苗补偿	预算支出类	√	√	√	√	√			
502	7101020611	拆迁补偿	预算支出类	√	√	√	√	√			
503	7101020612	公务用车购置	预算支出类	√	√	√	√	√			
504	7101020613	其他交通工具购置	预算支出类	√	√	√	√	√			
505	7101020614	文物和陈列品购置	预算支出类	√	√	√	√	√			
506	7101020615	无形资产购置	预算支出类	√	√	√	√	√			
507	7101020699	其他	预算支出类	√	√	√	√	√			
508	71010207	其他支出	预算支出类	√	√	√	√	√			
509	7101020701	赠与	预算支出类	√	√	√	√	√			
510	7101020702	国家赔偿费用支出	预算支出类	√	√	√	√	√			
511	7101020703	对民间非营利组织和群众性自治组织的补贴	预算支出类	√	√	√	√	√			
512	7101020799	其他支出	预算支出类	√	√	√	√	√			
513	710103	待处理支出	预算支出类	√	√	√	√	√			
514	7201	事业支出	预算支出类	√	√	√	√				
515	720101	基本支出	预算支出类	√	√	√	√				
516	72010101	工资福利支出	预算支出类	√	√	√	√				
517	7201010101	基本工资	预算支出类	√	√	√	√				
518	7201010102	津贴补贴	预算支出类	√	√	√	√				
519	720101010201	国家统一的津贴补贴	预算支出类	√	√	√	√				

续表

序号	科目编码	科目名称	科目类别	功能分类	资金来源	项目核算	部门核算	科技支撑和行业专项	往来核算	人员类别	备注
520	72010101020101	国家艰苦边远地区津贴	预算支出类	√	√	√	√				
521	72010101020102	艰苦台站津贴	预算支出类	√	√	√	√				
522	72010101020103	西藏特殊津贴	预算支出类	√	√	√	√				
523	72010101020104	特区津贴	预算支出类	√	√	√	√				
524	72010101020105	新疆南疆工作补贴	预算支出类	√	√	√	√				
525	72010101020106	西藏高海拔折算工龄津贴	预算支出类	√	√	√	√				
526	72010101020107	93 工改保留	预算支出类	√	√	√	√				
527	72010101020108	信访津贴	预算支出类	√	√	√	√				
528	72010101020109	纪检监察人员办案补贴	预算支出类	√	√	√	√				
529	72010101020110	保姆自雇费	预算支出类	√	√	√	√				
530	72010101020111	带薪年休假补贴	预算支出类	√	√	√	√				
531	72010101020199	其他	预算支出类	√	√	√	√				
532	720101010202	规范性津贴补贴	预算支出类	√	√	√	√				
533	72010101020201	工作性津贴	预算支出类	√	√	√	√				
534	72010101020202	生活性补贴	预算支出类	√	√	√	√				
535	720101010203	改革性补贴	预算支出类	√	√	√	√				
536	72010101020301	提租补贴	预算支出类	√	√	√	√				
537	72010101020302	购房补贴	预算支出类	√	√	√	√				
538	72010101020303	采暖补贴	预算支出类	√	√	√	√				
539	72010101020304	物业服务补贴	预算支出类	√	√	√	√				
540	72010101020399	其他改革性补贴	预算支出类	√	√	√	√				
541	7201010103	奖金	预算支出类	√	√	√	√				
542	7201010104	伙食补助费	预算支出类	√	√	√	√				
543	7201010105	绩效工资	预算支出类	√	√	√	√				
544	7201010106	机关事业单位基本养老保险缴费	预算支出类	√	√	√	√				
545	7201010107	职业年金缴费	预算支出类	√	√	√	√				
546	7201010108	职工基本医疗保险缴费	预算支出类	√	√	√	√				
547	7201010109	公务员医疗补助缴费	预算支出类	√	√	√	√				

续表

序号	科目编码	科目名称	科目类别	功能分类	资金来源	项目核算	部门核算	科技支撑和行业专项	往来核算	人员类别	备注
548	7201010110	其他社会保障缴费	预算支出类	√	√	√	√				
549	720101011001	失业保险费	预算支出类	√	√	√	√				
550	720101011002	工伤保险费	预算支出类	√	√	√	√				
551	720101011003	生育保险费	预算支出类	√	√	√	√				
552	720101011004	大病统筹	预算支出类	√	√	√	√				
553	720101011005	残疾人就业保障金	预算支出类	√	√	√	√				
554	720101011099	其他保险费	预算支出类	√	√	√	√				
555	7201010111	住房公积金	预算支出类	√	√	√	√				
556	7201010112	医疗费	预算支出类	√	√	√	√				
557	7201010113	其他工资福利支出	预算支出类	√	√	√	√				
558	720101011301	气象部门特殊人才津贴	预算支出类	√	√	√	√				
559	720101011302	中央国家机关在京补贴	预算支出类	√	√	√	√				
560	720101011303	计生人员补贴	预算支出类	√	√	√	√				
561	720101011304	电话费	预算支出类	√	√	√	√				
562	720101011305	移动通讯费	预算支出类	√	√	√	√				
563	720101011306	防暑降温费	预算支出类	√	√	√	√				
564	720101011307	加班工资	预算支出类	√	√	√	√				
565	720101011308	值班费	预算支出类	√	√	√	√				
566	720101011309	编外长期聘用人员工资福利支出	预算支出类	√	√	√	√				
567	72010101130901	编外长聘人员基本工资	预算支出类	√	√	√	√				
568	72010101130902	编外长聘人员津贴补贴	预算支出类	√	√	√	√				
569	72010101130903	编外长期聘用人员社保缴费	预算支出类	√	√	√	√				
570	72010101130904	编外长期聘用人员职业年金	预算支出类	√	√	√	√				
571	72010101130905	编外长聘人员公积金	预算支出类	√	√	√	√				
572	72010101130999	编外长聘人员其他工资福利支出	预算支出类	√	√	√	√				

续表

序号	科目编码	科目名称	科目类别	功能分类	资金来源	项目核算	部门核算	科技支撑和行业专项	往来核算	人员类别	备注
573	720101011310	地方编制人员工资福利支出	预算支出类	√	√	√	√				
574	72010101131001	地方编制人员基本工资	预算支出类	√	√	√	√				
575	72010101131002	地方编制人津贴补贴	预算支出类	√	√	√	√				
576	72010101131003	地方编制人员社保缴费	预算支出类	√	√	√	√				
577	72010101131004	地方编制人员职业年金	预算支出类	√	√	√	√				
578	72010101131005	地方编制人员公积金	预算支出类	√	√	√	√				
579	72010101131099	地方编制其他工资福利支出	预算支出类	√	√	√	√				
580	720101011311	职工探亲旅费	预算支出类	√	√	√	√				
581	720101011312	困难职工生活补助	预算支出类	√	√	√	√				
582	720101011399	其他	预算支出类	√	√	√	√				
583	72010102	商品和服务支出	预算支出类	√	√	√	√				
584	7201010201	办公费	预算支出类	√	√	√	√				
585	7201010202	印刷费	预算支出类	√	√	√	√				
586	7201010203	咨询费	预算支出类	√	√	√	√				
587	7201010204	手续费	预算支出类	√	√	√	√				
588	7201010205	水费	预算支出类	√	√	√	√				
589	7201010206	电费	预算支出类	√	√	√	√				
590	7201010207	邮电费	预算支出类	√	√	√	√				
591	7201010208	取暖费	预算支出类	√	√	√	√				
592	7201010209	物业管理费	预算支出类	√	√	√	√				
593	7201010210	差旅费	预算支出类	√	√	√	√				
594	7201010211	因公出国（境）费用	预算支出类	√	√	√	√				
595	7201010212	维修（护）费	预算支出类	√	√	√	√				
596	7201010213	租赁费	预算支出类	√	√	√	√				
597	7201010214	会议费	预算支出类	√	√	√	√				
598	7201010215	培训费	预算支出类	√	√	√	√				
599	7201010216	公务接待费	预算支出类	√	√	√	√				

续表

序号	科目编码	科目名称	科目类别	功能分类	资金来源	项目核算	部门核算	科技支撑和行业专项	往来核算	人员类别	备注
600	7201010217	专用材料费	预算支出类	√	√	√	√				
601	7201010218	专用燃料费	预算支出类	√	√	√	√				
602	7201010219	劳务费	预算支出类	√	√	√	√				
603	7201010220	委托业务费	预算支出类	√	√	√	√				
604	7201010221	工会经费	预算支出类	√	√	√	√				
605	7201010222	福利费	预算支出类	√	√	√	√				
606	7201010223	公务用车运行维护费	预算支出类	√	√	√	√				
607	720101022301	公务用车燃料费	预算支出类	√	√	√	√				
608	720101022302	公务用车过路过桥费	预算支出类	√	√	√	√				
609	720101022303	公务用车保险费	预算支出类	√	√	√	√				
610	720101022304	公务用车维修维护费	预算支出类	√	√	√	√				
611	720101022305	公务用车安全奖励费	预算支出类	√	√	√	√				
612	720101022399	其他	预算支出类	√	√	√	√				
613	7201010224	其他交通费用	预算支出类	√	√	√	√				
614	720101022401	公务交通补贴	预算支出类	√	√	√	√				
615	720101022402	其他交通工具租用费	预算支出类	√	√	√	√				
616	720101022403	其他交通工具燃料费	预算支出类	√	√	√	√				
617	720101022404	其他交通工具过路过桥费	预算支出类	√	√	√	√				
618	720101022405	其他交通工具保险费	预算支出类	√	√	√	√				
619	720101022406	其他交通工具维修维护费	预算支出类	√	√	√	√				
620	720101022407	其他交通工具安全奖励费	预算支出类	√	√	√	√				
621	720101022408	出租车费用	预算支出类	√	√	√	√				
622	720101022499	其他	预算支出类	√	√	√	√				
623	7201010225	税金及附加费用	预算支出类	√	√	√	√				
624	720101022501	城市维护建设税	预算支出类	√	√	√	√				
625	720101022502	房产税	预算支出类	√	√	√	√				
626	720101022503	土地增值税	预算支出类	√	√	√	√				
627	720101022504	土地使用税	预算支出类	√	√	√	√				
628	720101022505	车船使用税	预算支出类	√	√	√	√				
629	720101022506	教育费附加	预算支出类	√	√	√	√				

续表

序号	科目编码	科目名称	科目类别	功能分类	资金来源	项目核算	部门核算	科技支撑和行业专项	往来核算	人员类别	备注
630	720101022507	地方教育附加	预算支出类	√	√	√	√				
631	720101022508	环境保护税	预算支出类	√	√	√	√				
632	720101022509	增值税	预算支出类	√	√	√	√				
634	720101022599	其他税费	预算支出类	√	√	√	√				
635	7201010299	其他商品和服务支出	预算支出类	√	√	√	√				
636	720101029901	离休人员特需费	预算支出类	√	√	√	√				
637	720101029902	离休人员公用支出	预算支出类	√	√	√	√				
638	720101029903	退休人员公用支出	预算支出类	√	√	√	√				
639	720101029904	国内组织会员费	预算支出类	√	√	√	√				
640	720101029905	工青党团妇活动费	预算支出类	√	√	√	√				
641	720101029906	药品支出	预算支出类	√	√	√	√				
642	720101029907	诉讼费	预算支出类	√	√	√	√				
643	720101029908	来访费	预算支出类	√	√	√	√				
644	720101029909	广告宣传费	预算支出类	√	√	√	√				
645	720101029999	其他	预算支出类	√	√	√	√				
646	72010103	对个人和家庭的补助支出	预算支出类	√	√	√	√				
647	7201010301	离休费	预算支出类	√	√	√	√				
648	720101030101	基本离休费	预算支出类	√	√	√	√				
649	720101030102	生活性津贴	预算支出类	√	√	√	√				
650	720101030103	地方（部门）津贴补贴	预算支出类	√	√	√	√				
651	720101030104	护理费	预算支出类	√	√	√	√				
652	720101030105	提租补贴	预算支出类	√	√	√	√				
653	720101030106	购房补贴	预算支出类	√	√	√	√				
654	720101030107	采暖补贴	预算支出类	√	√	√	√				
655	720101030108	物业服务补贴	预算支出类	√	√	√	√				
656	720101030199	其他	预算支出类	√	√	√	√				
657	7201010302	退休费	预算支出类	√	√	√	√				
658	720101030201	基本退休费	预算支出类	√	√	√	√				
659	720101030202	生活性津贴	预算支出类	√	√	√	√				
660	720101030203	地方（部门）津贴补贴	预算支出类	√	√	√	√				

续表

序号	科目编码	科目名称	科目类别	功能分类	资金来源	项目核算	部门核算	科技支撑和行业专项	往来核算	人员类别	备注
661	720101030204	提租补贴	预算支出类	√	√	√	√				
662	720101030205	购房补贴	预算支出类	√	√	√	√				
663	720101030206	采暖补贴	预算支出类	√	√	√	√				
664	720101030207	物业服务补贴	预算支出类	√	√	√	√				
665	720101030208	在职人员养老保险缴费	预算支出类	√	√	√	√				
666	720101030209	在职人员职业年金缴费	预算支出类	√	√	√	√				
667	720101030299	其他	预算支出类	√	√	√	√				
668	7201010303	退职（役）费	预算支出类	√	√	√	√				
669	7201010304	抚恤金	预算支出类	√	√	√	√				
670	7201010305	生活补助	预算支出类	√	√	√	√				
671	7201010306	救济费	预算支出类	√	√	√	√				
672	7201010307	医疗费补助	预算支出类	√	√	√	√				
673	7201010308	助学金	预算支出类	√	√	√	√				
674	7201010309	奖励金	预算支出类	√	√	√	√				
675	720101030901	计划生育目标责任奖	预算支出类	√	√	√	√				
676	720101030902	独生子女父母奖励	预算支出类	√	√	√	√				
677	720101030999	其他	预算支出类	√	√	√	√				
678	7201010310	其他对个人和家庭的补助支出	预算支出类	√	√	√	√				
679	720101031001	婴幼儿补贴	预算支出类	√	√	√	√				
680	720101031002	退职人员及随行家属路费	预算支出类	√	√	√	√				
681	720101031003	保障性住房租金补贴	预算支出类	√	√	√	√				
682	720101031099	其他	预算支出类	√	√	√	√				
683	72010104	资本性支出	预算支出类	√	√	√	√				
684	7201010401	房屋建筑物购建	预算支出类	√	√	√	√				
685	7201010402	办公设备购置	预算支出类	√	√	√	√				
686	7201010403	专业设备购置	预算支出类	√	√	√	√				
687	7201010404	基础设施建设	预算支出类	√	√	√	√				
688	7201010405	大型修缮	预算支出类	√	√	√	√				

续表

序号	科目编码	科目名称	科目类别	功能分类	资金来源	项目核算	部门核算	科技支撑和行业专项	往来核算	人员类别	备注
689	7201010406	信息网络及软件购置更新	预算支出类	√	√	√	√				
690	7201010407	物资储备	预算支出类	√	√	√	√				
691	7201010408	土地补偿	预算支出类	√	√	√	√				
692	7201010409	安置补助	预算支出类	√	√	√	√				
693	7201010410	地上附着物和青苗补偿	预算支出类	√	√	√	√				
694	7201010411	拆迁补偿	预算支出类	√	√	√	√				
695	7201010412	公务用车购置	预算支出类	√	√	√	√				
696	7201010413	其他交通工具购置	预算支出类	√	√	√	√				
697	7201010414	文物和陈列品购置	预算支出类	√	√	√	√				
698	7201010415	无形资产购置	预算支出类	√	√	√	√				
699	7201010499	其他	预算支出类	√	√	√	√				
700	72010105	债务利息及费用支出	预算支出类	√	√	√	√				
701	7201010501	国内债务付息	预算支出类	√	√	√	√				
702	7201010502	国外债务付息	预算支出类	√	√	√	√				
703	7201010503	国内债务发行费用	预算支出类	√	√	√	√				
704	7201010504	国外债务发行费用	预算支出类	√	√	√	√				
705	720102	项目支出	预算支出类	√	√	√	√	√			分功能分类、分项目核算
706	72010201	工资福利支出	预算支出类	√	√	√	√	√			
707	7201020101	基本工资	预算支出类	√	√	√	√	√			
708	7201020102	津贴补贴	预算支出类	√	√	√	√	√			
709	720102010201	国家统一的津贴补贴	预算支出类	√	√	√	√	√			
710	72010201020101	国家艰苦边远地区津贴	预算支出类	√	√	√	√	√			
711	72010201020102	艰苦台站津贴	预算支出类	√	√	√	√	√			
712	72010201020103	西藏特殊津贴	预算支出类	√	√	√	√	√			
713	72010201020104	特区津贴	预算支出类	√	√	√	√	√			
714	72010201020105	新疆南疆工作补贴	预算支出类	√	√	√	√	√			
715	72010201020106	西藏高海拔折算工龄津贴	预算支出类	√	√	√	√	√			
716	72010201020107	93 工改保留	预算支出类	√	√	√	√	√			

续表

序号	科目编码	科目名称	科目类别	功能分类	资金来源	项目核算	部门核算	科技支撑和行业专项	往来核算	人员类别	备注
717	72010201020108	信访津贴	预算支出类	√	√	√	√	√			
718	72010201020109	纪检监察人员办案补贴	预算支出类	√	√	√	√	√			
719	72010201020110	保姆自雇费	预算支出类	√	√	√	√	√			
720	72010201020111	带薪年休假补贴	预算支出类	√	√	√	√	√			
721	72010201020199	其他	预算支出类	√	√	√	√	√			
722	720102010202	规范性津贴补贴	预算支出类	√	√	√	√	√			
723	72010201020201	工作性津贴	预算支出类	√	√	√	√	√			
724	72010201020202	生活性补贴	预算支出类	√	√	√	√	√			
725	720102010203	改革性补贴	预算支出类	√	√	√	√	√			
726	72010201020301	提租补贴	预算支出类	√	√	√	√	√			
727	72010201020302	购房补贴	预算支出类	√	√	√	√	√			
728	72010201020303	采暖补贴	预算支出类	√	√	√	√	√			
729	72010201020304	物业服务补贴	预算支出类	√	√	√	√	√			
730	72010201020399	其他改革性补贴	预算支出类	√	√	√	√	√			
731	7201020103	奖金	预算支出类	√	√	√	√	√			
732	720102010301	公务员年终一次性奖励	预算支出类	√	√	√	√	√			
733	720102010399	其他奖金	预算支出类	√	√	√	√	√			
734	7201020104	伙食补助费	预算支出类	√	√	√	√	√			
735	7201020105	绩效工资	预算支出类	√	√	√	√	√			
736	7201020106	机关事业单位基本养老保险缴费	预算支出类	√	√	√	√	√			
737	7201020107	职业年金缴费	预算支出类	√	√	√	√	√			
738	7201020108	职工基本医疗保险缴费	预算支出类	√	√	√	√	√			
739	7201020109	公务员医疗补助缴费	预算支出类	√	√	√	√	√			
740	7201020110	其他社会保障缴费	预算支出类	√	√	√	√	√			
741	720102011001	失业保险费	预算支出类	√	√	√	√	√			
742	720102011002	工伤保险费	预算支出类	√	√	√	√	√			
743	720102011003	生育保险费	预算支出类	√	√	√	√	√			
744	720102011004	大病统筹	预算支出类	√	√	√	√	√			
745	720102011005	残疾人就业保障金	预算支出类	√	√	√	√	√			

续表

序号	科目编码	科目名称	科目类别	功能分类	资金来源	项目核算	部门核算	科技支撑和行业专项	往来核算	人员类别	备注
746	720102011099	其他保险费	预算支出类	√	√	√	√	√			
747	7201020111	住房公积金	预算支出类	√	√	√	√	√			
748	7201020112	医疗费	预算支出类	√	√	√	√	√			
749	7201020113	其他工资福利支出	预算支出类	√	√	√	√	√			
750	720102011301	气象部门特殊人才津贴	预算支出类	√	√	√	√	√			
751	720102011302	中央国家机关在京补贴	预算支出类	√	√	√	√	√			
752	720102011303	计生人员补贴	预算支出类	√	√	√	√	√			
753	720102011304	电话费	预算支出类	√	√	√	√	√			
754	720102011305	移动通讯费	预算支出类	√	√	√	√	√			
755	720102011306	防暑降温费	预算支出类	√	√	√	√	√			
756	720102011307	加班工资	预算支出类	√	√	√	√	√			
757	720102011308	值班费	预算支出类	√	√	√	√	√			
758	720102011309	编外长期聘用人员工资福利支出	预算支出类	√	√	√	√	√			
759	72010201130901	编外长聘人员基本工资	预算支出类	√	√	√	√	√			
760	72010201130902	编外长聘人员津贴补贴	预算支出类	√	√	√	√	√			
761	72010201130903	编外长期聘用人员社保缴费	预算支出类	√	√	√	√	√			
762	72010201130904	编外长期聘用人员职业年金	预算支出类	√	√	√	√	√			
763	72010201130905	编外长聘人员公积金	预算支出类	√	√	√	√	√			
764	72010201130999	编外长聘人员其他工资福利支出	预算支出类	√	√	√	√	√			
765	720102011310	地方编制人员工资福利支出	预算支出类	√	√	√	√	√			
766	72010201131001	地方编制人员基本工资	预算支出类	√	√	√	√	√			
767	72010201131002	地方编制人津贴补贴	预算支出类	√	√	√	√	√			

续表

序号	科目编码	科目名称	科目类别	功能分类	资金来源	项目核算	部门核算	科技支撑和行业专项	往来核算	人员类别	备注
768	72010201131003	地方编制人员社保缴费	预算支出类	√	√	√	√	√			
769	72010201131004	地方编制人员职业年金	预算支出类	√	√	√	√	√			
770	72010201131005	地方编制人员公积金	预算支出类	√	√	√	√	√			
771	72010201131099	地方编制其他工资福利支出	预算支出类	√	√	√	√	√			
772	720102011311	职工探亲旅费	预算支出类	√	√	√	√	√			
773	720102011312	困难职工生活补助	预算支出类	√	√	√	√	√			
774	720102011399	其他	预算支出类	√	√	√	√	√			
775	72010202	商品和服务支出	预算支出类	√	√	√	√	√			
776	7201020201	办公费	预算支出类	√	√	√	√	√			
777	7201020202	印刷费	预算支出类	√	√	√	√	√			
778	7201020203	咨询费	预算支出类	√	√	√	√	√			
779	7201020204	手续费	预算支出类	√	√	√	√	√			
780	7201020205	水费	预算支出类	√	√	√	√	√			
781	7201020206	电费	预算支出类	√	√	√	√	√			
782	7201020207	邮电费	预算支出类	√	√	√	√	√			
783	7201020208	取暖费	预算支出类	√	√	√	√	√			
784	7201020209	物业管理费	预算支出类	√	√	√	√	√			
785	7201020210	差旅费	预算支出类	√	√	√	√	√			
786	7201020211	因公出国（境）费用	预算支出类	√	√	√	√	√			
787	7201020212	维修（护）费	预算支出类	√	√	√	√	√			
788	7201020213	租赁费	预算支出类	√	√	√	√	√			
789	7201020214	会议费	预算支出类	√	√	√	√	√			
790	7201020215	培训费	预算支出类	√	√	√	√	√			
791	7201020216	公务接待费	预算支出类	√	√	√	√	√			
792	7201020217	专用材料费	预算支出类	√	√	√	√	√			
793	7201020218	专用燃料费	预算支出类	√	√	√	√	√			
794	7201020219	劳务费	预算支出类	√	√	√	√	√			
795	7201020220	委托业务费	预算支出类	√	√	√	√	√			
796	7201020221	工会经费	预算支出类	√	√	√	√	√			

续表

序号	科目编码	科目名称	科目类别	功能分类	资金来源	项目核算	部门核算	科技支撑和行业专项	往来核算	人员类别	备注
797	7201020222	福利费	预算支出类	√	√	√	√	√			
798	7201020223	公务用车运行维护费	预算支出类	√	√	√	√	√			
799	720102022301	公务用车燃料费	预算支出类	√	√	√	√	√			
800	720102022302	公务用车过路过桥费	预算支出类	√	√	√	√	√			
801	720102022303	公务用车保险费	预算支出类	√	√	√	√	√			
802	720102022304	公务用车维修维护费	预算支出类	√	√	√	√	√			
803	720102022305	公务用车安全奖励费	预算支出类	√	√	√	√	√			
804	720102022399	其他	预算支出类	√	√	√	√	√			
805	7201020224	其他交通费用	预算支出类	√	√	√	√	√			
806	720102022401	公务交通补贴	预算支出类	√	√	√	√	√			
807	720102022402	其他交通工具租用费	预算支出类	√	√	√	√	√			
808	720102022403	其他交通工具燃料费	预算支出类	√	√	√	√	√			
809	720102022404	其他交通工具过路过桥费	预算支出类	√	√	√	√	√			
810	720102022405	其他交通工具保险费	预算支出类	√	√	√	√	√			
811	720102022406	其他交通工具维修维护费	预算支出类	√	√	√	√	√			
812	720102022407	其他交通工具安全奖励费	预算支出类	√	√	√	√	√			
813	720102022408	出租车费用	预算支出类	√	√	√	√	√			
814	720102022499	其他	预算支出类	√	√	√	√	√			
815	7201020225	税金及附加费用	预算支出类	√	√	√	√	√			
816	720102022501	城市维护建设税	预算支出类	√	√	√	√	√			
817	720102022502	房产税	预算支出类	√	√	√	√	√			
818	720102022503	土地增值税	预算支出类	√	√	√	√	√			
819	720102022504	土地使用税	预算支出类	√	√	√	√	√			
820	720102022505	车船使用税	预算支出类	√	√	√	√	√			
821	720102022506	教育费附加	预算支出类	√	√	√	√	√			
822	720102022507	地方教育附加	预算支出类	√	√	√	√	√			
823	720102022508	环境保护税	预算支出类	√	√	√	√	√			
824	720102022509	增值税	预算支出类	√	√	√	√	√			
826	720102022599	其他税费	预算支出类	√	√	√	√	√			
827	7201020299	其他商品和服务支出	预算支出类	√	√	√	√	√			

续表

序号	科目编码	科目名称	科目类别	功能分类	资金来源	项目核算	部门核算	科技支撑和行业专项	往来核算	人员类别	备注
828	720102029901	离休人员特需费	预算支出类	√	√	√	√	√			
829	720102029902	离休人员公用支出	预算支出类	√	√	√	√	√			
830	720102029903	退休人员公用支出	预算支出类	√	√	√	√	√			
831	720102029904	国内组织会员费	预算支出类	√	√	√	√	√			
832	720102029905	工青党团妇活动费	预算支出类	√	√	√	√	√			
833	720102029906	药品支出	预算支出类	√	√	√	√	√			
834	720102029907	诉讼费	预算支出类	√	√	√	√	√			
835	720102029908	来访费	预算支出类	√	√	√	√	√			
836	720102029909	广告宣传费	预算支出类	√	√	√	√	√			
837	720102029999	其他	预算支出类	√	√	√	√	√			
838	72010203	对个人和家庭的补助支出	预算支出类	√	√	√	√	√			
839	7201020301	离休费	预算支出类	√	√	√	√	√			
840	720102030101	基本离休费	预算支出类	√	√	√	√	√			
841	720102030102	生活性津贴	预算支出类	√	√	√	√	√			
842	720102030103	地方（部门）津贴补贴	预算支出类	√	√	√	√	√			
843	720102030104	护理费	预算支出类	√	√	√	√	√			
844	720102030105	提租补贴	预算支出类	√	√	√	√	√			
845	720102030106	购房补贴	预算支出类	√	√	√	√	√			
846	720102030107	采暖补贴	预算支出类	√	√	√	√	√			
847	720102030108	物业服务补贴	预算支出类	√	√	√	√	√			
848	720102030199	其他	预算支出类	√	√	√	√	√			
849	7201020302	退休费	预算支出类	√	√	√	√	√			
850	720102030201	基本退休费	预算支出类	√	√	√	√	√			
851	720102030202	生活性津贴	预算支出类	√	√	√	√	√			
852	720102030203	地方（部门）津贴补贴	预算支出类	√	√	√	√	√			
853	720102030204	提租补贴	预算支出类	√	√	√	√	√			
854	720102030205	购房补贴	预算支出类	√	√	√	√	√			
855	720102030206	采暖补贴	预算支出类	√	√	√	√	√			
856	720102030207	物业服务补贴	预算支出类	√	√	√	√	√			
857	720102030208	在职人员养老保险缴费	预算支出类	√	√	√	√	√			

续表

序号	科目编码	科目名称	科目类别	功能分类	资金来源	项目核算	部门核算	科技支撑和行业专项	往来核算	人员类别	备注
858	720102030209	在职人员职业年金缴费	预算支出类	√	√	√	√	√			
859	720102030299	其他	预算支出类	√	√	√	√	√			
860	7201020303	退职（役）费	预算支出类	√	√	√	√	√			
861	7201020304	抚恤金	预算支出类	√	√	√	√	√			
862	7201020305	生活补助	预算支出类	√	√	√	√	√			
863	7201020306	救济费	预算支出类	√	√	√	√	√			
864	7201020307	医疗费补助	预算支出类	√	√	√	√	√			
865	7201020308	助学金	预算支出类	√	√	√	√	√			
866	7201020309	奖励金	预算支出类	√	√	√	√	√			
867	720102030901	计划生育目标责任奖	预算支出类	√	√	√	√	√			
868	720102030902	独生子女父母奖励	预算支出类	√	√	√	√	√			
869	720102030999	其他	预算支出类	√	√	√	√	√			
870	7201020310	其他对个人和家庭的补助支出	预算支出类	√	√	√	√	√			
871	720102031001	婴幼儿补贴	预算支出类	√	√	√	√	√			
872	720102031002	退职人员及随行家属路费	预算支出类	√	√	√	√	√			
873	720102031003	保障性住房租金补贴	预算支出类	√	√	√	√	√			
874	720102031099	其他	预算支出类	√	√	√	√	√			
875	72010204	债务利息及费用支出	预算支出类	√	√	√	√	√			
876	7201020401	国内债务付息	预算支出类	√	√	√	√	√			
877	7201020402	国外债务付息	预算支出类	√	√	√	√	√			
878	7201020403	国内债务发行费用	预算支出类	√	√	√	√	√			
879	7201020404	国外债务发行费用	预算支出类	√	√	√	√	√			
880	72010205	资本性支出（基本建设）	预算支出类	√	√	√	√	√			
881	7201020501	房屋建筑物购建	预算支出类	√	√	√	√	√			
882	7201020502	办公设备购置	预算支出类	√	√	√	√	√			
883	7201020503	专用设备购置	预算支出类	√	√	√	√	√			
884	720102050301	地面观测设备	预算支出类	√	√	√	√	√			
885	720102050302	高空探测设备	预算支出类	√	√	√	√	√			
886	720102050303	专用计算机	预算支出类	√	√	√	√	√			

续表

序号	科目编码	科目名称	科目类别	功能分类	资金来源	项目核算	部门核算	科技支撑和行业专项	往来核算	人员类别	备注
887	720102050304	天气雷达	预算支出类	√	√	√	√	√			
888	720102050305	气象卫星及接收设备	预算支出类	√	√	√	√	√			
889	720102050399	其他专用设备	预算支出类	√	√	√	√	√			
890	7201020504	基础设施建设	预算支出类	√	√	√	√	√			
891	7201020505	大型修缮	预算支出类	√	√	√	√	√			
892	7201020506	信息网络及软件购置更新	预算支出类	√	√	√	√	√			
893	720102050601	计算机	预算支出类	√	√	√	√	√			
894	720102050602	软件购置及开发应用	预算支出类	√	√	√	√	√			
895	720102050603	网络交换机	预算支出类	√	√	√	√	√			
896	720102050699	其他	预算支出类	√	√	√	√	√			
897	7201020507	物资储备	预算支出类	√	√	√	√	√			
898	7201020508	公务用车购置	预算支出类	√	√	√	√	√			
899	720102050801	小轿车	预算支出类	√	√	√	√	√			
900	720102050802	越野车	预算支出类	√	√	√	√	√			
901	720102050803	小型载客汽车	预算支出类	√	√	√	√	√			
902	720102050804	大中型载客汽车	预算支出类	√	√	√	√	√			
903	720102050805	货车	预算支出类	√	√	√	√	√			
904	720102050806	摩托车	预算支出类	√	√	√	√	√			
905	720102050899	其他车辆	预算支出类	√	√	√	√	√			
906	7201020509	其他交通工具购置	预算支出类	√	√	√	√	√			
907	720102050901	小轿车	预算支出类	√	√	√	√	√			
908	720102050902	越野车	预算支出类	√	√	√	√	√			
909	720102050903	小型载客汽车	预算支出类	√	√	√	√	√			
910	720102050904	大中型载客汽车	预算支出类	√	√	√	√	√			
911	720102050905	货车	预算支出类	√	√	√	√	√			
912	720102050906	摩托车	预算支出类	√	√	√	√	√			
913	720102050999	其他车辆	预算支出类	√	√	√	√	√			
914	7201020510	文物和陈列品购置	预算支出类	√	√	√	√	√			
915	7201020511	无形资产购置	预算支出类	√	√	√	√	√			
916	7201020512	其他资本性支出	预算支出类	√	√	√	√	√			
917	720102051201	图书	预算支出类	√	√	√	√	√			
918	720102051299	其他	预算支出类	√	√	√	√	√			

续表

序号	科目编码	科目名称	科目类别	功能分类	资金来源	项目核算	部门核算	科技支撑和行业专项	往来核算	人员类别	备注
919	72010206	资本性支出	预算支出类	√	√	√	√	√			
920	7201020601	房屋建筑物购建	预算支出类	√	√	√	√	√			
921	7201020602	办公设备购置	预算支出类	√	√	√	√	√			
922	7201020603	专用设备购置	预算支出类	√	√	√	√	√			
923	7201020604	基础设施建设	预算支出类	√	√	√	√	√			
924	7201020605	大型修缮	预算支出类	√	√	√	√	√			
925	7201020606	信息网络及软件购置更新	预算支出类	√	√	√	√	√			
926	7201020607	物资储备	预算支出类	√	√	√	√	√			
927	7201020608	土地补偿	预算支出类	√	√	√	√	√			
928	7201020609	安置补助	预算支出类	√	√	√	√	√			
929	7201020610	地上附着物和青苗补偿	预算支出类	√	√	√	√	√			
930	7201020611	拆迁补偿	预算支出类	√	√	√	√	√			
931	7201020612	公务用车购置	预算支出类	√	√	√	√	√			
932	7201020613	其他交通工具购置	预算支出类	√	√	√	√	√			
933	7201020614	文物和陈列品购置	预算支出类	√	√	√	√	√			
934	7201020615	无形资产购置	预算支出类	√	√	√	√	√			
935	7201020699	其他	预算支出类	√	√	√	√	√			
936	72010207	对企业补助（基本建设）	预算支出类	√	√	√	√	√			
937	7201020701	资本金注入	预算支出类	√	√	√	√	√			
938	7201020799	其他对企业补助	预算支出类	√	√	√	√	√			
939	72010208	对企业补助	预算支出类	√	√	√	√	√			
940	7201020801	资本金注入	预算支出类	√	√	√	√	√			
941	7201020802	政府投资基金股权投资	预算支出类	√	√	√	√	√			
942	7201020803	费用补贴	预算支出类	√	√	√	√	√			
943	7201020804	利息补贴	预算支出类	√	√	√	√	√			
944	7201020899	其他对企业补助	预算支出类	√	√	√	√	√			
945	72010209	其他支出	预算支出类	√	√	√	√	√			
946	7201020901	赠与	预算支出类	√	√	√	√	√			
947	7201020902	国家赔偿费用支出	预算支出类	√	√	√	√	√			

续表

序号	科目编码	科目名称	科目类别	功能分类	资金来源	项目核算	部门核算	科技支撑和行业专项	往来核算	人员类别	备注
948	7201020903	对民间非营利组织和群众性自治组织的补贴	预算支出类	√	√	√	√	√			
949	7201020999	其他支出	预算支出类	√	√	√	√	√			
950	720103	待处理支出	预算支出类	√	√	√	√	√			
951	7301	经营支出	预算支出类	√			√				按功能分类和经济分类（无需按功能分类）
952	730101	工资福利支出	预算支出类	√			√				
953	73010101	基本工资	预算支出类	√			√				
954	73010102	津贴补贴	预算支出类	√			√				
955	7301010201	国家统一的津贴补贴	预算支出类	√			√				
956	730101020101	国家艰苦边远地区津贴	预算支出类	√			√				
957	730101020102	艰苦台站津贴	预算支出类	√			√				
958	730101020103	西藏特殊津贴	预算支出类	√			√				
959	730101020104	特区津贴	预算支出类	√			√				
960	730101020105	新疆南疆工作补贴	预算支出类	√			√				
961	730101020106	西藏高海拔折算工龄津贴	预算支出类	√			√				
962	730101020107	93 工改保留	预算支出类	√			√				
963	730101020108	信访津贴	预算支出类	√			√				
964	730101020109	纪检监察人员办案补贴	预算支出类	√			√				
965	730101020110	保姆自雇费	预算支出类	√			√				
966	730101020111	带薪年休假补贴	预算支出类	√			√				
967	730101020199	其他	预算支出类	√			√				
968	7301010202	规范性津贴补贴	预算支出类	√			√				
969	730101020201	工作性津贴	预算支出类	√			√				
970	730101020202	生活性补贴	预算支出类	√			√				
971	7301010203	改革性补贴	预算支出类	√			√				
972	730101020301	提租补贴	预算支出类	√			√				

续表

序号	科目编码	科目名称	科目类别	功能分类	资金来源	项目核算	部门核算	科技支撑和行业专项	往来核算	人员类别	备注
973	730101020302	购房补贴	预算支出类	√			√				
974	730101020303	采暖补贴	预算支出类	√			√				
975	730101020304	物业服务补贴	预算支出类	√			√				
976	730101020399	其他改革性补贴	预算支出类	√			√				
977	73010103	奖金	预算支出类	√			√				
978	73010104	伙食补助费	预算支出类	√			√				
979	73010105	绩效工资	预算支出类	√			√				
980	73010106	机关事业单位基本养老保险缴费	预算支出类	√			√				
981	73010107	职业年金缴费	预算支出类	√			√				
982	73010108	职工基本医疗保险缴费	预算支出类	√			√				
983	73010109	公务员医疗补助缴费	预算支出类	√			√				
984	73010110	其他社会保障缴费	预算支出类	√			√				
985	7301011001	失业保险费	预算支出类	√			√				
986	7301011002	工伤保险费	预算支出类	√			√				
987	7301011003	生育保险费	预算支出类	√			√				
988	7301011004	大病统筹	预算支出类	√			√				
989	7301011005	残疾人就业保障金	预算支出类	√			√				
990	7301011099	其他保险费	预算支出类	√			√				
991	73010111	住房公积金	预算支出类	√			√				
992	73010112	医疗费	预算支出类	√			√				
993	73010113	其他工资福利支出	预算支出类	√			√				
994	7301011301	气象部门特殊人才津贴	预算支出类	√			√				
995	7301011302	中央国家机关在京补贴	预算支出类	√			√				
996	7301011303	计生人员补贴	预算支出类	√			√				
997	7301011304	电话费	预算支出类	√			√				
998	7301011305	移动通讯费	预算支出类	√			√				

续表

序号	科目编码	科目名称	科目类别	功能分类	资金来源	项目核算	部门核算	科技支撑和行业专项	往来核算	人员类别	备注
999	7301011306	防暑降温费	预算支出类	√			√				
1000	7301011307	加班工资	预算支出类	√			√				
1001	7301011308	值班费	预算支出类	√			√				
1002	7301011309	职工探亲旅费	预算支出类	√			√				
1003	7301011310	困难职工生活补助	预算支出类	√			√				
1004	7301011399	其他	预算支出类	√			√				
1005	730102	商品和服务支出	预算支出类	√			√				
1006	73010201	办公费	预算支出类	√			√				
1007	73010202	印刷费	预算支出类	√			√				
1008	73010203	咨询费	预算支出类	√			√				
1009	73010204	手续费	预算支出类	√			√				
1010	73010205	水费	预算支出类	√			√				
1011	73010206	电费	预算支出类	√			√				
1012	73010207	邮电费	预算支出类	√			√				
1013	73010208	取暖费	预算支出类	√			√				
1014	73010209	物业管理费	预算支出类	√			√				
1015	73010210	差旅费	预算支出类	√			√				
1016	73010211	因公出国（境）费用	预算支出类	√			√				
1017	73010212	维修（护）费	预算支出类	√			√				
1018	73010213	租赁费	预算支出类	√			√				
1019	73010214	会议费	预算支出类	√			√				
1020	73010215	培训费	预算支出类	√			√				
1021	73010216	公务接待费	预算支出类	√			√				
1022	73010217	专用材料费	预算支出类	√			√				
1023	73010218	专用燃料费	预算支出类	√			√				
1024	73010219	劳务费	预算支出类	√			√				
1025	73010220	委托业务费	预算支出类	√			√				
1026	73010221	工会经费	预算支出类	√			√				
1027	73010222	福利费	预算支出类	√			√				
1028	73010223	公务用车运行维护费	预算支出类	√			√				

续表

序号	科目编码	科目名称	科目类别	功能分类	资金来源	项目核算	部门核算	科技支撑和行业专项	往来核算	人员类别	备注
1029	7301022301	公务用车燃料费	预算支出类	√			√				
1030	7301022302	公务用车过路过桥费	预算支出类	√			√				
1031	7301022303	公务用车保险费	预算支出类	√			√				
1032	7301022304	公务用车维修维护费	预算支出类	√			√				
1033	7301022305	公务用车安全奖励费	预算支出类	√			√				
1034	7301022399	其他	预算支出类	√			√				
1035	73010224	其他交通费用	预算支出类	√			√				
1036	7301022401	其他交通工具燃料费	预算支出类	√			√				
1037	7301022402	其他交通工具过路过桥费	预算支出类	√			√				
1038	7301022403	其他交通工具保险费	预算支出类	√			√				
1039	7301022404	其他交通工具租用费	预算支出类	√			√				
1040	7301022405	其他交通工具维修维护费	预算支出类	√			√				
1041	7301022406	其他交通工具安全奖励费	预算支出类	√			√				
1042	7301022407	公务交通补贴	预算支出类	√			√				
1043	7301022408	出租车费用	预算支出类	√			√				
1044	7301022499	其他	预算支出类	√			√				
1045	73010225	税金及附加费用	预算支出类	√			√				
1046	7301022501	城市维护建设税	预算支出类	√			√				
1047	7301022502	房产税	预算支出类	√			√				
1048	7301022503	土地增值税	预算支出类	√			√				
1049	7301022504	土地使用税	预算支出类	√			√				
1050	7301022505	车船使用税	预算支出类	√			√				
1051	7301022506	教育费附加	预算支出类	√			√				
1052	7301022507	地方教育附加	预算支出类	√			√				
1053	7301022508	环境保护税	预算支出类	√			√				
1054	7301022509	增值税	预算支出类	√			√				
1056	7301022599	其他税费	预算支出类	√			√				

续表

序号	科目编码	科目名称	科目类别	功能分类	资金来源	项目核算	部门核算	科技支撑和行业专项	往来核算	人员类别	备注
1057	73010299	其他商品和服务支出	预算支出类	√			√				
1058	7301029901	离休人员特需费	预算支出类	√			√				
1059	7301029902	离休人员公用支出	预算支出类	√			√				
1060	7301029903	退休人员公用支出	预算支出类	√			√				
1061	7301029904	国内组织会员费	预算支出类	√			√				
1062	7301029905	工青党团妇活动费	预算支出类	√			√				
1063	7301029906	药品支出	预算支出类	√			√				
1064	7301029907	诉讼费	预算支出类	√			√				
1065	7301029908	来访费	预算支出类	√			√				
1066	7301029909	广告宣传费	预算支出类	√			√				
1067	7301029999	其他	预算支出类	√			√				
1068	730103	对个人和家庭的补助支出	预算支出类	√			√				
1069	73010301	离休费	预算支出类	√			√				
1070	7301030101	基本离休费	预算支出类	√			√				
1071	7301030102	生活性津贴	预算支出类	√			√				
1072	7301030103	地方（部门）津贴补贴	预算支出类	√			√				
1073	7301030104	护理费	预算支出类	√			√				
1074	7301030105	提租补贴	预算支出类	√			√				
1075	7301030106	购房补贴	预算支出类	√			√				
1076	7301030107	采暖补贴	预算支出类	√			√				
1077	7301030108	物业服务补贴	预算支出类	√			√				
1078	7301030199	其他	预算支出类	√			√				
1079	73010302	退休费	预算支出类	√			√				
1080	7301030201	基本退休费	预算支出类	√			√				
1081	7301030202	生活性津贴	预算支出类	√			√				
1082	7301030203	地方（部门）津贴补贴	预算支出类	√			√				
1083	7301030204	提租补贴	预算支出类	√			√				

续表

序号	科目编码	科目名称	科目类别	功能分类	资金来源	项目核算	部门核算	科技支撑和行业专项	往来核算	人员类别	备注
1084	7301030205	购房补贴	预算支出类	√			√				
1085	7301030206	采暖补贴	预算支出类	√			√				
1086	7301030207	物业服务补贴	预算支出类	√			√				
1087	7301030208	在职人员养老保险缴费	预算支出类	√			√				
1088	7301030209	在职人员职业年金缴费	预算支出类	√			√				
1089	7301030299	其他	预算支出类	√			√				
1090	73010303	退职（役）费	预算支出类	√			√				
1091	73010304	抚恤金	预算支出类	√			√				
1092	73010305	生活补助	预算支出类	√			√				
1093	73010306	救济费	预算支出类	√			√				
1094	73010307	医疗费补助	预算支出类	√			√				
1095	73010308	助学金	预算支出类	√			√				
1096	73010309	奖励金	预算支出类	√			√				
1097	7301030901	计划生育目标责任奖	预算支出类	√			√				
1098	7301030902	独生子女父母奖励	预算支出类	√			√				
1099	7301030999	其他	预算支出类	√			√				
1100	73010310	其他对个人和家庭的补助支出	预算支出类	√			√				
1101	7301031001	婴幼儿补贴	预算支出类	√			√				
1102	7301031002	退职人员及随行家属路费	预算支出类	√			√				
1103	7301031003	保障性住房租金补贴	预算支出类	√			√				
1104	7301031099	其他	预算支出类	√			√				
1105	730104	资本性支出	预算支出类	√			√				
1106	73010401	办公设备购置	预算支出类	√			√				
1107	73010402	专业设备购置	预算支出类	√			√				
1108	73010403	信息网络及软件购置更新	预算支出类	√			√				

续表

序号	科目编码	科目名称	科目类别	功能分类	资金来源	项目核算	部门核算	科技支撑和行业专项	往来核算	人员类别	备注
1109	73010404	文物和陈列品购置	预算支出类	√			√				
1110	73010405	无形资产购置	预算支出类	√			√				
1111	73010499	其他	预算支出类	√			√				
1112	730105	债务利息及费用支出	预算支出类	√			√				
1113	73010501	国内债务付息	预算支出类	√			√				
1114	73010502	国外债务付息	预算支出类	√			√				
1115	73010503	国内债务发行费用	预算支出类	√			√				
1116	73010504	国外债务发行费用	预算支出类	√			√				
1117	730106	待处理支出	预算支出类	√			√				
1118	7401	上缴上级支出	预算支出类	√	√		√				分功能分类、收缴单位核算
1119	7501	对附属单位补助支出	预算支出类	√	√		√				
1120	7601	投资支出	预算支出类	√	√	√	√				
1121	7701	债务还本支出	预算支出类	√	√	√	√				
1122	7901	其他支出	预算支出类	√	√	√					分功能分类核算，专项资金支出分项目核算
1123	790101	利息支出	预算支出类	√	√	√					
1124	790102	对外捐赠现金资产	预算支出类	√	√	√					
1125	790103	现金盘亏损失	预算支出类	√	√	√					
1126	790104	非现金资产无偿流动税费支出	预算支出类	√	√	√					包括相关税费、运输费等
1127	790105	资产置换税费支出	预算支出类	√	√	√					
1128	790106	其他支出	预算支出类	√	√	√					
1129	8001	资金结存	预算结余类	√	√						
1130	800101	零余额账户用款额度	预算结余类	√	√						
1131	80010101	基本支出用款额度	预算结余类	√	√						
1132	80010102	项目支出用款额度	预算结余类	√	√	√					

续表

序号	科目编码	科目名称	科目类别	功能分类	资金来源	项目核算	部门核算	科技支撑和行业专项	往来核算	人员类别	备注
1133	800102	货币资金	预算结余类	√	√						
1134	80010201	库存现金	预算结余类	√	√						
1135	80010202	银行存款	预算结余类	√	√						
1136	80010203	其他货币资金	预算结余类	√	√						
1137	8001020301	外埠存款	预算结余类	√	√						
1138	8001020302	银行本票存款	预算结余类	√	√						
1139	8001020303	银行汇票存款	预算结余类	√	√						
1140	8001020304	信用卡存款	预算结余类	√	√						
1141	800103	财政应返还额度	预算结余类	√	√						
1142	80010301	财政直接支付	预算结余类	√	√						
1143	8001030101	基本支出额度	预算结余类	√	√						
1144	8001030102	项目支出额度	预算结余类	√	√	√					
1145	80010302	财政授权支付	预算结余类	√	√						
1146	8001030201	基本支出额度	预算结余类	√	√						
1147	8001030202	项目支出额度	预算结余类	√	√	√					
1148	800104	待处理支出	预算结余类	√	√						
1149	800105	待处理税款	预算结余类	√	√						
1150	800106	待处理银行卡	预算结余类	√	√						
1151	800107	待处理工资扣款	预算结余类	√	√						
1152	800120	非预算内资金	预算结余类	√	√						
1153	8101	财政拨款结转	预算结余类	√	√	√					
1154	810101	年初余额调整	预算结余类	√	√	√					
1155	810102	归集调入	预算结余类	√	√	√					
1156	810103	归集调出	预算结余类	√	√	√					
1157	810104	归集上缴	预算结余类	√	√	√					
1158	810105	单位内部调剂	预算结余类	√	√	√					
1159	810106	本年收支结转	预算结余类	√	√	√					
1160	810107	累计结转	预算结余类	√	√	√					

续表

序号	科目编码	科目名称	科目类别	功能分类	资金来源	项目核算	部门核算	科技支撑和行业专项	往来核算	人员类别	备注
1161	81010701	基本支出结转	预算结余类	√	√	√					
1162	8101070101	人员经费	预算结余类	√	√	√					
1163	8101070102	日常公用经费	预算结余类	√	√	√					
1164	81010702	项目支出结转	预算结余类	√	√	√					
1165	8102	财政拨款结余	预算结余类	√	√	√					支出功能分类科目
1166	810201	年初余额调整	预算结余类	√	√	√					
1167	810202	归集上缴	预算结余类	√	√	√					
1168	810203	单位内部调剂	预算结余类	√	√	√					
1169	810204	结转转入	预算结余类	√	√	√					
1170	810205	累计结余	预算结余类	√	√	√					
1171	8201	非财政拨款结转	预算结余类	√	√	√					
1172	820101	年初余额调整	预算结余类	√	√	√					
1173	820102	缴回资金	预算结余类	√	√	√					
1174	820103	项目间接费用或管理费	预算结余类	√	√	√					
1175	820104	本年收支结转	预算结余类	√	√	√					
1176	820105	累计结转	预算结余类	√	√	√					
1177	82010501	地方财政拨款结转	预算结余类	√	√	√					
1178	82010502	其他专项结转	预算结余类	√	√	√					
1179	8202	非财政拨款结余	预算结余类	√		√					
1184	8301	专用结余	预算结余类								按照专用结余的类别明细核算
1189	8401	经营结余	预算结余类	√							
1190	8501	其他结余	预算结余类	√							
1191	8701	非财政拨款结余分配	预算结余类	√							

附表 3

通用企业科目体系

编码规则：4－2－2

资产类	
1001	库存现金
1002	银行存款
1012	其他货币资金
101201	外埠存款
101202	银行汇票
101203	银行本票
101204	信用卡
101205	信用证保证金
101206	存出投资款
1101	交易性金融资产
110101	成本
110102	公允价值变动
1121	应收票据
112101	银行承兑汇票
112102	商业承兑汇票
1122	应收账款
1123	预付账款
1131	应收股利
1132	应收利息
1221	其他应收款
1231	坏账准备
1321	代理业务资产（受托代销商品）
1401	材料采购
1402	在途物资
1403	原材料
1404	材料成本差异
140401	原材料
140402	周转材料
1405	库存商品
1406	发出商品
1407	商品进销差价
1408	委托加工物资
1411	周转材料
141101	在库

续表

资产类	
141102	再用
141103	摊销
1471	存货跌价准备
1501	持有至到期投资
150101	成本
150102	利息调整
150103	应计利息
1502	持有至到期投资减值准备
1503	可供出售金融资产
150301	成本
150302	利息调整
150303	应计利息
150304	公允价值变动
150305	可供出售金融资产减值准备
1511	长期股权投资
151101	成本
151102	损益调整
151103	其他权益变动
1512	长期股权投资减值准备
1521	投资性房地产
152101	成本
152102	公允价值变动
152103	投资性房地产累计折旧（摊销）
152104	投资性房地产减值准备
1531	长期应收款
1532	未实现融资收益
1601	固定资产
1602	累计折旧
1603	固定资产减值准备
1604	在建工程
160401	建筑工程
160402	安装工程
160403	在安装设备
160404	待摊支出
160405	减值准备

续表

资产类	
1605	工程物资
160501	专用材料
160502	专用设备
160503	预付大型设备款
160504	工器具
160505	减值准备
1606	固定资产清理
1701	无形资产
1702	累计摊销
1703	无形资产减值准备
1711	商誉
1712	商誉减值准备
1801	长期待摊费用
1811	递延所得税资产
1901	待处理资产损溢
190101	待处理流动资产损溢
190102	待处理固定资产损溢
负债类	
2001	短期借款
2101	交易性金融负债
210101	本金
210102	公允价值变动
2201	应付票据
220101	银行承兑汇票
220102	商业承兑汇票
2202	应付账款
2203	预收账款
2211	应付职工薪酬
221101	工资
221102	福利费
221103	社会保险
22110301	养老
22110302	医疗
22110303	失业
22110304	工伤

续表

负债类	
22110305	生育
221104	住房公积金
221105	工会经费
221106	教育经费
221107	解除职工劳动关系补偿
221108	股份支付
221109	非货币性福利
221199	其他
2221	应交税费
222101	应交增值税
22210101	进项
22210102	销项
22210103	出口退税
22210104	进项税额转出
22210105	已交税金
22210106	转出未交增值税
22210107	减免税款
22210108	出口抵减内销产品应纳税额
22210109	转出多交增加值税
22210110	营改增抵减销项税额
222102	未交增值税
222103	应交消费税
222104	应交营业税
222105	应交所得税
222106	应交个人所得税
222107	应交资源税
222108	应交土地增值税
222109	应交城建税
222110	应交教育费附加
222111	应交地方教育费附加
222112	应交房产税
222113	应交土地使用税
222114	应交车船税
222115	应交矿产资源补偿费
222116	应交排污费

续表

负债类	
222117	预交增值税
222118	待抵扣进项税额
222119	待认证进项税额
222120	待转销项税额
222121	增值税留抵税额
222122	简易计税
222123	转让金融商品应交增值税
222124	代扣代交增值税
222199	其他
2231	应付利息
2232	应付股利
2241	其他应付款
224101	代扣个人保险
22410101	养老
22410102	医疗
22410103	失业
22410104	工伤
22410105	生育
224102	单位
224103	个人
224104	代扣物业
224105	代扣房租
224106	代扣水电
224199	其他
2314	代理业务负债（委托代销商品款）
2401	递延收益
2501	长期借款
250101	本金
250102	利息调整
250103	交易费用
2502	应付债券
250201	面值
250202	利息调整
250203	应计利息
250204	交易费用

续表

负债类	
250205	可转换债券
2701	长期应付款
2702	未确认融资费用
2711	专项应付款
2801	预计负债
280101	担保
280102	未决诉讼
280103	产品质量保证
280104	重组
280105	弃置费
280106	亏损性合同
280109	其他
2901	递延所得税负债
共同类	
3101	衍生工具
3201	套期工具
3202	被套期项目
所有者权益类	
4001	实收资本（股本）
4002	资本公积
400201	股本溢价
400202	其他资本公积
4101	盈余公积
410101	法定盈余公积
410102	任意盈余公积
410103	储备基金
410104	企业发展基金
410105	企业利润归还投资
4103	本年利润
4104	利润分配
410401	提取法定盈余公积
410402	提取任意盈余公积
410403	提取储备基金
410404	提取企业发展基金
410405	提取职工奖励基金

续表

所有者权益类	
410406	利润归还投资
410407	应付现金股利
410408	转做股本股利
410409	盈余公积补亏
410410	未分配利润
4201	库存股
成本类	
5001	生产成本
500101	材料
500102	人工
500103	费用
5101	制造费用
5201	劳务成本
5301	研发支出
530101	费用化支出
530102	资本化支出
损益类	
6001	主营业务收入
600101	专业气象服务收入
60010101	气象预报服务
60010102	气象资料服务
60010103	气象航危报服务
60010104	气候资源评价
60010105	气候可行性论证
60010106	大气环境预测评价
60010107	农业气象与卫星遥感服务
60010108	气象仪器计量检定、修理
60010109	人工影响天气服务
600102	气象信息服务
60010201	96121 电话收入
60010202	手机短信服务
600103	防雷收入
60010301	防雷工程
60010302	防雷装置设计技术评价
60010303	防雷竣工检测

续表

损益类	
60010304	防雷定期检测
60010305	防雷风险评估
60010306	防雷产品测试
60010307	资质认定
600104	广告收入
60010401	影视广告收入
60010402	气球广告收入
600105	培训收入
600106	后勤服务收入
600107	软件开发及技术服务收入
600108	气象仪器产品生产销售
600109	宾馆招待所收入
600199	其他
6051	其他业务收入
605101	出租固定资产
605102	出租无形资产
605103	出租包装物和商品
605104	销售材料
605109	其他
6101	公允价值变动损益
610101	交易性金融资产
610102	交易性金融负债
610103	投资性房地产
610109	其他
6111	投资收益
6301	营业外收入
630101	处置非流动资产利得
630102	非货币性资产交换利得
630103	债务重组利得
630104	罚没
630105	政府补助
630106	无法支付
630109	其他
6401	主营业务成本
6402	其他业务成本

续表

损益类	
640201	销售材料
640202	出租固定资产
640203	出租无形资产
640204	出租包装物和商品
640205	投资性房地产
640209	其他
6403	营业税金及附加
640301	消费税
640302	营业税
640303	土地增值税
640304	城建税
640305	教育费附加
640306	地方教育费附加
640309	其他
6601	销售费用
660101	工资
660102	福利费
660103	保险
66010301	养老
66010302	医疗
66010303	失业
66010304	工伤
66010305	生育
660104	住房公积金
660105	工会经费
660106	教育经费
660107	劳动保护
660108	会议费
660109	差旅费
660110	招待费
660111	水电费
660112	租赁费
660113	邮电费
660114	电话费
660115	审计费

续表

损益类	
660116	咨询费
660117	会员费
660118	董事会费
660119	培训费
660120	劳务费
660121	环保绿化费
660122	防洪保安费
660123	清理费
660124	取暖降温费
660125	物业管理费
660126	交通费
660127	印刷费
660128	图书资料费
660129	折旧
660130	无形资产摊销
660131	修理费
660132	中介费
660133	诉讼费
660134	办公费
660135	机物料消耗
660136	试验检验费
660137	低值易耗品消耗
660138	税金
66013801	印花
66013802	车船使用税
66013803	房产税
66013804	土地使用税
660139	运输费
660140	装卸费
660141	广告费
660142	保险费
660143	包装费
660144	业务宣传费
660199	其他
6602	管理费用

续表

损益类	
660201	工资
660202	福利费
660203	保险
66020301	养老
66020302	医疗
66020303	失业
66020304	工伤
66020305	生育
660204	住房公积金
660205	工会经费
660206	教育经费
660207	劳动保护
660208	会议费
660209	差旅费
660210	招待费
660211	水电费
660212	租赁费
660213	邮电费
660214	电话费
660215	审计费
660216	咨询费
660217	会员费
660218	董事会费
660219	培训费
660220	劳务费
660221	环保绿化费
660222	防洪保安费
660223	清理费
660224	取暖降温费
660225	物业管理费
660226	交通费
660227	印刷费
660228	图书资料费
660229	折旧
660230	无形资产摊销

续表

损益类	
660231	修理费
660232	中介费
660233	诉讼费
660234	办公费
660235	机物料消耗
660236	试验检验费
660237	低值易耗品消耗
660238	税金
66023801	印花
66023802	车船使用税
66023803	房产税
66023804	土地使用税
660299	其他
6603	财务费用
660301	手续费
660302	利息支出
660303	利息收入
660304	汇兑损益
660399	其他
6701	资产减值损失
6711	营业外支出
671101	处置非流动资产损失
671102	非货币性资产交换损失
671103	债务重组损失
671104	罚款支出
671105	捐赠支出
671106	非常损失
671109	其他
6801	所得税
680101	当期所得税费用
680102	递延所得税费用
6901	以前年度损益调整

附表 4

高新技术企业科目体系

编码规则：4－2－2

资产类	
1001	库存现金
1002	银行存款
1012	其他货币资金
101201	外埠存款
101202	银行汇票
101203	银行本票
101204	信用卡
101205	信用证保证金
101206	存出投资款
1101	交易性金融资产
110101	成本
110102	公允价值变动
1121	应收票据
112101	银行承兑汇票
112102	商业承兑汇票
1122	应收账款
1123	预付账款
1131	应收股利
1132	应收利息
1221	其他应收款
1231	坏账准备
1321	代理业务资产（受托代销商品）
1401	材料采购
1402	在途物资
1403	原材料
1404	材料成本差异
140401	原材料
140402	周转材料
1405	库存商品
1406	发出商品
1407	商品进销差价
1408	委托加工物资
1409	代购商品
1411	周转材料

续表

资产类	
141101	在库
141102	再用
141103	摊销
1471	存货跌价准备
1501	持有至到期投资
150101	成本
150102	利息调整
150103	应计利息
1502	持有至到期投资减值准备
1503	可供出售金融资产
150301	成本
150302	利息调整
150303	应计利息
150304	公允价值变动
150305	可供出售金融资产减值准备
1511	长期股权投资
151101	成本
151102	损益调整
151103	其他权益变动
1512	长期股权投资减值准备
1521	投资性房地产
152101	成本
152102	公允价值变动
152103	投资性房地产累计折旧（摊销）
152104	投资性房地产减值准备
1531	长期应收款
1532	未实现融资收益
1601	固定资产
1602	累计折旧
1603	固定资产减值准备
1604	在建工程
160401	建筑工程
160402	安装工程
160403	在安装设备
160404	待摊支出

续表

资产类	
160405	减值准备
1605	工程物资
160501	专用材料
160502	专用设备
160503	预付大型设备款
160504	工器具
160505	减值准备
1606	固定资产清理
1701	无形资产
1702	累计摊销
1703	无形资产减值准备
1711	商誉
1712	商誉减值准备
1801	长期待摊费用
1811	递延所得税资产
1901	待处理资产损溢
190101	待处理流动资产损溢
190102	待处理固定资产损溢
负债类	
2001	短期借款
2101	交易性金融负债
210101	本金
210102	公允价值变动
2201	应付票据
220101	银行承兑汇票
220102	商业承兑汇票
2202	应付账款
2203	预收账款
2211	应付职工薪酬
221101	工资
221102	福利费
221103	社会保险
22110301	养老
22110302	医疗
22110303	失业

续表

负债类	
22110304	工伤
22110305	生育
221104	住房公积金
221105	工会经费
221106	教育经费
221107	解除职工劳动关系补偿
221108	股份支付
221109	非货币性福利
221199	其他
2221	应交税费
222101	应交增值税
22210101	进项
22210102	销项
22210103	出口退税
22210104	进项税额转出
22210105	已交税金
22210106	转出未交增值税
22210107	减免税款
22210108	出口抵减内销产品应纳税额
22210109	转出多交增加值税
22210110	营改增抵减销项税额
222102	未交增值税
222103	应交消费税
222104	应交营业税
222105	应交所得税
222106	应交个人所得税
222107	应交资源税
222108	应交土地增值税
222109	应交城建税
222110	应交教育费附加
222111	应交地方教育费附加
222112	应交房产税
222113	应交土地使用税
222114	应交车船税
222115	应交矿产资源补偿费

续表

负债类	
222116	应交排污费
222117	预交增值税
222118	待抵扣进项税额
222119	待认证进项税额
222120	待转销项税额
222121	增值税留抵税额
222122	简易计税
222123	转让金融商品应交增值税
222124	代扣代交增值税
222199	其他
2231	应付利息
2232	应付股利
2241	其他应付款
224101	代扣个人保险
22410101	养老
22410102	医疗
22410103	失业
22410104	工伤
22410105	生育
224102	单位
224103	个人
224104	代扣物业
224105	代扣房租
224106	代扣水电
224199	其他
2314	代理业务负债（委托代销商品款）
2401	递延收益
2501	长期借款
250101	本金
250102	利息调整
250103	交易费用
2502	应付债券
250201	面值
250202	利息调整
250203	应计利息

续表

负债类	
250204	交易费用
250205	可转换债券
2701	长期应付款
2702	未确认融资费用
2711	专项应付款
2801	预计负债
280101	担保
280102	未决诉讼
280103	产品质量保证
280104	重组
280105	弃置费
280106	亏损性合同
280109	其他
2901	递延所得税负债
共同类	
3101	衍生工具
3201	套期工具
3202	被套期项目
所有者权益类	
4001	实收资本（股本）
4002	资本公积
400201	股本溢价
400202	其他资本公积
4101	盈余公积
410101	法定盈余公积
410102	任意盈余公积
410104	储备基金
410105	企业发展基金
410106	企业利润归还投资
4103	本年利润
4104	利润分配
410401	提取法定盈余公积
410402	提取任意盈余公积
410403	提取储备基金
410404	提取企业发展基金

续表

所有者权益类	
410405	提取职工奖励基金
410406	利润归还投资
410407	应付现金股利
410408	转做股本股利
410409	盈余公积补亏
410410	未分配利润
4201	库存股
成本类	
5001	生产成本
500101	自动气象站
500102	静止卫星接收系统
500103	极轨卫星接收系统
500104	EOS 卫星接收系统
500105	土壤水分观测系统
500106	环境检测系统
500107	雷电定位系统
500108	气象应急服务保障系统
500109	自动观测能见度测试仪
500110	能见度仪生产
??	??
500199	其它产品
5101	制造费用
5201	劳务成本
520101	防雷
??	??
520199	其他
5301	研发支出
530101	受托开发
530102	自主开发
53010201	研究阶段
53010202	开发阶段
530103	行业专项
损益类	
6001	主营业务收入
600111	技术产品销售收入

续表

损益类	
600112	商品销售收入
600113	技术服务收入
600114	其他劳务收入
6051	其他业务收入
605101	出租固定资产
605102	出租无形资产
605103	出租包装物和商品
605104	销售材料
605109	其他
6101	公允价值变动损益
610101	交易性金融资产
610102	交易性金融负债
610103	投资性房地产
610109	其他
6111	投资收益
6301	营业外收入
630101	处置非流动资产利得
630102	非货币性资产交换利得
630103	债务重组利得
630104	罚没
630105	政府补助
630106	无法支付
630109	其他
6401	主营业务成本
640101	技术产品销售成本
640102	商品销售成本
640103	技术服务成本
640104	其他劳务成本
6402	其他业务成本
640201	销售材料
640202	出租固定资产
640203	出租无形资产
640204	出租包装物和商品
640205	投资性房地产
640209	其他

续表

损益类	
6403	营业税金及附加
640301	消费税
640302	营业税
640303	土地增值税
640304	城建税
640305	教育费附加
640306	地方教育费附加
640309	其他
6601	销售费用
660101	工资
660102	福利费
660103	保险
66010301	养老
66010302	医疗
66010303	失业
66010304	工伤
66010305	生育
660104	住房公积金
660105	工会经费
660106	教育经费
660107	劳动保护
660108	会议费
660109	差旅费
660110	招待费
660111	水电费
660112	租赁费
660113	邮电费
660114	电话费
660115	审计费
660116	咨询费
660117	会员费
660118	董事会费
660119	培训费
660120	劳务费
660121	环保绿化费

续表

损益类	
660122	防洪保安费
660123	清理费
660124	取暖降温费
660125	物业管理费
660126	交通费
660127	印刷费
660128	图书资料费
660129	折旧
660130	无形资产摊销
660131	修理费
660132	中介费
660133	诉讼费
660134	办公费
660135	机物料消耗
660136	试验检验费
660137	低值易耗品消耗
660138	税金
66013801	印花
66013802	车船使用税
66013803	房产税
66013804	土地使用税
660139	运输费
660140	装卸费
660141	广告费
660142	保险费
660143	包装费
660144	业务宣传费
660199	其他
6602	管理费用
660201	工资
660202	福利费
660203	保险
66020301	养老
66020302	医疗
66020303	失业

续表

损益类	
66020304	工伤
66020305	生育
660204	住房公积金
660205	工会经费
660206	教育经费
660207	劳动保护
660208	会议费
660209	差旅费
660210	招待费
660211	水电费
660212	租赁费
660213	邮电费
660214	电话费
660215	审计费
660216	咨询费
660217	会员费
660218	董事会费
660219	培训费
660220	劳务费
660221	环保绿化费
660222	防洪保安费
660223	清理费
660224	取暖降温费、
660225	物业管理费
660226	交通费
660227	印刷费
660228	图书资料费
660229	折旧
660230	无形资产摊销
660231	修理费
660232	中介费
660233	诉讼费

续表

损益类	
660234	办公费
660235	机物料消耗
660236	试验检验费
660237	低值易耗品消耗
660238	税金
66023801	印花
66023802	车船使用税
66023803	房产税
66023804	土地使用税
660299	其他
6603	财务费用
660301	手续费
660302	利息支出
660303	利息收入
660304	汇兑损益
660399	其他
6701	资产减值损失
6711	营业外支出
671101	处置非流动资产损失
671102	非货币性资产交换损失
671103	债务重组损失
671104	罚款支出
671105	捐赠支出
671106	非常损失
671109	其他
6801	所得税
680101	当期所得税费用
680102	递延所得税费用
6901	以前年度损益调整

附表 5

建筑施工企业科目体系

编码规则：4－2－2

资产类	
1001	库存现金
1002	银行存款
1012	其他货币资金
101201	外埠存款
101202	银行本票
101203	银行汇票
101204	信用卡
101205	信用证保证金
101206	存出投资款
1101	交易性金融资产
110101	成本
110102	公允价值变动
1121	应收票据
112101	银行承兑
112102	商业承兑
1122	应收帐款
112201	应收工程款
112202	应收销货款
112203	应收质保金
1123	预付账款
112301	预付工程款
112302	预付备料款
112303	预付购货款
1131	应收股利
1132	应收利息
1221	其他应收款
122101	履约保证金
122102	投标保证金
122103	押金
122104	赔款罚款
122105	其他保证金
122106	代垫款
122107	其他
1225	内部往来

续表

资产类	
1226	备用金
1231	坏账准备
1321	代理业务资产
1401	材料采购
140101	主要材料
140102	结构件
140103	机械配件
140104	燃料
140105	其他材料
140106	采购保管费
1402	在途物资
140201	主要材料
140202	结构件
140203	机械配件
140204	燃料
140205	其他材料
1403	原材料
140301	主要材料
140302	结构件
140303	机械配件
140304	燃料
140305	其他材料
1404	材料成本差异
140401	主要材料
140402	结构件
140403	机械配件
140404	燃料
140405	其他材料
1405	库存商品
1408	委托加工物资
1411	周转材料
141101	在库
141102	在用
141103	摊销
1471	存货跌价准备

续表

资产类	
147101	存货跌价准备
147102	合同预计损失准备
1501	持有至到期投资
150101	成本
150102	利息调整
150103	应计利息
1502	持有至到期投资减值准备
1503	可供出售金融资产
150301	成本
150302	利息调整
150303	应计利息
150304	公允价值变动
1511	长期股权投资
151101	成本
151102	损益调整
151103	其他权益变动
1512	长期股权投资减值准备
1521	投资性房地产
152101	成本
152102	公允价值变动损益
1522	投资性房地产累计折旧
1523	投资性房地产累计摊销
1524	投资性房地产减值准备
1531	长期应收款
1532	未实现融资收益
1601	固定资产
160101	生产用固定资产
160102	非生产用固定资产
160103	租出固定资产
160104	未使用固定资产
160105	不需用固定资产
160106	融资租入固定资产
160107	土地
1602	累计折旧
1603	固定资产减值准备

续表

资产类	
1604	在建工程
160401	建筑
160402	安装
160403	在安装设备
160404	待摊
160409	其他
1605	工程物资
160501	专用材料
160502	专用设备
160503	预付大型设备款
160504	工器具
160509	其他
1606	固定资产清理
1607	在建工程减值准备
1608	工程物资减值准备
1616	临时设施
1617	临时设施摊销
1618	临时设施清理
1619	临时设施减值准备
1701	无形资产
170101	专利权
170102	非专利技术
170103	商标权
170104	著作权
170105	土地使用权
170106	特许权
170109	其他
1702	累计摊销
1703	无形资产减值准备
1711	商誉
1712	商誉减值准备
1801	长期待摊费用
1811	递延所得税资产
1901	待处理资产损溢
190101	待处理流动资产损溢

续表

资产类	
190102	待处理固定资产损溢
负债类	
2001	短期借款
2101	交易性金融负债
210101	本金
210102	公允价值变动
2201	应付票据
220101	银行承兑
220102	商业承兑
2202	应付帐款
220201	应付购货款
220202	应付工程款
220203	应付质保金
220204	暂估应付款
2203	预收帐款
220301	预收工程款
220302	预收备料款
220303	预收销货款
2211	应付职工薪酬
221101	工资
221102	福利费
221103	社会保险
22110301	养老
22110302	医疗
22110303	失业
22110304	工伤
22110305	生育
221104	住房公积金
221105	工会经费
221106	教育经费
221107	解除职工劳动关系补偿
221108	股份支付
221109	非货币性福利
221199	其他
2221	应交税费

续表

负债类	
22210101	进项
22210102	销项
22210103	出口退税
22210104	进项税额转出
22210105	已交税金
22210106	转出未交增值税
22210107	减免税款
22210108	出口抵减内销产品应纳税额
22210109	转出多交增加值税
22210110	营改增抵减销项税额
222102	未交增值税
222103	应交消费税
222104	应交营业税
222105	应交所得税
222106	应交个人所得税
222107	应交资源税
222108	应交土地增值税
222109	应交城建税
222110	应交教育费附加
222111	应交地方教育费附加
222112	应交房产税
222113	应交土地使用税
222114	应交车船税
222115	应交矿产资源补偿费
222116	应交排污费
222117	预交增值税
222118	待抵扣进项税额
222119	待认证进项税额
222120	待转销项税额
222121	增值税留抵税额
222122	简易计税
222123	转让金融商品应交增值税
222124	代扣代交增值税
222199	其他
2231	应付利息

续表

负债类	
2232	应付股利
2241	其他应付款
224101	个人
224102	单位
224103	代扣保险
224104	代扣公积金
224109	其他
2314	代理业务负债
2801	预计负债
280101	担保
280102	未决诉讼
280103	产品质量保证
280104	重组
280105	弃置费
280106	亏损性合同
2401	递延收益
2501	长期借款
250101	本金
250102	利息调整
250103	交易费用
2502	应付债券
250201	面值
250202	利息调整
250203	应计利息
250204	交易费用
250205	可转换债券
2701	长期应付款
2702	未确认融资费用
2711	专项应付款
2901	递延所得税负债
共同类	
3101	衍生工具
3201	套期工具
3202	被套期项目

续表

所有者权益类	
4001	实收资本
4002	资本公积
400201	股本溢价
400202	其他资本供给
4101	盈余公积
410101	法定盈余公积
410102	任意盈余公积
410103	储备基金
410104	企业发展基金
410105	企业利润归还投资
4103	本年利润
4104	利润分配
410401	提取法定盈余公积
410402	提取任意盈余公积
410403	提取储备基金
410404	提取企业发展基金
410405	提取职工奖励基金
410406	利润归还投资
410407	应付现金股利
410408	转做股本股利
410409	盈余公积补亏
410410	未分配利润
4201	库存股
成本类	
5101	施工间接费用
510101	职工薪酬
510102	折旧修理费
510103	差旅交通费
510104	办公费
510105	水电费
510106	劳动保护费
510107	工具用具使用费
510108	固定资产使用费
510109	其他费用

续表

成本类	
5201	劳务成本
5301	研发支出
530101	费用化
530102	资本化
5401	工程施工
540101	合同成本
54010101	人工费
54010102	材料费
54010103	机械使用费
54010104	其他直接费
54010109	其他费用
540102	间接费用
540103	合同毛利
5402	工程结算
5403	机械作业
540301	人工
540302	燃料及动力
540303	折旧及修理
540304	其他直接费用
540305	间接费用
5404	辅助生产
540401	人工
540402	燃料及动力
540403	折旧及修理
540404	其他直接费用
540405	间接费用
损益类	
6001	主营业务收入
600110	建筑施工收入
6051	其他业务收入
605101	出租固定资产
605102	出租无形资产
605103	出租包装物和商品
605104	销售材料
605105	出售土地

续表

损益类	
605109	其他
6101	公允价值变动收益
610101	交易性金融资产
610102	交易性金融负债
610103	投资性房地产
6111	投资收益
6301	营业外收入
630101	处置非流动资产利得
630102	非货币性资产交换利得
630103	债务重组利得
630104	罚没
630105	政府补助
630106	无法支付
630109	其他
6401	主营业务成本
6402	其他业务成本
640201	出租固定资产
640202	出租无形资产
640203	出租包装物和商品
640204	销售材料
640205	出售土地
640209	其他
6403	营业税金及附加
640301	消费税
640302	营业税
640303	土地增值税
640304	城建税
640305	教育费附加
640306	地方教育费附加
640309	其他
6601	销售费用

续表

损益类	
660101	工资
660102	福利费
660103	保险
66010301	养老
66010302	医疗
66010303	失业
66010304	工伤
66010305	生育
660104	住房公积金
660105	工会经费
660106	教育经费
660107	劳动保护
660108	会议费
660109	差旅费
660110	招待费
660111	水电费
660112	租赁费
660113	邮电费
660114	电话费
660115	审计费
660116	咨询费
660117	会员费
660118	董事会费
660119	培训费
660120	劳务费
660121	环保绿化费
660122	防洪保安费
660123	清理费
660124	取暖降温费
660125	物业管理费
660126	交通费

续表

损益类	
660127	印刷费
660128	图书资料费
660129	折旧
660130	无形资产摊销
660131	修理费
660132	中介费
660133	诉讼费
660134	办公费
660135	机物料消耗
660136	试验检验费
660137	低值易耗品消耗
660138	税金
66013801	印花
66013802	车船使用税
66013803	房产税
66013804	土地使用税
660139	运输费
660140	装卸费
660141	广告费
660142	保险费
660143	包装费
660144	业务宣传费
660199	其他
6602	管理费用
660201	工资
660202	福利费
660203	保险
66020301	养老
66020302	医疗
66020303	失业
66020304	工伤

续表

损益类	
66020305	生育
660204	住房公积金
660205	工会经费
660206	教育经费
660207	劳动保护
660208	会议费
660209	差旅费
660210	招待费
660211	水电费
660212	租赁费
660213	邮电费
660214	电话费
660215	审计费
660216	咨询费
660217	会员费
660218	董事会费
660219	培训费
660220	劳务费
660221	环保绿化费
660222	防洪保安费
660223	清理费
660224	取暖降温费
660225	物业管理费
660226	交通费
660227	印刷费
660228	图书资料费
660229	折旧
660230	无形资产摊销
660231	修理费
660232	中介费
660233	诉讼费

续表

损益类	
660234	办公费
660235	机物料消耗
660236	试验检验费
660237	低值易耗品消耗
660238	税金
66023801	印花
66023802	车船使用税
66023803	房产税
66023804	土地使用税
660299	其他
6603	财务费用
660301	手续费
660302	利息支出
660303	利息收入
660304	汇兑损益
660399	其他
6701	资产减值损失
6711	营业外支出
671101	处置非流动资产损失
671102	非货币性资产交换损失
671103	债务重组损失
671104	罚款支出
671105	捐赠支出
671106	非常损失
671109	其他
6801	所得税费用
680101	当期所得税费用
680102	递延所得税费用
6901	以前年度损益调整

附表 6

小企业科目体系

编码规则：4－2－2

资产类	
1001	库存现金
1002	银行存款
1012	其他货币资金
101201	外埠存款
101202	银行本票
101203	银行汇票
101204	信用卡
101205	信用证保证金
101206	存出投资款
1101	短期投资
110101	股票
110102	债券
110103	基金
110104	其他
1121	应收票据
1122	应收帐款
1123	预付账款
1131	应收股利
1132	应收利息
1221	其他应收款
1401	材料采购
1402	在途物资
1403	原材料
1404	材料成本差异
140401	原材料
140402	周转材料
1405	库存商品
1407	商品进销差价
1408	委托加工物资
1411	周转材料
141101	在库
141102	再用
141103	摊销
1421	消耗性生物资产

续表

资产类	
1501	长期债券投资
150101	面值
150102	溢价
150103	折价
150104	应计利息
1511	长期股权投资
1601	固定资产
1602	累计折旧
1604	在建工程
1605	工程物资
160501	专用材料
160502	专用设备
160503	工器具
1606	固定资产清理
1621	生产性生物资产
162101	成熟
162102	未成熟
1622	生产性生物资产累计折旧
1701	无形资产
1702	累计摊销
1801	长期待摊费用
1901	待处理财产损溢
190101	待处理流动资产损溢
190102	待处理非流动资产损溢
负债类	
2001	短期借款
2201	应付票据
2202	应付帐款
2203	预收账款
2211	应付职工薪酬
221101	职工工资
221102	奖金、津贴和补贴
221103	职工福利费
221104	社会保险费
22110401	养老

续表

负债类	
22110402	医疗
22110403	失业
22110404	工伤
22110405	生育
221105	住房公积金
221106	工会经费
221107	教育经费
221108	非货币性福利
221109	辞退福利
221199	其他
2221	应交税费
222101	应交增值税
22210101	进项税额
22210102	销项税额
22210103	出口退税
22210104	进项税额转出
22210105	已交税金
22210106	转出未交增值税
22210107	减免税款
22210108	出口抵减内销产品应纳税额
22210109	转出多交增加值税
22210110	销项税额
222102	未交增值税
222103	应交消费税
222104	应交营业税
222105	应交所得税
222106	应交个人所得税
222107	应交资源税
222108	应交土地增值税
222109	应交城建税
222110	应交教育费附加
222111	应交地方教育费附加
222112	应交房产税
222113	应交城镇土地使用税
222114	应交车船税

续表

负债类	
222115	应交矿产资源补偿费
222116	应交排污费
222117	预交增值税
222118	待抵扣进项税额
222119	待认证进项税额
222120	待转销项税额
222121	增值税留抵税额
222122	简易计税
222123	转让金融商品应交增值税
222124	代扣代交增值税
222199	其他
2231	应收利息
2232	应付利润
2241	其他应付款
2401	递延收益
2501	长期借款
2701	长期应付款
所有者权益类	
3001	实收资本
3002	资本公积
300201	股本溢价
300202	其他资本公积
3101	盈余公积
310101	法定盈余公积
310102	任意盈余公积
310103	储备基金
310104	企业发展基金
310105	企业利润归还投资
3103	本年利润
3104	利润分配
310401	提取法定盈余公积
310402	提取任意盈余公积
310403	提取储备基金
310404	提取企业发展基金
310405	提取职工奖励基金

续表

所有者权益类	
310406	利润归还投资
310407	应付现金股利
310408	转做股本股利
310409	盈余公积补亏
310410	未分配利润
310411	其他转入
成本类	
4001	生产成本
400101	材料及动力
400102	人工
400103	费用
4101	制造费用
4301	研发支出
430101	费用化支出
430102	资本化支出
4401	工程施工
440101	合同成本
440102	间接费用
4403	机械作业
损益类	
6001	主营业务收入
600101	专业气象服务收入
60010101	气象预报服务
60010102	气象资料服务
60010103	气象航危报服务
60010104	气候资源评价
60010105	气候可行性论证
60010106	大气环境预测评价
60010107	农业气象与卫星遥感服务
60010108	气象仪器计量检定、修理
60010109	人工影响天气服务
600102	气象信息服务
60010201	96121 电话收入
60010202	手机短信服务
600103	防雷收入

续表

损益类	
60010301	防雷工程
60010302	防雷装置设计技术评价
60010303	防雷竣工检测
60010304	防雷定期检测
60010305	防雷风险评估
60010306	防雷产品测试
60010307	资质认定
600104	广告收入
60010401	影视广告收入
60010402	气球广告收入
600105	培训收入
600106	后勤服务收入
600107	软件开发及技术服务收入
600108	气象仪器产品生产销售
600109	宾馆招待所收入
600199	其他
6051	其他业务收入
605101	出租固定资产
605102	出租无形资产
605104	销售材料
605109	其他
6111	投资收益
6301	营业外收入
630101	处置非流动资产利得
630102	非货币性资产交换利得
630103	债务重组利得
630104	罚没
630105	政府补助
630106	无法支付
630107	盘盈收益
630108	捐赠收益
630109	汇兑损益
630110	出租包装物和商品租金
630111	逾期未退包装物押金
630112	坏账损失后又收回应收账款

续表

损益类	
630113	违约金
630199	其他
6401	主营业务成本
6402	其他业务成本
640201	销售材料
640202	出租固定资产
640203	出租无形资产
640204	其他
6403	营业税金及附加
640301	消费税
640302	营业税
640303	土地增值税
640304	城建税
640305	教育费附加
640306	地方教育费附加
640307	资源税
640308	城镇土地使用税
640309	房产税
640310	车船税
640311	印花税
640312	矿产资源补偿费
640313	排污费
640399	其他
6601	销售费用
660101	工资
660102	福利费
660103	保险
66010301	养老
66010302	医疗
66010303	失业
66010304	工伤
66010305	生育
660104	住房公积金
660105	工会经费
660106	教育经费

续表

损益类	
660107	运输费
660108	装卸费
660109	广告和业务宣传费
660110	保险费
660111	包装费
660112	商品维修费
660113	展览费
660199	其他
6602	管理费用
660201	工资
660202	福利费
660203	保险
66020301	养老
66020302	医疗
66020303	失业
66020304	工伤
66020305	生育
660204	住房公积金
660205	工会经费
660206	教育经费
660207	开办费
660208	会议费
660209	差旅费
660210	招待费
660211	水电费
660212	聘请中介机构费
660213	财产保险费
660214	咨询费
660215	培训费
660216	劳务费
660217	交通费

续表

损益类	
660218	印刷费
660219	折旧
660220	无形资产摊销
660221	长期待摊费用摊销
660222	修理费
660223	办公费
660224	研究费用
660225	技术转让费
660299	其他
6603	财务费用
660301	手续费
660302	利息支出
660303	利息收入
660304	汇兑损失
660399	其他
6711	营业外支出
671101	处置非流动资产损失
671102	非货币性资产交换损失
671103	债务重组损失
671104	罚款类支出
671105	捐赠赞助支出
671106	非常损失
671107	损毁报废
671108	盘亏
671109	坏账损失
671110	无法收回
671199	其他
6801	所得税费用
6901	以前年度损益调整

附表 7

房地产企业科目体系

编码规则：4 -2 -2 -2

资产类	
1001	库存现金
1002	银行存款
1012	其他货币资金
101201	外埠存款
101202	银行汇票
101203	银行本票
101204	信用卡
101205	信用证保证金
101206	存出投资款
1101	交易性金融资产
110101	成本
110102	公允价值变动
1121	应收票据
112101	银行承兑
112102	商业承兑
1122	应收账款
1123	预付账款
1131	应收股利
1132	应收利息
1221	其他应收款
1231	坏账准备
1321	代理业务资产
1401	材料采购
1402	在途物资
1403	原材料
1404	材料成本差异
1405	开发产品
1406	发出商品
1408	委托加工物资
1409	周转房
140901	周转房在用

续表

资产类	
140902	周转房摊销
1411	周转材料
141101	在库
141102	在用
141103	摊销
1471	存货跌价准备
1501	持有至到期投资
150101	成本
150102	利息调整
150103	应计利息
1502	持有至到期投资减值准备
1503	可供出售金融资产
150301	成本
150302	利息调整
150303	应计利息
150304	公允价值变动
150305	减值准备
1511	长期股权投资
151101	成本
151102	损益调整
151103	其他权益变动
1512	长期股权投资减值准备
1521	投资性房地产
152101	成本
152102	公允价值变动
152103	投资性房地产累计折旧（摊销）
152104	投资性房地产减值准备
1531	长期应付款
1532	未确认融资收益
1601	固定资产
1602	累计折旧
1603	固定资产减值准备
1604	在建工程
160401	建筑工程
160402	安装工程

续表

资产类	
160403	在安装设备
160404	待摊支出
160405	减值准备
1606	固定资产清理
1701	无形资产
1702	累计摊销
1703	无形资产减值准备
1711	商誉
1712	商誉减值准备
1801	长期待摊费用
1811	递延所得税资产
1901	待处理资产损溢
190101	待处理流动资产损溢
190102	待处理固定资产损溢
负债类	
2001	短期借款
2101	交易性金融负责
210101	本金
210102	公允价值变动
2201	应付票据
220101	银行承兑
220102	商业承兑
2202	应付账款
2203	预收账款
2211	应付职工薪酬
221101	工资
221102	福利费
221103	社会保险
22110301	养老
22110302	医疗
22110302	失业
22110302	工伤
22110302	生育
221104	住房公积金
221105	工会经费

续表

负债类	
221106	教育经费
221107	解除职工劳动关系补偿
221108	股份支付
221109	非货币性福利
221199	其他
2221	应交税费
222101	应交增值税
22210101	进项
22210102	销项
22210103	出口退税
22210104	进项税额转出
22210105	已交税金
22210106	转出未交增值税
22210107	减免税款
22210108	出口抵减内销产品应纳税额
22210109	转出多交增加值税
22210110	营改增抵减销项税额
222102	未交增值税
222103	应交消费税
222104	应交营业税
222105	应交所得税
222106	应交个人所得税
222107	应交资源税
222108	应交土地增值税
222109	应交城建税
222110	应交教育费附加
222111	应交地方教育费附加
222112	应交房产税
222113	应交土地使用税
222114	应交车船税
222115	应交矿产资源补偿费
222116	应交排污费
222117	预交增值税
222118	待抵扣进项税额
222119	待认证进项税额

续表

负债类	
222120	待转销项税额
222121	增值税留抵税额
222122	简易计税
222123	转让金融商品应交增值税
222124	代扣代交增值税
222199	其他
2231	应付利息
2232	应付股利
2241	其他应付款
2314	代理业务负债
2801	预计负债
280101	担保
280102	未决诉讼
280103	产品质量保证
280104	重组
280105	弃置费
280106	亏损性合同
2401	递延收益
2501	长期借款
250101	本金
250102	利息调整
250103	交易费用
2502	应付债券
250201	本金
250202	利息调整
250203	应计利息
250204	交易费用
250205	可转换债券
2701	长期应付款
2702	未确认融资费用
2711	专项应付款
2901	递延所得税负债
共同类	
3101	衍生工具

续表

所有者权益类	
3201	套期工具
3202	被套期项目
4001	实收资本（股本）
4002	资本公积
400201	股本溢价
400202	其他资本公积
4101	盈余公积
410101	法定盈余公积
410102	任意盈余公积
410103	储备基金
410104	企业发展基金
410105	企业利润归还投资
4103	本年利润
4104	利润分配
410401	提取法定盈余公积
410402	提取任意盈余公积
410403	提取储备基金
410404	提取企业发展基金
410405	提取职工奖励基金
410406	利润归还投资
410407	应付现金股利
410408	转做股本股利
410409	盈余公积补亏
410410	未分配利润
4201	库存股
成本类	
5001	开发成本
500101	土地征用及拆迁补偿费
50010101	土地款
50010102	大配套费
50010103	土地出让金
50010104	土地契税
50010105	土地交易费
50010106	办理土地证费
500102	前期工程费
50010201	三通一平
5001020101	临电工程费

续表

成本类	
5001020102	临水工程费
5001020103	林路工程费
5001020104	填土及平整场地费
5001020105	临时设施
50010202	规划管理费
50010203	规划设计费
5001020301	咨询费
5001020302	方案设计费
50010204	施工图设计
5001020401	方案设计费
5001020402	施工图设计费
50010205	环境方案设计费
5001020501	方案设计费
5001020502	环境施工图设计费
50010206	综合管网设计费
50010207	人防费
50010208	招投标费
5001020801	招标监督服务费
5001020802	代理费
50010209	墙改费
50010210	地名费
50010211	施工图审查费
50010212	勘察放线费
5001021201	地质勘察费
5001021202	测绘费
5001021203	地基测量费
5001021204	人防物探费
50010213	产权登记费
50010214	销售许可证及面积测量费
50010215	房屋交易手续
50010216	分户土地登记费
50010217	地籍地形图
50010218	合同审查费
50010219	水泥专项基金
50010220	环境影响评估费

续表

成本类	
50010221	避雷检测费
50010222	新建房屋白蚁防治费
500103	建筑安装工程费
50010301	地基处理
5001030101	桩基础工程费
5001030102	桩检测费用
50010302	住宅土建安装
5001030201	土建安装工程费
5001030202	电梯
5001030203	消防
5001030204	排气通风
50010303	工程预算编制费
50010304	土建监理费
50010305	沉降观测
50010306	质量监督费
50010307	人防设施
5001030701	人防监理费
5001030702	人防设施费
50010308	变更及签证
50010309	示范小区奖
50010310	成品房维修
50010311	其他
500104	基础设施费
50010401	供电
5001040101	工程费
5001040102	小区管网
50010402	供水
5001040201	自来水工程费
5001040202	水表费
50010403	燃气
50010404	通信线路安装费
50010405	电视
5001040501	电视线路安装费
5001040502	电视外网工程费
50010406	智能化

续表

成本类	
50010407	区内路灯
50010408	环卫
50010409	邮政
50010410	环境工程
5001041001	绿化
5001041002	道路
50010411	排水
50010412	围墙大门
50010413	车棚
50010414	水面
500105	公共配套设施费
50010501	区内非经营性公建
5001050101	地下室
5001050102	其他区内设施
5001050103	其他公共用房
50010502	小区配套费
50010503	公共设施维修基金
500106	开发间接费用
5101	开发间接费用
510101	职工薪酬
510102	折旧修理费
510103	差旅交通费
510104	办公费
510105	水电费
510106	劳动保护费
510107	周转房摊销
510108	利息支出
510109	其他费用
5201	劳务成本
5301	研发支出
530101	费用化
530102	资本化
损益类	
6001	主营业务收入
600115	房地产销售收入

续表

损益类	
6051	其他业务收入
605101	出租固定资产
605102	出租无形资产
605103	出租包装物和商品
605104	销售材料
605109	其他
6101	公允价值变动损益
610101	交易性金融资产
610102	交易性金融负债
610103	投资性房地产
610109	其他
6111	投资收益
6301	营业外收入
630101	处置非流动资产利得
630102	非货币性资产交换利得
630103	债务重组利得
630104	罚没
630105	政府补助
630106	无法支付
630109	其他
6401	主营业务成本
6402	其他业务成本
640201	销售材料
640202	出租固定资产
640203	出租无形资产
640204	出租包装物和商品
640205	投资性房地产
640209	其他
6403	营业税金及附加
640301	消费税
640302	营业税
640303	土地增值税
640304	城建税
640305	教育费附加
640306	地方教育费附加

续表

损益类	
640309	其他
6601	销售费用
660101	工资
660102	福利费
660103	保险
66010301	养老
66010302	医疗
66010303	失业
66010304	工伤
66010305	生育
660104	住房公积金
660105	工会经费
660106	教育经费
660107	劳动保护
660108	会议费
660109	差旅费
660110	招待费
660111	水电费
660112	租赁费
660113	邮电费
660114	电话费
660115	审计费
660116	咨询费
660117	会员费
660118	董事会费
660119	培训费
660120	劳务费
660121	环保绿化费
660122	防洪保安费
660123	清理费
660124	取暖降温费
660125	物业管理费
660126	交通费
660127	印刷费
660128	图书资料费

续表

损益类	
660129	折旧
660130	无形资产摊销
660131	修理费
660132	中介费
660133	诉讼费
660134	办公费
660135	机物料消耗
660136	试验检验费
660137	低值易耗品消耗
660138	税金
66013801	印花
66013802	车船使用税
66013803	房产税
66013804	土地使用税
660139	运输费
660140	装卸费
660141	广告费
660142	保险费
660143	包装费
660144	业务宣传费
660199	其他
6602	管理费用
660201	工资
660202	福利费
660203	保险
66020301	养老
66020302	医疗
66020303	失业
66020304	工伤
66020305	生育
660204	住房公积金

续表

损益类	
660205	工会经费
660206	教育经费
660207	劳动保护
660208	会议费
660209	差旅费
660210	招待费
660211	水电费
660212	租赁费
660213	邮电费
660214	电话费
660215	审计费
660216	咨询费
660217	会员费
660218	董事会费
660219	培训费
660220	劳务费
660221	环保绿化费
660222	防洪保安费
660223	清理费
660224	取暖降温费
660225	物业管理费
660226	交通费
660227	印刷费
660228	图书资料费
660229	折旧
660230	无形资产摊销
660231	修理费
660232	中介费
660233	诉讼费
660234	办公费
660235	机物料消耗

续表

损益类	
660236	试验检验费
660237	低值易耗品消耗
660238	税金
66023801	印花
66023802	车船使用税
66023803	房产税
66023804	土地使用税
660299	其他
6603	财务费用
660301	手续费
660302	利息支出
660303	利息收入
660304	汇兑损益
660399	其他
6701	资产减值损失
6711	营业外支出
671101	处置非流动资产损失
671102	非货币性资产交换损失
671103	债务重组损失
671104	罚款支出
671105	捐赠支出
671106	非常损失
671109	其他
6801	所得税费用
680101	当期所得税费用
680102	递延所得税费用
6901	以前年度损益调整

附表 8

气象部门事业单位会计科目核算内容说明表（财务会计）

序号	科目编码	科目名称	科目类别	核算内容
1	1001	库存现金	资产类	核算单位库存的现金
2	100101	非零余额现金	资产类	核算单位除从零余额账户以外的其他账户提取出来的库存现金
3	100102	零余额现金	资产类	核算实行国库集中支付的单位零余额账户的库存现金，年底本科目余额为零
4	10010201	基本支出	资产类	核算实行国库集中支付的单位零余额账户中基本支出的库存现金，年底本科目余额为零
5	10010202	项目支出	资产类	核算实行国库集中支付的单位零余额账户中项目支出的库存现金，年底本科目余额为零
6	100103	受托代理现金	资产类	核算单位接受委托方委托管理的库存现金
7	1002	银行存款	资产类	核算单位存入银行和其他金融机构的除零余额账户以外的各种存款。有外币存款的事业单位，应在本科目下分别按人民币和各种外币设置“银行存款日记账”进行明细核算
8	100201	基本账户存款	资产类	核算单位存入基本户开户银行的除零余额账户以外的存款
9	100202	住房基金专户存款	资产类	核算单位存入住房基金专户（如维修基金专户、售房收入专户等）开户银行的除零余额账户以外的存款
10	100203	单位卡存款	资产类	核算单位从基本存款账户转入经批准开立的单位卡户的的自有资金存款
11	100205	其他账户存款	资产类	核算单位存入银行和其他金融机构的除零余额账户、受托代理银行存款和上述账户以外的各种存款
12	100206	受托代理银行存款	资产类	核算单位接受委托方委托管理的银行存款
13	1011	零余额账户用款额度	资产类	核算实行国库集中支付的事业单位在财政国库支付执行机构指定的代理银行开立的零余额账户的财政授权支付额度，年底本科目余额为零
14	101101	基本支出用款额度	资产类	核算实行国库集中支付的事业单位在财政国库支付执行机构指定的代理银行开立的零余额账户的用于基本支出的财政授权支付额度，年底本科目余额为零
15	101102	项目支出用款额度	资产类	核算实行国库集中支付的事业单位在财政国库支付执行机构指定的代理银行开立的零余额账户的用于项目支出的财政授权支付额度，年底本科目余额为零
16	1021	其他货币资金	资产类	核算单位的外埠存款、银行本票存款、银行汇票存款、信用卡存款等各种其他货币资金
17	102101	外埠存款	资产类	核算单位到外地进行临时或零星采购时，汇往采购地银行开立采购专户的货币资金

续表

序号	科目编码	科目名称	科目类别	核算内容
18	102102	银行本票存款	资产类	核算单位为取得银行本票按规定存入银行的货币资金
19	102103	银行汇票存款	资产类	核算单位为取得银行汇票按规定存入银行的货币资金
20	102104	信用卡存款	资产类	核算单位为取得信用卡按规定存入银行信用卡专户的货币资金
21	1101	短期投资	资产类	核算事业单位通过各种方式（货币资金、实物、无形资产等）依法取得的，持有时间不超过 1 年（含 1 年）的投资，主要是国债投资
22	110101	短期债券投资	资产类	核算事业单位通过各种方式（货币资金、实物、无形资产等）依法取得的，持有时间不超过 1 年（含 1 年）的债券投资，主要是国债投资
23	110199	其他投资	资产类	核算事业单位通过各种方式（货币资金、实物、无形资产等）依法取得的，持有时间不超过 1 年（含 1 年）的除债券投资以外的其他各种投资
24	1201	财政应返还额度	资产类	核算实行国库集中支付的单位应收财政返还的年终尚未使用的财政支付额度（包含授权支付和直接支付）
25	120101	财政直接支付	资产类	核算实行国库集中支付的单位当年财政直接支付预算指标数与当年财政直接支付实际支出数的差额
26	12010101	基本支出额度	资产类	核算实行国库集中支付的单位当年基本支出财政直接支付预算指标数与当年基本支出财政直接支付实际支出数的差额
27	12010102	项目支出额度	资产类	核算实行国库集中支付的单位当年项目支出财政直接支付预算指标数与当年项目支出财政直接支付实际支出数的差额
28	120102	财政授权支付	资产类	核算实行国库集中支付的单位当年财政直接支付预算指标数与当年财政直接支付实际支出数的差额
29	12010201	基本支出额度	资产类	核算实行国库集中支付的单位当年基本支出财政授权支付预算指标数与当年基本支出财政授权支付实际支出数的差额
30	12010202	项目支出额度	资产类	核算实行国库集中支付的单位当年项目支出财政授权支付预算指标数与当年项目支出财政授权支付实际支出数的差额
31	1211	应收票据	资产类	核算事业单位因开展经营活动销售产品、提供有偿服务等而收到的商业汇票，包括银行承兑汇票和商业承兑汇票。到期因付款人无力支付或拒付的，应转为“应收账款”
32	121101	商业承兑票据	资产类	核算事业单位因开展经营活动销售产品、提供有偿服务等而收到的商业承兑汇票

续表

序号	科目编码	科目名称	科目类别	核算内容
33	121102	银行承兑票据	资产类	核算事业单位因开展经营活动销售产品、提供有偿服务等而收到的银行承兑汇票
34	1212	应收账款	资产类	核算事业单位提供服务、销售产品等应收取的款项，以及单位因出租资产、出售物资等应收取的款项。逾期 3 年或以上、有确凿证据表明确实无法收回的，报经批准核销后列入“其他支出”；核销后又在以后期间收回的，则列入“其他收入”
35	1214	预付账款	资产类	核算单位按照购货、服务合同或协议规定预付给供应单位（或个人）的款项，以及按照合同规定向承包工程的施工企业预付的备料款和工程款
36	121401	预付备料款	资产类	核算单位按照合同规定向承包工程的施工企业预付的备料款
37	121402	预付工程款	资产类	核算单位按照合同规定向承包工程的施工企业预付的工程款
38	121499	其他预付款	资产类	核算单位按照购货、服务合同或协议规定预付给供应单位（或个人）的除备料款和工程款外的其他款项
39	1215	应收股利	资产类	核算事业单位持有长期股权投资应当收取的现金股利或应当分得的利润
40	1216	应收利息	资产类	核算事业单位长期债券投资应当收取的利息
41	1218	其他应收款	资产类	核算单位除财政应返还额度、应收票据、应收账款、预付账款、应收股利、应收利息以外的其他各项应收及暂付款项，如职工预借的差旅费、已经偿还银行尚未报销的本单位公务卡欠款、拨付给内部有关部门的备用金、应向职工收取的各种垫付款项、支付的可以收回的订金或押金、应收的上级补助和附属单位上缴款项等
42	121801	备用金	资产类	核算单位拨付给内部有关部门的小额零星支出备用金
43	121802	差旅费	资产类	核算单位职工出差预借款项
44	121803	公务卡欠款	资产类	核算单位已经偿还银行尚未报销的本单位公务卡欠款
45	121804	医药费	资产类	核算单位职工预借的医药费
46	121805	职业年金	资产类	核算单位代扣代缴职工应负担的职业年金
47	121806	养老保险	资产类	核算单位代扣代缴职工应负担的养老保险
48	121807	订金/押金	资产类	核算单位支付的可以收回的订金或押金
49	121808	上级补助收入	资产类	核算单位应收的上级补助收入
50	121809	附属单位上缴款项	资产类	核算单位应收的附属单位上级款项
51	121899	其他	资产类	核算单位其他应收及暂付款项，如临时周转金、需转拨的财政资金、科研课题经费等

续表

序号	科目编码	科目名称	科目类别	核算内容
52	1219	坏账准备	资产类	核算事业单位对收回后不需上缴财政的应收账款和其他应收款提取的坏账准备
53	121901	应收账款坏账准备	资产类	核算事业单位对收回后不需上缴财政的应收账款提取的坏账准备
54	121902	其他应收款坏账准备	资产类	核算事业单位对收回后不需上缴财政的其他应收款提取的坏账准备
55	1301	在途物品	资产类	核算单位采购材料等物资时货款已付或已开出商业汇票但尚未验收入库的在途物品的采购成本
56	130101	分期付款购置资产	资产类	核算单位分期付款购置资产但尚未验收入库的在途物品的采购成本
57	130102	其他在途物品	资产类	核算单位除分期付款形式外采购物资时货款已付或已开出商业汇票但尚未验收入库的在途物品的采购成本
58	1302	库存物品	资产类	核算单位在开展业务活动及其他活动中为耗用或出售而储存的各种材料、产品、包装物、低值易耗品，以及达不到固定资产标准的用具、装具、动植物等的成本
59	130201	材料	资产类	核算单位在开展业务活动及其他活动中为耗用或出售而储存的各种材料的成本
60	130202	产成品	资产类	核算单位在开展业务活动及其他活动中为耗用或出售而储存的产成品的成本
61	130203	包装物	资产类	核算单位在开展业务活动及其他活动中为耗用或出售而储存的包装物的成本
62	130204	低值易耗品	资产类	核算单位在开展业务活动及其他活动中为耗用或出售而储存的低值易耗品的成本
63	130299	其他	资产类	核算单位在开展业务活动及其他活动中为耗用或出售而储存的除各种材料、产品、包装物、低值易耗品外其他库存物品的成本
64	1303	加工物品	资产类	核算单位自制或委托外单位加工的各种物品的实际成本。未完成的测绘、地质勘察、设计成果的实际成本，也通过本科目核算
65	130301	自制物品	资产类	核算单位自制的各种物品的实际成本
66	13030101	直接材料	资产类	核算单位自制的各种物品的直接材料成本
67	13030102	直接人工	资产类	核算单位自制的各种物品的直接人工成本
68	13030103	其他直接费用	资产类	核算单位自制的各种物品的其他直接费用成本
69	13030104	间接费用	资产类	核算单位自制的各种物品的间接费用成本
70	130302	委托加工物品	资产类	核算单位委托外单位加工的各种物品的实际成本

续表

序号	科目编码	科目名称	科目类别	核算内容
71	1401	待摊费用	资产类	核算单位已经支付，但应当由本期和以后各期分别负担的分摊期在 1 年以内（含 1 年）的各项费用，如预付航空保险费、预付租金等
72	140101	预付租金	资产类	核算单位已经支付，但应当由本期和以后各期分别负担的分摊期在 1 年以内（含 1 年）的预付租金
73	140102	预付航空保险费	资产类	核算单位已经支付，但应当由本期和以后各期分别负担的分摊期在 1 年以内（含 1 年）的预付航空保险费
74	140199	其他待摊费用	资产类	核算单位已经支付，但应当由本期和以后各期分别负担的分摊期在 1 年以内（含 1 年）的其他各项待摊费用
75	1501	长期股权投资	资产类	核算事业单位按照规定取得的，持有时间超过 1 年（不含 1 年）的股权性质的投资
76	150101	成本法下长期股权投资	资产类	核算事业单位按照规定取得的，持有时间超过 1 年（不含 1 年）的采用成本法核算的股权性质的投资
77	150102	权益法下长期股权投资	资产类	核算事业单位按照规定取得的，持有时间超过 1 年（不含 1 年）的采用权益法核算的股权性质的投资
78	15010201	成本	资产类	核算事业单位按照规定取得的，持有时间超过 1 年（不含 1 年）的采用权益法核算的股权性质投资的投资成本
79	15010202	损益调整	资产类	核算事业单位按照规定取得的，持有时间超过 1 年（不含 1 年）的采用权益法核算的股权性质投资的损益调整
80	15010203	其他权益变动	资产类	核算事业单位按照规定取得的，持有时间超过 1 年（不含 1 年）的采用权益法核算的股权性质投资的其他权益变动
81	150199	其他	资产类	核算事业单位按照规定取得的，持有时间超过 1 年（不含 1 年）的采用权益法核算的股权性质投资的除以上各项外其他的长期股权投资变动
82	1502	长期债券投资	资产类	核算事业单位按照规定取得的，持有时间超过 1 年（不含 1 年）的债券投资
83	150201	成本	资产类	核算事业单位按照规定取得的，持有时间超过 1 年（不含 1 年）的债券投资的投资成本
84	150202	应计利息	资产类	核算事业单位按照规定取得的，持有时间超过 1 年（不含 1 年）的债券投资累计未付的利息
85	1601	固定资产	资产类	核算单位固定资产的原值
86	160101	土地、房屋及构筑物	资产类	核算单位拥有的房屋及构筑物和未确权的土地的原值
	16010101	土地	资产类	核算单位拥有的未确权的土地

续表

序号	科目编码	科目名称	科目类别	核算内容
	16010102	房屋及构筑物	资产类	核算单位拥有的房屋及构筑物的原值
87	160102	通用设备	资产类	核算单位拥有的通用设备的原值
88	160103	专用设备	资产类	核算单位拥有的专用设备的原值
89	160104	文物和陈列品	资产类	核算单位拥有的纳入固定资产管理的文物和陈列品的原值
90	160105	图书、档案	资产类	核算单位拥有的纳入固定资产管理的图书和档案的原值
91	160106	家具、用具、装具及动植物	资产类	核算单位拥有的纳入固定资产管理的家具、用具、装具及动植物的原值
92	1602	固定资产累计折旧	资产类	核算单位按会计制度规定对固定资产计提的累计折旧
93	160201	房屋及构筑物折旧	资产类	核算单位按会计制度规定对房屋及构筑物计提的累计折旧
94	160202	通用设备折旧	资产类	核算单位按会计制度规定对通用设备计提的累计折旧
95	160203	专用设备折旧	资产类	核算单位按会计制度规定对专用设备计提的累计折旧
96	160204	家具、用具、装具折旧	资产类	核算单位按会计制度规定对家具、用具和装具计提的累计折旧
97	1611	工程物资	资产类	核算单位为在建工程准备的各种物资的成本，包括工程用材料、设备等
98	161101	库存材料	资产类	核算单位为在建工程准备的材料的成本
99	161102	库存设备	资产类	核算单位为在建工程准备的设备的成本
100	161199	其他工程物资	资产类	核算单位为在建工程准备的其他工程物资的成本
101	1613	在建工程	资产类	核算单位在建的建设项目工程的实际成本。单位在建的信息系统项目工程、公共基础设施项目工程、保障性住房项目工程的实际成本，也通过本科目核算
102	161301	建筑安装工程投资	资产类	核算单位发生的构成建设项目实际支出的建筑工程和安装工程的实际成本，不包括被安装设备本身的价值以及按照合同规定支付给施工单位的预付备料款和预付工程款。
103	16130101	建筑工程投资	资产类	建设单位按照批准的建设内容发生的建筑工程的实际成本
104	1613010101	房屋建筑物建设	资产类	用于房屋建筑物（含附属设施）的支出
105	1613010102	基础设施建设	资产类	用于公共基础设施建设方面的支出
106	1613010103	大型修缮	资产类	允许资本化的各类设备、建筑物、公共基础设施等大型修缮支出
107	16130102	安装工程投资	资产类	建设单位按照批准的建设内容发生的安装工程的实际成本

续表

序号	科目编码	科目名称	科目类别	核算内容
108	1613010201	设备装配装置费	资产类	设备的安装费
109	161301020101	装设工程	资产类	设备装设工程费用支出
110	161301020102	设备试运行费	资产类	设备试运行费用支出
111	161302	设备投资	资产类	核算单位发生的构成建设项目实际支出的各种设备的实际成本
112	16130201	在安装设备	资产类	必须将其整体或几个部位装配起来，安装在基础上或建筑物支架上才能使用的设备
113	1613020101	专用设备购置	资产类	需要安装的、具有专门用途的各类专用设备的支出
114	1613020102	信息网络购置	资产类	需要安装的信息网络设备的支出
115	16130202	不需要安装设备	资产类	不必固定在一定位置或支架上就可以使用的设备
116	1613020201	办公设备购置	资产类	不需要安装的办公设备支出
117	1613020202	专用设备购置	资产类	不需要安装的、具有专门用途的各类专用设备的支出
118	1613020203	信息网络购置	资产类	不需要安装的信息网络设备的支出
119	1613020204	公务用车购置	资产类	公务用车购置支出
120	1613020205	其他交通工具购置	资产类	除公务用车外的其他各类交通工具购置支出
121	16130203	工具及器具	资产类	工具器具是指生产和维修用的各种工具、器具
122	161303	待摊投资	资产类	核算单位发生的构成建设项目实际支出的、按照规定应当分摊计入有关工程成本和设备成本的各项间接费用和税费支出
123	16130301	建设单位管理费	资产类	建设单位从项目筹建之日起至办理竣工财务决算之日止发生的管理性质的支出
124	1613030101	人员工资	资产类	不在原单位发工资的工作人员工资
125	1613030102	基本养老保险费	资产类	不在原单位发工资的工作人员基本养老保险
126	1613030103	基本医疗保险费	资产类	不在原单位发工资的工作人员基本医疗保险
127	1613030104	失业保险费	资产类	不在原单位发工资的工作人员失业保险
128	1613030105	办公费	资产类	办公费
129	1613030106	差旅交通费	资产类	差旅交通费
130	1613030107	劳动保护费	资产类	劳动保护费
131	1613030108	工具用具使用费	资产类	工具用具使用费
132	1613030109	固定资产使用费	资产类	固定资产使用费
133	1613030110	零星购置费	资产类	零星购置费
134	1613030111	招募生产工人费	资产类	招募生产工人费
135	1613030112	技术图书资料费	资产类	技术图书资料费
136	1613030113	印花税	资产类	印花税
137	1613030114	业务招待费	资产类	业务招待费

续表

序号	科目编码	科目名称	科目类别	核算内容
138	1613030115	施工现场津贴	资产类	施工现场津贴
139	1613030116	竣工验收费	资产类	竣工验收费
140	1613030117	其他管理费	资产类	其他管理费
141	16130302	土地征用及迁移补偿费	资产类	核算通过划拨方式取得无限期的土地使用权而支付的土地补偿费、附着物和青苗补偿费、安置补偿费以及土地征收管理费等，以及行政事业单位的建设项目通过出让方式取得土地使用权而支付的出让金。
142	1613030201	土地补偿	资产类	按规定征地和收购土地过程中支付的土地补偿费
143	1613030202	安置补助	资产类	按规定征地和收购土地过程中支付的安置补助费
144	1613030203	地上附着物和青苗补偿	资产类	按规定征地和收购土地过程中支付的地上附着物和青苗补偿费
145	1613030204	拆迁补偿	资产类	按规定征地和收购土地过程中支付的拆迁补偿费
146	16130303	土地复垦及补偿费	资产类	核算建设单位在基本建设过程中发生的土地复垦费用和土地损失补偿费用。
147	16130304	勘察设计费	资产类	核算自行或委托勘察设计单位进行工程水文地质勘察、设计所发生的各项费用
148	16130305	可行性研究费	资产类	核算在建设前期所发生的按规定应计入交付使用资产成本的可行性研究费用
149	16130306	临时设施费	资产类	核算按照规定拨付给施工企业的临时设施包干费，以及建设单位自行施工所发生的临时设施实际支出。
150	16130307	设备检验费	资产类	核算按照规定付给商品检验部门的进口成套设备检验费
151	16130308	负荷联合试车费	资产类	核算单项工程（车间）在交工验收以前进行的负荷联合试车亏损（即全部试车费减去试车产品销售收入和其他收入后的差额）。
152	16130309	合同公证及工程质量监理费	资产类	核算建设单位按规定支付的合同公证费和工程质量监测费。
153	16130310	（贷款）项目评估费	资产类	项目评估评审费用
154	16130311	社会中介机构审计（查）费	资产类	社会中介机构审计（查）费
155	16130312	招投标费	资产类	招投标费
156	16130313	经济合同仲裁费	资产类	经济合同仲裁费
157	16130314	诉讼费	资产类	诉讼费
158	16130315	律师代理费	资产类	律师代理费
159	16130316	土地使用税	资产类	核算建设单位按规定交纳的土地使用税。

续表

序号	科目编码	科目名称	科目类别	核算内容
160	16130317	耕地占用税	资产类	核算建设单位按规定交纳的耕地占用税。
161	16130318	车船使用税	资产类	核算建设单位按规定交纳的车船使用税。
162	16130319	借款利息	资产类	借款利息支出
163	16130320	存款利息收入	资产类	存款利息收入
164	16130321	汇兑损益	资产类	核算建设单位使用国外借款所发生的按规定应计入交付使用资产成本的各种汇兑损益。
165	16130322	报废工程损失	资产类	核算由于自然灾害、管理不善、设计方案变更等原因造成工程报废所发生的扣除残值后的净损失。
166	16130323	坏帐损失	资产类	坏账损失
167	16130324	固定资产损失	资产类	核算清理固定资产的净损失以及经批准转账的固定资产的盘亏减盘盈后的净损失。
168	16130325	器材处理亏损	资产类	核算处理积压器材所发生的亏损。
169	16130326	设备盘亏及毁损	资产类	核算建设单位发生的设备盘亏减盘盈后的净损失和设备毁损。
170	16130327	研究试验费	资产类	核算为本建设项目提供或验证设计数据、资料进行必要的研究试验，按照设计规定在施工过程中必须进行试验所发生的费用。
171	16130328	其他待摊投资	资产类	核算建设单位发生的除上述各种待摊投资以外的其他应计入交付使用资产价值的待摊投资
172	161304	其他投资	资产类	核算单位发生的构成建设项目实际支出的房屋购置支出，基本畜禽、林木等购置、饲养、培育支出，办公生活用家具、器具购置支出，软件研发和不能计入设备投资的软件购置等支出。单位为进行可行性研究而购置的固定资产，以及取得土地使用权支付的土地出让金，也通过本明细科目核算
173	16130401	房屋购置	资产类	购买房屋的支出
174	16130402	办公生活用家具、器具购置	资产类	购买办公家具器具支出
175	16130403	可行性研究固定资产购置	资产类	可行性研究中购买固定资产支出
176	16130404	无形资产	资产类	建设单位取得的各种无形资产，
177	1613040401	软件	资产类	取得软件支出
178	1613040402	著作权、商标权、专利权	资产类	取得著作权、商标权、专利权支出
179	1613040403	土地使用权	资产类	取得土地使用权支出
180	1613040404	其他无形资产	资产类	取得其他无形资产支出

续表

序号	科目编码	科目名称	科目类别	核算内容
181	16130405	物资储备	资产类	为应付战争、自然灾害或意料不到的突发事件而提前购置的具有特殊重要性的战略性和应急性的储备支出
182	16130406	文物及陈列品购置	资产类	文物和陈列品支出
183	161305	待核销基建支出	资产类	核算建设项目发生的江河清障、航道清淤、飞播造林、补助群众造林、水土保持、城市绿化、取消项目的可行性研究费以及项目整体报废等不能形成资产部分的基建投资支出
184	161306	转出投资	资产类	核算为建设项目配套而建成的、产权不归属本单位的专用设施的实际成本
185	161307	交付使用资产	资产类	核算单位已经完成了建设项目，并已办理工程竣工验收手续，移交给使用单位的各项资产。
186	1701	无形资产	资产类	核算单位无形资产的原值
187	170101	土地使用权	资产类	核算单位取得土地使用权所支付的价款和税费
188	17010101	办公业务用地	资产类	核算单位取得办公业务用土地使用权所支付的价款和税费
189	17010102	住宅用地	资产类	核算单位取得住宅用土地使用权所支付的价款和税费
190	17010199	其他用地	资产类	核算单位取得除办公业务和住宅用土地以外的土地使用权所支付的价款和税费
191	170102	软件	资产类	核算单位取得软件所支付的价款和税费。
192	170103	专利权	资产类	核算单位取得专利权所支付的价款和税费
193	170104	专有技术	资产类	核算单位取得非专利技术等专有技术所支付的价款和税费
194	170105	商标权	资产类	核算单位取得商标权所支付的价款和税费
195	170106	著作权	资产类	核算单位取得著作权所支付的价款和税费
196	170199	其他无形资产	资产类	核算单位取得除上述无形资产以外的其他无形资产所支付的价款和税费
197	1702	无形资产累计摊销	资产类	核算单位对使用年限有限的无形资产计提的累计摊销
198	170201	土地使用权	资产类	核算单位对使用年限有限的土地使用权计提的累计摊销
199	170202	软件	资产类	核算单位对使用年限有限的软件计提的累计摊销
200	170203	专利权	资产类	核算单位对使用年限有限的专利权计提的累计摊销
201	170204	专有技术	资产类	核算单位对使用年限有限的专有技术计提的累计摊销
202	170205	商标权	资产类	核算单位对使用年限有限的商标权计提的累计摊销
203	170206	著作权	资产类	核算单位对使用年限有限的著作权计提的累计摊销
204	170299	其他无形资产	资产类	核算单位对使用年限有限的上述无形资产以外的其他无形资产计提的累计摊销

续表

序号	科目编码	科目名称	科目类别	核算内容
205	1703	研发支出	资产类	核算单位自行研究开发项目研究阶段和开发阶段发生的各项支出。建设项目中的软件研发支出，应当通过“在建工程”科目核算，不通过本科目核算
206	170301	研究支出	资产类	核算单位自行研究开发项目研究阶段发生的各项支出
207	170302	开发支出	资产类	核算单位自行研究开发项目开发阶段发生的各项支出
208	1821	文物文化资产	资产类	核算单位为满足社会公共需求而控制的文物文化资产的成本
209	1891	受托代理资产	资产类	核算单位接受委托方委托管理的各项资产，包括受托指定转赠的物资、受托存储保管的物资等的成本
210	1901	长期待摊费用	资产类	核算单位已经支出，但应由本期和以后各期负担的分摊期限在 1 年以上（不含 1 年）的各项费用，如以经营租赁方式租入的固定资产发生的改良支出等
211	1902	待处理财产损溢	资产类	核算单位在资产清查过程中查明的各种资产盘盈、盘亏和报废、毁损的价值
212	190201	待处理财产价值	资产类	核算单位在资产清查过程中查明的各种资产盘盈、盘亏和报废、毁损的价值
213	190202	处理净收入	资产类	核算单位在资产处理过程中取得的净收入
214	2001	短期借款	负债类	核算事业单位经批准向银行或其他金融机构等借入的期限在 1 年内（含 1 年）的各种借款
215	2101	应交增值税	负债类	核算单位按照税法规定计算应交纳的增值税
216	210101	增值税（小规模纳税人）	负债类	核算按小规模纳税人管理的单位按照税法等规定计算应缴纳的增值税额
217	21010101	应交税金	负债类	核算按小规模纳税人管理的单位按照税法等规定计算应交税金
218	21010102	代扣代交增值税	负债类	核算单位购进在境内未设经营机构的境外单位或个人在境内的应税行为代扣代缴的增值税
219	21010103	转让金融商品应交增值税	负债类	核算单位转让金融商品发生的增值税额
220	210102	增值税（一般纳税人）	负债类	核算按一般纳税人管理的单位按照税法等规定计算应缴纳的增值税额
221	21010201	应交税金	负债类	核算按一般纳税人管理的单位按照税法等规定计算应交税金
222	2101020101	进项税额	负债类	记录单位购进货物、加工修理修配劳务、服务、无形资产或不动产而支付或负担的、准予从当期销项税额中抵扣的增值税额
223	2101020102	已交税金	负债类	记录单位当月已交纳的应交增值税额

续表

序号	科目编码	科目名称	科目类别	核算内容
224	2101020103	转出未交增值税	负债类	记录一般纳税人月度终了转出当月应交未交的增值税额
225	2101020104	转出多交增值税	负债类	记录一般纳税人月度终了转出当月多交的增值税额
226	2101020105	减免税款	负债类	记录单位按照现行增值税制度规定准予减免的增值税额
227	2101020106	销项税额	负债类	记录单位销售货物、加工修理修配劳务、服务、无形资产或不动产应收取的增值税额
228	2101020107	进项税额转出	负债类	记录单位购进货物、加工修理修配劳务、服务、无形资产或不动产等发生非正常损失以及其他原因而不应从销项税额中抵扣、按照规定转出的进项税额
229	21010202	未交税金	负债类	核算单位月度终了从“应交税金”或“预交税金”明细科目转入当月应交未交、多交或预缴的增值税额，以及当月交纳以前期间未交的增值税额
230	21010203	预交税金	负债类	核算单位转让不动产、提供不动产经营租赁服务等，以及其他按照现行增值税制度规定应预缴的增值税额
231	21010204	待抵扣进项税额	负债类	核算单位已取得增值税扣税凭证并经税务机关认证，按照现行增值税制度规定准予以后期间从销项税额中抵扣的进项税额
232	21010205	待认证进项税额	负债类	核算单位由于未经税务机关认证而不得从当期销项税额中抵扣的进项税额。包括：一般纳税人已取得增值税扣税凭证并按规定准予从销项税额中抵扣，但尚未经税务机关认证的进项税额；一般纳税人已申请稽核但尚未取得稽核相符结果的海关缴款书进项税额
233	21010206	待转销项税额	负债类	核算单位销售货物、加工修理修配劳务、服务、无形资产或不动产，已确认相关收入（或利得）但尚未发生增值税纳税义务而需于以后期间确认为销项税额的增值税额
234	21010207	简易计税	负债类	核算单位采用简易计税方法发生的增值税计提、扣减、预缴、缴纳等业务
235	21010208	代扣代交增值税	负债类	核算单位购进在境内未设经营机构的境外单位或个人在境内的应税行为代扣代缴的增值税
236	21010209	转让金融商品应交增值税	负债类	核算单位转让金融商品发生的增值税额
237	2102	其他应交税费	负债类	核算单位按照税法等规定计算应交纳的除增值税以外的各种税费，包括城市维护建设税、教育费附加、地方教育费附加、车船税、房产税、城镇土地使用税和企业所得税等。单位代扣代缴的个人所得税，也通过本科目核算。单位应交纳的印花税不需要预提应交税费，直接通过“业务活动费用”“单位管理费用”“经营费用”等科目核算，不通过本科目核算

续表

序号	科目编码	科目名称	科目类别	核算内容
238	210201	城市维护建设税	负债类	核算单位按照税法等规定计算应交纳的城市维护建设税
239	210202	车船税	负债类	核算单位按照税法等规定计算应交纳的车船税
240	210203	房产税	负债类	核算单位按照税法等规定计算应交纳的房产税
241	210204	土地增值税	负债类	核算单位按照税法等规定计算应交纳的土地增值税
242	210205	城镇土地使用税	负债类	核算单位按照税法等规定计算应交纳的城镇土地使用税
243	210206	教育费附加	负债类	核算单位按照中央有关规定计算应缴纳的教育费附加
244	210207	地方教育费附加	负债类	核算单位按照地方政府有关规定计算应缴纳的教育附加费
245	210208	代扣代缴的个人所得税	负债类	核算单位按照税法等规定计算代扣代缴的个人所得税
246	21020801	工资薪金个税	负债类	核算单位按照税法等规定计算代扣代缴的工资薪金个税
247	21020801	其他所得个税	负债类	核算单位按照税法等规定计算代扣代缴的其他所得个税
248	210209	企业所得税	负债类	核算单位按照税法等规定计算应缴纳的企业所得税额
249	210299	其他税费	负债类	核算单位按照税法等规定计算应缴纳的除上述税费以外的其他税费
250	2103	应缴财政款	负债类	核算单位取得或应收的按照规定应当上缴财政的款项，包括应缴国库的款项和应缴财政专户的款项。单位按照国家税法等有关规定应当缴纳的各种税费，通过“应交增值税”“其他应交税费”科目核算，不通过本科目核算
251	210301	应缴国库款	负债类	核算单位取得或应收的按照规定应当上缴国库的款项
252	210302	应缴财政专户	负债类	核算单位取得或应收的按照规定应当上缴财政专户的款项
253	2201	应付职工薪酬	负债类	核算单位按照有关规定应付给职工（含地编人员、长期聘用人员）及为职工支付的各种薪酬，包括基本工资、国家统一规定的津贴补贴、规范津贴补贴（绩效工资）、改革性补贴、社会保险费（如职工基本养老保险费、职业年金、基本医疗保险费等）、住房公积金等
254	220101	基本工资（基本离退休费）	负债类	核算单位按照有关规定应付给职工（含地编人员、长期聘用人员）及为职工支付的基本工资（基本离退休费）
255	220102	国家统一规定的津贴补贴	负债类	核算单位按照有关规定应付给职工（含地编人员、长期聘用人员）及为职工支付的国家统一规定的津贴补贴

续表

序号	科目编码	科目名称	科目类别	核算内容
256	220103	规范津贴补贴	负债类	核算单位按照有关规定应付给职工（含地编人员、长期聘用人员）及为职工支付的规范津贴补贴
257	220104	改革性补贴	负债类	核算单位按照有关规定应付给职工（含地编人员、长期聘用人员）及为职工支付改革性补贴
258	220105	奖金	负债类	核算单位按照有关规定应付给职工（含地编人员、长期聘用人员）及为职工支付的奖金
259	220106	绩效工资	负债类	核算单位按照有关规定应付给职工（含地编人员、长期聘用人员）及为职工支付的绩效工资
260	220107	机关事业单位基本养老保险缴费	负债类	核算单位按照有关规定应付给职工（含地编人员、长期聘用人员）及为职工支付的机关事业单位基本养老保险缴费
261	220108	职业年金缴费	负债类	核算单位按照有关规定应付给职工（含地编人员、长期聘用人员）及为职工支付的职业年金缴费
262	220109	职工基本医疗保险缴费	负债类	核算单位按照有关规定应付给职工（含地编人员、长期聘用人员）及为职工支付的职工基本医疗保险缴费
263	220110	公务员医疗补助缴费	负债类	核算单位按照有关规定应付给职工（含地编人员、长期聘用人员）及为职工支付的公务员医疗补助缴费
264	220111	其他社会保障缴费	负债类	核算单位按照有关规定应付给职工（含地编人员、长期聘用人员）及为职工支付的其他社会保障缴费
265	220112	住房公积金	负债类	核算单位按照有关规定应付给职工（含地编人员、长期聘用人员）及为职工支付的住房公积金
266	220113	医疗费	负债类	核算单位按照有关规定应付给职工（含地编人员、长期聘用人员）及为职工支付的医疗费
267	220114	其他个人收入	负债类	核算单位按照有关规定应付给职工（含地编人员、长期聘用人员）及为职工支付的除上述外的其他个人收入
268	22011401	在职人员	负债类	核算单位按照有关规定应付给在职人员（含地编人员、长期聘用人员）的其他个人收入
269	2201140101	误（夜）餐、加（值）班费	负债类	核算单位按照有关规定应付给在职人员（含地编人员、长期聘用人员）的误（夜）餐、加（值）班费
270	2201140102	个人奖励金	负债类	核算单位按照有关规定应付给在职人员（含地编人员、长期聘用人员）的个人奖励金
271	2201140199	其他	负债类	核算单位按照有关规定应付给在职人员（含地编人员、长期聘用人员）的除误（夜）餐、加（值）班费和个人奖励金外的其他个人收入
272	2301	应付票据	负债类	核算事业单位因购买材料、物资等而开出、承兑的商业汇票，包括银行承兑汇票和商业承兑汇票

续表

序号	科目编码	科目名称	科目类别	核算内容
273	230101	银行承兑汇票	负债类	核算事业单位因购买材料、物资等而开出、承兑的银行承兑汇票
274	230102	商业承兑汇票	负债类	核算事业单位因购买材料、物资等而开出、承兑的商业承兑汇票
275	2302	应付账款	负债类	核算单位因购买物资、接受服务、开展工程建设等而应付的偿还期限在 1 年以内（含 1 年）的款项
276	230201	应付器材款	负债类	核算单位因购买器材而应付的偿还期限在 1 年以内（含 1 年）的款项
277	230202	应付工程款	负债类	核算单位开展工程建设而应付的偿还期限在 1 年以内（含 1 年）的款项
278	230299	其他	负债类	核算单位除购买器材和开展工程建设外其他购买物资、接受服务等而应付的偿还期限在 1 年以内（含 1 年）的款项
279	2303	应付政府补贴款	负债类	核算负责发放政府补贴的行政单位，按照规定应当支付给政府补贴接受者的各种政府补贴款
280	2304	应付利息	负债类	核算事业单位按照合同约定应支付的借款利息，包括短期借款、分期付息到期还本的长期借款等应支付的利息
281	2305	预收账款	负债类	核算事业单位预先收取但尚未结算的款项
282	2307	其他应付款	负债类	核算单位除应交增值税、其他应交税费、应缴财政款、应付职工薪酬、应付票据、应付账款、应付政府补贴款、应付利息、预收账款以外，其他各项偿还期限在 1 年内（含 1 年）的应付及暂收款项，如收取的押金、存入保证金、已经报销但尚未偿还银行的本单位公务卡欠款等。同级政府财政部门预拨的下期预算款和没有纳入预算的暂付款项，以及采用实拨资金方式通过本单位转拨给下属单位的财政拨款，也通过本科目核算
283	230701	待清算报销额度	负债类	核算单位职工支出报销后待与职工公务卡和储蓄卡清算的资金
284	23070101	待清算公务卡报销额度	负债类	核算单位职工支出报销后待与职工公务卡清算的资金
285	23070102	待清算储蓄卡报销额度	负债类	核算单位职工支出报销后待与个人储蓄卡清算的资金
286	230702	代扣工会会费	负债类	核算单位按规定为职工代扣代交的个人工会会费
287	230703	代扣水电费	负债类	核算单位为职工代扣代交的个人水电费
288	230704	代扣物业管理费	负债类	核算单位为职工代扣代交的个人物业管理费
289	230705	代扣取暖费	负债类	核算单位为职工代扣代交的个人取暖费
290	230706	代扣房租	负债类	核算单位为职工代扣代交的个人房租

续表

序号	科目编码	科目名称	科目类别	核算内容
291	230707	存入保证金	负债类	核算单位暂收的质量保证金、押金等
292	230708	住院押金	负债类	核算单位为职工垫付的住院押金
293	230799	其他	负债类	核算单位除上述之外的其他应付及暂收款项
294	2401	预提费用	负债类	核算单位预先提取的已经发生但尚未支付的费用，如预提租金费用等。事业单位按规定从科研项目收入中提取的项目间接费用或管理费，也通过本科目核算。事业单位计提的借款利息费用，通过“应付利息”“长期借款”科目核算，不通过本科目核算
295	2401	项目间接费或管理费	负债类	核算单位按规定从科研项目收入中提取的项目间接费用或管理费
296	2499	其他预提费用	负债类	核算单位按规定提取的其他预提费用，如按期预提租金等费用
297	2501	长期借款	负债类	核算事业单位经批准向银行或其他金融机构等借入的期限超过 1 年（不含 1 年）的各种借款本息
298	250101	项目长期借款	负债类	核算事业单位经批准向银行或其他金融机构等借入的期限超过 1 年（不含 1 年）的用于项目支出的借款本息
299	25010101	本金	负债类	核算事业单位经批准向银行或其他金融机构等借入的期限超过 1 年（不含 1 年）的用于项目支出的借款本金
300	25010102	应计利息	负债类	核算事业单位经批准向银行或其他金融机构等借入的期限超过 1 年（不含 1 年）的用于项目支出的借款利息
301	250102	其他长期借款	负债类	核算事业单位经批准向银行或其他金融机构等借入的期限超过 1 年（不含 1 年）的用于除项目外其他支出的借款本息
302	25010201	本金	负债类	核算事业单位经批准向银行或其他金融机构等借入的期限超过 1 年（不含 1 年）的用于除项目外其他支出的借款本金
303	25010202	应计利息	负债类	核算事业单位经批准向银行或其他金融机构等借入的期限超过 1 年（不含 1 年）的用于除项目外其他支出的借款利息
304	2502	长期应付款	负债类	核算单位发生的偿还期限超过 1 年（不含 1 年）的应付款项，如以融资租赁方式取得固定资产应付的租赁费等
305	2601	预计负债	负债类	核算单位对因或有事项所产生的现时义务而确认的负债，如对未决诉讼等确认的负债
306	2901	受托代理负债	负债类	核算单位接受委托取得受托代理资产时形成的负债

续表

序号	科目编码	科目名称	科目类别	核算内容
307	3001	累计盈余	净资产	核算单位历年实现的盈余扣除盈余分配后滚存的金额，以及因无偿调入调出资产产生的净资产变动额。按照规定上缴、缴回、单位间调剂结转结余资金产生的净资产变动额，以及对以前年度盈余的调整金额，也通过本科目核算
308	300101	中央财政拨款结转	净资产	核算单位支出预算已执行但尚未完成，或因故未执行，下年需按原用途继续使用的中央财政拨款资金
309	300102	非中央财政拨款结转	净资产	核算单位当年年末支出预算已执行但尚未完成，或因故未执行，下年需按原用途继续使用的非中央财政拨款资金
310	30010201	地方财政拨款结转	净资产	核算事业单位当年年末支出预算已执行但尚未完成，或因故未执行，下年需按原用途继续使用的地方财政拨款资金
311	30010202	其他专项结转	净资产	核算事业单位当年年末支出预算已执行但尚未完成，或因故未执行，下年需按原用途继续使用的科研课题等非财政拨款资金
312	300103	中央财政拨款结余	净资产	核算事业单位支出预算工作目标已完成，或由于受政策变化、计划调整等因素影响工作终止，年末剩余的中央财政拨款资金
313	300104	非中央财政拨款结余	净资产	核算事业单位支出预算工作目标已完成，或由于受政策变化、计划调整等因素影响工作终止，年末剩余的非中央财政拨款资金
314	30010401	地方财政拨款结余	净资产	核算事业单位支出预算工作目标已完成，或由于受政策变化、计划调整等因素影响工作终止，年末剩余的地方财政拨款资金
315	30010402	其他专项结余	净资产	核算事业单位支出预算工作目标已完成，或由于受政策变化、计划调整等因素影响工作终止，年末剩余的科研课题等非财政拨款资金
316	30010403	其他结余	净资产	核算事业单位在一定期间除财政补助收支、非财政专项资金收支和经营收支以外各项收支相抵后的余额。如为贷方余额，则反映累计实现的事业结余；如为借方余额，则反映累计发生的事业亏损
317	300105	经营结余	净资产	核算事业单位在一定期间各项经营收支相抵后的余额弥补以前年度经营亏损后的余额。如为贷方余额（即正数），则参加当年结余分配；如为借方余额（即负数），则为经营亏损，不予结转（即挂账在本科目），需用以后年度的经营收支结余弥补，不得用当年事业结余或事业基金去弥补

续表

序号	科目编码	科目名称	科目类别	核算内容
318	300106	非流动资产基金	净资产	核算单位长期投资、固定资产、在建工程、无形资产等非流动资产占用的金额
319	30010601	长期投资	净资产	核算单位长期股权投资、长期债券投资等占用的金额，期末余额应与“长期投资”一致
320	30010302	固定资产	净资产	核算单位固定资产折旧后的净值，期末余额应与“固定资产”减去“累计折旧”后的差额一致
321	30010303	在建工程	净资产	核算单位尚未完工交付使用的在建工程占用的金额，期末余额应与“在建工程”一致
322	30010304	无形资产	净资产	核算单位无形资产摊销后的净值，期末余额应与“无形资产”减去“累计摊销”后的差额一致
323	30010305	库存物品	净资产	仅用于核算2018年及以前年度已计入支出但尚未领用的库存物品，2019年及以后年度购入的不在本科目核算
324	3101	专用基金	净资产	核算事业单位按照规定提取或设置的具有专门用途的净资产，主要包括职工福利基金、科技成果转换基金等
325	310101	职工福利基金	净资产	核算事业单位按非财政补助结余的一定比例提取以及按其他规定提取转入，用于单位职工集体福利设施、集体福利待遇等的资金
326	31010101	分配转入的福利基金	净资产	核算事业单位按非财政补助结余的一定比例（不超过40%）提取转入的资金
327	31010102	提取转入的福利基金	净资产	核算事业单位按国家或地方有关规定提取转入的职工福利费
328	310102	住房基金	净资产	核算事业单位按照相关规定提取以及按照其他规定提取转入，用于单位住房制度改革和住房建设的专项资金
329	31010201	住房基金收入	净资产	核算事业单位按照相关规定提取以及按照其他规定提取转入的住房基金收入情况
330	3101020101	自管住房出租收入	净资产	核算事业单位自管住房的出租收入转入住房基金的资金
331	3101020102	留归单位使用的售房收入	净资产	核算事业单位按照相关规定将售房收入中留归单位使用部分转入住房基金的资金
332	3101020103	共用部位共用设施设备维修基金	净资产	核算事业单位按照相关规定提取转入准备用于共用部位共用设施设备维修的资金
333	3101020104	上级主管部门拨入的资金	净资产	核算事业单位的上级单位拨入的专门用于单位住房制度改革和住房建设的资金

续表

序号	科目编码	科目名称	科目类别	核算内容
334	3101020105	利息收入	净资产	核算事业单位住房基金专用存款账户的资金的利息收入
335	3101020106	其他收入	净资产	核算事业单位从上述资金以外筹集的各项住房资金，可以按不同种类收入进行明细核算
336	31010202	住房基金支出	净资产	核算事业单位将住房基金用于单位住房制度改革和住房建设方面的支出情况
337	3101020201	自管住房维修管理和改造支出	净资产	核算事业单位将住房基金用于自管住房维修管理和改造方面的支出
338	3101020202	缴交职工住房公积金支出	净资产	核算事业单位将住房基金用于缴交职工住房公积金方面的支出
339	3101020203	发放购房补贴支出	净资产	核算事业单位将住房基金用于发放单位职工购房补贴方面的支出
340	3101020204	发放提租补贴支出	净资产	核算事业单位将住房基金用于发放单位职工提租补贴方面的支出
341	3101020205	共用部位共用设施设备维修支出	净资产	核算事业单位将住房基金用于共用部位共用设施设备维修方面的支出
342	3101020206	公有住房维修支出	净资产	核算事业单位将住房基金用于公有住房维修方面的支出
343	3101020207	住房建设支出	净资产	核算事业单位按照有关规定，用自有土地或对拥有产权的危旧住宅小区进行改建需列支的自建住房支出
344	3101020208	购房支出	净资产	核算事业单位将住房基金用于购置房屋方面的支出
345	3101020209	其他支出	净资产	核算事业单位将住房基金用于单位住房制度改革和住房建设相关的其他方面的支出
346	31010203	住房基金结余	净资产	核算事业单位提取转入的用于单位住房制度改革和住房建设方面的资金使用后的结余情况
347	3101020301	共用部位共用设施设备维修基金结余	净资产	核算事业单位提取转入的用于单位共用部位共用设施设备维修方面的资金使用后的结余情况
348	3101020302	其他住房基金结余	净资产	核算事业单位提取转入的用于单位除共用部位共用设施设备维修以外的资金使用后的结余情况
349	310103	科技成果转化基金	净资产	核算科学事业单位从事业收入中提取，在事业支出的相关科目中列支，以及在经营收支结余中提取转入，用于科技成果转化的资金。事业收入和经营收支结余较少的单位可以不提取科技成果转化基金
350	310104	其他专用基金	净资产	核算事业单位除上述专用资金金外的其他具有专门用途的资金，如以前年度提取滚存结余的医疗基金等

续表

序号	科目编码	科目名称	科目类别	核算内容
351	3201	权益法调整	净资产	核算事业单位持有的长期股权投资采用权益法核算时，按照被投资单位除净损益和利润分配以外的所有者权益变动份额调整长期股权投资账面余额而计入净资产的金额
352	3301	本期盈余	净资产	核算单位本期各项收入、费用相抵后的余额
353	330101	经营结余	净资产	核算单位本期经营收入、费用相抵后的余额
354	330102	其他结余	净资产	核算单位本期除经营收入外其他各项收入、费用相抵后的余额
355	3302	本年盈余分配	净资产	核算单位本年度盈余分配的情况和结果
356	3401	无偿调拨净资产	净资产	核算单位无偿调入或调出非现金资产所引起的的净资产变动金额
357	340101	长期投资	净资产	核算单位无偿调入或调出长期投资所引起的的净资产变动金额
358	340102	固定资产	净资产	核算单位无偿调入或调出固定资产所引起的的净资产变动金额
359	340103	无形资产	净资产	核算单位无偿调入或调出无形资产所引起的的净资产变动金额
360	340104	库存物品	净资产	核算单位无偿调入或调出库存物品所引起的的净资产变动金额
361	340105	其他资产	净资产	核算单位无偿调入或调出其他资产所引起的的净资产变动金额
362	3501	以前年度盈余调整	净资产	核算单位本年度发生的调整以前年度盈余的事项，包括本年度发生的重要前期差错更正涉及调整以前年度盈余的事项
363	4001	财政拨款收入	收入类	核算事业单位从中央财政部门取得的各类财政拨款，包括基本支出收入和项目支出收入
364	4101	事业收入	收入类	核算事业单位开展专业业务活动及其辅助活动取得的收入。其中：按照规定应上缴财政专户的部分，不计入事业收入；经财政部门核准不上缴财政专户管理的部分和从财政专户核拨返还的部分，计入事业收入
365	410101	财政专户返还收入	收入类	核算事业单位从财政专户核拨返还的资金
366	410102	专业气象服务收入	收入类	核算事业单位开展各项专业气象服务取得的收入
367	41010201	气象预报服务收入	收入类	核算事业单位开展短、中、长期天气预报服务以及专业气象预报服务等活动取得的收入
368	41010202	气象资料服务收入	收入类	核算事业单位提供天气、雷达、卫星等各项气象图表、数据等服务取得的收入

续表

序号	科目编码	科目名称	科目类别	核算内容
369	41010203	气象航危报服务收入	收入类	核算事业单位提供航危报服务取得的收入
370	41010204	气候资源评价收入	收入类	核算事业单位开展气候资源评价等服务取得的收入
371	41010205	气候可行性论证收入	收入类	核算事业单位开展气候可行性论证、评估等服务取得的收入
372	41010206	大气环境预测评价收入	收入类	核算事业单位开展大气环境预测、评价等服务取得的收入
373	41010207	农业气象与卫星遥感服务收入	收入类	核算事业单位开展农业气象、卫星遥感等服务取得的收入
374	41010208	气象仪器计量检定、修理收入	收入类	核算事业单位开展气象仪器检定、修理等服务取得的收入
375	41010209	人工影响天气服务收入	收入类	核算事业单位开展人工影响天气服务取得的收入
376	410103	气象信息服务收入	收入类	核算事业单位开展手机短信息、电话语音咨询、实时气象信息传输等服务取得的收入
377	41010301	96121 电话收入	收入类	核算事业单位开展 96121 电话咨询服务取得的收入
378	41010302	手机短信服务收入	收入类	核算事业单位开展手机短信息服务取得的收入
379	410104	防雷收入	收入类	核算事业单位开展防雷业务相关服务取得的收入
380	41010401	防雷工程收入	收入类	核算事业单位开展防雷工程服务取得的收入
381	41010402	防雷装置设计技术评价收入	收入类	核算事业单位开展防雷装置设计技术评价服务取得的收入
382	41010403	防雷竣工检测收入	收入类	核算事业单位开展防雷竣工检测服务取得的收入
383	41010404	防雷定期检测收入	收入类	核算事业单位开展防雷定期检测服务取得的收入
384	41010405	防雷风险评估收入	收入类	核算事业单位开展防雷风险评估服务取得的收入
385	41010406	防雷产品测试收入	收入类	核算事业单位开展防雷产品测试服务取得的收入
386	41010407	资质认定收入	收入类	核算事业单位开展防雷资质认定服务取得的收入
387	410105	广告收入	收入类	核算事业单位开展广告相关服务取得的收入
388	41010501	影视广告收入	收入类	核算事业单位开展影视广告服务取得的收入
389	41010502	气球广告收入	收入类	核算事业单位开展气球广告服务取得的收入
390	410106	培训收入	收入类	核算事业单位开展培训活动取得的收入
391	410107	后勤服务收入	收入类	核算事业单位开展后勤保障服务等活动取得的收入
392	410108	软件开发及技术服务收入	收入类	核算事业单位开展软件开发及相关技术服务取得的收入
393	410109	非同级财政拨款（事业收入）	收入类	核算事业单位因开展科研及其辅助活动从非同级政府财政部门取得的经费拨款
394	41010901	科研课题收入	收入类	核算非科学事业单位取得的具有专门用途的各项科研课题经费（不包括中央财政拨款）

续表

序号	科目编码	科目名称	科目类别	核算内容
395	41010902	科研收入	收入类	核算科学事业单位承担科研课题（项目）和接受委托研制样品、样机取得的收入（不包括中央财政拨款）
396	41010903	非科研收入	收入类	核算科学事业单位承担非科研项目活动取得的收入，包括技术收入、学术活动收入、科普活动收入、试制产品收入、教学活动收入等（不包括中央财政拨款）
397	4101090301	技术收入	收入类	核算科学事业单位对外提供技术转让、技术咨询、技术服务和技术承包取得的收入
398	4101090302	学术活动收入	收入类	核算科学事业单位开展学术交流、学术期刊出版等活动取得的收入
399	4101090303	科普活动收入	收入类	核算科学事业单位开展科学知识宣传、讲座和科技展览等活动取得的收入
400	4101090304	试制产品收入	收入类	核算科学事业单位从事中间试验产品的试制取得的收入
401	4101090305	教学活动收入	收入类	核算科学事业单位开展教学等活动取得的收入
402	410110	科研收入	收入类	核算科学事业单位承担科研课题（项目）和接受委托研制样品、样机取得的收入（不包括中央财政拨款和非同级财政拨款）
403	410111	非科研收入	收入类	核算科学事业单位承担非科研项目活动取得的收入，包括技术收入、学术活动收入、科普活动收入、试制产品收入、教学活动收入等（不包括中央财政拨款和非同级财政拨款）
404	41011101	技术收入	收入类	核算科学事业单位对外提供技术转让、技术咨询、技术服务和技术承包取得的收入（不包括中央财政拨款和非同级财政拨款）
405	41011102	学术活动收入	收入类	核算科学事业单位开展学术交流、学术期刊出版等活动取得的收入（不包括中央财政拨款和非同级财政拨款）
406	41011103	科普活动收入	收入类	核算科学事业单位开展科学知识宣传、讲座和科技展览等活动取得的收入（不包括中央财政拨款和非同级财政拨款）
407	41011104	试制产品收入	收入类	核算科学事业单位从事中间试验产品的试制取得的收入（不包括中央财政拨款和非同级财政拨款）
408	41011105	教学活动收入	收入类	核算科学事业单位开展教学等活动取得的收入（不包括中央财政拨款和非同级财政拨款）
409	410199	其他收入	收入类	核算事业单位开展除以上活动之外的专业业务活动及其辅助活动取得的收入

续表

序号	科目编码	科目名称	科目类别	核算内容
410	4201	上级补助收入	收入类	核算事业单位从主管部门和上级单位取得的非财政补助收入
411	420101	专项资金收入	收入类	核算事业单位从主管部门和上级单位取得的用于专项支出的非财政补助收入
412	420102	非专项资金收入	收入类	核算事业单位从主管部门和上级单位取得的用于非专项支出的非财政补助收入
413	4301	附属单位上缴收入	收入类	核算事业单位附属独立核算单位按照有关规定上缴的收入
414	430101	专项资金收入	收入类	核算事业单位附属独立核算单位按照有关规定上缴的用于专项支出的收入
415	430102	非专项资金收入	收入类	核算事业单位附属独立核算单位按照有关规定上缴的用于非专项支出的收入
416	4401	经营收入	收入类	核算事业单位在专业业务活动及其辅助活动之外开展非独立核算经营活动取得的收入
417	440101	培训收入	收入类	核算事业单位开展培训活动取得的收入
418	440102	后勤服务收入	收入类	核算事业单位开展后勤保障服务等活动取得的收入
419	440103	软件开发及技术服务收入	收入类	核算事业单位开展经营性的软件开发及技术服务活动取得的收入
420	440104	气象仪器产品生产销售收入	收入类	核算事业单位开展气象仪器产品生产、销售等活动取得的收入
421	440105	宾馆招待所收入	收入类	核算事业单位宾馆和招待所取得的收入
422	440199	其他收入	收入类	核算事业单位开展除上述专业业务活动及其辅助活动以外非独立核算的其他经营活动取得的收入
423	4601	非同级财政拨款收入	收入类	核算单位从非同级政府财政部门取得的经费拨款，包括从同级政府其他部门取得的横向转拨财政款、从上级或下级政府财政部门取得的经费拨款等
424	460101	本级横向转拨财政款	收入类	核算单位从同级政府其他部门取得的横向转拨财政款，如从人社部、上级主管部门转拨的政府特殊津贴等
425	460102	非本级财政拨款	收入类	核算单位从非同级政府财政部门取得的经费拨款，如从上级或下级政府财政部门取得的经费拨款等
426	46010201	地方财政拨款收入	收入类	核算单位从地方财政部门取得的经费拨款
427	46010202	其他专项资金收入	收入类	核算单位从非同级政府非财政部门取得的具有指定用途的财政专项资金收入

续表

序号	科目编码	科目名称	科目类别	核算内容
428	4602	投资收益	收入类	核算事业单位对外投资期间收到的利息、利润，以及出售或到期收回国债投资的利息
429	4603	捐赠收入	收入类	核算单位接受捐赠的现金资产和存货
430	460301	救灾捐款	收入类	核算受灾单位从其他单位取得的用于灾后应急支出和恢复重建的现金资产和存货
431	460303	其他捐赠收入	收入类	核算单位接受的除上述专门用途以外的需按规定用途使用的捐赠现金资产和存货
432	4604	利息收入	收入类	核算单位基本存款账户、除住房基金存款专户外的其他专用存款账户资金产生的利息
433	4605	租金收入	收入类	核算单位经批准利用国有资产出租取得并按照规定纳入本单位预算管理的租金收入
434	460501	不动产租赁收入	收入类	核算单位经批准利用国有资产中不动产出租取得并按照规定纳入本单位预算管理的租金收入
435	460502	动产租赁收入	收入类	核算单位经批准利用国有资产中动产出租取得并按照规定纳入本单位预算管理的租金收入
436	4606	其他收入	收入类	本科目核算单位取得的除财政拨款收入、事业收入、上级补助收入、附属单位上缴收入、经营收入、非同级财政拨款收入、投资收益、捐赠收入、利息收入、租金收入以外的各项收入，包括现金盘盈收入、按照规定纳入单位预算管理的科技成果转化收入、行政单位收回已核销的其他应收款、无法偿付的应付及预收款项、置换换出资产评估增值等
437	460601	现金盘盈收入	收入类	核算单位现金盘点后属于无法查明原因的现金溢余部分
438	460602	收回已核销应收款项	收入类	核算单位已核销应收账款、预付账款、其他应收款而又在以后期间收回的款项
439	460603	无法偿付的应付及预收款项	收入类	核算单位无法偿付或债权人豁免偿还的应付账款、预收账款、其他应付款及长期应付款
440	460604	科技成果转化收入	收入类	核算单位科技成果转化所取得的按照规定留归本单位的使用的收入
441	460605	置换换出资产评估增值	收入类	核算单位资产置换过程中换出资产评估增值部分的收入
442	460606	对口支援收入	收入类	核算西部地区单位从东部地区单位取得的用于改善职工生活条件等支出的现金资产和存货
443	460699	其他	收入类	核算单位取得的除上述收入以外的其他收入
444	5001	业务活动费用	费用类	核算单位为实现其职能目标，依法履职或开展专业业务活动及其辅助活动所发生的各项费用

续表

序号	科目编码	科目名称	科目类别	核算内容
445	500101	工资福利费用	费用类	核算单位开支的在职职工和编制外长期聘用人员的各类劳动报酬，以及为上述人员缴纳的各项社会保险费等
446	500102	商品和服务费用	费用类	核算单位购买商品和服务的支出（不包括用于购置固定资产的支出）
447	500103	对个人和家庭的补助费用	费用类	核算单位开支的用于对个人和家庭的补助支出
448	500104	债务利息及费用支出	费用类	核算单位的债务利息及费用支出
449	500105	固定资产折旧费	费用类	核算单位的固定资产折旧费
450	500106	无形资产摊销费	费用类	核算单位的无形资产摊销费
451	500107	计提专用基金	费用类	核算单位按规定从收入中提取的专用基金
452	500199	其他业务活动费用	费用类	核算单位除上述费用及专业基金外其他的业务活动费用
453	5101	单位管理费用	费用类	核算事业单位本级行政及后勤管理部门开展管理活动发生的各项费用，包括单位行政及后勤管理部门 发生的人员经费、公用经费、资产折旧（摊销）等费用，以及由单位统一负担的离退休人员经费、工会经费、诉讼费、中介费等
454	510101	工资福利费用	费用类	核算单位开支的在职职工和编制外长期聘用人员的各类劳动报酬，以及为上述人员缴纳的各项社会保险费等
455	510102	商品和服务费用	费用类	核算单位购买商品和服务的支出（不包括用于购置固定资产的支出）
456	510103	对个人和家庭的补助费用	费用类	核算单位开支的用于对个人和家庭的补助支出
457	510104	债务利息及费用支出	费用类	核算单位的债务利息及费用支出
458	510105	固定资产折旧费	费用类	核算单位的固定资产折旧费
459	510106	无形资产摊销费	费用类	核算单位的无形资产摊销费
460	510107	计提专用基金	费用类	核算单位按规定从收入中提取的专用基金
461	510199	其他单位管理费用	费用类	核算单位除上述费用及专业基金外其他的单位管理费用
462	5201	经营费用	费用类	核算事业单位在专业业务活动及其辅助活动之外开展非独立核算经营活动发生的各项费用
463	520101	工资福利费用	费用类	核算单位开支的在职职工和编制外长期聘用人员的各类劳动报酬，以及为上述人员缴纳的各项社会保险费等
464	520102	商品和服务费用	费用类	核算单位购买商品和服务的支出（不包括用于购置固定资产的支出）

续表

序号	科目编码	科目名称	科目类别	核算内容
465	520103	对个人和家庭的补助费用	费用类	核算单位开支的用于对个人和家庭的补助支出
466	520104	计提专用基金	费用类	核算单位按规定从收入中提取的专用基金
467	520199	其他经营费用	费用类	核算单位除上述费用及专业基金外其他的经营费用
468	5301	资产处置费用	费用类	核算单位经批准处置资产时发生的费用，包括转销的被处置资产价值，以及在处置过程中 发生的相关费用或者处置收入小于相关费用形成的净支出 。资产处置的形式按照规定包括无偿调拨、出售、出让、转让、置换、对外捐赠、报废、毁损以及货币性资产损失核销等
469	5401	上缴上级费用	费用类	核算事业单位按照财政部门和主管部门的规定上缴上级单位款项发生的费用
470	5501	对附属单位补助费用	费用类	核算事业单位用财政拨款收入之外的收入对附属单位补助发生的费用
471	5801	所得税费用	费用类	核算有企业所得税缴纳义务的事业单位按规定缴纳企业所得税所形成的费用
472	5901	其他费用	费用类	核算单位发生的除业务活动费用、单位管理费用、经营费用、资产处置费用 、上缴上级费用、附属单位补助费用、所得税费用 以外的各项费用 ，包括利息费用、坏账损失、罚没支出、现金资产捐赠支出以及相关税费、运输费等
473	590101	利息费用	费用类	核算单位支付给银行和其他金融机构借款的利息费用
474	590102	坏账损失	费用类	核算单位发生的坏账损失
475	590103	罚没支出	费用类	核算单位发生罚没费用
476	590104	现金资产捐赠支出	费用类	核算单位对社会团体组织或部门外的单位捐赠现金资产费用（能够取得捐赠票据）
477	590105	国家赔偿费用	费用类	核算单位依照国家赔偿法的规定，向赔偿请求人赔偿的费用
478	590106	对民间非营利组织和群众自治组织补贴	费用类	核算单位对民间非盈利组织和群众自治组织给予的补贴
479	590199	其他相关费用	费用类	核算单位接受捐赠（或无偿调入）以名义金额计量的存货、固定资产、无形资产，以及成本无法可靠取得的公共基础设施、文物文化资产等发生的相关税费、运输费等，以及单位发生的与受托代理资产相关的税费、运输费、保管费等

附表 9

气象部门事业单位会计科目核算内容说明表（预算会计）

序号	科目编码	科目名称	科目类别	核算内容
1	6001	财政拨款预算收入	预算收入类	核算单位从中央财政部门取得的各类财政拨款，包括基本支出预算收入和项目支出预算收入
2	600101	基本支出	预算收入类	核算单位从中央财政部门取得的各类财政拨款中的基本支出部分
3	60010101	人员经费	预算收入类	核算单位从中央财政部门取得的各类财政拨款基本支出中的人员经费部分
4	60010102	日常公用经费	预算收入类	核算单位从中央财政部门取得的各类财政拨款基本支出中的日常公用经费部分
5	600102	项目支出	预算收入类	核算单位从中央财政部门取得的各类财政拨款中的项目支出部分
6	60010201	行政事业项目	预算收入类	核算单位从中央财政部门取得的各类财政拨款项目支出中行政事业类项目部分
7	60010202	基本建设项目	预算收入类	核算单位从中央财政部门取得的各类财政拨款项目支出中基本建设类项目部分
8	6101	事业预算收入	预算收入类	核算事业单位开展专业业务活动及其辅助活动取得的现金流入。事业单位因开展科研及其辅助活动从非同级政府财政部门取得的经费拨款，也通过本科目核算
9	610101	财政专户返还收入	预算收入类	核算事业单位从财政专户核拨返还的现金流入
10	610102	专业气象服务收入	预算收入类	核算事业单位开展各项专业气象服务取得的现金流入
11	61010201	气象预报服务收入	预算收入类	核算事业单位开展短、中、长期天气预报服务以及专业气象预报服务等活动取得的现金流入
12	61010202	气象资料服务收入	预算收入类	核算事业单位提供天气、雷达、卫星等各项气象图表、数据等服务取得的现金流入
13	61010203	气象航危报服务收入	预算收入类	核算事业单位提供航危报服务取得的现金流入
14	61010204	气候资源评价收入	预算收入类	核算事业单位开展气候资源评价等服务取得的现金流入
15	61010205	气候可行性论证收入	预算收入类	核算事业单位开展气候可行性论证、评估等服务取得的现金流入
16	61010206	大气环境预测评价收入	预算收入类	核算事业单位开展大气环境预测、评价等服务取得的现金流入
17	61010207	农业气象与卫星遥感服务收入	预算收入类	核算事业单位开展农业气象、卫星遥感等服务取得的现金流入
18	61010208	气象仪器计量检定、修理收入	预算收入类	核算事业单位开展气象仪器检定、修理等服务取得的现金流入
19	61010209	人工影响天气服务收入	预算收入类	核算事业单位开展人工影响天气服务取得的现金流入

续表

序号	科目编码	科目名称	科目类别	核算内容
20	610103	气象信息服务收入	预算收入类	核算事业单位开展手机短信息、电话语音咨询、实时气象信息传输等服务取得的现金流入
21	61010301	96121 电话收入	预算收入类	核算事业单位开展 96121 电话咨询服务取得的现金流入
22	61010302	手机短信服务收入	预算收入类	核算事业单位开展手机短信息服务取得的现金流入
23	610104	防雷收入	预算收入类	核算事业单位开展防雷业务相关服务取得的现金流入
24	61010401	防雷工程收入	预算收入类	核算事业单位开展防雷工程服务取得的现金流入
25	61010402	防雷装置设计技术评价收入	预算收入类	核算事业单位开展防雷装置设计技术评价服务取得的现金流入
26	61010403	防雷竣工检测收入	预算收入类	核算事业单位开展防雷竣工检测服务取得的现金流入
27	61010404	防雷定期检测收入	预算收入类	核算事业单位开展防雷定期检测服务取得的现金流入
28	61010405	防雷风险评估收入	预算收入类	核算事业单位开展防雷风险评估服务取得的现金流入
29	61010406	防雷产品测试收入	预算收入类	核算事业单位开展防雷产品测试服务取得的现金流入
30	61010407	资质认定收入	预算收入类	核算事业单位开展防雷资质认定服务取得的现金流入
31	610105	广告收入	预算收入类	核算事业单位开展广告相关服务取得的现金流入
32	61010501	影视广告收入	预算收入类	核算事业单位开展影视广告服务取得的现金流入
33	61010502	气球广告收入	预算收入类	核算事业单位开展气球广告服务取得的现金流入
34	610106	培训收入	预算收入类	核算事业单位开展培训活动取得的现金流入
35	610107	后勤服务收入	预算收入类	核算事业单位开展后勤保障服务等活动取得的现金流入
36	610108	软件开发及技术服务收入	预算收入类	核算事业单位开展软件开发及相关技术服务取得的现金流入
37	610109	非同级财政拨款	预算收入类	核算事业单位因开展科研及其辅助活动从非同级政府财政部门取得的经费拨款
38	61010901	科研课题收入	预算收入类	核算非科学事业单位取得的具有专门用途的各项科研课题经费（不包括中央财政拨款）现金流入
39	61010902	科研收入	预算收入类	核算科学事业单位承担科研课题（项目）和接受委托研制样品、样机取得的现金流入（不包括中央财政拨款）
40	61010903	非科研收入	预算收入类	核算科学事业单位承担非科研项目活动取得的收入，包括技术收入、学术活动收入、科普活动收入、试制产品收入、教学活动收入等现金流入（不包括中央财政拨款）
41	6101090301	技术收入	预算收入类	核算科学事业单位对外提供技术转让、技术咨询、技术服务和技术承包取得的现金流入
42	6101090302	学术活动收入	预算收入类	核算科学事业单位开展学术交流、学术期刊出版等活动取得的现金流入

续表

序号	科目编码	科目名称	科目类别	核算内容
43	6101090303	科普活动收入	预算收入类	核算科学事业单位开展科学知识宣传、讲座和科技展览等活动取得的现金流入
44	6101090304	试制产品收入	预算收入类	核算科学事业单位从事中间试验产品的试制取得的现金流入
45	6101090305	教学活动收入	预算收入类	核算科学事业单位开展教学等活动取得的现金流入
46	610110	科研预算收入	预算收入类	核算科学事业单位承担科研课题（项目）和接受委托研制样品、样机取得的现金流入（不包括中央财政拨款和非同级财政拨款）
47	610111	非科研预算收入	预算收入类	核算科学事业单位承担非科研项目活动取得的收入，包括技术收入、学术活动收入、科普活动收入、试制产品收入、教学活动收入等现金流入（不包括中央财政拨款和非同级财政拨款）
48	61011101	技术预算收入	预算收入类	核算科学事业单位对外提供技术转让、技术咨询、技术服务和技术承包取得的现金流入（不包括中央财政拨款和非同级财政拨款）
49	61011102	学术活动预算收入	预算收入类	核算科学事业单位开展学术交流、学术期刊出版等活动取得的现金流入（不包括中央财政拨款和非同级财政拨款）
50	61011103	科普活动预算收入	预算收入类	核算科学事业单位开展科学知识宣传、讲座和科技展览等活动取得的现金流入（不包括中央财政拨款和非同级财政拨款）
51	61011104	试制产品预算收入	预算收入类	核算科学事业单位从事中间试验产品的试制取得的现金流入（不包括中央财政拨款和非同级财政拨款）
52	61011105	教学活动预算收入	预算收入类	核算科学事业单位开展教学等活动取得的现金流入（不包括中央财政拨款和非同级财政拨款）
53	610199	其他事业预算收入	预算收入类	核算事业单位开展除以上活动之外的专业业务活动及其辅助活动取得的现金流入
54	6201	上级补助预算收入	预算收入类	核算事业单位从主管部门和上级单位取得的非财政补助现金流入
55	620101	专项资金收入	预算收入类	核算事业单位从主管部门和上级单位取得的用于专项支出的非财政补助现金流入
56	620102	非专项资金收入	预算收入类	核算事业单位从主管部门和上级单位取得的用于非专项支出的非财政补助现金流入
57	6301	附属单位上缴预算收入	预算收入类	核算事业单位取得附属独立核算单位根据有关规定上缴的现金流入
58	630101	专项资金收入	预算收入类	核算事业单位附属独立核算单位按照有关规定上缴的用于专项支出的现金流入

续表

序号	科目编码	科目名称	科目类别	核算内容
59	630102	非专项资金收入	预算收入类	核算事业单位附属独立核算单位按照有关规定上缴的用于非专项支出的现金流入
60	6401	经营预算收入	预算收入类	核算事业单位在专业业务活动及其辅助活动之外开展非独立核算经营活动取得的现金流入
61	640101	培训收入	预算收入类	核算事业单位开展培训活动取得的现金流入
62	640102	后勤服务收入	预算收入类	核算事业单位开展后勤保障服务等活动取得的现金流入
63	640103	软件开发及技术服务收入	预算收入类	核算事业单位开展经营性的软件开发及技术服务活动取得的现金流入
64	640104	气象仪器产品生产销售收入	预算收入类	核算事业单位开展气象仪器产品生产、销售等活动取得的现金流入
65	640105	宾馆招待所收入	预算收入类	核算事业单位宾馆和招待所取得的现金流入
66	640199	其他经营预算收入	预算收入类	核算事业单位开展除上述专业业务活动及其辅助活动以外非独立核算的其他经营活动取得的现金流入
67	6501	债务预算收入	预算收入类	核算事业单位按照规定从银行和其他金融机构等借入的、纳入部门预算管理的、不以财政资金作为偿还来源的债务本金
68	650101	专项资金收入	预算收入类	核算事业单位按照规定从银行和其他金融机构等借入的、纳入部门预算管理的、不以财政资金作为偿还来源的用于专项支出的债务本金
69	650199	非专项资金收入	预算收入类	核算事业单位按照规定从银行和其他金融机构等借入的、纳入部门预算管理的、不以财政资金作为偿还来源的用于非专项支出的债务本金
70	6601	非同级财政拨款预算收入	预算收入类	核算单位从非同级政府财政部门取得的财政拨款，包括本级横向转拨财政款和非本级财政拨款。对于因开展科研及其辅助活动从非同级政府财政部门取得的经费拨款，应当通过“事业预算收入——非同级财政拨款”科目进行核算，不通过本科目核算
71	660101	基本支出	预算收入类	核算单位从非同级政府财政部门取得的财政拨款中的基本支出部分
72	66010101	人员经费	预算收入类	核算单位从非同级政府财政部门取得的财政拨款基本支出中人员经费部分
73	66010102	公用经费	预算收入类	核算单位从非同级政府财政部门取得的财政拨款基本支出中日常公用经费部分
74	660102	项目支出	预算收入类	核算单位从非同级政府财政部门取得的财政拨款中的项目支出部分

续表

序号	科目编码	科目名称	科目类别	核算内容
75	66010201	行政事业项目	预算收入类	核算单位从非同级政府财政部门取得的财政拨款项目支出中行政事业类项目部分
76	66010202	基本建设项目	预算收入类	核算单位从非同级政府财政部门取得的财政拨款项目支出中基本建设类项目部分
77	6602	投资预算收益	预算收入类	核算事业单位取得的按照规定纳入部门预算管理的属于投资收益性质的现金流入，包括股权投资收益、出售或收回债券投资所取得的收益和债券投资利息收入
78	6609	其他预算收入	预算收入类	核算单位除财政拨款预算收入、事业预算收入、上级补助预算收入、附属单位上缴预算收入、经营预算收入、债务预算收入、非同级财政拨款预算收入、投资预算收益之外的纳入部门预算管理的现金流入，包括捐赠预算收入、利息预算收入、租金预算收入、现金盘盈收入等
79	660901	捐赠预算收入	预算收入类	核算单位接受捐赠的现金流入
80	660902	利息预算收入	预算收入类	核算单位基本存款账户、除住房基金存款专户外的其他专用存款账户资金产生的利息现金流入
81	660903	租金预算收入	预算收入类	核算单位经批准利用国有资产出租取得并按照规定纳入本单位预算管理的租金现金流入
82	660904	现金盘盈收入	预算收入类	核算单位现金盘点后属于无法查明原因的现金溢余部分
83	660999	其他	预算收入类	核算单位取得的除上述收入以外的其他预算收入
84	7101	行政支出	预算支出类	核算行政单位履行其职责实际发生的各项现金流出
85	710101	基本支出	预算支出类	核算行政单位为保障其机构正常运转，完成日常工作任务所发生的支出，包括人员支出、日常公用支出
86	71010101	工资福利支出	预算支出类	核算行政单位开支的编内在职职工和编外长期聘用人员的各类劳动报酬，以及为上述人员缴纳的各项社会保险费等
87	7101010101	基本工资	预算支出类	核算行政单位按规定发放的基本工资，包括行政单位工作人员的岗位工资、薪级工资等
88	7101010102	津贴补贴	预算支出类	核算行政单位按国家规定发放的行政单位工作人员津贴补贴等
89	710101010201	国家统一的津贴补贴	预算支出类	核算行政单位按国家规定发放的行政单位工作人员国家统一的津贴补贴
90	71010101020101	国家艰苦边远地区津贴	预算支出类	核算行政单位按国家规定发放的行政单位工作人员国家艰苦边远地区津贴
91	71010101020102	艰苦台站津贴	预算支出类	核算行政单位按国家规定发放的行政单位工作人员艰苦台站津贴

续表

序号	科目编码	科目名称	科目类别	核算内容
92	71010101020103	西藏特殊津贴	预算支出类	核算行政单位按国家规定发放的行政单位工作人员西藏特殊津贴
93	71010101020104	特区津贴	预算支出类	核算行政单位按国家规定发放的行政单位工作人员特区津贴
94	71010101020105	新疆南疆工作补贴	预算支出类	核算行政单位按国家规定发放的行政单位工作人员新疆南疆工作补贴
95	71010101020106	西藏高海拔折算工龄津贴	预算支出类	核算行政单位按国家规定发放的行政单位工作人员西藏高海拔折算工龄津贴
96	71010101020107	93 工改保留	预算支出类	核算行政单位按国家规定发放的行政单位工作人员 93 工改保留
97	71010101020108	信访津贴	预算支出类	核算行政单位按国家规定发放的行政单位工作人员信访津贴
98	71010101020109	纪检监察人员办案补贴	预算支出类	核算行政单位按国家规定发放的行政单位工作人员纪检监察人员办案补贴
99	71010101020110	保姆自雇费	预算支出类	核算行政单位按国家规定发放的行政单位工作人员保姆自雇费
100	71010101020111	带薪年休假补贴	预算支出类	核算行政单位按国家规定发放的行政单位工作人员带薪年休假补贴
101	71010101020199	其他	预算支出类	核算行政单位按国家规定发放的行政单位工作人员除上述津贴补贴外的其他国家统一的津贴补贴
102	710101010202	规范性津贴补贴	预算支出类	核算行政单位在清理规范津贴补贴工作后按规定发放的行政单位工作人员规范性津贴补贴
103	71010101020201	工作性津贴	预算支出类	核算行政单位在清理规范津贴补贴工作后按规定发放给行政单位工作人员的工作性津贴
104	71010101020202	生活性补贴	预算支出类	核算行政单位在清理规范津贴补贴工作后按规定发放给行政单位工作人员的生活性津贴
105	710101010203	改革性补贴	预算支出类	核算行政单位按国家规定发放的行政单位工作人员改革性补贴
106	71010101020301	提租补贴	预算支出类	核算行政单位按房改政策规定的标准向职工发放的提租补贴
107	71010101020302	购房补贴	预算支出类	核算行政单位按房改政策规定向符合条件的职工发放的用于购买住房的补贴
108	71010101020303	采暖补贴	预算支出类	核算行政单位按国家规定发放的行政单位工作人员采暖补贴
109	71010101020304	物业服务补贴	预算支出类	核算行政单位按国家规定发放的行政单位工作人员物业服务补贴

续表

序号	科目编码	科目名称	科目类别	核算内容
110	71010101020399	其他改革性补贴	预算支出类	核算行政单位按国家规定发放的行政单位工作人员除上述外的其他改革性补贴
111	7101010103	奖金	预算支出类	核算行政单位按规定发放的奖金，包括机关工作人员年终一次性奖金等。
112	7101010104	伙食补助费	预算支出类	核算行政单位发放给职工的伙食补助费，因公负伤等住院治疗、住疗养院期间的伙食补助费，如误餐补助、夜餐补助等。
113	7101010106	机关事业单位基本养老保险缴费	预算支出类	核算行政单位为职工缴纳的基本养老保险费。由单位代扣的工作人员基本养老保险缴费，不在此科目反映
114	7101010107	职业年金缴费	预算支出类	核算行政单位为职工实际缴纳的职业年金（含职业年金补记支出）。由单位代扣的工作人员职业年金缴费，不在此科目反映
115	7101010108	职工基本医疗保险缴费	预算支出类	核算行政单位为职工缴纳的基本医疗保险费
116	7101010109	公务员医疗补助缴费	预算支出类	核算按规定可享受公务员医疗补助单位为职工缴纳的公务员医疗补助费
117	7101010110	其他社会保障缴费	预算支出类	核算行政单位为职工缴纳的失业、工伤、生育、大病统筹等社会保险费，以及残疾人就业保障金等
118	710101011001	失业保险费	预算支出类	核算行政单位为职工缴纳的失业保险费
119	710101011002	工伤保险费	预算支出类	核算行政单位为职工缴纳的工伤保险费
120	710101011003	生育保险费	预算支出类	核算行政单位为职工缴纳的生育保险费
121	710101011004	大病统筹	预算支出类	核算行政单位为职工缴纳的大病统筹
122	710101011005	残疾人就业保障金	预算支出类	核算行政单位为职工缴纳的残疾人就业保障金
123	710101011099	其他保险费	预算支出类	核算行政单位为职工缴纳的除上述社会保险费外的其他社会保险费
124	7101010111	住房公积金	预算支出类	核算行政单位按规定为职工缴纳的住房公积金
125	7101010112	医疗费	预算支出类	核算未参加医疗保险单位的医疗经费和单位按规定为职工支出的其他医疗费用
126	7101010113	其他工资福利支出	预算支出类	核算行政单位上述项目未包括的人员支出，如各种加班工资、病假两个月以上期间的人员工资、职工探亲旅费、困难职工生活补助，编制外长期聘用人员（不包括劳务派遣人员）劳务报酬及社保缴费，公务员及参照和依照公务员制度管理的单位工作人员转入企业工作并按规定参加企业职工基本养老保险后给予的一次性补贴等
127	710101011301	气象部门特殊人才津贴	预算支出类	核算行政单位按规定发放给单位工作人员的气象部门特殊人才津贴

续表

序号	科目编码	科目名称	科目类别	核算内容
128	710101011302	中央国家机关在京补贴	预算支出类	核算行政单位按规定发放给单位工作人员的中央国家机关在京补贴
129	710101011303	计生人员补贴	预算支出类	核算行政单位按规定发放给单位工作人员的计生人员补贴
130	710101011304	电话费	预算支出类	核算行政单位按规定发放给单位工作人员的电话费
131	710101011305	移动通讯费	预算支出类	核算行政单位按规定发放给单位工作人员的移动通讯费
132	710101011306	防暑降温费	预算支出类	核算行政单位按规定发放给单位工作人员的防暑降温费
133	710101011307	加班工资	预算支出类	核算行政单位按规定发放给单位工作人员的加班工资
134	710101011308	值班费	预算支出类	核算行政单位按规定发放给单位工作人员的汛期、应急等值班费用
135	710101011309	编外长期聘用人员工资福利支出	预算支出类	核算行政单位按规定发放给编外长期聘用人员（不包括劳务派遣人员）的工资福利支出
136	71010101130901	编外长聘人员基本工资	预算支出类	核算行政单位按规定发放给编外长期聘用人员（不包括劳务派遣人员）的基本工资
137	71010101130902	编外长聘人员津贴补贴	预算支出类	核算行政单位按规定发放给编外长期聘用人员（不包括劳务派遣人员）的津贴补贴
138	71010101130903	编外长期聘用人员社保缴费	预算支出类	核算行政单位按规定发放给编外长期聘用人员（不包括劳务派遣人员）的社保缴费
139	71010101130904	编外长期聘用人员职业年金	预算支出类	核算行政单位按规定发放给编外长期聘用人员（不包括劳务派遣人员）的职业年金
140	71010101130905	编外长聘人员公积金	预算支出类	核算行政单位按规定发放给编外长期聘用人员（不包括劳务派遣人员）的公积金
141	71010101130999	编外长聘人员其他工资福利支出	预算支出类	核算行政单位按规定发放给编外长期聘用人员（不包括劳务派遣人员）的其他工资福利支出
142	710101011310	地方编制人员工资福利支出	预算支出类	核算行政单位按规定发放给地方编制人员的工资福利支出
143	71010101131001	地方编制人员基本工资	预算支出类	核算行政单位按规定发放给地方编制人员的基本工资
144	71010101131002	地方编制人津贴补贴	预算支出类	核算行政单位按规定发放给地方编制人员的津贴补贴
145	71010101131003	地方编制人员社保缴费	预算支出类	核算行政单位按规定发放给地方编制人员的社保缴费
146	71010101131004	地方编制人员职业年金	预算支出类	核算行政单位按规定发放给地方编制人员的职业年金

续表

序号	科目编码	科目名称	科目类别	核算内容
147	71010101131005	地方编制人员公积金	预算支出类	核算行政单位按规定发放给地方编制人员的公积金
148	71010101131099	地方编制其他工资福利支出	预算支出类	核算行政单位按规定发放给地方编制人员的其他工资福利支出
149	710101011311	职工探亲旅费	预算支出类	核算行政单位按规定发放给单位工作人员的探亲旅费
150	710101011312	困难职工生活补助	预算支出类	核算行政单位按规定发放给困难职工的生活补助
151	710101011399	其他	预算支出类	核算行政单位按规定发放给单位工作人员的其他工资福利支出
152	71010102	商品和服务支出	预算支出类	核算行政单位购买商品和服务的支出（不包括用于购置固定资产、战略性和应急性物资储备等资本性支出）
153	7101010201	办公费	预算支出类	核算行政单位购买按财务会计制度规定不符合固定资产确认标准的日常办公用品、书报杂志等支出
154	7101010202	印刷费	预算支出类	核算行政单位的印刷费支出
155	7101010203	咨询费	预算支出类	核算行政单位用于专家咨询、论证、评审等方面的支出
156	7101010204	手续费	预算支出类	核算行政单位支付的各类手续费支出
157	7101010205	水费	预算支出类	核算行政单位支付的水费、污水处理费等支出
158	7101010206	电费	预算支出类	核算行政单位的电费支出
159	7101010207	邮电费	预算支出类	核算行政单位开支的信函、包裹、货物等物品的邮寄费及电话费、电报费、传真费、网络通讯费等
160	7101010208	取暖费	预算支出类	核算行政单位开支的取暖用燃料费、热力费、达不到固定资产确认标准的炉具购置费、锅炉临时工的工资、节煤奖，以及由单位支付的在职职工和离退休人员宿舍取暖费等
161	7101010209	物业管理费	预算支出类	核算行政单位开支的办公用房、职工及离退休人员宿舍等的物业管理费，包括综合治理、绿化、卫生等方面的支出
162	7101010210	差旅费	预算支出类	核算行政单位工作人员国（境）内出差发生的城市间交通费、住宿费、伙食补助费和市内交通费
163	7101010211	因公出国（境）费用	预算支出类	核算行政单位工作人员公务出国（境）的国际旅费、国外城市间交通费、住宿费、伙食费、培训费、公杂费等支出
164	7101010212	维修（护）费	预算支出类	核算行政单位日常开支的固定资产（不包括车船等交通工具）修理和维护费用，网络信息系统运行与维护费用，以及按规定提取的修购基金
165	7101010213	租赁费	预算支出类	核算行政单位租赁办公用房、宿舍、专用通讯网以及其他设备等方面的费用

续表

序号	科目编码	科目名称	科目类别	核算内容
166	7101010214	会议费	预算支出类	核算行政单位会议期间按规定开支的住宿费、伙食费、会议场地租金、交通费、文件印刷费、医药费等
167	7101010215	培训费	预算支出类	核算行政单位除因公出国（境）培训费以外的，在培训期间发生的师资费、住宿费、伙食费、培训场地费、培训资料费、交通费等各类培训费用。按标准提取的“职工教育经费”也在本科目中核算
168	7101010216	公务接待费	预算支出类	核算行政单位按规定开支的各类公务接待（含外宾接待）费用
169	7101010217	专用材料费	预算支出类	核算行政单位购买日常专用材料的支出。具体包括医务室的药品及医疗耗材，气象探测观测耗材，实验室用品，专用防护服装等
170	7101010218	专用燃料费	预算支出类	核算行政单位用作业务工作设备的车（不含公务用车）、船设施等的油料支出
171	7101010219	劳务费	预算支出类	核算行政单位支付给单位和个人的劳务费用，如临时聘用人员、钟点工工资，稿费、翻译费、评审费等
172	7101010220	委托业务费	预算支出类	核算行政单位因委托外单位办理业务而支付的委托业务费
173	7101010221	工会经费	预算支出类	核算行政单位按规定提取或安排的工会经费
174	7101010222	福利费	预算支出类	核算行政单位按规定提取的职工福利费
175	7101010223	公务用车运行维护费	预算支出类	核算行政单位开支按规定保留的公务用车燃料费、维修费、过桥过路费、保险费、安全奖励费用等支出
176	710101022301	公务用车燃料费	预算支出类	核算行政单位开支的公务用车燃料费
177	710101022302	公务用车过路过桥费	预算支出类	核算行政单位开支的公务用车过桥过路费
178	710101022303	公务用车保险费	预算支出类	核算行政单位开支的公务用车保险费
179	710101022304	公务用车维修维护费	预算支出类	核算行政单位开支的公务用车维修维护费
180	710101022305	公务用车安全奖励费	预算支出类	核算行政单位开支的公务用车安全奖励费
181	710101022399	其他	预算支出类	核算行政单位开支的公务用车除上述费用外的其他费用支出
182	7101010224	其他交通费用	预算支出类	核算行政单位开支的除公务用车运行维护费以外的其他交通费用。如公务交通补贴，租车费用、出租车费用，飞机、船舶等的燃料费、维修费、过桥过路费、保险费等支出
183	710101022401	其他交通工具燃料费	预算支出类	核算行政单位开支的除公务用车运行维护费以外的其他交通工具的燃料费
184	710101022402	其他交通工具过路过桥费	预算支出类	核算行政单位开支的除公务用车运行维护费以外的其他交通工具的过桥过路费

续表

序号	科目编码	科目名称	科目类别	核算内容
185	710101022403	其他交通工具保险费	预算支出类	核算行政单位开支的除公务用车运行维护费以外的其他交通工具的保险费
186	710101022404	其他交通工具租用费	预算支出类	核算行政单位开支的除公务用车运行维护费以外的其他交通工具的租用费
187	710101022405	其他交通工具维修维护费	预算支出类	核算行政单位开支的除公务用车运行维护费以外的其他交通工具的维修维护费
188	710101022406	其他交通工具安全奖励费	预算支出类	核算行政单位开支的除公务用车运行维护费以外的其他交通工具的安全奖励费
189	710101022407	公务交通补贴	预算支出类	核算行政单位开支的公务交通补贴
190	710101022408	出租车费用	预算支出类	核算行政单位开支的除公务用车运行维护费以外的其他交通工具的出租车费用
191	710101022499	其他	预算支出类	核算行政单位开支的除公务用车运行维护费和上述其他交通费用以外的其他交通费用
192	7101010225	税金及附加费用	预算支出类	核算行政单位开展专业业务活动及其辅助活动应负担的税金及附加费用。包括消费税、城市维护建设税、资源税和教育费附加等
193	710101022501	城市维护建设税	预算支出类	核算行政单位开展专业业务活动及其辅助活动应负担的城市维护建设税
194	710101022502	房产税	预算支出类	核算行政单位开展专业业务活动及其辅助活动应负担的房产税
195	710101022503	土地增值税	预算支出类	核算行政单位开展专业业务活动及其辅助活动应负担的土地增值税
196	710101022504	土地使用税	预算支出类	核算行政单位开展专业业务活动及其辅助活动应负担的土地使用税
197	710101022505	车船使用税	预算支出类	核算行政单位开展专业业务活动及其辅助活动应负担的车船使用税
198	710101022506	教育费附加	预算支出类	核算行政单位开展专业业务活动及其辅助活动应负担的教育费附加
199	710101022507	地方教育附加	预算支出类	核算行政单位开展专业业务活动及其辅助活动按地方政府规定应负担的教育附加
200	710101022508	环境保护税	预算支出类	核算行政单位开展专业业务活动及其辅助活动应负担的环境保护税
201	710101022509	增值税	预算支出类	核算行政单位开展专业业务活动及其辅助活动应负担的增值税

续表

序号	科目编码	科目名称	科目类别	核算内容
203	710101022599	其他税费	预算支出类	核算行政单位开展专业业务活动及其辅助活动应负担的除上述税金及附加费用外的其他税费
204	7101010299	其他商品和服务支出	预算支出类	核算行政单位开支的除上述公用支出外的其他日常公用支出。如诉讼费、国内组织的会员费、来访费、广告宣传、离休人员特需费、离退休人员公用经费等支出
205	710101029901	离休人员特需费	预算支出类	核算行政单位开支的离休人员特需费
206	710101029902	离休人员公用支出	预算支出类	核算行政单位开支的离休人员公用经费支出
207	710101029903	退休人员公用支出	预算支出类	核算行政单位开支的退休人员公用经费支出
208	710101029904	国内组织会员费	预算支出类	核算行政单位开支的国内组织的会员费
209	710101029905	工青党团妇活动费	预算支出类	核算行政单位开支的工、青、党、团、妇等组织的活动费支出
210	710101029906	药品支出	预算支出类	核算中国气象局医院购置药品的支出
211	710101029907	诉讼费	预算支出类	核算行政单位开支的诉讼费
212	710101029908	来访费	预算支出类	核算行政单位开支的来访费
213	710101029909	广告宣传费	预算支出类	核算行政单位开支的广告宣传费
214	710101029999	其他	预算支出类	核算行政单位开支的除上述公用支出外的其他日常公用支出
215	71010103	对个人和家庭的补助支出	预算支出类	核算行政单位开支的用于对个人和家庭的补助支出
216	7101010301	离休费	预算支出类	核算行政单位按规定发放给离休人员的离休费、护理费以及提租补贴、购房补贴、采暖补贴、物业服务补贴等补贴
217	710101030101	基本离休费	预算支出类	核算行政单位按国家规定发放给离休人员的离休费
218	710101030102	生活性津贴	预算支出类	核算行政单位按国家规定发放给离休人员的生活性津贴
219	710101030103	地方（部门）津贴补贴	预算支出类	核算行政单位按地方政府或主管部门规定发放给离休人员的各种津贴补贴
220	710101030104	护理费	预算支出类	核算行政单位按规定发放给离休人员的护理费
221	710101030105	提租补贴	预算支出类	核算行政单位按规定发放给离休人员的提租补贴
222	710101030106	购房补贴	预算支出类	核算行政单位按规定发放给离休人员的购房补贴
223	710101030107	采暖补贴	预算支出类	核算行政单位按规定发放给离休人员的采暖补贴
224	710101030108	物业服务补贴	预算支出类	核算行政单位按规定发放给离休人员的物业服务补贴
225	710101030199	其他	预算支出类	核算行政单位按规定发放给离休人员除上述以外的其他补助

续表

序号	科目编码	科目名称	科目类别	核算内容
226	7101010302	退休费	预算支出类	核算行政单位按规定发放给退休人员的退休费以及提租补贴、购房补贴、采暖补贴、物业服务补贴等补贴
227	710101030201	基本退休费	预算支出类	核算行政单位按国家规定发放给退休人员的退休费
228	710101030202	生活性津贴	预算支出类	核算行政单位按国家规定发放给退休人员的生活性津贴
229	710101030203	地方（部门）津贴补贴	预算支出类	核算行政单位按地方政府或主管部门规定发放给退休人员的各种津贴补贴
230	710101030204	提租补贴	预算支出类	核算行政单位按规定发放给退休人员的提租补贴
231	710101030205	购房补贴	预算支出类	核算行政单位按规定发放给退休人员的购房补贴
232	710101030206	采暖补贴	预算支出类	核算行政单位按规定发放给退休人员的采暖补贴
233	710101030207	物业服务补贴	预算支出类	核算行政单位按规定发放给退休人员的物业服务补贴
234	710101030208	在职人员养老保险缴费	预算支出类	核算行政单位按规定为在职人员缴纳的养老保险缴费
235	710101030209	在职人员职业年金缴费	预算支出类	核算行政单位按规定为在职人员缴纳的职业年金缴费
236	710101030299	其他	预算支出类	核算行政单位按规定发放给退休人员除上述以外的其他补助
237	7101010303	退职（役）费	预算支出类	核算行政单位发放给退职人员的生活补贴，一次性支付给职工的退职补助和支付给军官、文职干部、士官、义务兵的退役费，按月支付给自主择业的军队转业干部的退役金
238	7101010304	抚恤金	预算支出类	核算行政单位按规定开支的烈士遗属、牺牲病故人员遗属的一次性和定期抚恤金，伤残人员的抚恤金，离退休人员等其他人员的各项抚恤金，以及按规定开支的机关行政单位职工和离退休人员丧葬费
239	7101010305	生活补助	预算支出类	核算行政单位按规定开支的优抚对象定期定量生活补助费，职工遗属生活补助，长期赡养人员的补助费等
240	7101010306	救济费	预算支出类	核算按规定开支的贫困人员等生活救济费。实物形式的救济也在本科目反映
241	7101010307	医疗费补助	预算支出类	核算行政单位离退休人员的医疗费，学生医疗费，优抚对象医疗补助，以及按国家规定资助农民参加新型农村合作医疗和城镇居民参加城镇居民基本医疗保险的支出
242	7101010308	助学金	预算支出类	核算各类学校学生助学金、奖学金、学生贷款、出国留学（实习）人员生活费，以及按照协议由我方负担或享受我方奖学金的来华留学生、进修生生活费等

续表

序号	科目编码	科目名称	科目类别	核算内容
243	7101010309	奖励金	预算支出类	核算行政单位开支的各类奖励支出
244	710101030901	计划生育目标责任奖	预算支出类	核算行政单位开支的计划生育目标责任奖支出
245	710101030902	独生子女父母奖励	预算支出类	核算行政单位开支的独生子女父母奖励支出
246	710101030999	其他	预算支出类	核算行政单位开支的其他各类奖励支出
247	7101010310	其他对个人和家庭的补助支出	预算支出类	核算行政单位开支的除上述支出外的其他对个人和家庭的补助支出，如婴幼儿补贴、职工探亲旅费、退职人员及随行家属路费等
248	710101031001	婴幼儿补贴	预算支出类	核算行政单位开支的婴幼儿补贴
249	710101031002	退职人员及随行家属路费	预算支出类	核算行政单位开支的退职人员及随行家属路费
250	710101031003	保障性住房租金补贴	预算支出类	核算行政单位开支的保障性住房租金补贴
251	710101031099	其他	预算支出类	核算行政单位开支的除上述支出外的其他对个人和家庭的补助支出
252	71010104	资本性支出	预算支出类	核算行政单位由非各级发展与改革部门集中安排的用于购置固定资产、战略性和应急性储备、土地和无形资产，以及购建基础设施、大型修缮等所发生的支出
253	7101010401	房屋建筑物购建	预算支出类	核算行政单位用于购买、自行建造办公用房、仓库、职工生活用房、教学科研用房、学生宿舍、食堂等建筑物（含附属设施，如电梯、通讯线路、水气管道等）的支出
254	7101010402	办公设备购置	预算支出类	核算行政单位用于购置并按财务会计制度规定纳入固定资产核算范围的办公家具和办公设备的支出，以及按规定提取的修购基金
255	7101010403	专业设备购置	预算支出类	核算行政单位用于购置的具有专门用途并按财务会计制度规定纳入固定资产核算范围的各类专用设备的支出，如通信设备、发电设备、卫星转发器、气象设备等
256	7101010404	基础设施建设	预算支出类	核算行政单位按财务会计制度规定允许资本化的用于道路、桥梁、水坝、挡土墙、护坡、围墙等公共基础设施建设方面的支出
257	7101010405	大型修缮	预算支出类	核算行政单位按财务会计制度规定允许资本化的各类设备、建筑物、公共基础设施等大型修缮的支出
258	7101010406	信息网络及软件购置更新	预算支出类	核算行政单位用于信息网络方面的支出。如计算机硬件、软件购置、开发、应用支出等。如果购建的计算机硬件等不符合财务会计制度规定的固定资产确认标准的，不在本科目反映

续表

序号	科目编码	科目名称	科目类别	核算内容
259	7101010407	物资储备	预算支出类	核算行政单位为 应付战争、自然灾害或意料不到的突发事件而提前购置的具有特殊重要性的战略性和应急性物资储备支出
260	7101010408	土地补偿	预算支出类	核算行政单位按规定征地和收购土地过程中支付的土地补偿费
261	7101010409	安置补助	预算支出类	核算行政单位按规定征地和收购土地过程中支付的安置补助费
262	7101010410	地上附着物和青苗补偿	预算支出类	核算行政单位按规定征地和收购土地过程中支付的地上附着物和青苗补偿
263	7101010411	拆迁补偿	预算支出类	核算行政单位按规定征地和收购土地过程中支付的拆迁补偿费
264	7101010412	公务用车购置	预算支出类	核算行政单位公务用车车辆的购置支出（含车辆购置税、牌照费）
265	7101010413	其他交通工具购置	预算支出类	核算行政单位除公务用车外的其他各类交通工具（如船舶、飞机等）的购置支出（含车辆购置税、牌照费）
266	7101010414	文物和陈列品购置	预算支出类	核算行政单位文物和陈列品购置支出
267	7101010415	无形资产购置	预算支出类	核算行政单位开支的著作权、商标权、专利权、土地使用权等无形资产购置支出，软件购置、开发、应用支出不在此科目反映
268	7101010499	其他	预算支出类	核算行政单位开支除上述科目外的其他资本性支出
269	71010105	债务利息及费用支出	预算支出类	核算行政单位债务利息及费用支出
270	7101010501	国内债务付息	预算支出类	核算行政单位用于偿还国内债务利息的支出
271	7101010502	国外债务付息	预算支出类	核算行政单位用于偿还国外债务利息的支出
272	7101010503	国内债务发行费用	预算支出类	核算行政单位用于国内债务发行、兑付、登记等费用的支出
273	7101010504	国外债务发行费用	预算支出类	核算行政单位用于国外债务发行、兑付、登记等费用的支出
274	710102	项目支出	预算支出类	核算行政单位为完成其特定的工作任务和事业发展目标发生的支出
275	71010201	工资福利支出	预算支出类	核算行政单位开支的编内在职职工和编外长期聘用人员的各类劳动报酬，以及为上述人员缴纳的各项社会保险费等
276	7101020101	基本工资	预算支出类	核算行政单位按规定发放的基本工资，包括行政单位工作人员的岗位工资、薪级工资等
277	7101020102	津贴补贴	预算支出类	核算行政单位按国家规定发放的行政单位工作人员津贴补贴等

续表

序号	科目编码	科目名称	科目类别	核算内容
278	710102010201	国家统一的津贴补贴	预算支出类	核算行政单位按国家规定发放的行政单位工作人员国家统一的津贴补贴
279	71010201020101	国家艰苦边远地区津贴	预算支出类	核算行政单位按国家规定发放的行政单位工作人员国家艰苦边远地区津贴
280	71010201020102	艰苦台站津贴	预算支出类	核算行政单位按国家规定发放的行政单位工作人员艰苦台站津贴
281	71010201020103	西藏特殊津贴	预算支出类	核算行政单位按国家规定发放的行政单位工作人员西藏特殊津贴
282	71010201020104	特区津贴	预算支出类	核算行政单位按国家规定发放的行政单位工作人员特区津贴
283	71010201020105	新疆南疆工作补贴	预算支出类	核算行政单位按国家规定发放的行政单位工作人员新疆南疆工作补贴
284	71010201020106	西藏高海拔折算工龄津贴	预算支出类	核算行政单位按国家规定发放的行政单位工作人员西藏高海拔折算工龄津贴
285	71010201020107	93工改保留	预算支出类	核算行政单位按国家规定发放的行政单位工作人员93工改保留
286	71010201020108	信访津贴	预算支出类	核算行政单位按国家规定发放的行政单位工作人员信访津贴
287	71010201020109	纪检监察人员办案补贴	预算支出类	核算行政单位按国家规定发放的行政单位工作人员纪检监察人员办案补贴
288	71010201020110	保姆自雇费	预算支出类	核算行政单位按国家规定发放的行政单位工作人员保姆自雇费
289	71010201020111	带薪年休假补贴	预算支出类	核算行政单位按国家规定发放的行政单位工作人员带薪年休假补贴
290	71010201020199	其他	预算支出类	核算行政单位按国家规定发放的行政单位工作人员除上述津贴补贴外的其他国家统一的津贴补贴
291	710102010202	规范性津贴补贴	预算支出类	核算行政单位在清理规范津贴补贴工作后按规定发放的行政单位工作人员规范性津贴补贴
292	71010201020201	工作性津贴	预算支出类	核算行政单位在清理规范津贴补贴工作后按规定发放给行政单位工作人员的工作性津贴
293	71010201020202	生活性补贴	预算支出类	核算行政单位在清理规范津贴补贴工作后按规定发放给行政单位工作人员的生活性津贴
294	710102010203	改革性补贴	预算支出类	核算行政单位按国家规定发放的行政单位工作人员改革性补贴

续表

序号	科目编码	科目名称	科目类别	核算内容
295	71010201020301	提租补贴	预算支出类	核算行政单位按房改政策规定的标准向职工发放的提租补贴
296	71010201020302	购房补贴	预算支出类	核算行政单位按房改政策规定向符合条件的职工发放的用于购买住房的补贴
297	71010201020303	采暖补贴	预算支出类	核算行政单位按国家规定发放的行政单位工作人员采暖补贴
298	71010201020304	物业服务补贴	预算支出类	核算行政单位按国家规定发放的行政单位工作人员物业服务补贴
299	71010201020399	其他改革性补贴	预算支出类	核算行政单位按国家规定发放的行政单位工作人员除上述外的其他改革性补贴
300	7101020103	奖金	预算支出类	核算行政单位按规定发放的奖金，包括机关工作人员年终一次性奖金等。
301	710102010301	公务员年终一次性奖励	预算支出类	核算行政单位按规定发放的机关工作人员年终一次性奖金
302	710102010399	其他奖金	预算支出类	核算行政单位按规定发放的其他奖金
303	7101020104	伙食补助费	预算支出类	核算行政单位发放给职工的伙食补助费，因公负伤等住院治疗、住疗养院期间的伙食补助费，如误餐补助、夜餐补助等。
304	7101020106	机关事业单位基本养老保险缴费	预算支出类	核算行政单位为职工缴纳的基本养老保险费。由单位代扣的工作人员基本养老保险缴费，不在此科目反映
305	7101020107	职业年金缴费	预算支出类	核算行政单位为职工实际缴纳的职业年金（含职业年金补记支出）。由单位代扣的工作人员职业年金缴费，不在此科目反映
306	7101020108	职工基本医疗保险缴费	预算支出类	核算行政单位为职工缴纳的基本医疗保险费
307	7101020109	公务员医疗补助缴费	预算支出类	核算按规定可享受公务员医疗补助单位为职工缴纳的公务员医疗补助费
308	7101020110	其他社会保障缴费	预算支出类	核算行政单位为职工缴纳的失业、工伤、生育、大病统筹等社会保险费，以及残疾人就业保障金等
309	710102011001	失业保险费	预算支出类	核算行政单位为职工缴纳的失业保险费
310	710102011002	工伤保险费	预算支出类	核算行政单位为职工缴纳的工伤保险费
311	710102011003	生育保险费	预算支出类	核算行政单位为职工缴纳的生育保险费
312	710102011004	大病统筹	预算支出类	核算行政单位为职工缴纳的大病统筹
313	710102011005	残疾人就业保障金	预算支出类	核算行政单位为职工缴纳的残疾人就业保障金

续表

序号	科目编码	科目名称	科目类别	核算内容
314	710102011099	其他保险费	预算支出类	核算行政单位为职工缴纳的除上述社会保险费外的其他社会保险费
315	7101020111	住房公积金	预算支出类	核算行政单位按规定为职工缴纳的住房公积金
316	7101020112	医疗费	预算支出类	核算未参加医疗保险单位的医疗经费和单位按规定为职工支出的其他医疗费用
317	7101020113	其他工资福利支出	预算支出类	核算行政单位上述项目未包括的人员支出，如各种加班工资、病假两个月以上期间的人员工资、职工探亲旅费、困难职工生活补助，编制外长期聘用人员（不包括劳务派遣人员）劳务报酬及社保缴费，公务员及参照和依照公务员制度管理的单位工作人员转入企业工作并按规定参加企业职工基本养老保险后给予的一次性补贴等
318	710102011301	气象部门特殊人才津贴	预算支出类	核算行政单位按规定发放给单位工作人员的气象部门特殊人才津贴
319	710102011302	中央国家机关在京补贴	预算支出类	核算行政单位按规定发放给单位工作人员的中央国家机关在京补贴
320	710102011303	计生人员补贴	预算支出类	核算行政单位按规定发放给单位工作人员的计生人员补贴
321	710102011304	电话费	预算支出类	核算行政单位按规定发放给单位工作人员的电话费
322	710102011305	移动通讯费	预算支出类	核算行政单位按规定发放给单位工作人员的移动通讯费
323	710102011306	防暑降温费	预算支出类	核算行政单位按规定发放给单位工作人员的防暑降温费
324	710102011307	加班工资	预算支出类	核算行政单位按规定发放给单位工作人员的加班工资
325	710102011308	值班费	预算支出类	核算行政单位按规定发放给单位工作人员的汛期、应急等值班费用
326	710102011309	编外长期聘用人员工资福利支出	预算支出类	核算行政单位按规定发放给编外长期聘用人员（不包括劳务派遣人员）的工资福利支出
327	71010201130901	编外长聘人员基本工资	预算支出类	核算行政单位按规定发放给编外长期聘用人员（不包括劳务派遣人员）的基本工资
328	71010201130902	编外长聘人员津贴补贴	预算支出类	核算行政单位按规定发放给编外长期聘用人员（不包括劳务派遣人员）的津贴补贴
329	71010201130903	编外长期聘用人员社保缴费	预算支出类	核算行政单位按规定发放给编外长期聘用人员（不包括劳务派遣人员）的社保缴费

续表

序号	科目编码	科目名称	科目类别	核算内容
330	71010201130904	编外长期聘用人员职业年金	预算支出类	核算行政单位按规定发放给编外长期聘用人员（不包括劳务派遣人员）的职业年金
331	71010201130905	编外长聘人员公积金	预算支出类	核算行政单位按规定发放给编外长期聘用人员（不包括劳务派遣人员）的公积金
332	71010201130999	编外长聘人员其他工资福利支出	预算支出类	核算行政单位按规定发放给编外长期聘用人员（不包括劳务派遣人员）的其他工资福利支出
333	710102011310	地方编制人员工资福利支出	预算支出类	核算行政单位按规定发放给地方编制人员的工资福利支出
334	71010201131001	地方编制人员基本工资	预算支出类	核算行政单位按规定发放给地方编制人员的基本工资
335	71010201131002	地方编制人津贴补贴	预算支出类	核算行政单位按规定发放给地方编制人员的津贴补贴
336	71010201131003	地方编制人员社保缴费	预算支出类	核算行政单位按规定发放给地方编制人员的社保缴费
337	71010201131004	地方编制人员职业年金	预算支出类	核算行政单位按规定发放给地方编制人员的职业年金
338	71010201131005	地方编制人员公积金	预算支出类	核算行政单位按规定发放给地方编制人员的公积金
339	71010201131099	地方编制其他工资福利支出	预算支出类	核算行政单位按规定发放给地方编制人员的其他工资福利支出
340	710102011311	职工探亲旅费	预算支出类	核算行政单位按规定发放给单位工作人员的探亲旅费
341	710102011312	困难职工生活补助	预算支出类	核算行政单位按规定发放给困难职工的生活补助
342	710102011399	其他	预算支出类	核算行政单位按规定发放给单位工作人员的其他工资福利支出
343	71010202	商品和服务支出	预算支出类	核算行政单位购买商品和服务的支出（不包括用于购置固定资产、战略性和应急性物资储备等资本性支出）
344	7101020201	办公费	预算支出类	核算行政单位购买按财务会计制度规定不符合固定资产确认标准的日常办公用品、书报杂志等支出
345	7101020202	印刷费	预算支出类	核算行政单位的印刷费支出
346	7101020203	咨询费	预算支出类	核算行政单位用于专家咨询、论证、评审等方面的支出
347	7101020204	手续费	预算支出类	核算行政单位支付的各类手续费支出
348	7101020205	水费	预算支出类	核算行政单位支付的水费、污水处理费等支出
349	7101020206	电费	预算支出类	核算行政单位的电费支出

续表

序号	科目编码	科目名称	科目类别	核算内容
350	7101020207	邮电费	预算支出类	核算行政单位开支的信函、包裹、货物等物品的邮寄费及电话费、电报费、传真费、网络通讯费等
351	7101020208	取暖费	预算支出类	核算行政单位开支的取暖用燃料费、热力费、达不到固定资产确认标准的炉具购置费、锅炉临时工的工资、节煤奖，以及由单位支付的在职职工和离退休人员宿舍取暖费等
352	7101020209	物业管理费	预算支出类	核算行政单位开支的办公用房、职工及离退休人员宿舍等的物业管理费，包括综合治理、绿化、卫生等方面的支出
353	7101020210	差旅费	预算支出类	核算行政单位工作人员国（境）内出差发生的城市间交通费、住宿费、伙食补助费和市内交通费。
354	7101020211	因公出国（境）费用	预算支出类	核算行政单位工作人员公务出国（境）的国际旅费、国外城市间交通费、住宿费、伙食费、培训费、公杂费等支出
355	7101020212	维修（护）费	预算支出类	核算行政单位日常开支的固定资产（不包括车船等交通工具）修理和维护费用，网络信息系统运行与维护费用，以及按规定提取的修购基金
356	7101020213	租赁费	预算支出类	核算行政单位租赁办公用房、宿舍、专用通讯网以及其他设备等方面的费用
357	7101020214	会议费	预算支出类	核算行政单位会议期间按规定开支的住宿费、伙食费、会议场地租金、交通费、文件印刷费、医药费等
358	7101020215	培训费	预算支出类	核算行政单位除因公出国（境）培训费以外的，在培训期间发生的师资费、住宿费、伙食费、培训场地费、培训资料费、交通费等各类培训费用。按标准提取的“职工教育经费”也在本科目中核算
359	7101020216	公务接待费	预算支出类	核算行政单位按规定开支的各类公务接待（含外宾接待）费用
360	7101020217	专用材料费	预算支出类	核算行政单位购买日常专用材料的支出。具体包括医务室的药品及医疗耗材，气象探测观测耗材，实验室用品，专用防护服装等
361	7101020218	专用燃料费	预算支出类	核算行政单位用作业务工作设备的车（不含公务用车）、船设施等的油料支出
362	7101020219	劳务费	预算支出类	核算行政单位支付给单位和个人的劳务费用，如临时聘用人员、钟点工工资，稿费、翻译费、评审费等
363	7101020220	委托业务费	预算支出类	核算行政单位因委托外单位办理业务而支付的委托业务费

续表

序号	科目编码	科目名称	科目类别	核算内容
364	7101020221	工会经费	预算支出类	核算行政单位按规定提取或安排的工会经费
365	7101020222	福利费	预算支出类	核算行政单位按规定提取的职工福利费
366	7101020223	公务用车运行维护费	预算支出类	核算行政单位开支按规定保留的公务用车燃料费、维修费、过桥过路费、保险费、安全奖励费用等支出
367	710102022301	公务用车燃料费	预算支出类	核算行政单位开支的公务用车燃料费
368	710102022302	公务用车过路过桥费	预算支出类	核算行政单位开支的公务用车过桥过路费
369	710102022303	公务用车保险费	预算支出类	核算行政单位开支的公务用车保险费
370	710102022304	公务用车维修维护费	预算支出类	核算行政单位开支的公务用车维修维护费
371	710102022305	公务用车安全奖励费	预算支出类	核算行政单位开支的公务用车安全奖励费
372	710102022399	其他	预算支出类	核算行政单位开支的公务用车除上述费用外的其他费用支出
373	7101020224	其他交通费用	预算支出类	核算行政单位开支的除公务用车运行维护费以外的其他交通费用。如公务交通补贴，租车费用、出租车费用，飞机、船舶等的燃料费、维修费、过桥过路费、保险费等支出
374	710102022401	其他交通工具燃料费	预算支出类	核算行政单位开支的除公务用车运行维护费以外的其他交通工具的燃料费
375	710102022402	其他交通工具过路过桥费	预算支出类	核算行政单位开支的除公务用车运行维护费以外的其他交通工具的过桥过路费
376	710102022403	其他交通工具保险费	预算支出类	核算行政单位开支的除公务用车运行维护费以外的其他交通工具的保险费
377	710102022404	其他交通工具租用费	预算支出类	核算行政单位开支的除公务用车运行维护费以外的其他交通工具的租用费
378	710102022405	其他交通工具维修维护费	预算支出类	核算行政单位开支的除公务用车运行维护费以外的其他交通工具的维修维护费
379	710102022406	其他交通工具安全奖励费	预算支出类	核算行政单位开支的除公务用车运行维护费以外的其他交通工具的安全奖励费
380	710102022407	公务交通补贴	预算支出类	核算行政单位开支的公务交通补贴
381	710102022408	出租车费用	预算支出类	核算行政单位开支的除公务用车运行维护费以外的其他交通工具的出租车费用
382	710102022499	其他	预算支出类	核算行政单位开支的除公务用车运行维护费和上述其他交通费用以外的其他交通费用
383	7101020225	税金及附加费用	预算支出类	核算行政单位开展专业业务活动及其辅助活动应负担的税金及附加费用。包括消费税、城市维护建设税、资源税和教育费附加等

续表

序号	科目编码	科目名称	科目类别	核算内容
384	710102022501	城市维护建设税	预算支出类	核算行政单位开展专业业务活动及其辅助活动应负担的城市维护建设税
385	710102022502	房产税	预算支出类	核算行政单位开展专业业务活动及其辅助活动应负担的房产税
386	710102022503	土地增值税	预算支出类	核算行政单位开展专业业务活动及其辅助活动应负担的土地增值税
387	710102022504	土地使用税	预算支出类	核算行政单位开展专业业务活动及其辅助活动应负担的土地使用税
388	710102022505	车船使用税	预算支出类	核算行政单位开展专业业务活动及其辅助活动应负担的车船使用税
389	710102022506	教育费附加	预算支出类	核算行政单位开展专业业务活动及其辅助活动应负担的教育费附加
390	710102022507	地方教育附加	预算支出类	核算行政单位开展专业业务活动及其辅助活动按地方政府规定应负担的教育附加
391	710102022508	环境保护税	预算支出类	核算行政单位开展专业业务活动及其辅助活动应负担的环境保护税
392	710102022509	增值税	预算支出类	核算行政单位开展专业业务活动及其辅助活动应负担的增值税
394	710102022599	其他税费	预算支出类	核算行政单位开展专业业务活动及其辅助活动应负担的除上述税金及附加费用外的其他税费
395	7101020299	其他商品和服务支出	预算支出类	核算行政单位开支的除上述公用支出外的其他日常公用支出。如诉讼费、国内组织的会员费、来访费、广告宣传、离休人员特需费、离退休人员公用经费等支出
396	710102029901	离休人员特需费	预算支出类	核算行政单位开支的离休人员特需费
397	710102029902	离休人员公用支出	预算支出类	核算行政单位开支的离休人员公用经费支出
398	710102029903	退休人员公用支出	预算支出类	核算行政单位开支的退休人员公用经费支出
399	710102029904	国内组织会员费	预算支出类	核算行政单位开支的国内组织的会员费
400	710102029905	工青党团妇活动费	预算支出类	核算行政单位开支的工、青、党、团、妇等组织的活动费支出
401	710102029906	药品支出	预算支出类	核算中国气象局医院购置药品的支出
402	710102029907	诉讼费	预算支出类	核算行政单位开支的诉讼费
403	710102029908	来访费	预算支出类	核算行政单位开支的来访费
404	710102029909	广告宣传费	预算支出类	核算行政单位开支的广告宣传费
405	710102029999	其他	预算支出类	核算行政单位开支的除上述公用支出外的其他日常公用支出

续表

序号	科目编码	科目名称	科目类别	核算内容
406	71010203	对个人和家庭的补助支出	预算支出类	核算行政单位开支的用于对个人和家庭的补助支出
407	7101020301	离休费	预算支出类	核算行政单位按规定发放给离休人员的离休费、护理费以及提租补贴、购房补贴、采暖补贴、物业服务补贴等补贴
408	710102030101	基本离休费	预算支出类	核算行政单位按国家规定发放给离休人员的离休费
409	710102030102	生活性津贴	预算支出类	核算行政单位按国家规定发放给离休人员的生活性津贴
410	710102030103	地方（部门）津贴补贴	预算支出类	核算行政单位按地方政府或主管部门规定发放给离休人员的各种津贴补贴
411	710102030104	护理费	预算支出类	核算行政单位按规定发放给离休人员的护理费
412	710102030105	提租补贴	预算支出类	核算行政单位按规定发放给离休人员的提租补贴
413	710102030106	购房补贴	预算支出类	核算行政单位按规定发放给离休人员的购房补贴
414	710102030107	采暖补贴	预算支出类	核算行政单位按规定发放给离休人员的采暖补贴
415	710102030108	物业服务补贴	预算支出类	核算行政单位按规定发放给离休人员的物业服务补贴
416	710102030199	其他	预算支出类	核算行政单位按规定发放给离休人员除上述以外的其他补助
417	7101020302	退休费	预算支出类	核算行政单位按规定发放给退休人员的退休费以及提租补贴、购房补贴、采暖补贴、物业服务补贴等补贴
418	710102030201	基本退休费	预算支出类	核算行政单位按国家规定发放给退休人员的退休费
419	710102030202	生活性津贴	预算支出类	核算行政单位按国家规定发放给退休人员的生活性津贴
420	710102030203	地方（部门）津贴补贴	预算支出类	核算行政单位按地方政府或主管部门规定发放给退休人员的各种津贴补贴
421	710102030204	提租补贴	预算支出类	核算行政单位按规定发放给退休人员的提租补贴
422	710102030205	购房补贴	预算支出类	核算行政单位按规定发放给退休人员的购房补贴
423	710102030206	采暖补贴	预算支出类	核算行政单位按规定发放给退休人员的采暖补贴
424	710102030207	物业服务补贴	预算支出类	核算行政单位按规定发放给退休人员的物业服务补贴
425	710102030208	在职人员养老保险缴费	预算支出类	核算行政单位按规定为在职人员缴纳的养老保险缴费
426	710102030209	在职人员职业年金缴费	预算支出类	核算行政单位按规定为在职人员缴纳的职业年金缴费
427	710102030299	其他	预算支出类	核算行政单位按规定发放给退休人员除上述以外的其他补助
428	7101020303	退职（役）费	预算支出类	核算行政单位发放给退职人员的生活补贴，一次性支付给职工的退职补助和支付给军官、文职干部、士官、义务兵的退役费，按月支付给自主择业的军队转业干部的退役金

续表

序号	科目编码	科目名称	科目类别	核算内容
429	7101020304	抚恤金	预算支出类	核算行政单位按规定开支的烈士遗属、牺牲病故人员遗属的一次性和定期抚恤金，伤残人员的抚恤金，离退休人员等其他人员的各项抚恤金，以及按规定开支的机关行政单位职工和离退休人员丧葬费
430	7101020305	生活补助	预算支出类	核算行政单位按规定开支的优抚对象定期定量生活补助费，职工遗属生活补助，长期赡养人员的补助费等
431	7101020306	救济费	预算支出类	核算按规定开支的贫困人员等生活救济费。实物形式的救济也在本科目反映
432	7101020307	医疗费补助	预算支出类	核算行政单位离退休人员的医疗费，学生医疗费，优抚对象医疗补助，以及按国家规定资助农民参加新型农村合作医疗和城镇居民参加城镇居民基本医疗保险的支出
433	7101020308	助学金	预算支出类	核算各类学校学生助学金、奖学金、学生贷款、出国留学（实习）人员生活费，以及按照协议由我方负担或享受我方奖学金的来华留学生、进修生生活费等
434	7101020309	奖励金	预算支出类	核算行政单位开支的各类奖励支出
435	710102030901	计划生育目标责任奖	预算支出类	核算行政单位开支的计划生育目标责任奖支出
436	710102030902	独生子女父母奖励	预算支出类	核算行政单位开支的独生子女父母奖励支出
437	710102030999	其他	预算支出类	核算行政单位开支的其他各类奖励支出
438	7101020310	其他对个人和家庭的补助支出	预算支出类	核算行政单位开支的除上述支出外的其他对个人和家庭的补助支出，如婴幼儿补贴、职工探亲旅费、退职人员及随行家属路费等
439	710102031001	婴幼儿补贴	预算支出类	核算行政单位开支的婴幼儿补贴
440	710102031002	退职人员及随行家属路费	预算支出类	核算行政单位开支的退职人员及随行家属路费
441	710102031003	保障性住房租金补贴	预算支出类	核算行政单位开支的保障性住房租金补贴
442	710102031099	其他	预算支出类	核算行政单位开支的除上述支出外的其他对个人和家庭的补助支出
443	71010204	债务利息及费用支出	预算支出类	核算行政单位债务利息及费用支出
444	7101020401	国内债务付息	预算支出类	核算行政单位用于偿还国内债务利息的支出
445	7101020402	国外债务付息	预算支出类	核算行政单位用于偿还国外债务利息的支出
446	7101020403	国内债务发行费用	预算支出类	核算行政单位用于国内债务发行、兑付、登记等费用的支出
447	7101020404	国外债务发行费用	预算支出类	核算行政单位用于国外债务发行、兑付、登记等费用的支出
448	71010205	资本性支出（基本建设）	预算支出类	核算行政单位由发改部门安排和其他资金来源安排的基本建设支出

续表

序号	科目编码	科目名称	科目类别	核算内容
449	7101020501	房屋建筑物购建	预算支出类	核算行政单位基建项目用于购买、自行建造办公用房、仓库、职工生活用房、教学科研用房、学生宿舍、食堂等建筑物（含附属设施，如电梯、通讯线路、水气管道等）的支出
450	7101020502	办公设备购置	预算支出类	核算行政单位基建项目用于购置并按财务会计制度规定纳入固定资产核算范围的办公家具和办公设备的支出
451	7101020503	专用设备购置	预算支出类	核算行政单位基建项目用于购置具有专门用途、并按财务会计制度规定纳入固定资产核算范围的各类专用设备的支出。如通信设备、发电设备、监控设备、卫星转发器、气象设备、进出口监管设备等
452	710102050301	地面观测设备	预算支出类	核算行政单位基建项目用于购置并按财务会计制度规定纳入固定资产核算范围的各类地面观测设备的支出
453	710102050302	高空探测设备	预算支出类	核算行政单位基建项目用于购置并按财务会计制度规定纳入固定资产核算范围的各类高空探测设备的支出
454	710102050303	专用计算机	预算支出类	核算行政单位基建项目用于购置并按财务会计制度规定纳入固定资产核算范围的专用计算机（巨/大/中/小型机）的支出
455	710102050304	天气雷达	预算支出类	核算行政单位基建项目用于购置并按财务会计制度规定纳入固定资产核算范围的各类天气雷达的支出
456	710102050305	气象卫星及接收设备	预算支出类	核算行政单位基建项目用于购置并按财务会计制度规定纳入固定资产核算范围的气象卫星及接收设备的支出
457	710102050399	其他专用设备	预算支出类	核算行政单位基建项目用于购置并按财务会计制度规定纳入固定资产核算范围的除上述设备外的其他专用设备的支出
458	7101020504	基础设施建设	预算支出类	核算行政单位按财务会计制度规定允许资本化用于道路、桥梁、水坝、挡土墙、护坡、围墙等公共基础设施建设方面的支出
459	7101020505	大型修缮	预算支出类	核算行政单位按财务会计制度规定允许资本化的各类设备、建筑物、公共基础设施等大型修缮的支出
460	7101020506	信息网络及软件购置更新	预算支出类	核算行政单位用于信息网络方面的支出。如计算机硬件、软件购置、开发、应用支出等，如果购建的计算机硬件、软件等不符合财务会计制度规定的固定资产确认标准的，不在本科目反映
461	710102050601	计算机	预算支出类	核算行政单位用于构建信息网络而购置的计算机的支出

续表

序号	科目编码	科目名称	科目类别	核算内容
462	710102050602	软件购置及开发应用	预算支出类	核算行政单位用于软件购置、开发、应用等方面的支出
463	710102050603	网络交换机	预算支出类	核算行政单位用于构建信息网络而购置的网络交换机等方面的支出
464	710102050699	其他	预算支出类	核算行政单位用于构建信息网络除上述支出外的其他方面的支出
465	7101020507	物资储备	预算支出类	核算行政单位为应付战争、自然灾害或意料不到的突发事件而提前购置的具有特殊重要性的战略性和应急性物资储备支出
466	7101020508	土地补偿	预算支出类	核算行政单位按规定征地和收购土地过程中支付的土地补偿费
467	7101020509	安置补助	预算支出类	核算行政单位按规定征地和收购土地过程中支付的安置补助费
468	7101020510	地上附着物和青苗补偿	预算支出类	核算行政单位按规定征地和收购土地过程中支付的地上附着物和青苗补偿
469	7101020511	拆迁补偿	预算支出类	核算行政单位按规定征地和收购土地过程中支付的拆迁补偿费
470	7101020512	公务用车购置	预算支出类	核算行政单位公务用车车辆的购置支出（含车辆购置税、牌照费）
471	710102051201	小轿车	预算支出类	核算行政单位用于公务用车的小轿车的购置支出（含车辆购置税）
472	710102051202	越野车	预算支出类	核算行政单位用于公务用车的越野车的购置支出（含车辆购置税）
473	710102051203	小型载客汽车	预算支出类	核算行政单位用于公务用车的小型载客汽车（9 座及 9 座以下）的购置支出（含车辆购置税）
474	710102051204	大中型载客汽车	预算支出类	核算行政单位用于公务用车的大中型载客汽车（9 座以上）的购置支出（含车辆购置税）
475	710102051205	货车	预算支出类	核算行政单位用于公务用车的货车的购置支出（含车辆购置税）
476	710102051206	摩托车	预算支出类	核算行政单位用于公务用车的摩托车的购置支出（含车辆购置税）
477	710102051299	其他车辆	预算支出类	核算行政单位用于公务用车的除上述车辆以外的其他车辆的购置支出（含车辆购置税）
478	7101020513	其他交通工具购置	预算支出类	核算行政单位除公务用车外的其他各类交通工具（如船舶、飞机等）的购置支出（含车辆购置税、牌照费）

续表

序号	科目编码	科目名称	科目类别	核算内容
479	710102051301	小轿车	预算支出类	核算行政单位用于除公务用车外的小轿车的购置支出（含车辆购置税）
480	710102051302	越野车	预算支出类	核算行政单位用于除公务用车外的越野车的购置支出（含车辆购置税）
481	710102051303	小型载客汽车	预算支出类	核算行政单位用于除公务用车外的小型载客汽车（9座及9座以下）的购置支出（含车辆购置税）
482	710102051304	大中型载客汽车	预算支出类	核算行政单位用于除公务用车外的大中型载客汽车（9座以上）的购置支出（含车辆购置税）
483	710102051305	货车	预算支出类	核算行政单位用于除公务用车外的货车的购置支出（含车辆购置税）
484	710102051306	摩托车	预算支出类	核算行政单位用于除公务用车外的摩托车的购置支出（含车辆购置税）
485	710102051399	其他车辆	预算支出类	核算行政单位用于除公务用车和上述车辆外的其他车辆的购置支出（含车辆购置税）
486	7101020514	文物和陈列品购置	预算支出类	核算行政单位文物和陈列品购置支出
487	7101020515	无形资产购置	预算支出类	核算行政单位开支的著作权、商标权、专利权、土地使用权等无形资产购置支出，软件购置、开发、应用支出不在此科目反映
488	7101020516	其他资本性支出	预算支出类	核算行政单位开支除上述科目外的其他资本性支出
489	710102051601	图书	预算支出类	核算行政单位开支并按财务会计制度纳入固定资产核算范围的图书的购置支出
490	710102051699	其他	预算支出类	核算行政单位开支除图书外的其他资本性支出
491	71010206	资本性支出	预算支出类	核算行政单位由非各级发展与改革部门集中安排的用于购置固定资产、战略性和应急性储备、土地和无形资产，以及购建基础设施、大型修缮等所发生的支出
492	7101020601	房屋建筑物购建	预算支出类	核算行政单位用于购买、自行建造办公用房、仓库、职工生活用房、教学科研用房、学生宿舍、食堂等建筑物（含附属设施，如电梯、通讯线路、水气管道等）的支出
493	7101020602	办公设备购置	预算支出类	核算行政单位用于购置并按财务会计制度规定纳入固定资产核算范围的办公家具和办公设备的支出，以及按规定提取的修购基金
494	7101020603	专业设备购置	预算支出类	核算行政单位用于购置的具有专门用途并按财务会计制度规定纳入固定资产核算范围的各类专用设备的支出，如通信设备、发电设备、卫星转发器、气象设备等

续表

序号	科目编码	科目名称	科目类别	核算内容
495	7101020604	基础设施建设	预算支出类	核算行政单位按财务会计制度规定允许资本化的用于道路、桥梁、水坝、挡土墙、护坡、围墙等公共基础设施建设方面的支出
496	7101020605	大型修缮	预算支出类	核算行政单位按财务会计制度规定允许资本化的各类设备、建筑物、公共基础设施等大型修缮的支出
497	7101020606	信息网络及软件购置更新	预算支出类	核算行政单位用于信息网络方面的支出。如计算机硬件、软件购置、开发、应用支出等。如果购建的计算机硬件等不符合财务会计制度规定的固定资产确认标准的，不在本科目反映
498	7101020607	物资储备	预算支出类	核算行政单位为应付战争、自然灾害或意料不到的突发事件而提前购置的具有特殊重要性的战略性和应急性物资储备支出
499	7101020608	土地补偿	预算支出类	核算行政单位按规定征地和收购土地过程中支付的土地补偿费
500	7101020609	安置补助	预算支出类	核算行政单位按规定征地和收购土地过程中支付的安置补助费
501	7101020610	地上附着物和青苗补偿	预算支出类	核算行政单位按规定征地和收购土地过程中支付的地上附着物和青苗补偿
502	7101020611	拆迁补偿	预算支出类	核算行政单位按规定征地和收购土地过程中支付的拆迁补偿费
503	7101020612	公务用车购置	预算支出类	核算行政单位公务用车车辆的购置支出（含车辆购置税、牌照费）
504	7101020613	其他交通工具购置	预算支出类	核算行政单位除公务用车外的其他各类交通工具（如船舶、飞机等）的购置支出（含车辆购置税、牌照费）
505	7101020614	文物和陈列品购置	预算支出类	核算行政单位文物和陈列品购置支出
506	7101020615	无形资产购置	预算支出类	核算行政单位开支的著作权、商标权、专利权、土地使用权等无形资产购置支出，软件购置、开发、应用支出不在此科目反映
507	7101020699	其他	预算支出类	核算行政单位开支除上述科目外的其他资本性支出
508	71010207	其他支出	预算支出类	核算行政单位不能划分到上述经济科目的其他支出
509	7101020701	赠与	预算支出类	核算对外国政府、国内外组织等提供的援助、捐赠以及交纳国际组织会费等方面的支出
510	7101020702	国家赔偿费用支出	预算支出类	核算用于国家赔偿方面的支出
511	7101020703	对民间非营利组织和群众性自治组织的补贴	预算支出类	核算对民间非营利组织和群众性自治组织补贴支出

续表

序号	科目编码	科目名称	科目类别	核算内容
512	7101020799	其他支出	预算支出类	核算出上述科目外的其他支出
513	710103	待处理支出	预算支出类	核算行政单位暂不能确定具体支出内容的预付款项等支出
514	7201	事业支出	预算支出类	核算事业单位开展专业业务活动及其辅助活动实际发生的各项现金流出
515	720101	基本支出	预算支出类	核算事业单位为保障其机构正常运转，完成日常工作任务所发生的支出，包括人员支出、日常公用支出
516	72010101	工资福利支出	预算支出类	核算事业单位开支的编内在职职工和编外长期聘用人员的各类劳动报酬，以及为上述人员缴纳的各项社会保险费等
517	7201010101	基本工资	预算支出类	核算事业单位按规定发放的基本工资，包括事业单位工作人员的岗位工资、薪级工资等
518	7201010102	津贴补贴	预算支出类	核算事业单位按国家规定发放的事业单位工作人员津贴补贴等
519	720101010201	国家统一的津贴补贴	预算支出类	核算事业单位按国家规定发放的事业单位工作人员国家统一的津贴补贴
520	72010101020101	国家艰苦边远地区津贴	预算支出类	核算事业单位按国家规定发放的事业单位工作人员国家艰苦边远地区津贴
521	72010101020102	艰苦台站津贴	预算支出类	核算事业单位按国家规定发放的事业单位工作人员艰苦台站津贴
522	72010101020103	西藏特殊津贴	预算支出类	核算事业单位按国家规定发放的事业单位工作人员西藏特殊津贴
523	72010101020104	特区津贴	预算支出类	核算事业单位按国家规定发放的事业单位工作人员特区津贴
524	72010101020105	新疆南疆工作补贴	预算支出类	核算事业单位按国家规定发放的事业单位工作人员新疆南疆工作补贴
525	72010101020106	西藏高海拔折算工龄津贴	预算支出类	核算事业单位按国家规定发放的事业单位工作人员西藏高海拔折算工龄津贴
526	72010101020107	93 工改保留	预算支出类	核算事业单位按国家规定发放的事业单位工作人员 93 工改保留
527	72010101020108	信访津贴	预算支出类	核算事业单位按国家规定发放的事业单位工作人员信访津贴
528	72010101020109	纪检监察人员办案补贴	预算支出类	核算事业单位按国家规定发放的事业单位工作人员纪检监察人员办案补贴

续表

序号	科目编码	科目名称	科目类别	核算内容
529	72010101020110	保姆自雇费	预算支出类	核算事业单位按国家规定发放的事业单位工作人员保姆自雇费
530	72010101020111	带薪年休假补贴	预算支出类	核算事业单位按国家规定发放的事业单位工作人员带薪年休假补贴
531	72010101020199	其他	预算支出类	核算事业单位按国家规定发放的事业单位工作人员除上述津贴补贴外的其他国家统一的津贴补贴
532	720101010202	规范性津贴补贴	预算支出类	核算事业单位在清理规范津贴补贴工作后按规定发放的事业单位工作人员规范性津贴补贴
533	72010101020201	工作性津贴	预算支出类	核算事业单位在清理规范津贴补贴工作后按规定发放给事业单位工作人员的工作性津贴
534	72010101020202	生活性补贴	预算支出类	核算事业单位在清理规范津贴补贴工作后按规定发放给事业单位工作人员的生活性津贴
535	720101010203	改革性补贴	预算支出类	核算事业单位按国家规定发放的事业单位工作人员改革性补贴
536	72010101020301	提租补贴	预算支出类	核算事业单位按房改政策规定的标准向职工发放的提租补贴
537	72010101020302	购房补贴	预算支出类	核算事业单位按房改政策规定向符合条件的职工发放的用于购买住房的补贴
538	72010101020303	采暖补贴	预算支出类	核算事业单位按国家规定发放的事业单位工作人员采暖补贴
539	72010101020304	物业服务补贴	预算支出类	核算事业单位按国家规定发放的事业单位工作人员物业服务补贴
540	72010101020399	其他改革性补贴	预算支出类	核算事业单位按国家规定发放的事业单位工作人员除上述外的其他改革性补贴
541	7201010103	奖金	预算支出类	核算事业单位按规定发放的奖金，包括机关工作人员年终一次性奖金等。
542	7201010104	伙食补助费	预算支出类	核算事业单位发放给职工的伙食补助费，因公负伤等住院治疗、住疗养院期间的伙食补助费，如误餐补助、夜餐补助等。
543	7201010105	绩效工资	预算支出类	核算事业单位按规定发放给事业单位工作人员的绩效工资
544	7201010106	机关事业单位基本养老保险缴费	预算支出类	核算事业单位为职工缴纳的基本养老保险费。由单位代扣的工作人员基本养老保险缴费，不在此科目反映
545	7201010107	职业年金缴费	预算支出类	核算事业单位为职工实际缴纳的职业年金（含职业年金补记支出）。由单位代扣的工作人员职业年金缴费，不在此科目反映

续表

序号	科目编码	科目名称	科目类别	核算内容
546	7201010108	职工基本医疗保险缴费	预算支出类	核算事业单位为职工缴纳的基本医疗保险费
547	7201010109	公务员医疗补助缴费	预算支出类	核算按规定可享受公务员医疗补助单位为职工缴纳的公务员医疗补助费
548	7201010110	其他社会保障缴费	预算支出类	核算事业单位为职工缴纳的失业、工伤、生育、大病统筹等社会保险费，以及残疾人就业保障金等
549	720101011001	失业保险费	预算支出类	核算事业单位为职工缴纳的失业保险费
550	720101011002	工伤保险费	预算支出类	核算事业单位为职工缴纳的工伤保险费
551	720101011003	生育保险费	预算支出类	核算事业单位为职工缴纳的生育保险费
552	720101011004	大病统筹	预算支出类	核算事业单位为职工缴纳的大病统筹（在京单位不适用本科目）
553	720101011005	残疾人就业保障金	预算支出类	核算事业单位为职工缴纳的残疾人就业保障金
554	720101011099	其他保险费	预算支出类	核算事业单位为职工缴纳的除上述社会保险费外的其他社会保险费
555	7201010111	住房公积金	预算支出类	核算事业单位按规定为职工缴纳的住房公积金
556	7201010112	医疗费	预算支出类	核算未参加医疗保险单位的医疗经费和单位按规定为职工支出的其他医疗费用
557	7201010113	其他工资福利支出	预算支出类	核算事业单位上述项目未包括的人员支出，如各种加班工资、病假两个月以上期间的人员工资、职工探亲旅费、困难职工生活补助，编制外长期聘用人员（不包括劳务派遣人员）劳务报酬及社保缴费，公务员及参照和依照公务员制度管理的单位工作人员转入企业工作并按规定参加企业职工基本养老保险后给予的一次性补贴等
558	720101011301	气象部门特殊人才津贴	预算支出类	核算事业单位按规定发放给单位工作人员的气象部门特殊人才津贴
559	720101011302	中央国家机关在京补贴	预算支出类	核算事业单位按规定发放给单位工作人员的中央国家机关在京补贴
560	720101011303	计生人员补贴	预算支出类	核算事业单位按规定发放给单位工作人员的计生人员补贴
561	720101011304	电话费	预算支出类	核算事业单位按规定发放给单位工作人员的电话费
562	720101011305	移动通讯费	预算支出类	核算事业单位按规定发放给单位工作人员的移动通讯费
563	720101011306	防暑降温费	预算支出类	核算事业单位按规定发放给单位工作人员的防暑降温费
564	720101011307	加班工资	预算支出类	核算事业单位按规定发放给单位工作人员的加班工资

续表

序号	科目编码	科目名称	科目类别	核算内容
565	720101011308	值班费	预算支出类	核算事业单位按规定发放给单位工作人员的汛期、应急等值班费用
566	720101011309	编外长期聘用人员工资福利支出	预算支出类	核算事业单位按规定发放给编外长期聘用人员（不包括劳务派遣人员）的工资福利支出
567	72010101130901	编外长聘人员基本工资	预算支出类	核算事业单位按规定发放给编外长期聘用人员（不包括劳务派遣人员）的基本工资
568	72010101130902	编外长聘人员津贴补贴	预算支出类	核算事业单位按规定发放给编外长期聘用人员（不包括劳务派遣人员）的津贴补贴
569	72010101130903	编外长期聘用人员社保缴费	预算支出类	核算事业单位按规定发放给编外长期聘用人员（不包括劳务派遣人员）的社保缴费
570	72010101130904	编外长期聘用人员职业年金	预算支出类	核算事业单位按规定发放给编外长期聘用人员（不包括劳务派遣人员）的职业年金
571	72010101130905	编外长聘人员公积金	预算支出类	核算事业单位按规定发放给编外长期聘用人员（不包括劳务派遣人员）的公积金
572	72010101130999	编外长聘人员其他工资福利支出	预算支出类	核算事业单位按规定发放给编外长期聘用人员（不包括劳务派遣人员）的其他工资福利支出
573	720101011310	地方编制人员工资福利支出	预算支出类	核算事业单位按规定发放给地方编制人员的工资福利支出
574	72010101131001	地方编制人员基本工资	预算支出类	核算事业单位按规定发放给地方编制人员的基本工资
575	72010101131002	地方编制人津贴补贴	预算支出类	核算事业单位按规定发放给地方编制人员的津贴补贴
576	72010101131003	地方编制人员社保缴费	预算支出类	核算事业单位按规定发放给地方编制人员的社保缴费
577	72010101131004	地方编制人员职业年金	预算支出类	核算事业单位按规定发放给地方编制人员的职业年金
578	72010101131005	地方编制人员公积金	预算支出类	核算事业单位按规定发放给地方编制人员的公积金
579	72010101131099	地方编制其他工资福利支出	预算支出类	核算事业单位按规定发放给地方编制人员的其他工资福利支出
580	720101011311	职工探亲旅费	预算支出类	核算事业单位按规定发放给单位工作人员的探亲旅费
581	720101011312	困难职工生活补助	预算支出类	核算事业单位按规定发放给困难职工的生活补助
582	720101011399	其他	预算支出类	核算事业单位按规定发放给单位工作人员的其他工资福利支出
583	72010102	商品和服务支出	预算支出类	核算事业单位购买商品和服务的支出（不包括用于购置固定资产、战略性和应急性物资储备等资本性支出）

续表

序号	科目编码	科目名称	科目类别	核算内容
584	7201010201	办公费	预算支出类	核算事业单位购买按财务会计制度规定不符合固定资产确认标准的日常办公用品、书报杂志等支出
585	7201010202	印刷费	预算支出类	核算事业单位的印刷费支出
586	7201010203	咨询费	预算支出类	核算事业单位用于专家咨询、论证、评审等方面的支出
587	7201010204	手续费	预算支出类	核算事业单位支付的各类手续费支出
588	7201010205	水费	预算支出类	核算事业单位支付的水费、污水处理费等支出
589	7201010206	电费	预算支出类	核算事业单位的电费支出
590	7201010207	邮电费	预算支出类	核算事业单位开支的信函、包裹、货物等物品的邮寄费及电话费、电报费、传真费、网络通讯费等
591	7201010208	取暖费	预算支出类	核算事业单位开支的取暖用燃料费、热力费、达不到固定资产确认标准的炉具购置费、锅炉临时工的工资、节煤奖，以及由单位支付的在职职工和离退休人员宿舍取暖费等
592	7201010209	物业管理费	预算支出类	核算事业单位开支的办公用房、职工及离退休人员宿舍等的物业管理费，包括综合治理、绿化、卫生等方面的支出
593	7201010210	差旅费	预算支出类	核算事业单位工作人员国（境）内出差发生的城市间交通费、住宿费、伙食补助费和市内交通费。
594	7201010211	因公出国（境）费用	预算支出类	核算事业单位工作人员公务出国（境）的国际旅费、国外城市间交通费、住宿费、伙食费、培训费、公杂费等支出
595	7201010212	维修（护）费	预算支出类	核算事业单位日常开支的固定资产（不包括车船等交通工具）修理和维护费用，网络信息系统运行与维护费用，以及按规定提取的修购基金
596	7201010213	租赁费	预算支出类	核算事业单位租赁办公用房、宿舍、专用通讯网以及其他设备等方面的费用
597	7201010214	会议费	预算支出类	核算事业单位会议期间按规定开支的住宿费、伙食费、会议场地租金、交通费、文件印刷费、医药费等
598	7201010215	培训费	预算支出类	核算事业单位除因公出国（境）培训费以外的，在培训期间发生的师资费、住宿费、伙食费、培训场地费、培训资料费、交通费等各类培训费用。按标准提取的“职工教育经费”也在本科目中核算
599	7201010216	公务接待费	预算支出类	核算事业单位按规定开支的各类公务接待（含外宾接待）费用

续表

序号	科目编码	科目名称	科目类别	核算内容
600	7201010217	专用材料费	预算支出类	核算事业单位购买日常专用材料的支出。具体包括医务室的药品及医疗耗材，气象探测观测耗材，实验室用品，专用防护服装等
601	7201010218	专用燃料费	预算支出类	核算事业单位用作业务工作设备的车（不含公务用车）、船设施等的油料支出
602	7201010219	劳务费	预算支出类	核算事业单位支付给单位和个人的劳务费用，如临时聘用人员、钟点工工资，稿费、翻译费、评审费等
603	7201010220	委托业务费	预算支出类	核算事业单位因委托外单位办理业务而支付的委托业务费
604	7201010221	工会经费	预算支出类	核算事业单位按规定提取或安排的工会经费
605	7201010222	福利费	预算支出类	核算事业单位按规定提取的职工福利费
606	7201010223	公务用车运行维护费	预算支出类	核算事业单位开支按规定保留的公务用车燃料费、维修费、过桥过路费、保险费、安全奖励费用等支出
607	720101022301	公务用车燃料费	预算支出类	核算事业单位开支的公务用车燃料费
608	720101022302	公务用车过路过桥费	预算支出类	核算事业单位开支的公务用车过桥过路费
609	720101022303	公务用车保险费	预算支出类	核算事业单位开支的公务用车保险费
610	720101022304	公务用车维修维护费	预算支出类	核算事业单位开支的公务用车维修维护费
611	720101022305	公务用车安全奖励费	预算支出类	核算事业单位开支的公务用车安全奖励费
612	720101022399	其他	预算支出类	核算事业单位开支的公务用车除上述费用外的其他费用支出
613	7201010224	其他交通费用	预算支出类	核算事业单位开支的除公务用车运行维护费以外的其他交通费用。如公务交通补贴，租车费用、出租车费用，飞机、船舶等的燃料费、维修费、过桥过路费、保险费等支出
614	720101022401	公务交通补贴	预算支出类	核算事业单位开支的公务交通补贴
615	720101022402	其他交通工具租用费	预算支出类	核算事业单位开支的除公务用车运行维护费以外的其他交通工具的租用费
616	720101022403	其他交通工具燃料费	预算支出类	核算事业单位开支的除公务用车运行维护费以外的其他交通工具的燃料费
617	720101022404	其他交通工具过路过桥费	预算支出类	核算事业单位开支的除公务用车运行维护费以外的其他交通工具的过桥过路费
618	720101022405	其他交通工具保险费	预算支出类	核算事业单位开支的除公务用车运行维护费以外的其他交通工具的保险费
619	720101022406	其他交通工具维修维护费	预算支出类	核算事业单位开支的除公务用车运行维护费以外的其他交通工具的维修维护费

续表

序号	科目编码	科目名称	科目类别	核算内容
620	720101022407	其他交通工具安全奖励费	预算支出类	核算事业单位开支的除公务用车运行维护费以外的其他交通工具的安全奖励费
621	720101022408	出租车费用	预算支出类	核算事业单位开支的除公务用车运行维护费以外的其他交通工具的出租车费用
622	720101022499	其他	预算支出类	核算事业单位开支的除公务用车运行维护费和上述其他交通费用以外的其他交通费用
623	7201010225	税金及附加费用	预算支出类	核算事业单位开展专业业务活动及其辅助活动应负担的税金及附加费用。包括消费税、城市维护建设税、资源税和教育费附加等
624	720101022501	城市维护建设税	预算支出类	核算事业单位开展专业业务活动及其辅助活动应负担的城市维护建设税
625	720101022502	房产税	预算支出类	核算事业单位开展专业业务活动及其辅助活动应负担的房产税
626	720101022503	土地增值税	预算支出类	核算事业单位开展专业业务活动及其辅助活动应负担的土地增值税
627	720101022504	土地使用税	预算支出类	核算事业单位开展专业业务活动及其辅助活动应负担的土地使用税
628	720101022505	车船使用税	预算支出类	核算事业单位开展专业业务活动及其辅助活动应负担的车船使用税
629	720101022506	教育费附加	预算支出类	核算事业单位开展专业业务活动及其辅助活动应负担的教育费附加
630	720101022507	地方教育附加	预算支出类	核算事业单位开展专业业务活动及其辅助活动按地方政府规定应负担的教育附加
631	720101022508	环境保护税	预算支出类	核算事业单位开展专业业务活动及其辅助活动应负担的环境保护税
632	720101022509	增值税	预算支出类	核算事业单位开展专业业务活动及其辅助活动应负担的增值税
634	720101022599	其他税费	预算支出类	核算事业单位开展专业业务活动及其辅助活动应负担的除上述税金及附加费用外的其他税费
635	7201010299	其他商品和服务支出	预算支出类	核算事业单位开支的除上述公用支出外的其他日常公用支出。如诉讼费、国内组织的会员费、来访费、广告宣传、离休人员特需费、离退休人员公用经费等支出
636	720101029901	离休人员特需费	预算支出类	核算事业单位开支的离休人员特需费
637	720101029902	离休人员公用支出	预算支出类	核算事业单位开支的离休人员公用经费支出

续表

序号	科目编码	科目名称	科目类别	核算内容
638	720101029903	退休人员公用支出	预算支出类	核算事业单位开支的退休人员公用经费支出
639	720101029904	国内组织会员费	预算支出类	核算事业单位开支的国内组织的会员费
640	720101029905	工青党团妇活动费	预算支出类	核算事业单位开支的工、青、党、团、妇等组织的活动费支出
641	720101029906	药品支出	预算支出类	核算中国气象局医院购置药品的支出
642	720101029907	诉讼费	预算支出类	核算事业单位开支的诉讼费
643	720101029908	来访费	预算支出类	核算事业单位开支的来访费
644	720101029909	广告宣传费	预算支出类	核算事业单位开支的广告宣传费
645	720101029999	其他	预算支出类	核算事业单位开支的除上述公用支出外的其他日常公用支出
646	72010103	对个人和家庭的补助支出	预算支出类	核算事业单位开支的用于对个人和家庭的补助支出
647	7201010301	离休费	预算支出类	核算事业单位按规定发放给离休人员的离休费、护理费以及提租补贴、购房补贴、采暖补贴、物业服务补贴等补贴
648	720101030101	基本离休费	预算支出类	核算事业单位按国家规定发放给离休人员的离休费
649	720101030102	生活性津贴	预算支出类	核算事业单位按国家规定发放给离休人员的生活性津贴
650	720101030103	地方（部门）津贴补贴	预算支出类	核算事业单位按地方政府或主管部门规定发放给离休人员的各种津贴补贴
651	720101030104	护理费	预算支出类	核算事业单位按规定发放给离休人员的护理费
652	720101030105	提租补贴	预算支出类	核算事业单位按规定发放给离休人员的提租补贴
653	720101030106	购房补贴	预算支出类	核算事业单位按规定发放给离休人员的购房补贴
654	720101030107	采暖补贴	预算支出类	核算事业单位按规定发放给离休人员的采暖补贴
655	720101030108	物业服务补贴	预算支出类	核算事业单位按规定发放给离休人员的物业服务补贴
656	720101030199	其他	预算支出类	核算事业单位按规定发放给离休人员除上述以外的其他补助
657	7201010302	退休费	预算支出类	核算事业单位按规定发放给退休人员的退休费以及提租补贴、购房补贴、采暖补贴、物业服务补贴等补贴
658	720101030201	基本退休费	预算支出类	核算事业单位按国家规定发放给退休人员的退休费
659	720101030202	生活性津贴	预算支出类	核算事业单位按国家规定发放给退休人员的生活性津贴
660	720101030203	地方（部门）津贴补贴	预算支出类	核算事业单位按地方政府或主管部门规定发放给退休人员的各种津贴补贴
661	720101030204	提租补贴	预算支出类	核算事业单位按规定发放给退休人员的提租补贴

续表

序号	科目编码	科目名称	科目类别	核算内容
662	720101030205	购房补贴	预算支出类	核算事业单位按规定发放给退休人员的购房补贴
663	720101030206	采暖补贴	预算支出类	核算事业单位按规定发放给退休人员的采暖补贴
664	720101030207	物业服务补贴	预算支出类	核算事业单位按规定发放给退休人员的物业服务补贴
665	720101030208	在职人员养老保险缴费	预算支出类	核算事业单位按规定为在职人员缴纳的养老保险缴费
666	720101030209	在职人员职业年金缴费	预算支出类	核算事业单位按规定为在职人员缴纳的职业年金缴费
667	720101030299	其他	预算支出类	核算事业单位按规定发放给退休人员除上述以外的其他补助
668	7201010303	退职（役）费	预算支出类	核算事业单位发放给退职人员的生活补贴，一次性支付给职工的退职补助和支付给军官、文职干部、士官、义务兵的退役费，按月支付给自主择业的军队转业干部的退役金
669	7201010304	抚恤金	预算支出类	核算事业单位按规定开支的烈士遗属、牺牲病故人员遗属的一次性和定期抚恤金，伤残人员的抚恤金，离退休人员等其他人员的各项抚恤金，以及按规定开支的机关事业单位职工和离退休人员丧葬费
670	7201010305	生活补助	预算支出类	核算事业单位按规定开支的优抚对象定期定量生活补助费，职工遗属生活补助，长期赡养人员的补助费等
671	7201010306	救济费	预算支出类	核算按规定开支的贫困人员等生活救济费。实物形式的救济也在本科目反映
672	7201010307	医疗费补助	预算支出类	核算事业单位离退休人员的医疗费，学生医疗费，优抚对象医疗补助，以及按国家规定资助农民参加新型农村合作医疗和城镇居民参加城镇居民基本医疗保险的支出
673	7201010308	助学金	预算支出类	核算各类学校学生助学金、奖学金、学生贷款、出国留学（实习）人员生活费，以及按照协议由我方负担或享受我方奖学金的来华留学生、进修生生活费等
674	7201010309	奖励金	预算支出类	核算事业单位开支的各类奖励支出
675	720101030901	计划生育目标责任奖	预算支出类	核算事业单位开支的计划生育目标责任奖支出
676	720101030902	独生子女父母奖励	预算支出类	核算事业单位开支的独生子女父母奖励支出
677	720101030999	其他	预算支出类	核算事业单位开支的其他各类奖励支出
678	7201010310	其他对个人和家庭的补助支出	预算支出类	核算事业单位开支的除上述支出外的其他对个人和家庭的补助支出，如婴幼儿补贴、职工探亲旅费、退职人员及随行家属路费等
679	720101031001	婴幼儿补贴	预算支出类	核算事业单位开支的婴幼儿补贴

续表

序号	科目编码	科目名称	科目类别	核算内容
680	720101031002	退职人员及随行家属路费	预算支出类	核算事业单位开支的退职人员及随行家属路费
681	720101031003	保障性住房租金补贴	预算支出类	核算事业单位开支的保障性住房租金补贴
682	720101031099	其他	预算支出类	核算事业单位开支的除上述支出外的其他对个人和家庭的补助支出
683	72010104	资本性支出	预算支出类	核算事业单位由非各级发展与改革部门集中安排的用于购置固定资产、战略性和应急性储备、土地和无形资产，以及购建基础设施、大型修缮等所发生的支出
684	7201010401	房屋建筑物购建	预算支出类	核算事业单位用于购买、自行建造办公用房、仓库、职工生活用房、教学科研用房、学生宿舍、食堂等建筑物（含附属设施，如电梯、通讯线路、水气管道等）的支出
685	7201010402	办公设备购置	预算支出类	核算事业单位用于购置并按财务会计制度规定纳入固定资产核算范围的办公家具和办公设备的支出，以及按规定提取的修购基金
686	7201010403	专业设备购置	预算支出类	核算事业单位用于购置的具有专门用途并按财务会计制度规定纳入固定资产核算范围的各类专用设备的支出，如通信设备、发电设备、卫星转发器、气象设备等
687	7201010404	基础设施建设	预算支出类	核算事业单位按财务会计制度规定允许资本化的用于道路、桥梁、水坝、挡土墙、护坡、围墙等公共基础设施建设方面的支出
688	7201010405	大型修缮	预算支出类	核算事业单位按财务会计制度规定允许资本化的各类设备、建筑物、公共基础设施等大型修缮的支出
689	7201010406	信息网络及软件购置更新	预算支出类	核算事业单位用于信息网络方面的支出。如计算机硬件、软件购置、开发、应用支出等。如果购建的计算机硬件等不符合财务会计制度规定的固定资产确认标准的，不在本科目反映
690	7201010407	物资储备	预算支出类	核算事业单位为应付战争、自然灾害或意料不到的突发事件而提前购置的具有特殊重要性的战略性和应急性物资储备支出
691	7201010408	土地补偿	预算支出类	核算事业单位按规定征地和收购土地过程中支付的土地补偿费
692	7201010409	安置补助	预算支出类	核算事业单位按规定征地和收购土地过程中支付的安置补助费

续表

序号	科目编码	科目名称	科目类别	核算内容
693	7201010410	地上附着物和青苗补偿	预算支出类	核算事业单位按规定征地和收购土地过程中支付的地上附着物和青苗补偿
694	7201010411	拆迁补偿	预算支出类	核算事业单位按规定征地和收购土地过程中支付的拆迁补偿费
695	7201010412	公务用车购置	预算支出类	核算事业单位公务用车车辆的购置支出（含车辆购置税、牌照费）
696	7201010413	其他交通工具购置	预算支出类	核算事业单位除公务用车外的其他各类交通工具（如船舶、飞机等）的购置支出（含车辆购置税、牌照费）
697	7201010414	文物和陈列品购置	预算支出类	核算事业单位文物和陈列品购置支出
698	7201010415	无形资产购置	预算支出类	核算事业单位开支的著作权、商标权、专利权、土地使用权等无形资产购置支出，软件购置、开发、应用支出不在此科目反映
699	7201010499	其他	预算支出类	核算事业单位开支除上述科目外的其他资本性支出
700	72010105	债务利息及费用支出	预算支出类	核算事业单位债务利息及费用支出
701	7201010501	国内债务付息	预算支出类	核算事业单位用于偿还国内债务利息的支出
702	7201010502	国外债务付息	预算支出类	核算事业单位用于偿还国外债务利息的支出
703	7201010503	国内债务发行费用	预算支出类	核算事业单位用于国内债务发行、兑付、登记等费用的支出
704	7201010504	国外债务发行费用	预算支出类	核算事业单位用于国外债务发行、兑付、登记等费用的支出
705	720102	项目支出	预算支出类	核算事业单位为完成其特定的工作任务和事业发展目标发生的支出
706	72010201	工资福利支出	预算支出类	核算事业单位开支的编内在职职工和编外长期聘用人员的各类劳动报酬，以及为上述人员缴纳的各项社会保险费等
707	7201020101	基本工资	预算支出类	核算事业单位按规定发放的基本工资，包括事业单位工作人员的岗位工资、薪级工资等
708	7201020102	津贴补贴	预算支出类	核算事业单位按国家规定发放的事业单位工作人员津贴补贴等
709	720102010201	国家统一的津贴补贴	预算支出类	核算事业单位按国家规定发放的事业单位工作人员国家统一的津贴补贴
710	72010201020101	国家艰苦边远地区津贴	预算支出类	核算事业单位按国家规定发放的事业单位工作人员国家艰苦边远地区津贴
711	72010201020102	艰苦台站津贴	预算支出类	核算事业单位按国家规定发放的事业单位工作人员艰苦台站津贴

续表

序号	科目编码	科目名称	科目类别	核算内容
712	72010201020103	西藏特殊津贴	预算支出类	核算事业单位按国家规定发放的事业单位工作人员西藏特殊津贴
713	72010201020104	特区津贴	预算支出类	核算事业单位按国家规定发放的事业单位工作人员特区津贴
714	72010201020105	新疆南疆工作补贴	预算支出类	核算事业单位按国家规定发放的事业单位工作人员新疆南疆工作补贴
715	72010201020106	西藏高海拔折算工龄津贴	预算支出类	核算事业单位按国家规定发放的事业单位工作人员西藏高海拔折算工龄津贴
716	72010201020107	93 工改保留	预算支出类	核算事业单位按国家规定发放的事业单位工作人员 93 工改保留
717	72010201020108	信访津贴	预算支出类	核算事业单位按国家规定发放的事业单位工作人员信访津贴
718	72010201020109	纪检监察人员办案补贴	预算支出类	核算事业单位按国家规定发放的事业单位工作人员纪检监察人员办案补贴
719	72010201020110	保姆自雇费	预算支出类	核算事业单位按国家规定发放的事业单位工作人员保姆自雇费
720	72010201020111	带薪年休假补贴	预算支出类	核算事业单位按国家规定发放的事业单位工作人员带薪年休假补贴
721	72010201020199	其他	预算支出类	核算事业单位按国家规定发放的事业单位工作人员除上述津贴补贴外的其他国家统一的津贴补贴
722	720102010202	规范性津贴补贴	预算支出类	核算事业单位在清理规范津贴补贴工作后按规定发放的事业单位工作人员规范性津贴补贴
723	72010201020201	工作性津贴	预算支出类	核算事业单位在清理规范津贴补贴工作后按规定发放给事业单位工作人员的工作性津贴
724	72010201020202	生活性补贴	预算支出类	核算事业单位在清理规范津贴补贴工作后按规定发放给事业单位工作人员的生活性津贴
725	720102010203	改革性补贴	预算支出类	核算事业单位按国家规定发放的事业单位工作人员改革性补贴
726	72010201020301	提租补贴	预算支出类	核算事业单位按房改政策规定的标准向职工发放的提租补贴
727	72010201020302	购房补贴	预算支出类	核算事业单位按房改政策规定向符合条件的职工发放的用于购买住房的补贴
728	72010201020303	采暖补贴	预算支出类	核算事业单位按国家规定发放的事业单位工作人员采暖补贴
729	72010201020304	物业服务补贴	预算支出类	核算事业单位按国家规定发放的事业单位工作人员物业服务补贴

续表

序号	科目编码	科目名称	科目类别	核算内容
730	72010201020399	其他改革性补贴	预算支出类	核算事业单位按国家规定发放的事业单位工作人员除上述外的其他改革性补贴
731	7201020103	奖金	预算支出类	核算事业单位按规定发放的奖金，包括机关工作人员年终一次性奖金等。
732	720102010301	公务员年终一次性奖励	预算支出类	核算事业单位按规定发放的机关工作人员年终一次性奖金
733	720102010399	其他奖金	预算支出类	核算事业单位按规定发放的其他奖金
734	7201020104	伙食补助费	预算支出类	核算事业单位发放给职工的伙食补助费，因公负伤等住院治疗、住疗养院期间的伙食补助费，如误餐补助、夜餐补助等。
735	7201020105	绩效工资	预算支出类	核算事业单位按规定发放给事业单位工作人员的绩效工资
736	7201020106	机关事业单位基本养老保险缴费	预算支出类	核算事业单位为职工缴纳的基本养老保险费。由单位代扣的工作人员基本养老保险缴费，不在此科目反映
737	7201020107	职业年金缴费	预算支出类	核算事业单位为职工实际缴纳的职业年金（含职业年金补记支出）。由单位代扣的工作人员职业年金缴费，不在此科目反映
738	7201020108	职工基本医疗保险缴费	预算支出类	核算事业单位为职工缴纳的基本医疗保险费
739	7201020109	公务员医疗补助缴费	预算支出类	核算按规定可享受公务员医疗补助单位为职工缴纳的公务员医疗补助费
740	7201020110	其他社会保障缴费	预算支出类	核算事业单位为职工缴纳的失业、工伤、生育、大病统筹等社会保险费，以及残疾人就业保障金等
741	720102011001	失业保险费	预算支出类	核算事业单位为职工缴纳的失业保险费
742	720102011002	工伤保险费	预算支出类	核算事业单位为职工缴纳的工伤保险费
743	720102011003	生育保险费	预算支出类	核算事业单位为职工缴纳的生育保险费
744	720102011004	大病统筹	预算支出类	核算事业单位为职工缴纳的大病统筹（在京单位不适用本科目）
745	720102011005	残疾人就业保障金	预算支出类	核算事业单位为职工缴纳的残疾人就业保障金
746	720102011099	其他保险费	预算支出类	核算事业单位为职工缴纳的除上述社会保险费外的其他社会保险费
747	7201020111	住房公积金	预算支出类	核算事业单位按规定为职工缴纳的住房公积金
748	7201020112	医疗费	预算支出类	核算未参加医疗保险单位的医疗经费和单位按规定为职工支出的其他医疗费用

续表

序号	科目编码	科目名称	科目类别	核算内容
749	7201020113	其他工资福利支出	预算支出类	核算事业单位上述项目未包括的人员支出，如各种加班工资、病假两个月以上期间的人员工资、职工探亲旅费、困难职工生活补助，编制外长期聘用人员（不包括劳务派遣人员）劳务报酬及社保缴费，公务员及参照和依照公务员制度管理的单位工作人员转入企业工作并按规定参加企业职工基本养老保险后给予的一次性补贴等
750	720102011301	气象部门特殊人才津贴	预算支出类	核算事业单位按规定发放给单位工作人员的气象部门特殊人才津贴
751	720102011302	中央国家机关在京补贴	预算支出类	核算事业单位按规定发放给单位工作人员的中央国家机关在京补贴
752	720102011303	计生人员补贴	预算支出类	核算事业单位按规定发放给单位工作人员的计生人员补贴
753	720102011304	电话费	预算支出类	核算事业单位按规定发放给单位工作人员的电话费
754	720102011305	移动通讯费	预算支出类	核算事业单位按规定发放给单位工作人员的移动通讯费
755	720102011306	防暑降温费	预算支出类	核算事业单位按规定发放给单位工作人员的防暑降温费
756	720102011307	加班工资	预算支出类	核算事业单位按规定发放给单位工作人员的加班工资
757	720102011308	值班费	预算支出类	核算事业单位按规定发放给单位工作人员的汛期、应急等值班费用
758	720102011309	编外长期聘用人员工资福利支出	预算支出类	核算事业单位按规定发放给编外长期聘用人员（不包括劳务派遣人员）的工资福利支出
759	72010201130901	编外长聘人员基本工资	预算支出类	核算事业单位按规定发放给编外长期聘用人员（不包括劳务派遣人员）的基本工资
760	72010201130902	编外长聘人员津贴补贴	预算支出类	核算事业单位按规定发放给编外长期聘用人员（不包括劳务派遣人员）的津贴补贴
761	72010201130903	编外长期聘用人员社保缴费	预算支出类	核算事业单位按规定发放给编外长期聘用人员（不包括劳务派遣人员）的社保缴费
762	72010201130904	编外长期聘用人员职业年金	预算支出类	核算事业单位按规定发放给编外长期聘用人员（不包括劳务派遣人员）的职业年金
763	72010201130905	编外长聘人员公积金	预算支出类	核算事业单位按规定发放给编外长期聘用人员（不包括劳务派遣人员）的公积金
764	72010201130999	编外长聘人员其他工资福利支出	预算支出类	核算事业单位按规定发放给编外长期聘用人员（不包括劳务派遣人员）的其他工资福利支出

续表

序号	科目编码	科目名称	科目类别	核算内容
765	720102011310	地方编制人员工资福利支出	预算支出类	核算事业单位按规定发放给地方编制人员的工资福利支出
766	72010201131001	地方编制人员基本工资	预算支出类	核算事业单位按规定发放给地方编制人员的基本工资
767	72010201131002	地方编制人津贴补贴	预算支出类	核算事业单位按规定发放给地方编制人员的津贴补贴
768	72010201131003	地方编制人员社保缴费	预算支出类	核算事业单位按规定发放给地方编制人员的社保缴费
769	72010201131004	地方编制人员职业年金	预算支出类	核算事业单位按规定发放给地方编制人员的职业年金
770	72010201131005	地方编制人员公积金	预算支出类	核算事业单位按规定发放给地方编制人员的公积金
771	72010201131099	地方编制其他工资福利支出	预算支出类	核算事业单位按规定发放给地方编制人员的其他工资福利支出
772	720102011311	职工探亲旅费	预算支出类	核算事业单位按规定发放给单位工作人员的探亲旅费
773	720102011312	困难职工生活补助	预算支出类	核算事业单位按规定发放给困难职工的生活补助
774	720102011399	其他	预算支出类	核算事业单位按规定发放给单位工作人员的其他工资福利支出
775	72010202	商品和服务支出	预算支出类	核算事业单位购买商品和服务的支出（不包括用于购置固定资产、战略性和应急性物资储备等资本性支出）
776	7201020201	办公费	预算支出类	核算事业单位购买按财务会计制度规定不符合固定资产确认标准的日常办公用品、书报杂志等支出
777	7201020202	印刷费	预算支出类	核算事业单位的印刷费支出
778	7201020203	咨询费	预算支出类	核算事业单位用于专家咨询、论证、评审等方面的支出
779	7201020204	手续费	预算支出类	核算事业单位支付的各类手续费支出
780	7201020205	水费	预算支出类	核算事业单位支付的水费、污水处理费等支出
781	7201020206	电费	预算支出类	核算事业单位的电费支出
782	7201020207	邮电费	预算支出类	核算事业单位开支的信函、包裹、货物等物品的邮寄费及电话费、电报费、传真费、网络通讯费等
783	7201020208	取暖费	预算支出类	核算事业单位开支的取暖用燃料费、热力费、达不到固定资产确认标准的炉具购置费、锅炉临时工的工资、节煤奖，以及由单位支付的在职职工和离退休人员宿舍取暖费等
784	7201020209	物业管理费	预算支出类	核算事业单位开支的办公用房、职工及离退休人员宿舍等的物业管理费，包括综合治理、绿化、卫生等方面的支出

续表

序号	科目编码	科目名称	科目类别	核算内容
785	7201020210	差旅费	预算支出类	核算事业单位工作人员国（境）内出差发生的城市间交通费、住宿费、伙食补助费和市内交通费。
786	7201020211	因公出国（境）费用	预算支出类	核算事业单位工作人员公务出国（境）的国际旅费、国外城市间交通费、住宿费、伙食费、培训费、公杂费等支出
787	7201020212	维修（护）费	预算支出类	核算事业单位日常开支的固定资产（不包括车船等交通工具）修理和维护费用，网络信息系统运行与维护费用，以及按规定提取的修购基金
788	7201020213	租赁费	预算支出类	核算事业单位租赁办公用房、宿舍、专用通讯网以及其他设备等方面的费用
789	7201020214	会议费	预算支出类	核算事业单位会议期间按规定开支的住宿费、伙食费、会议场地租金、交通费、文件印刷费、医药费等
790	7201020215	培训费	预算支出类	核算事业单位除因公出国（境）培训费以外的，在培训期间发生的师资费、住宿费、伙食费、培训场地费、培训资料费、交通费等各类培训费用。按标准提取的“职工教育经费”也在本科目中核算
791	7201020216	公务接待费	预算支出类	核算事业单位按规定开支的各类公务接待（含外宾接待）费用
792	7201020217	专用材料费	预算支出类	核算事业单位购买日常专用材料的支出。具体包括医务室的药品及医疗耗材，气象探测观测耗材，实验室用品，专用防护服装等
793	7201020218	专用燃料费	预算支出类	核算事业单位用作业务工作设备的车（不含公务用车）、船设施等的油料支出
794	7201020219	劳务费	预算支出类	核算事业单位支付给单位和个人的劳务费用，如临时聘用人员、钟点工工资，稿费、翻译费、评审费等
795	7201020220	委托业务费	预算支出类	核算事业单位因委托外单位办理业务而支付的委托业务费
796	7201020221	工会经费	预算支出类	核算事业单位按规定提取或安排的工会经费
797	7201020222	福利费	预算支出类	核算事业单位按规定提取的职工福利费
798	7201020223	公务用车运行维护费	预算支出类	核算事业单位开支按规定保留的公务用车燃料费、维修费、过桥过路费、保险费、安全奖励费用等支出
799	720102022301	公务用车燃料费	预算支出类	核算事业单位开支的公务用车燃料费
800	720102022302	公务用车过路过桥费	预算支出类	核算事业单位开支的公务用车过桥过路费
801	720102022303	公务用车保险费	预算支出类	核算事业单位开支的公务用车保险费
802	720102022304	公务用车维修维护费	预算支出类	核算事业单位开支的公务用车维修维护费

续表

序号	科目编码	科目名称	科目类别	核算内容
803	720102022305	公务用车安全奖励费	预算支出类	核算事业单位开支的公务用车安全奖励费
804	720102022399	其他	预算支出类	核算事业单位开支的公务用车除上述费用外的其他费用支出
805	7201020224	其他交通费用	预算支出类	核算事业单位开支的除公务用车运行维护费以外的其他交通费用。如公务交通补贴，租车费用、出租车费用，飞机、船舶等的燃料费、维修费、过桥过路费、保险费等支出
806	720102022401	公务交通补贴	预算支出类	核算事业单位开支的公务交通补贴
807	720102022402	其他交通工具租用费	预算支出类	核算事业单位开支的除公务用车运行维护费以外的其他交通工具的租用费
808	720102022403	其他交通工具燃料费	预算支出类	核算事业单位开支的除公务用车运行维护费以外的其他交通工具的燃料费
809	720102022404	其他交通工具过路过桥费	预算支出类	核算事业单位开支的除公务用车运行维护费以外的其他交通工具的过桥过路费
810	720102022405	其他交通工具保险费	预算支出类	核算事业单位开支的除公务用车运行维护费以外的其他交通工具的保险费
811	720102022406	其他交通工具维修维护费	预算支出类	核算事业单位开支的除公务用车运行维护费以外的其他交通工具的维修维护费
812	720102022407	其他交通工具安全奖励费	预算支出类	核算事业单位开支的除公务用车运行维护费以外的其他交通工具的安全奖励费
813	720102022408	出租车费用	预算支出类	核算事业单位开支的除公务用车运行维护费以外的其他交通工具的出租车费用
814	720102022499	其他	预算支出类	核算事业单位开支的除公务用车运行维护费和上述其他交通费用以外的其他交通费用
815	7201020225	税金及附加费用	预算支出类	核算事业单位开展专业业务活动及其辅助活动应负担的税金及附加费用。包括消费税、城市维护建设税、资源税和教育费附加等
816	720102022501	城市维护建设税	预算支出类	核算事业单位开展专业业务活动及其辅助活动应负担的城市维护建设税
817	720102022502	房产税	预算支出类	核算事业单位开展专业业务活动及其辅助活动应负担的房产税
818	720102022503	土地增值税	预算支出类	核算事业单位开展专业业务活动及其辅助活动应负担的土地增值税
819	720102022504	土地使用税	预算支出类	核算事业单位开展专业业务活动及其辅助活动应负担的土地使用税

续表

序号	科目编码	科目名称	科目类别	核算内容
820	720102022505	车船使用税	预算支出类	核算事业单位开展专业业务活动及其辅助活动应负担的车船使用税
821	720102022506	教育费附加	预算支出类	核算事业单位开展专业业务活动及其辅助活动应负担的教育费附加
822	720102022507	地方教育附加	预算支出类	核算事业单位开展专业业务活动及其辅助活动按地方政府规定应负担的教育附加
823	720102022508	环境保护税	预算支出类	核算事业单位开展专业业务活动及其辅助活动应负担的环境保护税
824	720102022509	增值税	预算支出类	核算事业单位开展专业业务活动及其辅助活动应负担的增值税
826	720102022599	其他税费	预算支出类	核算事业单位开展专业业务活动及其辅助活动应负担的除上述税金及附加费用外的其他税费
827	7201020299	其他商品和服务支出	预算支出类	核算事业单位开支的除上述公用支出外的其他日常公用支出。如诉讼费、国内组织的会员费、来访费、广告宣传、离休人员特需费、离退休人员公用经费等支出
828	720102029901	离休人员特需费	预算支出类	核算事业单位开支的离休人员特需费
829	720102029902	离休人员公用支出	预算支出类	核算事业单位开支的离休人员公用经费支出
830	720102029903	退休人员公用支出	预算支出类	核算事业单位开支的退休人员公用经费支出
831	720102029904	国内组织会员费	预算支出类	核算事业单位开支的国内组织的会员费
832	720102029905	工青党团妇活动费	预算支出类	核算事业单位开支的工、青、党、团、妇等组织的活动费支出
833	720102029906	药品支出	预算支出类	核算中国气象局医院购置药品的支出
834	720102029907	诉讼费	预算支出类	核算事业单位开支的诉讼费
835	720102029908	来访费	预算支出类	核算事业单位开支的来访费
836	720102029909	广告宣传费	预算支出类	核算事业单位开支的广告宣传费
837	720102029999	其他	预算支出类	核算事业单位开支的除上述公用支出外的其他日常公用支出
838	72010203	对个人和家庭的补助支出	预算支出类	核算事业单位开支的用于对个人和家庭的补助支出
839	7201020301	离休费	预算支出类	核算事业单位按规定发放给离休人员的离休费、护理费以及提租补贴、购房补贴、采暖补贴、物业服务补贴等补贴
840	720102030101	基本离休费	预算支出类	核算事业单位按国家规定发放给离休人员的离休费
841	720102030102	生活性津贴	预算支出类	核算事业单位按国家规定发放给离休人员的生活性津贴

续表

序号	科目编码	科目名称	科目类别	核算内容
842	720102030103	地方（部门）津贴补贴	预算支出类	核算事业单位按地方政府或主管部门规定发放给离休人员的各种津贴补贴
843	720102030104	护理费	预算支出类	核算事业单位按规定发放给离休人员的护理费
844	720102030105	提租补贴	预算支出类	核算事业单位按规定发放给离休人员的提租补贴
845	720102030106	购房补贴	预算支出类	核算事业单位按规定发放给离休人员的购房补贴
846	720102030107	采暖补贴	预算支出类	核算事业单位按规定发放给离休人员的采暖补贴
847	720102030108	物业服务补贴	预算支出类	核算事业单位按规定发放给离休人员的物业服务补贴
848	720102030199	其他	预算支出类	核算事业单位按规定发放给离休人员除上述以外的其他补助
849	7201020302	退休费	预算支出类	核算事业单位按规定发放给退休人员的退休费以及提租补贴、购房补贴、采暖补贴、物业服务补贴等补贴
850	720102030201	基本退休费	预算支出类	核算事业单位按国家规定发放给退休人员的退休费
851	720102030202	生活性津贴	预算支出类	核算事业单位按国家规定发放给退休人员的生活性津贴
852	720102030203	地方（部门）津贴补贴	预算支出类	核算事业单位按地方政府或主管部门规定发放给退休人员的各种津贴补贴
853	720102030204	提租补贴	预算支出类	核算事业单位按规定发放给退休人员的提租补贴
854	720102030205	购房补贴	预算支出类	核算事业单位按规定发放给退休人员的购房补贴
855	720102030206	采暖补贴	预算支出类	核算事业单位按规定发放给退休人员的采暖补贴
856	720102030207	物业服务补贴	预算支出类	核算事业单位按规定发放给退休人员的物业服务补贴
857	720102030208	在职人员养老保险缴费	预算支出类	核算事业单位按规定为在职人员缴纳的养老保险缴费
858	720102030209	在职人员职业年金缴费	预算支出类	核算事业单位按规定为在职人员缴纳的职业年金缴费
859	720102030299	其他	预算支出类	核算事业单位按规定发放给退休人员除上述以外的其他补助
860	7201020303	退职（役）费	预算支出类	核算事业单位发放给退职人员的生活补贴，一次性支付给职工的退职补助和支付给军官、文职干部、士官、义务兵的退役费，按月支付给自主择业的军队转业干部的退役金
861	7201020304	抚恤金	预算支出类	核算事业单位按规定开支的烈士遗属、牺牲病故人员遗属的一次性和定期抚恤金，伤残人员的抚恤金，离退休人员等其他人员的各项抚恤金，以及按规定开支的机关事业单位职工和离退休人员丧葬费
862	7201020305	生活补助	预算支出类	核算事业单位按规定开支的优抚对象定期定量生活补助费，职工遗属生活补助，长期赡养人员的补助费等

续表

序号	科目编码	科目名称	科目类别	核算内容
863	7201020306	救济费	预算支出类	核算按规定开支的贫困人员等生活救济费。实物形式的救济也在本科目反映
864	7201020307	医疗费补助	预算支出类	核算事业单位离退休人员的医疗费，学生医疗费，优抚对象医疗补助，以及按国家规定资助农民参加新型农村合作医疗和城镇居民参加城镇居民基本医疗保险的支出
865	7201020308	助学金	预算支出类	核算各类学校学生助学金、奖学金、学生贷款、出国留学（实习）人员生活费，以及按照协议由我方负担或享受我方奖学金的来华留学生、进修生生活费等
866	7201020309	奖励金	预算支出类	核算事业单位开支的各类奖励支出
867	720102030901	计划生育目标责任奖	预算支出类	核算事业单位开支的计划生育目标责任奖支出
868	720102030902	独生子女父母奖励	预算支出类	核算事业单位开支的独生子女父母奖励支出
869	720102030999	其他	预算支出类	核算事业单位开支的其他各类奖励支出
870	7201020310	其他对个人和家庭的补助支出	预算支出类	核算事业单位开支的除上述支出外的其他对个人和家庭的补助支出，如婴幼儿补贴、职工探亲旅费、退职人员及随行家属路费等
871	720102031001	婴幼儿补贴	预算支出类	核算事业单位开支的婴幼儿补贴
872	720102031002	退职人员及随行家属路费	预算支出类	核算事业单位开支的退职人员及随行家属路费
873	720102031003	保障性住房租金补贴	预算支出类	核算事业单位开支的保障性住房租金补贴
874	720102031099	其他	预算支出类	核算事业单位开支的除上述支出外的其他对个人和家庭的补助支出
875	72010204	债务利息及费用支出	预算支出类	核算事业单位债务利息及费用支出
876	7201020401	国内债务付息	预算支出类	核算事业单位用于偿还国内债务利息的支出
877	7201020402	国外债务付息	预算支出类	核算事业单位用于偿还国外债务利息的支出
878	7201020403	国内债务发行费用	预算支出类	核算事业单位用于国内债务发行、兑付、登记等费用的支出
879	7201020404	国外债务发行费用	预算支出类	核算事业单位用于国外债务发行、兑付、登记等费用的支出
880	72010205	资本性支出（基本建设）	预算支出类	核算事业单位由发改部门安排和其他资金来源安排的基本建设支出
881	7201020501	房屋建筑物购建	预算支出类	核算事业单位基建项目用于购买、自行建造办公用房、仓库、职工生活用房、教学科研用房、学生宿舍、食堂等建筑物（含附属设施，如电梯、通讯线路、水气管道等）的支出

续表

序号	科目编码	科目名称	科目类别	核算内容
882	7201020502	办公设备购置	预算支出类	核算事业单位基建项目用于购置并按财务会计制度规定纳入固定资产核算范围的办公家具和办公设备的支出
883	7201020503	专用设备购置	预算支出类	核算事业单位基建项目用于购置具有专门用途、并按财务会计制度规定纳入固定资产核算范围的各类专用设备的支出。如通信设备、发电设备、监控设备、卫星转发器、气象设备、进出口监管设备等
884	720102050301	地面观测设备	预算支出类	核算事业单位基建项目用于购置并按财务会计制度规定纳入固定资产核算范围的各类地面观测设备的支出
885	720102050302	高空探测设备	预算支出类	核算事业单位基建项目用于购置并按财务会计制度规定纳入固定资产核算范围的各类高空探测设备的支出
886	720102050303	专用计算机	预算支出类	核算事业单位基建项目用于购置并按财务会计制度规定纳入固定资产核算范围的专用计算机（巨/大/中/小型机）的支出
887	720102050304	天气雷达	预算支出类	核算事业单位基建项目用于购置并按财务会计制度规定纳入固定资产核算范围的各类天气雷达的支出
888	720102050305	气象卫星及接收设备	预算支出类	核算事业单位基建项目用于购置并按财务会计制度规定纳入固定资产核算范围的气象卫星及接收设备的支出
889	720102050399	其他专用设备	预算支出类	核算事业单位基建项目用于购置并按财务会计制度规定纳入固定资产核算范围的除上述设备外的其他专用设备的支出
890	7201020504	基础设施建设	预算支出类	核算事业单位按财务会计制度规定允许资本化用于道路、桥梁、水坝、挡土墙、护坡、围墙等公共基础设施建设方面的支出
891	7201020505	大型修缮	预算支出类	核算事业单位按财务会计制度规定允许资本化的各类设备、建筑物、公共基础设施等大型修缮的支出
892	7201020506	信息网络及软件购置更新	预算支出类	核算事业单位用于信息网络方面的支出。如计算机硬件、软件购置、开发、应用支出等，如果购建的计算机硬件、软件等不符合财务会计制度规定的固定资产确认标准的，不在本科目反映
893	720102050601	计算机	预算支出类	核算事业单位用于构建信息网络而购置的计算机的支出
894	720102050602	软件购置及开发应用	预算支出类	核算事业单位用于软件购置、开发、应用等方面的支出

续表

序号	科目编码	科目名称	科目类别	核算内容
895	720102050603	网络交换机	预算支出类	核算事业单位用于构建信息网络而购置的网络交换机等方面的支出
896	720102050699	其他	预算支出类	核算事业单位用于构建信息网络除上述支出外的其他方面的支出
897	7201020507	物资储备	预算支出类	核算事业单位为应付战争、自然灾害或意料不到的突发事件而提前购置的具有特殊重要性的战略性和应急性物资储备支出
898	7201020508	公务用车购置	预算支出类	核算事业单位公务用车车辆的购置支出（含车辆购置税、牌照费）
899	720102050801	小轿车	预算支出类	核算事业单位用于公务用车的小轿车的购置支出（含车辆购置税）
900	720102050802	越野车	预算支出类	核算事业单位用于公务用车的越野车的购置支出（含车辆购置税）
901	720102050803	小型载客汽车	预算支出类	核算事业单位用于公务用车的小型载客汽车（9 座及 9 座以下）的购置支出（含车辆购置税）
902	720102050804	大中型载客汽车	预算支出类	核算事业单位用于公务用车的大中型载客汽车（9 座以上）的购置支出（含车辆购置税）
903	720102050805	货车	预算支出类	核算事业单位用于公务用车的货车的购置支出（含车辆购置税）
904	720102050806	摩托车	预算支出类	核算事业单位用于公务用车的摩托车的购置支出（含车辆购置税）
905	720102050899	其他车辆	预算支出类	核算事业单位用于公务用车的除上述车辆以外的其他车辆的购置支出（含车辆购置税）
906	7201020509	其他交通工具购置	预算支出类	核算事业单位除公务用车外的其他各类交通工具（如船舶、飞机等）的购置支出（含车辆购置税、牌照费）
907	720102050901	小轿车	预算支出类	核算事业单位用于除公务用车外的小轿车的购置支出（含车辆购置税）
908	720102050902	越野车	预算支出类	核算事业单位用于除公务用车外的越野车的购置支出（含车辆购置税）
909	720102050903	小型载客汽车	预算支出类	核算事业单位用于除公务用车外的小型载客汽车（9 座及 9 座以下）的购置支出（含车辆购置税）
910	720102050904	大中型载客汽车	预算支出类	核算事业单位用于除公务用车外的大中型载客汽车（9 座以上）的购置支出（含车辆购置税）
911	720102050905	货车	预算支出类	核算事业单位用于除公务用车外的货车的购置支出（含车辆购置税）

续表

序号	科目编码	科目名称	科目类别	核算内容
912	720102050906	摩托车	预算支出类	核算事业单位用于除公务用车外的摩托车的购置支出（含车辆购置税）
913	720102050999	其他车辆	预算支出类	核算事业单位用于除公务用车和上述车辆外的其他车辆的购置支出（含车辆购置税）
914	7201020510	文物和陈列品购置	预算支出类	核算事业单位文物和陈列品购置支出
915	7201020511	无形资产购置	预算支出类	核算事业单位开支的著作权、商标权、专利权、土地使用权等无形资产购置支出，软件购置、开发、应用支出不在此科目反映
916	7201020512	其他资本性支出	预算支出类	核算事业单位开支除上述科目外的其他资本性支出
917	720102051201	图书	预算支出类	核算事业单位开支并按财务会计制度纳入固定资产核算范围的图书的购置支出
918	720102051299	其他	预算支出类	核算事业单位开支除图书外的其他资本性支出
919	72010206	资本性支出	预算支出类	核算事业单位由非各级发展与改革部门集中安排的用于购置固定资产、战略性和应急性储备、土地和无形资产，以及购建基础设施、大型修缮等所发生的支出
920	7201020601	房屋建筑物购建	预算支出类	核算事业单位用于购买、自行建造办公用房、仓库、职工生活用房、教学科研用房、学生宿舍、食堂等建筑物（含附属设施，如电梯、通讯线路、水气管道等）的支出
921	7201020602	办公设备购置	预算支出类	核算事业单位用于购置并按财务会计制度规定纳入固定资产核算范围的办公家具和办公设备的支出，以及按规定提取的修购基金
922	7201020603	专业设备购置	预算支出类	核算事业单位用于购置的具有专门用途并按财务会计制度规定纳入固定资产核算范围的各类专用设备的支出，如通信设备、发电设备、卫星转发器、气象设备等
923	7201020604	基础设施建设	预算支出类	核算事业单位按财务会计制度规定允许资本化的用于道路、桥梁、水坝、挡土墙、护坡、围墙等公共基础设施建设方面的支出
924	7201020605	大型修缮	预算支出类	核算事业单位按财务会计制度规定允许资本化的各类设备、建筑物、公共基础设施等大型修缮的支出
925	7201020606	信息网络及软件购置更新	预算支出类	核算事业单位用于信息网络方面的支出。如计算机硬件、软件购置、开发、应用支出等。如果购建的计算机硬件等不符合财务会计制度规定的固定资产确认标准的，不在本科目反映

续表

序号	科目编码	科目名称	科目类别	核算内容
926	7201020607	物资储备	预算支出类	核算事业单位为应付战争、自然灾害或意料不到的突发事件而提前购置的具有特殊重要性的战略性和应急性物资储备支出
927	7201020608	土地补偿	预算支出类	核算事业单位按规定征地和收购土地过程中支付的土地补偿费
928	7201020609	安置补助	预算支出类	核算事业单位按规定征地和收购土地过程中支付的安置补助费
929	7201020610	地上附着物和青苗补偿	预算支出类	核算事业单位按规定征地和收购土地过程中支付的地上附着物和青苗补偿
930	7201020611	拆迁补偿	预算支出类	核算事业单位按规定征地和收购土地过程中支付的拆迁补偿费
931	7201020612	公务用车购置	预算支出类	核算事业单位公务用车车辆的购置支出（含车辆购置税、牌照费）
932	7201020613	其他交通工具购置	预算支出类	核算事业单位除公务用车外的其他各类交通工具（如船舶、飞机等）的购置支出（含车辆购置税、牌照费）
933	7201020614	文物和陈列品购置	预算支出类	核算事业单位文物和陈列品购置支出
934	7201020615	无形资产购置	预算支出类	核算事业单位开支的著作权、商标权、专利权、土地使用权等无形资产购置支出，软件购置、开发、应用支出不在此科目反映
935	7201020699	其他	预算支出类	核算事业单位开支除上述科目外的其他资本性支出
936	72010207	对企业补助（基本建设）	预算支出类	核算事业单位由各级发展与改革部门集中安排的基本建设支出中对企业补助支出
937	7201020701	资本金注入	预算支出类	核算事业单位对企业注入资本金的支出，不包括政府投资基金股权投资
938	7201020799	其他对企业补助	预算支出类	核算事业单位对企业的其他补助支出
939	72010208	对企业补助	预算支出类	核算事业单位对各类企业的补助支出，由各级发展与改革部门集中安排的基本建设支出中对企业补助支出不再此科目反映
940	7201020801	资本金注入	预算支出类	核算事业单位对企业注入资本金的支出，不包括政府投资基金股权投资
941	7201020802	政府投资基金股权投资	预算支出类	核算设立或者参与政府投资基金的股权投资支出
942	7201020803	费用补贴	预算支出类	核算事业单位对企业的费用补贴
943	7201020804	利息补贴	预算支出类	核算事业单位对企业的利息补贴
944	7201020899	其他对企业补助	预算支出类	核算事业单位对企业的其他补助支出

续表

序号	科目编码	科目名称	科目类别	核算内容
945	72010209	其他支出	预算支出类	核算事业单位不能划分到上述经济科目的其他支出
946	7201020901	赠与	预算支出类	核算对外国政府、国内外组织等提供的援助、捐赠以及交纳国际组织会费等方面的支出
947	7201020902	国家赔偿费用支出	预算支出类	核算用于国家赔偿方面的支出
948	7201020903	对民间非营利组织和群众性自治组织的补贴	预算支出类	核算对民间非营利组织和群众性自治组织补贴支出
949	7201020999	其他支出	预算支出类	核算出上述科目外的其他支出
950	720103	待处理支出	预算支出类	核算事业单位暂不能确定具体支出内容的预付款项等支出
951	7301	经营支出	预算支出类	核算事业单位在专业业务活动及其辅助活动之外开展非独立核算经营活动实际发生的各项现金流出
952	730101	工资福利支出	预算支出类	核算事业单位开支的从事经营服务活动的编外聘用人员的各类劳动报酬，以及为上述人员缴纳的各项社会保险费等
953	73010101	基本工资	预算支出类	核算事业单位开支的从事经营服务活动的编外聘用人员的基本工资
954	73010102	津贴补贴	预算支出类	核算事业单位按国家规定发放的从事经营服务活动的编外聘用人员津贴补贴等
955	7301010201	国家统一的津贴补贴	预算支出类	核算事业单位按国家规定发放的从事经营服务活动的编外聘用人员国家统一的津贴补贴
956	730101020101	国家艰苦边远地区津贴	预算支出类	核算事业单位按国家规定发放的从事经营服务活动的编外聘用人员国家艰苦边远地区津贴
957	730101020102	艰苦台站津贴	预算支出类	核算事业单位按国家规定发放的从事经营服务活动的编外聘用人员艰苦台站津贴
958	730101020103	西藏特殊津贴	预算支出类	核算事业单位按国家规定发放的从事经营服务活动的编外聘用人员西藏特殊津贴
959	730101020104	特区津贴	预算支出类	核算事业单位按国家规定发放的从事经营服务活动的编外聘用人员特区津贴
960	730101020105	新疆南疆工作补贴	预算支出类	核算事业单位按国家规定发放的从事经营服务活动的编外聘用人员新疆南疆工作补贴
961	730101020106	西藏高海拔折算工龄津贴	预算支出类	核算事业单位按国家规定发放的从事经营服务活动的编外聘用人员西藏高海拔折算工龄津贴
962	730101020107	93 工改保留	预算支出类	核算事业单位按国家规定发放的从事经营服务活动的编外聘用人员 93 工改保留

续表

序号	科目编码	科目名称	科目类别	核算内容
963	730101020108	信访津贴	预算支出类	核算事业单位按国家规定发放的从事经营服务活动的编外聘用人员信访津贴
964	730101020109	纪检监察人员办案补贴	预算支出类	核算事业单位按国家规定发放的从事经营服务活动的编外聘用人员纪检监察人员办案补贴
965	730101020110	保姆自雇费	预算支出类	核算事业单位按国家规定发放的从事经营服务活动的编外聘用人员保姆自雇费
966	730101020111	带薪年休假补贴	预算支出类	核算事业单位按国家规定发放的从事经营服务活动的编外聘用人员带薪年休假补贴
967	730101020199	其他	预算支出类	核算事业单位按国家规定发放的从事经营服务活动的编外聘用人员除上述津贴补贴外的其他国家统一的津贴补贴
968	7301010202	规范性津贴补贴	预算支出类	核算事业单位在清理规范津贴补贴工作后按规定发放的从事经营服务活动的编外聘用人员规范性津贴补贴
969	730101020201	工作性津贴	预算支出类	核算事业单位在清理规范津贴补贴工作后按规定发放给从事经营服务活动的编外聘用人员的工作性津贴
970	730101020202	生活性补贴	预算支出类	核算事业单位在清理规范津贴补贴工作后按规定发放给从事经营服务活动的编外聘用人员的生活性津贴
971	7301010203	改革性补贴	预算支出类	核算事业单位按国家规定发放的从事经营服务活动的编外聘用人员改革性补贴
972	730101020301	提租补贴	预算支出类	核算事业单位按房改政策规定的标准向从事经营服务活动的编外聘用人员发放的提租补贴
973	730101020302	购房补贴	预算支出类	核算事业单位按房改政策规定向符合条件的从事经营服务活动的编外聘用人员发放的用于购买住房的补贴
974	730101020303	采暖补贴	预算支出类	核算事业单位按国家规定发放的从事经营服务活动的编外聘用人员采暖补贴
975	730101020304	物业服务补贴	预算支出类	核算事业单位按国家规定发放的从事经营服务活动的编外聘用人员物业服务补贴
976	730101020399	其他改革性补贴	预算支出类	核算事业单位按国家规定发放的从事经营服务活动的编外聘用人员除上述外的其他改革性补贴
977	73010103	奖金	预算支出类	核算事业单位按规定发放的从事经营服务活动的编外聘用人员奖金，包括机关工作人员年终一次性奖金等。
978	73010104	伙食补助费	预算支出类	核算事业单位发放给从事经营服务活动的编外聘用人员的伙食补助费，因公负伤等住院治疗、住疗养院期间的伙食补助费，如误餐补助、夜餐补助等。
979	73010105	绩效工资	预算支出类	核算事业单位按规定发放给从事经营服务活动的编外聘用人员的绩效工资

续表

序号	科目编码	科目名称	科目类别	核算内容
980	73010106	机关事业单位基本养老保险缴费	预算支出类	核算事业单位为从事经营服务活动的编外聘用人员缴纳的基本养老保险费。由单位代扣的工作人员基本养老保险缴费，不在此科目反映
981	73010107	职业年金缴费	预算支出类	核算事业单位为从事经营服务活动的编外聘用人员实际缴纳的职业年金（含职业年金补记支出）。由单位代扣的工作人员职业年金缴费，不在此科目反映
982	73010108	职工基本医疗保险缴费	预算支出类	核算事业单位为从事经营服务活动的编外聘用人员缴纳的基本医疗保险费
983	73010109	公务员医疗补助缴费	预算支出类	核算按规定可享受公务员医疗补助单位为职工缴纳的公务员医疗补助费
984	73010110	其他社会保障缴费	预算支出类	核算事业单位为从事经营服务活动的编外聘用人员缴纳的失业、工伤、生育、大病统筹等社会保险费，以及残疾人就业保障金等
985	7301011001	失业保险费	预算支出类	核算事业单位为从事经营服务活动的编外聘用人员缴纳的失业保险费
986	7301011002	工伤保险费	预算支出类	核算事业单位为从事经营服务活动的编外聘用人员缴纳的工伤保险费
987	7301011003	生育保险费	预算支出类	核算事业单位为从事经营服务活动的编外聘用人员缴纳的生育保险费
988	7301011004	大病统筹	预算支出类	核算事业单位为从事经营服务活动的编外聘用人员缴纳的大病统筹（在京单位不适用本科目）
989	7301011005	残疾人就业保障金	预算支出类	核算事业单位为从事经营服务活动的编外聘用人员缴纳的残疾人就业保障金
990	7301011099	其他保险费	预算支出类	核算事业单位为从事经营服务活动的编外聘用人员缴纳的除上述社会保险费外的其他社会保险费
991	73010111	住房公积金	预算支出类	核算事业单位按规定为从事经营服务活动的编外聘用人员缴纳的住房公积金
992	73010112	医疗费	预算支出类	核算未参加医疗保险单位的医疗经费和单位按规定为从事经营服务活动的编外聘用人员支出的其他医疗费用
993	73010113	其他工资福利支出	预算支出类	核算事业单位上述项目未包括的人员支出，如各种加班工资、病假两个月以上期间的人员工资、职工探亲旅费、困难职工生活补助，编制外长期聘用人员（不包括劳务派遣人员）劳务报酬及社保缴费，公务员及参照和依照公务员制度管理的单位工作人员转入企业工作并按规定参加企业职工基本养老保险后给予的一次性补贴等

续表

序号	科目编码	科目名称	科目类别	核算内容
994	7301011301	气象部门特殊人才津贴	预算支出类	核算事业单位按规定发放给从事经营服务活动的编外聘用人员的气象部门特殊人才津贴
995	7301011302	中央国家机关在京补贴	预算支出类	核算事业单位按规定发放给从事经营服务活动的编外聘用人员的中央国家机关在京补贴
996	7301011303	计生人员补贴	预算支出类	核算事业单位按规定发放给从事经营服务活动的编外聘用人员的计生人员补贴
997	7301011304	电话费	预算支出类	核算事业单位按规定发放给从事经营服务活动的编外聘用人员的电话费
998	7301011305	移动通讯费	预算支出类	核算事业单位按规定发放给从事经营服务活动的编外聘用人员的移动通讯费
999	7301011306	防暑降温费	预算支出类	核算事业单位按规定发放给从事经营服务活动的编外聘用人员的防暑降温费
1000	7301011307	加班工资	预算支出类	核算事业单位按规定发放给从事经营服务活动的编外聘用人员的加班工资
1001	7301011308	值班费	预算支出类	核算事业单位按规定发放给从事经营服务活动的编外聘用人员的汛期、应急等值班费用
1002	7301011311	职工探亲旅费	预算支出类	核算事业单位按规定发放给从事经营服务活动的编外聘用人员的探亲旅费
1003	7301011312	困难职工生活补助	预算支出类	核算事业单位按规定发放给从事经营服务活动的编外聘用困难职工的生活补助
1004	7301011399	其他	预算支出类	核算事业单位按规定发放给从事经营服务活动的编外聘用人员的其他工资福利支出
1005	730102	商品和服务支出	预算支出类	核算事业单位开展经营活动过程中发生的购买商品和服务的支出（不包括用于购置固定资产、战略性和应急性物资储备等资本性支出）
1006	73010201	办公费	预算支出类	核算事业单位开展经营活动过程中发生的购买按财务会计制度规定不符合固定资产确认标准的日常办公用品、书报杂志等支出
1007	73010202	印刷费	预算支出类	核算事业单位开展经营活动过程中发生的的印刷费、版面费支出
1008	73010203	咨询费	预算支出类	核算事业单位开展经营活动过程中发生的用于专家咨询、论证、评审等方面的支出
1009	73010204	手续费	预算支出类	核算事业单位开展经营活动过程中发生的支付的各类手续费支出
1010	73010205	水费	预算支出类	核算事业单位开展经营活动过程中发生的支付的水费、污水处理费等支出

续表

序号	科目编码	科目名称	科目类别	核算内容
1011	73010206	电费	预算支出类	核算事业单位开展经营活动过程中发生的电费支出
1012	73010207	邮电费	预算支出类	核算事业单位开展经营活动过程中开支的信函、包裹、货物等物品的邮寄费及电话费、电报费、传真费、网络通讯费等
1013	73010208	取暖费	预算支出类	核算事业单位开展经营活动过程中发生的取暖用燃料费、热力费、达不到固定资产确认标准的炉具购置费、锅炉临时工的工资、节煤奖，以及由单位支付的在职职工和离退休人员宿舍取暖费等
1014	73010209	物业管理费	预算支出类	核算事业单位开展经营活动过程中发生的办公用房、职工及离退休人员宿舍等的物业管理费，包括综合治理、绿化、卫生等方面的支出
1015	73010210	差旅费	预算支出类	核算事业单位工作人员开展经营活动过程中国（境）内出差发生的城市间交通费、住宿费、伙食补助费和市内交通费。
1016	73010211	因公出国（境）费用	预算支出类	核算事业单位工作人员开展经营活动过程中发生的公务出国（境）的国际旅费、国外城市间交通费、住宿费、伙食费、培训费、公杂费等支出
1017	73010212	维修（护）费	预算支出类	核算事业单位日常开展经营活动过程中发生的固定资产（不包括车船等交通工具）修理和维护费用，网络信息系统运行与维护费用，以及按规定提取的修购基金
1018	73010213	租赁费	预算支出类	核算事业单位开展经营活动过程中发生的租赁办公用房、宿舍、专用通讯网以及其他设备等方面的费用
1019	73010214	会议费	预算支出类	核算事业单位会议期间按规定开支的住宿费、伙食费、会议场地租金、交通费、文件印刷费、医药费等
1020	73010215	培训费	预算支出类	核算事业单位开展经营活动过程中发生的除因公出国（境）培训费以外的，在培训期间发生的师资费、住宿费、伙食费、培训场地费、培训资料费、交通费等各类培训费用。按标准提取的“职工教育经费”也在本科目中核算
1021	73010216	公务接待费	预算支出类	核算事业单位开展经营活动过程中发生的各类公务接待（含外宾接待）费用
1022	73010217	专用材料费	预算支出类	核算事业单位开展经营活动过程中发生的购买日常专用材料的支出。具体包括医务室的药品及医疗耗材，气象探测观测耗材，实验室用品，专用防护服装等
1023	73010218	专用燃料费	预算支出类	核算事业单位开展经营活动过程中发生的用作业务工作设备的车（不含公务用车）、船设施等的油料支出

续表

序号	科目编码	科目名称	科目类别	核算内容
1024	73010219	劳务费	预算支出类	核算事业单位开展经营活动过程中发生的支付给单位和个人的劳务费用，如临时聘用人员、钟点工工资，稿费、翻译费、评审费等
1025	73010220	委托业务费	预算支出类	核算事业单位开展经营活动过程中发生的因委托外单位办理业务而支付的委托业务费
1026	73010221	工会经费	预算支出类	核算事业单位按规定提取或安排的工会经费
1027	73010222	福利费	预算支出类	核算事业单位按规定提取的职工福利费
1028	73010223	公务用车运行维护费	预算支出类	核算事业单位开支按规定保留的公务用车燃料费、维修费、过桥过路费、保险费、安全奖励费用等支出
1029	7301022301	公务用车燃料费	预算支出类	核算事业单位开支的公务用车燃料费
1030	7301022302	公务用车过路过桥费	预算支出类	核算事业单位开支的公务用车过桥过路费
1031	7301022303	公务用车保险费	预算支出类	核算事业单位开支的公务用车保险费
1032	7301022304	公务用车维修维护费	预算支出类	核算事业单位开支的公务用车维修维护费
1033	7301022305	公务用车安全奖励费	预算支出类	核算事业单位开支的公务用车安全奖励费
1034	7301022399	其他	预算支出类	核算事业单位开支的公务用车除上述费用外的其他费用支出
1035	73010224	其他交通费用	预算支出类	核算事业单位开展经营活动开支的除公务用车运行维护费以外的其他交通费用。如公务交通补贴，租车费用、出租车费用，飞机、船舶等的燃料费、维修费、过桥过路费、保险费等支出
1036	7301022401	其他交通工具燃料费	预算支出类	核算事业单位开展经营活动开支的除公务用车运行维护费以外的其他交通工具的燃料费
1037	7301022402	其他交通工具过路过桥费	预算支出类	核算事业单位开展经营活动开支的除公务用车运行维护费以外的其他交通工具的过桥过路费
1038	7301022403	其他交通工具保险费	预算支出类	核算事业单位开展经营活动开支的除公务用车运行维护费以外的其他交通工具的保险费
1039	7301022404	其他交通工具租用费	预算支出类	核算事业单位开展经营活动开支的除公务用车运行维护费以外的其他交通工具的租用费
1040	7301022405	其他交通工具维修维护费	预算支出类	核算事业单位开展经营活动开支的除公务用车运行维护费以外的其他交通工具的维修维护费
1041	7301022406	其他交通工具安全奖励费	预算支出类	核算事业单位开展经营活动开支的除公务用车运行维护费以外的其他交通工具的安全奖励费
1042	7301022407	公务交通补贴	预算支出类	核算事业单位开展经营活动开支的公务交通补贴
1043	7301022408	出租车费用	预算支出类	核算事业单位开展经营活动开支的除公务用车运行维护费以外的其他交通工具的出租车费用

续表

序号	科目编码	科目名称	科目类别	核算内容
1044	7301022499	其他	预算支出类	核算事业单位开展经营活动开支的除公务用车运行维护费和上述其他交通费用以外的其他交通费用
1045	73010225	税金及附加费用	预算支出类	核算事业单位开展经营活动应负担的税金及附加费用。包括消费税、城市维护建设税、资源税和教育费附加等
1046	7301022501	城市维护建设税	预算支出类	核算事业单位开展经营活动应负担的城市维护建设税
1047	7301022502	房产税	预算支出类	核算事业单位开展经营活动应负担的房产税
1048	7301022503	土地增值税	预算支出类	核算事业单位开展经营活动应负担的土地增值税
1049	7301022504	土地使用税	预算支出类	核算事业单位开展经营活动应负担的土地使用税
1050	7301022505	车船使用税	预算支出类	核算事业单位开展经营活动应负担的车船使用税
1051	7301022506	教育费附加	预算支出类	核算事业单位开展经营活动应负担的教育费附加
1052	7301022507	地方教育附加	预算支出类	核算事业单位开展经营活动按地方政府规定应负担的教育附加
1053	7301022508	环境保护税	预算支出类	核算事业单位开展经营活动应负担的环境保护税
1054	7301022509	增值税	预算支出类	核算事业单位开展经营活动应负担的增值税
1056	7301022599	其他税费	预算支出类	核算事业单位开展经营活动应负担的除上述税金及附加费用外的其他税费
1057	73010299	其他商品和服务支出	预算支出类	核算事业单位开展经营活动过程中开支的除上述公用支出外的其他日常公用支出。如诉讼费、国内组织的会员费、来访费、广告宣传、离休人员特需费、离退休人员公用经费等支出
1058	7301029901	离休人员特需费	预算支出类	核算事业单位开支的离休人员特需费
1059	7301029902	离休人员公用支出	预算支出类	核算事业单位开支的离休人员公用经费支出
1060	7301029903	退休人员公用支出	预算支出类	核算事业单位开支的退休人员公用经费支出
1061	7301029904	国内组织会员费	预算支出类	核算事业单位开支的国内组织的会员费
1062	7301029905	工青党团妇活动费	预算支出类	核算事业单位开支的工、青、党、团、妇等组织的活动费支出
1063	7301029906	药品支出	预算支出类	核算中国气象局医院购置药品的支出
1064	7301029907	诉讼费	预算支出类	核算事业单位开支的诉讼费
1065	7301029908	来访费	预算支出类	核算事业单位开支的来访费
1066	7301029909	广告宣传费	预算支出类	核算事业单位开展经营活动过程中开支的广告宣传费
1067	7301029999	其他	预算支出类	核算事业单位开展经营活动过程中开支的除上述公用支出外的其他日常公用支出
1068	730103	对个人和家庭的补助支出	预算支出类	核算事业单位按规定在经营支出中开支的用于对个人和家庭的补助支出

续表

序号	科目编码	科目名称	科目类别	核算内容
1069	73010301	离休费	预算支出类	核算事业单位按规定发放给离休人员的离休费、护理费以及提租补贴、购房补贴、采暖补贴、物业服务补贴等补贴
1070	7301030101	基本离休费	预算支出类	核算事业单位按国家规定发放给离休人员的离休费
1071	7301030102	生活性津贴	预算支出类	核算事业单位按国家规定发放给离休人员的生活性津贴
1072	7301030103	地方（部门）津贴补贴	预算支出类	核算事业单位按地方政府或主管部门规定发放给离休人员的各种津贴补贴
1073	7301030104	护理费	预算支出类	核算事业单位按规定发放给离休人员的护理费
1074	7301030105	提租补贴	预算支出类	核算事业单位按规定发放给离休人员的提租补贴
1075	7301030106	购房补贴	预算支出类	核算事业单位按规定发放给离休人员的购房补贴
1076	7301030107	采暖补贴	预算支出类	核算事业单位按规定发放给离休人员的采暖补贴
1077	7301030108	物业服务补贴	预算支出类	核算事业单位按规定发放给离休人员的物业服务补贴
1078	7301030199	其他	预算支出类	核算事业单位按规定发放给离休人员除上述以外的其他补助
1079	73010302	退休费	预算支出类	核算事业单位按规定发放给退休人员的退休费以及提租补贴、购房补贴、采暖补贴、物业服务补贴等补贴
1080	7301030201	基本退休费	预算支出类	核算事业单位按国家规定发放给退休人员的退休费
1081	7301030202	生活性津贴	预算支出类	核算事业单位按国家规定发放给退休人员的生活性津贴
1082	7301030203	地方（部门）津贴补贴	预算支出类	核算事业单位按地方政府或主管部门规定发放给退休人员的各种津贴补贴
1083	7301030204	提租补贴	预算支出类	核算事业单位按规定发放给退休人员的提租补贴
1084	7301030205	购房补贴	预算支出类	核算事业单位按规定发放给退休人员的购房补贴
1085	7301030206	采暖补贴	预算支出类	核算事业单位按规定发放给退休人员的采暖补贴
1086	7301030207	物业服务补贴	预算支出类	核算事业单位按规定发放给退休人员的物业服务补贴
1087	7301030208	在职人员养老保险缴费	预算支出类	核算事业单位按规定为在职人员缴纳的养老保险缴费
1088	7301030209	在职人员职业年金缴费	预算支出类	核算事业单位按规定为在职人员缴纳的职业年金缴费
1089	7301030299	其他	预算支出类	核算事业单位按规定发放给退休人员除上述以外的其他补助
1090	73010303	退职（役）费	预算支出类	核算事业单位发放给退职人员的生活补贴，一次性支付给职工的退职补助和支付给军官、文职干部、士官、义务兵的退役费，按月支付给自主择业的军队转业干部的退役金

续表

序号	科目编码	科目名称	科目类别	核算内容
1091	73010304	抚恤金	预算支出类	核算事业单位按规定开支的烈士遗属、牺牲病故人员遗属的一次性和定期抚恤金，伤残人员的抚恤金，离退休人员等其他人员的各项抚恤金，以及按规定开支的机关事业单位职工和离退休人员丧葬费
1092	73010305	生活补助	预算支出类	核算事业单位按规定开支的优抚对象定期定量生活补助费，职工遗属生活补助，长期赡养人员的补助费等
1093	73010306	救济费	预算支出类	核算按规定开支的贫困人员等生活救济费。实物形式的救济也在本科目反映
1094	73010307	医疗费补助	预算支出类	核算事业单位离退休人员的医疗费，学生医疗费，优抚对象医疗补助，以及按国家规定资助农民参加新型农村合作医疗和城镇居民参加城镇居民基本医疗保险的支出
1095	73010308	助学金	预算支出类	核算各类学校学生助学金、奖学金、学生贷款，出国留学（实习）人员生活费，以及按照协议由我方负担或享受我方奖学金的来华留学生、进修生生活费等
1096	73010309	奖励金	预算支出类	核算事业单位开支的各类奖励支出
1097	7301030901	计划生育目标责任奖	预算支出类	核算事业单位开支的计划生育目标责任奖支出
1098	7301030902	独生子女父母奖励	预算支出类	核算事业单位开支的独生子女父母奖励支出
1099	7301030999	其他	预算支出类	核算事业单位开支的其他各类奖励支出
1100	73010310	其他对个人和家庭的补助支出	预算支出类	核算事业单位开支的除上述支出外的其他对个人和家庭的补助支出，如婴幼儿补贴、职工探亲旅费、退职人员及随行家属路费等
1101	7301031001	婴幼儿补贴	预算支出类	核算事业单位开支的婴幼儿补贴
1102	7301031002	退职人员及随行家属路费	预算支出类	核算事业单位开支的退职人员及随行家属路费
1103	7301031003	保障性住房租金补贴	预算支出类	核算事业单位开支的保障性住房租金补贴
1104	7301031099	其他	预算支出类	核算事业单位开支的除上述支出外的其他对个人和家庭的补助支出
1105	730104	资本性支出	预算支出类	核算事业单位在经营支出中开支的用于购置固定资产、战略性和应急性储备、土地和无形资产，以及购建基础设施、大型修缮等所发生的支出
1106	73010401	办公设备购置	预算支出类	核算事业单位用于购置并按财务会计制度规定纳入固定资产核算范围的办公家具和办公设备的支出，以及按规定提取的修购基金
1107	73010402	专业设备购置	预算支出类	核算事业单位用于购置的具有专门用途并按财务会计制度规定纳入固定资产核算范围的各类专用设备的支出，如通信设备、发电设备、卫星转发器、气象设备等

续表

序号	科目编码	科目名称	科目类别	核算内容
1108	73010403	信息网络及软件购置更新	预算支出类	核算事业单位用于信息网络方面的支出。如计算机硬件、软件购置、开发、应用支出等。如果购建的计算机硬件等不符合财务会计制度规定的固定资产确认标准的，不在本科目反映
1109	73010404	文物和陈列品购置	预算支出类	核算事业单位文物和陈列品购置支出
1110	73010405	无形资产购置	预算支出类	核算事业单位开支的著作权、商标权、专利权、土地使用权等无形资产购置支出，软件购置、开发、应用支出不在此科目反映
1111	73010499	其他	预算支出类	核算事业单位开支除上述科目外的其他资本性支出
1112	730105	债务利息及费用支出	预算支出类	核算事业单位在经营支出中开支的债务利息及费用支出
1113	73010501	国内债务付息	预算支出类	核算事业单位用于偿还国内债务利息的支出
1114	73010502	国外债务付息	预算支出类	核算事业单位用于偿还国外债务利息的支出
1115	73010503	国内债务发行费用	预算支出类	核算事业单位用于国内债务发行、兑付、登记等费用的支出
1116	73010504	国外债务发行费用	预算支出类	核算事业单位用于国外债务发行、兑付、登记等费用的支出
1117	730106	待处理支出	预算支出类	核算事业单位经营支出中暂不能确定具体支出内容的预付款项等支出
1118	7401	上缴上级支出	预算支出类	核算事业单位按照财政部门和主管部门的规定上缴上级单位款项发生的现金流出
1119	7501	对附属单位补助支出	预算支出类	核算事业单位用财政拨款预算收入之外的收入对附属单位补助发生的现金流出
1120	7601	投资支出	预算支出类	核算事业单位以货币资金对外投资发生的现金流出
1121	7701	债务还本支出	预算支出类	核算事业单位偿还自身承担的纳入预算管理的从金融机构举借的债务本金的现金流出
1122	7901	其他支出	预算支出类	核算单位除行政支出、事业支出、经营支出、上缴上级支出、对附属单位补助支出、投资支出、债务还本支出以外的各项现金流出，包括利息支出、对外捐赠现金支出、现金盘亏损失、接受捐赠（调入）和对外捐赠（调出）非现金资产发生的税费支出、资产置换过程中发生的相关税费支出、罚没支出等
1123	790101	利息支出	预算支出类	核算单位支付给银行和其他金融机构借款的利息支出

续表

序号	科目编码	科目名称	科目类别	核算内容
1124	790102	对外捐赠现金资产	预算支出类	核算单位对社会团体组织或部门外的单位捐赠现金资产而产生的支出事项
1125	790103	现金盘亏损失	预算支出类	核算单位现金账款核对后无法查明原因，排除个人责任的现金短缺所造成的损失
1126	790104	非现金资产无偿流动税费支出	预算支出类	核算单位接受捐赠（无偿调入）和对外捐赠（无偿调出）非现金资产发生的税费支出
1127	790105	资产置换税费支出	预算支出类	核算单位资产置换过程中发生的相关税费支出
1128	790106	其他支出	预算支出类	核算单位除上述以外的其他支出
1129	8001	资金结存	预算结余类	核算单位纳入部门预算管理的资金的流入、流出、调整和滚存等情况
1130	800101	零余额账户用款额度	预算结余类	核算实行国库集中支付的单位根据财政部门批复的用款计划收到和支用的零余额账户用款额度
1131	80010101	基本支出用款额度	预算结余类	核算实行国库集中支付的单位根据财政部门批复的用款计划收到和支用的零余额账户用款额度中基本支出用款额度部分
1132	80010102	项目支出用款额度	预算结余类	核算实行国库集中支付的单位根据财政部门批复的用款计划收到和支用的零余额账户用款额度中项目支出用款额度部分
1133	800102	货币资金	预算结余类	核算单位以库存现金、银行存款、其他货币资金形态存在的资金
1134	80010201	库存现金	预算结余类	核算单位以库存现金形态存在的资金
1135	80010202	银行存款	预算结余类	核算单位以银行存款形态存在的资金
1136	80010203	其他货币资金	预算结余类	核算单位以除库存现金和银行存款以外形态存在的资金
1137	8001020301	外埠存款	预算结余类	核算单位到外地进行临时或零星采购时，汇往采购地银行开立采购专户的货币资金
1138	8001020302	银行本票存款	预算结余类	核算单位为取得银行本票按规定存入银行的货币资金
1139	8001020303	银行汇票存款	预算结余类	核算单位为取得银行汇票按规定存入银行的货币资金
1140	8001020304	信用卡存款	预算结余类	核算单位为取得信用卡按规定存入银行信用卡专户的货币资金
1141	800103	财政应返还额度	预算结余类	核算实行国库集中支付的单位可以使用的以前年度财政直接支付资金额度和财政应返还的财政授权支付资金额度

续表

序号	科目编码	科目名称	科目类别	核算内容
1142	80010301	财政直接支付	预算结余类	核算实行国库集中支付的单位可以使用的以前年度财政直接支付资金额度
1143	8001030101	基本支出额度	预算结余类	核算实行国库集中支付的单位可以使用的以前年度财政直接支付资金额度中基本支出额度部分
1144	8001030102	项目支出额度	预算结余类	核算实行国库集中支付的单位可以使用的以前年度财政直接支付资金额度中项目支出额度部分
1145	80010302	财政授权支付	预算结余类	核算实行国库集中支付的单位可以使用的以前年度财政应返还的财政授权支付资金额度
1146	8001030201	基本支出额度	预算结余类	核算实行国库集中支付的单位可以使用的以前年度财政应返还的财政授权支付资金额度中基本支出额度部分
1147	8001030202	项目支出额度	预算结余类	核算实行国库集中支付的单位可以使用的以前年度财政应返还的财政授权支付资金额度中项目支出额度部分
1148	800104	待处理支出	预算结余类	核算单位待处理的预付款项等支出
1149	800105	待处理税款	预算结余类	核算单位待处理的应缴税款，如所得税（包括个人和单位）、增值税
1150	800106	待处理银行卡	预算结余类	核算单位待处理的银行卡预还款额等
1151	800107	非预算内资金	预算结余类	核算单位收付的非预算内资金，如应缴国库款、应缴财政专户款
1152	800108	待处理工资扣款	预算结余类	核算单位待处理的工资扣款，如住房公积金、养老保险、职业年金等
1153	8101	财政拨款结转	预算结余类	核算单位取得的同级财政拨款结转资金的调整、结转和滚存情况
1154	810101	年初余额调整	预算结余类	核算因发生会计差错更正、以前年度支出收回等原因，需要调整财政拨款结转的金额
1155	810102	归集调入	预算结余类	核算按照规定从其他单位调入财政拨款结转资金时，实际调增的额度数额或调入的资金数额
1156	810103	归集调出	预算结余类	核算按照规定向其他单位调出 财政拨款结转资金时，实际调减的额度数额或调出的资金数额
1157	810104	归集上缴	预算结余类	核算按照规定上缴财政拨款结转资金时，实际核销的额度数额或上缴的资金数额
1158	810105	单位内部调剂	预算结余类	核算经财政部门批准对财政拨款结余资金改变用途，调整用于本单位其他未完成项目等的调整金额
1159	810106	本年收支结转	预算结余类	核算单位本年度财政拨款收支相抵后的余额

续表

序号	科目编码	科目名称	科目类别	核算内容
1160	810107	累计结转	预算结余类	核算单位滚存的财政拨款结转资金
1161	81010701	基本支出结转	预算结余类	核算单位滚存的财政拨款基本支出结转资金
1162	8101070101	人员经费	预算结余类	核算单位滚存的财政拨款基本支出结转资金中人员经费部分
1163	8101070102	日常公用经费	预算结余类	核算单位滚存的财政拨款基本支出结转资金中日常公用经费部分
1164	81010702	项目支出结转	预算结余类	核算单位滚存的财政拨款项目支出结转资金
1165	8102	财政拨款结余	预算结余类	核算单位取得的同级财政拨款项目支出结余资金的调整、结转和滚存情况
1166	810201	年初余额调整	预算结余类	核算因发生会计差错更正、以前年度支出收回等原因，需要调整财政拨款结余的金额
1167	810202	归集上缴	预算结余类	核算按照规定上缴财政拨款结余资金时，实际核销的额度数额或上缴的资金数额
1168	810203	单位内部调剂	预算结余类	核算经财政部门批准对财政拨款结余资金改变用途，调整用于本单位其他未完成项目等的调整金额
1169	810204	结转转入	预算结余类	核算单位按照规定转入财政拨款结余的财政拨款结转资金
1170	810205	累计结余	预算结余类	核算单位滚存的财政拨款结余资金
1171	8201	非财政拨款结转	预算结余类	核算单位除财政拨款收支、经营收支以外各非同级财政拨款专项资金的调整、结转和滚存情况
1172	820101	年初余额调整	预算结余类	核算因发生会计差错更正、以前年度支出收回等原因，需要调整非财政拨款结转的资金
1173	820102	缴回资金	预算结余类	核算按照规定缴回 非财政拨款结转资金时，实际缴回的资金数额
1174	820103	项目间接费用或管理费	预算结余类	核算单位取得的科研项目预算收入中，按照规定计提项目间接费用或管理费的数额
1175	820104	本年收支结转	预算结余类	核算单位本年度非同级财政拨款专项收支相抵后的余额
1176	820105	累计结转	预算结余类	核算单位滚存的非同级财政拨款专项结转资金
1177	82010501	地方财政拨款结转	预算结余类	核算单位滚存的地方财政拨款结转资金
1178	82010502	其他专项结转	预算结余类	核算单位滚存的除地方财政拨款外其他专项结转资金
1179	8202	非财政拨款结余	预算结余类	核算单位历年滚存的非限定用途的非同级财政拨款结余资金，主要为非财政拨款结余扣除结余分配后滚存的金额

续表

序号	科目编码	科目名称	科目类别	核算内容
1180	820201	年初余额调整	预算结余类	核算因发生会计差错更正、以前年度支出收回等原因，需要调整非财政拨款结余的资金
1181	820202	项目间接费用或管理费	预算结余类	核算单位取得的科研项目预算收入中，按照规定计提的项目间接费用或管理费数额
1182	820203	结转转入	预算结余类	核算按照规定留归单位使用，由单位统筹调配，纳入单位非财政拨款结余的非同级财政拨款专项剩余资金
1183	820204	累计结余	预算结余类	核算单位历年滚存的非同级财政拨款、非专项结余资金
1184	8301	专用结余	预算结余类	核算事业单位按照规定从非财政拨款结余中提取的具有专门用途的资金的变动和滚存情况
1185	830101	职工福利基金	预算结余类	核算事业单位按非财政补助结余的一定比例提取以及按其他规定提取转入，用于单位职工集体福利设施、集体福利待遇等的资金
1186	830102	住房基金	预算结余类	核算事业单位按照相关规定提取以及按照其他规定提取转入，用于单位住房制度改革和住房建设的专项资金
1187	830103	科技成果转化基金	预算结余类	核算科学事业单位从事业收入中提取，在事业支出的相关科目中列支，以及在经营收支结余中提取转入，用于科技成果转化的资金。事业收入和经营收支结余较少的单位可以不提取科技成果转化基金
1188	830199	其他专用基金	预算结余类	核算事业单位除上述专用资金金外的其他具有专门用途的资金，如以前年度提取滚存结余的医疗基金等
1189	8401	经营结余	预算结余类	核算事业单位本年度经营活动收支相抵后余额弥补以前年度经营亏损后的余额
1190	8501	其他结余	预算结余类	核算单位本年度除财政拨款收支、非同级财政专项资金收支和经营收支以外各项收支相抵后的余额
1191	8701	非财政拨款结余分配	预算结余类	核算事业单位本年度非财政拨款结余分配的情况和结果

后　记

本书是《政府会计准则》和9项具体准则以及《政府会计制度—行政事业单位会计科目和报表》颁布后，为顺应政府会计制度改革，满足基层广大财务会计工作者的需求而重新修订再版的。

本书得到了中国气象局的高度重视，矫梅燕副局长亲自作序。修订后的《气象部门会计核算指南》内容全面、举例翔实，突出部门实际情况，准确运用新的政府会计准则和制度进行会计核算。

本书各章主笔为：郭雪飞（第一章）、崔岩（第二章）、崔小岩（第三章，其中雷达项目例题由郭雪飞主笔）、周欣（第四章）、邹晋（第五章）、郭浩明（第六章）、刘京平（第七、八章）、赵洁（第九章）、徐相明（第十章）、姜长波（第十一、十六、十八章）、谢仁强（第十二、十五章）、李晓菊（第十三、十四、十七章）。曹卫平副司长组织编委会全体成员对全书进行了最后审定。同时，中国气象局财务核算中心和湖南省气象局在平行记账规则测试中也为实证会计核算设想提供了意见和建议，在这里表示感谢！

由于时间仓促、对新的准则制度理解可能还不到位，本书难免存在不足之处，希望广大读者提出宝贵意见。

《气象部门会计核算指南》编委会
2019年1月

跋

卜算子·欣喜新会计核算指南成书

腊月佼寒梅，
竟为书香妒。
案几平添业内籍，
点墨绝佳处。

取势以谋长，
做事牢基础。
敬意身边财会人，
建制扶新路。

2019 年 1 月